PIETRO BONFANTE

ISTITUZIONI
DI
DIRITTO ROMANO

Elibron Classics
www.elibron.com

Elibron Classics series.

ISBN 0-543-96857-X (paperback)
ISBN 0-543-96856-1 (hardcover)

This Elibron Classics Replica Edition is an unabridged facsimile of the edition published by Francesco Vallardi, Milano.

PIETRO BONFANTE
Professore ordinario di diritto nella R. Università di Pavia

ISTITUZIONI
DI
DIRITTO ROMANO

QUARTA EDIZIONE
riveduta e accresciuta

CASA EDITRICE
DOTTOR FRANCESCO VALLARDI
MILANO
Napoli - Firenze - Roma - Torino - Palermo
Bologna - Genova - Pisa - Padova - Catania - Cagliari - Sassari - Bari
Trieste - Buenos Ayres - Alessandria d' Egitto

Stabilimenti Riuniti d'Arti Grafiche - Corso Magenta 48, Milano

A

FRANCESCO FILOMUSI GUELFI

CHE M' INSEGNÒ

LA DIGNITÀ DELLA SCIENZA

E

L' UNITÀ DEI SUOI METODI

PREFAZIONE

Questo libro per lo scopo suo non consente bibliografia. Nondimeno, poichè lo studio del diritto romano si è molto rinnovato negli ultimi decenni, dove io accolgo precisi risultati nuovi, cito gli autori. I nomi italiani primeggiano, ma ciò non è interamente fatto a bella posta: tenendomi a quest'ultimo periodo, il buon lavoro fatto da noi mi acquistava naturalmente un grande rilievo.

Io credo che molte delle nuove idee guadagnino di efficacia e di evidenza dall'esser riassunte al loro posto in un complesso sistematico, sia pur modesto. Spero che incontreranno maggior favore anche alcune delle mie, come il concetto della famiglia e dell'eredità romana. Giusta la natura e i fini del volume intesi lumeggiare i concetti fondamentali e mi giovò all'uopo dar rilievo al carattere organico degli istituti giuridici e segnarne a larghi tratti l'evoluzione o l'involuzione nel più storico tra i diritti. Ma la rappresentazione dommatica dei singoli istituti ha qui la sua base logica nei principî della legislazione di Giustiniano, e la genesi storica non interviene se non a spiegarne il modo di formazione e i bisogni cui rispondevano. Una delle più splendide utilità del diritto romano svanisce, quando sfugga il senso o si rimpicciolisca la portata di quella magnifica evoluzione, per la quale prima i Romani stessi, dall'epoca della repentina loro espansione mondiale al III secolo di Cristo, gli Elleni dipoi, trasportato nell'Oriente il centro di gravità dell'impero, ebbero corroso le basi dell'ordinamento primitivo e del rustico diritto decemvirale; ma, giova insistere, l'antitesi non rara tra istituti antichi e moderni, benchè sovente per vie tortuose e rimedi eccezionali quelli abbiamo finito con adempiere allo stesso fine di questi, è desunta a base di logica giuridica dallo stesso diritto giustinianeo.

Col secolo XIX il vigore positivo del diritto romano si estinse anche nell'ultimo suo territorio, la Germania, conquista ideale della romanità. Il suo valore scientifico e la sua funzione educativa e civile non rifulsero mai di luce così viva come in questo critico momento, in cui, dietro l'impulso della scuola storica tedesca, la studio più poderoso dei concetti giuridici s'è incorporato col monumento della più fine arte giuridica, mentre la speculazione positiva scopre nel diritto romano un organismo storico-sociologico unico al mondo.

Parma, maggio 1896.
Torino, ottobre 1902.

P. BONFANTE.

PREFAZIONE ALLA IV EDIZIONE

La quarta edizione di questo manuale è ricca di modificazioni, in cui l'autore ha condensato il frutto dei propri ed altrui studi in questi primi anni non infecondi del nuovo secolo. Quasi ogni capitolo ne ha subìte, ma forse in misura più profonda i §§ relativi alla dote e alla donazione *propter nuptias*, alla tutela, all'enfiteusi, all'obbligazione, al contratto, alla successione. Ho curato peraltro di serbare il disegno oramai fissato dell'opera, il suo carattere rigorosamente elementare, e di usare nelle aggiunte la maggior parsimonia e concisione: il che era tanto più necessario, avendo in corso di elaborazione un trattato di mole più vasta. Molte idee dell'autore, un tempo avversate, sono ora divenute tra noi di dominio comune. Ciò, spero, varrà a far persuasi gli spiriti più equi che le concezioni proprie avanzate dall'autore sono il frutto di meditazione e di coordinazione paziente più che lavoro di fantasia, e che egli adopera nell'osservare e nel concludere una moderazione e una critica su se stesso, che ama gli sia riconosciuta.

La presente edizione è corredata di un indice alfabetico analitico.

Milano, Giugno 1907.

P. Bonfante

INTRODUZIONE

§ 1. Il diritto romano.

Base del nostro studio è il *diritto romano - giustinianeo,* cioè la compilazione delle leggi e della giurisprudenza romana eseguita nel VI secolo d. C. da Giustiniano, imperatore d'Oriente, insieme colla legislazione propria di questo principe.

Il *diritto romano-giustinianeo* è compreso nelle seguenti quattro collezioni: il *Digesto* o le *Pandette* (*Digesta, Pandectæ*), le *Istituzioni* (*Institutiones*), il *Codice* (*Codex Iustinianus*) e le *Novelle* (*Novellæ* sc. *constitutiones*).

Il *Digesto* è la compilazione della giurisprudenza. Esso risulta di una serie di frammenti estratti dalle opere dei principali giureconsulti romani e ordinati in 50 *libri,* ciascuno dei quali è diviso novamente in *titoli* intestati con una rubrica. I frammenti inseriti nei titoli serbano il nome dell'autore coll'opera e la parte di questa (libro), donde vennero estratti. Ordinato il 15 dicembre 530, pubblicato il 16 dicembre 533, entrò in vigore il 30 dicembre 533 d. C.

Il *Codice* è la compilazione delle leggi o costituzioni imperiali, ordinate in 12 libri, ciascuno dei quali è suddiviso in numerosi titoli. Ve ne furono due edizioni. Il primo Codice fu pubblicato il 7 aprile 529 ed entrò in vigore il 16 dello stesso mese. La seconda edizione (*Codex repetitæ prælectionis*) fu pubblicata il 16 novembre 534 ed entrò in vigore il 29 dicembre 534. Vi sono comprese anche le leggi nuove e le decisioni di antiche controversie emesse da Giustiniano durante il corso della compilazione.

Le *Istituzioni* sono un'opera destinata dall'imperatore all'esposizione dei principî elementari del suo diritto allo scopo di facilitarne ai giovani l'apprendimento. Sono anch'esse una mera compilazione di opere analoghe dei giureconsulti romani, principalmente delle Istituzioni di Gaio, giureconsulto vissuto nell'epoca degli Antonini. Sono divise in quattro libri e in titoli, ma non recano indicazione delle fonti; i compilatori v'aggiunsero notizia delle innovazioni introdotte da Giustiniano e sovente premisero anche notizie storiche circa lo stato anteriore e il progresso del diritto. Ordinate durante la composizione del Digesto, le Istituzioni furono pubblicate e munite di efficacia legislativa il 21 novembre 533, ed entrarono in vigore col Digesto il 30 decembre 533.

Le *Novelle* sono le costituzioni nuove emanate via via da Giustiniano dopo condotta a termine l'opera di compilazione (dal 535 d. C. al 565). Mentre le altre parti della collezione giustinianea si considerano nel loro complesso come un codice unico emanato nello stesso giorno, circa le Novelle non solo avviene ch'esse deroghino ai principî di diritto sanciti nelle tre parti predette, ma inoltre la più recente può apportare derogazioni alla più antica.

Il termine con cui s'usa designare nel suo complesso la collezione giustinianea è *Corpus iuris civilis*. La mente direttiva nella parte principale dell'azione di Giustiniano qual legislatore fu il suo grande ministro Triboniano.

Occorre tener presente che i frammenti delle opere giuridiche o delle costituzioni imperiali non furono inseriti senza alterazione nella compilazione giustinianea. Era intento dell'imperatore di comporre un codice di diritto pratico e adatto ai tempi suoi; perciò egli diede ai compilatori più che la facoltà, il comando espresso non solo di scegliere e omettere, ma altresì di mutare mediante aggiunte o sostituzioni il testo genuino (1). Cosiffatte alterazioni, alcune delle quali tanto gravi che interi frammenti risultano opera dei compilatori, prendono il nome di *emblemata Triboniani* o più comunemente *interpolazioni*. Molte innovazioni e riforme furono introdotte in questa guisa dai compilatori: ma, ove si prescinda dalle interpolazioni formali eseguite sia per adattare lo stile dei giuristi classici al tempo di Giustiniano, sia per render più chiaro il pensiero legislativo agli studiosi, la maggior parte di esse si debbono al proposito di mettere i frammenti dei giureconsulti o le costituzioni imperiali in armonia col diritto già innovato prima di Giustiniano o da Giustiniano stesso. Queste interpolazioni erano più necessarie nel Digesto che nel Codice: poichè i frammenti delle Pandette sono estratti in generale da opere della giurisprudenza classica, che ebbe il suo fiore nei primi due secoli dell'impero, vale a dire tre secoli almeno prima di Giustiniano ed in una epoca storica assai diversa, mentre le costituzioni imperiali emanano sovrattutto dagli ultimi secoli e dall' epoca nuova. Il confronto coi testi che noi possediamo per avventura allo stato genuino o quasi, principalmente le Istituzioni di Gaio, le sentenze di Paolo, le Regole di Ulpiano, i frammenti vaticani, il Codice teodosiano, l'incompatibilità dei principî e dello stile col tempo in cui vissero i giureconsulti classici, la rispondenza invece ai principî del nuovo diritto e allo stile dei compilatori, la disarmonia logica tra le varie parti del testo, le soluzioni imperative che turbano il carattere logico del ragionamento, l'ordine

(1) c. *Deo auctore* (pref. al Dig: inserita anche nel Cod., 1, 17, 1, § 7); c. *Tanta* (Il pref. al Dig.; Cod. 1, 17, 2, § 10); c. *Hæc quæ necessario*, § 2; c. *Summa reipublicæ*, § 3 e c. *Cordi* § 3 (prefazioni al Codice).

stesso delle materie nell' opera genuina, ond' è estratto il frammento, e infine la copia d'errori nel testo della Fiorentina (il manoscritto più antico delle Pandette) aiutano a riconoscere con certezza o con probabilità coteste interpolazioni, di cui noi dovremo via via segnalare le più importanti (1).

(1) Un gran numero d'interpolazioni fu già rilevato dagli antichi, Cuiacio, Averanio e sovrattutto Fabro. Così ad esempio, le L. 2, § 7, D. 5, 1; 1, § 1, D. 11, 1; 25, D. 22, 3; 6, D. 24, 2; 21, § 6, 7, 8 D, 21, 3; 33, D. 30; 20, § 1, D. 39, 5, ecc. tutte leggi di fattura dei compilatori. Ai nostri giorni, per impulso specialmente del Gradenwitz, dell'Eisele, del Lenel (il Pernice ha scarso riguardo al criterio linguistico e ciò lo rende pericoloso), seguìto con vigore dalla scuola italiana, si è iniziato uno studio sistematico sull'argomento e si sono anche fissati una serie di criteri per distinguer lo stile dei compilatori: per esempio, le costruzioni complicate *si quidem — sin vero* o *sin autem — tunc enim*, l'uso di ablativi assoluti e di costruzioni infinitive come suggello al periodo, verbi transitivi senza oggetto, l'indicativo nel discorso indiretto, il difetto di correlazione ne' tempi e ne' modi, l'uso di clausole e restrizioni, il più spesso inutili, con *nisi, nisi forte, ita tamen ut, maxime si* e simili, la ridondanza di parole, di epiteti e di superlativi, le forme pompose e imperative e specialmente il *nos maiestaticum (generaliter sancimus, definimus)*, l'abuso del linguaggio metaforico *(iugum nuptiale* per *nuptiae, convolare* o *migrare ad alias nuptias, ab hac luce subtrahi* o *migrare, tempus effluit)*, il discorso involuto, gremito alle volte di interrogazioni e distinzioni, gli incisi esplicativi con *hoc est, id est*, mutamento repentino di soggetto, casi errati (*subiici poena, abutitur dotem*), abuso di participi presenti, generalizzazioni con *et ceteri, et ceteræ*, omissione del pronome riflessivo nella costruzione infinitiva, *quatenus* per *ut, ipse* per *is, quod* invece della proposizione infinitiva, il pronome *suus* inutilmente aggiunto, *definire* invece di *statuere, curriculum* per *spatium, cumulus* per *summa, malle* per *velle, minime* per *non* senza intensità speciale, *compellere* senza idea di coazione, *satis* nel senso di molto, *approbare* per *probare, coarctare, celebrare, adimplere, coadunare, sadisdationem dare, certiorare, constitutum* o *statutum tempus, præsumptio, competens, iussio, solacium, visio, remeare, respuere, sopire, trames, vallare, absimilis, apertissimæ (liquidæ, manifestæ*, ecc.) *probationes, cautela, iudicem intrare, pietatis* o *humanitatis intuitu, in his casibus in quibus, prolixitas, protelare, sed magis est, benignius est, humanius* o *melius est imperialis* per *principalis, posteritas* per discendenti, *talis* o *idem* nel senso di « detto mentovato », *forte, super* coll' ablativo per *de*, e specialmente *super hoc, super his, pro* per *de, procedere* nel senso di accadere, aver luogo, *nisi* invece di *quam* o *quam si* dopo *non aliter* o *non alias, libertatem imponere, derelinquere* nel senso di lasciare, specialmente per atto di ultima volontà, *quidam* per *aliquis* o anche senza necessità, *omni modo* o *modis omnibus, supponere* per impegnare, *revelare* far noto, evidente, il cumulo di *vel* nell'enumerazione di vari casi, *pervenire*

Dal medio evo alla Rinascenza il diritto romano giustinianeo divenne via via, per opera dei giureconsulti della scuola di Bologna e per effetto di un complesso di cause storiche e sociali, legge comune per tutti i popoli latini e germanici. Dalla metà del secolo XVIII prese a cedere il posto ai Codici civili, nella formazione dei quali peraltro esso costituì la parte essenziale: vigeva ancora fino al 1900, modificato peraltro dal diritto canonico, dalla consuetudine e dalle leggi del sacro romano impero e del nuovo impero tedesco, in quei paesi della Germania dove non si erano pubblicati Codici di diritto civile, e in Germania prendeva il nome di *diritto delle Pandette,* parte principale del *diritto comune tedesco.* Colla promulgazione del Codice civile per l'impero germanico pubblicato nel 1896, entrato in vigore nel 1900, l'ultimo territorio di rilievo è stato sottratto al diritto romano.

Oggidì il vero pregio imperituro del diritto romano è dato dall'importanza che serba per l'interpretazione dei nuovi codici, dalla perfezione dell'arte dei suoi giureconsulti e dall'essere l'unico diritto che si possa seguire per uno svolgimento più che millennario e ci offra per conseguenza il miglior terreno per lo studio delle leggi organiche della evoluzione giuridica.

Nell'insegnamento nel diritto romano si distingue il corso preparatorio, le Istituzioni, dal corso più ampio, le Pandette. La distinzione rimonta a Giustiniano e lo

in circonlocuzioni, *potest habere* o *competere* per *habet*, *competit* (azioni, eccezioni), *locum habere ad, actio personalis* (in personam), *servitus personalis, universitas* per *successio, necesse* congiunto con due frasi, ma appropriato solo alla prima, *pecuniæ* al plurale non nel senso collettivo di averi, *legitimus* in senso generico per *iustus*, non riferito alla vecchia fonte comiziale, *licet - attamen,* spesso anche *quidem - sed (sed verum, sed autem)*, e finalmente gli errori grammaticali e i grecismi, come le costruzioni col gerundio impersonale, *per omnia, perfectae aetatis, ad effectum perducere, licentiam habere, constitutus*, il genitivo dopo il comparativo, la simpatia per gli astratti, ecc. Per le interpolazioni e i criteri del Fabro v. De Medio in *Bull. dell'Ist. di dir. rom.* 1900 (13) p. 208 e segg.; 1901 (14) p. 276 e segg.

scopo delle Istituzioni viene esposto dallo stesso imperatore (1). I due corsi differiscono anche pel carattere: dommatico e sintetico il primo, critico e analitico il secondo.

Nota. — Il modo più comune di citare le leggi delle Pandette consiste nel premettere il numero d'ordine della legge nel titolo colla indicazione abbreviata *fr.*, (frammento), facendo seguire la rubrica abbreviata del titolo e quindi il numero del libro e del titolo. Le leggi alquanto lunghe sono divise in un *principio* (pr.) e *paragrafi* (§).

Esempio: fr. 3 § 1 *de acq. rer. dom.* 41, 1.
fr. 5 pr. *de reb. eor.* 27, 9.

Per i libri 30, 31, 32 *de legatis,* non divisi in titoli, s'indica soltanto il libro, aggiungendo o meno il numero d'ordine di questo.

Esempio: fr. 21 *de leg.* 31, (II).

Come le leggi del Digesto s'indicano quelle del Codice, salvo il porre *c.* (costituzione) invece di *fr.*

Esempio: c. 23 § 2 *de leg.* 6, 37.

Si usa anche per i testi dell'una o dell'altra collezione l'indicazione *l.* (legge), invece di *fr.* o *c.,* ma in tal caso conviene soggiungere alla legge l'indicazione specifica della raccolta: D. o Dig., C. o Cod.

Un uso recente è di sopprimere le rubriche e indicare solo i numeri, cominciando dal libro e terminando colla legge e col §. Esempio: D. 41, 1, 3 pr.

I titoli delle Istituzioni non sono divisi in leggi. Si indicano pertanto solo i §§. Esempio: pr. I. *De i. nat. gent. et civ.* 1, 2.

Le Novelle, di cui non possediamo alcuna raccolta ufficiale, si citano segnando il numero della *Novella* e del *capitolo* (i capitoli alquanto lunghi sono pure divisi in *principio* e *paragrafi*) ovvero la *prefazione* e l'*epilogo.* Non si segue nelle edizioni comuni l'ordine cronologico, come sarebbe desiderabile, ma l'ordine tradi-

(1) § 2, I *De iust. et iure* I, 1.

zionale della collezione in uso presso i glossatori della scuola di Bologna (*Authenticum* o *Vulgata*). Es. Nov. 108 præf. Nov. 123, c. 2 § 1, Nov. 131 ep.

La migliore edizione del *Corpus iuris* è quella del Mommsen e del Krüger, di cui la parte ultima, le Novelle, è stata curata dallo Schöll e dal Kroll.

Per maggiori particolari circa la composizione del *Corpus iuris* v. Bonfante. *Storia del diritto romano* Milano, Soc. ed. libraria, 2.ª ediz. 1907.

§ 2. Concetto nel diritto e idee romane.

I. *De iust. et. iure*, 1, 1. D., 1, 1.

Il diritto è norma dell'azione umana nel vivere sociale, cioè norma che stabilisce in certe date sfere limiti all'azione di ciascuno nell'interesse di tutti. Il diritto non è l'unica norma sociale, nè per lo scopo e la essenza sua differisce dalle altre, sieno esse la morale propriamente detta, oppur l'onore, il costume, le leggi di convenienza, e simili; ma esso è la più importante norma sociale e quella che a un dato momento storico viene a distinguersi in guisa veramente caratteristica dalle altre per la *forza coattiva,* in quanto lo Stato ne impone l'osservanza e ne assume la tutela.

La denominazione tecnica del diritto sotto l'aspetto esteriore e positivo, cioè come norma che s'impone all'operare e vuole obbedienza, è presso i Romani *ius,* parola d'oscura etimologia (1).

Ius civile è il diritto di tutto un popolo e, senza altra aggiunta, del popolo romano: poichè *civitas* è il nome che riceve presso i Romani il popolo come società

(1) *Ius* non deriva certamente da *iustum* (L. 1. pr. D. *de iust. et i.* 1. 1), nè da *iussum*, parole che derivano invece esse da *ius*; e nemmeno dalla radice *iug* (*iungo*, ζεύγνυμι). I linguisti moderni tendono piuttosto a riconnettere questo vocabolo ed altri simili, come *iurare*, alla parola sanscrita *iaus*. Ma questa parola si trova una volta sola nei Veda ed ha un senso oscuro di felicità, salute, con un'impronta religiosa.

ordinata (1). *Iustus* è l'appellativo che riceve il rapporto e l'atto conforme al diritto positivo, cioè legale, giuridico, legittimo (2).

Per indicare il diritto sotto l'aspetto intrinseco e finale, cioè nello scopo e nell'essenza sua, s'usa dai Romani la parola *æquitas*. Questa ha invece una etimologia certa e quasi evidente: essa deriva da una radice che significa unità, eguaglianza (3), e rappresenta molto vivamente il principio informatore del diritto, che è di stabilire quelle condizioni e quei limiti all'operare del singolo, che nella coscienza del popolo riescano per ciascuno eguali, tenuto conto delle ragioni di ciascuno e del rapporto cogli altri consociati.

Ma poichè allo scopo del diritto non ogni norma giuridica risponde o non vi risponde costantemente, sia per essere antiquata e in qualunque modo disadatta a un dato ambiente sociale, sia per l'imperfezione dei mezzi, che il legislatore ha disposto, si genera un'antitesi frequente fra il *ius* o il *iustum* e l'*æquum* o *bonum et æquum:* e allora quella parte dell'*æquitas* che aspira ad esser diritto si chiama dai Romani *æquitas naturalis*, denominazione usata da loro assai di frequente per indicare le innovazioni opportune recate dagli or-

(1) Così *civitas Helvetiorum*, ecc. La parola, come il corrisponidente greco πόλις, che significa pure società o nazione ordinata a Stato, ci rappresenta il grado dell'agglomerazione politica a cui si fermarono gli Stati dell'antichità classica. Fuori del mondo classico, nell' Oriente ad esempio, gli Stati si costituirono sopra più vasti territori e agglomerazioni nazionali, in cui la residenza del monarca era la capitale.

(2) Cfr. le espressioni *iustus filius* o *pater*, *successor*, *tutor*, *vas*; *iusta servitus*, *manumissio*, *causa*; *iustum testamentum*, *postliminium*, *exilium*, *sepulchrum*; e nel diritto pubblico *iustus magistratus*, *hostis*; *iusta multa*; *iustum imperium*; *iusta comitia*. *Legitimus* significa il rapporto che deriva dalla *lex* in senso stretto, cioè dalla legge comiziale in antitesi al *ius honorarium*; *legitima hereditas*, *aetas*, *poena*; *legitimus tutor*, *actus legitimus*; *legitimum iudicium*, *dominium*. Tutto ciò nelle fonti classiche. Nel nuovo diritto *legitimus filius*, *legitimum matrimonium*, ecc.

(3) Rad. *aika*. Cfr. *æquus* eguale, *æquor* il piano e poet. il mare. Errata è l'analogia etimologica con ἐπιεικής, conveniente, appropriato.

gani della evoluzione giuridica e principalmente dal Pretore: quella parte che è già diritto *æquitas civilis* o *constituta. Ius iniquum* è il diritto che non risponde all'*æquitas*.

Nel linguaggio nostro non v'è un proprio corrispondente a questa romana *æquitas* e all'*æquum et bonum*. Le parole che più ne ritengono l'ideale e pregno concetto sono giustizia e giusto nel senso nostro, che non esprime più la mera legalità (1).

Come alla morale e alle altre norme dell'operare, così pure al diritto corrisponde la virtù subbiettiva di attuarne spontaneamente i principî, cioè senza il pensiero di quella coazione esteriore che nel diritto assume una figura più efficace per essere adoperata dallo Stato. Si usa in questo senso *iustitia*, la quale è definita appunto dall'imperatore, con parole di Ulpiano, *constans et perpetua voluntas ius suum cuique tribuendi (tribuens)*.

Dallo stesso giureconsulto sono anche ricavati i precetti del diritto che l'imperatore esprime: *Iuris præcepta sunt hæc: honeste vivere, alterum non lædere, suum cuique tribuere.* Tali precetti sono veramente troppo generali, perchè tutte le norme sociali, specialmente la morale, hanno nel proprio àmbito un simile contenuto.

La scienza del diritto, *ars iuris* o *iurisprudentia* o anche semplicemente *ius*, è definita dal giureconsulto Celso *ars boni et æqui* (2): il che ne esprime il concetto in tutta la sua ampiezza, cioè non ne restringe

(1) Equità ed equo significano presso di noi quel che le nostre fonti più volontieri esprimono colle parole *benignitas*, *humanitas*, ecc., ovvero concernono una applicazione limitata dell' *æquitas* romana, cioè quella maggior libertá di apprezzamento e quel riguardo alle circostanze del caso, che al giudice è lecito di adoperare in molti rapporti; al quale proposito cfr. Scialoja, *Del diritto positivo e dell' equità*. Camerino, 1880, pag. 25. — Fadda, *L'equità e il metodo nel concetto dei giureconsulti romani*, Macerata, 1881.

(2) L. 1 pr. D. *De iust. et iure*, 1, 1.

il còmpito alla mera interpretazione del diritto positivo. Del resto alla evoluzione del diritto i giureconsulti romani non cooperavano solo teoricamente, ma altresì praticamente, in quanto la loro interpretazione trascendeva fino a un certo segno i limiti della interpretazione vera e propria e creava nuovo diritto.

§ 3. **L'evoluzione del diritto e le fasi di sviluppo del diritto romano.**

D. De or. iur., 1, 2.

Il diritto, come ogni altra manifestazione della vita dei popoli, l'arte, il costume, la letteratura, è un prodotto della coscienza sociale e quindi varia nel tempo, varia da popolo a popolo, via via che mutano e si affinano i bisogni, i sentimenti, la civiltà: è questo il principio della evoluzione giuridica.

Il merito di aver fissato nella scienza giuridica questo principio dell'evoluzione, che applicato, prima e dopo, ai più varî campi della conoscenza (astronomia, geologia, biologia, linguistica, psicologia, ecc.), doveva assorgere per opera dello Spencer a spiegazione generale dell'universo, e di aver dato il primo impulso allo studio dello svolgimento organico del diritto spetta alla *scuola storica,* fiorita in Germania nella prima metà del secolo passato, e principalmente al Savigny.

Ora il diritto romano è tra i diritti storici e vigenti il solo di cui l'evoluzione si possa seguire per un corso di più che mille anni indietro, attraverso fasi grandiose e fatali per la storia dell'umanità.

In questo lungo periodo di tempo due grandi crisi segnarono la più profonda rivoluzione nella società: la prima, successa alla guerra annibalica (218-200 a. C.), quando i rozzi agricoltori del Lazio divennero nello spazio di sessanta anni signori del mondo antico ed eredi delle più fiorenti civiltà; la seconda, successa alla morte di Alessandro Severo (235 d. C.), quando la forza crescente dei barbari e quella rinata dei Persiani ruppe i confini del Reno, del Danubio, dell'Eufrate, e, restaurato pure l'impero, svanì peraltro la primazìa di Roma e d'Italia.

Queste due grandi crisi pertanto separano tre sistemi diversi di diritto, o anche, se si vuole, tre epoche, avvertendo sempre che per quella forza d'inerzia che conserva talvolta le istituzioni più viete e tarda invece lo sviluppo dei germi nuovi, il movimento non corre parallelo per tutti gl'istituti, sicchè lo stato del diritto al chiudersi di una data epoca non rappresenta in tutte le parti uno stesso sistema.

Questi tre sistemi si possono denominare: il diritto quiritario o schiettamente romano *(ius quiritium)*, il diritto romano-universale *(ius gentium)*, il diritto *elleno-romano* o *romeo.*

Il primo sistema o la prima epoca ci presenta ordini giuridici adatti a una società ristretta, a vita semplice e rustica. Una seria di organismi politici, l'uno al disotto dell'altro, la *civitas*, la *tribus*, la *gens*, la *familia*, come nelle età primitive, di cui la forza precoce dello Stato romano, costituito sulla base della *civitas*, non lascia sopravvivere che l'ultimo gruppo, la *familia* (1). Economia essenzialmente agricola, proprietà divisa tra i capi delle *familiæ*, ma basata sugl'interessi dell'agricoltura, forme e cerimoniale giuridico quasi esclusivamente di parole solenni e fisse, per esempio: la *mancipatio*, il *nexum*, la *sponsio* o *stipulatio iuris civilis*, l'*actio sacramenti* ecc. Le XII Tavole, il *ius civile*, elaborato dalla giurisprudenza pontificia, sono l'espressione di questa epoca.

La seconda epoca ci offre invece un diritto che, pure svolgendosi sulle antiche basi, per opera di sapienti organi, il Pretore, la giurisprudenza, gl'imperatori, si af-

(1) BONFANTE, *Bull. dell'Ist. di dir. rom.*, I, 1889, pag. 237-250: *Res mancipi e nec mancipi*, Roma. 1888-89, pag. 280-283; 288-305.

fina e si rende adatto via via agli scopi di una società più vasta e civile e alle relazioni commerciali piu varie. Il gruppo familiare s'infiacchisce e in parte si sfascia, sottentrando largamente al suo posto la società domestica o famiglia nel senso moderno, o rendendosi indipendenti in qualche rapporto i membri soggetti della *familia,* cioè i *filiifamilias:* una serie d'istituti e di rimedi speciali allargano il campo dell'antico diritto, ne correggono le severe asprezze o le conseguenze dure che non hanno più alcuna giustificazione: le forme antiche perdono i caratteri loro più rigidi e particolari (la *sponsio* o *stipulatio iuris civilis,* ad esempio, cede il posto alla *stipulatio iuris gentium),* o ne scema il vigore e l'osservanza. Il *ius honorarium*, opera del Pretore, col suo sforzo assiduo rivolto a raggiungere nuovi fini con vecchi istituti, ad appianare i contrasti più violenti tra gli ordini antichi e le idee nuove, è l'espressione più caratteristica di questa epoca. In quest'epoca è anche il fiorire della giurisprudenza classica (I-III secolo d. C.).

L'ultima fase di sviluppo del diritto romano segue in una terra e tra popoli diversi da quelli ov'era cresciuto finora. Già poco prima della crisi del terzo secolo tutti i sudditi dell'impero erano stati fatti cittadini romani dall'Editto di Caracalla (212 d. C.): superata poi quella crisi per opera dei grandi imperatori illirici da Claudio II a Costantino, il centro di gravità dell'impero si trasporta dall'Italia in Oriente, ove, mentre l'Occidente pare stranamente esaurito, l'attività legislativa si esercita con fervore e tutta la vitalità e la potenza antica dura nel pieno splendore fino ai tempi della quarta Crociata. Ora lo spirito ellenico di questi *romei*, vivace, umano, ma meno logico e pratico, imprime il suo carattere a tutta la successiva evoluzione del diritto, che colla cittadinanza è stato loro largito (1).

(1) MITTEIS, *Reichsrecht und Volksrecht*, Leipzig, 1891.

Lo sfacelo della *familia* romana precipita, le istituzioni fondamentali, che si riconnettevano all'antica vita dei campi o avevano radice nelle più tenaci tradizioni e nelle peculiari tendenze e attitudini di pensiero dell'antico popolo, sono abolite o svisate nella pratica, alla pietà è spesso immolata la giustizia, in tutto il campo del diritto il più largo impero è accordato alla volontà individuale e un gran lusso di scritture pubbliche e private subentra al posto delle venerande forme romane; ma nello stesso tempo il diritto romano diviene sin d'allora una legge d'ordine generale, al disotto della quale si affermano o tentano affermarsi le istituzioni speciali delle singole regioni. La compilazione giustinianea rappresenta in gran parte compiuto tale sviluppo (1).

Di queste diverse fasi giova tener conto nella trattazione dei singoli istituti.

§ 4. Diritto pubblico e privato: norme imperative o assolute e norme dispositive o suppletive.

§ 4 I. *De iust. et iure*, 1, 1. L. 1. § 2 D. *eod.*

Il diritto o *ius civile* si distingue in *pubblico* e *privato*. Questa distinzione ha presso i Romani un duplice significato, che si collega al senso ambiguo delle parole pubblico e privato: pubblico (da *populus*) è un concetto che oscilla tra lo Stato e la società, e può anche nella nostra lingua aver tratto così all'uno (per esempio, il pubblico erario), come all'altra (per esempio, la pubblica economia, la pubblica stima), o anche esserne quasi ambiguo il senso (per esempio, la pubblica ricchezza). Ciò tanto più accadeva nella lingua latina, che non possiede i corrispondenti dei nostri termini individuale e sociale.

(1) Quanto al Cristianesimo la sua benefica influenza si esercitò nella società medievale, non nella romana. Per il diritto romano non è dato quasi riscontrare l'influsso cristiano fuori delle *piæ causæ* o fondazioni e della reazione contro il divorzio.

La definizione accolta nelle Istituzioni, ricavata, come in genere questi supremi concetti del diritto, dal giureconsulto Ulpiano, rispecchia l'opposizione tra lo Stato e i singoli. Il *ius publicum* regola i rapporti politici, i fini che lo Stato deve raggiungere: *ad statum rei romanæ spectat;* il *ius privatum* regola i rapporti tra i privati cittadini, fissa condizioni e limiti nell'interesse dei singoli: *ad singulorum utilitatem pertinet* (1).

Ciò risulta anche più evidente dagli esempi che nel Digesto reca Ulpiano in seguito alla definizione: *Sunt enim quædam publice utilia, quædam privatim. Publicum ius in sacris, in sacerdotibus, in magistratibus consistit.*

Senonchè nelle fonti romane una quantità di norme che regolano rapporti tra privati sono dette novamente di diritto pubblico, e, osservando la ragione, si vede appunto che ciò avviene perchè coll'interesse individuale concorre un interesse sociale generale. Ora questo senso del *ius publicum* ha una singolare importanza, inquantochè l'efficacia delle sue norme, sieno pur stabilite nei rapporti tra singoli, non può essere menomata per via di patto, ossia non vi si può derogare dai cittadini. Per esempio, si può ben stabilire ne' contratti che non si risponda per la colpa anche la più grave, ma non si può lo stesso per il dolo, giacchè è interesse generale che alla frode non si renda mai favore. Similmente nell'istituto dotale v'ha una quantità di disposizioni dirette a serbare intatta la dote alla donna, nè questa può rinunciare al favore della legge, perchè *interest reipublicæ* (s'intende allo Stato come rappresentante della società tutta quanta) *mulierum dotes*

(1) Nella frase *status rei romanæ* non deve sfuggire che *res romana,* cioè *res publica romana,* corrisponde al nostro « Stato », come *civitas* risponde a nazione o popolo, mentre *status* significa l'essere, lo stato nel senso più generico. Per una singolare evoluzione che risale all'epoca dei nostri Comuni, questa parola *status,* omettendosi il genitivo specifico *civitatis, reipublicæ,* con cui significa il benessere o l'interesse del Comune, è passata oggidì a significare « lo Stato ».

salvas esse: nè il padre può esimere dal rendimento dei conti il tutore che assegna ai figli, perchè *interest reipublicæ rem pupilli salvam fore* (1).

Il principio stesso è ripetuto più volte dai Romani a mo' di aforisma, in termini quasi identici: *Ius publicum privatorum pactis mutari non potest* ovvero: *Privatorum conventio iuri publico non derogat* (2).

§ 5. **Diritto singolare o eccezionale e diritto comune o normale. Privilegi.**

L. 14. 15. 16. D. *De leg.*, 1, 3.

La regola particolare, che deroga ad un'altra generale, cioè si presenta come un'eccezione a questa, giustificata da ragioni speciali, è detta dai Romani *ius singulare*. Tale è, per esempio, quella per cui si fa divieto di donare tra coniugi, mentre le donazioni in genere sono permesse. Di fronte ad essa il principio generale, che fuori della ristretta sfera dell'eccezione è quello che s'applica, si denomina *ius commune*. I moderni usano le espressioni diritto *eccezionale* o *anomalo*, diritto *regolare* o *normale*.

Tanto la regola eccezionale, quanto la regola generale hanno sempre identico fondamento: porre, nell'interesse di tutti, i limiti più opportuni all'attività di ciascuno nel tendere ai propri fini. E come la ragione d'utilità giustifica l'una e l'altra, così l'una e l'altra si debbono presumere costituite il più che è possibile in guisa conforme all'*æquitas*.

Paolo definisce il *ius singulare* nel modo seguente: *Ius singulare est quod contra tenorem rationis propter aliquam utilitatem auctoritate constituentium in-*

(1) Altri esempi: L. 27. § 4. D. *De pact.*, 2, 14: *expedit enim timere furti vel iniuriarum poenam*. L. 1, § 9, D. *De mag. conv.*, 27, 8; L. 3, D, *Qui test. fac.*, 28, 1: L. 2, C. *De inut. stip.*, 8, 38, ecc.

(2) L. 38 D. *De pact.*, 2. 14; L. 45 § 1, D. *De r. i.*, 50, 17. — Cfr. anche L. 45 D. *De pact.*, 2 14; L. 1, § 9, D. *De mag. conv.*, 27, 8; L. 15 § 1, D. *Ad leg. Falc.*, 35, 2. — Si usa anche semplicemente *ius* o *forma iuris* o *leges* e simili espressioni in opposizione a *voluntas*.

troductum est (1). L'esser messa in rilievo l'*utilitas* non significa che questa sia fondamento esclusivo del *ius singulare;* gli è che la speciale utilità, che ha indotto l'eccezione ai principî si avverte naturalmente con senso più vivo e immediato. Nè l'antitesi col *tenor rationis* o *ratio iuris*, cioè colle conseguenze logiche, che si dovrebbbero indurre dal principio generale, deve d' altra parte far credere che le regole di diritto comune si fondino esclusivamente su principî di logica, non di utilità. Quelle parole significano soltanto il processo logico necessario, come vedremo, per la costruzione e l'applicazione dei principî più generali; ma l'utilità e l'equità di essi non vien punto ripudiata.

Tuttavia è certo che nelle fonti la sanzione di un principio di diritto singolare è avvertita molto sovente colle espressioni *propter utilitatem* o *utilitatis causa.*

I diritti singolari più notevoli sono quelli che stabiliscono disposizioni di favore per mitigare opportunamente in alcune circostanze l'applicazione rigorosa dei principî generali. Queste eccezioni costituiscono una vasta categoria, che prende il nome di benefici *(beneficia legis).* Tali sono, ad esempio, il *beneficium inventarii*, per cui l' erede che faccia un inventario del patrimonio del defunto, contro i principî supremi dell'eredità romana, non risponde dei debiti oltre l'ammontare dei beni (§ 193), il *beneficium abstinendi* simile al precedente (§ 193) e il cosiddetto *beneficium competentiæ* (§ 132).

Da non confondersi col *ius singulare* è il ***privilegio***, cioè quella disposizione eccezionale non giustificata da un fine corrispondente, non conforme quindi affatto all'*æquitas.* Il termine antichissimo per denotare il privilegio pare che fosse appunto *privilegium;* così nella legge delle XII Tavole, che ne fa espresso divieto: *privilegia ne inroganto.* Ma nell'età imperiale la parola *privilegium* si adopera anche come sinonimo di *ius sin-*

(1) L. 16 D. *De leg.* 1, 3.

gulare, e a significare i privilegi veri e proprï soccorrono delle circonlocuzioni: *constitutio personalis* e simili.

I privilegi sono più spesso condizioni di favore a una persona o a una classe, esenzioni da pesi o altre regole gravose; ma si possono avere anche privilegi odiosi.

Purnondimeno se, in via di principio, essenzialmente diversi sono il *ius singulare* e il *privilegium*, ne' casi estremi la linea di confine è assai vaga: e ciò spiega la confusione di termini e di concetti. Un istituto singolarissimo dell'età imperiale è il testamento militare, che costituisce una deroga generale a tutti i principii supremi dell'eredità romana e anticipa l'istituto moderno. Ora se alcune di queste esenzioni, per esempio quella che riguarda le formalità gravi del testamento, possono essere giustificate dalle condizioni dei militari, dalla loro lontananza dai centri cittadini, dalla loro ignoranza reale del diritto, giacchè spesso erano fatti cittadini e quindi partecipi del diritto romano all'atto di entrare nella milizia, per altre numerose la ragione di equa giustizia che si ricerca è spesso assai debole e forzata, e l'impressione che si riceve da un'eccezione così vasta a beneficio della classe, di cui gl'imperatori paventavano la potenza e ricercavano con ogni studio il favore, non è certo quella di un puro istituto di diritto singolare (1).

§ 6. Diritto naturale, delle genti e civile.

§ 1. I. *De iust. et iure*, 1, 1. I. *De iure nat. gent. et civ.*, 1, 2.
D. *De iust. et iure*, 1, 1.

Il diritto privato propriamente detto, cioè quello che regola i rapporti fra cittadini privati, è diviso nelle Istituzioni in tre parti: diritto naturale, delle genti e civile.

(1) L'importanza del *ius singulare* dal punto di vista dommatico riguarda l'interpretazione analogica (v. § 8); ma anche per lo studio organico del diritto non lieve è l'interesse ch' esso offre, in quanto la norma di tal natura ci serba spesso reliquie, di un ordinamento giuridico tramontato o prelude a un ordinamento futuro.

Questa tripartizione si risolve in una duplice antitesi, poichè il *ius civile* assume, di nuovo, anche in questo più ristretto uso dei significati diversi, secondochè è opposto al *ius naturale* o al *ius gentium*.

Quanto alla opposizione tra il *ius civile* e il *ius gentium*, essa è chiara, a primo aspetto, dal senso delle parole stesse (*gens* non significa se non popolo, nazione) e dalle molteplici dichiarazioni dei Romani; *ius civile* è quel complesso d'istituti giuridici schiettamente particolari al popolo romano, *ius gentium* sarebbe il diritto che i Romani hanno comune con tutti gli altri popoli (1). Così il *ius gentium* si ridurrebbe a pochi principî generali: ed invece le sue norme nel diritto romano erano d' assai più numerose che non quelle *iuris civilis* e crebbero via via nella seconda epoca. Ciò deriva dal fatto che questo diritto delle genti non corrisponde con esattezza alla sua denominazione e al concetto generalissimo che se ne dà: esso è uno speciale diritto delle genti. I popoli, dal cui diritto comune si foggiò cotesto *ius gentium*, furono i popoli civili intorno al bacino del Mediterraneo, par quasi che il termine *gens*, come il nostro *nazione*, in senso elevato non si applichi se non ai popoli civili. Ora tra tutte queste *gentes* la comunanza di origine o i contatti antichi e frequenti e il comune sviluppo economico e civile avevano ingenerato veramente una massa considerevole di usi e di istituti comuni. A ciò s'aggiunse che ne' rapporti de' cittadini con questi stranieri i Romani non applicarono secondo i casi la legge propria o straniera, come si procede nel diritto internazionale moderno, bensì queste norme comuni, e quando non ve ne fossero, riducevano, per quanto era possibile, a un contenuto più semplice precetti e istituti diversi, spogliandoli degli elementi specifici di ciascun popolo; di guisa che il *ius gentium* propriamente si potrebbe definire « quel com-

(1) § 2, I. *De i. nat. gent. et civ.*, 1, 2.

plesso di norme che i Romani avevano comune coi popoli civili dell'antichità o ch'essi vennero a creare nei rapporti con questi ».

Più delicata è l'antitesi tra il *ius civile* e il *ius naturale*. Il senso fondamentale delle parole *natura*, *naturalis*, *naturaliter* è ciò che nel mondo esiste o avviene senza l'opera attiva, manifesta nell'uomo: così *naturalis alveus* è il letto del fiume, *naturalis agger* un argine non costruito dall'uomo, l'acqua che cade dal cielo ha una *naturalis causa*, ecc. Ora *ius naturale* designa « quel diritto che non è prodotto manifesto della volontà legislativa », *ius civile* è invece « quel diritto che rivela, in parte almeno, la creazione arbitraria del legislatore ». Il diritto è un portato della coscienza e dei bisogni sociali e dovrebbe sempre rispondervi esattamente. Ma se molte norme e molti istituti giuridici rispondono esattamente al loro scopo e si confondono con esso, in quanto non altro sono che la sanzione giuridica di questo, ve n'ha di molte in cui ciò non avviene, o per essere antiquate, o per l'imperfezione dei mezzi, di cui il legislatore può disporre. Le prime, in cui il legislatore non fa nessuna opera attiva, paiono veramente un prodotto naturale e si dicono di diritto naturale, le seconde di diritto civile: le prime sono sempre conformi a giustizia, all' *æquitas*, le seconde non sempre.

Non tutti peraltro i giureconsulti romani sembrano distinguere il *ius naturale* dal *ius gentium*. Abbiamo nelle fonti ora una triplice partizione o tricotomia, *ius naturale*, *gentium*, *civile*, ora una duplice o dicotomia, *ius gentium* (che sarebbe una cosa stessa col *ius naturale*) e *ius civile*. Le Istituzioni, pel modo con cui sono composte, serbano tracce dell'una e dell'altra, nè i compilatori si sono troppo curati di eliminare le contraddizioni (1).

(1) Il pensiero stesso dei compilatori sembra oscillante. Al § 4 I. 1, 1, seguendo ULPIANO, si enuncia in fine la tricotomia e al pr. I. 1, 2 si

La definizione che Gaio porge, riassumendo in un concetto unico il diritto naturale e il diritto delle genti, è la seguente: *quod naturalis ratio inter omnes homines constituit.* Nel Digesto invece Ulpiano, richiamando specialmente l'istituto della schiavitù (1) comune a tutti i popoli antichi, eppur contrario al *ius naturale,* separa questo dal *ius gentium.* Per vero il concetto che del primo ci si offre, *ius naturale est quod natura omnia animalia docuit,* è abbastanza infelice. Anzitutto non si può parlare di norme giuridiche comuni a uomini e ad animali, ma solo di rapporti comuni; la congiunzione del maschio e della femmina, ricordata dal giureconsulto, non è matrimonio, come del resto non è nemmeno matrimonio ogni unione tra uomo e donna. Ma più che altro la definizione del *ius naturale,* la quale, si vede, è ispirata dall'analogia colla definizione tradizionale del *ius gentium*, riesce troppo angusta: poichè v'ha molti istituti, per esempio la tradizione, la compravendita, ecc., che sono detti dai Romani di diritto naturale e sono tuttavia esclusivamente umani.

Più felice e veramente esatta sarebbe la definizione del *ius naturale* data da Paolo, *quod semper æquum*

porge la definizione del *ius naturale,* distinto dal *ius gentium,* ma al § 1 eod. si riporta la definizione gaiana, che fa tutt'una cosa del *ius naturale* e del *ius gentium;* al § 2 eod. si enuncia una serie di rapporti in cui il *ius naturale* diverge dal *ius gentium,* ma al § 11 I. II, 1 e al § 41 eod. gli stessi compilatori aggiungono esplicazioni dichiarative (iure naturali, *quod, sicut diximus, appellatur ius gentium;* iure gentium, *id est iure naturali*), da cui parrebbe che intendano essi pure il *ius naturale* come equivalente al *ius gentium.* E date queste dichiarazioni, è forse pericoloso, per quanto possa sedurre, il partito di risolvere la contraddizione, supponendo i testi interpolati, ed attribuire alle scuole post-classiche la concezione indipendente del *ius naturale;* quantunque la simpatia pel *ius naturale* e l'antitesi prammatica dei rapporti civili e naturali sembra veramente crescere nelle scuole post-classiche, che hanno foggiato le distinzioni del dominio civile e naturale, dei modi civili e naturali di liberazione dalla schiavitù, esagerata con notevole danno la distinzione dei modi civili e naturali di acquisto del dominio (§ 81) e forse ampliato oltre i suoi antichi termini il concetto dell'obbligazione naturale (Cfr. § 124).

(1) Cfr. L. 4 D. *De i. et i.* 1, 1; L. 32 D. *De r. i.* 50, 17.

ac bonum est (1), se l'avverbio *semper* non s'intendesse in guisa da alludere ad una immutabilità dei precetti del diritto naturale in qualunque epoca e ovunque.

Ma veramente è probabile che a ciò appunto alludesse il giureconsulto. Nelle Istituzioni da GIUSTINIANO è detto poi espressamente che i principî di diritto naturale *divina quadam providentia constituta* (qui è l'imperatore cristiano che parla) *semper firma atque immutabilia permanent,* mentre a molte mutazioni vanno soggetti i principî di mero diritto civile. Ora ciò non è esatto, poichè nessun istituto di diritto si sottrae alla legge dell'evoluzione. Questo solo si può dire, che i principî di diritto naturale sono d'assai più stabili, perchè non hanno ragion di mutare per adattarsi meglio allo scopo, per esser resi più equi, ma conviene addirittura che mutino o i bisogni o la coscienza sociale, il che l'uomo per istinto non crede possibile.

Nondimeno, dato quel concetto e quel modo di stabilire i principî di diritto naturale, l' idea che fosse tal diritto assoluto e immutabile non poteva recar danno ai Romani; non fu innocua invece ai moderni, allorchè il diritto naturale si volle costruire su basi puramente speculative.

§ 7. Fonti del diritto.

1. *De iure nat. gent. et civ.* 1.2. D. *De iust. et iure* 1. 1. D. *De leg.* 1. 3. D. *De const.* 1. 4 Cod. Tit., 1,14-17; 1, 23; 8, 52 (53).

Giova distinguere la fonte suprema del diritto, ossia la fonte del diritto ideale, da quelle proprie del diritto positivo. L'origine ultima del diritto è nella *coscienza del popolo.* Questa coscienza è più chiara e determinata nelle classi culte della società, massime in quella dei giuristi, le quali peraltro nelle condizioni normali dell'evoluzione sono partecipi e interpreti del sentimento popolare.

(1) L. 11. D. *De i. et i.*, 1, 1.

Fonti del diritto positivo sono gli organi propri e diretti dell'evoluzione giuridica: in altri termini « i modi per cui la norma giuridica viene ad esser stabilita come tale, cioè come norma positiva e coattiva ». Quando si discorre in generale di fonti del diritto, gli è a queste fonti del diritto positivo che si vuol riferirsi.

Si distinguono due modi fondamentali di stabilire il diritto: la consuetudine e la legge. La distinzione generale delle due fonti è fatta, sull'esempio greco, riguardando la forma esteriore, per cui si manifestano i precetti: *ius scriptum* è la legge, *ius non scriptum* è la consuetudine.

La *consuetudine* (*consuetudo, mos, mores*) è il modo primitivo di formazione del diritto. Ciò si rivela già dall'esser questa fonte la più naturale e spontanea e dall'esser anche la stessa da cui traggono origine le altre norme sociali, le quali nelle epoche primitive non si distinguono gran fatto dal diritto (1).

La consuetudine si può definire: « l'osservanza spontanea della norma che risponde alla convinzione giuridica del popolo ». Occorrono quindi a costituire una consuetudine giuridica, ossia a fondare il diritto consuetudinario, i seguenti requisiti: la *convinzione giuridica,* ossia la convinzione che la norma si debba osservare come diritto, e l'*osservanza spontanea* di essa. Nelle Istituzioni è definita la consuetudine *diuturni mores consensu utentium comprobati.* In questa definizione è posto bensì come elemento il consenso dell'universale, ma non si esprime che il consenso dev'esser sul valore giuridico della norma consuetudinaria, ossia non si distingue propriamente la consuetudine giuridica dalle consuetudini estragiuridiche. Dall'altra parte l'osservanza effettiva della norma si vuol che sia da lungo tempo stabilita: ora, a ben guardare, l'essere antica e radicata

(1) I termini stessi, e specialmente *mores,* sono anche usati a designare consuetudini sociali estragiuridiche.

una consuetudine è un carattere esteriore, non un requisito essenziale. La ragione per cui nondimeno le fonti romane insistono su questo carattere della consuetudine (1) è l'importanza pratica di esso come argomento dell'esistenza e sovrattutto del valore giuridico della consuetudine.

Il diritto sancito dalla consuetudine prende il nome di diritto consuetudinario: *ius quod usus comprobavit*.

La *legge* è « il modo di formazione del diritto per opera di organi destinati espressamente a questo scopo ». Nelle prime epoche tuttavia non solo gli organi destinati alla produzione e all'applicazione del diritto sono gli stessi, ma nemmeno si avverte gran fatto la diversità di funzione; il re e le assemblee sono giudici e legislatori, la sentenza crea diritto. In seguito si cominciano a distinguere le due funzioni, in un'età di maggiore sviluppo civile anche gli organi legislativi e giudiziari; allora soltanto la legge si separa nettamente dalla consuetudine.

Varie fonti del *ius scriptum* si affermarono nelle epoche storiche dell'evoluzione del diritto romano, contrastandosi il campo e usurpando a grado a grado il posto l'una dell'altra; e alcune di esse hanno carattere ambiguo, non riducibile alle categorie nette della legge e della consuetudine. Nella prima epoca gli antichi *comizi curiati,* dei soli vecchi cittadini, i patrizi, i *comizi centuriati* e i *comizi tributi,* gli uni e gli altri costituiti, su diversa base (timocratica o democratica), dei vecchi e dei nuovi cittadini, i plebei; tutti organi della *lex* in proprio senso, colla cooperazione, cioè su proposta (*rogatio*) del re i primi, del console o del pretore gli altri due; i *concili tributi della plebe* (la cui potestà legislativa, dopo lunghe lotte, venne riconosciuta definitivamente in forza della *lex Hortensia*), organo del *plebiscitum,* detto in

(1) *Diuturna, longa, diu o frequenter servata, antiquitus probata et tenaciter servata, vetustissima consuetudo, longævus usus* e simili.

seguito anche *lex*, su proposta del tribuno. Nella seconda epoca il *Pretore,* la fonte più importante, organo del *ius honorarium* (1), col suo Editto annuale (*Edictum perpetuum*), il quale, anche dopo Adriano, che ne impedì lo svolgimento ulteriore, obbligando i Pretori a pubblicare d'anno in anno l'Editto codificato per ordine suo da SALVIO GIULIANO, legalmente non crea diritto, ma ha forza di legge in virtù dell'impero del magistrato durante l'anno; il *Senato,* i cui *senatus-consulta,* emanati su proposta dell'imperatore (*epistola, oratio*), dall'età di Tiberio hanno forza di legge, in quanto i principî giuridici da essi stabiliti debbono dal Pretore essere inseriti nell'Editto e applicati; finalmente l'*imperatore,* le cui disposizioni generali, *editti,* comunicazioni dirette a tutti i sudditi o parte di essi, o *mandati,* cioè istruzioni ai governatori delle provincie, avevano anch'esse legalmente valore per il tempo della carica, che non è più l'anno, ma la vita del monarca, e prendevano il nome di *constitutiones,* mentre nelle decisioni (*decreta*) o ne' pareri, sia diretti a privati (*rescripta*) o a magistrati (*rescripta* o *epistulæ*), in cui non è che libero interprete, il principe fa legge in perpetuo (2). Nell'epoca romano-ellenica quest'ultima fonte, e specialmente nella forma edittale, poichè si tende a limitare il valore dei rescritti, restò anche l'unica e con pieno valore legale: e mentre il diritto delle costituzioni imperiali si usava indicarlo oramai col termine antico delle leggi comiziali, *leges,* il diritto emanato da fonti più antiche e conservato nelle opere dei giureconsulti prese il nome di *iura.* Il Codice di GIUSTINIANO è una compilazione di *leges,* il Digesto di *iura.*

Anche la giurisprudenza era in Roma libera interprete e fonte del diritto, e tale durò anche nell'epoca imperiale,

(1) Detto così dall'uffizio o carica pubblica (*honor*) del Pretore.

(2) § 3-9, I. *De i. nat. gent. et civ.*, 1, 2. WLASSAK, *Kritische Studien zur Theorie der Rechtsquellen*, Gratz, 1884: PERNICE, nella *Zeitschrift der Savigny Stiftung für R. g.* 1885, pag. 287.

in quanto i pareri dei giureconsulti muniti del *ius respondendi*, purchè non discordi, furono riconosciuti obbligatori per il giudice.

La scuola storica esagerò il valore della consuetudine, quale espressione più schietta della coscienza popolare. In realtà i pregi della legge come fonte del diritto sono tali e tanti, la certezza della sua esistenza, del suo tenore e della obbligatorietà giuridica, la ponderatezza della sua concezione, l'essere essa sola adatta a imperare in un grande Stato, ove una consuetudine uniforme non può sorgere, che lo sviluppo civile e il progressivo incremento del popolo e dell'autorità statuale diminuiscono via via la consuetudine sino a restringerla all' uffizio d' integrare il diritto, senza poter abrogare una regola stabilita dalla legge. Anche nella società romana la consuetudine venne ben presto sopraffatta dall'attività delle altre fonti. Sono ben pochi i principî che vi si riferiscono, e in genere essi ricevono una specie di suggello legislativo dall'editto del Pretore e dalle altre fonti legali. Tuttavia fin sotto Adriano il giureconsulto GIULIANO riconosce alla consuetudine la forza di abrogare la legge (1). Ma nel periodo romano-ellenico l'imperatore Costantino pronuncia che la consuetudine non debba esser mai di tale autorità da vincer la legge (2). Queste due leggi, che fanno parte entrambe del *Corpus iuris*, paiono in aperta contraddizione: dovendo risolversi per una sola, giova accettar la seconda, più conforme allo spirito della legislazione e dello Stato nel diritto giustinianeo (3).

(1) L. 32, § 1. D., *De legib.* 1, 3.

(2) L. 2, C. *Quæ sit longa c.*, 8,52 (53).

(3) Fra i numerosi tentativi di conciliazione delle due leggi l'unico assai plausibile, e pel concetto che ne risulta e per le parole stesse della costituzione di Costantino e per l'occasione che potè indurla, è quello nuovamente difeso dallo SCIALOJA (*Arch. giur.*, vol. XXIV, pag. 420) che l'imperatore intenda semplicemente di non ammettere nella consuetudine tal forza da vincere (*ut-vincat*) una legge diretta appunto ad abrogarla o tutto un nuovo ordine sociale e giuridico che vi repugna (*rationem-aut legem*). — Non è impossibile tuttavia che la contraddizione

§ 8. Interpretazione del diritto.

D. *De. leg.*, 1, 3.

Dicesi *interpretazione* « l'operazione logica che si compie per intendere ciò che la legge prescrive, la *mens* o *sententia legis* o *legislatoris* ». Si suol distinguere l'interpretazione in *legale* e *dottrinale;* ma la prima, che emana dallo stesso legislatore, non è vera interpretazione.

L'interpretazione vera, cioè la dottrinale, eseguita dalla giurisprudenza, assume diverso carattere, secondochè si tratti di chiarire ciò che è espressamente sancito dalla legge, o mettere in luce ciò che è implicitamente contenuto nella legislazione; la quale seconda forma d'interpretazione, a causa del suo procedimento specifico, prende il nome di analogia o interpretazione analogica.

Esaminiamo dapprima l'*interpretazione in stretto senso.* Ogni norma di diritto deve essere interpretata; s'intende però che n'hanno particolar bisogno le leggi oscure, ambigue o imperfette nell'espressione e quelle che, facendo parte di uno stesso Codice, paiono contraddirsi tra di loro. Si distingue a tal proposito l'interpretazione *grammaticale* e l'interpretazione *logica:* ma si noti che non trattasi di due specie diverse, bensì di due momenti o due stadî del processo logico. L'interpretazione grammaticale intende puramente di stabilire il senso che risulta dal valore linguistico delle parole e delle locuzioni usate dal legislatore e dalla loro costruzione sintattica. Ma può accadere che l'interpreta-

sia fondata su di un errore, cioè la dichiarazione enfatica di GIULIANO non sia che una illusione nascente dalle ancor fresche tradizioni delle origini del popolo romano e dalla vasta influenza della desuetudine nel campo delle norme dispositive; giacchè non mi sembra che, in uno Stato civile e ben ordinato, alla consuetudine possa esser riconosciuta virtù di creare e più ancora di abrogare norme imperative o assolute.

zione grammaticale non dia per nulla un senso chiaro e verosimile. Qui comincia il còmpito dell'interpretazione logica. In questo secondo stadio la prima cosa a cui convien riguardare è la connessione tra le varie parti della legge stessa (1): poi la connessione della legge con altre anteriori o posteriori (2); poi lo scopo che la legge si propose, la *ratio legis*, come dicono i Romani (3), e alla sua volta lo scopo della legge vuol esser ricavato da molti elementi: la condizione giuridica e sociale in cui la legge fu emanata, l'*occasio legis*, le dichiarazioni di coloro che hanno contribuito a formarla, ecc. Ove tutti questi mezzi non giovino, non c'è altro rifugio che di preferire l'interpretazione che dà alla legge un senso più ragionevole ed equo o meno remoto dal diritto esistente (4).

L'interpretazione logica, quando, nella sua funzione più grave, induce a correggere l'espressione inesatta del precetto legislativo, prende il nome di *estensiva (plena interpretatio)*, se il concetto cui si riduce la legge è più lato dell'inesatta espressione di esso, *restrittiva*, se tale concetto è più ristretto, *modificativa*, se è in qualunque modo diverso. Tali espressioni però, massime le prime due, tradizionali entrambe, non sono troppo felici, perchè pare che la legge stessa, cioè il concetto suo, si estenda o si restringa, il che non sarebbe interpretare, bensì violare la legge. In realtà ciò che si estende o si restringe è la parola, in base appunto al pensiero scoperto, perchè la volontà della legge consiste nel suo pensiero, non nelle parole (5). Così per

(1) Celso. L. 24, D. *De legib.*, 1, 3: *Incivile est nisi tota lege perspecta una aliqua particula eius proposita iudicare vel respondere.*

(2) L. 26-28, D. *De leg.*, 1, 3.

(3) L. 19, D. *Ad exhib.*, 10, 4. Lo scopo della legge, ove al legislatore sia possibile raggiungerlo direttamente, può coincider col suo disposto: onde avviene che spesso è tutt'una cosa colla *mens legis*.

(4) L. 18, D. *De leg.*, 1. 3; L. 192, §. 1, D. *De r. i.*, 50. 17; L. 67, D. eod.

(5) Si può ben ripetere al proposito: *Scire leges non est verba earum tenere, sed vim ac potestatem* (Celso, L. 17, D. *De legib.*, 1. 3).

glans s' intese dalla giurisprudenza qualunque frutto, per *tignum* qualunque materiale da costruzione.

L'*analogia*, ossia quella forma superiore d'interpretazione che ricerca non il pensiero espresso, bensì il pensiero implicito nella legislazione, consiste in ciò. Qualunque rapporto tra le persone nell'àmbito di un istituto giuridico è rapporto giuridico e deve quindi, in caso di contestazione, venir giudicato colle norme di diritto. Ma il legislatore non ha in ciascun istituto regolato se non quei rapporti che più frequentemente si presentano: or come si provvede, quando per una eccezionale congiuntura o anche per un mutamento nelle condizioni sociali sopravvenga la necessità di dar sentenza su di una figura dal legislatore non contemplata? Ricercando in tal caso quale sarebbe il suo pensiero; induzione legittima che noi possiamo desumere dal modo col quale egli ha regolato lo stesso rapporto in altri istituti che offrono la maggior possibile analogia con quello in cui si presenta la specie. Ad esempio, se non è stabilito espressamente come s'abbia a decidere circa la colpa dei contraenti in caso di permuta, si deve bene applicare la norma che il legislatore ha stabilito per la compravendita. È evidente che questo processo dell'interpretazione analogica perviene alla *costruzione* di principî generali, che valgono per una serie d'istituti giuridici o anche per tutto un sistema legislativo.

Ma è anche naturale che a questo processo di analogia non si debba far ricorso nelle norme che costituiscono eccezione ai principî fondamentali dell'istituto. Sulla base del *ius singulare* (v. § 5) non si può indurre mercè l'analogia la presumibile volontà del legislatore nelle specie non contemplate in istituti affini (1).

L'interpretazione del diritto giustinianeo offre particolari difficoltà a causa della sua speciale formazione

(1) PAOLO: *Quod vero contra rationem iuris receptum est, non est producendum ad consequentias.* GIULIANO: *In his quæ contra rationem iuris constituta sunt, non possumus sequi regulam iuris* (L. 14, 15, D. *De legib.*, 1, 3).

e del modo con cui ci venne trasmesso. Anzitutto nel dubbio conviene che preceda la critica del testo, perchè nessun manoscritto è autentico. Inoltre i frammenti inseriti nella compilazione giustinianea vennero assai di frequente, come si disse, interpolati, e non di rado inettamente, dai compilatori: e spesso, anche se il testo del frammento è genuino, l'interpretazione logica ne può mutare il senso originario per la sua connessione con altre leggi o collo spirito generale della legislazione giustinianea o semplicemente per essere isolato dal contesto in cui trovavasi. In simil caso abbiamo una *duplex interpretatio,* storica o legislativa. Massime ed enunciati generali hanno spesso un valore affatto diverso nel pensiero del giureconsulto e in quello dei compilatori, non solo per la coordinazione con altre leggi, ma anche secondo che il testo è inserito in una rubrica speciale o nel titolo generale *de regulis iuris* (50,17); l'estensione analogica dei principî nuovi agli istituti antichi deve spesso procedere con una certa libertà, il carattere normale o singolare del principio si deve stabilire da una serie d'indizi desunti da tutto il sistema legislativo e anche al riguardo spesso la posizione si rovescia dal diritto classico al diritto giustinianeo. Frequenti sono i testi storici, il cui tenore è incompatibile e inattuabile nel diritto giustinianeo, frequenti i sottintesi legislativi, frequenti infine le contraddizioni (antinomie). Sussidi tecnici speciali alle fonti romane per risolvere le antinomie vere ed accogliere l'un principio o l'altro o riguardare l'uno come eccezione, ossia come norma singolare, rispetto all'altro, sono la posizione del frammento nella rubrica principale dell'istituto o accidentalmente in un'altra rubrica, la cronologia de' vari frammenti, in quanto ci aiuti a rilevare quale è il principio che rappresenta uno svolgimento progressivo (il principio più evoluto peraltro non è sempre rappresentato dal giureconsulto più tardo) ed è più conforme allo spirito della legislazione giustinianea, finalmente l' interpolazione stessa operata nell' uno di essi. Nessuna preminenza del resto è accordata a una parte dalla compilazione, per esempio alle Istituzioni, come un tempo si credette, sulle altre, perchè tutte si debbono considerare emanate dal legislatore Giustiniano e nello stesso giorno.

In tali condizioni il *Corpus iuris* è la miglior palestra per l'interprete del diritto, così per i pregi insuperati dei giureconsulti, da cui emanano i frammenti, come pei difetti egualmente insuperati, dal lato formale, della legislazione giustinianea. A buon diritto la dottrina dell'interpetrazione è parte essenziale della scienza del diritto romano.

§ 9. Materia del diritto privato e sue diverse parti. Il diritto subbiettivo.

Il diritto privato stabilisce limiti e condizioni in ordine all'attività che l'uomo esercita sul mondo esteriore, cioè rispetto alla natura e agli altri uomini; ma la norma giuridica, così nel diritto privato romano, come in generale in quello d'ogni popolo civile, regola in due campi soltanto l'operare umano, nè in essi impera nemmeno da sola. Questi due campi abbracciano però i fini umani più essenziali: procacciarsi dal mondo esteriore i mezzi indispensabili alla conservazione e al benessere individuale, provvedere alla conservazione e al benessere della specie.

Il complesso dei mezzi di sussistenza e benessere costituisce i beni nel senso generico, i *bona* in senso naturale, come dicono i Romani. In alcuni di essi, come l' aria, la luce, ecc., per ragioni fisiche il godimento non è d'ordinario, nè può esser regolato dal diritto; in altri sì, per la ragione contraria, e questi ultimi diconsi *bona* in senso giuridico, *civiliter bona* (1).

(1) L. 49. D. *v. s.*, 50, 16.

L'operare umano diretto alla conservazione della specie e alla tutela dei deboli è regolato principalmente dal diritto privato entro il consorzio della *famiglia*.

Entro i limiti dal diritto stabiliti, ossia quando concorrano le condizioni dalla legge determinate, l'attività dell'uomo è libera e difesa dallo Stato contro qualunque aggressione. Ogni facoltà garentita di agire sul mondo esteriore dicesi anch'essa diritto, *ius*, e quando si voglia distinguerla dal diritto come norma prende il nome di *diritto subbiettivo*. Nelle vecchie scuole si usava chiamare il diritto in senso subbiettivo *facultas agendi*, il diritto come norma, ossia in senso obbiettivo, *norma agendi* (1).

Colui al quale il diritto subbiettivo, sempre verificandosi le condizioni volute, può competere, è il *subbietto giuridico* o soggetto del diritto; se effettivamente lo acquista, diviene *titolare del diritto*. Il termine cui si riferisce, cioè la parte del mondo esteriore su cui si esercita il diritto, è l'*oggetto* del diritto. I limiti, ossia le condizioni, date le quali un diritto subbiettivo compete, ovvero cessa di competere al subbietto, diconsi *fatti giuridici*. Le relazioni che questi fatti vengono a stabilire tra le persone sono *rapporti giuridici*. Un complesso di norme giuridiche organicamente collegate e preordinate a un fine costituisce l'*istituto giuridico*. Il mezzo offerto al titolare a garentia del suo diritto è l'azione in giudizio o semplicemente *azione* (*actio*).

Il complesso dei mezzi di sussistenza e di benessere garentiti giuridicamente a un dato subbietto costituisce i suoi *beni*, il suo *patrimonio*, onde i diritti stessi diconsi *patrimoniali*. L'oggetto dei diritti patrimoniali può esser diverso e ciò genera un importante

(1) Anche alle altre norme sociali, fuor del diritto, corrisponde la facoltà di agire garentita da sanzioni diverse e questa facoltà si usa pure chiamarla *diritto*; si dice infatti: io ho il diritto di reputarmi offeso per una mancanza di riguardo, di esiger gratitudine per un beneficio, ecc.

distinzione: o il diritto compete immediatamente su di una parte limitata della natura, su di una cosa (*res*), e tali diritti dall'obbietto si chiamano *diritti reali* o *sulle cose;* o il diritto compete rispetto ad un altro subbietto giuridico, il quale è obbligato a impiegare in pro del titolare parte della sua attività, a compiere atti in suo favore e tali diritti costituiscono i *crediti,* i quali hanno anche dalla natura del rapporto il nome di *obbligazioni* o *diritti di obbligazione.* Al *credito* corrisponde dalla parte dell'obbligato il *debito,* il quale, come insegna la stessa designazione *æs alienum*, non si valuta nel patrimonio del debitore se non in quanto ne diminuisce l'ammontare. Il principio è: *Bona non intelleguntur nisi deducto ære alieno* (1).

Il complesso dei diritti patrimoniali incentrati in un dato subbietto suol esser valutato da un comune misuratore e denominatore, la moneta.

I diritti che si esercitano nell'ambito della famiglia, reciproci d'ordinario, via via che il progresso civile abolisce il carattere politico dei gruppi primitivi, prendono il nome di *diritti di famiglia* o *familiari.*

Qualunque diritto subbiettivo si rappresenta pure come un'appartenenza parziale o totale dell'oggetto o delle facoltà garentite sull'oggetto al titolare.

§ 10. **Ordinamento sistematico del diritto romano.**

L'ordine che si presenta più ovvio per lo studio del diritto sarebbe l' uno dei due seguenti: o interpretare

(1) Per la particolarità del rapporto ereditario cfr. § 187.
La comune dottrina confonde il *patrimonio* colla *posizione patrimoniale*, la quale naturalmente può tanto constare di attivo e passivo, quanto di solo passivo o anche ridursi a zero. Non vi ha una opposizione a fare tra un concetto *romano* e un concetto *germanico* del patrimonio, salvo, se vuolsi, ma lasciando da parte questi epiteti errati, nel rapporto ereditario, ove, per opera delle scuole post-classiche e dei bizantini, si è concepito e formulato il classico subentrare nella posizione giuridica (*succedere in ius* o *in locum et in ius*) come l'acquisto di una *universitas* o dell'*universum ius* comprendente i debiti.

separatamente le singole norme del diritto (*metodo esegetico*) o interpretare separatamente le diverse parti del diritto, per es. i titoli delle *Pandette* (*commentari* o *metodo legale*). L'uno e l'altro metodo hanno in diversa misura il vizio di obbligare a infinite ripetizioni, poichè molti principî riescono comuni a tutte le norme giuridiche o a vasti complessi di esse, e di celare i nessi esistenti tra i vari istituti di diritto; onde non si può mai adeguatamente intendere la natura e la portata di ciascuno. Nella trattazione del diritto romano l'uno e l'altro metodo sono stati oltrepassati ed è in uso ormai *l'ordinamento sistematico* (tentato sin dal secolo XVI, ma invalso generalmente solo nello scorso secolo), secondo cui gl'istituti si raggruppano giusta le analogie e le differenze e si distingue altresì ciò ch'è generale da ciò ch'è particolare. Le Istituzioni istesse di Giustiniano procedono, per il tramite di quelle di Gaio, da un sistema tradizionale delle scuole classiche di diritto (persone, cose, azioni), che fu seguìto da qualche scrittore. Ma le linee fondamentali dei sistemi moderni si richiamano all'ordinamento disegnato dal Hugo e dal Heise.

Il modo più organico e acconcio di distribuir la materia del diritto a noi pare il seguente. Criterio principale è la diversa natura del diritto o del rapporto giuridico: *diritti di famiglia,* la cui trattazione deve precedere per la fondamentale importanza dei rapporti familiari, massime nel diritto romano, in ordine alla capacità giuridica, *diritti reali, diritti di obbligazione.* In ciascuna di queste parti si tratterà de' vari diritti in sè e delle condizioni stabilite per l'acquisto e la perdita. V'ha però alcuni modi di acquisto, che hanno carattere generale, e non mutano punto, come la successione a causa di morte, o non mutano essenzialmente nella loro disciplina, come la donazione, sia qualunque il diritto acquisito. Di questi noi tratteremo separatamente in una quarta parte del sistema (la quale pertanto non si coordina colle precedenti) col titolo *cause generali di acquisto.*

In ciascuna parte del sistema giova trattare, insieme coi rapporti e i diritti che propriamente vi appartengono, anche di quelli che ne dipendono per necessaria connessione, perchè la natura del rapporto principale determina anche l'esistenza e il carattere del rapporto accessorio. Laonde il pegno, qualunque natura esso abbia, tornerà sempre meglio nei diritti di obbligazione, la dote, modo generale di acquisto, nei diritti di famiglia, i rapporti di vicinanza e l'obbligo al canone enfiteutico nei diritti reali, ecc.

Alla trattazione speciale delle singole parti dobbiamo premettere quei principî che ritornano in tutti i diritti o almeno in vaste categorie di essi. Tali principî costituiscono una *parte generale,* che può ricomprendere la teoria del subbietto o della capacità di aver diritti, la teoria dei fatti giuridici e la tutela dei diritti.

PARTE GENERALE

I. — IL SOGGETTO DEL DIRITTO O LA CAPACITÀ GIURIDICA

§ 11. **Il soggetto del diritto in generale.**

Soggetto del diritto o capace di diritti non è che l'uomo: *hominum causa omne ius constitutum est* (1). Ma non ogni uomo era nella società romana subbietto di diritti. Oltre l'esser uomo, occorrono altre condizioni essenziali: esser libero *(status libertatis)* e, quanto ai rapporti *iuris civilis,* esser cittadino *(status civitatis).*

L'uomo che riunisce in sè le condizioni che lo rendono capace di diritti è detto con uso ormai tecnico *persona,* benchè solo nell'epoca romano-ellenica la parola siasi fissata in questo senso; onde la capacità giuridica prende anche il nome di *personalità.*

I Romani distinguevano la capacità giuridica rispetto ai diritti familiari e rispetto ai diritti patrimoniali: la prima dicevano *connubium* o *ius connubii,* la seconda *commercium* o *ius commercii.*

Oltre ai requisiti *essenziali* della capacità giuridica, cioè indispensabili per l'acquisto di *qualunque* diritto, v'ha molte condizioni da cui dipende che la persona possa o non possa acquistare *certi* diritti. Di queste alcune hanno un valore abbastanza generale e giova pertanto riunirle nella teoria della capacità giuridica.

Subbietto di diritti non è però solamente l'uomo individuo. Può esser tale anche un'associazione d'uomini considerata come ente a sè, facendo astrazione dalle persone e dalle volontà singole, che la compon-

(1) L. 2 D. *De st. hom.*, 1, 5.

gono. Può anche accadere che il diritto sia propriamente privo di subbietto attuale e soltanto riservato ad uno scopo che lo rende eventualmente utile a persone o a classi di persone.

La dottrina del subbietto o della capacità giuridica ricomprenderà pertanto, oltre la teoria del subbietto individuo o della persona fisica, anche da ultimo la teoria delle persone giuridiche, nella quale si raggruppano per analogia di principi tanto il subbietto collettivo, quanto i casi in cui propriamente il diritto è privo di subbietto.

§ 12. Requisiti della capacità giuridica.

I. Esistenza dell'uomo.

Perchè l'uomo si riguardi come esistente e capace di diritti, occorre che sia totalmente separato dall'alvo materno (1); in secondo luogo si richiede che sia nato vivo (2); in terzo luogo che il parto sia perfetto, cioè il nato non sia un aborto (3); da ultimo occorre che il nato abbia forma umana (4).

Senonchè per alcuni effetti giuridici si risale pure al tempo anteriore alla nascita e si tien conto anche dell'uomo non ancora nato, ma tuttavia già concepito. Anzi in alcuni passi delle nostre fonti sembra che i concepiti siano pienamente messi alla pari coi nati. Dice Giuliano: *Qui in utero sunt in toto pæne iure civili intelleguntur in rerum natura esse* (5), e conforme

(1) Ulpiano, L. 9 § 1. D. *Ad L. Falc.* 35, 2: *Partus nondum editus homo non recte fuisse dicitur*; e lo stesso più energicamente, L 1 § 1 D. *De insp. v.* 25, 4: *Partus enim antequam edatur, mulieris portio est vel viscerum.*

(2) Paolo, L. 129, D. *De v. s.*, 50, 16: *Qui mortui nascuntur neque nati neque procreati videntur.* Sulla manifestazione della vita v'era tra le due scuole dei Sabiniani e Proculeiani una controversia di poco rilievo, risoluta da Giustiniano in favore dei primi (L. 3 C. *De post.*, 6, 29)

(3) Paulus, *Rec. Sent.* 4, 9, 6; *Abortus vel abactus venter partum efficere non videtur.* L'aborto può essere anche vivo. Il termine minimo per il parto perfetto è dato dai sei mesi compiuti.

(4) Paolo L, 14, D. *De st. hom.*, 1, 5. *Non sunt liberi qui contra formam humani generis converso more procreantur.*

(5) L. 26, D. *De st. hom.*, 1, 5.

suona un adagio volgare: *Conceptus* o *nasciturus pro iam nato habetur*. Ma queste massime hanno bisogno, come d'ordinario i principî generali espressi dai Romani, d'esser intese con cautela e ammesse colle debite restrizioni: prese alla lettera sono false e in contraddizione con altre enunciate dai Romani stessi, le quali negano la personalità del nascituro (1). Il vero principio è il seguente. Il concepito non è attualmente persona: essendo peraltro pur sempre una persona eventuale, *in fieri*, gli si riservano e si tutelano quei diritti che dal momento della nascita gli sarebbero devoluti ed inoltre la sua capacità giuridica, in quanto ciò gli giovi, si calcola dal momento della concezione, non da quello della nascita. Dice PAOLO: « *Qui in utero est, perinde ac si in rebus humanis esset custoditur, quotiens de commodis ipsius partus quaeritur: quamquam alii antequam nascatur nequaquam prosit* » (2).

Ciò posto, se il nascituro non è persona, com'esso non può attualmente acquistare diritti, così non ne fa acquistare a chi potesse derivarne dalla sua esistenza. Se la sua esistenza lo farebbe soggetto a un tutore, non si procede alla nomina di questo, finchè il parto non venga alla luce.

Quanto alla riserva dei diritti che dal momento della concezione gli sarebbero devoluti, ciò ha importanza sovrattutto (prescindiamo qui dalle disposizioni penali o di polizia a tutela della vita del nascituro) per le successioni a causa di morte, le quali si rendono sospese e nel frattempo si elegge a tutela degli interessi del nascituro un curatore (*curator ventris*) (3).

In quanto poi concerne la capacità giuridica del nascituro, se la madre, dopo il concepimento, ma prima del parto, perde la libertà o la cittadinanza, il figliuolo tuttavia viene alla luce libero e cittadino (4). Così pure

(1) L. 1 § 1, D. *De insp. v.* 25., 4: L. 9. § 1, D. *Ad leg. Falc.* 35, 2.
(2) L. 7. D. *De st. hom.* 1, 5. — Cfr. anche L. 231, D. *De v s.* 50, 16.
(3) Cfr. Tit. D. *De v. in poss. m. et de curat. eius* 37,9.
(4) L. 18; 26, D. *De st. hom.* 1, 5.

i privilegi nascenti dall'appartenere all'ordine senatorio restano intatti al figlio, benchè il padre li abbia perduti prima della sua nascita, purchè li conservasse ancora al tempo del concepimento (1).

§ 13. Requisiti della capacità giuridica.

II. Stato di libertà. *Liberi* e *servi*.

I. *De iure pers.*, 1, 3 *D. De st. hom.*, 1, 5

La libertà è definita nelle Istituzioni come quella facoltà naturale di far ciò che si vuole, salvo quanto è vietato dal diritto o impedito dalla violenza (2). Tale definizione concerne la libertà nel senso giuridico, ond'è che giustamente si riguarda come libero anche colui che dalla violenza è impedito di disporre della propria persona e dei propri atti: chi cade in potere di ladroni non è per questo meno libero e giuridicamente capace. La definizione stessa concerne altresì la libertà nel senso del diritto privato e positivo, non già nel senso del diritto pubblico, e meno ancora il concetto filosofico della libertà.

Ma questa libera facoltà di disporre come si vuole della propria persona e dei propri atti nei limiti stabiliti dal diritto non era nella società antica riconosciuta a tutti gli uomini. Coloro che l'hanno si dicono *liberi;* coloro che ne son privi affatto *servi*, che noi

(1) L. 7. § 1. D. *De senat.* 1. 9. — La riserva e la tutela dei diritti che *dal momento della nascita* sarebbero devoluti al nascituro è naturale e logica. Men logica appare invece la norma che la capacità giuridica in quanto giovi al nascituro, e *solo in quanto gli giovi*, si debba calcolare *dal concepimento e non dalla nascita*. Mi sembra questa non altro che una *benigna interpretatio*, cui poteva procedere la giurisprudenza romana e non potrebbe la nostra. Il motivo iniziale di questa *benigna interpretatio* fu senza dubbio il *favor libertatis* (cfr. § 14) ma, come è esemplificato nel testo, essa venne estesa a ogni altro *status* favorevole. A ogni modo in conseguenza di ciò l'istituto del *nasciturus* ha nel diritto romano una importanza, che non serba guari nel diritto moderno.

(2) § 1. I. *De i. pers.* 1, 3 = L. 4 pr. D. *De st. hom.*, 1,5 (FIORENTINO).

diciamo *schiavi*. Lo schiavo non ha nè *connubium*, nè *commercium;* non è subbietto, ma obbietto di diritti. Anche i rapporti familiari dello schiavo non sono contemplati dal diritto, matrimonio non esiste presso di loro, e la unione stabile che n'esprime il rapporto naturale dicesi *contubernium*. Insomma, dicono i Romani, *servus iuris civilis communionem non habet in totum* (1).

La schiavitù era un'istituzione ereditata dal mondo primitivo e spiegabile nello stato e nelle relazioni della società primitiva. Ma nelle società più civili, cessata l'aspra lotta dell'uomo colla natura e l'assidua guerra tra popolo e popolo, tale istituzione è la prima che si riveli profondamente iniqua. La culta società ellenica sentì vivamente tale iniquità, e i suoi filosofi, a cominciar dai sofisti, pronunciarono la condanna morale dell'istituto.

Il solo Aristotile usò di un vero sofisma per difendere l'istituzione condannata, dividendo gli uomini in atti a comandare e destinati a obbedire; carattere non raro in quell'uomo maraviglioso, ma forse scarsamente dotato di spirito progressivo, il che mostrò pure nel consiglio dato ad Alessandro di governare i Greci da re, i barbari da padrone. Ma i giuristi romani, educati alla filosofia stoica, dicono che *iure naturali* tutti gli uomini nascono liberi; soltanto la legge positiva crea differenze tra di loro (2).

Peraltro l'istituto della schiavitù, non essendo particolare ai Romani, ma comune a tutti i popoli dell'evo antico, non è *iuris civilis,* ma *iuris gentium* (3).

(1) L. 20, § 7, D. *Qui test.*, 28, 1. (*in totum* forse interp. per mitigare?) Cfr. — anche § 4, I. *De cap. min.* 1-16.

(2) § 2, I. *De i. pers.*, 1, 3; L. 4, § 1, D. *De st. hom.* 1, 5 (FIORENTINO); L. 4, D. *De iust. et i.*, 1, 1 e L. 32, D. *De reg. iur.*, 50, 17 (ULPIANO); L. 64, D. *De cond. ind.*, 12, 6 (TRIFONINO); L. 2, D. *De nat. rest.*, 40, 11 (MARCIANO).

(3) Oltre i confini della civiltà antica presso i Germani pare tuttavia che la schiavitù avesse carattere alquanto diverso: lo schiavo non era assolutamente privo di disporre dei propri atti o di possedere per sè

La personalità dello schiavo, sia per effetto delle stesse necessità sociali, sia per virtù delle nuove influenze etiche, ebbe modo di farsi strada via via più rispetto alle altre norme sociali. Il costume (non la consuetudine giuridica) riconosceva lo schiavo padrone del proprio peculio, a tal segno che gli schiavi usavano riscattarsi con esso, benchè legalmente il padrone potesse trattenere schiavo e peculio. Nell'ordine religioso (culto pubblico e familiare, sepolture, voti, partecipazione ai *collegia funeraticia*, ecc.), la personalità dello schiavo non fu mai disconosciuta.

Siffatto riconoscimento di una personalità sociale dello schiavo e più ancora la concezione ideale della sua personalità giuridica influirono anche sul diritto. Nondimeno la posizione giuridica degli schiavi non fu mitigata, come vedremo in seguito (v. § 54), se non in modo assai riguardoso, evitando di violare il principio fondamentale dell'assoluta incapacità giuridica dello schiavo.

La schiavitù trae origine o dalla *nascita* o da un modo di *diritto delle genti*, la prigionia di guerra, o da modi di *diritto civile* (1).

Nasce schiavo il figlio di madre schiava, poichè tra schiavi non c'è matrimonio, onde la madre sola, che è sempre certa, può trasmettere cotesto stato.

I prigionieri di guerra erano in tutto il mondo antico venduti come schiavi (2). Furono le vaste e rapide conquiste nel periodo che successe alla seconda guerra

(TAC., *Germ.*, 25). Vigeva insomma quello stato che più tardi venne a costituire il servaggio nelle sue varie forme ben distinte dalla schiavitù vera e propria. L'influenza del germanesimo ha certo contribuito anch'essa non poco a distruggere l'istituzione, trasformandone l'essenza.

(1) § 4, I. *De i. pers.*, 1, 3. — Circa la prigionia di guerra la pretesa derivazione di *servus* da *servare* ricordata al § 3 etimologicamente è falsa.

(2) Son fatti schiavi anche gli stranieri che non abbiano trattato con Roma e rispettivamente i Romani nel loro territorio: L. 5 § 2 D. *De capt. et postl.* 49, 15.

punica, che empirono di schiavi l'Italia e produssero negli ultimi tempi della repubblica una questione sociale ardente e più volte paurosa.

Dei modi di diritto civile è sparita già nel diritto classico la vendita *trans Tiberim* (ladri, debitori, figli di famiglia, disertori e renitenti) e la *noxæ deditio* dei colpevoli verso uno Stato straniero. Ma è tuttavia nel diritto giustinianeo causa di schiavitù nel senso che si nega la *proclamatio in libertatem* la vendita di se stesso fatta con dolo da un uomo libero e maggiore di 20 anni, principalmente per dividere il prezzo col venditore, istituto introdotto forse dall'Editto del Pretore e già noto a Quinto Mucio, riconfermato da senato-consulti e da una costituzione di Adriano, indi riassunto nel *ius civile* dagli ultimi giureconsulti. Un altro caso celebre stabilito dal senato consulto Claudiano venne da Giustiniano abolito: la donna che avesse una tresca con uno schiavo altrui diventava schiava del padrone di esso, qualora, avvisata per tre volte di desistere, avesse continuato in questa illecita relazione (1).

I condannati a pena capitale (*in ferrum, ad bestias*) diventano dall'epoca imperiale *servi pœnæ;* ma la servitù per condanna *ad metalla* è stata abolita da Giustiniano (2).

I rapporti giuridici che si ricollegano all'istituto della schiavitù e i limiti posti all'esercizio dei diritti sullo schiavo hanno il loro luogo nella trattazione della famiglia romana.

§ 14. Stato di libertà. Modi di acquisto.

Ingenui e libertini.

Inst. Tit., I, 4-7. Dig. Tit., 40, 1-16. Cod. Tit. 7, 1-24
GAII *Inst.*, I., 9-47.

Lo stato di libertà si acquista per nascita o per liberazione dalla schiavitù. Non è peraltro identica la con-

(1) c. *un.* C. 7, 24. § 1 I. *De succ. subl.* 3, 12.
(2) Nov. 22 c. 8.

dizione sociale e giuridica del subbietto nell'un caso e nell'altro, e perciò si distinguono gl'*ingenui* o nati liberi, e i *libertini* o schiavi liberati.

È *ingenuo* chi nasce da persone libere, ingenue esse stesse o libertine. Fuori del matrimonio, il figliuolo segue la condizione della madre. A questo riguardo il *favor libertatis*, uno dei moventi più caratteristici della giurisprudenza romana, indusse a stabilire un principio assai largo: il figlio era libero in qualunque momento fosse stata libera la madre, o in quello della nascita o in quello della concezione o anche in un momento intermedio tra la concezione e la nascita.

L'ingenuo reso schiavo e poi liberato era sempre ingenuo.

La liberazione della schiavitù ha origine alla sua volta dal *ius gentium*. Essa è detta *manumissione*, in quanto nasce da una rinuncia del padrone alla potestà ch'egli ha sullo schiavo, e il termine che designava la *potestas* nell'antichissimo diritto era appunto *manus* (1). Per questa rinuncia non solo cessa la soggezione dello schiavo al suo padrone, ma egli acquista la piena capacità giuridica, diventa libero e cittadino romano. Come avvenga che questo atto avesse conseguenze così esorbitanti e che una facoltà tanto grave qual'è quella di far cittadino romano uno schiavo fosse concessa ad un privato cittadino è cosa che s'intenderà, quando discorreremo della origine e della natura della famiglia romana. Qui però giova esaminare i modi e gli effetti della liberazione, nonchè i limiti posti all'esercizio di questa facoltà per l'abuso delle manumissioni.

Le forme legittime di manumissione erano nell'antico diritto le seguenti: la *manumissio vindicta*, la *manumissio censu* e la *manumissio testamento*.

La prima aveva luogo davanti al magistrato, il console, il pretore, e più tardi anche il rettore della pro-

(1) pr. I. *De libertinis* 1, 5 (cfr. anche § 47).

vincia. Era una finta rivendicazione della libertà o *adsertio in libertatem*, e si compieva con molte cerimonie simboliche nei più antichi tempi: ma già nel diritto classico non era richiesta se non la presenza dell'*adsertor*. La seconda si compieva colla registrazione dello schiavo come cittadino nelle liste censuali. L'ultima era una dichiarazione di voler libero lo schiavo, fatta nel proprio testamento, la quale aveva effetto o immediatamente coll'adizione dell'eredità ovvero al sopraggiungere del termine o al verificarsi della condizione, ed in questo caso il servo dicevasi nell'intervallo tra l'adizione e l'evento *statuliber*.

Di queste forme la manumissione per censo è cessata collo sparire di tale istituzione. Le altre due sopravvivono ancora nel diritto giustinianeo, benchè la *manumissio vindicta* abbia perduto tutto il simbolismo antico, abolito da Giustiniano anche l'*adsertor* (v. § 41). Giustiniano rese inoltre più agevole il conferire la libertà così tra vivi, riconoscendo che il nominar lo schiavo proprio figliuolo in atti, lo faccia libero (1), come per atto di ultima volontà, disponendo che qualunque atto, non solo il testamento, sia sufficiente, e che basti nominar tutore o erede lo schiavo, senza che occorra dichiararlo espressamente libero.

Senonchè insieme cogli antichi modi altri ne sono stati riconosciuti, dei quali dobbiamo brevemente descrivere l'origine e lo svolgimento.

Nell'antichissimo diritto romano la volontà pura e semplice del padrone di far libero lo schiavo non era affatto riconosciuta: occorrevano di necessità quelle forme solenni. Dichiarazioni scevre di forme divennero però d'uso via via più frequente: il padrone alla presenza d'amici (*inter amicos*) o a banchetto (*per mensam*) o per lettera (*per epistolam*) o altrimenti manifestava

(1) Cfr. § 12 I. *De adopt.* 1, 11; l'imperatore si ricollega a un'antica dottrina, ricordata in termini alquanto diversi in Gell.. *Noct. Att.* 5, 19,13).

la sua volontà di render libero lo schiavo. Cotesti atti, se potevano avere una sanzione sociale, non ne avevano alcuna giuridica. Lo schiavo così liberato rimaneva legalmente schiavo e se anche il padrone gli lasciava godere piena libertà di fatto, serbava pur sempre il diritto di richiamarlo a servire: e anche morto lui, di tal diritto poteva far uso il suo erede.

A dare una certa sanzione legale a questi atti intervenne il Pretore, mosso dal sentimento dell'*aequitas*, ossia dal nuovo spirito sociale, che esigeva l'osservanza di questa volontà, manifestata, sia pure, fuori delle debite forme, e favoriva la libertà. Egli non dichiarò liberi e cittadini gli schiavi così manomessi, chè ciò non poteva il magistrato, bensì, giusta il consueto suo modo di procedere, tolse a difenderli contro ogni pretesa del padrone di ridurli di nuovo in servitù. La tutela pretoria (*tuitio praetoris*) permetteva insomma loro di non esser richiamati a servire, ma non li rendeva capaci, nè cancellava pienamente il diritto del padrone su di essi; onde alla morte loro il patrimonio che avessero acquistato tornava al padrone.

Tale posizione fu regolata legalmente per l'epoca del diritto classico dalla *lex Iunia* (*Iunia Norbana* nelle Istituzioni), emanata probabilmente tra il 44 e il 27 a. C. (1), la quale conferì agli schiavi così liberati una condizione intermedia tra l'esser cittadini romani e l'esser peregrini o stranieri, la latinità. Essa importava la capacità patrimoniale, cioè il *ius commercii;* nondimeno cotesti latini, che si dissero appunto *Latini Iuniani,* non avevano il *commercium mortis causa* e quindi alla loro morte i beni ricadevano pur sempre all'antico padrone.

Molti mezzi erano offerti nel diritto classico ai *Latini Iuniani* per conseguire la cittadinanza: in genere benemerenze pubbliche.

(1) Dovrebbe cioè collocarsi prima dell'epoca propriamente augustea. Ma se il nome. che le Istituzioni dànno di questa vessatissima legge, è esatto, essa andrebbe collocata nell'anno 18, regnante Tiberio.

Così durarono le cose per tutta l'epoca del diritto classico. Ma nell'epoca romano-ellenica, già abolito dall'editto di Caracalla lo stato di peregrino entro i confini dell'impero e lo stato intermedio di latinità colla concessione della cittadinanza a tutti i sudditi, anche la condizione speciale dei *Latini Iuniani* venne ad affievolirsi a poco a poco nella coscienza e nell'uso. Giustiniano, mosso, com'egli dice, dalla *pietas* (è il sentimento che nelle innovazioni sostituisce l'*æquitas* del Pretore), l'abolì formalmente, riconoscendo la piena efficacia delle due tipiche manumissioni *inter amicos* e *per epistolam,* colla restrizione peraltro che dovessero seguire davanti a cinque testimoni (1).

Ai modi di manumissione derivati dall'antico diritto un altro se n'è aggiunto nella nuova epoca ed è la *manumissio in sacrosanctis ecclesiis*. È questa conforme al nuovo spirito cristiano, ma probabilmente derivò da un'antica forma di manumissione nei templi propria del diritto greco.

La libera facoltà di manomettere, col terribile aumento della popolazione servile nell'epoca di conquiste successa alla seconda guerra punica, non poteva restare a lungo senza effetto nella società romana. D'altra parte nè le manumissioni avvenivano sempre per cause morali, giacchè era, a mo' d'esempio, uso riconosciuto dal

(1). L. 1 C. *De lat. lib. toll.* 7, 6. — IL WLASSAK in un recente notevolissimo studio (*Die praetorischen Freilassungen* nella *Zeitschr. der Sav. Stift. für Rg.* 1905 (25) pag. 267) intende dimostrare che le manumissioni *inter amicos* e *per epistolam* (a cui solo nel periodo post-classico si sarebbe aggiunta la *manumissio per mensam*) sarebbero state già nell'antico diritto vere manumissioni *formali*, benchè più libere, di diritto pretorio. La dimostrazione non ci sembra peraltro decisiva: si accentua troppo nelle fonti al riguardo la mera volontà del *dominus*, l'*in libertate esse* o *morari* coll'assentimento suo e in ispecie contrastano alla nuova tesi i Frammenti dositeiani (1,7) e il tenore della costituzione di Giustiniano, che richiama i *multi et innumerabiles modi*, dichiarando di ridurli a pochi (*certos eligere*) e abolire ogni efficacia degli altri (*ceteri omnes modi . . . pro nullis habeantur*). Con questo Giustiniano non restringe la facoltà di manomettere, ma si preoccupa della certezza della volontà.

costume che gli schiavi si pagassero il riscatto da sè (1), nè i libertini erano un elemento sano e benefico nella cittadinanza. Ciò aveva indotto già nell'età repubblicana più volte a misure politiche limitative rispetto a questa classe di cittadini. Ma nell'età imperiale, nonostante che il nuovo spirito umanitario consigliasse di non toccare la facoltà personale permessa al cittadino di far nuovi cittadini, pure la libertà di manomettere venne a subire molte restrizioni.

Queste limitazioni si richiamano a due leggi, la *Ælia Sentia* e la *Fufia Caninia*, entrambe emanate sotto Augusto, la prima nell'anno 4 d. C. La legge *Ælia Sentia* stabiliva: 1.° che non si potesse manomettere in frode dei propri creditori, cioè quando il debitore conoscesse di non poter più soddisfarli dopo la manumissione; 2.° che non potessero manomettere i minori di vent'anni, nè si potessero manomettere gli schiavi minori di trent'anni, se non in base a una *iusta causa*, dimostrata nell'un caso e nell'altro davanti a uno speciale consiglio; quale sarebbe, ad esempio, l'esser figlio o padre o fratello naturale o di latte dello schiavo ecc.; 3.° che i peggiori schiavi, com'erano coloro che si fossero resi colpevoli di delitti, non conseguissero mediante manumissione la cittadinanza romana, bensì la condizione peggiore tra quelle fatte ai peregrini o stranieri, diventando *peregrini dediticii*. Quest'ultimo articolo venne abolito nella compilazione giustinianea; d'altra parte la condizione dei *dediticii* da lungo tempo era andata in desuetudine. La seconda disposizione, per quel che concerne l'età degli schiavi, venne pur essa abolita; per quel che concerne l'età dei manumissori, quanto alla libertà conferita per testamento, mitigata, abbassando il limite, indi nel diritto delle Novelle (Nov. 119 c. 2) definitivamente abolita, tornando ad esigere null'altro che la capacità di testare, cioè l'età pubere.

(1) Cfr. TRINCHERI, *Studi sulla condiz. degli schiavi*, Roma 1888, c. II.

La legge *Fufia Caninia* restringeva soltanto il diritto di conferire la libertà per testamento; nel che i manumissori solevano essere più larghi, mossi anche da spirito di vanità per avere un solenne seguito ai funerali. Essa stabiliva che non si potesse manomettere se non un certo numero proporzionale dei propri schiavi. Giustiniano l'abolì *quasi libertatibus impedientem et quodammodo invidam* (1).

In più casi già nel diritto classico la libertà competeva al servo per legge senza bisogno di manumissione; per esempio, in base ad un editto di Claudio, se il padrone abbandona il servo gravemente infermo. Ma questi casi sono cresciuti notevolmente nell'epoca romano-ellenica e sovrattutto per opera di Giustiniano, e non solo dietro l'innegabile influenza dell'idea cristiana, ma altresì per le mutate condizioni economiche e sociali, che traevano a romper le barriere tra liberi e servi: nulla è più caratteristico della disposizione, con cui Giustiniano, in senso inverso alla legge *Fufia Caninia*, stabilisce che se per volontà del testatore o dell'erede gli schiavi, coperto il capo (*pileati:* simbolo di libertà), precedono i funerali del defunto, divengano liberi e cittadini, affinchè il defunto non faccia un gratuito sfoggio di liberalità e di umanità, nè gli schiavi sieno *decepti et defraudati* (2).

§ 15. Stato di cittadinanza.

L'esser cittadino è altra condizione essenziale della capacità giuridica. Lo straniero, detto nelle XII Tavole *hostis,* nel diritto posteriore *peregrinus,* era libero dei propri atti, ma non difeso dal diritto. Tuttavia l'incre-

(1) L. un § 5 Cod. *De lat. lib.* 7, 6. — Mostrano il cresciuto *favor libertatis* nel diritto giustinianeo anche le interpolazioni eseguite in vari testi; per esempio, L. 40 § 7. D. *De statu lib.* 40, 7 (*melius — esse*) L. 9, D. *Qui sine man.*, 40 8 (*idest — eripitur*); L. 30 D. *Delib. c.* 40, 12 (*commodius — praestare*, ecc.

(2) L. 2 D. *Qui sine manum.* 40, 8.

mento del commercio e della civiltà indussero a riconoscere una limitata capacità giuridica agli stranieri. Al tempo delle guerre puniche essi sono già riconosciuti come capaci per ciò che concerne i rapporti di diritto delle genti e giudicati da uno speciale magistrato, il *prætor peregrinus*.

I sudditi provinciali erano in origine *peregrini;* senonchè pure nelle provincie v'era gran numero di cittadini romani e colonie di cittadini anche fuori d'Italia dopo l'epoca dei Gracchi. Nell'Italia stessa la cittadinanza romana era stata concessa al principio dell'impero anche ai Galli romanizzati della pianura del Po: via via fu estesa anche fuori dei confini d'Italia, finchè l'imperatore Caracalla nel 212 d. C. improvvisamente l'ebbe accordata a tutti i sudditi dell'impero, che d'allora in poi fin nell'alto medio evo si dissero tutti romani o *romei* (ῥωμαίοι) nell'Oriente ellenico.

Una condizione intermedia tra i cittadini e i peregrini o stranieri era quella dei Latini: non più gli antichi abitanti del Lazio, bensì una classe di persone che godevano di una capacità giuridica più limitata, il *ius commercii,* ma non il *connubium,* nè i diritti politici (*ius suffragii et honorum*). Erano detti *Latini coloniarii,* perchè i primi cui questa capacità venne concessa furono coloni stabiliti da Roma in Italia: ma nell'epoca imperiale regioni intere, come la Spagna, ebbero il diritto di latinità. Salvo il *commercium mortis causa,* era uguale la condizione dei *Latini Juniani* già esaminati (§ 14).

In una condizione peggiore di quella degli stranieri erano i così detti *peregrini dediticii,* cioè quei popoli i quali, per aver offerto alle armi romane la più tenace resistenza, erano stati costretti a rendersi a discrezione. A costoro non era riconosciuta veruna autonomia politica, onde non godevano nemmeno di un proprio diritto, come gli altri *peregrini.* Erano capaci soltanto in ordine ad *ius gentium.* I *Latini coloniarii* cessarono anch'essi, come i *peregrini,* per l'Editto di Caracalla. La condizione dei *dediticii*, rinnovata dalla legge *Ælia Sentia* per i più tristi schiavi manomessi, cessò per desuetudine e anche il nome ne fu abolito da Giustiniano; quella dei *Latini Juniani* è stata abolita espressamente da Giustiniano.

La cittadinanza si perde per la deportazione e si perdeva in antico per l'*aqua et igni interdictio*.

§ 16. Estinzione della capacità giuridica.

Istituti singolari.

I. *De cap. min.*, 1, 16. D. *h. t.*, 4, 5. D. *De capt. et de postl.*, 49, 15 Cod., 8.50 (51).

Venendo a mancare uno dei requisiti essenziali, la capacità giuridica si perde.

Si distingue però la perdita del requisito naturale, che è l'esistenza, da quella dei requisiti civili. La perdita della capacità giuridica per morte è conforme alla coscienza d'ognuno, è di diritto naturale: a un morto non occorrono diritti. Circa gli altri due requisiti invece, il cessare della capacità giuridica per venir meno la libertà o la cittadinanza, è sentito dai Romani come un fatto meramente arbitrario e positivo, o di diritto civile. L'estinzione della capacità giuridica per la perdita dell'uno o dell'altro stato costituisce la *capitis deminutio*, la quale *iure civili morti coæquatur*. La perdita dello *status libertatis* costituisce la *capitis deminutio maxima*, quella dello *status civitatis* la *capitis deminutio media:* entrambe poi, in antitesi alla *capitis deminutio minima*, della quale diremo (v. § 50), prendono il nome di *capitis deminutio magna*.

La prova della morte si vuol recare da coloro che in conseguenza accampano diritti, per esempio, di successione (1). Essa può esser malagevole, quando si tratti

(1) Giustiniano stabilì *per interpolazione* (FERRINI *Presunzioni* nella *Riv. it. per le sc. giur.* v. XIV) presunzioni di premorienza in caso di padre e figlio soggiacenti per lo stesso evento: si presume perito innanzi il figlio, se impubere, appresso, se pubere.

di persone da lungo tempo scomparse, cioè, come si usa dire, nel caso dell'*assenza*. L'istituto dell'assenza, nel senso tecnico in cui s'usa oggidì la parola, è nondimeno straniero al diritto romano puro. Fu la pratica medioevale che incominciò a porne le basi, riconoscendo all'uopo, per un versetto dei Salmi, la presunzione che l'assente fosse morto, quando avrebbe raggiunto settanta anni, ovvero cinque anni dopo la scomparsa, se a quell'epoca li aveva raggiunti.

Alla *capitis deminutio magna* si richiamano due importanti istituti di diritto singolare, il *ius postliminii* e la *fictio legis Corneliæ*.

Il cittadino romano caduto prigioniero, diventando per questo fatto schiavo del nemico, non era più affatto capace di diritti: perdeva quindi per sempre anche quelli ond'era fino allora investito. Per rimediare in parte a queste dure conseguenze un antichissimo istituto consuetudinario stabiliva che, ov'egli in qualunque modo tornasse in patria, con intenzione di restarvi (*mens remanendi*), si dovesse reintegrar senz'altro nei suoi diritti, come se mai non fosse stato *capite deminutus:* e a tal fine essi rimanevano in istato di pendenza fino al suo ritorno eventuale o alla sua morte. Era questo il *ius postliminii* (da *post limina*). Nel diritto giustinianeo è pure ammessa la conferma testamentaria dei codicilli fatti in cattività (1).

La *fictio legis Corneliæ* provvedeva al caso della morte in istato di cattività. Per mantenere la piena validità di tutti i rapporti giuridici che si riconnettevano alla morte del *captivus*, specialmente in ordine alla successione, sia testamentaria (sulla base di un testamento anteriore alla prigionia), sia intestata, rapporti che a rigore sarebbero stati nulli come di persona morta in istato di schiavitù, fu stabilito, forse per opera del

(1) Sono da ritenere interpolate nella L. 12 § 5 D. *De capt. et postl.* 49,15 le parole *iure suptili; sed quia merum-intercessisset.*

dittatore Cornelio Silla, di trattare il romano morto prigioniero come fosse morto al momento di cader prigioniero, cioè libero e cittadino (1).

§ 17. Condizioni modificanti la capacità giuridica.

Le condizioni, che hanno un'influenza più generale sulla capacità giuridica nel senso di accrescerla o diminuirla, si possono ridurre alle seguenti: l'essere persona *sui iuris* o *alieni iuris*, lo *status familiae* o agnazione, la parentela di sangue o cognazione, l'età, il sesso, la sanità di corpo e di mente, la condizione sociale o la professione, la religione, l'infamia, l'origine e il domicilio.

Persone sui iuris e *alieni iuris*. Questa condizione principalissima si richiama all'ordinamento della *familia* romana: una società non più rigorosa della moderna famiglia, ma essenzialmente diversa e fondata su tutt'altro principio. *Sui iuris* è la persona indipendente dal potere familiare romano, dalla *manus* o *potestas* in generale: l'uomo *sui iuris* è detto *paterfamilias*, anche se non abbia soggetti. *Alieni iuris* sono invece le persone soggette alla *manus* o *potestas:* vi si ricomprendono i *servi*, ma sono *alieni iuris* anche i *filiifamilias*, che per opposizione si dicono *liberi*. Ora i *filiifamilias* erano bensì pienamente capaci in ordine al diritto pubblico, ma nel campo del diritto privato essi non godevano in via di principio di veruna capacità attuale per l'acquisto di diritti, ove si tolgano le relazioni della famiglia naturale. L'essenza però e la genesi di questo stato di cose, come pure le molteplici derogazioni che il diritto romano recò via via a tale principio, fino alla sua quasi totale eliminazione, troveranno il loro debito luogo nella trattazione del diritto familiare.

(1) L. 18 *h. t.* 49,15: « *In omnibus partibus iuris* is qui reversus non est ab hostibus quasi tunc decessisse videtur, cum captus est. ».

Status familiæ o *agnazione*. *Status familiæ* o anche *familia* semplicemente in senso subbiettivo, è termine corrispondente a *status civitatis* o *civitas*: esso indica l'esser membro di una *familia* romana: non vi si ricomprendono peraltro solamente tutti coloro che attualmente costituiscono una *familia* e sono assoggettati a un comune *paterfamilias*, bensì tutti quanti coloro che avrebbero costituito una stessa *familia*, se il comune *paterfamilias* non fosse morto. Il vincolo che intercede fra costoro dicesi *agnazione*, i membri *agnati*.

Anche per questa condizione si rinvia al diritto familiare.

Parentela o *cognazione*. Allo *status familiæ* o agnazione, si suol contrapporre la parentela di sangue o cognazione, perchè è lo stato che via via termina con prendere il posto del primo in tutti i rapporti per cui si richiedeva. Essa è il vincolo familiare o di sangue nel senso moderno, costituito dal discendere da un capostipite comune, maschio o femmina. Si computa per gradi, risalendo da un parente all'altro nella *linea retta*, cioè tra ascendenti e discendenti, ovvero nella *linea collaterale* al capostipite comune, dal quale si ridiscende all'altro parente. Ogni generazione conta per un grado; ma, come si vede, nella linea collaterale il computo delle generazioni viene a esser doppio.

Affinità è il vincolo che lega il coniuge coi parenti dell'altro coniuge.

Età. In ordine all'età la distinzione fondamentale è tra *puberi* e *impuberi*. Puberi sarebbero propriamente coloro che hanno raggiunto lo sviluppo fisico che li rende atti alla generazione, col quale si presume che vada congiunto un sufficiente sviluppo intellettuale. In origine si giudicava caso per caso se la persona dovesse ritenersi pubere o impubere in base a una ispezione fisica: e a questo principio per i maschi (quanto alle donne appare fissata *ab antiquo* come data dello sviluppo fisico l'età di dodici anni) si tennero fermi i Sabiniani.

Ma i Proculeiani, seguendo una massima della scuola stoica, o piuttosto gli usi sociali, stabilivano senz'altro i quattordici anni compiuti come termine dell'impubertà: altri esigeva insieme e il raggiungimento di quell'età e uno sviluppo fisico sufficiente (1). Giustiniano pose fine all incertezza, fissando il termine di quattordici anni per l'uomo e dodici per la donna (2).

L'impubere *sui iuris* è posto sotto la protezione di un *tutore* e dicesi *pupillo*.

Tra gl'impuberi si distinsero però *ab antiquo* gl'*infanti (infantes, qui fari non possunt)*, più tardi, per autorità di Salvio Giuliano, i *prossimi all'infanzia* e i *prossimi alla pubertà*. Il limite dei sette anni come termine dell'infanzia non vale se non in alcuni rapporti, nè venne legalmente fissato prima dell'ultima epoca (3). La *capacità di agire* dell'infante è assolutamente nulla. Invece l'impubere che ha superato l'infanzia non può naturalmente conchiuder matrimonio e nemmeno far testamento, ma tutti gli altri atti giuridici egli li compie validamente, qualora la sua volontà venga integrata dall'assenso del tutore: il che dicesi *auctoritas tutoris*. Inoltre tutti gli atti che ridondano a suo vantaggio egli li compie validamente, anche se tale *auctoritas* non è intervenuta (4), e se delinque, può esser tenuto responsabile (5).

All'epoca delle guerre puniche cominciò a spuntare una distinzione nell'età pubere. Il crescere dei com-

(1) Cfr. GAII *Inst*, I, 196; ULPIANI *Fragm.*, II, 28. Negli usi sociali già in antico la cerimonia dell'abbandono della *toga prætexta* orlata di porpora e dell'assunzione della bianca toga virile (*vesticeps = pubes*, *investis = impubes*), che aveva luogo il 17 marzo in occasione delle feste liberali, non si celebrava prima dei 14 anni compiuti; scadendo l'uso della toga e l'antica cerimonia, il termine di 14 anni venne stabilito per qualche rapporto (per es. l'assunzione dei *munera municipalia*) dalle leggi.

(2) pr. I, *Quib. mod. tut.*, 1, 22.

(3) L. 14, D. *De spons.*, 23, 1 (interpolata; *id est—annis*); L. 1, § 2, D. *De adm. et per.*, 26,7 (interpolata).

(4) Ciò si ammise per benigna estensione anche a favore dei prossimi all'infanzia, ma non degli infanti: § 9, 10, I. *De inut. stip.*, 3, 19.

(5) § 18 (20). I. *De oblig. quae ex del.*, 4, 1.

merci e il rilassarsi dell'antica *fides* resero pericolosa la piena capacità concessa a giovani appena puberi, e la *lex Plætoria* (192–191 a. C.) minacciò di pena pubblica colui che nel contrarre con un minore di venticinque anni l'avesse raggirato, abusando della sua inesperienza, e stabilì all'uopo un' *actio popularis*, quindi esperibile da chiunque. Il negozio tuttavia rimaneva in vigore; ma il Pretore, proseguendo l'opera, concesse ai minori di venticinque anni una *exceptio legis Plætoriæ* contro l'azione del creditore, ed anche in base al semplice pregiudizio del minore, senza ricercare il dolo del terzo. Così venne a costituirsi questa nuova età dei *minores XXV annis*, la quale crebbe via via d'importanza. Le principali istituzioni che vi si richiamano sono: la *restitutio in integrum* e la *cura minorum* (cfr. § 75).

Peraltro ai minori, che avessero superato i venti anni, o, se donne, i diciotto, si concesse in seguito d'impetrare dal Principe la *venia ætatis*. Ottenuta questa, cessavano i privilegi, i quali, come sempre avviene, facevano loro una posizione difficile rispetto al credito pubblico.

Le persone d'età molto avanzata, per esempio, oltre i settant'anni, possono rifiutare funzioni pubbliche, come la tutela.

Sesso. La posizione sociale della donna presso il guerriero popolo di Roma si trova d'assai più elevata che in Grecia, ma la sua capacità giuridica era per più riguardi inferiore a quella dell'uomo. La donna è incapace di diritti politici e d'ogni funzione pubblica. Per diritto privato è incapace di gerir la *patria potestas* e la tutela, salvo tarde eccezioni per questa, di tener banco, di far da testimonio in un testamento, di muovere un'accusa pubblica, di *postulare pro aliis*, ossia di stare per altri in giudizio. Per effetto del senatoconsulto Velleiano le sicurtà fatte dalle donne potevano essere annullate mediante eccezione. Alle donne d'altra parte si perdona l'error di diritto, quando n'avrebbero danno.

Nell'antico diritto le donne *sui iuris* erano soggette a tutela perpetua e, mentre la legge Voconia limitava la loro capacità di succedere per testamento, la giurisprudenza restrinse anche il loro diritto di successione legittima o *ab intestato;* le donne *alieni iuris* poi (sia soggette a *patria potestas*, sia soggette a *manus*) erano incapaci pure di obbligarsi (1). Ma queste limitazioni non valgono più nel diritto giustinianeo.

Gli ermafroditi non costituiscono una classe speciale, ma si considerano di quel sesso, al quale s'accostano di più.

Sanità di corpo e di mente. Una malattia, che può servir di scusa, ad esempio, dalla tutela, dicesi *morbus:* un difetto permanente *vitium.* Parecchie limitazioni od esenzioni speciali riguardano i ciechi, i sordi, i muti, ecc. Gli evirati (*castrati*) non possono ammogliarsi e, per lo meno nel diritto giustinianeo, neppure adottare.

Quanto ai vizi dello spirito i pazzi (*furiosi*) e i mentecatti (*dementes, mentecapti*) come gl'infanti non hanno alcuna capacità di agire. Essi e i loro beni sono soggetti a un curatore. Peraltro il diritto romano riconosceva ai *furiosi* dei lucidi intervalli, durante i quali erano capaci (cfr. § 75).

I prodighi venivano interdetti dall'amministrazione dei beni, ricevevano un curatore e tornavano nella condizione di un impubere *infantia maior.*

Condizione sociale e professione. Nell'antico diritto romano, se non si vuol tener conto delle condizioni del resto transitorie degli *addicti, nexi, iudicati,* e simili, lo stato di *liberto* è forse la sola condizione sociale che limitatamente influisca sulla capacitàngiuridica. Nell'età imperiale cominciano a farsi valere in senso favorevole e sfavorevole alcune condizioni sociali; la *lex Julia de maritandis ordinibus* sotto Augusto stabiliva una serie di privilegi a favore dei coniugati o padri e

(1) Cfr. GAII *Inst.* III. 104. Interpol. in conseguenza della parificazione delle *filiaefamilias* ai *filiifamilias*: L. 141. § 2 D. *De v. o.* 45 1. *Quod-est*,

madri di più figli e limitazioni pei celibi e gli orbi; la professione della milizia diventa ragione di privilegi, massime nel diritto successorio: i rettori delle provincie hanno invece divieto di acquistar beni nella provincia, di esercitarvi la mercatura e l'usura, di sposar donne della provincia.

Ma è nell'epoca romano-ellenica che la condizione sociale acquista una importanza vasta. Quasi ogni condizione o professione è contemplata e divien base di un regolamento giuridico proprio: i decurioni, i professori di scienze liberali, i banchieri, ecc. Così avviene di tutte le professioni d'interesse pubblico, massime per l'approvvigionamento delle due capitali (navicellai, beccai, mugnai, fornai, muratori, ecc.), vincolate ed ereditarie in certe corporazioni, secondo la tendenza socialistica dell'impero decadente, in cui lo Stato via via assorbe, regola tutto, dalle colture ai prezzi delle derrate, e in cui l'iniziativa individuale, il progresso, la vita ristagna. Se non che una gran quantità delle disposizioni relative concernono il diritto pubblico: solo il diritto dei militari invade largamente anche rapporti privati.

La più singolare di queste condizioni è il *colonato,* una specie di servitù della gleba, che si va via via costituendo, ora che le sorgenti dell'antica schiavitù si vanno invece esaurendo. I coloni sono anch'essi una classe ereditaria, costituita di persone libere, anzi ingenue, ma legate al fondo e assoggettate quindi ai successivi proprietari del fondo. Essendo liberi e capaci, i loro matrimoni sono *iustae nuptiae* ed essi hanno beni propri: ma limitata è la facoltà di alienare, giacchè i loro beni sono costituiti a garentia del pagamento del fitto e delle imposte. Se abbandonano il fondo, possono essere rivendicati, nè possono stare in giudizio contro il padrone, salvo che questi voglia loro aumentare il fitto. La condizione di colono è stabilita per nascita (da padre o da madre coloni), prescrizione trentennale, dedizione volontaria, mendicità, per cui il mendicante diviene colono di chi lo denuncia. Cessa per l'acquisto del fondo o l'assunzione della carica di vescovo: vietata l'affrancazione.

La *Lex Iulia de maritandis ordinibus* non ha più vigore nel diritto giustinianeo.

Religione. Nel mondo classico ogni società politica aveva le sue divinità: l'osservanza del culto era una funzione dello Stato, il sacerdozio una carica pubblica. La tolleranza dello spirito antico era in queste condizioni un fenomeno naturale. Ciascun popolo aveva la sua religione, come ciascun popolo aveva le sue istituzioni e i suoi costumi: venerava i suoi Dei, perchè suoi, non perchè li credesse i soli veri. Era, insomma, un concetto affatto diverso della religione, che le ammetteva tutte, ripugnando però sempre all'ateismo.

Le cose mutarono colla venuta del Cristianesimo. La fierezza della propria religione e forse la tendenza al proselitismo come forma di aggregazione politica era già un singolar tratto degli Ebrei. Ma questa tendenza fu esaltata e alterata dal nuovo carattere di religione unica ed universale, indipendente da confini di popoli e di Stati, ch'ebbe ad assumere il Cristianesimo. Un tale spirito stupiva e infastidiva gli Occidentali e rendeva loro odiosi Cristiani ed Ebrei, ma nondimeno il Cristianesimo per circa un secolo s'andò sicuramente diffondendo, massime nelle classi derelitte. A un certo momento peraltro in questa propagazione di credenze e di pratiche nuove e incomprese, nell'abbandono dei culti nazionali, nella tendenza a isolarsi dalla vita sociale e politica (« il mio regno non è di questo mondo »!) parve di sentire il pericolo: e non di rado i migliori imperatori macchiarono la loro fama e turbarono in momenti critici l'impero colle note persecuzioni. La lotta contro il Cristianesimo era però a intervalli e ispirata più ch'altro da preoccupazioni sociali e politiche; i Cristiani per difendersi dicevano sè non esser nemici dello Stato, nè finalmente venne mai emanata una disposizione che limitasse la capacità giuridica dei Cristiani.

Costantino, il più grande (non certo il migliore) tra i successori di Cesare, col famoso Editto di Milano del 313 sancì definitivamente la tolleranza della fede cristiana (1), alla quale più tardi fece passaggio. Se non che la nuova religione era per sua natura tratta ad abusare della vittoria oramai assicurata. Costantino, pur favorendo i Cristiani, serbò fede al proprio Editto; ma sotto i suoi successori l'intolleranza prese il sopravvento. Già Costanzo nel 353 fece senz'altro del Cristianesimo l'unica religione di Stato, ordinando la chiusura dei templi pagani. Una breve sosta segnarono i regni di Giuliano, Gioviano e Valentiniano. Con Graziano e Teodosio l'intolleranza religiosa diventa veramente delirio e una serie numerosa di disposizioni si succedono contro i pagani, i giudei, gli apostati e le infinità di eretici che pullulavano nel vasto impero. Incapacità di esser testimoni, di succedere a causa di morte e contro le sètte più odiate anche di acquistare per qualunque titolo, sono le principali sanzioni di diritto privato. Quanto agli Ebrei resi incapaci alle cariche pubbliche (2), dichiarato adulterio il matrimonio tra Ebrei e Cristiani (3), vietato loro, come in generale a tutti gl'infedeli, di possedere uno schiavo cristiano (4). Col diritto giustinianeo noi siamo molto innanzi in questo triste cammino. Più titoli del primo libro del Codice non si occupano quasi d'altro che di comminazioni di pene e restrizioni della capacità giuridica per causa di fede.

Origine e domicilio. L'origine è il luogo di nascita, il domicilio è la sede principale del cittadino. L'una e l'altro hanno specialmente importanza quanto agli oneri municipali e quanto alla competenza giudiziaria. *Actor sequitur forum rei:* il *reus* o convenuto è citato da-

(1) Pei dubbi gravi su questo Editto di Milano e sulla sua data cfr. Seeck in *Zeitschr. für Kirchengesch.* 1891 (12), pag. 381 sgg.

(2) L. 18 (19) C. *De Iud. et cœlic.*, 1, 9.

(3) L. 6, C. *De Iud. et cœlic.*, 1, 9

(4) L. 1, L. 2 *Ne christ. manc.*, 1. 10,

vanti ai giudici del luogo ove ha domicilio, ma in via eccezionale anche davanti ai giudici del luogo d'origine, quando per avventura vi si trovi. Nel diritto romano è ammessa la libera elezione del domicilio e persino la pluralità di domicili. Alcune persone hanno domicilio necessario: il soldato, il relegato, il pupillo e la donna, che, anche vedova, serba il domicilio del marito defunto.

Infamia. Il diritto romano ordinò l'infamia in un istituto giuridico, facendo che certe azioni o professioni o condanne traessero seco una diminuzione della capacità giuridica, cioè, quanto al diritto privato, la perdita delle facoltà di *postulare* o stare in giudizio (salvo per sè e per certe persone prossime), di esser *procurator ad lites* e, nel diritto giustinianeo, divenuta l'avvocatura una professione pubblica, l'incapacità di esercitarla: finalmente l'incapacità d'intentare un'*actio popularis.* Giustiniano però dispose che l'eccezione d'incapacità non si potesse opporre dall'avversario, sicchè l'importanza dell'infamia è quasi svanita nel nuovo diritto (1).

Cause dell'infamia sono: I. condanne criminali in giudizio pubblico e, a cominciar dall'impero, anche per delitti che avevano carattere privato: furto, rapina, ingiurie, azione di dolo; II. condanne in giudizi di società, di tutela, mandato, deposito (nonchè di fiducia nel diritto classico); III. esercizio dell'arte teatrale, dell'arte gladiatoria e di mestieri turpi; IV. erano finalmente infami le donne passate a seconde nozze prima che fosse spirato l'anno del lutto, coloro che scientemente non *iussu patris* le avevano sposate, finalmente il *paterfamilias* che aveva prestato il suo consenso: i bigami e anche chi avesse contratto doppi sponsali; i falliti, gli spergiuri, i soldati espulsi dall'esercito e gli usurai (2).

(1) § 11 (10) I. *De exc.* IV, 13.

(2) L. 1 D. *De his qui not inf.* 3, 2, interpolata. Cfr. Gaii, *Inst.* IV, 182. Il catalogo degli infami è opera di Giustiniano: l'Editto del Pretore (così ammonisce Gaio) enunciava ne' singoli casi le persone non ammesse a *postulare* e le dichiarava *infames* o *ignominiosæ.*

I commentatori usano chiamare *infamia immediata* quella che deriva da un fatto non altrimenti punito, *mediata* quella stabilita da una condanna (1).

Distinta dall'infamia giuridica è la *turpitudo*, detta dai moderni *infamia facti*, cioè la mala riputazione di un soggetto, della quale il magistrato può tener conto in più riguardi.

§ 18. Le persone giuridiche.

Nel concetto della persona giuridica si comprendono due istituti distinti, che hanno però grande analogia di principî circa il nascere e l'estinguersi, circa la natura dei diritti, di cui sono capaci, e il modo di provvedere all'acquisto e alla perdita dei diritti stessi.

Il primo di essi, il più antico e il più naturale, è l'associazione di più persone che intenda a un fine e sia riconosciuta come subbietto di diritti e di obblighi nella sua totalità, indipendentemente dalle persone dei singoli e dal loro avvicendarsi. Un simile istituto è detto dai Romani *corpus* o *universitas* o anche, secondo i casi, *collegium, ordo, societas, sodalitas,* e simili: nella dottrina odierna d'ordinario *corporazione*. Tale subbietto si può dire abbia una vera esistenza reale, data dall'insieme dei membri associati: i Romani gli attribuirono schiettamente il carattere e il titolo di *persona* (così *persona municipii, coloniae,* ecc.), per quanto la capacità giuridica nei rapporti cogli estranei (per es. in ordine agli acquisti *mortis causa*) sia stata riconosciuta solo a grado a grado.

Più artificioso e di formazione recente, anzi, per vero, non romana, è il secondo istituto. Non s'ha verun subbietto del diritto, ma soltanto uno scopo, a proseguire il quale è destinato un patrimonio, cioè un complesso

(1) Oltre a questa *infamia*, che si potrebbe dire pretoria o edittale, esistevano nell'antico diritto una infamia consolare, derivante dal rifiuto del console d'iscrivere nelle liste dei candidati, ed una censoria, derivante dalla *nota censoria;* entrambe arbitrarie.

di beni: lo Stato esercita la sua tutela, perchè il patrimonio non sia sottratto allo scopo, al quale fu riservato. Quell'istinto di personificazione, ch'è insito nella natura umana, fa che si consideri come subbietto dei diritti precisamente lo scopo, e si dica, per esempio, che padrone del patrimonio è l'ospedale, il ricovero, ecc.; ma, se così suona il linguaggio, la realtà, come spesso avviene, è diversa. Il vero è che lo scopo non è una persona nè un complesso di persone vive e volenti e che la persona originaria, la quale dispose i mezzi patrimoniali a quello scopo, non è più.

Istituzioni di simil genere vennero in uso e in fiore soltanto per opera del nuovo spirito di carità cristiana e ricevono nella dottrina il nome di *piae causae* (1): il termine moderno più comune è *fondazione*. Il regime schietto della fondazione peraltro — patrimonio destinato a uno scopo, ma privo di subbietto — è straniero anche al diritto romano-cristiano, giacche i patrimoni destinati agli scopi appartengono pur sempre alle singole chiese. Due istituti tuttavia, che hanno analogia colle fondazioni, sono anche noti ai giureconsulti classici: il fisco e l'eredità giacente.

§ 19. Le corporazioni (*Universitates personarum*).

D. *quod cuiusc. un.*, 3, 4. D. *De lib. un.*, 38, 3. Dig. Tit. 50, 1-10. D. *De coll. et corp.*. 47. 22 Cod. *Tit.*, 10, 31 e seg.

Perchè s'abbia una vera corporazione o subbietto giuridico collettivo occorrono *più persone* riunite per uno *scopo lecito* e coll'intento di costituire un subbietto unico, l'*universitas*.

(1) Le istituzioni alimentari di Nerva, Traiano, Antonino Pio a favore dei fanciulli poveri avevano scopi sociali e non erano poi nell'ordinamento giuridico se non costituzione di rendita perpetua: il patrimonio non si stacca mai dalla persona dell'imperatore. Cfr. Segrè, *Istituzioni alimentari imperiali*, Roma, 1889. Per iscopi generosi o pii si usava, dopo riconosciuta la facoltà di ricever legati alle corporazioni, lasciare un legato con questo onere alla corporazione o imporre all'erede un'annua prestazione alla Comunità, prescrivendo l'impiego. V. Pernice *Labeo*, III, p. 56.

Non occorre invece per diritto romano il riconoscimento espresso della corporazione da parte dello Stato. Quando si parla di permissione, con ciò si allude agli scopi in generale (*causæ*), che sono positivamente determinati dalle leggi (1).

Quanto al numero dei membri fu deciso che bastano tre a costituire una corporazione (2): tanti cioè quanti occorrono a prendere una deliberazione a maggioranza. Ma una volta costituita, essa dura, anche ridotta ad un solo.

Lo Stato o il *populus romanus* era *ab origine* riconosciuto come subbietto di diritti pel suo carattere di ente politico. Ad esso peraltro nell'età imperiale succedette via via un istituto analogo alle fondazioni, il *fiscus*.

Per la stessa ragione hanno capacità giuridica, sebbene in foggia più limitata, i municipi e i consigli municipali (cioè i decurioni), le colonie, le città libere e anche i borghi e villaggi (*fora, conciliabula, castella, vici*), nel basso impero le provincie.

(1) L. 1, D. *Quod cuiusc. univ. nom.*, 3, 4; L. 3, D. *De coll. et corp.* 47, 22. Il regime della corporazione era assai più liberale nell'antichissimo diritto, giacchè la corporazione è d'origine primordiale e molte organizzazioni politiche precedenti lo Stato (la *gens*, i *pagi*, i *montes*), si ridussero per lungo tempo a vivere sotto esso in forma di sodalizi; se l'evoluzione è progressiva in ordine ai rapporti della corporazione cogli estranei e all'assimilazione alla persona fisica nella capacità giuridica, essa è regressiva quanto al riconoscimento ed alla autonomia. Le dodici tavole non esigevano se non che lo statuto del sodalizio non venisse in conflitto con le leggi dello Stato (L. 4 D *de coll.* 47, 22). L'abuso delle corporazioni a scopo di corruzione elettorale nell'ultima età repubblicana, ne indusse più volte lo scioglimento (Senatoconsulto a. 64, *Lex Licinia* a. 55 a. C.), finchè con la politica imperiale, da Giulio Cesare in poi, s'inaugurò un regime restrittivo, il cui carattere è il seguente: riconosciute in generale le corporazioni *antiquitus constitutæ* (collegi sacerdotali, corporazioni operaie, associazioni dei publicani) e alcune nuove corporazioni (collegi funeratici), le altre vennero assoggettate, caso per caso, a una preventiva autorizzazione di polizia o espressamente dichiarate illecite e proibite. La materia è principalmente regolata da senatoconsulti e mandati imperiali, cioè quasi in via amministrativa.

(2) L. 85, D. *De v. s.*, 50, 16: *Neratius Priscus tres facere existimat collegium: et hoc magis sequendum est.*

Ma esistevano, e alcune da tempo remoto, vere corporazioni, cioè subbietti collettivi privati e volontari: i corpi d'arti e mestieri, i collegi degli impiegati salariati dello Stato (*apparitores, viatores, scribæ*), le vaste società commerciali (non sempre ordinate peraltro in forma corporativa), costituite generalmente dal ricco ceto dei cavalieri per lo scavo delle miniere, delle saline e sovrattutto per l'appalto delle imposte pubbliche (*societates aurifodinarum, argentifodinarum, salinarum, publicanorum*), i *sodalicia* o *sodalitates*, collegi di *cultores*, ordinati principalmente per il culto di straniere divinità e talora sotto la presidenza di un sacerdote, in guisa analoga i *collegia funeraticia*, destinati pure al culto, ma segnatamente allo scopo di guarentirsi la sepoltura; della qual forma si valsero i primitivi Cristiani. Erano finalmente corporazioni i collegi sacerdotali e divennero corporazioni nel basso impero le legioni e i corpi di cavalleria. Molte di queste corporazioni non sussistono più nel nuovo diritto, in cui spuntano invece e sono ordinate nel modo più libero le corporazioni ecclesiastiche: conventi, monasteri, associazioni di fedeli. L'evoluzione socialistica dell'epoca romano-ellenica convertì poi le corporazioni professionali di volontarie in necessarie con vincolo ereditario.

Quanto alla capacità giuridica, le corporazioni generalmente non l'hanno che in ordine ai rapporti patrimoniali e in alcune parti riconosciuta solo in progresso di tempo. L'effetto saliente della personalità giuridica è che diritti e obblighi si riferiscono alla corporazione come un tutto e lascian fuori completamente le persone dei singoli membri: *Si quid universitati debetur, singulis non debetur; nec quod debet universitas singuli debent* (1). Il singolo qual membro della corporazione ha un'altra veste e, anche se la corporazione sia ridotta a lui soltanto, essa non si confonde colla sua personalità.

(1) L. 7, § 1, D. *Quod cuiusc.*, 3, 4.

La corporazione suole avere un proprio *statuto* determinante l'ammissione e radiazione dei soci, i contributi sociali, la competenza degli amministratori e dell'assemblea e simili, una *cassa* comune (*arca communis*), un *consiglio di amministrazione* (*ordo collegii*) contrapposto alla *plebs collegii; l'ordo* e la *plebs* insieme costituiscono il *populus* o la *respublica collegii*), uno o più *actores* o *syndici*, cioè rappresentanti, cui è delegato l'uffizio di esprimere negli atti giuridici la volontà di essa e in genere di trattare in nome suo.

§ 20. Le fondazioni (*piæ causæ*). Fisco ed eredità giacente.

C. *De sacr. eccl.*, 1. 2. C. *De ep.*, 1, 3. C. *De pag.*, 1, 11. C *De his qui ad eccl.*, 1, 12. Dig., 30, 4; 48, 20. 21.

Perchè esista la fondazione non è necessario propriamente se non che siavi un *patrimonio* destinato dal fondatore a uno *scopo*. Tuttavia nelle fonti romane la fondazione non si stacca nettamente dalla corporazione (chiesa), cui è fatto il lascito, ed è soltanto assicurata, mediante congruo regolamento, la devoluzione di esso al fine prescritto dal fondatore.

Le fondazioni sono un portato genuino del Cristianesimo, una emanazione della *carità*, idea essenzialmente nuova, e in quelle prime origini non ebbero altro che scopi di beneficenza e di pietà, donde il nome di *piæ causæ;* erano ricoveri, ospedali, orfanotrofi, brefotrofi, lasciti per chiese e funzioni, ecc.

Quanto agli effetti giuridici, non v'ha differenza tra corporazioni e fondazioni.

Istituzioni analoghe alle fondazioni, quanto al carattere giuridico, sono il fisco e l'eredità giacente. Il *fiscus* era in origine il patrimonio dell'imperatore, come l'*ærarium* costituiva quello del popolo romano. Col progresso dell'età imperiale il fisco assorbì l'erario, ma in pari tempo si staccò dalla persona del Principe e venne concepito come un patrimonio e una entità distinta. Al fisco si attribuiscono molti privilegi.

L'eredità giacente (*hereditas iacens*) è il patrimonio di una persona defunta non accettato ancora da chi è chiamato a succederle in qualità di erede. Nel diritto romano senza l'accettazione (*aditio*) non v'ha di regola acquisto ereditario (§ 189); laonde nell'intervallo dicono i Romani che le cose ereditarie *nullius in bonis sunt* o *nullius in bonis esse creduntur*. Ciò non significa che sia lecito a chicchessia di occuparle e impadronirsene (1); i diritti non hanno per ora alcun subbietto, ma la legge esercita la sua coazione, perchè non vengano sottratti al fine cui son destinati, e l'eredità stessa vien concepita all'uopo come persona e padrona. I giureconsulti classici hanno tuttavia chiara coscienza che questa è una immagine e una finzione, e non amano dire che l'eredità è *persona* o altrimenti *domina* delle cose ereditarie, bensì ch'essa *personae vice fungitur* o *vicem sustinet, domini locum obtinet* (2).

§ 21. Estinzione della persona giuridica.

La persona giuridica cessa col cessare di alcuna delle condizioni essenziali: onde finisce tanto la corporazione, quanto la fondazione, se lo scopo si esaurisce o diventa illecito o altrimenti impossibile, e parimente se l'una o l'altra erano subordinate a un termine, che è giunto, o a una condizione, che s'è avverata.

(1) Il furto è escluso per altro motivo, anche finita la giacenza (v. § 90 e 174).

(2) Veramente nella L. 22 D. *De fid. et mand.* 46,1 l'inciso «*personae vice fungitur, sicuti municipium et decuria et societas*» dal confronto colla L. 116 § 3. *De leg.* 30 appare interpolato; Fiorentino diceva: «personae *defuncti* vice fungitur». Cfr. Ferrini *Pand.* p. 96 n. 1 e Di Marzo *Sulla dottrina romana dell'eredità giacente* negli *Studi per Scialoja* 905, v. II pag. 53. Ma non interpolata pare una simile dichiarazione nella L. 15 pr. *De us. et us.* 41,3, nè interpolati sono i passi, che trattano l'*hereditas* come *domina* o riferiscono i diritti e gli obblighi all'*hereditas* considerata implicitamente come persona, e non come massa di beni. — Circa il regime dell'eredità giacente v. § 189.

Si estingue poi la corporazione per deliberazione, per morte o dimissione di *tutti* i soci, la fondazione per venir meno del patrimonio.

II. — ACQUISTO E PERDITA DEI DIRITTI

§ 22. Fatto giuridico. Successione.

Fatto giuridico è qualunque condizione, da cui la legge fa dipendere l'acquisto o la perdita o la modificazione di un diritto; in altri termini è un fatto che genera conseguenze giuridiche.

Acquisto è congiunzione del diritto al subbietto, *perdita* è separazione del diritto dal subbietto. L'acquisto può essere di due modi: o è a un tempo nascita del diritto, e allora esso avviene *ex novo*, indipendentemente da qualunque rapporto con una determinata persona, e dicesi *acquisto originario;* o è trasferimento a un nuovo titolare di un diritto già esistente in capo ad altro subbietto, ed allora esso è costituito e giustificato in base al rapporto con una determinata persona e dicesi *acquisto derivativo.* La perdita anch'essa può esser di due modi: o è *estinzione* del diritto o è *separazione* del diritto dal suo titolare attuale. Si ha propriamente *alienazione,* quando il trapasso del diritto da un subbietto all'altro avviene colla volontà del subbietto perdente, che vi rinuncia precisamente a favore del subbietto acquirente.

Successione è la designazione complessiva del rapporto di acquisto e perdita corrispondente negli acquisti derivativi ossia nei trasferimenti; chi acquista in via derivativa si chiama appunto *successore* o *avente causa* rispetto a colui che trasmette: questo dicesi *autore.* L'autore, si dice, non può trasmettere nel successore maggiori diritti di quelli ch'egli abbia (1).

(1) Si citano: L. 54, D. *De r. i.*, 50, 17; *Nemo plus iuris ad alium transferre potest quam ipse haberet.* L. 120; L. 175 § 1; L. 177 pr. eod. Ma questi passi nel contesto originario si riferivano tutti all'eredità.

Ma ciò non è per lo meno senza eccezioni: il creditore pignoratizio, ad esempio, vendendo il pegno, trasferisce la proprietà ch'egli non ha. Assolutamente errato è poi l'asserire che il diritto del successore sia identico a quello dell'autore, che si abbia una vera sostituzione di soggetti, permanendo negli altri elementi il rapporto immutato. Ciò è contrario alle attestazioni delle fonti, contrario alla realtà, perchè si può ben trasmettere un diritto più debole o un diritto diverso, per es. costituir servitù o concedere ipoteca sulla cosa propria. Questa seconda ipotesi si suol chiamare appunto *successione costitutiva* in antitesi alla *successione traslativa*.

Una distinzione, fondamentale si ha nel concetto generale della successione tra *successione particolare* o *a titolo particolare* (*successio in res* o *in singulas res*) e *successione universale* o *a titolo universale* (*successio per universitatem*, *in universitatem*, *universitatis in universumo in omne ius*). La prima significa il trapasso di diritti singoli e separati; la seconda il trapasso di un insieme di diritti, di un patrimonio in blocco, senza che occorrano i modi particolari alla trasmissione di ogni singolo diritto. Nella successione universale, la quale, come vedremo, si attua non ad arbitrio, ma in casi tipici e determinati (v. in seguito § 184-186), principalmente nell'eredità, unica figura che sopravviva nel diritto civile moderno, non solo trapassano nel nuovo titolare anche diritti altrimenti intrasmissibili a titolo singolare, ma veramente il successore è collocato nei diritti in cui subentra nella posizione istessa del suo autore. Nel diritto classico era appunto questa la vera *successio*; il concetto generale della successione è una formazione postclassica (1).

(1) I giureconsulti classici adoperavano i termini *succedere, successio* o *successio in ius, in locum et in ius*, esclusivamente per le cosiddette successioni universali, intendendo appunto significare che in queste il nuovo titolare non faceva che *subentrare*, *sostituirsi*, permanendo il

§ 23. Classificazione dei fatti giuridici.

Il sostrato essenziale di qualunque fatto giuridico è un tale stato ne' rapporti del subbietto cogli altri membri della società che l'effetto giuridico a suo favore o a suo carico non appaia ingiusto, non venga cioè a ledere alcuno: s'intende, secondo quella data legislazione e quella data coscienza giuridica, ch'essa rappresenta. Questa condizione di fatto, che il legislatore vuole come giustificazione intrinseca di qualunque mutamento giuridico, può essere di per sè bastevole a produrre l'acquisto o la perdita di diritti, anche senza volontà e senza saputa dal subbietto. Ma assai spesso, insieme con quella condizione obbiettiva, si esige la volontà del subbietto, cioè si richiede che questi intenda coscientemente di raggiungere lo scopo, cui la legge riconnette le sue conseguenze.

Questa diversa struttura dei fatti giuridici dà origine a una fondamentale distinzione: *fatti giuridici in*

rapporto identico: il che aveva tratto agli oneri e per l'eredità principalmente ai debiti. Non era insomma tanto l'acquisto di un diritto *(res)*, che aveva risalto, quanto l'assunzione di un rapporto *(ius)*. Chi compera un fondo da chi lo ha ricevuto in donazione ha il vero titolo d'acquisto oramai nella compera e se l'autore suo non era proprietario nè poteva mai divenirlo, perchè la donazione era immaginaria, egli poteva usucapire sulla base della compera: l'erede subentra invece nella donazione, nella causa dotale, nella usucapione del defunto.

La generalizzazione del concetto di successione ne ha oscurato la vera natura: esso non è ormai che la pallida espressione dell'acquisto derivativo e della perdita correlativa. Per distinguere le due specie di successione, quella di nuova creazione, la *successio in singulas res*, e la classica e vera *successio*, questa è stata denominata appunto *successio in universitatem o in universum ius*: ma nelle fonti e financo nell'uso odierno *successione* permane tuttavia, per lo meno in senso enfatico, a designare l'eredità. V. C. Longo *Origine della successione particolare* nel *Bull. dell'Ist. di dir. rom.* vol. 14 (1902), pag. 127 e 224 volume 15 (1903) pag. 283: Bonfante. *La successio in universum ius e l'universitas* negli *Studi per Scialoja* 1905 vol. I pag. 522; C. Longo *Sull'hereditas concepita come universitas* negli *Studi per Fadda* 1906; Bonfante *La formazione scolastica della dottrina dell'universitas* nei *Rendic. dell'Ist. Lomb.* vol. 39 (1906) pag. 277.

senso proprio, e sono quelli, in cui l'effetto giuridico è riconosciuto immediatamente al verificarsi della condizione obbiettiva, senza che occorra alcuna manifestazione di volontà da parte del subbietto; *fatti giuridici volontari*, e son quelli, in cui deve concorrere insieme colla condizione obbiettiva anche la volontà del subbietto.

Nella prima categoria di fatti giuridici si suol dire che l'effetto giuridico, per esempio, l'acquisto, avviene per volontà della legge, *ope legis* o *lege*, *ipso iure:* nella seconda che avviene invece per volontà dell'uomo. In realtà, chi ben guardi, la volontà dell'uomo non può avere effetto, se non nelle condizioni dalla legge poste. L'occupazione è atto giuridico e fa che si acquisti il diritto di proprietà, ma solo ne' casi dalla legge determinati, cioè quando la cosa non appartenga a nessuno e quindi nessuno possa dall'acquisto esser leso.

I fatti volontari sono la categoria, di cui meglio si può costruire una teoria generale. La volontà che si richiede in essi è talvolta una volontà duratura, in modo che l'effetto giuridico è riconosciuto, finchè quello stato di volontà perdura o si può presumere che perduri: così è nel matrimonio romano, essenzialmente diverso dal moderno, così nel possesso, così nella società e in altri simili rapporti. Assai più frequenti sono però i fatti volontari in cui basta *un atto iniziale di volontà*, gli atti giuridici propriamente detti: onde il concetto di *fatto volontario* si confonde di solito con quello di *atto giuridico*.

Gli atti giuridici si distinguono in *negozi giuridici* ed *atti illeciti;* s'intende, illeciti giuridicamente. Nei primi la volontà dell'uomo si esercita entro i limiti stabiliti dalla legge e l'effetto riconosciuto da questa è più o meno lo scopo cui tende il subbietto, nei secondi la volontà dell'uomo viola invece i precetti del diritto, onde l'effetto giuridico è contrario allo scopo cui si tende.

§ 24. I negozi giuridici. Requisiti della volontà.

Giusta le premesse, il negozio giuridico può essere definito « quella manifestazione di volontà, cui la legge, nelle condizioni e nei limiti da essa determinati, riconosce virtù di produrre gli effetti giuridici dal soggetto voluti ».

Nei negozi giuridici occorre pertanto distinguere due elementi: la volontà del subbietto e lo stato di fatto o la condizione obbiettiva, data la quale l'effetto voluto è garentito dal diritto; la quale condizione si denomina dai Romani *causa* o *iusta causa.*

Diciamo dei principi generali relativi alla volontà nei negozi giuridici. Occorre: 1.° che il subbietto possa compiere un atto volontario; 2.° che voglia effettivamente; 3.° che manifesti questa sua volontà. *Capacità di agire, volizione effettiva, manifestazione del volere;* ecco i tre momenti in cui si deve considerare il requisito della volontà.

Solo i pazzi e gli infanti non hanno capacità di agire, e quindi non possono compiere alcun atto giuridico. Limitata l'hanno gli impuberi, i quali non possono compiere alcun atto, che rechi una diminuzione del loro patrimonio senza l'intervento del tutore, che dicesi *auctoritas,* e nel nuovo diritto i minori soggetti a cura. Agli impuberi sono parificati i prodighi interdetti. Limitazioni speciali occorrono poi determinate da condizioni subbiettive diverse.

Giova notare che la *capacità di agire* non è concetto omogeneo e subordinato alla capacità giuridica: lo schiavo non ha capacità giuridica, ma ha capacità di compiere negozi giuridici nell'interesse e nel nome del suo padrone.

È necessario volere, ma non è necessario avvertire la natura giuridica del negozio, cioè che l'effetto è sancito dal diritto (1).

(1) Lenel ne' *Jahrbücher fur die Dogmatik des Rechts* v. 19 (a. 1881) pag. 250. Scialoja, *Responsabilità e volontà nei negozi giuridici.* Roma, 1885.

La volontà deve infine essere manifesta. E se la legge non prescrive nulla in proposito, non importa in qual modo essa si renda manifesta: certo deve essere un modo da non lasciar dubbio sull'atto che s'intende di compiere, sull'effetto che si vuole. Giova all'uopo riguardare la diversa natura dei rapporti. A costituire un vincolo obbligatorio fa mestieri di una dichiarazione del subbietto che si obbliga, ma non è sempre indispensabile una dichiarazione orale; anche il gesto può bastare.

Relativamente alla proprietà il modo naturale e necessario pei Romani di manifestare la propria volontà di acquistare il diritto era impadronirsi materialmente della cosa (*occupatio*) o riceverne la consegna (*traditio*). Così, dato il concetto romano del matrimonio, il modo naturale di manifestare l'esistenza di questo vincolo è che l'uomo e la donna vivano insieme, il che fa presumere tra persone onorate l'intenzione di essere marito e moglie.

È anche ammissibile, ove sia sufficiente, la cosiddetta *manifestazione tacita* di volontà (*re*, dicono i Romani, cioè co' fatti), in cui la volontà si desume dal comportamento e dall'agire del subbietto, cioè in via indiretta, benchè per induzione sicura. Tizio ha un credito, che potrebbe esigere oggi, e accetta invece il pagamento degli interessi: s'intende che abbia rinunciato per ora a esigere il capitale. Caio riscuote un credito o paga un debito dell'eredità a lui deferita: s'intende che l'abbia accettata.

Invece il *silenzio* (*tacere, non contradicere*), cioè l'inazione assoluta, non può valere in generale come manifestazione di volontà. Solo in casi *espressamente*, *positivamente* dalla legge determinati, il silenzio ha efficacia, poichè in quei casi per la natura del rapporto, o altrimenti per ragioni di utilità sociale, la legge si appaga di un imperfetto volere, di un assentimento passivo, quale è rappresentato dal silenzio cosciente e talora si presume financo in base al silenzio incosciente (*etiam* (*adversario*) *ignorante vel furioso*) di fronte ad altrui proposte od atti (1).

D'altra parte, in una serie numerosa di negozi giuridici, data la gravità dell'atto, la legge richiede che la volontà sia resa manifesta in un modo determinato, con carattere di solennità e di pubblicità: altrimenti l'atto è nullo. Tale manifestazione determinata dicesi dai moderni *forma*, il negozio è detto *solenne* o *formale*. Le forme proprie dei Romani erano verbali: parole fisse e sacramentali, spesso intervento di testimoni: tipi classici la *mancipatio* o in generale il *gerere per æs et libram* (2) e la *stipulatio*. Il progresso civile e il commercio colle altre nazioni respinsero via via la solennità prettamente romana, riducendo il diritto nuovo a essere anche troppo poco formale. Nell'epoca romano-ellenica le forme scritte e le registrazioni pubbliche penetrano finalmente in larga misura nella legislazione, che oramai si svolge in paesi di più antiche e native tradizioni commerciali.

Le forme sono un comodo strumento per la prova degli atti, onde assai spesso avviene che si adoperino anche là dove la legge non le pretende. In tal caso dallo scopo per cui se ne usa, che è quello di facilitare la prova, esse diconsi *ad probationem*. Quelle invece che son necessarie alla validità degli atti si dicono *ad solemnitatem*.

§ 25. Espressione della volontà per mezzo d'altri e rappresentanza nella volontà.

La volontà si può render manifesta, quando la forma dell'atto non vi faccia ostacolo, per mezzo d'altri. Anzi

(1) La giurisprudenza romana, interpretando liberamente la legge, stabiliva essa stessa simili disposizioni, come il consenso presunto dai genitori alle nozze dei figli, o del *paterfamilias* al mutuo contratto dal *filiusfamilias*, qualora, sapendo, non si opponga.

(2) Così detto dall'uso primitivo, serbato come cerimonia nell'età posteriore, di pesare il bronzo, cioè il prezzo corrisposto da una delle parti, in una bilancia.

l'uso di un messo (*nuntius*) per esprimere le proprie intenzioni, per esempio, conchiudere un matrimonio, una vendita, ecc., era largamente praticato dai Romani. Il messo si considera null altro che lo strumento materiale per la manifestazione del volere, non altrimenti che sarebbe una lettera o altro mezzo qualsiasi.

Ma il rappresentante di una persona, sia rappresentante legale, come il tutore e il curatore, sia volontario, come il procuratore o il mandatario, in diritto romano non poteva far sì che gli atti da lui compiuti avessero direttamente efficacia per il suo rappresentato; perchè il rappresentante manifestava pur sempre in ogni singolo atto la volontà sua, non quella del suo rappresentato. Laonde egli compieva l'atto direttamente in testa propria, acquistava per sè od obbligava direttamente se stesso, e se le conseguenze dell'atto dovevano andare a favore o a carico del suo rappresentato, doveva intervenire un altro negozio all' uopo tra questo e il rappresentante. Questo principio si usa esprimere in forma alquanto equivoca con dire che la rappresentanza non è riconosciuta nel diritto romano.

Le necessità del commercio introdussero via via importanti derogazioni al principio. Esporremo queste eccezioni nella trattazione dei singoli istituti: per ora notiamo soltanto in generale che un riconoscimento pieno della rappresentanza non s' ebbe nemmeno nel diritto giustinianeo (1).

Le cause per cui l'istituto non penetrò in via di principio nel diritto romano sono da ricercare essenzialmente nell'organismo politico della famiglia romana. D'altra parte in ordine agli acquisti il *paterfamilias* aveva i suoi migliori rappresentanti di fatto nei propri soggetti,

(1) L'eccezione più antica e più spesso ricordata è l'acquisto del possesso (Cfr. §. 114), che reagì sull'acquisto della proprietà per tradizione. (§ 81), dell'obbligazione *ex mutuo* (§ 158), e naturalmente della *condictio indebiti* (§ 171), dell'eredità pretoria, a causa del nome di *bonorum possessio* (§ 194), forse sul pagamento (§ 132), e per opera di Giustiniano anche sul pegno (§ 149). Per via di istituti singolari e spedienti si provvide ai contratti in generale, senza ammettere la rappresentanza (§ 128).

filiifamilias e *servi*, i quali acquistavano al patrimonio familiare e al *paterfamilias* necessariamente, in quanto non potevano acquistare a se stessi: onde il principio classico è appunto: *Per extraneam personam* (ovvero *per liberam personam, quae nostro iuri subiecta non est*) *nihil adquiri potest*. Nel diritto giustinianeo, essendo i *filiifamilias* oramai capaci di acquistare per sè e poco intelligibile il concetto dell'*extraneus*, il principio è: *Per liberam personam nihil acquiri potest*, formula peraltro non troppo esatta (cfr. § 53 in fine).

§ 26. Limitazioni volontarie all'effetto dei negozi giuridici. Condizione, modo, termine.

D. *De cond. et dem.*, 35, 1. D. *De cond. inst.*, 28, 7. C. *De inst. sub cond. fact.*, 6.25. C. *De cond. insert.*. 6. 46. C. *De don. quae sub m.* 8, 55 (54).

L'effetto del negozio giuridico può esser prestabilito dalla legge in modo assoluto, cioè ridotto più o meno il rapporto, coi diritti e gli obblighi che ne derivano a un tipo fisso, come, ad esempio, nel matrimonio. Ma più spesso avviene che alla volontà del subbietto si permetta in una misura più o meno larga di regolare variamente le conseguenze del proprio atto. Ciò in generale fu riconosciuto dapprima ne' negozi di buona fede e di diritto onorario, ma nondimeno già *ab antiquo* i più

(1) Che la formula originaria del principio fosse *Per extraneam personam* ecc. non può esser dubbio in base al testo di Gaio (II, 95: *volgo dicitur*); e d'altra parte, notiamolo, l'altra formula *Per liberam personam, quae nostro iuri subiecta non est* equivale sostanzialmente al concetto dell'*extraneus*. A torto quindi il valore della formula gaiana venne revocato in dubbio dallo Schlossmann per le sue idee particolari che la negazione della rappresentanza in diritto romano derivasse da una difesa della libertà e a ragione contro lo Schlossmann ne difese l'originarietà e il significato naturale il Pacchioni *Per extraneam* etc. nella *Grünhut's Zeitschrift* vol. 30 (1902), dal quale divergo solo in quanto io ritengo col Kniep. (*Vacua possessio* Iena 1888, pag. 210) interpolati i testi giustinianei in cui compare la formula *Per liberam personam*, uso che non è punto equivalente al classico *Per liberam personam, quae nostro iuri subiecta non est*.

vitali e comuni atti giuridici non ricompresi in quelle categorie, il testamento e anche la stipulazione, ammisero un più libero trattamento della volontà. La dichiarazione accessoria, con cui si modifica l'effetto del negozio giuridico, si dice in generale *condicio, lex, modus* o anche, quando interviene tra due o più persone, patto (*pactum*). Tra le dichiarazioni accessorie debbono esser qui rilevate, per la generale applicazione loro, quelle che si designano coi nomi oramai tecnici di *condizione, termine, modo,* riservando il *pactum* alla materia delle obbligazioni (cfr. § 168-169).

Si dicono *condizioni* quelle dichiarazioni accessorie, per cui l'effetto del negozio giuridico si fa dipendere da un avvenimento futuro ed incerto. Si chiama condizione lo stesso evento futuro ed incerto espresso nella dichiarazione. In antitesi al negozio condizionato (*condicionale*), quello non sottoposto a condizione dicesi *puro*.

Sospensiva è la condizione, nella quale è differito all'incerto evento il prodursi degli effetti del negozio giuridico, *risolutiva* quella, nella quale si fa dipendere dall'evento il cessare degli effetti, il risolversi del negozio giuridico. Peraltro la condizione risolutiva nel diritto romano non vale come vera e propria condizione (e quindi nelle forme e nella misura delle condizioni), bensì come convenzione contraria condizionata, cioè un patto di risoluzione o revoca sottoposto a condizione sospensiva. Il negozio principale è *purum*, ma in virtù della convenzione aggiunta *sub condicione resolvitur.*

Si distinguono pure, secondo la causa dell'evento, le condizioni *potestative,* in cui l'avverarsi dipende dalla volontà dell'eventuale titolare del diritto, *casuali* quelle dipendenti dal caso (è caso anche la volontà di un terzo), *miste* quelle dipendenti in parte del caso, in parte dalla volontà del subbietto: per esempio, la condizione di sposare una data persona.

Le condizioni si possono considerare in tre stati: lo stato di pendenza, finchè la condizione non s'è verificata, ma può verificarsi (*condicio pendet*): l'avverarsi della condizione (*condicio existit*), o il mancare di essa (*condicio deficit*).

Durante lo stato di pendenza la persona del gravato, cioè di colui a carico del quale sarebbero gli effetti del negozio giuridico, è pur vincolata in una certa misura, nè può fare atti che vengano a menomare o frustrare (per es., vendendo l'oggetto trasmesso sotto condizione) la legittima speranza dell'altra parte. Inoltre nel diritto romano la condizione si ha per adempiuta, se il gravato ne impedisce l'adempimento.

Quando l'evento si verifica, il negozio sotto condizione sospensiva è perfetto e il rapporto giuridico tra le parti costituito; se invece non si verifica, il negozio è nullo. Per la condizione risolutiva la questione è meno semplice, perchè tutto dipende dall'efficacia concessa dai Romani al nudo patto. Si può dire in generale che al verificarsi della condizione il negozio è revocato e si ha un azione per farne cessare gli effetti, se esso tollera patti aggiunti, come principalmente i così detti negozi di buona fede: che se invece il negozio non tollera patti aggiunti, simile convenzione non elimina il rapporto e l'azione, ma genera contro questa la *exceptio pacti conventi* (1).

È grave questione se l'avverarsi della condizione sospensiva o risolutiva operi con effetto retroattivo o meno, vale a dire se gli effetti del negozio o della sua revocazione si debbano far risalire sino al momento iniziale in cui fu conchiuso sotto condizione o calcolare dal verificarsi dell'evento. Circa le condizioni sospensive si deve ritenere ch'esse non abbiano effetto retroattivo, salvo che non sia voluto espressamente. Nelle condi-

(1) La difesa passiva mediante eccezione può esser sufficiente nelle obbligazioni (cfr. L. 41, § 1, 2 D. *De o. et a.* 44, 7: forse, a mio avviso, interpolata al § 1: *plane — poterit*; § 2: *sed hoc — doli mali*; L. 56, § 4 D. *De v. o.* 45, 1: forse interpolata: *nam — submovebitur*), ma di regola, non è sufficiente per la revoca del dominio, salvo che il favorito dalla condizione non si trovi per avventura a esser possessore dell'oggetto.

zioni risolutive tutto dipende, di nuovo, dalla natura e dall'interpretazione del patto. La revoca con effetto retroattivo dicesi revoca *ex tunc*, quella senza effetto retroattivo revoca *ex nunc*.

Condizioni improprie o apparenti sono: le condizioni impossibili, necessarie, legali o tacite, presenti o passate.

Condizioni *impossibili* sono quelle in cui l'evento è fisicamente o giuridicamente impossibile a verificarsi. A rigor di logica l'effetto dovrebbe esser sempre la nullità del negozio, e la nullità è invero pronunciata in ordine ai negozi tra vivi, esemplificando di regola dalla forma tipica della stipulazione. Ma nella istituzione di erede, nei legati e fedecommessi, nelle manumissioni testamentarie, una benigna regola di fonte sabiniana dispone che tali condizioni si considerino come non apposte (*pro non scriptis habentur*) e l'atto è valido (1). Alle condizioni impossibili sono assimilate le condizioni *turpi*.

Necessarie sono le condizioni che necessariamente si debbono verificare. Il negozio è valido sin da principio, cioè non condizionato, ma puro.

Tacite o legali (*condiciones iuris*) sono quelle che fanno parte dei requisiti legali del negozio, e quindi inutilmente si appongono, perchè, anche se taciute, la legge in ogni modo le richiede.

(1) § 10, I. *De her. inst.* II. 14. — Non ha effetto la nomina del tutore o altra disposizione testamentaria fuori delle enunciate; v. BRONAMICI. *Bull. dell'Ist. di dir. rom.* 1895 (8) pag. 31; SCIALOJA, ibid., pag. 36; 1901 (14) p. 5 e segg. Nel suo secondo e più largo studio lo SCIALOJA pone in luce la progressiva formazione della regola per opera via via della scuola sabiniana e dei più tardi giuristi (condizioni fisicamente impossibili: dal principio al III secolo dell'impero), della legge (condizioni legalmente impossibili: *lex Iulia de mar. ord.*), del Pretore (remissione delle condizioni moralmente illecite) e ribatte esaurientemente tutte le obbiezioni, principalmente quelle relative alla *datio tutoris*, alla *translatio* e all'*ademptio legati*. — Circa il fondamento della regola, cfr., oltre allo SCIALOJA stesso nel suo secondo studio, anche MANENTI, *Sulla regola sabiniana* negli *Studi per Scialoja* 1905 vol. I pag. 303 e segg. e CUGUSI, *Condiz. impossibile e testam. romano* negli *Studi per Fadda*, GAIO sabiniano (III, 98) dichiara di non sapere addurre un fondamento adeguato della differenza di trattamento delle stipulazioni e dei legati. Probabilmente v'influì un complesso di cause, antiche e nuove.

Presenti o passate (*in præsens vel in præteritum*) sono quelle in cui l'avvenimento posto come condizione si verifica attualmente o s'è già verificato o altrimenti è già mancato. L'atto è sempre non condizionato, ma puro, cioè *immediatamente* efficace, o altrimenti nullo. All'incertezza subbiettiva delle parti non si ha riguardo.

Una limitazione meno assoluta, quasi una forma più mite di condizione, è quella che nel diritto giustinianeo ebbe il nome tecnico di *modus*. Esso consiste in un onere che si suole imporre nelle donazioni e negli atti di ultima volontà alla persona favorita, il quale non sospende le conseguenze dell'atto, ma solo attribuisce nel diritto giustinianeo (nel diritto classico apposizioni siffatte non poste come condizioni o patti avevano valore puramente morale) alle persone interessate il diritto di agire contro il beneficato per l'esecuzione del *modus* o la revoca del benefizio.

Il *termine* (*dies, dies certus*) è l'apposizione di una data dalla quale decorre o alla quale cessa l'effetto del negozio giuridico. Il primo dicesi termine *sospensivo* o *iniziale* (*dies a quo*); il secondo termine *risolutivo* o *finale* (*dies ad quem*). Il termine può essere incerto nel suo momento (*incertus quando*), ma dev'essere certo che giunga (*certus an*), altrimenti esso non è che una condizione velata sotto l'apparenza del termine e l'espressione *dies incertus* presso i Romani non significa se non la condizione.

Il termine finale, non altrimenti che la condizione risolutiva, non è che un patto di revoca a termine ed opera in guisa analoga.

Anche le condizioni vere e proprie e il termine iniziale sono incompatibili con alcuni atti (1).

(1) La L. 77 D. *De r. i.*, 50, 17 ne dà una enumerazione esemplicativa, non tassativa.

§ 27. La causa nei negozi giuridici.

L'altro elemento del negozio giuridico, la causa o condizione obbiettiva, esprimente che l'effetto non è lesivo dell'altrui diritto, rappresenta, si può dire, la volontà della legge di fronte alla privata volontà. Essa consiste in un rapporto con altri o anche con tutti i membri del consorzio sociale, il quale giustifica l'acquisto o la perdita giuridica che il negozio produce. Naturalmente la maggior importanza della causa si ha quando trattisi di acquistare, non di perdere, poichè è in ordine all'acquisto dei diritti che la legge pone i limiti suoi.

Noi possiamo distinguere le cause onerose e lucrative, le cause specifiche e generiche, le cause prossime e remote.

Onerose sono quelle cause, in cui l'acquisto di diritti è controbilanciato da una perdita corrispondente; *lucrative* o *gratuite* al contrario quelle, in cui chi acquista non subisce una perdita corrispondente. L'esempio tipico di causa onerosa ci è dato dalla compra-vendita. Il compratore acquista un diritto a ricever la merce o senz'altro il diritto sulla merce, perchè ha dato o s'è obbligato giuridicamente a dare in cambio moneta; il venditore acquista la moneta che gli vien pagata o il credito, perchè ha promesso o dato la merce. Esempio tipico di causa lucrativa è la donazione. L'acquisto del donatario è giustificato meramente dalla rinuncia a suo favore dell'oggetto eseguita o promessa dal donante e non vietata dalla legge.

Specifiche si possono dire quelle cause, che giustificano l'acquisto o la perdita di diritti determinati, *generiche* quelle che valgono a giustificare l'acquisto di diritti patrimoniali diversi e anche d'ogni specie di diritti patrimoniali, come la compra-vendita, la donazione, la dote e più che ogni altra le successioni universali e i legati.

La causa giuridica immediata dell'atto costituisce la sua *causa prossima:* in assenza di questa o se questa è illecita, come sarebbe una donazione tra coniugi, l'atto è nullo. *Causa remota* è quella causa giuridica solo accidentalmente congiunta alla causa immediata. Per esempio, si vende un fondo ereditario ad alcuno, perchè il testatore impone l'obbligo di vendere a colui: la vendita può essere impugnata, se falsamente si sia creduto all'esistenza dell'obbligo.

Il motivo non giuridico per cui l'atto si compie non è da confondersi colla causa remota.

§ 28. Varie specie di negozi giuridici.

La prima distinzione è tra negozi giuridici unilaterali o bilaterali. *Unilaterali* sono quelli, nei quali unico è il subbietto agente e volente e veramente unico è l'atto, come l'occupazione, il testamento, l'adizione dell'eredità, ecc.; *bilaterali* sono invece quelli, in cui due subbietti intervengono e s'ha propriamente una fusione organica di due atti giuridici e un accordo di due o anche più volontà, che dicesi consenso (*consensus* o anche *conventio, pactio*), come la tradizione, i contratti obbligatori e liberatori, nel diritto familiare l'adozione, ecc.

Gli atti giuridici bilaterali sono dai giureconsulti moderni, in ragione dell'accordo delle due volontà, denominati genericamente *contratti* o *convenzioni:* ma presso i Romani la parola *contractus,* che significa non l'accordo, ma il rapporto, è adoperata esclusivamente a denotare i *contratti obbligatori*, in cui la relazione giuridica tra le persone non è momentanea e fuggevole, ma duratura e visibile (il verbo *contrahere* per la stessa ragione si adopera altresì in rapporti familiari, come nozze e sponsali), finchè la obbligazione non sia soddisfatta. Carattere più generale hanno i termini *conventio, conventum,* o anche *pactum, pactum con-*

ventum, che significano veramente l'accordo, onde tornano anche nel campo de' diritti reali (es. il *pactum* costitutivo del diritto di pegno e d'ipoteca); ma in senso concreto, per ragioni storiche, si usano a significare le convenzioni fornite di efficacia e difesa giuridica dal Pretore (cfr. § 168–169).

I negozi giuridici si distinguono ancora in *formali* o *solenni* e *non formali*, secondochè la forma esterna della manifestazione del volere è determinata dalla legge, ovvero la legge non prescrive nulla al riguardo.

Relativamente alla causa si distinguono i negozi *a titolo lucrativo* o *gratuito* e i negozi *a titolo oneroso*, secondochè la causa o il rapporto obbiettivo, che giustifica l'acquisto, rappresenta o meno una perdita corrispondente di chi acquista. La parola *negotium*, come i nostri termini negozio o affare, si usa dai Romani per i secondi.

Inoltre, secondochè la causa risulta dall'atto stesso nel quale prende corpo e al quale conferisce essa il titolo, ovvero dall'atto non si rivela, si distinguono i negozi *causali* o *concreti* e i negozi *astratti*, i quali ultimi prendono anche il nome di *formali*, perchè la volontà deve esser resa manifesta in una determinata forma, data la quale si prescinde dal ricercare la causa. Avvertasi peraltro che non tutti i negozi formali sono anche negozi astratti, sicchè da siffatta denominazione può talvolta nascere equivoco. Quando la forma sostituisce la causa, ha sovente una figura e una denominazione tipica essa stessa, che non esprime alcuna causa o non la esprime più se non a mo' di simbolo e si adopera per le più diverse cause: così, ad esempio, la stipulazione, la mancipazione, la *in iure cessio*.

Finalmente, secondo il momento in cui il negozio spiega la sua piena efficacia, si distinguono i *negozi tra vivi* (*inter vivos*) e *a causa di morte* (*mortis causa*); secondo la fonte, storica o ideale, i negozi *di diritto civile* e *onorario*, ovvero *di diritto civile* e *naturale* o *delle genti*.

I negozi *iuris civilis* o *actus legitimi* erano atti solenni, ma pochi ne restano ancora nel diritto giustinianeo.

Coincide quasi colla precedente la distinzione dei *negozi di stretto diritto* (nel diritto classico: di stretto giudizio) e *di buona fede*, relativa alle facoltà limitate o all'àmbito discrezionale del giudice (§ 39).

§ 29. Invalidità dei negozi giuridici. Vizi del volere in generale.

L'invalidità dei negozi giuridici può essere di varie specie. La principale distinzione è la seguente: o il negozio difetta di qualche requisito essenziale, in guisa che la legge non può riconoscerlo e garantirne le conseguenze, ovvero per altri fatti dalla legge stessa contemplati alcuno ha il diritto di far pronunciare la sua inefficacia.

Nel primo caso il negozio giuridico è nullo assolutamente in forza della legge stessa, *ipso iure;* nel secondo caso è annullabile, rescindibile, ovvero nullo *ope exceptionis,* poichè la forma processuale più comune, in cui si fa valere un diritto rivolto a elidere l'efficacia di un altro, è di regola la *exceptio.*

Le cause d'invalidità, sia essa nullità assoluta o annullabilità, possono concernere la capacità giuridica del subbietto, la capacità di agire, la capacità dell'obbietto, il diritto di disporne, la volontà e la sua manifestazione esteriore, specialmente in ordine all'osservanza delle forme quando sono prescritte, la causa del negozio giuridico.

Hanno carattere più generale le false o irregolari determinazioni della volontà. La volontà è in generale *apparente,* quando assolutamente non si vuol compiere alcun negozio giuridico, ma dagli atti esteriori, come un cenno fatto per distrazione o altro movimento involontario, altri desume a torto che la volontà vi sia. L'errore qui è dalla parte di colui che prende abbaglio; quanto alla persona che ha eseguito quell'atto, per essa insignificante, non ha nè errato nè voluto nulla, onde il negozio non esiste. Potrà tuttavia la stessa persona esser tenuta responsabile per atto illecito, quando versi in colpa, come di regola si deve ammettere nei negozi giuridici bilaterali rispetto all'altro contraente. Lo stesso dicasi delle dichiarazioni giuridiche emesse per ischerzo.

La volontà è *simulata,* quando il negozio che si dice di compiere non è precisamente quello che si vuol compiere; per esempio, si maschera una donazione sotto il titolo di compra-vendita. In tal caso non ha valore il negozio che si finge, bensì quello che realmente s'è compiuto, quando non sia illecito: *plus valet quod agitur quam quod simulate concipitur.*

La volontà può essere viziata da *riserva mentale.* Anche in questo caso, quando si riescisse per avventura a provare la riserva mentale, si potrebbe sostenere che l'atto è a rigor di logica nullo; senonchè tale nullità non avrebbe a ogni modo importanza pratica, perchè in tal caso al subbietto verrebbe ad incombere la responsabilità dell'atto illecito pel danno dolosamente recato.

La mera apparenza della volontà o il non rispondere della manifestazione esteriore all'interno volere è men facile ad ammettersi nei negozi giuridici formali.

Finalmente la volontà dall'agente può far difetto ovvero essere irregolarmente determinata per l'azione di cause che operano sull'agente; e sono i tre famosi vizi del volere: l'errore, il dolo, la violenza.

§ 30. **Vizi del volere. Errore ostativo.**

L'*errore* è la falsa cognizione di un oggetto o di un fatto; l'*ignoranza* è il difetto di qualunque cognizione. Siccome è la falsa cognizione delle cose che induce più spesso ad agire, così negli atti giuridici si nomina più spesso l'errore che non l'ignoranza.

L'errore ha influenza in una larga cerchia di rapporti (§ 37): qui occorre prenderlo in considerazione solo in quanto può esser vizio del volere nei negozi giuridici.

La falsa rappresentazione interna o l'assenza di qualunque rappresentazione significano che fa difetto la coscienza e quindi la volontà stessa: onde quando l'errore versi o sul negozio giuridico nel suo complesso o su di un elemento costitutivo di esso, l'atto è nullo *ipso iure* per difetto di un requisito giuridico: la volontà. Questa si può anche dire *apparente,* salvo che, nella specie, causa di questa apparenza è l'errore. Tale errore dicesi *essenziale,* perchè in qualunque modo esso concerne l'essenza giuridica dell'atto che si compie.

L'errore che si riferisce all'atto nel suo complesso non offre gravi difficoltà. Alcuno crede di sottoscrivere una lettera e appone invece la sua firma a un foglio, che contiene il suo testamento o un riconoscimento di debito o altro simile: è chiaro che, se si viene a provar l'errore, questo atto non deve avere alcuna efficacia. Meno facili a determinare sono gli errori che si riferiscono agli elementi costitutivi dell'atto. Si distinguono in proposito: l'errore circa la natura del negozio, cioè la causa di esso, detto comunemente *error circa indolem et naturam,* l'errore sulla persona e l'errore sull'oggetto, che ricomprende l'*error in corpore* e l'*error in substantia.*

Nell'errore circa la *natura del negozio,* si scambia una causa coll'altra, il che non è infrequente negli atti giuridici bilaterali o convenzioni. Una parte crede di vendere e l'altra stima invece di ricevere in dono, ovvero, al contrario, una parte vuol donare e l'altra crede di ricever la somma a mutuo. Non abbiamo in simili casi nè vendita, nè donazione, nè mutuo.

L'errore *sulla persona* è quello che cade circa la identità della persona, a cui favore si compie l'atto o con la quale si contratta. Alcuno vuole istituire erede suo fratello e per isbaglio scrive il nome simile di suo cognato: alcuno crede di donare a Caio e dona invece a Sempronio: alcuno crede di dare a mutuo o di vendere a Tizio e contrae invece con Mevio.

Il riguardo alla persona non è però in ogni caso essenziale. Sovente si vuol contrattare non con una persona determinata, ma col primo che si offre. Il negoziante vende la sua merce in contanti a chicchessia e se anche in un compratore gli par di riconoscere Tizio piuttosto che Caio, non si può affermare che egli aveva intenzione di vendere a Tizio, non a Caio e dichiarar nulla la vendita ch'egli abbia compiuto. Nel matrimonio e negli atti a titolo gratuito l'intenzione sarà rivolta ad una persona determinata. Negli atti a titolo oneroso sarà invece più spesso rivolta a un subbietto qualunque in genere. Ma non si può stabilire una vera e propria regola giuridica sulla base di questa distinzione. Chi dona per elemosina ha una intenzione generica, nè l'errore sulla persona importa punto: ed invece colui che vende o presta denaro può avere l'intenzione ben netta di contrarre con Tizio, che è persona agiata, non già con Sempronio, che è disonesto o insolvibile. Converrà adunque, caso per caso, giusta il criterio enunciato, stabilire se l'errore sulla persona è essenziale o meno.

Circa l'errore *sull'oggetto,* si chiama *error in corpore* quello che versa sulla identità assoluta di esso. Si scambia un fondo con un altro, una veste con un mobile. È di tal natura anche l'errore sulla quantità maggiore o minore *(error in quantitate),* ma in questo caso nei contratti il negozio vale per la quantità minore, in cui v'è accordo.

L'*error in substantia* è quello che versa su di una proprietà che costituisce l'essenza dell'oggetto. Questo concetto dell'*error in substantia* si svolse tardi nella giurisprudenza romana e non in modo chiaro e definito. Per sostanza essi intesero teoricamente la materia, onde l'oggetto è costituito, avendo di mira, come si vede, l'essenza naturale dell'oggetto (1). Questo criterio peraltro non è trovato felicemente nè applicabile. La materia dovrebbe esser data dalla composizione chimica, alla quale in molti oggetti sarebbe assurdo riguardare, in altri, se non assurdo, eccessivo (per esempio, trattandosi di un'opera d'arte), mentre al contrario in altri ancora il criterio sarebbe insufficiente; perchè, qual differenza di materia v'è, ad esempio, tra uno schiavo e una schiava? E anche a voler fissare diversamente il concetto vago dell'essenza *naturale*, esso ci si rivela pur sempre inadeguato all'uopo: ciò che importa negli schiavi può non importare negli animali. Un criterio sicuro e ragionevole ci è fornito invece dall'essenza *sociale*, che è determinata dalla *funzione economico-sociale* dell'oggetto giusta gli usi del commercio e delle persone, cioè da una *qualità* dell'oggetto che assume per gli uomini un valore essenziale (2). E in pratica è questo il criterio cui s'ispirano i giureconsulti nelle lor migliori decisioni: uno schiavo e una schiava sono oggetti diversi, evidentemente per l'uso diverso, cui venivano adibiti nella economia romana. Nelle applicazioni si scorge che il riguardo alla *substantia* o *materia*, alla essenza naturale, si tiene entro i limiti della funzione economico-sociale secondo gli usi dei Romani, i quali, ad esempio, ponevano una differenza negli oggetti tra le diverse specie di metallo, non già tra le diverse specie di legno. Quel fallace principio teorico non manca tuttavia di generare qualche infelice decisione (3).

Non essenziale è l'errore sulle qualità dell'oggetto, che non ne alterino la funzione economico-sociale, sul nome dell'oggetto o della persona, sui motivi dell'atto.

(1) *Cfr.* 9, § 2. D. *De contr. empt.*, 18, 1.

(2) SAVIGNY, *Sistema del diritto rom.* (traduz. Scialoja), III, pag. 365.

(3) Nella L. 9, § 2, D. *De contr. empt.*, 18, 1. Ulpiano decide che l'errore per cui si prenda aceto per vino non è ragione di nullità della vendita, se non quando trattasi di aceto non fatto di vino (*embamma*).

Anche circa l'errore non essenziale può la legge, ove concorrano ragioni gravi di equità, eliminare o alterare le conseguenze dell'atto; ma tal riguardo all'errore in simili casi è vario e nasce da espressa disposizione di legge, perchè nessun requisito manca all'atto, ed è anche soggetto a limiti, di cui parleremo, trattando in generale dell'efficacia dell'errore ne' rapporti giuridici (§ 37). Uno di questi casi peraltro ci occorre subito ed è quello in cui l'errore non essenziale sia prodotto da mene e raggiri altrui, cioè il dolo.

§ 31. Dolo.

D. *De. d. m.*, 4. 3 *Cod.*, 2. 20 (21). D. *De d. m. et m. ex.*, 44, 4.

Dolo è il proposito deliberato di nuocere altrui, col quale un atto si compie. Ne' negozi giuridici pertanto è dolo ogni impiego d'arti o raggiri per trarre in inganno o mantener nell'errore la persona colla quale si è in rapporto e così avvantaggiar se stesso: insomma ogni malvagia simulazione o dissimulazione della realta dei fatti. Esso venne definito da Labeone: *omnis calliditas, fallacia, machinatio ad circumveniendum, fallendum, decipiendum alterum adhibita* (1).

Questa parola appartiene per noi esclusivamente alla lingua giuridica. La lingua popolare non ha un termine corrispondente; inganno, frode, non esprimono lo stato subbiettivo e intenzionale dell'agente. Ma i Romani, che avevano la parola, per distinguere il dolo giuridico, che ha necessariamente caratteri più gravi, da quelle malizie più semplici, in uso nel commercio quotidiano, come le lodi esagerate della propria merce, che sono tanto naturali, quanto è naturale farvi la tara, e da quelle adoperate per un lecito fine, usano aggiungervi l'epiteto di *malus*.

(1) L. 1, § 2, D. *De d. m.* 4.3. — V. anche L. 7, § 9, D. *De pact.* . 2, 14 L. 43, § 2, D. *De contr. empt.* 18, 1.

Il dolo di per sè, quando, s'intende, esso non abbia ingenerato errore essenziale, non rende l'atto nullo *ipso iure.* Si può dire che la volontà, per quanto irregolarmente determinata, nondimeno esiste. Ma giova altresì tener presente che i rimedi contro il dolo furono creati dal Pretore, il quale non poteva che eliminare indirettamente le norme e le conseguenze giuridiche riconosciute inique, per non mettersi in contraddizione aperta col diritto civile. Tali rimedi furono introdotti sul finire della repubblica, quando il crescere del commercio e il diminuire della *fides* aumentò il numero dei negozi dolosi, mentre dall'altra parte l'affinarsi del senso giuridico traeva a riguardare l'essenza dei rapporti più che la forma, l'intrinseco volere più che la dichiarazione, e i *boni mores* incominciavano a ottener sanzione giuridica. Essi sono: l'*actio doli* o la *exceptio doli,* secondochè l'atto ha o non ha prodottto ancora i suoi effetti.

L'*actio doli* è un'azione gravissima, la quale ha per conseguenza l'infamia del condannato: quindi non si concede il ricorso ad essa, se non quando manchi ogni altro rimedio giuridico.

Si distingue dai commentatori il dolo *determinante* (*dolus causam dans*), che fu causa propriamente dell'atto, di guisa che, senza di esso, non si sarebbe conchiuso, e il dolo *incidentale* (*dolus incidens*), senza del del quale l'atto si sarebbe per vero compiuto, ma a condizioni migliori. Il primo è veramente motivo per chiedere coll'azione o la eccezione di dolo l'annullamento dell'atto e delle sue conseguenze. Il dolo incidentale permette solo di ottenere l'esecuzione giusta del negozio o un congruo indennizzo.

Se il dolo fu esercitato reciprocamente dalle parti, nè l'una nè l'altra hanno diritto a esperir l'azione. Se fu esercitato da un terzo, l'atto è valido sempre e l'azione si dirige contro questo terzo pel risarcimento, la eccezione anche contro la parte che se ne giova, quando trattisi di negozi a titolo lucrativo.

Occorre notare infine che ne' giudizi di buona fede non avendo il giudice un rapporto determinato e fisso da esaminare, ma dovendo *ex fide bona* stabilire quel che s'era conchiuso tra le parti, già prima dell'invenzione della *exceptio* e dell'*actio doli*, poteva e doveva tener conto del dolo usato dall'una di esse: e così durarono le cose anche in seguito (1).

§ 32. Violenza.

D. *Quod m. c.*, 4, 2. Cod. 2. 19, (20).

La volontà può essere viziata da *violenza materiale* o *morale*. La prima esclude assolutamente il volere: la persona è strumento materiale all'atto. La legge, ad esempio, richiede la volontaria assistenza del subbietto a un negozio, perchè questo sia valido, e l'interessato fa che il subbietto in questione sia presente, traendolo a forza sul luogo.

I commentatori denominarono questa violenza *vis absoluta* o *corpori illata*. Il negozio che n'è affetto è nullo *ipso iure*.

La *violenza morale* consiste nelle minacce fatte alla persona, perchè s'induca a compiere l'atto e anche in una parziale realizzazione di esse. Avuto riguardo allo stato d'animo, che tale violenza genera nel subbietto, i Romani la chiamano *metus* o *timor:* nelle scuole si suol dire *vis animo illata* o *compulsiva*.

Circa la violenza morale si può dire, come pel dolo, ch'essa non esclude assolutamente il volere. L'atto si compie per tema di veder realizzata la minaccia, ma s'è voluto compiere: *coactus volui*, dice Paolo (2). Onde

(1) Perciò i negozi che dànno luogo a simili giudizi, cioè i così detti negozi di buona fede (cfr. § 39), non erano propriamente nel diritto classico nulli *ope exceptionis*, perchè la vera *exceptio* è quella proposta nel primo stadio del giudizio, innanzi al magistrato e inserita nella formula, cioè nell'istruzione rimessa dal magistrato al giudice (cfr. § 42).

(2) L. 21, § 5, *h. t.* — Non è a ogni modo una volontà normale, onde si trova pur detto: « *Non intelligitur voluisse qui coactus manumisit* » (FRAGM. DOS. 7).

l'atto non si riguarda come nullo *ipso iure*. Si richiami in proposito tuttavia quanto s'è detto pel dolo.

Anche i rimedi contro la violenza vennero introdotti dal Pretore sul finire della repubblica: essi furono l'*actio* e più tardi la *exceptio quod metus causa*, così chiamate dalle parole iniziali dell' Editto.

La violenza è tal mezzo che, non ostante il suo carattere meno odioso, perturba l'ordine sociale più fortemente del dolo, e pertanto l'*actio quod metus causa*, se non è, come l'*actio doli*, infamante, ha però una efficacia più grave, inquantochè si dirige non solo contro l'autore della violenza, ma eventualmente contro qualunque terzo. Se, ad esempio, sotto l'impulso della violenza si è trasmessa la proprietà di un oggetto nelle forme legali e questo è stato dall'autore della violenza venduto ad un terzo, l'azione si può esperire anche contro il terzo di buona fede per ottenere la restituzione. Per questo suo carattere l'*actio quod metus causa* è detta dai Romani *in rem scripta* (v. § 39). Inoltre, qualora l'autore della violenza o il terzo si rifiutino di restituire l'oggetto, sono condannati a pagare il quadruplo del valore.

La violenza, per esser contemplata dal diritto, deve riunire i seguenti requisiti: 1.° essere ingiusta, cioè senza alcuna base di diritto da parte di chi l'adopera *(vis iniusta)*; 2.° il male minacciato dev'essere grave *(maioris malitatis)*, sia poi nella vita, nella libertà civile, nell'integrità personale; 3.° la minaccia dev'essere temibile, cioè compiuta in circostanze tali da fare impressione a una persona seria e ragionevole *(metus non vani hominis, sed qui merito et in homine constantissimo cadat)*; 4.° la minaccia dev'essere fatta espressamente per indurre a compier l'atto (*metus consulto illatus*), cioè non basta che in qualunque modo la persona abbia o creda di aver motivo di temere (1).

(1) La *vis* è definita da Paolo nella L. 2, *h. t.* (PAUL., *Sent.* 1, 7, 7): *maioris rei impetus, qui repelli non potest*; ma veramente questa definizione par che si convenga meglio al concetto della così detta *vis*

Nei giudizi di buona fede già prima del sorgere della *exceptio* e dell'*actio metus* il giudice poteva tener conto della violenza adoperata, come del dolo (1).

§ 33. Sanatoria della invalidità.

La nullità degli atti giuridici può essere sanata dalla *rinuncia al diritto d'impugnativa* ne' negozi annullabili, dalla *perdita* di esso per aver lasciato decorrere il tempo entro cui n'è dalla legge limitato l'esercizio, dalla *conferma* o *ratifica,* quando la legge lo permetta.

La *conferma* o *ratifica* (*ratihabitio*) è un istituto piuttosto complesso, in cui si ricomprende tanto la convalidazione di un negozio annullabile o anche radicalmente nullo mediante un atto posteriore, quanto la perfezione di un atto non propriamente nullo, ma piuttosto incompleto, che aspetta di esser reso efficace. Tal è la funzione della ratifica nel riconoscimento della gestione esercitata circa gli affari altrui, senza averne mandato (*negotiorum gestio*). Casi analoghi sono quelli in cui si richiede alla validità del negozio tra le parti il consenso di un terzo: per esempio, il mutuo contratto da un *filiusfamilias* è pienamente valido e inattaccabile solo quando il *paterfamilias* anche in seguito abbia consentito, l'alienazione compiuta dal minore è valida, quando il curatore l'abbia ratificata.

La ratifica non è un istituto organico e riducibile a un principio. In qualunque funzione, essa vale soltanto nei casi espressamente riconosciuti dalla legge: ma in quei casi ha pure effetto retroattivo, cioè, salvi i diritti acquistati dai terzi, le conseguenze giuridiche del negozio non hanno data dalla ratifica, ma dal momento iniziale in cui fu conchiuso.

maior, il caso fortuito tipico e assoluto, il quale esime da ogni responsabilità chi altrimenti sarebbe obbligato al risarcimento dei danni.

(1) Quindi nel diritto classico i negozi di buona fede erano propriamente nulli *ipso iure*, se viziati da violenza.

§ 34. Atti illeciti.

Atto illecito è ogni atto lesivo di un diritto altrui. Anche l'atto illecito consta di due elementi, che sono: volontarietà dell'atto, il che costituisce la *colpa*, e lesione di un diritto altrui, che dicesi *danno*.

Come la volontà nei negozi giuridici, così anche la colpa esige capacità di agire. Pazzi, infanti e impuberi prossimi all'infanzia non possono essere in colpa.

Si distinguono varie specie di colpa. Dicesi *colpa contrattuale* quella che interviene negli atti, che sono illeciti a cagione di un particolare rapporto colla persona lesa, perchè tale rapporto deriva in genere da contratto; *estracontrattuale* quella che occorre in tutti gli atti illeciti per se stessi. Questa prende anche il nome di *colpa aquiliana* dalla legge Aquilia, che regola i danni recati alle cose altrui, quando non siavi tra la parte responsabile e la parte lesa alcun rapporto.

Può inoltre la colpa rivelarsi in atti positivi o in omissioni: la prima dicesi *culpa in faciendo*, la seconda *culpa in non faciendo*. Dacchè rispetto alle persone, con cui verun rapporto ci lega, non si è tenuti a fare, così negli atti illeciti per se stessi la colpa non può mai consistere in omissioni, ma è sempre *culpa in faciendo*, com'era del resto nell'antico diritto romano anche circa i negozi di stretto giudizio.

La colpa ha diversi gradi. Siffatta graduazione non ha interesse nella colpa estracontrattuale o aquiliana (nè importava in antico circa i negozi di stretto giudizio), perchè ivi per qualunque grado di colpa, anche leggera, si risponde sempre: *in lege Aquilia et levissima culpa venit*. Ma è invece importante nella colpa contrattuale. Tali gradi sono: il dolo, la colpa grave, la colpa lieve.

Il *dolo* (*dolus malus*), che ci si è già presentato come vizio del volere nei negozi giuridici (§ 31), è la prava intenzione di ledere. L'elemento suo caratteristico è appunto il meditato proposito di trar vantaggio del danno altrui, l'intenzione cosciente, malvagia dell'agente (1).

La colpa, sia grave, sia leggera, si distingue dal dolo per l'assenza di questa meditata e malvagia volontà di nuocere. La *colpa grave* (*lata culpa, magna neglegentia*) consiste in una straordinaria negligenza, superiore alla media comune, per esempio, il non usare l'attenzione più banale, il non intendere ciò che intendono tutti (2).

Colpa lieve (*culpa levis* o *culpa* semplicemente) è il non usare l'attenzione propria dell'uomo regolare e ordinato nell'azienda domestica. Cotesto tipo d'uomo pei Romani è il *bonus* o *diligens paterfamilias*, per noi il buon padre di famiglia. Veramente il termine romano non significa se non un uomo onesto, diligente, poichè *paterfamilias* non è che l'uomo *sui iuris*, il tipo genuino della persona o del subbietto giuridico; e con ciò è risposto alla critica che alcune scuole moderne intendono fare al concetto romano. Ma del resto anche l'espressione buon padre di famiglia rende un concetto in generale abbastanza plausibile, massime nell'argomento della colpa civile.

Dato il rapporto della colpa lieve con questo tipo astratto, essa è detta anche dai moderni *culpa in abstracto*. L'antitesi della *culpa levis* o *culpa* in senso stretto è appunto la *diligentia diligentis patrisfamilias* o semplicemente *diligentia*.

Una figura caratteristica e distinta di colpa è quella che vien detta dai moderni *culpa in concreto*, perchè il tipo che la misura non è il tipo astratto del *paterfamilias*, bensì la persona stessa del colpevole. È tale la colpa di chi non adopera negli affari e nelle cose

(1) Il dolo suol essere parafrasato sempre nelle fonti con voci o modi di dire che esprimono l'intenzione, il proposito: *animus*, *consulto*, *proposito*, *sciens prudens* = *sciens dolo malo*, *voluntas*, *data opera*.

(2) L. 213, § 1, D. *De v. s.*, 50, 16: *Lata culpa est nimia neglegentia, id est non intelligere quod omnes intelligunt.*

altrui quella diligenza che usa negli affari propri, nelle cose sue (*diligentiam quam suis rebus adhibet*). Questa figura di colpa è essenzialmente variabile, perchè la persona può essere nelle cose proprie negligente e anche di una negligenza straordinaria ovvero usa a procedere colla severa diligenza del buon *paterfamilias:* al di là peraltro non si può andare.

L'altro elemento degli atti illeciti è il *danno*. Danno giuridico è la lesione di un diritto, non la privazione di un vantaggio qualsiasi. Se alcuno eleva la sua casa, senza alcun utile suo, colla intenzione più meditata e maligna di toglier luce e prospetto alla casa del vicino, non gli reca danno giuridico e non è responsabile, salvo che il vicino non abbia sul fondo un diritto di servitù, che da questo atto verrebbe ad essere leso.

Si distingue il *danno positivo* o *emergente*, che è la diminuzione patrimoniale, dal *danno negativo* o *lucro cessante*, che è la perdita d'un aumento sperato: il *danno diretto*, che è la conseguenza diretta dell'atto illecito, e il *danno indiretto*, che consegue dal concorso di altri fatti coll'atto illecito, i quali avrebbero potuto non accompagnarlo.

§ 35. Gli effetti dell'atto illecito: risarcimento del danno.

Conseguenza dell'atto illecito è sempre l'obbligazione all'indennizzo o risarcimento del danno verso la parte lesa: inoltre la pena privata o pubblica, patrimoniale o personale, quando l'atto costituisca un delitto. Delle pene private si tratterà nella dottrina dei singoli delitti; qui occorre trattare in generale del risarcimento.

La dottrina della responsabilità per colpa contrattuale con riguardo tanto alla colpa *in faciendo*, quanto a quella *in non faciendo*, ossia alle mere omissioni, e colla distinzione e graduazione delle varie colpe, si svolse, principalmente per opera di Giuliano, in ordine ai negozi di buona fede, ma fu estesa poi nel diritto giustinianeo e nel diritto comune ai più svariati rapporti giuridici.

Quando si è tenuti al risarcimento?

Del dolo si risponde sempre e negli effetti civili la colpa grave è parificata al dolo *(culpa lata dolo æquiparatur)*, e si dice anche *dolo proxima*. Tuttavia giova ricordare che mentre non si può escludere con patto la responsabilità per dolo, si può ben convenire di non essere tenuti per la colpa, e la stessa *mora in accipiendo* del creditore non libera il debitore dalla responsabilità per dolo (cfr. § 138) (1).

In ordine ai due gradi di colpa vera e propria, base della responsabilità, quando non siavi patto in contrario, è il criterio del *commodum* o del *lucrum*, cioè del vantaggio, che si ritrae o meno dal rapporto. Se dal rapporto giuridico non si ritrae vantaggio alcuno, allora la responsabilità non può andar oltre la colpa lata: se dal rapporto giuridico si ritrae vantaggio, allora l'obbligo di risarcire il danno incombe anche per la colpa lieve. Il comodante non è responsabile se non del dolo e della colpa grave per i danni recati per avventura al comodatario dalla cosa della quale egli ha *gratuitamente* somministrato l'uso: e così il depositario per la perdita o il deterioramento dell'oggetto da lui *gratuitamente* tenuto in custodia. Invece il comodatario, l'usufruttuario sono responsabili della colpa lieve per i guasti recati alla cosa. Occorrono peraltro eccezioni giustificate da ragioni speciali o spiegabili come rudimenti storici; nonostante la gratuità, cresce la responsabilità sino alla colpa lieve nel mandato, nella *negotiorum gestio,* nel deposito necessario; si regola secondo il cri-

(1) L'equiparazione della colpa grave al dolo o per lo meno la generalizzazione del principio sembrano opera dei compilatori. In un testo (L. 1 Cod. 4, 34) l'interpolazione si può constatare dal confronto col testo genuino (*Collatio* 10, 8). Cfr De Medio, *Studi sulla culpa lata* nel *Bull. dell'Ist. di dir. rom.* 1905 (12) pag. 5 e segg.

terio-limite della colpa in concreto, ossia si è tenuti alla sola *diligentia quam suis rebus* nella società, nella comunione incidentale, nell'amministrazione delle cose dotali e dei beni parafernali da parte del marito, insomma in tutti quei casi in cui v'è un tale rapporto colle cose, che, almeno temporaneamente, le si possono considerare come proprie (1). Finalmente il precarista e l'agrimensore sono ancora nel diritto giustinianeo tenuti solo del dolo e della colpa lata.

Il risarcimento vuol essere integrale, cioè il colpevole deve risarcire così il danno emergente, come il lucro *cessante,* così i danni diretti, come i danni indiretti: in termini romani tanto la *rei æstimatio,* quanto l'*id quod interest* (danni-interessi). La misura peraltro è stata limitata da GIUSTINIANO al doppio valore dell'oggetto ne' contratti aventi un oggetto certo.

§ 36. **Il tempo.**

D. *De. i. et f. ign.*, 22, 6. C., 1. 18.

Elemento importante in una numerosa serie di fatti giuridici è il tempo. La piena capacità di agire si acquista a una data età, cioè trascorso un certo tempo dalla nascita, il figlio si presume legittimo trascorsi non più di dieci mesi dalla morte del marito o dal divorzio, diritti si acquistano e si perdono per l'uso o il non uso durante un certo periodo di tempo, ecc. La volontà stessa delle parti conferisce al tempo efficacia giuridica, per esempio, fissando dei termini all'esecuzione dei contratti.

(1) In ciascuna ipotesi peraltro i testi presentano tracce d'interpolazione e in alcune, come nella materia dotale, si alternano interpolazioni evidenti e contraddizioni patenti: sicchè è giustificato il sospetto che la *diligentia quam suis*, la nostra colpa in concreto, sia invenzione bizantina, forse dietro qualche spunto classico. Cfr. LUSIGNANI, *Responsabilità per custodia* Modena 1903 fasc. II pag. 99 e segg. In ordine ai beni parafernali essa è stata esplicitamente introdotta da Giustiniano (L. 11 C. *De pact. conv.* 5, 14). Anche la responsabilità anomala del mandatario forse non era riconosciuta o non era pacifica nel diritto classico. Cfr. LUSIGNANI *ibid.* fasc. III. 1905.

Ora il computo del tempo può essere di diverse maniere: naturale o civile, continuo o utile.

Naturale è il computo *a momento ad momentum* o *ad momenta temporum,* cioè dal preciso momento iniziale al momento corrispondente dell'ultimo giorno. *Civile* è il computo *ad dies,* nel quale il giorno viene considerato come unità indivisibile, nè si tien conto alcuno del momento preciso, in cui nel giorno s'inizia o si compie il periodo.

La legge non applica se non il computo civile. Ciò posto, la regola sarebbe che il termine è decorso col finire dell'ultimo giorno. Così a partire dal primo gennaio 1894 (*dies a quo*) il termine di un anno s'intende trascorso alla mezzanotte del 31 dicembre 1894; poichè pei Romani, come per noi, il giorno termina e il successivo comincia alla mezzanotte (*hora sexta noctis*).

Senonchè v'ha un principio, che ha base nelle nostre fonti o costituisce un adagio tradizionale: *Dies inceptus pro completo habetur,* vale a dire il giorno finale, il *dies ad quem,* si considera come finito appena giunto. Questa proposizione non ferma un principio eccezionale da valere nei tre casi espressi dalle fonti (L. 5 D. 28, 1; L. 1 D. 40, 1; 134 D. 50, 16), nè una regola antitetica al computo civile che si applichi allorchè si tratti di stabilire non il tempo, entro cui un atto si può compiere, bensì la durata di uno stato di cose (per esempio, del possesso necessario all'usucapione) allorchè si tratti di acquisto in opposizione alla perdita dei diritti, sebbene quest'ultima opinione s'accosti al vero. Il principio espresso non è altro che una *benigna interpretazione generale* del computo civile, riconosciuta dalla giurisprudenza romana (1). Ma appunto perchè trattasi di

(1) Il principio non è mai presentato come una eccezione o una regola speciale, anzi Paolo riduce l'essenza del computo civile a significare appunto questo, che il giorno incominciato si ha per compiuto (L. 134 D. *De v. s.*, 50, 16). Nella L. 6 D. *De us.* 41, 3 l'inciso *totum postremum diem computamus* significa non già che l'ultimo giorno si vuol che sia trascorso per intero, bensì che si calcola per intero, anche se iniziato appena.

benigna interpretazione, essa non ha luogo tutte le volte che verrebbe a danneggiare la persona alla quale il termine è imposto; quindi non ha luogo nei termini posti all'esperimento di un'azione giudiziale, cioè nella decadenza e prescrizione estintiva dell'azione e generalmente in qualunque termine fatale di decadenza.

Continuo è il tempo in cui tutti i giorni che passano entrano veramente nel computo; *utile* è il tempo in cui si contano soltanto i giorni utili a compiere un determinato atto, non quelli in cui qualche giusto impedimento (assenza, periodo di ferie, ecc.) rende impossibile l'atto.

§ 37. L'errore.

Altro elemento importante per le alterazioni che può indurre in una serie di fatti giuridici è l'*errore*. Esso peraltro si mostra nel diritto sotto due aspetti essenzialmente diversi: o l'errore (e s'intende sempre anche l'ignoranza) fa che manchi un requisito giuridico, cioè la scienza o la volontà, che il diritto esige in un dato rapporto, ovvero l'errore esercita la sua influenza come motivo o elemento perturbatore, senza escludere la scienza e la volontà in ordine ai requisiti giuridici del rapporto.

Appartiene alla prima categoria l'errore essenziale nei negozi giuridici (v. § 30). Ma vi rientrano anche altri casi. Il dolo dell'agente negli atti illeciti può essere escluso dall'errore in cui versi; per esempio, se alcuno vende e consegna cosa altrui, non commette furto, quando erroneamente la credeva propria; e viceversa, la buona fede, che il diritto assume come requisito essenziale in una serie di rapporti giuridici, ha molto spesso per suo presupposto un errore del subbietto, il quale dimostra che manca la prava intenzione di ledere altrui. Più direttamente poi l'errore o l'ignoranza escludono la scienza, dato che il diritto la richieda, come, ad esempio, quando pone che un termine decorra dal giorno in cui s'ha notizia di un fatto *(a die scientiæ)*.

Si ha invece un errore della seconda specie nei seguenti casi: alcuno adibisce come testimonio un incapace, credendolo capace, o presta danaro a un figlio di famiglia credendolo *paterfamilias,* ovvero compera una casa in Roma, credendo a torto d'aver ottenuto un ufficio in Roma, o resta inerte, come non dovrebbe, ignorando il fatto, da cui comincia a decorrere un termine giuridico non subordinato espressamente alla sua scienza.

Nella prima serie di casi l'errore può dirsi in genere, come si è detto nei negozi giuridici, errore *essenziale,* sia perchè esso rivela il difetto di un requisito essenziale (la volontà, la scienza), o anche la presenza di un requisito opposto, il quale altera le conseguenze del rapporto (la buona fede), sia perchè gli effetti giuridici, che senza l'errore s'avrebbero, cadono *ipso iure.*

Invece un errore della seconda specie non altera l'essenza del rapporto giuridico e non rileva di regola pel diritto; onde si potrebbe dire in genere errore *non essenziale* o *concomitante.*

Tuttavia per ragioni speciali di equità la legge assai spesso abbandona questa rigida, ma necessaria indifferenza negli errori della seconda specie, e caso per caso elimina o altera le conseguenze del rapporto. Il mutuo fatto a un figlio di famiglia, di regola annullabile, venne dichiarato valido dai giuristi romani, quando per errore si fosse ritenuto *paterfamilias* il debitore: lo schiavo adibito come testimonio non rende nullo il testamento, se per errore lo si credeva libero: nel diritto classico, se una cittadina romana avesse sposato un peregrino, poteva, dimostrando d'esser caduta in errore, conseguire al marito e ai figli la cittadinanza romana; e così via.

Ma tale efficacia dell'errore non essenziale è, lo ripetiamo, stabilita caso per caso. Siccome poi trattasi precisamente di un riguardo che si usa all'errore, in questa categoria di casi generalmente la legge vuole ch'esso sia scusabile, cioè non commesso alla leggiera, ma prodotto da circostanze abbastanza gravi, e qualche volta si richiedono anche circostanze gravissime per isfuggire alle conseguenze, in cui si dovrebbe incorrere.

A questo proposito importa distinguere tra errore di fatto e errore di diritto (*error* o *ignorantia facti*, *error* o *ignorantia iuris*). Se alcuno, contraendo con una persona di vent'anni, la crede di venticinque e quindi maggiore, è in errore di fatto, se invece sa che ha vent'anni, ma crede che l'età maggiore si raggiunga ai venti, è in errore di diritto. L'errore di diritto è di regola inescusabile, non già perchè il diritto sia più facile a conoscere che il fatto, ma perchè la legge deve applicarsi ai nostri atti e regolarne le conseguenze, senza indagare se sia nota o meno, se sia stata dai soggetti bene o male interpretata: altrimenti tutti direbbero d'ignorare o interpreterebbero in loro favore le norme legali sfavorevoli o dubbie (1).

Ad alcune persone giova peraltro anche l'errore inescusabile e lo stesso errore di diritto, e sono i minori (*minores XXV annis*), le persone prive assolutamente di cultura (*rustici*), i soldati (*milites*) e in molti casi, generalmente quando si tratti di evitare un danno, non di fare un guadagno, le donne.

III. — DIFESA DEI DIRITTI

§ 38. L'azione.

I. *De act.*, IV, 6. D. *De O. et A.*, 44. 7.

Il mezzo principale, per cui si esercita la coazione giuridica, dicesi *azione* (*actio*, *agere*): nell'ambito del diritto privato azione è pertanto il mezzo fornito al cittadino per ripetere dallo Stato la difesa del proprio diritto disconosciuto. *Actio nihil aliud est quam ius per-*

(1) Adler, ne' *Iahrbücher für die Dogmatik des Rechts*, vol. 33 (a. 1893) pag. 149.

sequendi iudicio quod sibi debetur (1). Rappresentando la coazione giuridica, l'azione o per lo meno l'eccezione (§ 42) è inerente a qualunque diritto subbiettivo e costituisce per l'appunto il momento caratteristico per cui questo diverge dalle facoltà garentite da norme sociali diverse, che nel linguaggio popolare si dicono sovente anch'esse diritti.

Giudizio in generale è il procedimento in cui s'intende dimostrare l'esistenza del proprio diritto: colui che promuove l'azione dicesi *attore (actor)*, colui contro il quale viene promossa *convenuto (conventus, reus)*. *Lite* o *causa (lis, controversia)* è la questione sottoposta al giudizio.

Nel diritto romano peraltro l'azione non è soltanto un carattere generale del diritto subbiettivo, ma si hanno tante singole azioni come entità distinte, con propri nomi, costituite ora per diritti, ora per rapporti giuridici, secondochè il diritto o il rapporto giuridico abbiano figura più netta e definita (2); anzi l'avere o non aver diritto si esprime infinite volte con dire che si ha o non si ha la facoltà di agire o l'azione. Ciò nacque principalmente da questa circostanza. Nel periodo più fecondo della evoluzione del diritto romano la progressiva sua formazione fu nelle mani di un magistrato, non munito propriamente di potere legislativo, ma destinato all'amministrazione della giustizia. Ora tale organo, il Pretore, nell'introdurre le sue innovazioni, invece di stabilire nuovi diritti in base a certe condizioni (il che non poteva), usò concedere di volta in volta o anche dichiarare nel suo Editto che avrebbe regolarmente concesso, s'intende per l'anno della sua carica, azione o giudizio in quelle date condizioni (3):

(1) pr. I. *h. t.*; Celsus, L. 51 D. *De o. et a.* 44, 7.

(2) Nel diritto delle cose è di regola il diritto stesso, nel diritto delle obbligazioni il rapporto.

(3) *Actionem dabo, iudicium dabo*. Veramente usava il primo termine inserendo nell'Editto azioni già riconosciute, il secondo nel conceder nuove azioni. Gradenwitz *Interpolationen*, pag. 103.

ond'è che in generale i diritti d'origine pretoria non hanno nemmeno una denominazione propria, ma sono espressi dall'azione (la quale alla sua volta trae nome o dall'inventore, *actio Publiciana, Serviana,* o dal fatto in base a cui si concede, *actio metus, doli),* e ne' sistemi romani, per esempio, nelle Istituzioni stesse di Giustiniano, di non pochi rapporti giuridici si tratta nella teoria delle azioni. Questa formazione del diritto attraverso l'azione conferiva alla teoria delle azioni una importanza, ch'essa non ha guari serbato nel diritto giustinianeo (1).

La *ragion fattasi,* ossia la tutela privata del proprio diritto per le vie di fatto, nel progressivo incremento dei poteri pubblici fu via via ridotta e punita con diverse sanzioni penali (2) e nel diritto giustinianeo è lecita generalmente solo quando, entro limiti moderati *(cum moderamine inculpatæ tutelæ),* si adoperi per mantenere lo *statu quo* (3).

§ 39. **Varie specie di azioni.**

La distinzione fondamentale è tra le *actiones in personam* e le *actiones in rem* (4). Sono azioni personali

(1) Nel diritto classico, i rapporti giuridici si svolgevano attraverso la concessione pretoria (*officium praetoris*) e la sentenza (*officium iudicis*). Con lo sparire delle facoltà del Pretore e del giudice classico, si inizia un processo di cristallizzazione, che raggiunge il suo compimento con Giustiniano, il quale fissa nella compilazione il contenuto delle singole azioni. Ciò egli chiama *naturam actionis componere,* intendendo per *natura* la struttura del rapporto giuridico, che si cela nel nome dell'azione. Questa trasformazione spiega perchè nelle distinzioni delle azioni (§ 39) Giustiniano inclini ad attribuire sempre alle singole categorie un valore sostanziale e operare ampliamenti e fusioni, che svisano il concetto classico. V. in proposito C. Longo *Il criterio giustinianeo della natura actionis* negli *Studi per Scialoja* 1905 vol. I.

(2) La *lex Iulia de vi privata,* il *Decretum Divi Marci* (L. 7, D. *Ad L. Iul. de vi priv.*, 48, 7; L. 13, D. *Quod m. c.*, 4, 2) ecc. Nuove sanzioni nel diritto giustinianeo: L. 6, Cod. *De sep. viol.*, 9, 19; Nov. 52 e 60.

(3) *Vim vi repellere* è di diritto naturale: L. 1, § 27, D. *Unde vi,* 43, 16; L. 45, § 4, D. *Ad l. Aq.*, 9, 2. L. 3, D. *De iust. et i.*, 1, 1.

(4) § 1, I, *h. t.*

quelle inerenti ad un rapporto giuridico con una data persona, la quale sola è in condizione di violare i diritti che ne scaturiscono; tali i rapporti obbligatori. *Actiones in rem* sarebbero propriamente le azioni colle quali si fanno valere diritti reali o sulle cose; ma in senso più generale *actio in rem* denota ogni azione costituita a difesa di un diritto assoluto, che qualunque terzo può essere in grado di violare, quali sono, oltre i diritti reali, anche i diritti di stato o di capacità e i diritti di famiglia. Nondimeno in certi rapporti obbligatori la persona dell'obbligato, contro la quale eventualmente si dovrà dirigere l'azione, non è determinata in perpetuo, ma *pro tempore*, perchè la obbligazione dipende dal trovarsi in un certo rapporto con un dato oggetto. Un'azione di simil genere è l'*actio quod metus causa*, che si può dirigere non solamente contro l'autore della violenza, ma contro chiunque si trovi in possesso della cosa che alcuno dietro minaccie ha trasmesso; essa dicevasi dai Romani *in rem scripta*, perchè nella formula si adduceva il fatto della violenza, ma non la persona dell'autore (1). Lo stesso carattere hanno pure altre azioni personali, per esempio l'*actio aquæ pluviæ arcendæ* (2), l'*interdictum quod vi aut clam* (3).

Le *actiones in rem* prendono il nome generale di *vindicationes* o *petitiones:* tipo la *rei vindicatio*, che è l'azione di proprietà. Le *actiones in rem*, per cui si pretende il riconoscimento di uno stato o diritto di capacità si dicono pregiudiziali *(praeiudiciales in rem actiones)*, perchè tali diritti sono il presupposto subbiettivo di altri diritti ed eventualmente di altri giudizi.

Di alcune azioni personali si dice che esse hanno una natura mista. Tali sono: l'*actio familiæ erciscundæ*, con cui si domanda la divisione del patrimonio eredi-

(1) L. 9 § 8. D. *Quod m. c.*, 4, 2; L. 4. § 33. D. *De d. m. et m. exc.*, 44, 4.
(2) L. 12. D. *De a. pl. arc.* 39, 3.
(3) 5. § 13. D. *Quod vi aut clam*, 43, 24.

tario tra più coeredi, l'*actio communi dividundo,* con cui si domanda la divisione della cosa di proprietà comune, l'*actio finium regundorum,* diretta a scopo analogo, il regolamento dei confini, cioè tutte le azioni divisorie (1), in quanto in esse agli effetti reali (aggiudicazione delle quote o porzioni, che è attributiva di proprietà) si aggiunse in progresso di tempo il giudizio sulle prestazioni personali, per esempio, a cagione di spese fatte sulla cosa.

Viceversa l'azione ereditaria *(hereditatis petitio),* che è azione reale per esser rivolta nel diritto romano in prima linea al riconoscimento di un diritto assoluto, la qualità di erede, concepita in sostanza come una condizione subbiettiva o di capacità, vien detta anche *mista*, perchè in ultima analisi essa ha per risultato di far conseguire all'erede i diritti costituenti il patrimonio ereditario, e tra questi sono anche i diritti di obbligazione o i crediti (2).

Si distinguono pure le azioni in penali, reipersecutorie e miste, la qual distinzione ha importanza in ordine alla responsabilità che nasce da atti illeciti per se stessi. *Penali* sono quelle con cui si domanda la prestazione di una pena, s'intende, privata e pecuniaria: *reipersecutorie* quelle in cui si domanda la reintegrazione del diritto leso dall'atto illecito o un congruo indennizzo: *miste* quelle che hanno l'uno e l'altro scopo (3). Gli eredi non sono tenuti alla pena, quindi l'azione penale contro di essi non si dirige; per i delitti commessi dalle persone soggette il *paterfamilias* si libera colla consegna del colpevole *(noxæ deditio)*; e viceversa, ottenuta soddisfazione dall'uno di più coautori di un reato, non è estinta l'azione penale contro gli altri. Inoltre l'azione penale non si promuove in genere oltre l'anno utile. Le azioni miste si danno contro gli eredi, però sino al

(1) § 20, I. *De act.* 4, 6.
(2) L. 25. § 18, D., *De her. pet.*, 5. 3; L. 7, C. *De her. pet.* 3. 31.
(3) § 16, I. *h. t.*; L. 35, pr. D *De o. et. a.*, 44, 7.

limite della pura e semplice reintegrazione e dell'arricchimento, che l'erede ha conseguito per l'atto illecito del suo autore. Tanto nelle azioni penali quanto nelle azioni miste, la obbligazione del colpevole è fissata spesso secondo un multiplo del danno recato (1). Nondimeno questa terminologia non è serbata rigorosamente. Alcune azioni, che dovrebbero dirsi miste, perchè, se l'entità del petito, che è superiore al danno recato, conferisce ad esse un carattere penale, dall'altra parte è certo che tendono anche a reintegrare all'attore il danno subìto, vengono ora dette penali o quasi penali, ora reipersecutorie e simili; in altre, benchè penali, come l'*actio doli* e l'*actio quod metus causa,* è negato persino il cumulo contro più coautori. Tutto ciò sta a rappresentare probabilmente una crisi di transizione dal sistema primitivo, in cui dall'atto illecito scaturisce soltanto la pena, al sistema evoluto, in cui si tende via via a fissare il principio che ogni danno vuol esser risarcito (cfr. § 173): lo stesso concetto delle azioni miste sembra una tarda innovazione per dissimulare la crisi e lo sfacelo.

Azioni, o più spesso *giudizi di buona fede,* si dicevano presso i Romani una categoria di azioni obbligatorie, in cui, non essendo il rapporto rigorosamente determinato dalla legge o dalla formula del Pretore, il giudice poteva e doveva ricercare *ex fide bona* quanto dalle parti si fosse conchiuso; a queste si opponevano le *actiones stricti iudicii* o anche *stricta iudicia.* Questa distinzione deriva adunque dal margine necessariamente lasciato in certi giudizi all'arbitrio del giudicante (2). V'hanno *iudicia stricta,* che nascono da rap-

(1) *In duplum, in triplum, in quadruplum,* § 21, I *h. t.*

(2) L'arbitrio del giudice si esplica in numerosi riguardi: sono insite ne' giudizi di buona fede *ab antiquo* l'*exceptio doli, metus, pacti,* il patto giova anche ad *augendam obligationem,* si accordano *ex officio iudicis* gl'interessi dal momento della mora, nel diritto classico si teneva conto solo ne' giudizi di buona fede della compensazione, della colpa *in non faciendo,* ecc.

porti sanciti *ex naturali æquitate, ex bono et æquo*, per esempio la *condictio indebiti*. GIUSTINIANO però ha inteso veramente la distinzione nel senso di un'antitesi tra equità e stretto diritto e le azioni di stretto giudizio sono state da lui denominate *actiones stricti iuris* (1). Nel diritto classico erano di buona fede i giudizi seguenti: *ex empto, vendito, locato, conducto, negotiorum gestorum, mandati, depositi, fiduciæ, pro socio, tutelæ, rei uxoriæ* (2). Al tempo dei Severi, se non per opera di Giustiniano, vi s'aggiunsero l'*actio communi dividundo* e *familiæ erciscundæ*. GIUSTINIANO ne ha vieppiù cresciuto l'elenco, perchè il suo modo d'intendere il concetto e l'azione in genere fa sì che egli riguardi alla natura del rapporto sostanziale (3). Ma d'altra parte già nel diritto classico la distinzione tra *iudicia bonæ fidei* e *iudicia stricta* aveva molto scemato d'importanza, sovrattutto per la introduzione e l'applicazione sempre più larga della *exceptio doli*. V'era pur sempre al riguardo questa differenza che la *exceptio doli* doveva esser proposta nel primo stadio del procedimento *(in iure)*, mentre nei giudizi di buona fede, anche senza la

(1) § 28, I. *h. t.*

(2) GAII *Inst.*, IV, 62.

(3) Aggiunte da Giustiniano sono l'*actio præscriptis verbis*, e con essa l'*actio de æstimato* e l'*actio ex permutatione*, l'*hereditatis petitio*, l'*actio ex stipulatu* per la dote in sostituzione dell'abolita *actio rei uxoriæ*; inoltre egli ha fuso in una sola azione di buona fede rispettivamente le doppie figure dell'*actio in factum* e del giudizio di buona fede nel commodato, nel deposito e nel pegno. Sono interpolate da Giustiniano la L. 1 pr. in f. D. *De æst. act.*, 19, 3 per l'*actio praescriptis verbis æstimatoria*, la L. 57, D. *De contr. empt.*, 18, 1, nella quale, in fine, si accenna che il giudizio di buona fede discende dall'esser di buona fede il negozio, la L. 1. § 23, D. *Dep.*, 16, 3, perchè nell'*actio depositi in factum*, della quale Ulpiano discorreva, come in tutte le formule *in factum*, era determinato l' oggetto del giudizio e non rimesso al giudice di valutare *ex fide bona*. Sull'argomento v. GRADENWITZ, *Interpolationen*, p. 105 (il quale ritiene, e, pare, con ragione, specialmente dal confronto del testo di Gaio con quello di Giustiniano, che l'espressione classica fosse *iudicia stricta* e *bonæ fidei* e non *actiones*; molto meno poi *actiones stricti iuris*), e ora anche C. LONGO *Di alcune generalizzazioni giustinianee nei giudizi di buona fede* negli *Studi per Moriani* 1906, e SEGRÈ *Sull'età dei giud. di b. f. di commodato e di pegno* 1906.

formale eccezione proposta nel primo stadio e inserita nella formula (v. § 42), il giudice teneva conto del dolo nel secondo stadio *(in iudicio)*; la qual differenza scomparve anch'essa col cessare della procedura classica nella terza epoca.

In bonum et æquum conceptæ si dicono quelle azioni, nelle quali il giudice ha facoltà di valutare la condanna *quantum æquum videbitur, quod æquius et melius erit:* tale, ad esempio, l'azione d'ingiurie.

Nel periodo formulare si dicevano *condictiones* quelle azioni obbligatorie dirette a una somma determinata di danaro *(certa pecunia)* o altro obbietto determinato *(certa res)*, in cui la formula non esprimeva che la pretesa dell'attore, lasciando fuori la causa (1). Questo istituto procedurale, che aveva nome e origine dalla *legis actio per condictionem*, era in guisa analoga limitato alle antiche cause obbligatorie di stretto diritto civile (2).

Se non che GIUSTINIANO ha inteso la *condictio* in senso generale, onde l'accorda *ex omni contractu, ex omni obligatione, ex qua certum petitur*, cioè per qualunque pretesa rivolta a un obbietto determinato; inoltre accanto alla *condictio certi (de certa pecunia)* e alla *condictio triticaria o triticiaria (de omni certa re:* il nome è desunto dal *triticum*, frumento) crea la *condictio incerti* per qualunque altro obbietto, e chiama *condictio ex lege* l'azione concessa dalla legge, quando questa non richiami all' uopo un'azione tipica e nominata (3).

Si chiamano *arbitrariæ* quelle azioni, nelle quali il giudice era tenuto in forza della clausola arbitraria a

(1) BARON, *De Condiktionen*, 1881, § 86.

(2) SCIALOJA, *Lez. di proc. rom.*, a. 1894, pag. 518.

(3) Cfr. L. un. D. *De cond. ex lege* 13, 2 e principalmente L. 9, pr. — § 3 D. *De reb. cred.*, 12, 1 interpolata. BARON, *Abhandl.*, pag. 76; PERNICE, nella *Zeitschr. der S. S. für Rg.*, vol. 13 (1892) p. 248. La *condictio incerti* in base a studi recenti (Trampedach, Pflüger, Naber, Mayr, Di Marzo, Beoigni) si deve ritenere invenzione giustinianea.

differire la condanna, che necessariamente si riduceva nel diritto antegiustinianeo in una somma di denaro, e apprezzare *ex bono et æquo* la soddisfazione da prestare all'attore, per esempio, la restituzione di un oggetto, su di che il convenuto, eseguendo l'*arbitratus*, evitava la condanna. Tali sono le azioni reali e molte azioni personali, come l'*actio metus, doli, ad exhibendum*, ecc.; ma nel diritto giustinianeo, in cui la condanna è direttamente nell'oggetto, tale *arbitrium* ha perduto la sua essenziale importanza.

Altre categorie, in sè storiche, ma che importa sempre conoscere per l'intelligenza degli istituti giustinianei, sono le *actiones civiles* e *honorariæ, directæ, utiles, ficticiæ, in factum*.

Actio civilis è il termine che designa le azioni introdotte dalle varie fonti del diritto civile, ossia dalle fonti legali del diritto: *honorariæ* sono quelle concesse dal magistrato, cioè d'ordinario dal Pretore (1).

Si diceva *utilis* l'azione applicata a ipotesi diverse per qualche elemento da quelle per cui era stata in origine costituita: per esempio, l'*actio legis Aquiliæ*, concessa dalla legge al proprietario per i danneggiamenti subìti dalla cosa, venne estesa dal Pretore *utiliter* all'usufruttuario. *Ficticiæ* si dicevano quelle azioni in cui tale estensione si opera, fingendo che alcune delle condizioni del rapporto originario realmente esistano, mentre fanno difetto; esempio celebre di azione fittizia è l'azione *Publiciana* (v. § 99). In antitesi alle *actiones utiles* e *ficticiæ* il tipo originario dicevasi *actio directa*.

Actiones in factum sono quelle che non si fondano sopra un diritto o un rapporto riconosciuto o qualificato, d'ordinario, con una propria denominazione, ma sopra un rapporto nuovo, che non ha propria configura-

(1) Nelle fonti genuine l'azione civile *competit*, l'azione pretoria *datur*.

zione e denominazione nè e riconosciuto o riassunto in qualsiasi modo nel *ius civile,* e quindi si usa designare dai fatti che ad esso dànno origine (1).

Il termine *actio in factum* si usava peraltro anche in un senso più ristretto a significare le azioni che il Pretore concedeva di volta in volta per circostanze speciali in antitesi alle azioni civili e pretorie garentite nell'Editto perpetuo, che dicevansi *vulgares.*

Finalmentè *actiones populares* si dicono quelle azioni penali costituite a difesa di un interesse pubblico, che qualunque cittadino aveva diritto di promuovere; a preferenza coloro che dall'atto illecito venissero danneggiati anche in un privato interesse o coloro che fossero riconosciuti più idonei.

§ 40 Evoluzione generale della procedura civile romana.

GAII *Inst.*, IV, 11-14.

L'ordine dei giudizi civili costituisce la procedura civile.

Nelle società primitive le relazioni giuridiche assumono un carattere analogo alle odierne relazioni politiche tra Stati, giacchè entro alle agglomerazioni più vaste della tribù o del villaggio sono costituiti gruppi minori, che hanno lo stesso carattere, nè si tratta da

(1) Giusta la dottrina dominante è la redazione della formula *in ius* o *in factum concepta,* cioè l'assenza o là presenza di vera *intentio* (v. § 40), che dà il nome alle azioni *in ius* o *in factum*, onde l'estensione utile o fittizia o con trasposizione di subbietti dall'*intentio* alla *condemnatio* (cfr. § 43, § 129) sarebbe azione *in ius,* se l'azione originaria è *in ius:* e viceversa l'azione civile sulla base di un rapporto nuovo, che non abbia propria configurazione e denominazione, sarebbe concepita *in factum.* Altri (POKROWSKY *Zeitschr. der Sav. Stiftung für Rg.* vol. 16 (1893) pag. 7) ritiene invece che base della divisione fosse senz'altro il riconoscimento civile o pretorio. Il magistrato concede la formula *in ius*, quando si accampa un diritto, una pretesa riconosciuta dalle leggi; ma per le pretese e i rapporti nuovi concede la formula dietro audizione de' fatti e concepita sulla base dei fatti stessi; soltanto via via pei casi più frequenti risparmia l'audizione, proponendo nell'Editto la formula, che è *in factum*, anche se richiamata all'azione civile con

individuo a individuo, bensì da gruppo a gruppo (1), fino al più ristretto di essi, la famiglia primitiva, che mutò essenzialmente natura coll'ordinamento civile. La sanzione del diritto, che in quell'età primitiva poco si distingue dalle altre norme sociali, non è assunta dall'organismo più vasto, ma dagli stessi gruppi che anche in un solo individuo si sentono lesi: è la vendetta per le offese personali, è la reintegrazione a mano armata, o, quando questa non sia possibile, la rappresaglia per le offese patrimoniali. Il primo momento di un progresso politico è segnato dall'intervento dell'organismo più vasto, che si afferma veramente come superiore, nelle controversie dei minori: non però nell'interesse della giustizia, ma piuttosto in quello della pace. Lo Stato esige che non si venga alle mani, ma si scenda a patti (2), e prescrive una composizione patrimoniale fissa in luogo della vendetta, una composizione arbitrale sulla giustizia o meno delle pretese patrimoniali invece della reintegrazione a mano armata o della rappresaglia.

Ora a tale si riduce in origine l'intervento dello Stato romano nell'amministrazione della giustizia; e il carattere fondamentale della progressiva evoluzione della procedura civile romana è appunto questo: che gli organi dello Stato, i quali dapprima non intervengono nelle controversie, se non quanto è necessario a salvaguardare la pace pubblica, assumono via via una parte più attiva ed essenziale nella funzione giudiziaria, finchè lo Stato termina con avocarla tutta a sè.

espedienti di finzioni o trasposizioni. Noi siamo per l'opinione dominante, con questo però che, a nostro avviso, l'azione civile, sia pure sulla base di un rapporto innominato, non è mai *in factum*; il termine *actio in factum civilis* nelle nostre fonti sembra il risultato poco felice di una interpolazione giustinianea per appianare le controversie esistenti circa i cosiddetti contratti innominati tra l'*actio in factum* e l'*actio civilis* con formula incerta (v. § 166).

(1) Questa relazione da gruppo a gruppo è l'idea del Maine, il quale erra però circa il fondamento essenziale dei gruppi primitivi, che non è il vincolo di sangue, bensì l'agglomerazione politica, e non avverte la serie molteplice e digradante, ch'è il vero carattere delle società primitive.

(2) Manenti, *Contributo alla teoria dei pacta*, p. 47 e segg.

In questa evoluzione lenta si distinguono tre sistemi corrispondenti alle tre fasi di sviluppo, che abbiamo rappresentato nella storia del diritto romano: le *legis actiones*, le *formulæ*, la *extraordinaria cognitio*.

I due primi, *legis actiones* e *formulæ*, hanno un carattere generale comune: la separazione del processo in due stadi, l'uno che dicesi *in iure* davanti a un organo pubblico, il magistrato, l'altro davanti al giudice, che è persona distinta, rappresentata o da un collegio stabile di cittadini *(centumviri, decemviri stlitibus iudicandis)* o da cittadini privati scelti dalle parti di comune accordo ovvero designati dal magistrato, qualora le parti non rimanessero d'accordo. Perciò i due sistemi ricevono in generale nelle scuole la denominazione di ordine dei giudizi privati *(ordo iudiciorum privatorum)*, con frase che non ha tale significato nei testi.

Con questo carattere comune esistono tra i due sistemi differenze profonde. Nel periodo delle *legis actiones* la funzione del potere pubblico è ancora assai limitata. Le parti litiganti debbono presentarsi davanti al magistrato, *ire in ius*, esporre a lui l'oggetto della controversia, cioè le reciproche pretese, ma non dichiarano nemmeno i fatti concreti sui quali fondano tali pretese, e d'altra parte il magistrato non solo non giudica, ma nemmeno dà norme o istruzioni di veruna sorta circa il modo con cui devesi giudicare. Egli si limita a cercar di conciliar le parti, indurle a far la pace con eque transazioni, e tale accordo, riuscendo, dicevasi *pactum* (da *pacere*, verbo antico, donde anche *pax*). Ma se le parti non si accordano, altro potere non ha il magistrato, se non quello di intimar loro il giudizio: e nemmeno la scelta del giudice era, come s'è detto, in via principale nell'arbitrio del magistrato.

Riguardo al procedimento da seguirsi, esso era regolato da forme determinate e rigorose, che dicevansi anch'esse *actiones* o modi di agire, e più regolarmente *legis actiones*, per esser conformi alla legge. In questo senso la voce *actio* non è a confondere nè colle singole *actiones* che s'intentano, nè colla facoltà generale di agire in giudizio inerente ad ogni diritto. Tali forme generali di procedimento o *legis actiones* erano le seguenti: la *legis actio sacramento, per iudicis arbitrive postulationem, per condictionem, per manus iniectionem, per pignoris capionem.*

La *manus iniectio* e la *pignoris capio* sono probabilmente gl'istituti primitivi e si richiamano al periodo della difesa privata; ma nel periodo civile rimasero soltanto come procedimenti esecutivi.

Il procedimento, che potremmo dire di cognizione, più antico è invece la *legis actio sacramento.* Essa aveva forme solenni e simboliche, corso lento e sovrattutto un carattere singolare, in quanto solo per una via tortuosa e indiretta si perveniva ad emettere il giudizio sull'oggetto reale della controversia. Accampate le pretese e le contropretese davanti al magistrato, si veniva ad una scommessa (certo di carattere sacro e accompagnata da giuramento) per una somma determinata, 50 o 500 assi, secondo l'entità della lite, e il giudice giudicava poi della lite, sentenziando chi aveva vinto la scommessa e chi l'aveva perduta *(utrius sacramentum iustum, utrius iniustum esset).*

La *legis actio per iudicis arbitrive postulationem* sembra essere stata introdotta per quelle controversie, nelle quali il rapporto giuridico non fosse così determinato da potersi decidere con un sì o con un no.

La *legis actio per condictionem* fu introdotta dalla *Lex Silia* per le obbligazioni di una somma certa e determinata, ed estesa dalla *Lex Calpurnia*, a tutte quante le obbligazioni che avessero per oggetto la prestazione di una *certa res.*

Questa *legis actio* era quasi scevra di solennità. L'attore intimava semplicemente al convenuto di presentarsi entro il termine consueto, che era di 30 giorni, dinanzi al magistrato per ivi ricevere il giudice. Il nome deriva appunto dall'intimazione dell'attore, che dicevasi anticamente *condicere, condictio,* e restò anche in seguito a designare una categoria speciale di azioni obbligatorie (§ 39).

Le forme delle *legis actiones* parvero nondimeno in progresso di tempo un rischio inutile, una procedura grave e odiosa (1). Ma tale procedura doveva cedere di necessità davanti all'incremento della potenza e dell'attività dello Stato. L'anno 367 av. C., secondo la tradizione romana, l'amministrazione della giustizia *(iuris dictio)* fu staccata dalla magistratura consolare e affidata come speciale competenza a un collega minore dei consoli, il Pretore. Questo nuovo magistrato prese a esercitare un'azione via via più diretta e invadente nella formazione e nell'applicazione del diritto. Da un lato egli si sostituiva alle fonti vere e proprie del diritto, concedendo azioni in casi non contemplati dal *ius civile,* dall'altro lato in molte controversie, senza rinviar la questione dinanzi al giudice, prese a decidere egli stesso contro l'ordinamento stabilito *(extra ordinem);* la quale invasione costituì più tardi l'addentellato del terzo sistema. Se non che la stessa legge fu indotta ad abolire la procedura antica e stabilmente ampliare la sfera d'attività del Pretore. Questa riforma cominciò colla legge Ebuzia (rogata probabilmente tra il 146 e il 126 a. C.) e fu compiuta sotto Augusto da due leggi Giulie; dopo di che le *legis actiones* rimasero soltanto per le controversie che si agitavano dinanzi al tribunale dei Centumviri.

La procedura introdotta dalla legge Ebuzia è la così detta procedura *per formulas.* Si distinguono ancora i due stadi *in iure* e *in iudicio,* ma il magistrato non si limita a udir le pretese delle parti e dar loro un giudice, se non riesca a farla da paciere, ma redige un'istruzione scritta, nella quale, esposti succintamente i

(1) Cfr. Gaii *Inst.*, IV, 30. Per un celebre esempio: IV, 11.

diritti accampati, i fatti allegati, comanda al giudice, se quei fatti son veri, di condannare il convenuto, altrimenti di assolverlo. Tale istruzione scritta è appunto la *formula;* essa costituisce, come si vede, un giudizio ipotetico.

Il giudice deve esaminare la realtà delle pretese e contropretese inserite nella formula, vagliando le prove e controprove addotte dall'attore e dal convenuto, ed emettere la sentenza conforme al dettato del Pretore.

Parti principali della formula erano le seguenti: 1.° la *demonstratio* o esposizione dei fatti giuridici allegati dall'attore, per esempio: *Iudex esto. Quod Aulus Agerius Numerio Negidio hominem vendidit, qua de re agitur;* 2.° l'*intentio* o dichiarazione del diritto accampato dall'attore, per esempio: *Quidquid ob eam rem Numerium Negidium Aulo Agerio dare facere oportet ex fide bona;* 3.° la *condemnatio* o conferimento al giudice della potestà di condannare o di assolvere, secondo la verità dei fatti allegati dall'una o dall'altra parte, e sempre in una somma di danaro, qualunque sia l'oggetto della domanda; per esempio: *Numerium Negidium Aulo Agerio X millia condemna. Si non paret, absolve.*

Nei giudizi divisori aggiungevasi alla formula anche un'altra parte per conferire al giudice la potestà di attribuire ai litiganti la proprietà delle parti in cui l'oggetto viene diviso, e dicevasi *adiudicatio* o aggiudicazione.

Le formule costituite per un'*actio in factum* (v. § 39) non potevano contenere la *intentio,* perchè la pretesa dell'attore non era propriamente riconosciuta come diritto. Queste formule si dicevano *in factum conceptæ,* perchè appunto al giudice veniva soltanto esposto il fatto nella *demonstratio* e intimato di condannare, se le cose allegate eran vere. Le formule con *intentio* si dicono per opposizione *in ius conceptæ.*

Osserviamo che nella procedura formulare l'oggetto di ogni controversia si doveva valutare in una somma di denaro e la condanna avveniva in questa somma. Nelle azioni reali è permesso al reo di schivare la condanna nel valore della cosa, fissato sotto giuramento dall'attore, operando la restituzione.

Nella procedura formulare si distinguevano i *giudizi legittimi (legitima iudicia),* ed erano quelli tenuti a Roma o a un miglio da Róma, davanti al giudice unico, cittadino romano, e tra cittadini romani, e i *giudizi d'impero (iudicia quæ imperio continentur; imperio continentia iudicia),* in cui l'uno o l'altro degli elementi suaccennati fa difetto. Nei giudizi contenuti dall'impero il potere del giudice viene a cessare con quello del magistrato che l'ha costituito. I giudizi legittimi (la cui denominazione si richiama probabilmente alla *Lex Aebutia,* che n'ha stabilito i requisiti, come le *legis actiones* si richiamano alla *Lex XII Tabularum*) erano in principio perpetui; ma anche essi dalla *Lex Iulia* furono limitati a un anno e mezzo, dopo il qual termine il giudizio è perento (1).

La procedura formulare durò per tutto il periodo classico della giurisprudenza romana. Se non che l'uso di decidere le controversie *extra ordinem,* cioè senza rinviar la causa al giudice, divenne via via più frequente sotto l'impero.

Alcune questioni, relative a fedecommessi, alimenti, onorarì di medici, avvocati e simili, con Marco Aurelio anche le controversie di stato, venivano stabilmente decise *extra ordinem.* Fu però soltanto nella terza epoca che la coscienza di questa essenziale divisione del processo romano, sovrattutto nelle province, si smarrì completamente, ed essendosi giunti a grado a grado a concepire il giudice come un delegato del giusdicente, qualora a questo piacesse di affidargli il processo per isgravarsi dal soverchio peso, l'istituto andò in desuetudine. Nel diritto giustinianeo non v'ha la menoma traccia dell'an-

(1) Sulla distinzione classica dei giudizi cfr. GAII *Inst.* IV, 103-105, e in seguito § 45.

tico ordine dei giudizi privati; sono esclusivamente magistrati pubblici che conducono il processo dal principio alla fine, onde l'imperatore dichiara che al suo tempo tutti i giudizi sono straordinari (1).

§ 41. Inizio del processo e contestazione della lite.

Non è permesso di stare in giudizio agli schiavi, salvo per eccezione, e originariamente in via di ricorso *extra ordinem*, a causa di maltrattamenti subìti, ovvero per difender la libertà lasciata per fedecommesso o riscattata col peculio (2). Anche lo schiavo, il quale dichiarava di esser libero, non poteva nel diritto antegiustinianeo condurre la causa di stato, se non facendosi rappresentare da un *adsertor*. Giustiniano tolse via l'*adsertor* (3).

Men chiaro è il tema della capacità dei *filiifamilias* di stare in giudizio. Sembra che già nel diritto classico, se pure il vero stato delle cose non ci è stato alterato dai compilatori, essi potessero stare in giudizio, quando fossero convenuti, perchè erano capaci di obbligarsi, non però come attori, perchè non erano capaci di patrimonio; al principio assoluto si derogò via via, in più casi, d'ordinario mercè l'uso di azioni utili o *in factum* e nel diritto giustinianeo si può considerare come abolito (4).

La rappresentanza in giudizio fu la prima forma di rappresentanza largamente ammessa dai Romani. Nel periodo delle *legis actiones* essa non era per vero concessa se non in quattro casi: *pro populo*, cioè per difender cause d'interesse pubblico, come, ad esempio, nelle accuse pubbliche e nelle *actiones populares; pro libertate*, cioè per difender la libertà; *pro tutela* nell'interesse del pu-

(1) § 8, 1. *De int.* 4,15; cfr. L 46 (47) § 1 D. *De neg. gest.* 3, 5 interpolata.
(2) Cfr. L. 53, D. *De iud.*, 5, 1.
(3) Tit. *De ads. toll.*, C. 7, 17.
(4) L. 18. § 1, D. *De iud.*, 5, 1; 19, D. *Dep.*, 16, 3; L. 9, 13, D. *De o. et. a.*, 44, 7; L. 17, D. *De reb cred.*, 12, 1; L. 22 pr; 8 pr. D. *De inoff. test.*, 5, 2; L. 13, § 1, 2; L. 19, D. *Quod vi aut clam*, 43, 24.

pillo, e finalmente *ex lege Hostilia* nelle azioni di furto per conto di un assente (1). Nel periodo formulare invece la rappresentanza venne pienamente riconosciuta; sono ammessi in giudizio così i rappresentanti legali, tutori e curatori, come i rappresentanti volontari. Di questi nel diritto antegiustinianeo ve n'era di due specie: l'uno, il solenne e specifico rappresentante giudiziale, il *cognitor*, costituito *certis verbis* nel giudizio stesso, l'altro, il rappresentante ordinario, cioè il *procurator*, adibito per il processo. L'istituto del *cognitor* è caduto nel diritto giustinianeo (2).

Nell'antico ordine dei giudizi le forme introduttive, *in ius vocatio* o chiamata del convenuto dinanzi al magistrato, il *vadimonium* o promessa di ricomparire nel termine a cui si rinvia la causa, garantita di regola da malleverie *(satisdationes)* o da giuramento, la *editio actionis*, ossia la dimostrazione fatta al convenuto dell'azione di cui s'intende di valersi, rappresentano tuttavia nella loro natura e nel loro andamento il carattere privato del processo. Senonchè già sin dal tempo di Marco Aurelio, a quel che sembra, si concesse all'attore di evitar la lentezza di queste cerimonie e far conoscere senz'altro all'avversario la propria domanda *(denuntiatio actionis)*, convenendo con lui sul giorno della comparizione.

Nel nuovo sistema delle *extraordinariae cognitiones* tale denuncia mediante citazione o libello divenne mezzo generale. Costantino ne fece un atto pubblico. Nel diritto giustinianeo però il *libellus conventionis* è tornato un semplice atto scritto, che si notifica a mezzo d'usciere *(tabularius)* e contiene una succinta relazione del fatto e delle pretese, come nell'antica formula la *intentio* e la *demonstratio*. Il convenuto, ricevendo il libello, deve dar cauzione di comparire in tribunale

(1) pr. I. *De his per quos*, 4, 10.
(2) Nei frammenti del *Corpus iuris* per conseguenza *procurator* è largamente interpolato invece di *cognitor*.

(in iudicio sisti, anticamente *in iure)*, o altrimenti viene posto sotto custodia fino al giorno della comparizione.

La domanda dell'attore non doveva eccedere il suo diritto. I Romani riducono la *plus petitio* ai seguenti quattro casi: *re o summa,* quando si eccede nella quantità; *tempore,* quando si domanda innanzi tempo; *loco,* quando si domanda la prestazione in luogo diverso da quello ov'è dovuta; *causa o qualitate,* quando in qualunque altro modo si altera ciò che spetta di diritto (1).

Nel diritto antegiustinianeo la *plus petitio* aveva per effetto la perdita della lite e la consumazione processuale, sicchè l'attore non avrebbe più potuto promuovere la sua azione. ZENONE e GIUSTINIANO limitarono le conseguenze della *plus petitio* al risarcimento dei danni subìti dal convenuto sino al doppio o al triplo e al ritardo della nuova azione per la *plus petitio tempore* (2).

Un momento importante del processo è la contestazione della lite *(litis contestatio)*. Nel diritto classico essa segnava il termine della procedura *in iure* e costituiva un atto solenne, con cui veramente s'inizia il processo per concorde volontà delle parti, cioè per contratto. Essa consisteva in una formale attestazione (può esser dubbio se alla presenza di testimoni o meno) delle parti che nella procedura per *legis actiones* giuravano di sottomettersi alla decisione del giudice, eletto a decidere. Nella procedura formulare l'attore comunica la formula al convenuto *(edere, dictare formulam sive iudicium)* e questi l'accetta *(accipere formulam* s. *iudicium)* (3). La contestazione della lite aveva ne' giudizi legittimi e nelle azioni personali *in ius conceptæ* effetto di distruggere totalmente il rapporto, cioe l'obbligazione, che prima esisteva tra le parti e generarne invece uno nuovo stabilito dal contratto con cui le parti

(1) § 33. *I, h t.*
(2) L. 1, 2, C. *De plus pet.* 3, 10. § 33. I. *h. t.*
(3) WLASSAK, *Die litis contestatio in form. Prozess,* Leipzig, 1889.

si obbligavano ad accettare il giudizio; ond'è che da quel momento l'azione era consumata *ipso iure* e non si sarebbe più potuta a intentare (1).

Nel diritto giustinianeo il nome di *litis contestatio* fu serbato a denotare il momento del processo, in cui si fissavano le pretese dell'attore e le difese del convenuto. Però essa non è più sostanziata in un atto, formale o meno, nè ha più l'effetto essenziale dell'antico diritto.

§ 42. Difese ed eccezioni. Prove.

1. *De except.*, IV, 13. Dig. 44, 1. Cod., 8, 35 (36). D. *De prob.*, 22,3. Cod., 4, 19.

Il convenuto può difendersi, negando il diritto accampato dall'attore, col dimostrare che non ha mai esistito o che non è validamente costituito o che ha cessato di esistere; in altri termini che l'azione manca di fondamento giuridico. In molti casi però l'azione non è per se stessa destituita di fondamento: soltanto, il convenuto ha alla sua volta un diritto, che totalmente o parzialmente elide il diritto dell'attore. Tale diritto ha, per lo meno in questa funzione, carattere negativo, e quando si fa valere contro l'azione intentata (che è poi sovente l'unico modo in cui si permette di farlo valere) dicesi *eccezione;* la quale costituisce pertanto una forma della coazione giuridica.

Le eccezioni non esistevano durante il periodo delle *legis actiones* (2). E, a nostro avviso, la ragione è ovvia; l'eccezione si può dire veramente un istituto pretorio, perchè spuntò fuori colla maggior libertà concessa al Pretore nel periodo formulare e valse qual mezzo indiretto per correggere le iniquità della legge. Si hanno, è vero, eccezioni tanto di diritto pretorio *(honorariae)*, come la *exceptio doli, metus*, quanto di diritto civile *(civiles)*, come la *exceptio legis Cin-*

(1) Cfr. Gaii *Inst.* III. 180-181 e in seguito § 45.
(2) Gaii *Inst.*, IV. 108.

ciæ, la *exceptio senatus consulti Velleiani* o *Macedoniani*, ma egli è che spesso il Pretore traeva da una legge il fondamento o l'occasione della sua *exceptio*, e anche talora con una certa libertà. Per esempio, la *lex Plætoria* minacciava una *persecutio publica* per la *circumscriptio minorum*, senza dichiarar nullo il negozio conchiuso dal minore; ma il Pretore concesse a questo una *exceptio legis Plætoriæ* per invalidare il negozio stesso e l'applicò pure nel caso di mero pregiudizio dei suoi interessi, senza ricercare il dolo dell'altra parte.

Data questa loro natura ed origine, le eccezioni dovevano necessariamente, nell'età del diritto classico, venire inserite nella formula e quindi proposte *in iure* (1). Il giudice non può esaminare punti di diritto a lui non sottoposti nella formula e tanto meno dar valore giuridico a circostanze che per legge non l'hanno. Solo nei giudizi di buona fede, in cui s'aggiungeva la clausola *ex fide bona*, era concessa al giudice facoltà di esaminare pretese e circostanze non inserite nella formula. Il cessare della divisione tra procedura *in iure* e procedura *in iudicio* ha fatto scomparire nel diritto giustinianeo ogni differenza tra la eccezione vera e propria e coteste improprie eccezioni, che si potevano proporre anche *in iudicio*, ed attenuata anche la differenza tra l'eccezione e ogni altra difesa del convenuto. Nondimeno questa differenza rimane ancora oggidì dal punto di vista del diritto sostanziale, se non dal punto di vista processuale, benchè l'importanza dell'istituto sia scemata di molto, non sussistendo più le condizioni che indussero il Pretore a far uso così frequente di eccezioni.

Le eccezioni, oltre che in civili ed onorarie, si distinguono in *perpetuæ et peremptoriæ* e *temporales* o *dilatoriæ*.

(1) Esse venivano inserite nella formula dopo l'*intentio* in forma di condizioni negative che escludevano la condanna: *si non* (*extra quam si, præter quam si*, ecc.) *convenerit ne ea pecunia peteretur, iudex condemna*.

Un istituto analogo alle eccezioni erano le *præscriptiones* dell'antico diritto. Esse erano bensì anche a favor dell'attore *(præscriptiones pro actore)* ed avevano per iscopo di limitare l'oggetto dedotto in giudizio per impedir la consumazione processuale di tutta la causa o anche determinare e spiegar meglio il fatto ne' rapporti giuridici non ridotti a un tipo fisso e denominato; ma dalla parte del convenuto *(præscriptiones pro reo)* costituivano mere eccezioni (benchè di tal natura, a quel che sembra, da impedire il giudizio e da doversi esaurire preliminarmente) e già nel diritto classico cedettero il posto alle eccezioni. Il nome deriva dalla collocazione loro in principio della formula o in sostituzione della stessa *demonstratio* e si conserva in parecchie eccezioni del diritto giustinianeo.

Alla eccezione del convenuto l'attore può opporre alla sua volta una eccezione, che dicesi *replicatio;* alla replica si può anche opporre una *duplicatio*; a questa una *triplicatio* e così via.

Le prove dei fatti giuridici allegati dall'una e dall'altra parte possono essere testimonianze, documenti privati o pubblici, giuramento. Nel diritto classico, conforme alla natura del processo, era lasciata al giudice la maggior latitudine in fatto di prove; solo nella terza epoca il sistema probatorio comincia a esser regolato dalla legge, e molto fu per opera di GIUSTINIANO. Il giuramento istesso (salvo pochi casi, in cui, deferito dall'una delle parti davanti al magistrato *(iusiurandum in iure)*, era obbligatorio giurare o riferirlo all'altra parte e senz'altro esso troncava la questione) non aveva davanti al giudice che un valore morale: la parte cui veniva deferito non era tenuta a giurare o a riferire, nè il giudice a seguire il giuramento. GIUSTINIANO ha invece stabilito in modo generale e assoluto l'obbligo di giurare o riferire il giuramento deferito (1).

(1) DEMELIUS, *Schiedseid und Beweiseid*, Leipzig, 1887. Il giuramento deferito non può più esser revocato. Anche il *pactum de iureiurando*, cioè la convenzione conchiusa a tale oggetto tra le parti, obbliga a giu-

Dicesi presunzione l'ammissione dei fatti allegati, senza bisogno di prova, quando siano di per sè assai verosimili. Anche su questo riguardo peraltro il diritto classico non conosceva se non le presunzioni ammesse liberamente dal giudice, cioè quelle che dai commentatori si dicono *præsumptiones hominis;* le presunzioni stabilite dalla legge con o senza libertà di controprova (*præsumptiones iuris* le prime, *iuris et de iure* le seconde) sono un'innovazione del diritto giustinianeo (1).

§ 43. Sentenza e procedura esecutiva.

La sentenza, con cui si termina il procedimento, può essere di condanna o di assoluzione, ovvero dichiarazione dell'esistenza di un diritto di stato.

Interessante per la natura del processo romano è lo svolgimento dei mezzi esecutivi delle sentenze, nei quali si rispecchia più vivamente l'origine di esso, e il lungo sforzo per render la coazione di diritto pubblico e l'esecuzione patrimoniale.

Nella procedura per *legis actiones* in caso di azioni reali pare che l'esecuzione della sentenza non fosse altrimenti garantita se non mediante l'impegno assunto dai mallevadori o *prædes,* che si erano costituiti responsabili della restituzione della cosa e dei frutti. Certo nelle azioni obbligatorie il procedimento in uso era quello esclusivamente privato, personale e duro della *manus iniectio*, la quale, come si disse, costituiva anch'essa una *legis actio.* La *lex Poetelia,* emanata dietro i ripetuti tumulti dei plebei debitori, abolì il carattere penale della *manus iniectio,* vietando di uccidere, vendere o tenere in catene il debitore insolvente. La procedura formulare ha in massima sostituito l'*actio iudicati,*

rare o a riferire: altrimenti l'avversario avrà sempre la *exceptio pacti vel doli.* FADDA, *Bull. dell'Ist. di dir. rom.*, I, 1888, pag. 31.

(1) GRANDENWITZ, *Zeitschr. der Sav. Stift. für Rechtsgesch.*, vol VII, p. 70. FERRINI, *Riv. it. per le sc. giur.*, vol. XIV, p. 258.,

che egualmente conduce, in ultima analisi — provata la validità del giudicato, se il convenuto la contesta — alla esecuzione diretta sulla persona del debitore *(duci iubere)*.

I primi inizi di una procedura, quanto agli effetti almeno, patrimoniale, alla quale peraltro il creditore ricorre solo quando voglia oppure quando, per assenza o latitanza del debitore, l'esecuzione personale sia impossibile, si ebbero nell'istituto della *bonorum venditio*, introdotta forse dal Pretore Rutilio Rufo. Dietro domanda del creditore si procedeva, dopo un certo tempo di aspettativa, alla vendita del patrimonio in blocco del debitore. Esso viene aggiudicato a quello tra i vari offerenti che si obbliga a corrispondere una maggiore quota verso i creditori. In massima adunque la procedura della *bonorum venditio* non costituiva ancora se non un modo di collocare un nuovo titolare nel patrimonio del debitore, che consente a soddisfare i creditori, e perciò l'esecuzione, cioè l'immissione ne' beni, non può esser che generale: il *bonorum emptor* è nel diritto pretorio (o per via di trasposizione di soggetti nella formula, collocando il vero subbietto nella *intentio*, il *bonorum emptor* nella *condemnatio*, o mediante finzione di eredità) un successore universale del debitore, ne esercita i diritti, ne sostiene gli obblighi. La *bonorum venditio* aveva per conseguenza l'infamia del debitore. La legge Giulia concesse d'evitarla, cedendo volontariamente i propri beni *(bonorum cessio ex lege Julia)*.

Al principio dell'impero s'introdusse ancora una vendita parziale dei beni *(bonorum distractio)*, ma esclusivamente pei senatori. Occorre sempre una generale *missio in bona*, ma la vendita dei beni ha luogo per opera del *curator* a favore dei creditori direttamente e fino al soddisfacimento dei creditori stessi. Gli è solo, a quel che sembra, nella procedura straordinaria che appare per la prima volta ai tempi di Antonino Pio il così detto *pignus in causa iudicati captum*. Il magistrato, dietro dimanda del creditore, ordinava a' suoi ufficiali *(apparitores)* d'impadronirsi di oggetti del debitore, in ispecie schiavi e denaro, sui quali il creditore acquistava un diritto di pegno. Dopo due mesi, non venendo il debito soddisfatto, aveva luogo la vendita all'asta.

Nel periodo romano-ellenico l'esecuzione diventa direttamente patrimoniale e nelle forme più recenti. Il diritto giustinianeo adotta il *pignus in causa iudicati captum*, e solo pe' casi d'insolvenza o su domanda di più creditori conserva la *bonorum distractio,* resa oramai generale in quest'ultimo periodo. Per le condanne alla restituzione di una *certa res* è stata introdotta senz'altro l'esecuzione pubblica *manu militari* (1). La singolare procedura della *bonorum venditio,* cioè la vendita in blocco del patrimonio con sostituzione di un nuovo soggetto, ricollegantesi alle antiche idee, è abolita e i testi relativi vennero interpolati per la *distractio.* Quanto all'esecuzione personale, mantenuta in via accessoria, essa deve aver luogo in prigioni pubbliche sin dall'anno 388 d. C. (2); il carcere privato è abolito, per quanto ancora Zenone (a. 486) e Giustiniano (a. 529) abbian dovuto reagire contro la pertinace resistenza dell'antico costume (3).

§ 44. Procedura straordinaria. Interdetti e restituzione in intiero.

Gaii, IV, 138-160. I. *De int.*, IV, 15. Dig., 43, 1. Cod., 8, 1 D. *De in int. rest.*, 4. 1. Cod., 2, 21; 2, 49 (50).

Due mezzi della procedura straordinaria conservano ancora nel diritto giustinianeo un carattere speciale, per quanto non vi siano più differenze essenziali di procedimenti. Sono gl'interdetti e la restituzione in intiero.

L'interdetto era un mero comando del magistrato emanato dietro ricorso della parte lesa. Il nome deriva da

(1) La L. 68 *De r. v.*, 6, 1 è interpolata.
(2) L. 1 Cod. Theod. *De priv. carc.* 9, 11.
(3) 1, 2 C. *De priv. carc.* 9, 5.

interdicere, proibire, perchè l'uso più frequente di tali ordinanze era di vietare un qualche atto. Gl'interdetti si applicavano principalmente quando l'interesse leso avesse carattere quasi pubblico; per esempio, guasti o ingombri o costruzioni fatte in luoghi pubblici, come le strade, il lido del mare, i fiumi e torrenti.

Tuttavia prima dell'invenzione delle formule il Pretore si valse abbastanza largamente degl'interdetti anche nell'àmbito del diritto schiettamente privato. L'impiego più importante degl'interdetti pel diritto privato è nella tutela del possesso.

Senonchè l'interdetto non era un comando assoluto, perchè il Pretore non verificava la verità dei fatti allegati. Esso era invece un precetto ipotetico, con cui però non s'intimava a un giudice di condannare, come nelle formule, bensì direttamente alla parte di obbedire, qualora i fatti allegati fossero veri.

Se il convenuto non s'acquietava al comando del Pretore, allora questi rinviava la cosa al giudice. Ma prima obbligava ciascuna delle parti a promettere all'altra una somma, quando riuscisse perdente, e tali obbligazioni si dicevano rispettivamente *stipulatio* o *sponsio poenalis* per il convenuto e *restipulatio* per l'attore.

Questa era la procedura originaria. Coll'ampliamento delle formule la procedura interdittale ebbe a subire gravi modificazioni: cessò dapprima l'uso della *restipulatio* da parte del provocante ed in seguito si diede anche facoltà al convenuto di evitar la *sponsio*, chiedendo fosse dato un arbitro, il quale giudicava con una *formula arbitraria in factum concepta*. Caduta infine la distinzione tra *ius* e *iudicium*, sparì affatto ogni differenza di procedimento tra interdetti e azioni.

Gl'interdetti si distinguono principalmente secondo lo scopo in *prohibitoria*, *exhibitoria*, *restitutoria*, ed anche in *adipiscendæ retinendæ*, *recuperandæ possessionis;* secondochè il giudizio è semplice o doppio in *simplicia* e *duplicia*.

La restituzione in intiero *(in integrum restitutio)* era un mezzo straordinario analogo alle azioni di rescissione. Essa consiste nel cancellare totalmente in determinate circostanze lo stato di diritto che deriva da certi fatti. Per esempio, alcuno è assente o prigioniero, ed altri nel frattempo, possedendo in buona fede un suo fondo vendutogli da chi non n'era proprietario, l'ha acquistato per usucapione; il cittadino, tornando dalla prigionia, impetra dal Pretore di esser restituito in intiero contro questa usucapione, cioè rimesso nel godimento del fondo, considerando come non avvenuta la perdita.

La restituzione in intiero non si concede se non per cause gravi rimesse al prudente arbitrio del magistrato. Le principali sono: la violenza, il dolo, l'errore, l'assenza per causa pubblica, la prigionia di guerra, la minore età.

§ 45. Estinzione dell'azione.

A rigore, giusta le premesse, dovrebbe parere illogico parlare di estinzione dell'azione, perchè l'azione non è che il momento dinamico del diritto e si dovrebbe quindi considerare l'estinzione di questo. Senonchè v'ha dei fatti giuridici, i quali esercitano la loro influenza direttamente sull'azione e solo in conseguenza del venir meno dell'azione cessa anche il diritto.

Le cause generali di estinzione dell'azione, delle quali alcune producono tale effetto *ipso iure*, altre *ope exceptionis*, sono: la cosa giudicata, e nel diritto classico anche la contestazione della lite, la prescrizione, il concorso di più azioni dirette ad uno stesso scopo, il patto di non chiedere, il giuramento.

La *res iudicata* era nel diritto classico causa di estinzione (consumazione) *ipso iure* nei giudizi legittimi, intentandosi azioni personali e in *ius conceptae:* occorreva invece la *exceptio rei iudicatæ* in tutti i giudizii *quæ imperio continentur* e in parte anche nei giudizi legittimi, intentandosi azioni reali o *in factum* (1). Nel

(1) Cfr. § 40 e Gaii *Inst.* IV, 103-107.

diritto giustinianeo l'eccezione occorre sempre. Era principio antichissimo del diritto romano che non si potesse due volte esperire l'azione per lo stesso oggetto: *bis de eadem re agi non potest*. Ma doveva precisamente la questione ripresentata esser la stessa, cioè pretendersi il riconoscimento dello stesso diritto sulla base dello stesso fatto giuridico *(ex eadem causa)*.

L'effetto della *res iudicata*, introdotto nella procedura straordinaria l'istituto dell'appello civile, è riserbato alla sentenza definitiva.

Nel diritto classico già la *litis contestatio* consumava l'azione, ora *ipso iure*, ora mediante la *exceptio rei in iudicium deductæ*. Nel diritto giustinianeo l'effetto estintivo della contestazione della lite è abolito.

La *prescrizione* è un istituto giuridico per il quale ogni azione, cioè ogni diritto ridotto al puro momento dell'azione, dopo un determinato lasso di tempo, può essere estinta mediante eccezione. L'azione civile era nelle origini perpetua: soltanto l'azione pretoria era limitata nel tempo di regola all'anno utile. Si distinsero pertanto, in seguito alla giurisdizione pretoria, le *actiones perpetuæ*, e le *temporales* o *temporariæ*, ch'erano le azioni di diritto onorario, salvo quelle introdotte ad imitazione del diritto civile, cioè principalmente le azioni utili e fittizie su base civile.

Senonchè nelle province, a quel che sembra, s'introdusse una simile estinzione anche per una categoria di azioni civili, le *actiones in rem*. A colui che fosse citato in giudizio coll'azione reale da chi pretendeva di rivendicare un fondo come suo venne concesso di respingere l'attore mediante la *exceptio* o *præscriptio longæ possessionis* o *longi temporis*, quando fosse stato nel godimento del diritto, cioè, nel possesso del fondo, per dieci anni fra presenti, per venti tra assenti, ed inoltre il possesso fosse giusto, cioè senza vizio di violenza, di clandestinità, di precarietà nell'atto di apprensione (cfr. § 113 e § 90). Tale istituto fu il punto di partenza del principio generale stabilito nell'anno 424 da Teodosio II. Salvo alcune eccezioni, tutte le azioni le quali non fossero limitate a un tempo più breve, come le *temporales* e le reali, dopo trascorsi trenta anni venivano escluse colla *præscriptio triginta annorum*. Da quel tempo il nome di *actiones perpetuæ* significò quelle azioni che si estinguevano in cotesto più lungo lasso di tempo.

Concorrenza di azioni (concursus actionum) si ha propriamente quando da uno stesso fatto giuridico per l'incrociarsi di più rapporti nascono più azioni rivolte a un medesimo scopo, cosicchè, scegliendo di esperir l'una, si estingue l'azione concorrente *(altera electa alteram consumi, altera actio alteram peremit)*. Per esempio, alcuno dà la sua cosa a comodato; il comodatario la distrugge. Per questo fatto il comodante ha contro di lui per essere risarcito l'*actio legis Aquiliæ*, costituita in generale per gli atti illeciti che recano danno alle cose, e l'*actio commodati*. Nel diritto classico questa causa di estinzione non era che una speciale applicazione della consumazione processuale per *litis contestatio*, cioè del principio generale *bis de eadem re* ecc. Nel diritto giustinianeo, abolito l'effetto consuntivo della *litis contestatio* in generale, rimane il *concursus actionum* come causa speciale di estinzione; ma Giustiniano stabilì che l'una azione estinguesse l'altra soltanto *fino alla reale misura del concorso;* quindi, intentata l'*actio commodati*, resta tuttavia l'*actio legis Aquiliæ* per il di più che con questa può ottenere il danneggiato, calcolandosi il danno e il risarcimento aquiliano nel maggior valore dell'oggetto nell'anno o nel mese precedente (1).

(1) EISELE, *Klagenkonkurrenz* nell' *Archiv fur die civ. Praxis* volume 79 (1892), pag. 328-405. — Testi interpolati per limitare la misura della consumazione: L. 34 D. *De o. et a.*, 44, 7 (pr. *sed haec-exsequi*. § 1, cancellato *non* innanzi a *remanere*; risulta dall'incongruità del senso); L. 47 D. *Pro socio* 17, 2 (*nisi-intersit*) ; 50 eod. *(consequitur-debeat)*, fors'anche L. 43, eod. (*sed si-consecutus est*); L. 7, § 1, D. *Comm.* 13, 6 (*nisi forte-rationem*; forse da *si forte damnum*, ecc. ; L. 1 D. *Arb. furt. caes.* 47, 7 (*ita utramque-condemnet*); L. 11 eod. (*si satis-tabularum*) : L. 89 (88) D. *De furt.* 47 2, (*potest-quadruplum*) ; L. 41 D. *De o. et a.* 44, 7; L. 1 D. *Vi bon. rapt.* 47, 8 (*si ante-consequatur*) ; 130 D

Il *pactum de non petendo* è una convenzione tra le parti, la quale genera a favore dell'una di esse la *exceptio pacti conventi*. Tale eccezione può essere *peremptoria* o *dilatoria*, secondochè si pattuisca di non chiedere mai, ovvero di non chiedere entro un determinato tempo. Dicesi inoltre *in personam* o *in rem*, secondochè si pattuisca di non chiedere a una determinata persona, ovvero di non chiedere nemmeno a terzi ciò che costituisce l'oggetto del nostro diritto.

De r. i. 50, 17 (*praesertim*). Se le diverse azioni per lo stesso oggetto non nascono *ex eadem causa*, per es. l'*actio empti* e l'*actio ex stipulatu*, non v'ha estinzione per concorso d'azioni, ma solo il pagamento effettivo libera per impossibilità di una prestazione ulteriore.

Rispetto al concorso di più azioni penali nascenti dallo stesso fatto sembra che già nel diritto classico non fosse riconosciuta la consumazione per *litis contestatio*, se non fino alla misura del concorso.

Veggasi anche (precursore ignorato dell'EISELE) ALIBRANDI, *Sul concursus actionum* nel *Giornale di giurisprudenza teorico-pratica*. Roma 1870 (*Opere* 190, segg.). Oltre alle interpolazioni riconosciute dall'EISELE, l'ALIBRANDI ritenne interpolati i seguenti testi: L. 8 C. *De in.* 9, 35 (*qua damni-exprimitur*); L. 130 D. *De r. i.* 50, 17; L. 60 D. *De o. et a.* 44, 7 (*Nunquam-poenales*); L. 32 D. *De o. et a.* 44, 7. Come si vede, l'ALIBRANDI ammetteva la consumazione classica anche tra le azioni penali.

Secondo il concetto formulato nel testo circa l'innovazione giustinianea io ritenni inoltre interpolati i seguenti frammenti: L. 41. D. *Pro socio* 17, 2 (*si-interfuit*): L. 42 eod. (*hoc minus-imputata*); L. 28 D. *De act. e. v.* 19, 1 (*nisi-fieri*); L. 1 § 21 D. *De tut.* 27, 3 (*quod ad speciem istam*); L. 30 § 4 D. *De pec.* 15, 1 (*non potest* invece di *potest*); L. 32 § 3 *D. De us.* 22, 1 (*in filium tamen-praestet*). Relativamente all'*actio de peculio* il suenunciato concetto è stato di recente dimostrato e ribadite molte delle interpolazioni suindicate dal LUSIGNANI. *La consumaz. processuale nell'actio de pec*, Parma 1899 e dal FERRINI nell'*Arch. giur.* vol. 91 (1900) pag. 78 e *Zeitschr. der Sav. Stift. für Rg.* vol. 34 (1900) pag. 190; i quali suppongono inoltre le seguenti interpolazioni: L. 14 § 1. D. *De pec.* 15, 1 (*de peculio-scinditur*); L. 19 § 1. eod. (*certe illud-conveniatur*); L. 30 § 5 eod. (*sed si alia-consequatur*); L. 37 § 2 eod. (*posteaquam placuit-agere*); § 3 (*non est iniquum*, ecc.); L. 37, § 3 eod. (*non competere* invece di *competere*; *sed re integra-utimur*; L. 1, § 10 D *Quando de pec. actio* 15, 2 (*dumtaxat-pertinet*); L. 1 § 2 D. *De in rem verso* 15, 3 (*sed ita de in rem verso*); L. 49 pr. D. *De v. o.* 45, 1 (*sed utilis-danda est*). — [La bibliografia sul tema della consumazione si è arricchita negli ultimi tempi di studi notevolissimi, specialmente per opera dell'ERMAN (cfr. da ultimo *Etudes de droit classique et byzantin* in *Mélanges Ch. Appleton*) e del SOLAZZI. (cfr. *Actio de peculio annalis* negli *Studi per Moriani* 1906 vol. II pag. 115 e *Studi sull'actio de peculio* nel *Bull. dell'Ist. di dir. rom.* vol. 17 (1906) pag. 208).

Finalmente nel diritto giustinianeo il giuramento produce sempre a favore della parte che ha giurato la *exceptio iurisiurandi.*

Colla morte del subbietto si trasmettono i suoi diritti e le sue azioni in altri subbietti, e di regola nell'erede. Tuttavia non si possono dirigere *contro gli eredi* le azioni penali e miste, se non nella misura dell'arricchimento, e le così dette *actiones vindictam spirantes.* Non passano *agli eredi* l'azione d'ingiurie e le *actiones vindictam spirantes.*

Il concetto generale formulato non resta punto infirmato nè da questi studi nè dalla pubblicazione per opera del LENEL del papiro che ci porge il testo originale di Ulpiano corrispondente in parte alla L. 32 pr. D. *De pec.* 15, 1, già supposta interpolata. Io non addussi mai la presunta interpolazione di quel testo, perchè il frammento mi parve tutto impregnato di stile e di formule classiche e, contro le idee del PERNICE, io non sono proclive ad ammetter rimaneggiamenti dei testi con forme classiche. Noto tuttavia che, se non nella misura in cui ritenevano l'ALIBRANDI, il LUSIGNANI, il FERRINI, questo testo è pure interpolato, poichè i compilatori, come ora si vede, hanno cancellato la menzione di Giuliano e il contrasto tra Giuliano e Ulpiano e cancellato la restituzione in intiero (*iudicium rescissorium*), che occorreva per ripetere l'azione. Ciò posto, questa legge è la miglior riprova del valore della consumazione classica, perchè se in un caso di così grave e aperta iniquità, in cui senza sua colpa per necessità l'attore non può conseguire soddisfazione nemmeno sino all'ammontare del peculio, perchè il peculio è distribuito tra più subbietti, Giuliano era ancor fermo nella consumazione e Ulpiano è tratto a invocare il rimedio estremo della *restitutio in integrum* per ottenere il residuo, qual prova più lampante che la consumazione era di rigore e l'azione pel residuo regolarmente esclusa? Ne' suoi forti studi poi il SOLAZZI mantiene tutte le interpolazioni che io ritenni (principalmente la L. 30 § 4 D. *De pec.* 15, 1, la L. 32 § 2 D. *De us.* 22, 1), corroborandole anzi di più antiche autorità (Francke, Bethmann-Hollweg, Buchka), nota che io non cito tra i testi interpolati la L. 32 pr. 15, 1: un poco di equivoco e di turbamento genera quindi il veder rivolta la critica costantemente contro di me per aver riportato, come fo anche ora, le interpolazioni supposte dal LUSIGNANI e dal FERRINI. A ogni modo nel testo nulla mi occorre di mutare ora da quel ch'era formulato nel 1896: noto solo che se nel diritto giustinianeo, nonostante la L. 47 § 1 *De pec.*, io prescindo in massima anche dalla *restitutio in integrum*, ora l'interpolazione constatata della L. 32 pr., sulla cui genuinità molto relativa si è menato uno scalpore eccessivo, mi sembra dimostrare la giustezza di questa tendenza: e il dubbio si affaccia anche allo stesso SOLAZZI (*Studi per Moriani* pag. 146 n. 52 a).

PARTE SPECIALE

I. — DIRITTO DI FAMIGLIA

§ 46. **Natura e ordinamento dei rapporti familiari.**

Nel diritto romano debbono essere distinte due specie di rapporti e diritti familiari: quelli che si ricollegano all'organismo singolare della famiglia romana e quelli che invece si richiamano al concetto della famiglia naturale nel senso moderno.

Queste due categorie di rapporti sono essenzialmente diverse, giacchè diversa è la struttura e la funzione sociale di quella che i Romani chiamano *familia* e della famiglia naturale, per la quale i Romani non avevano un nome.

Nel corso della storia del diritto romano tale antitesi scema via via e tende per vero a dileguarsi, ossia, in forza del nuovo ambiente sociale, favorevole allo sviluppo della famiglia naturale, i rapporti che a questa si richiamano tendono a sopraffare e scalzare quelli della famiglia romana, o quanto meno a infondere in questi uno spirito diverso, alterandone l'originario carattere. Simile trasformazione si può dire completa, nel diritto giustinianeo, per ciò che concerne due istituti familiari, la tutela e la cura. In tutti gli altri rapporti essa si è definitivamente compiuta oltre il diritto romano, nello svolgimento successivo che questo ebbe a subire entro le nuove società formatesi dopo la caduta del mondo antico. Solo in queste nuove società i termini romani *patria potestà*, *adozione*, *emancipazione* e lo stesso termine *famiglia* coi suoi derivati *padre* o *figlio di famiglia* vennero ad assumere un significato profondamente diverso.

Ciò premesso, la trattazione del diritto di famiglia romano dev'essere fatta in modo da presentare distinti i rapporti puri della *famiglia romana*, i rapporti della *famiglia naturale* e finalmente quelli della famiglia romana alterati completamente dallo spirito nuovo della famiglia naturale, cioè *tutela e cura*.

Giusta l'ordinamento generale del sistema, in ciascuna parte si tratterà dei rapporti patrimoniali che necessariamente si connettono con un rapporto di famiglia; il che importa principalmente per la dote.

§ 47. Essenza e origine storica della famiglia romana.

La famiglia romana in senso proprio (*familia* o anche *familia iure proprio*) è un gruppo di persone congiunte fra loro puramente e semplicemente dall'autorità che l'una di esse esercita su tutte le altre per fini che trascendono l'ordine domestico. Tanto in questa sua struttura, quanto nella sua funzione stessa, benchè diminuita e alterata dalla involuzione storica, essa ci si rivela nata per iscopi d'ordine sociale e di difesa: il che vuol dire come un organismo politico. I membri soggetti della *familia* si dicono *personæ alieni iuris*, in potestà altrui, e sono i *filii familias* o *liberi in potestate* da un lato, i *servi* dall'altro; ma solo i *liberi* si considerano come membri veri della *familia*.

In senso più lato la *familia* significa pure l'insieme di tutti coloro che sarebbero soggetti alla stessa autorità, se il comune *paterfamilias* non fosse morto.

Agnazione (*adgnatio*) si denomina il vincolo che nell'un caso o nell'altro lega i membri della famiglia: *agnati* (*adgnati*) coloro che ne sono congiunti (1).

Tale organismo si richiama per la origine a condizioni sociali primitive e ottenne forse per causa di cir-

(1) *Adgnatio* indica non il rapporto di parentela, ma l'acsrescimento del gruppo per nascita, come *ad-optio*, *ad-rogatio* quello per elezione o legge. *Adgnascuntur* al gregge i capi che vi nascono. La comunanza di sangue è espressa in *cognatio*.

costanze particolari di consolidarsi nella società romana e serbarsi quindi nei secoli meravigliosamente intatto.

Nelle società primitive non è mai costituito un solo organismo o un solo potere supremo per mantenere l'ordine e provvedere la difesa, ma ve n'ha parecchie serie, l'una d'ordinario al di sotto dell'altra; di guisa che l'autorità del supremo organismo politico non si esercita, come quella del nostro Stato, immediatamente sugli individui, ma sui gruppi subordinati, non ha per limite la libertà individuale, ma l'autorità dei gruppi o dei loro capi. Tal è la caratteristica delle così dette organizzazioni gentilizie e feudali. Per averne una idea dovremmo immaginare degli Stati federali o federazioni di Stati, in cui alla lor volta gli Stati componenti fossero nuove federazioni.

Ora tali organismi politici nella primitiva società romana erano i seguenti: le *familiæ*, costituite però allora, come si può desumere da molti indizi, sopra basi più larghe, cioè di tutto il gruppo agnatizio (v. in seguito § 51), al di sopra di esse le *gentes*, al di sopra delle *gentes* le tre originarie *tribus* romulee e finalmente la *civitas* (1).

(1) Per la natura politica di simili consorzi, già avvertita da V. Scialoja per la *familia*, da E. De Ruggero per la *gens*, v. Bonfante, *Bull. dell'Istituto di dir. rom.* I 1889, pag. 236-250; *Res mancipi e nec mancipi*, Roma 1888-89, vol. II, pag 280-83: *La progressiva diversificazione del diritto pubblico e privato* nella *Riv. it. di sociologia* 1902: Dopo un notevole travaglio, il *principio politico*, ch'io intesi stabilire principalmente sulla base del vincolo che lega i membri della famiglia, si può dire « comunemente riconosciuto » dagli studiosi italiani, romanisti e non romanisti. D'ordinario però le fonti del concetto non si citano ed esso trionfa col nome del Maine, che sostenne il concetto opposto del vincolo di sangue vero o fittizio e l' antitesi, su questa base, tra società gentilizia e società politica: si cita persino tra i fondatori un eminente filosofo italiano, che al suo primo apparire, nel 1888, dichiarò « assurda » l'idea. Certo nel caso non par gran male che gli studi italiani abbiano insegnato a leggere nel Maine ciò che egli non ha scritto o il contrario di quello ch'egli ha scritto. Nondimeno il celar le fonti vere, il mescolar insieme fautori ed avversari, il confondere idee diverse (nel caso il carattere compatto, unitario e autoritario della famiglia colla natura politica, non parentale, del vincolo), nuoce nelle discussioni, come ho potuto osservare, ad esempio, nella disputa circa il principio *Per extraneam personam nihil adquiri potest*. Che il Maine abbia notato che il vincolo di sangue tra i

La *civitas* romana abbattè molto per tempo i gruppi minori, costituendo un centro politico assai vigoroso. Le tribù genetiche scompaiono sotto i primi re, e le *gentes,* già esaurite via via nel corso della repubblica e ridotte finalmente anch'esse un mero istituto di diritto privato, sotto gli Antonini erano una lontana memoria storica. Soltanto la *familia* resta come organismo compatto e indipendente di fronte allo Stato. Vero è che nei rapporti più essenziali dell'azione politica sua propria, cioè la partecipazione alle cariche pubbliche, al diritto di voto e agli obblighi della milizia, la *civitas* non si arrestò dinanzi alla autonomia familiare e considerò il *pater* e i *filiifamilias* individualmente come cittadini di diritto eguale; ciò, a quel che sembra, sin dai primordi. Ma in tutti gli altri rapporti, sia interni, cioè tra persone della *familia,* sia esterni, lo Stato romano rispettò questa singolare autonomia e con essa la grave autorità del suo capo. *Il diritto privato romano è fino a tutta l'epoca veramente romana il diritto dei patresfamilias o capi delle famiglie* (1).

L'analogia storica può forse indurre nell'opinione che lo Stato romano nelle origini abbia non solo inteso di serbare, ma di consolidare l'indipendenza e la forza del gruppo più ristretto, che dava poca ombra, al fine di

membri dei gruppi primitivi è spesso fittizio, non significa null'altro se non ch'egli ha osservato fedelmente i fatti e li rende con linguaggio moderno, e del resto certamente anche prima del MAINE nessuno ha ritenuto che l'agnazione significasse sempre comunanza reale di sangue. Ma ciò che egli non ha visto è che per l'appunto la « finzione » è una immagine tarda, una categoria moderna, che il vincolo è reale e d'altra natura, cioè politico nel senso che è quello stesso che lega i cittadini in uno Stato.

Circa i consorzi rispondenti, presso gli altri popoli arii, alla *familia* da un lato, alla *gens* dall'altro (al quale riguardo i confronti ordinari sono vaghi o erronei, perchè non si ha di mira l'ordine e il grado dell'agglomerazione. *ch'è il solo elemento differenziale. avendo tutti una stessa natura dalla familia alla civitas)*, v. BONFANTE, *Res mancipi,* vol. II, pag. 281-305.

(1) Quindi nei testi del *Corpus iuris* si usa di regola *paterfamilias,* dove noi diremmo semplicemente uomo, persona o simili. Così *mens, voluntas patrisfamilias*; *paterfamilias instituit, legat*, *diligens paterfamilias* (cfr. § 31), ecc.

esaurire i gruppi maggiori più temibili (1). Solo dopo che lo Stato si fu pienamente liberato di questi, incominciò la sua lenta opera di dissoluzione della famiglia; la qual dissoluzione precipita nell'epoca romano-ellenica, ma nondimeno quanto all'organizzazione esteriore la *familia* serba il suo carattere primitivo nello stesso diritto giustinianeo.

Il complesso dei poteri del *paterfamilias*, cioè quella specie di autorità sovrana esercitata da lui, dicevasi in generale *manus* nell'antica età, più tardi nell'uso comune *potestas*, termini che designano ugualmente l'autorità de' re e dei magistrati.

Peraltro sin da tempo assai remoto due lati essenzialmente diversi di questa potestà si usarono designare in modo specifico con termini diversi: il potere sulle persone si diceva *manus*, quello sulle cose *mancipium* (2).

In ordine alle persone si distinse altresì: 1.° la potestà esercitata sulle donne che venissero a far parte della *familia* e quindi ad assoggettarsi al suo capo, maritandosi a lui o a un *filiusfamilias;* 2.° quella esercitata sugli altri *filiifamilias;* 3.° quella sugli schiavi; e finalmente 4.° quella sui *filiifamilias* altrui venduti al *paterfamilias* o altrimenti ceduti in espiazione d'un delitto da loro commesso. La prima costituisce la *manus maritalis* o *potestas maritalis*, la seconda la *manus paterna* o *patria potestas:* senonchè il termine alquanto vieto *manus* designò senz'altra aggiunta la potestà sulle donne entrate a far parte della famiglia, mentre a indicare la potestà sugli altri *filiifamilias*, istituto assai più vitale e perdurante, divenne forma tecnica *potestas* o *patria potestas*. La potestà sugli schiavi non

(1) Così operarono nel medio evo gl'imperatori germanici, nonchè i re di Francia, coi Comuni o i minori vassalli per ridurre la potenza dei maggiori.

(2) Quanto alle obbligazioni esse avevano carattere nelle origini schiettamente personale e costituivano rapporti tra *familiæ* ossia tra *patresfamilias*, analoghi alle convenzioni o lesioni del nostro diritto internazionale. Il diritto delle obbligazioni non ha nelle origini funzione commerciale, ma piuttosto penale.

s'indica altrimenti che colla parola *potestas;* dai commentatori s'usa anche qualificare *dominica potestas,* perchè gli schiavi sono insieme oggetto di dominio. La potestà sui *filiifamilias* altrui venduti al *paterfamilias* si usò infine indicarla colla parola *mancipium* (1). Pertanto nel diritto antegiustinianeo la formola ordinaria e legale per abbracciare tutte le persone soggette al *paterfamilias* è *personæ in potestate manu mancipio.* Nel diritto giustinianeo la *manus* e il *mancipium* sono caduti: susssitono ancora la *patria potestas* e la potestà sugli schiavi, onde la formula è ridotta semplicemente all'espressione *personæ in potestate* (2).

Si osservi da ultimo che nè *paterfamilias* nè *filiusfamilias* sono termini di parentela. *Pater* si richiama in questa formula al suo senso originario di signore o sovrano (3), e mentre un *filiusfamilias* può esser marito e padre, un *paterfamilias* può non aver punto moglie e figliuoli (4).

§ 48. Ammissione dei *filiifamilias* nella famiglia romana.

I. Assoggettamento alla *patria potestas.*

GAII *Inst.* 1. 55-107. I. *De patria pot.* 1, 9; *De adopt.,* 1, 11. D. *De his qui sui,* 1, 6. D *De adopt.,* 1, 7. C., 8. 47 (48).

La posizione di *filiusfamilias* in una data famiglia romana, ossia la costituzione del vincolo familiare o agna-

(1) Perchè, in origine, si univa anch'essa alla proprietà (*mancipium*), essendo il *filiusfamilias* colla vendita ridotto schiavo (§ 55).

(2) Così ne' testi classici i due termini *manu mancipio* o *mancipiove* della formula antica sono stati sempre soppressi. Cfr., ad esempio, pr. I. *Per quas pers. nobis,* II, 9, e L. 10 pr. D. *De a. r. d.,* 41, 1, con GAII *Inst.,* II, 86.

(3) *Pater* era anche il capo antico della *gens*: *patres* sono i senatori, cioè l'assemblea dei signori, forse capi delle *gentes* in origine, ovvero i patrizi, la classe dei signori di fronte alla plebe priva d'ogni diritto nelle prime origini: *pater* è il titolo, che si dà alla divinità o ai principi della leggenda antica (*Pater Æneas*). E anche *parricidium* era l'uccisione di un *pater* o compiuta da un *pater*, non già del padre, in seguito anche quella di un cittadino; nel significato moderno si usò assai tardi.

(4) Cfr. Ulpiano, L. 195, § 2, D. *De V. S.*, 50, 16: *Pater autem familias appellatur qui in domo dominium habet, recteque hoc no-*

zione, essendo stabilita dall'assoggettamento alla sovranità familiare del capocasa, cioè alla *patria potestas* o alla *manus*, segue in modi perfettamente analoghi a quelli che regolano l'acquisto della qualità di cittadino nello Stato; s'intende non già nelle forme e ne' particolari, bensì nel concetto generale.

Il primo titolo, per cui si diventa membri di una famiglia romana e soggetti al suo capo, è la *procreazione in nozze legittime* (*iustæ nuptiæ*) da un individuo maschio della famiglia, sia esso il *paterfamilias* sia un *filiusfamilias;* come appunto nello Stato il titolo primo di acquisto della cittadinanza è la nascita da padre cittadino. I discendenti per via di donna non sono membri della famiglia, giacchè appartengono a quella del padre loro. Egual valore ebbe la legittimazione dei nati fuori di matrimonio, quando nel periodo romano-ellenico venne introdotta.

Ma è titolo affatto equipollente l'essere assunti nella famiglia per opera del *paterfamilias;* precisamente come nello Stato il potere sovrano può concedere allo straniero o a comunità straniere annesse la cittadinanza.

Cotesta assunzione per opera del *paterfamilias* dicesi in generale adozione, ma si distingue l'*adozione propria,* con che s'intende quella di un *filiusfamilias,* e l'*arrogazione* che sarebbe l'adozione di un *paterfamilias*, il quale trae seco necessariamente nella nuova famiglia i suoi *filiifamilias,* se n'ha, e il suo patrimonio.

L'*adozione propria* (*adoptio* o *datio in adoptionem*) seguiva nel diritto antegiustinianeo in una forma assai complicata. Doveva precedere la rinuncia dell'antico *paterfamilias* alla sua potestà con tutte le debite solennità, cioè le tre mancipazioni (v. § 50), ed eseguite queste, la *patria potestas* veniva trasmessa al nuovo *paterfamilias* mediante la *in iure cessio*, consistente in

mine appellatur, quamvis filium non habeat: *non enim solum personam eius, sed et ius demonstramus; denique et pupillum patremfamilias appellamus.*

un finto processo, nel quale il nuovo *paterfamilias*, presentandosi al magistrato *(in iure)*, simulava di rivendicare dall'antico il suo diritto di patria potestà.

Nel diritto giustinianeo essa ha luogo in modo più semplice. L'adottante si reca insieme coll'antico *paterfamilias* e col *filiusfamilias* davanti al magistrato del suo domicilio, il quale prende nota della dichiarazione concorde delle tre parti. Si poteva adottare attribuendo indifferentemente il grado di figlio o di nipote, il che ha importanza per la posizione futura del *filiusfamilias* e per i suoi diritti di successione.

Quanto all'*arrogazione* per essa era stabilito nel tempo antico che si dovesse fare in Roma dinanzi ai comizi curiati, presieduti dal pontefice, il quale, presa cognizione della cosa, interrogava l'adottante, l'adottato e finalmente il popolo delle curie (rappresentato *pro forma* già nell'ultima età repubblicana dai trenta littori) se consentiva. Davanti alle curie non era naturalmente possibile l'arrogazione delle donne e degli impuberi.

Nell'età imperiale Antonino Pio permise tuttavia, sotto certe cautele, anche l'arrogazione degli impuberi. Una forma nuova, il rescritto del principe, concede di compier l'atto nelle province e di arrogare anche le donne (1).

Gli effetti dell'adozione e dell'arrogazione erano perfettamente identici a quelli della procreazione entro la famiglia. L'adottato si staccava completamente dalla sua famiglia, nella quale perdeva ogni diritto, e veniva ad acquistare posizione e diritti eguali agli altri membri nel nuovo gruppo: nome, prenome, patronimico, culto, agnazione, gente, tribù, ecc. L'arrogato, il quale come persona *sui iuris* poteva aver un patrimonio e dei soggetti, diventando *filiusfamilias*, perde *ipso iure* ogni potere sulle persone ed ogni diritto patrimoniale a favore del suo *paterfamilias*.

(1) È difficile peraltro che il testo di Gaio (L. 21 D. *h. t.* 1, 7) e i tre di Diocleziano (L. 2 § 1; L. 6; L. 8 C. *h. t.* 8, 47 (48)) sieno genuini.

Nondimeno l'influenza del principio della famiglia naturale si è fatta sentire così nelle condizioni come negli effetti dell'adozione. Circa gli effetti, o negli usi o per opera della giurisprudenza, tribù, cittadinanza locale, stato di ingenuo o di libertino, grado senatorio e simili si resero via via indipendenti dall'adozione: il mutamento stesso del nome non si osserva più con rigore. Quanto alle condizioni, che l'adottante fosse più giovane dell'adottato probabilmente non fu mai cosa frequente, nè vista di buon occhio; certo parve ripugnante sul finire della repubblica. Durante l'impero la giurisprudenza tende a stabilire che l'adottante debba esser maggiore di anni dell'adottato; nondimeno ancora al tempo di Gaio sotto gli Antonini la regola è controversa. Solo Giustiniano richiese legalmente che fosse più vecchio e il principio da lui consacrato è che debba aver diciotto anni di più (e, si soggiunge per interpretazione, trentasei se adotta come nipote); *adoptio enim naturam imitatur* (egli pronuncia) *et pro monstro est ut maior sit filius quam pater.*

Inoltre già Diocleziano aveva concesso persino alle donne di adottare, in conforto dei figli perduti. Era questa peraltro solo un immagine della vera adozione: nè la donna acquistava per essa la patria potestà sull'adottato, nè questi veniva ad appartenere alla sua famiglia nel senso romano, cioè non diventava suo agnato. Era in fondo soltanto un modo di assicurare all'adottato il diritto di successione alla madre adottiva.

Ma una rivoluzione radicale fu compiuta da Giustiniano circa gli effetti dell'adozione vera e propria, cioè di un *filiusfamilias*. Egli distinse l'adozione fatta da un ascendente e quella fatta da un estraneo. La prima ha il pieno effetto antico, perchè in sostanza le cose mutano poco, e si dice appunto *adoptio plena*. La seseconda non toglie il *filiusfamilias* alla sua famiglia, nè lo sottrae alla potestà del suo *paterfamilias;* egli consegue soltanto il diritto di succedere nel patrimonio dell'estraneo adottante. È il nuovo spirito della famiglia naturale che trionfa e muta il carattere dell'istituto. Tale adozione che si disse *minus plena* è in sostanza l'adozione moderna (Cod. civ. art. 212).

Quanto all'arrogazione, le cui conseguenze erano singolarmente gravi per l'arrogato, essa fu oggetto di una rigida sorveglianza sin dal tempo antico al fine che non riuscisse una speculazione insidiosa dell'arrogatore. La legislazione imperiale circondò poi di una serie di cautele l'arrogazione degli impuberi. Nondimeno l'arrogazione serba l'effetto antico nel diritto giustinianeo, salvo che l'arrogatore non succede più nel patrimonio dell'arrogato, ma ne acquista solamente l'usufrutto e l'amministrazione; il che del resto non è illogico nel nuovo diritto, giacchè il patrimonio dell'arrogato viene a costituire un peculio avventizio (§ 53).

§ 49. Ammissione dei *filiifamilias* nella famiglia romana.

II. Assoggettamento alla *manus* (*conventio in manum*).

GAII. *Inst.*, 1, 108-115.

Nell'antico diritto romano anche le donne maritate solevano entrar a far parte della famiglia del marito, assoggettandosi alla stessa potestà e sciogliendo ogni vincolo colla famiglia dalla quale uscivano; precisamente come nello Stato la straniera che si sposa a un cittadino diventa d'ordinario cittadina.

Questo assoggettamento costituiva la *conventio in manum*. Per esso la sposa (*uxor in manu*) diventava *filiafamilias* (1) e soggetta al nuovo *paterfamilias*, *filiæ loco*, se questi era il marito, *neptis loco*, se era il *paterfamilias* dello stesso marito, nel qual caso, alla morte del padre, il marito succedeva nella *manus* (2).

(1) La sua posizione giuridica di *filiafamilias* non impediva che a titolo d'onore la si dicesse *materfamilias*. La regina è suddita del re.

(2) Ciò spiega perchè, accanto alle formulazioni corrette, vi sieno testi, che par considerino investito della *manus* il marito, anche se *filiusfamilias*; il che ha dato luogo a fallaci induzioni.

La *conventio in manum* si compieva in forme solenni che accompagnavano il matrimonio, la *confarreatio* e la *coëmptio*, e in difetto di queste, mediante l'*usus*.

La *confarreatio* era una cerimonia religiosa d'una solennità unica. Gli sposi facevano reciprocramente, in mezzo a grandi cerimonie, le loro solenni interrogazioni e dichiarazioni davanti a dieci testimoni, al sommo sacerdote di Giove (*flamen dialis*) o al pontefice massimo, che eseguivano un sacrificio con un pane di farro.

La *coëmptio* è una finta compera della donna nella forma della mancipazione.

Qualora nè l'una, nè l'altra di queste forme fosse stata eseguita, la donna non entrava nella famiglia del marito, ma rimaneva nella propria. Il matrimonio, ch'è un rapporto indipendente da queste forme, è nell'epoca storica almeno e di fronte allo Stato, al *ius civile*, pienamente valido e legittimo, ma il marito od il suo *paterfamilias* non acquistano la *manus* sulla donna ed essa è ancora soggetta alla *patria potestas* del proprio *paterfamilias*, ovvero *sui iuris*.

Nondimeno, dopo un anno di dimora nella casa del marito, essa diventava effettivamente soggetta alla *manus* e *filiafamilias* nella nuova famiglia. In ciò consiste l'*usus*, il quale non è se non lo stesso istituto, che poi rimase esclusivamente per l'acquisto della proprietà e degli altri diritti sulle cose, cioè l'usucapione o acquisto mediante il possesso (v. § 90). E poichè, giusta il principio sancito dalle XII Tavole, tutte le cose, all'infuori dei fondi, per cui occorrevano due anni, si usucapivano in un anno solo, lo stesso termine era tenuto per la donna.

Come l'usucapione delle cose doveva ripigliare da capo, se il possesso veniva interrotto (v. § 91), così l' *usus* cessava coll' interruzione della dimora nella casa del marito, ma occorreva che la donna ne stesse lontana per tre notti (*trinoctii usurpatio*).

La *conventio in manum* non ha però offerto lunga resistenza al nuovo spirito sociale. Già sin dal tempo di Cicerone la *confarreatio* doveva esser poco in uso. Divenendo via via più rara, l'imperatore Tiberio, per conservarla almeno tra i *flamines*, ne abolì gli effetti giuridici. Anche la *coëmptio* sin dal tempo di Cicerone par che fosse più che altro ridotta un mezzo adoperato dalle donne *sui iuris* per uscire dalla propria famiglia e liberarsi dalla grave tutela agnatizia. Quanto al terzo modo, il più pericoloso, come quello che faceva derivare la *manus* dalla semplice dimora annale, sotto gli Antonini, in parte per opera di leggi, in parte per desuetudine era completamente abolito.

L'istituto della *conventio in manum*, per la quale il matrimonio doveva essere causa che la donna rompesse il vincolo agnatizio colla sua famiglia, ovvero, se indipendente (*sui iuris*), diventasse *filiafamilias*, era, più che la *patria potestas*, repugnante alle nuove condizioni sociali e men di questa suscettibile fino ad un certo segno di accomodarvisi, mitigandosi e trasformandosi. Fu essa una delle prime istituzioni che risentì l'effetto della rivoluzione morale e civile successa alle guerre puniche. La nuova crisi che sconvolse nel terzo secolo d. C. il mondo romano ne cancellò ogni residuo.

Ma l'estinzione della *conventio in manum* portò seco la conseguenza singolare che rispetto al vincolo di famiglia romana la donna appartiene ad una famiglia diversa da quella del marito e dei propri figli.

§ 50. Esclusione dei *filiifamilias* dalla famiglia romana. *Capitis deminutio minima.*

Gaii *Inst.*, I, 131-137 a; Ulp. 10,1; Paul. 2,25; 2-5. I. *Quib. mod. ius pot. solv.*, 1,12 — D. *De adopt. et emanc.*, 1, 7. C. *De emanc.*, 8, 48 (49).

Anche i modi per cui s'esce dalla famiglia romana e si rompe il vincolo agnatizio sono, quanto al loro carattere generale, perfettamente analoghi ai modi di perdita della cittadinanza.

Il vincolo familiare si rompe coll'*adozione* in un'altra famiglia e coll'*emancipazione*. Dell'adozione abbiamo parlato, considerandola come modo di ammissione nella nuova famiglia (§ 48). L'*emancipazione* è un atto col quale il *pater familias* rinuncia alla sua potestà sopra un *filiusfamilias* e questo diviene esso stesso *sui iuris* e *paterfamilias*. Non pare che esistesse nel *ius civile* primitivo alcun modo di emancipare un *filiusfamilias*. I giureconsulti crearono l'istituto sulla base di una prescrizione delle XII Tavole che aveva per iscopo di punire nel *paterfamilias* un abuso de' suoi diritti: se per tre volte egli avesse venduto il suo *filiusfamilias*, cioè fosse tornato a venderlo per la seconda e la terza volta, dopo che il compratore l'aveva manomesso, il che faceva ch'egli rientrasse nell'antica famiglia e ricadesse sotto la potestà del *pater*, il *filiusfamilias* doveva essere libero dalla patria potestà. *Si pater filium ter venum duit, filius a patre liber esto.* Ora usando a scopo diverso di questo principio, il *pater* vendeva il *filiusfamilias* a persona di sua fiducia nella forma debita della *mancipatio* per tre volte e il terzo sempre lo manometteva. L'ultima manomissione rendeva il manomesso libero della patria potestà. Ad evitare peraltro che il terzo acquistasse i diritti di patronato sul manomesso e anche la tutela, se questi era impubere, il *paterfamilias* la terza volta faceva remancipare a se stesso il *filiusfamilias* per manometterlo.

Questa forma complicata si applicava soltanto ai figli maschi. Per le figlie e per i nipoti, interpretando alla lettera la parola *filius* delle XII Tavole, si ammise che bastasse una sola mancipazione.

Le forme più semplici in vigore del diritto giustinianeo furono introdotte nell'età bizantina. L'una è la *emancipazione anastasiana* per rescritto imperiale, come l'arrogazione, l'altra è la *emancipazione giustinianea* dinanzi al magistrato, come l'adozione.

L'emancipato è completamente straniero alla sua famiglia nel senso romano e, divenendo *sui iuris* e *pa-*

terfamilias, costituisce una famiglia a sè, che può esser naturalmente di una sola persona. *Emancipatus familiam habet.*

La *manus* finchè durò, si poteva sciogliere o mediante *diffarreatio,* cerimonia sacra opposta alla *confarreatio,* o mediante *remancipatio,* ch'era una finta rivendita della donna a se stessa.

S'intende da sè che il vincolo familiare cessa colla perdita della libertà e della cittadinanza, ossia per effetto della *capitis deminutio magna* (§ 16). Ma può parer singolare che lo stesso sciogliersi della soggezione a una potestà familiare costituisca pei Romani una *capitis deminutio,* poiche in vero l'adozione non altera la capacità giuridica dell'adottato, il quale di *filiusfamilias* ch'era in una famiglia diventa egualmente *filiusfamilias* in un'altra, e quanto all'emancipazione essa la fa piena, anzichè diminuirla. Ma conviene tener presente sempre che la *familia* è un piccolo gruppo analogo alla *civitas* e l'uscire da essa non si può rappresentar diversamente che l'uscire della *civitas.* D'altra parte se il progressivo sviluppo dello Stato e l'importanza assunta dalla capacità civile fecero che l'emancipazione diventasse un vantaggio effettivo, così non doveva essere nelle origini, quando l'organizzazione politica suprema era debole e l'individuo non avrebbe potuto agevolmente fare a meno della protezione di un forte gruppo familiare.

Senonchè le nuove condizioni alterano via via l'essenza e il sentimento primitivo della emancipazione, e non è che il portato e l'espressione suprema di questo rivolgimento se oramai la si fa revocabile per ingratitudine e se Giustiniano con singolare enfasi pronuncia che la dignità del patriziato dove liberare dalla *patria potestas* (1).

(1) § 4. I. *Quib. mod.*, 1. 12; L. 5 Cod. *De cons.* 12, 3. — Lo stesso fu sancito dalla Nov. 81 per le cariche più elevate e la dignità di vescovo. D'origine bizantina o giustinianea sono o si rivelano, a nostro avviso, tutte le *emancipazioni forzose* (serie abbastanza numerosa) e le *liberazioni legali* dalla patria potestà. In tutti questi casi non è a parlare più di *capitis diminutio*: in alcuni è espressamente esclusa.

A ogni modo la *capitis deminutio* che subiscono tutti gli uscenti dalla propria famiglia, come gli arrogati, gli adottati nel diritto classico e gli emancipati, si distingue coll'epiteto di *minima* da quelle altre che portano il vero annientamento civile della persona.

§ 51. Il *paterfamilias*.

Di regola è *paterfamilias* colui che non ha ascendenti vivi *nella familia romana:* e poichè tali ascendenti *nella famiglia romana* non può averli che di padre, si può dire che è di regola *paterfamilias* colui che non ha altro ascendente vivo in linea maschile. Egli sarà quindi il padre, l'avo paterno o il bisavolo dei membri nati nella famiglia.

Quando pertanto alla morte del *paterfamilias* si hanno più *filiifamilias*, senza ascendenti entro la *familia*, questa si scinde in tante *familiæ* con altrettanti capi. *Singuli singulas familias incipiunt habere.* Questa scissione tuttavia non rompe tra le varie *familiæ* il vincolo agnatizio: sono agnati (§ 47) non solo i soggetti alla stessa patria potestà, ma altresì coloro che vi sarebbero soggetti, se il comun *paterfamilias* non fosse morto. Ciò dimostra che la scissione non è originaria, ma doveva alle origini il gruppo agnatizio durare unito sotto un capo (1).

(1) Oltre il perdurare del vincolo, benchè la sua base, cioè la soggezione a un'autorità comune, venga a mancare colla morte del capo (mentre si rompeva l'agnazione cessando per altre cause l'assoggettamento), altri argomenti per la costituzione in gruppo unitario degli agnati nell'età primitiva sono: la vendetta o il diritto alla composizione, ch'essi avevano ancora nell'età regia, pei membri uccisi, le memorie circa l'uso antico degli agnati di costituire un consorzio indiviso, l'induzione che si trae dalla compattezza più forte e dai più gravi diritti di questo gruppo, benchè già disciolto, via via che si risale in epoca storica più remota, il riscontro perfetto delle sue funzioni e della sua graduale dissoluzione colla *Sippe* teutonica o il *sept* celtico o gli altri consorzi arii ad esso paralleli per l'ordine e il grado dell'agglomerazione (poichè anche il vincolo dell'agnazione sembra che cessi al 6º grado), e finalmente la struttura del diritto ereditario romano, la quale dimostra che il *paterfamilias* designava all'origine un capo che alla sua morte gli avesse a succedere in tutti i poteri, l'erede.

La qualità di *paterfamilias* si può conseguire inoltre mercè l'emancipazione.

Il *paterfamilias* può trovarsi per avventura a non aver nè discendenti nè altri soggetti. Ciò specialmente se trattasi di emancipati. È questo uno stato singolare di cose che riduce l'esser *paterfamilias* a una mera condizione subbiettiva, la più importante per la capacità giuridica, dopo i requisiti della libertà e della cittadinanza, *anzi fino a tutta l'epoca classica quasi essenziale alla pari di queste due ne' rapporti di diritto privato.*

Ma un'altra singolarità ha prodotto codesta tendenza a disgregarsi dalla *familia* entro la società civile in ordine alle donne. Anch'esse per la morte del *paterfamilias* o per l'emancipazione diventano *sui iuris,* ma poichè non sono capaci di gerire la patria potestà, restano in una posizione isolata, non costituiscono una famiglia nel senso romano nè appartengono ad alcuna, non sono nè soggetti nè oggetti di diritti famigliari.

La qualità di *paterfamilias* si perde per tutte le cause che portano una *capitis deminutio.*

§ 52. La *patria potestas* e la *manus* nei riguardi personali.

I. *De patr. pot.* 1. 9. Cod. *De patr. pot.* 8, 46 (47) C. *De patr. qui filios*, 4, 43. D. *De lib. exh.*, 43, 30.

I Romani vantavano la patria potestà come una loro particolare istituzione (1). Ciò è vero nel senso che presso nessun altro popolo culto s'è perpetuata e consolidata in guisa tanto caratteristica un'organizzazione come quella della famiglia romana.

Rappresentiamo dapprima la *familia* nel suo tipo antico e genuino. Il potere del *paterfamilias* sui *filiifamilias* ha la stessa natura della sovranità ne' corpi po-

(1) Gaio I, 55; § 2, 1. *De p. p.*, 1, 9.

litici. La famiglia romana, come ogni organismo politico dell'evo antico, aveva i suoi *sacra*, cioè il suo culto speciale, e il *paterfamilias* n'era il sacerdote. Egli era giudice dei *filiifamilias* e per le colpe commesse entro la cerchia della famiglia aveva autorità di punirli in tutti i modi possibili, colla prigionia, con pene corporali e finalmente colla morte (*ius vitæ et necis*); per delitti commessi verso gli estranei poteva liberarsi da ogni responsabilità, consegnando il *filiusfamilias* in mano alla persona lesa, come si usava dalle antiche comunità ne' rapporti internazionali (*ius noxæ dandi*). Poteva anche vendere (*ius vendendi*), o locare il *filiusfamilias*, esporre o uccidere i neonati.

L'antico diritto romano non p neva limiti all'esercizio di questi gravi poteri del *paterfamilias*. Ma non dobbiamo far le meraviglie, nè calunniare il diritto romano. Dato il carattere della famiglia romana, limitare i poteri del *paterfamilias* sarebbe stato violare l'autonomia della *familia*, nè dovea rappresentarsi altrimenti nella coscienza antica di quello che farebbe ai nostri giorni in uno Stato federale l'invasione dell'autorità centrale negli affari dei singoli Stati e nell'autorità esercitata dai sovrani di questi.

D'altra parte, se l'essere il *paterfamilias*, più che il supremo, l'unico depositario dell'autorità sovrana, conferiva un carattere così assoluto alla *patria potestas*, non dobbiamo dimenticare che la famiglia romana, come organismo politico indipendente, doveva avere nelle sue leggi interne (non nel *ius civile*, ossia nel dirit o della *civitas*) la regola e i limiti ai poteri del suo capo. Siffatte leggi, derivanti dall'organizzazione prestatuale e poste sotto l'egida sacra del *fas*, costituivano i *mores* della famiglia, i quali senza dubbio stabilivano le colpe, le condanne e le forme. Sovrattutto era dai *mores* imposto al *paterfamilias* di non profferire la condanna, senza prima sentire un consiglio di congiunti (*iudicium domesticum*).

Si richiamano pur sempre ai *mores* vetusti e hanno carattere meramente religioso talune lievi limitazioni. Di tal natura è la legge attribuita a Romolo che restrinse il diritto di esposizione, prescrivendo di allevare tutti i figli e le figlie primogenite, e l'altra che proibì di uccidere i fanciulli sotto i tre anni, fuorchè nel caso, riconosciuto alla presenza di cinque vicini, di un parto monco o mostruoso, la qual prescrizione fu rinnovata dalle XII Tavole. Simile è l'altra pretesa *lex regia*, attribuita a Numa, la quale proibiva di vendere il *filiusfamilias*, cui si fosse concesso di prender moglie.

La repubblica intese a frenare gli abusi della *patria potestas*, specialmente per opera dei censori, la cui autorità indeterminata e di natura morale poteva esercitarsi in questo campo. Qualche volta intervennero anche i tribuni.

Nell'epoca imperiale Traiano ingiunse ad un *paterfamilias* l'emancipazione per mali trattamenti usati al figliuolo; Adriano condannò alla deportazione un *paterfamilias* per un esercizio, atroce nella forma, del *ius vitæ et necis* sul *filiusfamilias* colpevole (1).

Tuttavia nel mondo veramente romano, se il costume generalmente valse a temperare o accomodare ai fini domestici l'antico istituto politico, la legge non l'ebbe mai tocco. Adriano potea vantarne la fiera singolarità, come poco innanzi il greco dell'età traianea poteva stupirsene per bocca del suo più illustre conferenziere, che lo presenta al suo pubblico nei tratti più sorprendenti, insistendo sul più duro di tutti (2), il *ius vitæ et necis*. Fin sullo spirare del diritto classico questa prerogativa estrema della *patria potestas* non è rinnegata (3).

(1) Ucciso a caccia dal *pater* « *latronis potius quam patris iure* » L. 5 D. *De. l. Pomp.* 48, 9.

(2) Τούτων χαλεπώτερον (Dio Chrisost. *Or.* XV).

(3) Papiniano l'attesta: Coll. 4, 8, 1. — Lo svolgimento stesso del diritto penale non sottrae il *filiusfamilias* al *paterfamilias*, poichè il diritto di questo concorre col diritto dello Stato e la prevenzione in generale

Solo il *ius vendendi* e il *ius noxæ dandi* sin dall'epoca più vetusta dello Stato romano sono regolati nel senso che il *filiusfamilias*, entro lo Stato stesso, non è ridotto schiavo, ma collocato *in causa mancipii* (§ 56).

La ruina si compie nella nuova epoca, sotto l'influenza ellenica, cui si allea per avventura anche il nuovo spirito cristiano. È dubbio se veramente Costantino abbia sancito per l'estremo esercizio della patria potestà la pena del parricidio: a datare però da Valentiniano sembra certo che ne' delitti il *ius patrium* debba cedere al *ius publicum* (1). Punita con pena capitale, sempre a datar da Valentiniano, è anche l'uccisione dei neonati (2), alla quale Giustiniano per la prima volta sembra parificare l'esposizione (3).

Il *ius noxæ dandi* rispetto ai *filiifamilias* fu abolito da Giustiniano com'era conforme oramai non solo al nuovo spirito sociale (*nova hominum conversatio*), ma altresì al nuovo ordinamento patrimoniale della famiglia, e serbato solo per gli schiavi (4). Finalmente il *ius vendendi*, in cui, dietro la pressione dei cupi tempi e le influenze provinciali, un singolar regresso si era pro-

decide: non di rado lo Stato cede alla famiglia o il *paterfamilias* impetra di punir lui il *filiusfamilias*. Giova ricordare che il diritto classico non sanciva contro il *pater* nè la pena atroce del parricidio (Cfr. L. 9, D. *De l. Pomp.* 48, 9) nè la pena del *parricidium* secondo il concetto più lato della *lex Pompeia* (uccisione d'un prossimo congiunto: cfr. L. 1. eod.). Paolo doveva dire *licet* non *licebat* nella L. 11 D. *De lib.* 28, 2. Il *ius vitae et necis* parrebbe ricordato dallo stesso Costantino come istituzione viva: L. 6 Cod. Th. 4,8 (ius vitae in liberos necisque potestas *permissa est*) interp. in L. 10 C. *De p. pot.* 8, 46 (47): (potestas *olim erat permissa*).

(1) Dubito ora anch'io col FERRINI (*Pand.* pag. 856 n. 3) del valore della L. *un.* C. *De his qui par.* 9,17 di Costantino: ma, nonostante il suo carattere generale, la L. 1 C. *De em. prop.* 9,15 di Valentiniano (a. 365) sembra riferirsi anche alla patria potestà (*iure patrio*).

(2) L. 1 Cod. Th. 9,14 (*erit* capitale istud malum. interp. in L. 7 (8) C. *Ad leg. Corn.* 9,16 (*sciat* se capitali supplicio esse puniendum).

(3) L. 2 C. 8, 51 (52) (solo il pr. di questa legge può derivare da Valentiniano, se non è interpolato; il § 1 è di Onorio e Teodosio II); L. 4 D. *De agn.* 25, 3 interpolata.

(4) § 7 I. *De nox. act.* IV, 8.

dotto nell'epoca romano-ellenica, ammettendosi la riduzione in istato di vera schiavitù, fu anch'esso da Giustiniano limitato ai soli neonati e in caso di estrema necessità, con facoltà di ricuperar quandochessia libertà e ingenuità, offrendo il prezzo o un altro schiavo (1).

Nonostante l'enfasi con cui le Istituzioni rinnovano l'antico vanto, la patria potestà è ridotta nell'epoca romano-ellenica e nel diritto giustinianeo un misurato potere di correzione e di disciplina. Ne' casi gravi il *paterfamilias* deve rivolgersi al magistrato o ai presidi delle provincie (2). Nè, salvo l'essere un *diritto esclusivo* del maschio (anzi dell'ascendente più remoto) e *perpetuo*, essa differisce gran fatto, in questi limiti, da quel potere di correzione e di disciplina, ch'è attribuito dalle nostre leggi al padre o alla madre e decorato col titolo della patria potestà romana (art. 220, Cod. civ.).

Il *paterfamilias* fa valere il suo diritto contro qualunque terzo che gli trattenga senza sua volontà il *filiusfamilias*: l'azione è pertanto una *vindicatio* (3). Il Pretore introdusse anche all'uopo due interdetti speciali: *de liberis exhibendis* e *de liberis ducendis*.

A cominciare dagli Antonini si concesse per giusti motivi alla madre un'eccezione a fine di trattenere il figlio presso di sè. Una simile eccezione e anche un'azione venne concessa al marito contro il *paterfamilias* che aveva conservato la patria potestà sulla donna maritata (4).

(1) L. 2 C. *De patrib.* 4, 43 (interpolata: cfr. L. 1 Cod. Th. 5, 8). V. BONFANTE *Il ius vendendi del paterfamilias* negli *Studi per Fadda*.

(2) Cfr. la L. 1 C. *De emend. prop.* 9, 15 di Valentiniano, citata. V. anche L. 3 C. *De p. pot.* 8. 46 (47) di Alessandro e L. 2 D. *Ad l. Leg. Corn.* 48, 8, di Ulpiano, che darebbero la riforma compiuta al tempo dei Severi, ma, sono, crediamo noi pure, interpolate (Cfr. FERRINI *Pand.* pag. 856).

(3) *Adiecta causa*; L. 1 § 2 D. *De rei vind.* 6, 1.

(4) La l. 1 § 5 D. *De lib. exh.* 43, 30 è peraltro alquanto alterata. Forse la cosa era nel diritto classico più discussa di quel che appaia dal *certo iure utimur*.

I diritti del *paterfamilias* sulla *uxor in manu* erano quegli stessi ch'egli aveva sugli altri *filiifamilias*, perchè la donna diventava senz'altro *filiafamilias* del marito o del *paterfamilias*, cui questi era soggetto. Senonchè la *manus* è perita molto prima di Giustiniano. Probabilmente, già al tempo in cui l'editto di Caracalla estese la cittadinanza e il diritto di Roma a tutti gli abitanti dell'impero, essa era un istituto quasi spento, o per lo meno così poco vitale e così schiettamente quiritario, che non poteva attecchire nelle provincie orientali, sulle quali tre secoli più tardi imperò Giustiniano.

§ 53. La *patria potestas* e la *manus* nei riguardi patrimoniali. I peculi.

Gaii *Inst.*, II, 86-87. I. *Per quas pers.*, II, 9, pr. I. *quib. non est perm.*, II. 12. D. *De castr. pec.*, 49, 17. C. *De castr. pec. pal.* 12,30 (31); *De castr. pec. mil.* 12,36 (37); C. *De bonis quae lib.*, 6,61 (Cfr. Cod. Theodos. 6,36; 8,18; 8,19).

Il *paterfamilias* era anche, secondo i puri principî, l'unico subbietto di diritti patrimoniali. Non solo egli dispone del patrimonio familiare a suo piacimento, ma tuttociò che acquistano i *filiifamilias* appartiene a lui. Ciò deriva egualmente dalla posizione autonoma che ha la famiglia di fronte allo Stato e al suo diritto. Che la coscienza generale riguardi il patrimonio qual proprietà comune della famiglia e destinato al bene comune è naturale. I giureconsulti stessi proclamano che i *filiifamilias* « *vivo quoque parente quodammodo domini existimantur* » (1). Ma di fronte allo Stato non esiste che la famiglia come gruppo e, volendo rispettarne l'indipendenza, esso riconosce necessariamente l'esclusiva ed assoluta padronanza del suo capo.

Il *paterfamilias* usava bensì abbastanza spesso di concedere al *filiusfamilias* un piccolo patrimonio, per

(1) Gaii *Inst.*, II, 157; Paul. L. 11 D. *De lib. et post.*, 28,2.

esempio, affidandogli un'azienda d'affari. Ma di questo piccolo patrimonio, che dicevasi *peculium* (1), il *filiusfamilias* non diventava padrone, neanche se il padre lo volesse. Egli n'aveva il godimento e l'amministrazione, ma non poteva donarlo o disporne per atto di ultima volontà (2), e la ragione onde il peculio si costituì come istituto giuridico è data soltanto dalla responsabilità in cui civilmente incorre il *paterfamilias* pei debiti contratti dal *filiusfamilias* fino all'ammontare del peculio (v. in seguito § 56). Del resto tale peculio può essere concesso anche agli schiavi, anzi la maggior importanza di esso è rispetto agli schiavi.

Durante tutta l'età classica, nonostante l'immenso rivolgimento economico e sociale, una derogazione, anch'essa ordinata in guisa da non violare assolutamente il principio, fu fatta solo in favor dei militari. Augusto concesse ai *filiifamilias* militari di disporre per testamento di ciò che avessero acquistato in occasione del servizio: soldo, bottino, donativi di commilitoni o anche di parenti all'ingresso nel servizio. Questi beni costituivano il così detto *peculium castrense*, di fronte al quale il peculio concesso dal *paterfamilias* si usa distinguere nelle scuole coll'epiteto di *profecticium* (3). Nerva e Traiano confermarono il privilegio militare di testare, Adriano l'estese anche ai congedati o veterani.

Pertanto questo peculio, ampliandosi a grado a grado le facoltà del *filiusfamilias* su di esso (facoltà di donare a causa di morte, di manomettere schiavi, diritto di patronato sui manomessi, ecc.), venne considerato come proprietà del *filiusfamilias* e, per esprimere questo prin-

(1) *Quasi* pusilla pecunia *sive patrimonium pusillum* (L. 5, § 3 D. *De pec.*, 15, 1). *Pecunia* alla sua volta deriva da *pecus*; ma da *pecus* non può derivare direttamente *peculium*, onde non giova argomentare da questa etimologia che il peculio fosse in origine un gregge.

(2) L. 7, pr. D. *De don.*, 39, 5: *Non enim ad hoc ei conceditur libera peculii administratio ut perdat.*

(3) I termini *peculium profecticium* e *adventicium* sono desunti dalla *dos profecticia* e *adventicia*, concetti veramente romani. V. § 66.

cipio, i Romani usano dire, conforme alle loro idee, che i *filiifamilias* rispetto al peculio castrense « vice *patrumfamiliarum funguntur* » (1). Tuttavia sino a Giustiniano il diritto del *paterfamilias* non era propriamente estinto, ma soltanto reso inerte dalla facoltà di disporre concessa al *filiusfamilias*. Laonde, se il *filiusfamilias* moriva senza aver disposto del peculio castrense, esso tornava necessariamente al padre *iure peculii*, nè si faceva luogo alla successione legittima (2): similmente in questo caso era valida con forza retroattiva ogni disposizione che il *paterfamilias* avesse preso circa questo peculio (3).

Senonchè, sopraggiunta la nuova crisi e l'evoluzione ellenica del diritto romano, l'ordinamento patrimoniale della famiglia si sfascia da tutte le parti.

Anzitutto, in coerenza colla nuova organizzazione imperiale, che separa le funzioni civili e militari, il privilegio dei militari venne esteso nel 326 da Costantino alle cariche civili, nel 422 da Teodosio II agli avvocati e agli assessori dei giudici, nel 444 dallo stesso Teodosio ai cancellieri e segretari della prefettura del pretorio (*scriniarii, exceptores*), nel 472 da Leone agli ecclesiastici, nel 497 o 499 dall'imperatore Anastasio ai ciambellani della quiete (*silentiarii*); da costituzioni ignote agli archiatri e ai maestri di scienze liberali, e sembra che il privilegio s'intendesse esteso a tutti gli impiegati salariati dello Stato, il cui ufficio è oramai pur esso una *militia* (4). Nel 530 Giustiniano vi aggiunse i donativi dell'imperatore e dell'imperatrice. Si venne così a costituire coi *lucri pubblici* d'ogni genere il peculio *quasi castrense* (5).

(1) L. 2, D. *De sc. Mac.*, 14, 6.

(2) L. 2 D. *De castr. pec.*, 49, 17. Onde il *paterfamilias* non era nemmeno responsabile pei debiti oltre l'ammontare del peculio, come sarebbe stato l'erede: L. 17 *ibid.*

(3) L. 19, § 3, D. *De castr pec.* 49, 17

(4) Cfr. L. 37 § 1a C. *De inoff. test.* 3. 28.

(5) Interpolato nei testi classici in seguito al peculio castrense. Cfr. L. 32, § 17 D. *De don. int. vir. et ux.* 24, 1; L. 1, § 6, D. *Ad sc.*

Ma lo stesso imperatore Costantino diede l'impulso a una deroga più vasta, che doveva travolgere i principî romani.

Con una sua costituzione del 319, obbedendo a influenze elleniche, egli riserbò esclusivamente ai figli i beni ereditati dalla madre (*bona materna*), togliendo al *paterfamilias* il diritto di alienarli a suo piacimento. Graziano, Valentiniano II e Teodosio, nel 379, e di nuovo Arcadio ed Onorio nel 395 estesero questa sanzione a tutti i beni ottenuti per legato o eredità o donazione dagli ascendenti materni (*bona materni generis*): Teodosio II e Valentiniano III ai lucri nuziali: Leone ed Antemio anche ai lucri sponsalizi.

Ma tolta al padre ogni facoltà di alienare siffatti beni, che potrebbero dirsi *lucri familiari*, il suo diritto di godimento e amministrazione venne ad essere concepito come un usufrutto legale alquanto più ampio dell'usufrutto ordinario e in quella vece il diritto di aspettativa dei *filiifamilias* si riguardò veramente come proprietà.

Finalmente Giustiniano compì l'opera, attribuendo senz'altro al *filiusfamilias* la proprietà di tutto ciò che venisse ad acquistare in qualunque modo per l'altrui liberalità o il proprio lavoro, cioè anche i lucri occasionali e professionali, salvo sempre l'usufrutto legale pel *paterfamilias*. Tale complesso di beni ebbe nel medio evo il nome di *peculium adventicium*.

Se il *paterfamilias* rifiutava il lascito, ovvero questo era fatto con espressa dichiarazione di voler beneficare il figlio soltanto, Giustiniano dispose che il padre non avesse nemmeno l'usufrutto (*peculium adventicium irregulare* nelle scuole).

Ma Giustiniano fece anche di più. Egli abolì il ritorno *iure peculii* del peculio castrense e quasi ca-

Treb., 36, 1: L. 3, § 5, D. *De b. p.*, 37. 1, ecc. — L'àmbito di ciascuna specie, checchè si dica, non è sempre identico; quanto agli ecclesiastici esso abbraccia ogni lucro, anche fuor del proprio ministero, onde viene a ricomprendere anche il peculio avventizio e abolire patrimonialmente la patria potestà. Circa la facoltà di testare soltanto Giustiniano l'ha messa fuor d'ogni dubbio per ogni specie.

strense al *paterfamilias*, disponendo che se il *filiusfamilias* non avesse fatto testamento, si facesse luogo senz'altro all'ordinaria successione legittima (1).

Giunti a questo punto una completa rivoluzione è successa nell'idea romana dell'unità patrimoniale e della capacità esclusiva nel *paterfamilias*. Assistiamo a uno spettacolo che sovente si ripete nella storia del diritto romano: le eccezioni a poco a poco scalzano la regola e l'influenza dell'ellenismo invadente dopo la crisi del terzo secolo finisce per corrompere e corrodere le basi tradizionali dell'istituto romano. Non resta che dar nomi e formule diverse alle cose: e per vero tale è il risultato di questo svolgimento che il figlio non acquista alla famiglia e al *paterfamilias*, se non *ex re patris*, o *ex iussu patris*. Anche il nome di peculio, serbato ai peculi castrense e quasi castrense, non corrisponde più al concetto romano ora che il *paterfamilias* ha perduto financo la capacità di riacquistare *iure peculii*, la quale faceva sì che il suo diritto di proprietà si potesse considerare quasi quiescente piuttosto che cessato. Il *paterfamilias* ha bensì l'usufrutto sui beni avventizî; senonchè un diritto di tal natura non eminente, ma subordinato, più che un vestigio delle antiche idee di potestà e unità familiare, è anch' esso schiettamente un portato delle nuove. Salvo i nomi, l'ordinamento è tale quale nel diritto moderno (Cod. civ., articoli 228, 229).

Vera ed illogica sopravvivenza storica, sorgente d'infinite dispute nel diritto comune, è oramai l'incompatibilità di rapporti giuridici tra padre e figlio, fuori almeno del peculio castrense e quasi castrense (e, se si vuole, avventizio irregolare); onde procede anche la nullità delle donazioni tra padre e figlio, di cui però nell'epoca romano-ellenica si ammette la convalescenza, morendo il padre senza revocarle.

(1) Pr. 1, *Quib. non est per.* II, 12: *Si vero intestati decesserunt*, nullis liberis vel fratribus superstitibus, *ad parentes*, ecc. — Nov. 118. c. 1, 2.

Un altro principio invece, che non concerne peraltro la posizione patrimoniale del *filiusfamilias*, è rimasto con una funzione utile anche nel nuovo sistema ed è la rappresentanza naturale del *paterfamilias* per parte dei *filiifamilias* negli acquisti; onde se il *filiusfamilias* acquista con beni paterni ovvero per volere (*iussus*) del padre, egli acquista direttamente al *paterfamilias*, nè occorre un nuovo atto di trasmissione (1).

§ 54. La potestà sugli schiavi (*dominica potestas*).

1. *De his qui sui vel al. iur.* 1, 8. D. 1, 6.

Lo schiavo è oggetto di diritto sotto un duplice aspetto come uomo o persona nel senso naturale, cioè come strumento intelligente e agente al pari dei *filiifamilias*, e come cosa, cioè come elemento atto a costituire un valore patrimoniale. Questo secondo aspetto non ci riguarda ora. Esso concerne la materia dei diritti reali, nè del resto lo schiavo per questo riguardo diverge gran fatto dalle altre cose.

Il diritto sugli schiavi come persone non aveva natura diversa dal potere sui *filiifamilias*, e il nome stesso di *potestas*, o anche *manus* nell'antico linguaggio, n'è indice abbastanza chiaro.

In conseguenza della sua potestà, la quale è naturalmente congiunta col diritto reale eminente, la proprietà, il *paterfamilias* ha sugli schiavi, come aveva sui *filiifamilias*, il *ius vitae et necis*, e può liberarsi da ogni responsabilità, che per delitti dello schiavo

(1) Laonde il principio che il *il figlio acquista al padre* (inteso pur sempre il *paterfamilias*) è vero anche nel diritto giustinianeo, ma con altra portata e tutt'altro scopo. Esso non esprime più una regola *assoluta*, inerente all'idea della famiglia romana, bensì un fatto *possibile* e una conseguenza nei casi stabiliti perfettamente equa da un punto di vista generale, indipendentemente dall'organizzazione familiare. Se nondimeno il principio stesso pare che si presenti come una caratteristica della famiglia romana, ciò deriva dal non aver riconosciuto i Romani l'istituto della rappresentanza in generale.

gli potrebbe incombere, consegnando il colpevole alla parte lesa (*noxæ deditio* o *ius noxæ dandi*).

Nondimeno è da avvertire che se nel *ius civile* antico la posizione degli schiavi appariva identica a quella dei *filiifamilias*, ciò deriva pur sempre dall'organismo compatto che la famiglia presentava di fronte allo Stato. Entro la famiglia le cose erano diverse: e i *liberi* avevano nei *mores* e nel tribunale domestico una salda garentia contro l'esercizio abusivo della giurisdizione familiare, che non soccorreva agli schiavi.

Ma nell'età imperiale anche il trattamento degli schiavi mosse l'attenzione del legislatore: e ciò non solo per ispirito etico e umanitario, ma anche per un interesse politico. L'espansione conquistatrice di Roma aveva influito in guisa terribile ad aumentare il numero degli schiavi e abbassarne la condizione: onde le ribellioni che due volte misero quasi a repentaglio l'esistenza stessa dello Stato. Augusto tentò d'infrenar gli abusi dei padroni con provvedimenti di polizia, affidando al *præfectus urbi* la vigilanza su schiavi e padroni: una *Lex Petronia* del 19 d. C. vietò di esporre gli schiavi alle fiere, salvo per decisione del magistrato, Claudio sancì la perdita del diritto sullo schiavo, se infermo era abbandonato dal padrone. L'uccisione dello schiavo altrui venne riassunta dalla giurisprudenza sotto la sanzione della *Lex Cornelia*, quella dello schiavo proprio senza motivo, già punita da Claudio e Adriano, venne regolarmente parificata all'uccisione dello schiavo altrui dall'imperatore Antonino Pio, il quale punì anche la tortura, l'impudicizia, riconobbe formalmente agli schiavi un vero diritto di fuggire ai maltrattamenti del proprio padrone, e infine obbligò il padrone crudele a vendere a prezzo giusto lo schiavo. Il modo tuttavia di giustificare il provvedimento è abbastanza misurato e caratteristico; la giurisprudenza si richiama all'utilità pubblica che nessuno usi male delle cose sue, l'imperatore a quella stessa dei padroni (1).

(1) Cfr. § 2, I, *De his qui sui*, 1. 8.

Una disposizione di Costantino, dettata da un pensiero nuovo e veramente cristiano, la quale peraltro solo nel diritto giustinianeo consegue un valore generale, vietò di separare nelle vendite le famiglie degli schiavi. Ma più che altro è il cresciuto *favor libertatis*, che rivela il pietoso spirito del mondo ellenico e cristiano.

In conseguenza della potestà il padrone fa pur suoi necessariamente gli acquisti dello schiavo. Merita però attenzione l'istituto del peculio. Esso è un piccolo patrimonio, che può ricomprender quindi ogni sorta di beni, costituito da elargizioni del padrone o donativi di terzi, ma principalmente dai risparmi dello stesso schiavo, per esempio, sulle somministrazioni in natura o in denaro fattegli per il suo mantenimento. In diritto il peculio appartiene al padrone: di fatto, ne' costumi sociali, esso veniva riconosciuto come una pertinenza dello schiavo (1). Lo stesso interesse dei padroni era un incentivo potente a rispettare il fatto e il costume. Era anzi un uso antico e frequente che lo schiavo si riscattasse col proprio peculio e nell'età imperiale si ammise perfino lo schiavo ad agire contro il padrone, che in simili casi avesse violato la fede data. I *servi publici* avevano facoltà di testare validamente per la metà del loro peculio.

Lo schiavo in ordine al peculio entra validamente in rapporto coi terzi e obbliga il padrone. Occorrono peraltro due requisiti a costituire un vero peculio: il permesso del padrone e la effettiva disposizione dei beni rappresentata dall'azienda separata (*ratio separata*) (2). Inoltre gli atti di alienazione compiuti dallo schiavo non eran validi, se non qualora gli fosse stata concessa la *libera administratio peculii*.

(1) PERNICE *M. A. Labeo*, vol. I, gag. 121 e segg.; TRINCHERI. *Studi sulla condiz. degli schiavi in Roma*, Roma 1888, c. II e III.

(2) Le cose debbono realmente venir consegnate dal padrone allo schiavo, perchè facciano parte dal peculio (L. 8, D. *De pec.*, 15, 1), i crediti convien che siano partite effettive, non fittizie (L. 49. § 1; D. *De pec.*, 15, 1).

Dalla natura della famiglia romana e dal carattere sovrano del *paterfamilias* s'intende ora più agevolmente come un atto di questo potesse far dello schiavo un uomo libero. Che il proprietario, rinunciando al suo diritto, facesse dello schiavo un *servus sine domino* è cosa che non eccede i limiti che possono esser leciti alla volontà privata; ma che possa con un atto, sia pure solenne quanto si vuole, alterare la destinazione dello schiavo a servire ai fini altrui e in conseguenza la sua posizione giuridica, sarebbe una vera usurpazione sui poteri publici, se non fosse che è invece una facoltà primigenia per essere la *familia* stessa un organismo politico anteriore allo Stato.

Il libertino si chiama *liberto* rispetto al suo manumissore, e questi *patrono*. Il liberto ha verso il patrono obblighi molteplici, che si compendiano in tre rapporti: *obsequium* (con sanzioni giuridiche), *opera, bona* (diritto agli alimenti, diritto successorio del patrono e azioni relative — *Calvisiana, Fabiana* — per reprimere gli atti in frode).

§ 55. Il *mancipium*.

GAII *Inst.* 116-117; 138-141.

La vendita o la consegna a nossa (*noxae deditio*) di un *filiusfamilias* nel diritto antico facevano che il *filiusfamilias* fosse nel *mancipio* del terzo o in condizione di *mancipio* (*in mancipii causa*). Certamente queste espressioni non dovevano significare altro in origine se non che il *filiusfamilias* cadeva nel dominio del terzo ed era ridotto in condizione di schiavo: poichè *mancipium* ancora nel secol d'oro della lingua latina designava tecnicamente il dominio o il modo solenne di trasferimento del dominio, che più tardi si disse *mancipatio*, e significò poi sempre lo schiavo.

Ma sin dai primi tempi di Roma lo Stato, parificando nei diritti pubblici la condizione del *filiusfamilias* e del *paterfamilias*, non poteva tollerare che la vendita del *filiusfamilias* all'interno dello Stato sortisse l'effetto estremo. Il cittadino romano non doveva diventare schiavo di un altro cittadino romano.

Peraltro il diritto di vendita non fu abrogato, e colla vendita il *filiusfamilias* era pur sempre assoggettato al terzo, costretto a servirlo, e, come lo schiavo, acquistava per esso. Insomma tutte le conseguenze private della schiavitù si conservarono intatte. Laonde, pure tenendo fermo che il *caput in mancipio* è *liberum caput,* si disse tuttavia *servi loco, in mancipii causa,* cosicchè la potestà del compratore si venne a concepire come una potestà di natura speciale, cui si conservò in senso tecnico il nome *mancipium,* e il complesso delle persone soggette al *paterfamilias* venne significato dalla formula già avvertita *qui in potestate manu mancipio sunt* (v. § 46).

L'evoluzione ulteriore fece anche più netta la separazione tra i *mancipio dati* e gli schiavi. I *mancipio dati* non possono venir oltraggiati impunemente dal padrone, ma è loro concesso di esperire l'*actio iniuriarum,* nè i limiti introdotti dalla legge *Ælia Sentia* e *Fufia Caninia* vennero estesi a loro. Anzi essi potevano diventar liberi coll'iscrizione censuaria anche contro il volere del padrone, salvo che la mancipazione non fosse avvenuta *ex noxali causa.*

Del resto nel diritto classico la mancipazione del *filiusfamilias,* salvo il caso di *noxæ deditio,* non pare che fosse in uso se non per lo scopo di liberare il *filiusfamilias* dalla patria potestà. Tuttavia per la *noxae deditio* durava ancora, almeno in Occidente, nel IV secolo d. C., come rivelano i frammenti di Autun; ma già prima di Giustiniano sembra scomparsa in Oriente (1).

(1) I testi sono stati all'uopo interpolati (per una sopravvivenza formale v. L. 3 § 4 D. *De hom. lib.* 43, 29). Sembra che la condizione speciale del *redemptus ab hostibus* (vincolato ora come in pegno a chi l'aveva riscattato, finchè non avesse risarcito il prezzo) fosse nel diritto antegiustinianeo un'applicazione della *causa mancipii*. Cfr. PAMPALONI, *Persone in causa mancipii* nel *Bull. dell'Ist. di dir. rom.* 1905 (17) p. 123.

§ 56. Le obbligazioni delle persone *alieni iuris*.

Quod cum eo qui in al. pot., IV, 7. D., *De ex. act.* 14, 1. *De inst. act.* 14, 3. *De trib. act.* 14, 4. *Quod cum eo* 14. 5. *De pec.*, 15, 1. *Quando depec.* 15,2. *De in rem verso* 15, 3. *Quod iussu*, 15, 4. C. 4, 25; 4, 26

Occorre distinguere le obbligazioni delle persone *alieni iuris*, soggette ad una stessa potestà, tra di loro e col proprio *paterfamilias* e le obbligazioni da esse contratte con terzi.

Le prime non hanno civilmente efficacia, poichè nell'ordinamento della famiglia romana il *paterfamilias* verrebbe ad essere debitore e creditore di sè stesso. Lo sviluppo dei peculî ha esaurito la regola quanto ai *filiifamilias*: già nel diritto classico i giureconsulti affermano che in ordine al peculio castrense il *filiusfamilias* può stringere obbligazioni civilmente valide col suo *paterfamilias*, e il principio nel diritto giustinianeo si deve generalizzare o per lo meno estendere al peculio quasi castrense e avventizio irregolare (§ 53).

Ne' rapporti coi terzi il *paterfamilias* non rimane in niun modo obbligato per i debiti contratti dalle persone soggette alla sua potestà, ma il *filiusfamilias* obbliga se stesso (non così, nel diritto classico, la *filiafamilias*, la *uxor in manu* e il *caput in mancipio*), lo schiavo non può nemmeno obbligare sè validamente.

Le eccezioni a questo principio, nell'interesse del commercio introdotte dal Pretore, più che vere eccezioni, sono quasi limitazioni naturali. Il *paterfamilias* restava obbligato per intero (*in solidum*): I. Coll' *actio quod iussu*, quando il debito era stato contratto dalla persona *alieni iuris* per volontà espressa del *paterfamilias* (*iussum*), che assentiva ad obbligarsi pel negozio del *servus* o del *filius*. II. Coll'*actio exercitoria*, se ha costituito il figlio o il servo a capo di un naviglio. III. Coll'*actio institoria*, se loro affidò la gestione di un'azienda commerciale. IV. Nel diritto nuovo coll'*actio quasi institoria* in base alla presunta volontà del *paterfamilias*, anche senza vera e propria preposizione a un'azienda d'affari (1).

Ma v'hanno altri casi, in cui l'obbligazione del *paterfamilias* è invece limitata nella misura. Tali casi sono designati dalle azioni *de peculio*, *tributoria*, *de in rem verso* e si riconnettono tutti all'istituto del peculio, il quale manifesta appunto in questo riguardo la sua importanza giuridica; s' intende il peculio tipico, cioè quello degli schiavi e il peculio profettizio dei *filiifamilias*.

Il *paterfamilias* che ha concesso un peculio è obbligato per i debiti, sia pure contratti prima della concessione, però *non oltre l'ammontare del peculio.* Il peculio è inoltre diminuito dai debiti che il *filiusfamilias* o il servo abbiano verso il *paterfamilias*; poichè, per quanto questi debiti non sieno giuridicamente riconosciuti come tali, essi sono tuttavia dei fatti, onde si argomenta l'intenzione del *paterfamilias* e l' ammontare del peculio. L'azione che il terzo rivolge contro il *paterfamilias* prende il nome generale di *actio de peculio.*

Speciale configurazione assume il caso che il *filiusfamilias* o il servo, a scienza del *paterfamilias*, abbiano intrapreso delle operazioni commerciali o con tutto il peculio o con parte di esso, in quanto si attua in questo caso una vera procedura di concorso. In altri termini qui non avviene che il creditore più pronto e accorto si soddisfi per intero del suo credito in guisa da esaurire il peculio; ma tutti i creditori concorrono *pro rata*, cioè proporzionalmente ai loro crediti (2), e

(1) L. 6, C. *De exerc. et inst.* 4, 25. Forse interpolata: l'*actio quasi institoria* (*ad instar* o *ad exemplum institoriae*) mi sembra una estenzione dei compilatori. Cfr. § 128.

(2) L. 6. D. *De trib. act.* 14. 4: « Non enim haec actio sicut de peculio *occupantis* meliorem causam facit; sed *aequalem* condicionem quandoque agentium ». All'uopo si procede con opportune cauzioni: L. 5. § 19. eod. (in parte forse interpolata).

lo stesso *paterfamilias* non può detrarre dal peculio o da quella parte di esso, che era stata destinata all'impresa, *tutto* il suo credito, ma anch'egli concorre proporzionatamente cogli altri creditori, vale a dire è tenuto a dividere cogli altri in ragione eguale il peculio. Che se dalla divisione fatta dal *paterfamilias* i creditori si reputino danneggiati, essi possono intentare contro di lui l'*actio tributoria*.

È manifesto che, secondo le circostanze, cioè secondochè all'impresa fosse stato destinato poco o molto dei beni peculiari, secondochè i crediti del padre sul peculio fossero lievi o rilevanti, poteva tornar vantaggioso ai creditori d'intentare l'*actio de peculio*, ovvero l'*actio tributoria*.

Finalmente l'*actio de in rem verso* si ha quando lo schiavo o il *filiusfamilias* abbiano in qualunque modo riversato nel patrimonio paterno quanto ricavarono dal negozio col terzo (1): e il *paterfamilias* è tenuto precisamente nella misura della versione utile o dell'arricchimento, non per l'intero debito.

Le azioni che in qualunque ipotesi in base al negozio competono contro il *filiusfamilias* (il quale, giova ricordarlo, a differenza del servo, obbliga civilmente se stesso nei rapporti coi terzi) non sono eliminate dalle azioni concesse dal Pretore contro il *paterfamilias*, le quali si aggiungono alle prime e sono denominate dai commentatori *actiones adiecticiae qualitatis* (2). Il terzo ha la scelta di rivolgersi contro il *paterfamilias* coll'azione pretoria o contro il *filius* coll'azione nascente dal negozio (3).

Per i danni recati dai *servi* (anche dai *filiifamilias* nel diritto antegiustinianeo) il *paterfamilias* risponde

(1) Essa aveva nel diritto classico la stessa formula dell'*actio de peculio* e intitolavasi propriamente *actio de peculio et de in rem verso*.

(2) La denominazione ha un addentellato nelle fonti romane. Cfr. L. 5, § 1, D. *De ex. act.* 14, 1.

(3) Circa la consumazione per concorso e la misura in cui Giustiniano a riconobbe cfr. § 45 (*concursus actionum*).

coll'*actio noxalis*, e può liberarsi dall'obbligazione colla *noxae deditio* (v. § 55). L'azione nossale ha di particolare questo ch'essa si rivolge contro chi ha in sua potestà attualmente il colpevole, senza riguardare al momento in cui fu compiuto il delitto: *noxa caput sequitur*.

II. — LA SOCIETÀ DOMESTICA O FAMIGLIA NATURALE

§ 57. Essenza della famiglia naturale.

La *società domestica* o *famiglia naturale* è un istituto che ha per iscopo l'ordine etico nelle relazioni tra i due sessi, la procreazione e l'educazione dei figliuoli. Le relazioni domestiche sono largamente regolate dalla morale, dal costume, dalla religione, oltrechè dal diritto; insomma altre norme sociali rinforzano la sanzione del rapporto giuridico o regolano rapporti non giuridici o anche vengono in conflitto colle stesse norme giuridiche. È in questo senso che si può dire essere la famiglia un istituto sociale più che giuridico.

Ma se dalla società moderna si passa alla romana e se in questa si risale via via più in antico, scemano e quasi svaniscono le norme giuridiche nei rapporti della famiglia naturale; e ciò s'intende facilmente ora. La società domestica non vive propriamente entro lo Stato, ma dentro la famiglia romana: non il magistrato, ma il *paterfamilias* comanda e reprime quando l'ordine sia turbato nelle *varie società domestiche* soggette al suo potere.

Senonchè, al contrario di quel che avviene circa la famiglia romana, che nel corso dei secoli viene esaurita e disciolta dallo Stato, si osserva nella famiglia naturale un processo di vera evoluzione, per cui le relazioni familiari assurgono a relazioni giuridiche. Ciò avviene in due guise: o lo Stato interviene a regolare con norme giuridiche un rapporto famigliare, sostituendosi alla famiglia romana e disgregandone la compagine, ovvero attribuisce alla famiglia naturale i diritti, che competevano per lo innanzi in virtù di un rapporto familiare nel senso romano. L'insieme dei nuovi rapporti giuridici non ebbe tuttavia nel diritto romano una denominazione complessiva. Il nome di *familia* fu riservato sempre al consorzio familiare romano; noi possiamo adottare il nome di società domestica o famiglia naturale, ma si avverta ch'essa non è altro se non la nostra famiglia.

§ 58. Il matrimonio.

GAII *Inst.*, 1, 56. § 1. I. *De p. p.*, 1, 9. Pr. I *De nupt.*, 1, 10. D. *De ritu nupt.*, 23, 2. C. *De nupt.*, 5, 4.

Il matrimonio romano è la *convivenza* dell'uomo e della donna con l'*intenzione* di essere marito e moglie, cioè di procreare ed allevare figliuoli e di costituire altresì tra i coniugi una società perpetua ed intima sotto tutti i rapporti. Tale intenzione è detta dai Romani *affectio maritalis*.

Il matrimonio fu sempre severamente monogamico presso i Romani. L'intenzione etica di costituire un consorzio perpetuo esclude l'apposizione di condizioni o termini in modo assoluto.

Giustiniano ci ha tramandato la seguente definizione del matrimonio: *Nuptiæ sive matrimonium est viri et mulieris coniunctio individuam consuetudinem vitæ continens.* Essa lumeggia assai bene il tratto essenziale del matrimonio, che è appunto l'intimità e comunanza del vivere, idealmente e intenzionalmente perpetua, tra i due coniugi. Ciò e non altro significa la *individua vitæ consuetudo*.

Ciò che si è detto valga pure per la celebre definizione di Modestino: *Nuptiæ sunt coniunctio maris et feminæ et consortium omnis vitæ, divini et humani iuris communicatio* (1).

(1) L. 1, D. *De r. n.*, 23, 2. Cfr. L. 4 Cod. *De crim. exp.* 9, 32.

Nell'antico diritto romano col matrimonio soleva andar congiunto l'assoggettamento della donna alla *manus* nelle forme della *confarreatio*, della *coëmptio* e in difetto mediante l'*usus*. Peraltro non romana è la distinzione dei matrimoni *cum manu* e *sine manu*, e può esser causa d'equivoco, traendo naturalmente a rappresentarsi due specie distinte di matrimonio, mentre il matrimonio è uno solo e la *manus* non appartiene all'essenza di esso.

Quanto alla conclusione del matrimonio essa non ha bisogno di nessuna forma giuridica nel diritto storico, sebbene, com'è naturale, feste e cerimonie che variarono col mutare dei tempi e dei costumi accompagnassero di solito questo importante avvenimento. Tale assenza di forme giuridiche corrisponde alla natura del matrimonio romano. Esso non è, come il nostro, un rapporto di reciproci diritti e doveri, *stabilito dal consenso iniziale*, al quale consenso si può ben dare il nome di contratto, secondo il significato odierno della parola. Esso è, come l'abbiamo definito, il vivere insieme con intenzione maritale, e quando questi due momenti concorrono entrambi, il matrimonio esiste, quando no, il matrimonio manca. Il consenso non è quindi *iniziale*, ma *duraturo, continuo;* onde i Romani più che *consensus* lo chiamano *affectio*, che indica appunto una volontà con questo carattere; nè il matrimonio romano si può dire assolutamente costituito da contratto (1).

Ma conviene tuttavia che il principio del matrimonio riveli chiara l'esistenza dei due requisiti anzidetti: la convivenza e l'intenzione maritale. Così avviene che il

(1) Manenti, *Dell'inapponibilità di condizioni ai negozi giuridici e in ispecie delle condizioni apposte al matrimonio*, Siena, 1889, pag. 40-44. I Romani usano dire bensì *contrahere nuptias*; ma il termine *contrahere* presso di loro significa appunto un *vincolo duraturo, un rapporto* che si stringe, non l'*accordo delle due volontà*: non è insomma sinonimo di *convenire* o *consentire* (cfr. § 28 e § 127).

matrimonio, per essere scevro di forme, si può bensì contrarre tra persone assenti, che manifestino la loro intenzione per lettera o messaggio, ma conviene che la donna entri nella casa del marito, iniziando così quella vita comune, che è, si può dire, l'elemento obbiettivo del matrimonio. Onde può ammettersi quando assente sia l'uomo, non già quando sia la donna, perchè questa deve venire introdotta nella casa del marito, non il marito nella casa di lei: *deductione enim opus esse in mariti, non in uxoris domum, quasi in domicilium matrimonii* (1).

Quanto al requisito intenzionale ed etico dell'*affectio maritalis,* essa si prova mediante le dichiarazioni degli sposi stessi o dei congiunti e amici, ma più che tutto mediante la sua esteriore manifestazione, l'*honor matrimonii*, che è il trattarsi, in tutte le forme, come nella società si debbono trattare due coniugi, serbando la donna la posizione sociale del marito e la dignità di sposa. Dice Papiniano « personis comparatis vitæ coniunctione considerata perpendendum esse respondi: neque enim tabulas facere matrimonium » (2). Del resto la vita comune con donna libera e onorata nel diritto romano s'interpreta appunto come matrimonio (3).

L'esempio del matrimonio tra assenti giova pure a mostrare che la vita comune e l'intenzione maritale vogliono essere intese in senso etico, non materialistico. L'efficacia giuridica, che i canonisti assegnarono in certi casi alla copula o congiunzione carnale, i Romani non la conobbero mai. Un noto aforisma, frainteso poi dai canonisti, che lo volsero a rappresentare l'idea del contratto, ci esprime il pensiero dei Romani: *Nuptias non concubitus, sed consensus facit* (4).

(1) L. 5, D. *De r. n.*, 23, 2.

(2) L. 31 D. *De don.* 39, 5 e 22 C. *De nuptiis* 5, 4; Iustinianus l. 10 C. *De nat. lib.* 5, 27 (sempre per respingere la necessità delle tavole nuziali o stromenti dotali).

(3) L. 24 D. *de r. n.* 23, 2. — Cfr. anche § 63.

(4) L. 30, D. *De r. i.* 50. 17 = L. 15 D. *De con* . 35, 1.

L'applicazione rende manifesto il senso di questa massima. L'uomo e la donna, si fa il caso, usano abitare separati, come ciò avviene tra coniugi di alto grado, per esempio, tra persone consolari. Sono tuttavia marito e moglie? La cosa è importante, nella specie, per conoscere se valgano le donazioni, che tra coniugi son proibite. Il giureconsulto risponde che se i due mantengono reciprocamente l'*honor matrimonii*, il matrimonio dura: *non enim coitus matrimonium facit, sed maritalis affectio* (1).

Solo per le persone del rango elevato degli *illustres* e per stabilire il passaggio dal concubinato al matrimonio con la concubina stessa, due cose che di regola coincidono, Giustiniano, per ragioni facili a intendere, si risolse a prescrivere come forma la confezione degli strumenti dotali (2).

§ 59. Requisiti del matrimonio e impedimenti.

GAII *Inst.* I, 57 — 61. § 1. I, *De nupt.* 1, 10

Le nozze legittime si dicono *justæ nuptiæ* o (nel linguaggio di Giustiniano) *legitimum matrimonium*. Richiedesi all'uopo in primo luogo la *capacità civile*, che è il *connubium* o *jus connubii*. Tale capacità hanno soltanto i cittadini romani tra di loro. Coi peregrini o stranieri non v'era *connubium*, quindi le nozze coi peregrini erano *iniustæ nuptiæ;* il divieto delle nozze tra patrizi e plebei, abolito, secondo la tradizione, sin dalla legge Canuleia nell'anno 445 a. C., era un evidente residuo della loro primitiva condizione di stranieri.

Nondimeno il riconoscimento del *jus gentium* dette valore per tempo anche alle nozze con peregrini. Il matrimonio dicevasi *iuris gentium* ed i figliuoli erano

(1) L. 32 § 13, D. *De d. int. vir. et ux.*, 24, 1.
(2) Stante la natura particolare del consenso coniugale e la libertà del divorzio, hanno poca importanza in ordine al matrimonio i vizi del consenso.

legittimi, ma non acquistavano la cittadinanza, nè appartenevano alla famiglia romana del padre, il quale pertanto non geriva su di essi la patria potestà romana.

Altra condizione è la *capacità naturale*, onde non possono contrar matrimonio gli impuberi (cioè nel diritto giustinianeo i maschi inferiori ai quattordici anni, le femmine inferiori ai dodici) e gli evirati.

In terzo luogo, oltre al consenso degli sposi, si richiede al matrimonio anche quello del *paterfamilias*.

Tale consenso tuttavia fu ridotto dalla giurisprudenza nei limiti di un mero assentimento passivo, in quanto può esser manifestato mediante silenzio, cioè col non opporsi al matrimonio: e dato pure in seguito, fa che sia valido il matrimonio, ma non con effetto retroattivo. Se il *paterfamilias* è prigioniero di guerra o per qualunque causa assente, nel diritto giustinianeo i figliuoli possono contrarre matrimonio senza suo consenso, dopo trascorsi tre anni (1).

Se è pazzo, con o senza lucidi intervalli *(furiosus o mentecaptus)* Giustiniano stabilì definitivamente, troncando ogni questione, l'intervento del magistrato invece del *paterfamilias,* uditi il curatore e i parenti principali (2). Se il *paterfamilias* senza sufficiente motivo rifiuta il consenso, era già permesso sin dalla *lex Iulia* pel favore dei matrimoni il ricorso al magistrato.

Trattandosi di figliuoli maschi, oltre il consenso del *paterfamilias*, è necessario anche quello del padre, perchè i figli nati dal matrimonio potranno eventualmente ricadere sotto la sua patria potestà.

Per le fanciulle *sui iuris* doveva intervenire nel diritto classico il tutore: cessata la tutela del sesso, nel nuovo diritto si richiese per le donne minori di 25 anni il consenso dei prossimi parenti, e a dirimere i dissensi, l'intervento dell'autorità giudiziaria.

(1) L. 9. § 1. D. *De r. n.* 23. 2 (interpolata); L. 10 eod. interpolata *et si triennium — contrahere.*

(2) L. 25, C. *De nupt.* 5. 4. ov'è notizia delle controversie anteriori.

Da ultimo occorrono altri requisiti determinati in modo negativo dall'assenza di certe condizioni, onde nelle scuole si usa il termine *impedimenti matrimoniali.*

Gl'impedimenti nascono da ragioni naturali o legali, da motivi d'ordine etico, sociale, politico e nella nuova epoca anche da intolleranza religiosa. Essi si distinguono in *assoluti* e *relativi,* secondo che valgono incapacità assoluta al matrimonio con chicchessia o relativa soltanto al matrimonio fra date persone. Sono *impedimenti assoluti:* un matrimonio già esistente, la schiavitù dell'uno degli sposi (1), e nel diritto nuovo anche il voto di castità e gli ordini maggiori. Inoltre la vedova incorre nell'infamia, se si rimarita entro l'anno del lutto.

Sono *impedimenti relativi:* 1.° La parentela di sangue o cognazione entro certi gradi, cioè tra ascendenti e discendenti all'infinito, tra fratelli e sorelle, tra zii e nipoti (2). Irregolare è il trattamento del rapporto nascente per adozione. Questo rapporto è un impedimento tra ascendenti, anche dopo l'emancipazione, non è un impedimento tra fratelli, dopo l'emancipazione dell'adottato.

2.° L'affinità in rapporti analoghi, cioè tra il patrigno e la figliastra, la matrigna e il figliastro, tra il suocero e la nuora, la suocera e il genero; col diritto cristiano anche tra cognato e cognata.

La parentela e l'affinità sono impedimenti anche se derivano da un precedente stato di servitù (*servilis cognatio*).

3.° Sono vietate in base alla *Lex Iulia* le nozze tra l'adultera e il suo complice.

4.° Sono vietate in forza di un senato-consulto emanato sotto Marco Aurelio e Commodo le nozze tra il tutore, il suo *paterfamilias*, i suoi discendenti e la pupilla, prima che siano resi i conti e sia trascorso il ter-

(1) Giustiniano peraltro stabilì alcune regole singolari circa il matrimonio colla schiava. L. *un.*, § 9, C *De lat. lib. toll.*, 7, 6; Nov. 22. c. 11.

(2) Gli impedimenti parentali sono nel diritto giustinianeo quali erano sul finire della repubblica romana: e nel diritto moderno quali erano nel diritto giustinianeo. Le oscillazioni intermedie, indotte da capriccio dispotico o sentimenti etici esagerati, hanno pertanto scarsa importanza per la evoluzione giuridica.

mine della *restitutio in integrum* per minore età; in virtù di mandati imperiali tra il magistrato provinciale e la donna oriunda della provincia o quivi domiciliata.

5.° I divieti d'ordine sociale furono aboliti da Giustiniano. L'uno, antichissimo, concernente le nozze tra ingenui e liberti, già limitato dalla *Lex Iulia* alla classe dei senatori e discendenti, venne mitigato dapprima, stabilendo che non si rompessero i matrimoni già contratti, indi abolito (Nov. 78 c. 3; Nov. 117 c. 6). I due divieti tra ingenui e donne ignominiose, tra senatori e donne di teatro, sanciti dalla *Lex Iulia*, furono senz'altro aboliti.

6.° Il diritto cristiano ha introdotto il divieto tra il padrino e la figlioccia, in ragione della parentela spirituale, e tra Cristiani ed Ebrei.

§ 60. Effetti del matrimonio.

Il matrimonio è anzitutto fonte di diritti e doveri tra i coniugi stessi. Circa i diritti non occorre a questo proposito richiamare quelli che nell'antica età nascevano dalla *manus,* perchè la *manus*, sebbene abbia influito nell'autorità maritale pura, era nondimeno un potere familiare nel senso politico, nè veniva esercitata dal marito, bensì dal *paterfamilias.*

In base al mero vincolo coniugale il marito acquista un potere disciplinare sulla moglie. Inoltre egli la rappresenta in giudizio ed ha l'azione d'ingiurie per le offese fatte a lei. Le azioni penali infamanti non si possono esperire tra coniugi, nè le sottrazioni tra coniugi sono considerate come furto o per lo meno è esclusa l'azione di furto: il coniuge può esperire soltanto, finchè dura il matrimonio, una *condictio ex iniusta causa*, e anche dopo il divorzio intenta l'*actio rerum amotarum* per tornare in possesso delle cose sottratte durante il matrimonio, ma *divortii gratia* o *divortii consilio* (1).

(1) Secondo il ZANZUCCHI, *Il divieto delle azioni famose e la reverentia tra coniugi* (1906), sia il principio generale che tra coniugi non si dànno azioni penali ed infamanti, sia l'addotto motivo dell'*honor*

Contro qualunque terzo che trattenesse illegalmente la moglie il marito aveva l'*interdictum de uxore exhibenda et ducenda* e quando, venuta in desuetudine la *manus*, il marito restò indifeso di fronte al *paterfamilias* della donna, tale interdetto gli venne concesso anche contro di questo, ed ottenne pure un'eccezione contro l'*interdictum de liberis exhibendis et ducendis* intentato dallo stesso.

Colpite di nullità assoluta sono le donazioni tra coniugi (*donationes inter virum et uxorem*). Il divieto, che nelle Pandette si riporta alla consuetudine, pare si debba collocare nell'epoca augustea. Si adduce per motivo del divieto che simili donazioni avrebbero introdotto uno spirito d'interesse nei rapporti coniugali a danno del coniuge più generoso (1). Un senato-consulto sotto Severo e Caracalla nel 206 convalidò siffatte donazioni, qualora il donante fosse morto senza averle revocate. Una serie di benigne interpretazioni, fondate precipuamente (avendo di mira il motivo del divieto) sull'assenza di arricchimento del coniuge donatario o di impoverimento del donante, si vennero a stabilire per opera della giurisprudenza o degli imperatori: donazione della tomba, sussidi al marito per dar pubblici giuochi etc. Escluse a ogni modo dal divieto

matrimonii o della *reverentia personarum* per l'esclusione dell'*actio furti*, appartengono a Giustiniano. Nel diritto classico l'azione di furto era possibile tra i coniugi (ad es. per furti commessi prima del matrimonio), e l'azione *rerum amotarum*, esperibile soltanto contro la donna, non era se non una sopravvivenza dell'antico matrimonio *cum manu* (nel quale il furto della donna era escluso, perchè essa diveniva *filiafamilias*), trapassata nel matrimonio libero. Testi interpolati all'uopo molto probabilmente: L. 9 § 3 D. 23, 3; L. 2 C. 5. 21; L. 2 D. 25, 2; L. 3 § 2; L. 6 § 9; L. 7; L. 11 pr. — § 2; L. 14; L. 15 § 1; L. 21 § 6; L. 26 eod. D'altra parte l'*actio rerum amotarum* era precisamente nel diritto classico penale, il che ritenne già il PAMPALONI *Studi sul delitto di furto* negli *Studi senesi* 1900 (vol. 17), con argomenti che il Zanzucchi in parte corrobora, in parte emenda. — Pel *beneficium competentiæ* tra coniugi v. § 132.

(1) L. 1, D. *De don. int. vir. et ux.* 21, 1.: *Ne mutuo amore invicem spoliarentur*. L. 3 eod.: *Ne concordia pretio conciliari videretur neve melior in paupertatem incideret, deterior ditior fieret.*

sono le donazioni a causa di morte o fatte in occasione del divorzio (*mortis causa* e *divortii causa*), anzi le donazioni in genere fatte al momento in cui per qualunque motivo legale si scioglie il matrimonio, nonchè le donazioni tra il Principe e l'Augusta. Giustiniano ritenne anche la validità delle donazioni fatte in caso di esilio o deportazione, benchè egli mantenga il matrimonio (1).

§ 61. Sciogliniento del matrimonio. Il divorzio.

D. *De div. et rep.* 24, 2. C. *De rep.*, 5, 17.

Il matrimonio si scioglie per la morte d'uno dei coniugi o pel venir meno della capacità o dell'*affectio maritalis.*

La capacità veniva meno in primo luogo per la *capitis deminutio maxima* subita dall'uno dei coniugi, sia esso ridotto schiavo di un privato o divenga *servus poenae* per condanna o cada in potere del nemico. A questo proposito anzi occorrono alcune conseguenze giuridiche, in cui si rivela spiccata l'essenza del matrimonio romano. Il matrimonio distrutto dalla prigionia di guerra, per la quale il cittadino romano diviene schiavo del nemico, non viene ripristinato *iure postliminii*, come i diritti familiari o patrimoniali, appunto perchè il matrimonio non è un diritto, ma un rapporto giuridico di mero fatto, che dura, finchè durano le condizioni di fatto della sua esistenza (2).

Peraltro già in questo riguardo si fece sentire l'influenza delle nuove idee cristiane. Fu vietato assolutamente il nuovo matrimonio, se constava di certo che il marito o la moglie vivevano in cattività e soltanto permesso, però dopo un'attesa di cinque anni, quando fosse

(1) L. 13; L. 13, § 1. D. *De don. int. vir. et ux.*, 21, 1 (interpolata) V. § seguente.

(2) L. 12, § 4 D. *De capt. et postl. et red.*, 49, 15; L. 14, § 1 ibid.

incerta la sopravvivenza. Che se il coniuge libero, nonostante il divieto, fosse passato ad altre nozze, si considerava come se avesse fatto divorzio e andava soggetto alle pene stabilite nella nuova epoca per il divorzio illecito (1).

La *capitis deminutio media*, che importa la perdita della cittadinanza e s'accompagna alla deportazione (in antico all'*aqua et igni interdictio*), non rompe il matrimonio, ma fa che esso divenga *iuris gentium* (2).

La capacità cessa pure per un impedimento sopravveniente, principalmente il così detto *incestus superveniens:* per esempio, il suocero adotta il genero, di guisa che questi diventa fratello della moglie. Nel diritto antegiustinianeo il matrimonio era sciolto, quando il marito d'una libertina diventava senatore; Giustiniano abolì questa conseguenza e in seguito anche il divieto.

Finalmente il matrimonio si scioglie pel venir meno dell'*affectio maritalis* nell'uno o nell'altro dei coniugi o in entrambi. Questo e non altro è il *divorzio romano (divortium* o *repudium)*. Esso non è già un istituto separato dal matrimonio, bensì una conseguenza del concetto del matrimonio. Se questo esige un accordo continuo, quando tale accordo viene a mancare, necessariamente l'uomo e la donna non possono più esser ritenuti marito e moglie. Ciò era così vivamente sentito dai Romani che non solo essi avrebbero considerato un assurdo il concepire che il matrimonio perduri, cessato l'accordo dei coniugi, ma riguardavano altresì come turpe ed era vietato dal diritto per tutela della mora-

(1) L. 6. D. *De div. et rep.*, 24, 2 (interpolata); L. 8. D. *De capt.* 49, 15. interp. le frasi *post — tempus* e *quod si — tenebitur*.

(2) Doveva probabilmente romperlo in antico. Arg. L. 56 D. *Sol. matr.* 24, 3 e L. 13 D. *De don. int. vir. et ux.* 24, 1. Leggi interpolate: L. 13 § 1 D. *De don. int. vir. et. ux.* 24, 1, e, come io ritenni, anche L. 5 § 1 D. *De b. d.* 48, 20 e L. 1 C. *De. nep.* 5 17. Giustiniano attribuisce la riforma a Costantino (Nov. 22 c. 13); ma dal confronto colla L. 1 Cod. Theod. 9, 42 appare interpolata anche la L. 24 C. *De don. int. vir. et ux.* 5. 16 di Costantino. — Cfr. in questo senso LUSIGNANI *Se il matrim. si sciolga* ecc. Parma. 1898.

lità il vincolarsi espressamente a non fare divorzio o a pagare una penale in caso di divorzio (1).

Il divorzio per sua natura non doveva esigere forme, come non n'esigeva il matrimonio. Un semplice avviso a voce o per iscritto *(per litteras)* o per messaggio *(per nuntium)* doveva bastare. Era pertanto un'indagine delicata alcune volte lo stabilire se la separazione dei due coniugi o l' abbandono della moglie fosse divorzio, ovvero un dissidio senza conseguenze e se il ricongiungersi degli sposi si avesse a dire un nuovo matrimonio o la mera continuazione dell'antico. La *Lex Iulia* prescrisse che il ripudio fosse partecipato da un liberto alla presenza di sette testimoni, ma nondimeno tale era la natura del matrimonio e del divorzio romano, che i giureconsulti ripugnano ad ammettere che, non osservandosi quelle forme, il matrimonio perduri (2).

V'erano peraltro delle forme sociali molto comuni, per esempio, l'intimazione: *tuas res tibi habeto*, rivolta alla moglie. Nell'età imperiale invalse l'uso di mandare la partecipazione per iscritto *(libellus repudii)*.

La purità dei costumi fece nondimeno che per un lungo periodo della storia del diritto romano i divorzi fossero abbastanza rari. Il costume li riprovava, se fatti senza giusto motivo; e quando Spurio Carvilio ebbe ripudiata la moglie a causa di sterilità, eccitò nel popolo scandalo e sdegno. Quanto alle donne lo stato di dipendenza in cui vivevano in quella prima epoca, soggette o alla *patria potestas* o alla *manus*, non rendeva loro possibile il far divorzio dal proprio marito. Senonchè tale ostacolo è già da tempo superato sul finire della repubblica e anche le donne soggette alla *manus* fanno divorzio e obbligano il marito a rinunciare alla *manus* coll'atto della *remancipatio* o della *diffarreatio*.

(1) L. 134 pr. D. *De v. o.*, 45, 1: *Inhonestum visum est vinculo pœnæ matrimonia obstringi, sive futura, sive iam contracta*; L. 2, C. *De inut. stip.*, 8. 38 (39): *Pacta ne liceat divertere non valere et stipulationes, quibus pœnæ inrogarentur ei, qui quæve divortium fecisset, ratas non haberi constat.*

(2) Cfr. L. 11. D. *De div. et rep.*, 24. 2.

I divorzi crebbero colla sfacciata corruttela, che invase Roma in seguito all'espansione mondiale della sua potenza; anzi la loro frequenza diventò uno dei segni caratteristici di questa corruttela e motivo di epigrammi e motti satirici.

Dall'altra parte coll'idea romana del matrimonio porre un freno ai divorzi non era impresa facile. Dichiarare che il matrimonio perdura, nonostante il divorzio, che significa il cessar dell'*affectio maritalis*, era cosa che non poteva capire in un intelletto romano; stabilire delle pene per i coniugi divorzianti era una violazione della libertà. Si avevano bensì delle pene pecuniarie, ma non a carico del coniuge divorziante, non dirette insomma a colpire il divorzio in sè, bensì a carico del coniuge, che aveva offerto una giusta causa di divorzio all'altro ed a favore del coniuge divorziato innocente.

Gli è soltanto cogl'imperatori cristiani che incomincia la lotta fiera contro il divorzio, il cui esito finale doveva nel Medio Evo, sotto l'influenza cristiano-canonica, indurre una profonda alterazione nel concetto del matrimonio. Si distingue ora nettamente tra il divorzio vero e proprio, per mutuo consenso, e il divorzio unilaterale o ripudio. Rispettando il divorzio per mutuo consenso, s'intese a restringere il divorzio unilaterale, con determinare le *iustæ causæ*, nelle quali era lecito: fuori di esse era punito.

Questa legislazione ostile al divorzio comincia da Costantino, e prosegue attraverso fasi alterne di esaltazione e reazione, fino a Giustiniano, il quale in più leggi intese a disciplinare o riordinare, sempre in senso più restrittivo, tutta la materia. Nel diritto giustinianeo è costituita una quadruplice partizione: il divorzio per mutuo consenso, il ripudio o divorzio unilaterale *ex justa causa*, il divorzio unilaterale *sine causa*, e finalmente il *divortium bona gratia*, che in senso ormai tecnico significa il divorzio per causa non imputabile nè all'uno nè all'altro dei coniugi. Il primo è pienamente lecito, il secondo è lecito in base alle *justæ causæ* dallo leggi determinate, che sono crimini, mali trattamenti, adulterio e mal costume, ma è punito il coniuge colpevole; il terzo non è lecito, e quindi è punito il coniuge ripudiante; l'ultimo è lecito nel diritto ultimo della Nov. 117 per tre sole cause che sono: il voto di castità, l'impotenza insanabile, l'assenza.

L'adulterio del marito non autorizza la donna a chiedere il divorzio, se non quando egli abbia tenuto la concubina sotto il tetto coniugale. Le pene comminate per il divorzio illecito, cioè compiuto senza giusta causa, e quelle comminate alla parte colpevole nei divorzi leciti sono per diritto giustinianeo il ritiro forzato in un convento e la perdita della dote e della donazione *propter nuptias,* ovvero di un quarto dei beni, quando non si fosse costituita nè dote, nè donazione *propter nuptias.*

Ma lo stesso Giustiniano andò più in là e finì coll'abolire financo il divorzio per mutuo consenso. I coniugi divorzianti erano condannati a entrare in un convento e perdere tutti i loro beni a favore dei figli o degli ascendenti o del convento stesso.

In questo la reazione di Giustiniano oltrepassava, a quel che sembra, i limiti tollerabili dalla vita sociale, e il suo successore, Giustino II, fu costretto a ripristinare il divorzio per mutuo consenso, con la novella 140, che fa parte anch'essa del *Corpus iuris* (1).

Ma nonostante queste fiere limitazioni, il concetto del matrimonio e del divorzio romano, si osservi bene, non è mutato ancora nel diritto giustinianeo. Il divorzio è punito, ma non è dichiarato nullo: anzi è punito, appunto perchè non si può dichiarare nullo. Lo stesso Giustiniano in una delle Novelle, in cui dispone le sue gravissime restrizioni, esce in queste parole caratteristiche: *Nuptias quidem affectus facit mutuus... Cum autem*

(1) Cfr. su tutto L. 8 — 12, C. *De rep.*, 5, 17. Nov. 22, 117, 131 e 140. Le leggi interpolate del Digesto circa il divorzio sono oltrepassate dalle Novelle.

semel contractæ sint... etiam solutionem rursus rem sequi omnino par est aut impunitam aut cum poena, quoniam ex iis quæ inter homines eveniunt ligatum omne dissolubile (1).

Fu soltanto nel medio evo che il diritto canonico mutò il concetto del matrimonio e lo rese indissolubile di sua natura. É singolare per le idee moderne in proposito, che a tal uopo il diritto canonico stesso abbia trasformato la conclusione del matrimonio in un contratto (2). L'istituto moderno del divorzio, quale esiste in molte legislazioni, non fa che ordinare una serie di cause d'annullamento del matrimonio, e non risuscita affatto il divorzio romano, inerente a una idea tutta diversa del matrimonio.

§ 62. **Gli sponsali**.

D. *De spons.*, 23, 1. C., 5, 1.

Il matrimonio può essere preceduto da una convenzione colla quale i futuri sposi (o i loro rispettivi padri) prendono l'impegno di conchiudere le nozze. Tale convenzione, in epoca storica non formale, costituisce gli sponsali (*sponsalia*) (3).

La *filiafamilias* si reputa consenziente, se tace; anzi il *paterfamilias* può fidanzarla senza il suo consenso, purchè il fidanzato non sia persona turpe (4). Riguardo alla capacità occorrono gli stessi requisiti e hanno luogo gli stessi impedimenti che pel matrimonio, salvo quelli di carattere temporaneo, come l'anno del lutto, che non viziano gli sponsali. Similmente gli sponsali si possono contrarre prima dell'età pubere: Giustiniano fissò in pro-

(1) Nov. 22, c. 3.

(2) Manenti, l. c. pag. 44-50.

(3) L. 1. pr. D. *De spons.*, 23, 1: *Sponsalia sunt mentio et repromissio nuptiarum futurarum.* — Richiedevasi la *sponsio* (v. § 154) nell'antica epoca e la promessa era fatta al futuro sposo o al suo *paterfamilias* L. 2 D. *h. t.* e Varro *l.l.* VI, 70.

(4) L. 7. L 11. 12 D. *De spons.*, 23, 1 (L. 12 § 1. interp. ?).

posito il termine minimo di sette anni (1). L' apposizione di condizioni o termini non vizia gli sponsali.

Nelle popolazioni del Lazio, prima dell'aggregazione alla cittadinanza romana, gli sponsali erano, si narra, garantiti da vera azione, l'*actio ex sponsu*, con effetto di costringere lo sposo o la sposa infedele al pagamento di una somma di denaro. Ma nel diritto romano dell'epoca storica gli sponsali non obbligano a conchiudere le nozze, ed è priva di effetto la clausola penale (*stipulatio poenæ*) aggiunta all'atto. Ciò per un sentimento etico che faceva abborrire da qualunque coazione al matrimonio, fosse già contratto o da contrarre (Cfr. § 61).

Solo per una serie d'effetti secondari gli sponsali avevano importanza nel diritto. Essi generano una quasi-affinità e sono ragione d'impedimento al matrimonio. È vietato, sotto pena d'infamia, agli sposi stessi di conchiudere altri sponsali o altre nozze, prima di avere sciolto il vincolo precedente, l'infedeltà della sposa venne assimilata all'adulterio, l'uccisione della sposa o dello sposo, del futuro suocero o della futura suocera cade sotto la sanzione della *Lex Pompeia de parricidiis*. Il fidanzato ha, come il marito, l'azione d'ingiurie per l'offesa che venga fatta alla fidanzata.

Ma nell' epoca romano-ellenica noi assistiamo, sotto l'influenza orientale, a un vero ricorso storico. Benchè sia mantenuta la nullità della stipulazione penale, in effetto il divieto viene ad essere frustrato dall' istituto romano-ellenico delle *arrhae sponsaliciae* (2). Se i fidanzati si scambiano di tali arre, la parte per sua colpa inadempiente perde le proprie ed è tenuta a restituire quelle ricevute, dapprima nella misura del quadruplo, più tardi, ed è questo il diritto giustinianeo, nella misura del doppio: i minori restituiscono solamente il *simplum* (3).

(1) L. 14, D. *De spons.* 23, 1. *Idest — septem annis* (interpolata).

(2) La L. 38, D. *De ritu nupt.* 23, 2, che menziona le arre, è interpolata.

(3) L. 3. L. 5, C. *De spons.*. 5, 1. Cfr. su questa legge Riccobono in *Bull. dell'Ist. di dir. rom.* IX. pag. 292, e *Studi per Pepere*, 1900.

Si andò più in là. Costantino stabilì che le donazioni tra fidanzati (*sponsalicia largitas*) s'intendessero fatte sotto la tacita condizione di matrimonio, onde si ha diritto a ripeterle in caso contrario: ma non può ripeterle la parte che ha colpa dell' inadempimento, sia per avere sciolti gli sponsali senza una giusta causa, sia per avere offerto all' altra una giusta causa di scioglimento. Se il matrimonio non si conchiude per la morte del fidanzato, la sposa non restituisce che la metà, quando sia stata baciata all'atto di conclusione degli sponsali (*interveniente osculo*).(1) Le frasi relative alla libertà dei matrimoni hanno oramai, come tante classiche regole trasportate nel diritto delle Pandette, un valore assai relativo.

Gli sponsali si risolvono colla morte, col sorgere di un impedimento contrario al matrimonio, col mutuo dissenso o anche colla semplice dichiarazione d'una delle parti (*repudium*), con pena o senza pena, secondo che vi sia o no *iusta causa.*

§ 63. Il concubinato.

D. *De concubinis*, 25, 7, C., 5, 26.
MEYER, *Der röm. Konkubinat*, Leipzig 1895. COSTA, *Bull. dell'Ist. di dir. rom.* XI (1900) 233.

I rapporti sessuali fuori del matrimonio con persona di onesta condizione erano severamente puniti dalla legge Giulia, energica favoreggiatrice dei matrimoni.

Non era invece punito dalla legge il concubinato: anzi sia a causa delle pene contro le relazioni sessuali con donne di onesta condizione, sia a causa del divieto delle nozze tra senatori e liberte o donne di teatro, tra

(1) L. 15, 16, C. *De don. ante nupt.*, 5, 3. — Nel diritto bizantino, proseguendosi in questo senso, dietro la pressione degli usi (così dichiara l'imperatore Leone il filosofo), lo svolgimento degli sponsali, fu tolta la contraddizione tra il riconoscimento delle arre e della pena legale (*statuta poena*) e il divieto della pena convenzionale (*stipulatio poenae*), riconoscendo anche questa.

ingenui e donne inonorate, sia forse anche a causa del divieto delle nozze nella classe dei militari, il concubinato si diffuse largamente nella società imperiale. E se giuridicamente esso era un'istituzione di fatto meramente tollerata, ma assolutamente fuori del diritto nel mondo pagano, dal lato etico e affettivo e negli usi sociali non si confondeva punto colle unioni transitorie e voluttuarie. Sotto questo aspetto ben si può dire ch'esso venne a costituire sin d'allora una specie di matrimonio morganatico (*coniugium inæquale*).

Il concubinato era la convivenza con donna di bassa condizione, in genere una propria liberta, senza *affectio maritalis*. È questo carattere negativo che distingueva il concubinato dal matrimonio; del resto era soggetto alle stesse condizioni e agli stessi impedimenti del matrimonio, nè si poteva tenere più di una concubina, nè avere colla moglie anche una concubina.

L'assenza di forme nella celebrazione del matrimonio non faceva che il concubinato si confondesse facilmente col rapporto coniugale. Già era d'uso normale che al matrimonio andasse congiunta la costituzione di dote, la quale esclude il concubinato, perchè la dote non può avere a sua base che un matrimonio. Anche senza questo, l'*affectio maritalis* si rivela nell' *honor matrimonii*, cioè nelle forme esteriori, nella partecipazione della moglie al grado e alla dignità del marito; e da ultimo la convivenza con persona onesta e di condizione ingenua era sempre considerata come matrimonio. Ciò produce questa singolare conseguenza: che se alcuno vuol tenere come concubina una donna ingenua e onorata, deve farne dichiarazione espressa, la quale ha per effetto anche la perdita dell'*existimatio* da parte della donna (1).

Ma fu sotto gli imperatori cristiani che il concubinato assurse veramente al grado di istituzione giuri-

(1) L. 3, D. *h. t.* — Il sistema della dichiarazione (e quindi la liceità del concubinato con donna ingenua e onorata) sembra però interpolato dai compilatori.

dica. La concubina e i *liberi naturales*, come si usa ora chiamare i figli nati da concubina, sono dal diritto contemplati, da un lato per vero limitando le donazioni e i lasciti per atto di ultima volontà, vietando fors'anco l'arrogazione dei figli, dall'altro lato introducendo a favor loro l'istituto della legittimazione (v. § seguente) e riconoscendo loro anche un diritto agli alimenti, e un limitato diritto di successione così ai figli come alla concubina.

Il proposito degli imperatori cristiani, che non riuscirono ad attuare per allora, era veramente quello di cancellare l'istituzione del concubinato, sia elevandolo in guisa da riassumerlo nel matrimonio, sia incoraggiando con le forme di legittimazione il matrimonio con la concubina. Giustiniano, eliminando gli impedimenti matrimoniali di natura sociale, tolse in gran parte la base del concubinato; nondimeno esso durò in Oriente sino ai tempi di Leone il filosofo (IX secolo), in Occidente fino al XII secolo.

§ 64. **Rapporti tra genitori e figli.**

§ 13. I. *De nupt.*, 1, 10. § 3, 1. *De poena tem. lit.*, IV, 16. D. *De in ius voc.* 2, 4. C. 2, 2. D. *De agn. et al. lib.*, 25, 23, C. 5, 25. C. *De nat. lib.*, 5, 27.

I rapporti tra genitori e figli sono stati dal diritto romano contemplati più tardi che non quelli tra coniugi, perchè, mentre la *manus* cedette rapidamente sin dal principio della seconda epoca, la patria potestà perdura ancora nel diritto giustinianeo, e il potere sovrano del *paterfamilias* esonera il diritto dal regolare le relazioni domestiche tra padri e figli. Nondimeno di queste relazioni esso dovette pure nel progressivo sviluppo tener conto, prescindendo dal rapporto di patria potestà.

I figli si distinguono in *legittimi* (*iusti*, nel linguaggio giustinianeo *legitimi*) e *spuri* (*vulgo concepti*). Una categoria distinta formano per la posizione speciale conseguita i figliuoli d'una concubina, ai quali nell'epoca cristiana venne riservato in senso specifico il titolo di figli naturali (*naturales liberi*). *Legittimi* sono i figli che hanno un padre giuridicamente certo. La legittimità deriva dal matrimonio dei genitori, dall'adozione e nell'ultima epoca dalla legittimazione.

Il figlio si presume legittimo, se nato almeno nel settimo mese o più precisamente cento ottantadue giorni dalla conclusione del matrimonio e prima di dieci mesi dallo scioglimento: altrimenti si deve provare la paternità, se il marito disconosce la prole. L'azione di riconoscimento si chiama *actio de partu agnoscendo* o *de liberis agnoscendis*, secondo che sia concessa alla madre o ai figli.

L'adozione fa sì che l'adottato si riguardi come figlio legittimo del *paterfamilias* ovvero del *filiusfamilias*, al quale il primo l'ha attribuito; il che avviene nelle adozioni *nepotis loco*. Veramente l'adozione è un istituto sorto in un tempo in cui la famiglia romana era tutto; laonde se, coll'assorgere della famiglia naturale, l'adozione è tuttavia riconosciuta come un modo atto a conferire la qualità di figlio legittimo, essa compare nel nuovo aspetto come una mera finzione ed è stata ridotta in termini abbastanza angusti colla distinzione giustinianea dell'*adoptio plena* e *minus plena*.

Di fronte agli adottivi tutti gli altri i figli legittimi si dicono *liberi naturales*.

Un istituto proprio interamente dell'ultima epoca è la *legittimazione*, ammessa in pro dei figli d'una concubina o *liberi naturales* in senso tecnico.

Essa ha tre forme nel diritto giustinianeo: *per subsequens matrimonium, per oblationem curiæ, per rescriptum principis.*

La legittimazione per matrimonio susseguente colla concubina venne concessa da Costantino come rimedio transitorio, cioè a favore dei figli naturali nati all'epoca della legge. (1) Fu soltanto Giustiniano che la rese uno stabile istituto giuridico.

(1) Con questo carattere il provvedimento venne ripetuto da Zenone.

La legittimazione *per oblationen curiæ* si richiama alla sua volta a una disposizione di Teodosio II e Valentiniano III, i quali, coll'intento di ripopolar le curie, cui incombeva l'onere oramai gravissimo di garantire le imposte, permisero di donare o lasciare per testamento anche tutto il patrimonio ai figli naturali a patto che venissero iscritti tra i decurioni, se maschi, o maritate ad un decurione, se femmine. Questo atto assunse via via il carattere di una vera forma di legittimazione. Ma fu anche qui Giustiniano quegli che le diede la definitiva sanzione legale e la permise anche a chi avesse figli legittimi. Essa è peraltro limitata negli effetti al padre, come il nostro riconoscimento; non si estende cioè alla famiglia paterna.

Quanto alla legittimazione *per rescriptum principis* essa è un puro e semplice modo giustinianeo accordato nel caso che non esistessero figli legittimi e il matrimonio colla concubina fosse impossibile. (1)

I figli legittimi seguono la condizione del padre, e principalmente sono cittadini, se il padre è cittadino, e soggetti alla sua patria potestà o alla potestà di colui, al quale il padre stesso è soggetto. Tra genitori e figli v'ha obbligo e diritto reciproco agli alimenti, indipendentemente dalla patria potestà; istituto nuovo che spunta in via di eccezione sotto Antonino e Marco Aurelio, indi assume carattere stabile e regolare. Si estende al padre l'obbligo di dotare la figliuola e si fonda l'obbligo altresì di educare la prole, come s'ha oramai nella nuova epoca il diritto di tenerla presso di sè, senza riguardo alla patria potestà. Il debito morale di obbedienza e rispetto *(obsequium, pietas)* che i figli hanno verso i genitori si esternava già sin da tempo antico in varie sanzioni giuridiche: non si può citare in giu-

(1) Una costituzione di Anastasio, abrogata da Giustino e biasimata da Giustiniano, aveva permesso l'arrogazione, che pure facevasi oramai per *rescriptum principis* (v. § 48).

dizio il proprio genitore senza il permesso del magistrato, non si può intentare contro di lui un'azione infamante, l'ingiuria a lui recata assume senz'altro il carattere di una ingiuria atroce, e in genere egli fruisce in confronto dèl figlio di tutti i benefici processuali (esenzione dal giuramento purgativo, *beneficium competentiæ*, ecc.). Il padre ha inoltre il diritto di consentire al matrimonio dei figli maschi.

Sin dal primo sviluppo del diritto pretorio la qualità di figlio fu sostituita in ordine alla successione ereditaria a quella di *filiusfamilias*.

I figli spurî non hanno giuridicamente un padre, nè è possibile il loro riconoscimento. La madre è però certa anche per il diritto ed ha l'obbligo agli alimenti verso di loro.

§ 65. **Concetto e sviluppo storico della dote.**

La dote è una causa generale d'acquisto, che alla sua volta necessariamente presuppone il matrimonio e deve quindi trattarsi in connessione con questo istituto. Il rapporto dotale *(dos* o *causa dotis)* giustifica l'acquisto dei beni trasmessi dalla moglie al marito per lo scopo di sostenere gli oneri del matrimonio *(ad sustinenda onera matrimonii)*. Codesto scopo, il quale stabilisce l'impiego dei beni, toglie alla dote rispetto al marito il carattere lucrativo e la ripone invece tra le cause onerose.

La necessaria connessione della dote col matrimonio fa che la dote sia nulla, se nullo è il matrimonio.

Dos o *res uxoria* si chiama pure il complesso dei beni che sotto questo titolo vengono trasmessi al marito, cioè costituiti in dote.

Sin dai più antichi tempi la donna, all'atto di andare sposa, recava con sè un patrimonio o un peculio nella casa del marito, che pare che sin d'allora si usasse chiamare dote. Ben è vero che al matrimonio era di regola congiunto l'assoggettamento della donna alla *manus*, in altri termini, il passaggio nella famiglia romana del marito; onde anche i beni recati da lei trapassavano *ipso iure* nella nuova famiglia (§ 49 e 184). Ma convien notare che costituenti la dote erano o il padre o il tutore, com'eran essi che davano in isposa la fanciulla; quindi l'atto assumeva fin d'allora una figura distinta. A ogni modo la dote ricadeva sotto il diritto generale del nuovo *paterfamilias*, fosse il marito o il suocero. Soltanto, la consuetudine portava che il *paterfamilias* non dovesse mai sottrarre questi beni al marito e agli usi del matrimonio cui erano destinati (1).

Nei matrimoni liberi dalla *manus* si perpetuò, come tanti altri elementi formali e sostanziali, l'uso della costituzione di dote, benchè, restando la donna nella famiglia paterna, uno dei motivi dell'antico sistema, la perdita del diritto di successione rispetto al padre e agli agnati (cfr. § 211 e 212), venisse a mancare.

Senonchè tanto negli uni quanto negli altri i beni assegnati erano irripetibili, e quando i divorzi divennero frequenti e in pari tempo non furono più giustificati, come in antico, da cause che il costume riconosceva, allora la perdita che subiva la moglie ripudiata e il lucro del marito parvero anch'essi ingiustificati e si cercò di provvedere. Dapprima venne l'uso di premunirsi mediante convenzioni private conchiuse nella forma della stipulazione allo scopo di assicurarsi la restituzione della dote per il caso di divorzio. Tali stipulazioni, dallo scopo di garentia contro eventuali perdite, dicevansi *cautiones rei uxoriae*; l'azione, che in caso di divorzio intentava il costituente, era un'*actio ex stipulatu.* Ma sul finire dell'età repubblicana spunta una vera azione legale, vale

(1) Certamente usò poi che la dote venisse dal *paterfamilias* assegnata come *praecipuum* al marito e fosse riservata anche ad esso nella divisione ereditaria tra coeredi *ab intestato*.

a dire indipendente da qualunque convenzione, a favore della donna: e fu l'azione *rei uxoriæ*. Col sorgere di quest'azione s'inizia veramente il classico regime della dote destinata a sostenere i pesi del matrimonio. Esso crebbe via via di particolarità e di privilegi, fino alle riforme radicali in pro della donna operate da Giustiniano.

La dote è anch'essa non un mero istituto giuridico, ma un istituto sociale assai vivo. Che una fanciulla non fosse dotata era caso in Roma nè frequente nè decente. Un obbligo d'onore e di convenienza imponeva di dotare le figlie e le sorelle, e gli antichi *mores* dei consorzi gentilizi facevano anche un obbligo ai clienti di dotare le figlie dei loro patroni. Cresciuta la potenza e l'azione dello Stato, il diritto stesso obbligò i prossimi parenti a costituire la dote alle fanciulle. Nel diritto classico tale obbligo era imposto al padre; nel nuovo diritto, in via d'eccezione, anche alla madre (1).

§ 66. Costituzione della dote.

D. *De i. d.* 23, 3. *De pact. dot.*, 23, 4. Cod. *De d. prom.*, 5, 11 *De i. d.*, 5, 12. *De p. conv.* 5, 14. *De d. c.*, 5, 15.

Si può costituire in dote ogni sorta di beni, proprietà o altri diritti reali e crediti. La stessa remissione di un debito vale come costituzione di dote.

La dote viene costituita o mediante la trasmissione effettiva dei beni o mediante l'assunzione di un obbligo.

La trasmissione reale dicesi *dotis datio*. Essa richiede non forme speciali, ma le forme debite, secondo la natura del diritto da trasmettere: quindi, trattandosi, ad esempio, di proprietà, nel diritto classico la trasmissione delle *res mancipi* doveva seguire nelle

(1) L. 14 C. *De iure dot.* 5, 12. Interpolate, a nostro avviso, le parole *nisi ex magna*, ecc: la *lex specialis* non può alludere che alla sanzione d'ordine religioso della L. 19 § 3. C. *De haer.* 1, 5 di Giustiniano (BONFANTE *Lez.* 1901-1905).

forme della *mancipatio* o della *in iure cessio,* altrimenti il marito non acquistava la proprietà, se non decorso il tempo dell'usucapione; nel diritto giustinianeo basta all'uopo per ogni oggetto la semplice tradizione.

L'obbligazione dotale, cioè la seconda specie di costituzione della dote, si diceva nel diritto classico *dotis promissio,* se la forma adoperata era quella consueta di qualunque altra promessa obbligatoria, la stipulazione; *dotis dictio*, se era la forma speciale della dote: entrambe verbali (cfr. § 153 e 154). Teodosio II rese la promessa dotale una convenzione semplice scevra di qualunque forma (cfr. § 169); peraltro nell'ultima epoca era cresciuto sempre l'uso di redigere uno strumento scritto della costituzione di dote.

La costituzione della dote è uno dei negozi in cui più di frequente occorre aggiungere convenzioni accessorie o patti, per esempio, circa l'uso della dote, il tempo della restituzione, le persone a cui si deve restituire, ecc. *(pacta nuptialia).* I patti dotali o nuziali non debbono contenere nulla che contraddica all'essenza della dote o del matrimonio e in generale nulla che renda più sfavorevole la condizione della donna.

La dote dicesi *profecticia*, se costituita dal *paterfamilias* (non però dal padre per la figlia emancipata) (1), *adventicia,* se costituita da un *extraneus*, cioè una terza persona, parente o meno. Quando l'estraneo se ne riserba la restituzione per il caso di scioglimento del matrimonio, allora questa prende il nome di *recepticia.*

(1) Vi ha una antinomia tra i testi dei giureconsulti nelle Pandette (cfr. per es. L. 5 § 11 D. *De iure dot.* 23, 3) e i testi imperiali nel Codice (cfr. L. un. § 13 c. C. *De rei ux.* 5, 13, ove si definisce l'*extraneus*): noi accettiamo l'opinione più restrittiva, non tanto per la prevalenza dei testi imperiali (l'uno dei quali, la L. 4 C. *De i. d.* 5, 12, è certo interpolato), quanto perchè (contro l'opinione dominante) riteniamo che rappresenti il principio più conforme allo svolgimento ultimo dell'istituto, che intende restringere *in pro dei figli* il ritorno della dote alla casa paterna. L'*extraneus*, notiamolo, è definito da Giustiniano in antitesi al *paterfamilias* anche nella donazione nuziale rispetto al figlio (Cfr. L. 31 § 3 C. *De iure dot.* 5, 12) e gli scoli ai Basilici accentuano pur essi la patria potestà. V. anche § 68.

§ 67. La dote durante il matrimonio.

D. *De i. d.*, 23, 3. *De fundo dot.*, 23, 5. C. *De i. d.*, 5, 12.

I diritti costituiti in dote erano acquistati al marito, e sovrattutto egli diventava proprietario delle cose dotali. Questo passaggio definitivo dei beni dotali è nondimeno più che altro un vestigio dell' origine storica dell'istituto. I giureconsulti sentono ch'esso non è perfettamente conforme alla funzione del rapporto dotale, onde, se giuridicamente resta fermo che la dote è proprietà del marito, sotto l'aspetto sociale si dice che la dote appartiene — il che è innegabile nel senso volgare della pertinenza come relazione generica — alla donna. *Quamvis in bonis mariti dos sit, mulieris tamen est.* Generalizzata la restituzione, introdotta la riversibilità reale (cfr. § 68), Giustiniano poteva con piena ragione asserire che in realtà il passaggio dei beni dotali in proprietà del marito è una sottigliezza legale, che non può cancellare o confondere la verità delle cose (1): in realtà la conclusione logica del nuovo ordinamento, nonostante i testi delle Pandette, sarebbe di concepire il diritto del marito come un usufrutto legale.

Per quel che concerne il godimento e l'amministrazione della dote durante il matrimonio, già la *lex Iulia de adulteriis* aveva proibito l'alienazione dei fondi dotali senza il consenso della donna, e per sottoporli a pegno non valeva nemmeno il consenso di lei. I giureconsulti classici dubitarono se il divieto si dovesse estendere anche ai fondi provinciali, che non erano oggetto di vera proprietà, nè suscettibili dei modi civili di alienazione (cfr. § 80). Nelle parti orientali, in cui continuò più vivace la civiltà antica e lo sviluppo del diritto romano, il divieto sarebbe rimasto lettera morta, se non si fosse applicato anche ai fondi provinciali, i quali ormai si consideravano in piena proprietà del cit-

(1) L. 30, § 1. C. *De i. d.*, 5, 12.

tadino, non altrimenti che i fondi italici; onde Giustiniano tolse via ogni dubbio circa tale estensione ed inoltre stabilì che il consenso della donna non valesse a permettere nemmeno le alienazioni.

Il marito è tenuto ad adoperare nell'amministrazione dei beni dotali, la stessa diligenza che adopera nelle cose proprie, ossia è responsabile per le perdite, i deterioramenti ed ogni diminuzione di valore sino al limite (nel diritto giustinianeo) della così detta colpa in concreto. (1) Egualmente nel diritto giustinianeo, se la dote corre pericolo, la donna può richiederne la restituzione durante il matrimonio stesso, purchè non la sottragga al suo scopo (2).

La funzione dell'istituto dotale genera altresì questa conseguenza: che la dote, destinata a sostenere i pesi di un dato matrimonio, già nel diritto classico, e probabilmente *ab antiquo,* rimaneva pur sempre nelle mani del marito, anche se questi era *filiusfamilias*, nè il suo *paterfamilias*, che pure legalmente ne aveva la proprietà, era in diritto di sottrarla al suo scopo e disporne altrimenti (§ 65). Ciò e non altro significano le celebri parole di Paolo: *Dotis causa perpetua est, et cum voto eius qui dat ita contrahitur ut semper apud maritum sit* (3).

§ 68. Restituzione della dote. Azioni e garentie relative.

Ulp. IV. 6. D. *Sol. matr.* 24, 3. C. *De r. u.x. act.* 5, 13.

L'istituto giuridico della dote incominciò a delinearsi, quando s'introdusse l'obbligo della restituzione in caso di scioglimento del vincolo coniugale.

(1) L. 17 D. *De i. d.* 23, 3 e L. 24 § 5 D. *Sol. matr.* 24, 3; leggi interpolate (la seconda è tutta infarcita di frasi bizantine) e in contraddizione con una serie numerosissima di leggi, che parlano di *dolus* e *culpa* senz'altro. Cfr. anche § 35.

(2) Cfr. L. 22 § 8; L. 24 pr. D. *Sol. matr.* 24, 3 interpolate. — Interpolati sono per certo anche i casi in cui è lecito al marito senza pericolo di restituire la dote durante il matrimonio (BONFANTE *Lez.* 1904-1905).

(3) L. 1, D. *De i. d.*, 23, 3. — Cfr. anche L. 56 § 1 eod.: « Ibi dos esse debet ubi onera matrimonii sunt ».

Le azioni con cui si soleva chiedere la restituzione della dote, erano, come dicemmo, nel diritto classico l'*actio ex stipulatu* e l'*actio rei uxoriæ*.

L'azione *ex stipulatu* non era propriamente una vera azione dotale. Essa aveva sua base nella stipulazione che il costituente aveva stretto col marito, e, come ogni altro credito nascente da contratto, il diritto di chiedere la restituzione passava agli eredi del creditore. La stipulazione dava luogo altresì ad una azione di stretto giudizio, nella quale non si poteva tener conto se non di ciò che era stato stipulato. Lo sviluppo dei così detti contratti innominati condusse nell'epoca imperiale a ritener fondato l'obbligo alla restituzione, quando si fossero dal costituente consegnati degli oggetti o eseguite altre prestazioni, convenendo, anche per via di semplice patto, la restituzione in caso di scioglimento del matrimonio. L'azione era in tal caso un'*actio civilis* o *in factum*, in cui, non avendo il contratto un nome, si descriveva con parole inserite nella formula *(præscriptis verbis)* il rapporto costituito tra le parti (Cfr. § 160).

Vera azione dotale era l'*actio rei uxoriæ*, di origine probabilmente pretoria e penale. Essa competeva sì per la dote profettizia come per l'avventizia, alla donna o al suo *paterfamilias*, ove la donna non fosse *sui iuris;* anche in questo caso però era necessario a poterla intentare il consenso della donna, sia pure nella misura blanda e passiva del silenzio, cioè del non opporsi al padre (Cfr. § 24). Morta la donna, non passava agli eredi di lei; soltanto il padre poteva intentarla e per la sola dote profettizia. Quindi se il matrimonio era sciolto per la morte della moglie, la dote avventizia restava presso il marito. L'*actio rei uxoriæ* differiva dall'*actio ex stipulatu*, in quanto non dava luogo a un giudizio stretto, bensì a un giudizio di buona fede e tale che al giudice era riserbato il più largo arbitrio nel valutare i reciproci rapporti dei coniugi: essa era un'*actio in bonum et æquum concepta* (v. § 39) e il giudice doveva pesare l'obbligo della restituzione *æquius melius*. L'arbitrio giudiziale si rivela principalmente nelle ritenzioni di parte della dote che il giudice, secondo le circostanze, riconosceva in misura più o meno larga al marito. Tali ritenzioni nel diritto classico erano ormai distinte e determinate nettamente: la *retentio propter liberos, propter mores, propter res donatas, propter res amotas*, ossia per le cose sottratte dalla moglie al marito, e finalmente *propter impensas*, ossia per le spese necessarie eseguite circa la dote (che s'intendeva anzi *ipso iure* diminuita da queste spese), più tardi anche per le spese utili, per lo meno quando fossero state eseguite col consenso della donna.

La *retentio propter liberos* aveva luogo sciolto il matrimonio per colpa della donna o del padre di lei ed era di fronte alla donna di $^1/_6$ per ciascun figlio, a patto di non eccedere la metà della dote. In caso di morte della moglie, di fronte al padre, essa era di $^1/_5$ per ciascun figlio *in infinitum*.

Era pure di $^1/_6$ la ritenzione per l'adulterio della donna (*graviores mores*), $^1/_8$ un ottavo per le mancanze più lievi (*leviores mores*) (1).

Se la dote era stata lasciata dal marito defunto in legato alla moglie, essa, per una disposizione pretoria conosciuta sotto il nome di *edictum de alterutro,* doveva esperire o l'azione *ex testamento* o l'azione *rei uxoriae,* rinunciando all'una delle due.

La dote consistente in somme di denaro o generi, cioè in cose fungibili (v. § 178), doveva restituirsi in tre termini annali (*annua, bima, trima die*): ogni altro oggetto subito. L'adulterio del marito si puniva colla perdita del beneficio dei tre termini; le mancanze più lievi col ridurre i termini a sei mesi.

(1) Oscura è la questione del *iudicium de moribus*. Forse esso è da porsi in rapporto coll'*actio ex stipulatu*, in cui, per le sue contropretese. il marito era sempre rinviato a giudizi separati. Cfr. in SOLAZZI, *La restituzione della dote*, le acute considerazioni al riguardo.

Finalmente il marito godeva del così detto *beneficium competentiæ*, cioè di non essere condannato se non nella misura delle sue forze: *in quantum facere potest*.

Nell'epoca romano-ellenica la legislazione, seguendo l'influenza dei nuovi territori, in cui la dote restava proprietà della donna e i beni materni erano riservati ai figli, amplia in sostanza l'obbligo del marito alla restituzione col sancire, mediante il divieto di alienazione dei beni materni e dei lucri nuziali (v. § 53), la riserva ai figli eredi e tende a respingere in pro dei figli anche il padre, ora limitando, ora eliminando il diritto speciale della dote profettizia. Conforme a queste tendenze fu operata da Giustiniano circa l'ordinamento classico una trasformazione profonda, infelice nei termini, opportuna però nella sostanza e tale che si può dire abbia compiuto per questa parte lo sviluppo dell'istituto.

Colla celebre costituzione del 1.° novembre 530 Giustiniano dichiarò di abolire l'*actio rei uxoriæ* e di concedere come unica azione dotale, in qualunque causa di scioglimento del matrimonio, l'azione *ex stipulatu* alla donna e agli eredi suoi, attribuendo peraltro all'azione *ex stipulatu* lo stesso carattere di buona fede dell'antica *actio rei uxoriæ*.

Ora codesto linguaggio è strano e confuso. L'imperatore è stato trascinato dal parallelismo ordinario dell'azione *rei uxoriæ* e dell'azione *ex stipulatu* nell'istituto dotale. Ma la nuova azione costituita da lui non si poteva assolutamente dire *ex stipulatu* dal momento che è resa indipendente da qualunque stipulazione: essa è, come l'antica *actio rei uxoriæ*, una vera azione legale nascente puramente e semplicemente dal rapporto dotale.

Certo l'*actio ex stipulatu* giustinianea non ha il carattere schiettamente personale dell'antica *actio rei uxoriæ*, perchè è trasmissibile agli eredi: ma quel carattere era una singolare peculiarità, giacchè di regola crediti e debiti passano agli eredi. Siccome d'altra parte è sempre lecito al costituente di stipulare la restituzione a suo favore e di esperire quindi l'azione *ex stipulatu*, si vede chiaro l'equivoco nascente dal chiamare con questo nome anche l'azione legale, cioè dall'attribuire al rapporto una natura, ch'è in contraddizione col suo titolo (1).

A parte il nome, che del resto nelle Pandette è sempre quello di *actio dotis* o *de dote*, certo è che, ampliando così il campo dell'azione dotale, resa anche trasmissibile agli eredi, l'obbligo della restituzione è diventato inerente alla dote. Solo è a notare che circa la dote profettizia il *paterfamilias* che l'ha costituita intenta pur sempre lui l'azione *adiuncta filiæ persona* ed è preferito agli eredi della donna: ma soltanto il *paterfamilias*, non il padre (v. § 66) (2).

Giustiniano ha pure abolito tutti i diritti di ritenzione del marito, il *iudicium de moribus* e l'*edictum de alterutro*. Ma riguardo alle spese necessarie egli mantenne il principio del diritto classico ch'esse diminuiscono *ipso iure* la dote e concesse inoltre azione per esse come per le spese utili, ossia per i miglioramenti, nonchè il diritto di togliere le accessioni (*ius tollendi*) per le spese voluttuarie o abbellimenti recati alla cosa, qualora la donna non voglia pagarne l'importo (3).

(1) Giustiniano abusa dei termini *tacita, tacite* e simili; ma se l'ipoteca tacita, riferentesi al diritto, ha un senso, la *tacita stipulatio*, com'egli si esprime nel caso nostro, non è più una stipulazione: un contratto legale è una *contradictio in adiecto*.

(2) Questa soluzione, che ormai, date le tendenze della nuova legislazione, non deve parer strana, scema il valor pratico della disputa agitatasi tra Bulgaro e Martino, se la dote profettizia debba tornare al costituente, anche quando vi sien figli o meno, onde non giova seguire Martino per una via illogica, al solito, senza il menomo appoggio nelle fonti.

(3) L'abolizione della *retentiones* ha un significato assoluto circa le ritenzioni di carattere etico, *propter liberos* o *propter mores*; quanto alla *retentiones pecuniariae*, esse possono pur sempre opporsi in compensazione. I termini *retentio, retinere* vennero mutati dai compilatori in *actio, exactio, petitio, compensatio, agere, exigere*, ecc. Cfr. ad esem-

Le cose stimate al momento della costituzione della dote debbono esser restituite in natura o nel prezzo di stima, secondochè la stima fosse stata fatta a fine di stabilire una misura fissa di responsabilità in caso di perimento degli oggetti *(æstimatio taxationis causa)*, ovvero si fosse inteso di vendere le cose al marito, costituendo in dote il prezzo *(æstimatio venditionis causa)*.

Il marito deve restituire tutte le accessioni, compresi i parti delle ancelle. I frutti dell'ultimo anno dotale, cioè dell'ultimo anno da che il matrimonio fu celebrato e consegnata la dote, vengono divisi tra il marito e la moglie in proporzione della durata del matrimonio in quell'anno; s'intende i frutti nell'anno percepiti, cioè raccolti (1). La restituzione doveva avvenire immediatamente per i beni *immobili*, entro l'anno per le cose *mobili*, distinzione romano-ellenica (v. § 79 in fine), surrogata per questo riguardo all'altra delle cose fungibili e infungibili. Per le garentie della restituzione della dote già nel diritto classico la donna aveva il *privilegium exigendi* di fronte a tutti i creditori del marito anche per le cose comperate con danaro dotale. Giustiniano ha esteso tale privilegio persino agli oggetti che, essendo stati consegnati sotto stima *(venditionis causa)*, non hanno più carattere dotale e accordò inoltre alla donna il diritto

pio, L. 28. § 3, D. *De don.*, *int. vir. et ux.* 24, 1; L. 15. § 1, D. *Sol. matr.* 24, 3; L. 25 pr. *eod.* ecc.. Per le spese utili Giustiniano (cfr L. *un.*, § 5 C. *De r. ux. act.*, 5, 13) ci obbliga a conciliare i testi delle Pandette, accordando l'*actio mandati* o *neg. gest.*, secondo che sieno fatte con o senza il consenso della donna. Circa il *ius tollendi* per le spese voluttuarie cfr. L. *un.*, § 5, C. *De r. ux. act.*, 5, 13 e L. 9 D. *De imp.* 25, 1 (legge tutta interpolata): il diritto classico non concedeva mai verun indennizzo, nemmeno se queste spese fossero state fatte col consenso della moglie (cfr. L. 11, D. *De imp.*, 25. 1). Cfr. sulla materia delle spese Riccobono in *Bull. dell'Ist. di dir. rom.*, IX, p. 217 e *Arch. Giur.*, vol. 58 (1897) fasc. 1, 2, 3.

Per effetto delle altre riforme i compilatori mutarono pure ne' testi classici *dictio*, *dicere dotem* in *promissio* o *promittere*, *rei uxoriæ actio* in *actio de dote*, *annua bima trima die* in *tempore statuto* e simili.

(1) V. Bonfante, *Divisione dei frutti nell'ultimo anno dotale* nella *Riv. it. per le sc. giur.* 1896.

d'intentare a sua scelta per le cose l'azione ipotecaria o la rivendicazione, esclusa ogni prescrizione, anche la trentennale (§ 91).

Finalmente l'imperatore stabilì pure una ipoteca tacita generale sui beni del marito a favore della donna e di coloro che possono domandare la restituzione della dote; la quale rispetto alla donna e ai suoi discendenti era privilegiata su tutte le altre ipoteche.

Il marito gode tuttavia del *beneficium competentiæ*.

A maggior ragione debbono essere restituiti allo scioglimento del matrimonio i *beni estradotali o parafernali*, che la donna abbia consegnato o anche trasmesso in proprietà al marito. Anche per la sicurezza dei beni parafernali è concessa alla donna una ipoteca legale privilegiata su tutto il patrimonio del marito.

§ 69. Della donazione nuziale.

§ 3. I. *De don.* II. 7. C. *De don. a. n. vel pr.* n. 5, 3.
MITTEIS *Reichsrecht und Volksrecht*, 1891 cap. IX. BRANDILEONE, *Storia e natura della donatio pr. n.* Bologna, 1892. *Le leggi di Hammurabi*, Soc. Ed. Libr. 1903.

La donazione nuziale (del marito alla moglie) è un istituto penetrato nel diritto romano, come le arre nuziali (v. § 62), dall'Oriente. Esso ha sua base in un regime non raro fuor del mondo romano, ma schiettamente antitetico al regime dotale e successorio di Roma ed ha per sua funzione essenziale di fornire alla donna un appannaggio vedovile. Le relazioni con un sistema vivo negli istituti nazionali delle province e repugnante al diritto dell'impero e lo stato fluttuante (la parola è di Giustiniano) della legislazione, ora trascinata dagli usi, ora in contrasto con essi, rendono oscura la storia, di cui presenteremo soltanto le fasi capitali, e ambigua, piena di sottintesi, nonostante la copiosa legislazione, la disciplina di questo istituto.

Come nella dote, la legislazione non ebbe motivo in sulle prime d'intervenire, se non per difendere il costituente, cioè, nel caso, il marito. Fu Costantino il primo che sancì la revoca legale dei doni sponsalizi a favor del marito o dei suoi eredi, non verificandosi le nozze (v. § 62). Le costituzioni posteriori ordinarono, parallelamente alla dote, cui l'istituto fa riscontro, la restituzione al marito in caso di premorienza della donna o divorzio per sua colpa.

Una nuova fase nel regime delle donazioni nuziali, anch'essa non straniera alle usanze orientali, è segnata da una costituzione dell'anno 382 di Teodosio il grande, la quale, in caso di seconde nozze della donna, stabilì che la *proprietà dei beni spettasse ai figliuoli di primo letto*, serbando la donna soltanto l'usufrutto. Teodosio II nel 439 restrinse all'usufrutto il diritto della vedova con figli che passi a seconde nozze, anche se la donazione fosse stata ridotta in dote; costume ordinario, com'è detto, il quale, con un omaggio formale degli usi alle leggi romane, assicurava lo scopo della donazione.

Queste donazioni avevano assunto da tempo nel diritto romano il nome di *donationes ante nuptias;* com'è chiaro, a cagion del diritto delle donazioni tra coniugi. Ma Giustino per il primo stabilì che si potessero dopo le nozze accrescere, e finalmente Giustiniano che si potessero senz'altro far delle donazioni con questo carattere, conchiuse le nozze; onde ne mutò pure il nome in quello di *donationes propter nuptias*. Inoltre Giustiniano, esaltando il nuovo scopo, affacciatosi colla costituzione teodosiana dell'anno 382, non accordò alla donna che l'usufrutto, anche non passando a nuove nozze: più tardi in questo caso le tornò ad attribuire, conforme al diritto antico, la proprietà, ma solamente di una porzione virile della donazione. Le nozze mancate portano pur sempre la devoluzione al marito: e così il divorzio per colpa della donna, ma con divieto di alienazione, cioè con riserva della proprietà ai figli (v. § 61 e § 53).

La questione fondamentale in ordine alla donazione nuziale concerne il *pactum de lucranda donatione.*

È errato il ritenere che, fuori del patto speciale, la donna non lucri nulla della donazione. No: essa lucra *tutta* la donazione. I patti speciali si svolsero per reagire al disposto di alcune strane costituzioni limitative del lucro legale, attestateci dal libro siro-romano, ma non ricevute nel diritto giustinianeo, ove pertanto, in assenza di patti restrittivi, il lucro legale non può essere rappresentato, conforme al diritto anteriore, alla vera funzione dell'istituto e al suo stesso nome, che dall'intera donazione.

III. — LA TUTELA E LA CURA

§ 70. Essenza e origine storica della tutela e della cura.

La *tutela* e la *cura* sono due poteri sulle persone relativamente agli atti patrimoniali. Le persone soggette a tutela si dicono *pupilli* e *pupille*.

La capacità d'acquisto della persona soggetta non è peraltro assorbita dalla tutela e dalla cura, come, secondo i puri principî romani, dalla patria potestà. La persona soggetta è *sui iuris* e quindi *paterfamilias*, se di sesso maschile. D'altra parte il potere del tutore e del curatore è ordinato in guisa da doversi esercitare veramente nell'interesse della persona soggetta, non già in quella dell'investito; come le parole stesse *(tueri, curare)* insegnano.

Tuttavia nell'istituto della tutela si riscontra ancora nel diritto classico un qualche elemento che mal s'accorda con questa sua funzione essenzialmente protettiva; e risalendo indietro dal diritto classico al più antico di cui s'abbia memoria storica, tali caratteri diventano via via più spiccati e più gravi. Ciò ha luogo sovrattutto circa la tutela perpetua delle donne, vigente ancora nel diritto classico, della quale i Romani stessi non sanno dare una ragione plausibile in armonia colla nuova essenza della tutela.

Ma un altro fatto avvalora questa induzione e ci aiuta a raffigurare lo stato originario delle cose. La tutela anche nel diritto classico serba una connessione intima coll'eredità e questa relazione si fa anch'essa più stretta e più naturale, via via che si risale indietro nel tempo. Ora, posto che l'eredità romana altro non era in origine se non la designazione di un successore nella potestà sovrana sulla famiglia (§ 186), il risultato sarebbe chiaro: colui che poi si disse tutore era nelle origini il nuovo capo chiamato a reggere la famiglia romana e designato di regola dal *paterfamilias* defunto col testamento.

Il disgregarsi del gruppo agnatizio segnò in pari tempo i primi inizi così della tutela, come dell'eredità patrimoniale.

Nondimeno, massime a designare la tutela delle donne, si ritrova negli scrittori la denominazione di *manus* o *potestas*, e nella stessa definizione giuridica, che viene attribuita a Servio, il giureconsulto più geniale dell'età repubblicana, la tutela è definita: *vis* (o *ius) ac potestas in capite libero ad tuendum eum, qui propter œtatem* (1) *sua sponte se defendere nequit, iure civili data ac permissa* (2).

Quanto alla cura, essa è un'istituzione, che trova il suo addentellato nelle XII Tavole, quasi come un sostituto della tutela in ordine ai maschi puberi, ma furiosi. Il suo sviluppo e la sua varia applicazione si richiamano peraltro ad epoca più recente ed alcune di queste applicazioni trascendono assolutamente il diritto di famiglia, nè qui occorre trattarne. Non si può dire anzi che la cura sia un unico istituto, bensì un complesso d'istituti, che hanno per carattere comune la gestione di un patrimonio appartenente ad un subbietto, al quale è tolto di amministrarlo da sè, o anche il solo aiuto a gerire.

(1) *Vel sexum*, aggiungeva certamente il testo genuino.
(2) L. 1, pr. D. *De tut.*, 26. 1; § 1, I. *De tut.*, 1. 13.

Questo carattere schiettamente patrimoniale che offre la cura in antitesi alla tutela — il cui momento tipico è pur sempre l'*auctoritas*, che integra la personalità agente del pupillo, ben più che la gestione patrimoniale — spiega il noto adagio: *tutor datur personae, curator rei.* Ma l'evoluzione giuridica pervenne via via più ad assimilare e confondere quasi la tutela e la cura.

§ 71. Tutela muliebre.

GAII *Inst.* I, 144-195. ULPIANI *Fragm.*, XI.

Nel diritto classico le donne *sui iuris* erano soggette a tutela perpetua. La tutela muliebre è quella che riflette con più evidenza il carattere primitivo di questo potere; ed appunto per essere, come la *manus*, disadatta e fuor di luogo nella nuova società, l'opera costante della giurisprudenza e della legislazione è rivolta, più che a trasformarla, a diminuirla e distruggerla.

Il giureconsulto Gaio confessa apertamente che la tutela delle donne non ha ragione plausibile. È ben conforme alla *naturalis ratio*, egli dice, che gl'impuberi siano sorretti dal tutore, ma la leggerezza femminile, con cui si vuol giustificare la tutela del sesso, è motivo più specioso che reale (1).

Anche senza esitanza Gaio mette a nudo il lato egoistico di questo potere, cioè il mero interesse dei tutori che il patrimonio della donna non passi in altre mani (2); poichè in realtà la tutela muliebre, perduto il carattere di vera potestà, nè potendo assumere una funzione protettiva, rappresentava un istituto degenerato.

(1) « Feminas vero perfectae aetatis in tutela esse *fere nulla pretiosa ratio suasisse videtur*; nam quae vulgo creditur, quia levitate animi plerumque decipiuntur. . . *magis speciosa videtur quam vera* » (GAII *Inst.*, II, 190). Il giureconsulto rileva in proposito che il tutore della donna non tiene mai l'amministrazione (*negotiorum gestio*) e al suo tempo interpone anche sovente *pro forma* la sua *auctoritas*, costrettovi, se si rifiuta, dal magistrato.

(2) GAII, *Inst.*, 1,192.

La tutela delle donne era in origine o *testamentaria* o *legittima*. In altri termini, o il tutore veniva designato per testamento da colui che aveva sulla donna la patria potestà o la *manus*, ovvero sono tutori gli agnati in corpo (in antico anche i gentili, in difetto di agnati) o il manumissore. Il tutore legittimo può anche essere un impubere; e ciò fa vedere che parte v'ha la protezione. S'aggiunse più tardi anche la *tutela dativa*, nella quale il magistrato nominava il tutore, in difetto di tutori testamentari o legittimi.

La donna *sui iuris* amministrava da sè il proprio patrimonio; ma non poteva senza la cooperazione (*auctoritas*) del tutore compiere i seguenti atti: intentare una *legis actio* o un *legitimum iudicium* (v. § 40); obbligarsi, alienare una *res mancipi* (v. § 79) e in genere compiere un qualunque negozio di diritto civile, per esempio la *in iure cessio* di usufrutto, le manumissioni solenni, il testamento, quando le donne ne furon rese capaci, ecc. Era anche necessaria l'*auctoritas tutoris* per la validità della *conventio in manum* e del permesso dato alla propria liberta di unirsi in contubernio con uno schiavo altrui, il che, per il senato consulto claudiano (§ 13), rendeva schiava altrui la liberta.

Seguiamo ora nella sfera dei negozi sottoposti all'*auctoritas*, nelle specie dei tutori, nell'esercizio dell'autorità tutoria l'involuzione di questo istituto.

Come avviene delle istituzioni condannate, la tutela del sesso non ha più in primo luogo alcuna potenzialità di sviluppo. Era necessaria, come risulta, l'*auctoritas tutoris* in tutti i negozî dell'antico *ius civile*, e rimane limitata ad essi, anche quando i negozi di diritto pretorio e di diritto delle genti crescono di numero e d'importanza, anche quando il pregio delle *res nec mancipi* viene a eguagliare o superare quello delle *res mancipi*, quando la procedura per *legis actiones*, unica forma in origine, non si adopera più se non in casi eccezionali, e i giudizi legittimi non costituiscono che una parte ben limitata dei processi; e mentre colla scomparsa di altre viete istituzioni, come la *manus*, alcune applicazioni vengono a sparire, dall'altra parte, ne' negozi stessi in cui occorre, la mancata *auctoritas* non è più un vizio radicale: è riconosciuto, ad esempio, che il terzo acquisti i frutti o usucapisca la *res mancipi* rimessagli dalla donna.

In ordine ai tutori, a mano a mano si tentò di rendere in balìa della donna la scelta del tutore. Invalse nella consuetudine e nella dottrina che il marito titolare della *manus* sulla donna permettesse alla moglie nel testamento la scelta del proprio tutore *(tutor optivus)*. La *tutoris optio* venne anche intesa nel modo più largo. Si poteva concedere alla donna di scegliersi un tutore generale, ovvero più tutori secondo i negozi; e, ciò che è assai più grave, si poteva permetterle di rinnovar la scelta più d'una volta, senza alcuna limitazione (*optio plena*).

I giureconsulti poi escogitarono un altro mezzo per liberare le donne dall'odiosa tutela agnatizia. La donna, senza conchiuder matrimonio, si assoggettava alla *manus* di una persona di sua fiducia nella forma della *coëmptio,* con patto che il *coëmptionator* l'avrebbe emancipata; dopo di che questi diventava suo tutore e dicevasi *tutor fiduciarius*.

Anche la legislazione si mise per questa via. L'imperatore Augusto, coll'animo alla sua prediletta legge Giulia, sancì l'esenzione della tutela per le donne ingenue madri di tre figliuoli e per le liberte madri di quattro. L'imperatore Claudio abolì poi la tutela degli agnati.

Finalmente, quanto all'esercizio della tutela, se il tutore agnatizio non poteva esser forzato dal magistrato ad interporre la sua autorità se non per gravi motivi, ogni altro tutore poteva esservi costretto, qualora si rifiutasse.

La tutela delle donne è ancora menzionata in una costituzione di Diocleziano (a. 293 d. C.) e il *ius libero-*

rum in due papiri egizii del 271 e del 350. Nondimeno si deve ritenere che non abbia attecchito in Oriente, dove i papiri e le leggi dell'epoca ci rivelano il regime antitetico della tutela maritale. Valentiniano II (a. 390) permise financo alla madre o all'avola di esser tutrici dei propri figli o nipoti (1).

§ 72. La tutela degli impuberi. Poteri del tutore e specie della tutela.

I. I, 13-21. Dig., 26,1-8, Cod., 5,28-69,71-72.

La tutela degli impuberi per effetto di una continua azione legislativa non solo ha perduto ogni carattere di potestà, ma anche ogni elemento d'interesse personale; se non che in pari tempo, diventando un mero istituto di protezione, essa viene ad essere un ufficio oneroso *(onus tutelæ)* e anche pubblico *(munus publicum)* per l'assidua ingerenza dello Stato nell'attribuire questo uffizio e sorvegliarne la gestione. Più che un diritto essa è un dovere e potrebbe definirsi « l'obbligo di amministrare il patrimonio dell'impubere e integrarne il volere nei negozi giuridici col proprio intervento all'atto ».

I due uffici del tutore sono adunque la gestione degli affari del pupillo *(negotiorum gestio)* e l'interposizione della sua autorità *(auctoritatis interpositio)*.

Di regola il tutore ha la scelta di gerire in nome del pupillo ovvero di interporre la sua *auctoritas*. Questa deve esser data dal tutore presente all'atto del pupillo, nè può esser data sotto condizione o a termine. Quanto alla *negotiorum gestio*, essa deve esser nettamente distinta dalla rappresentanza, vale a dire non è gestione rappresentativa, in guisa che gli effetti dell'atto ricadano direttamente in testa al pupillo (§ 25), ma pura

(1) I testi classici sono stati sovente usufruiti da Giustiniano per la tutela degli impuberi e interpolati all'uopo. Cfr. L. 27, D. *De contr. empt.*, 18, 1 con FRAGM. VAT., 1.

e semplice amministrazione. La rappresentanza, non altrimenti che l'educazione dell'impubere (la quale suol essere affidata alla madre o ai prossimi congiunti), è esclusa dal concetto genuino della tutela romana. Pertanto il tutore non conclude obbligazioni in nome del pupillo, ma obbliga se stesso o acquista il credito per sè; e quegli atti che sarebbe assurdo compiere in testa propria, come, ad esempio, l'adizione di una eredità deferita al pupillo, egli non li può assolutamente gerire; onde, se il pupillo era ancora infante, conveniva o interporre un suo schiavo, che acquista a lui necessariamente o attendere che il pupillo avesse superato l'infanzia.

Viceversa l'amministrazione è intesa nel senso economico pieno dell'*administratio* romana, che non esclude la facoltà di alienare, di pignorare, collocar capitali, di compiere in genere atti che eccedono il nostro concetto della ordinaria amministrazione (1). Il tutore, dicono i Romani, è *paene dominus* o *loco domini*. Questa distinzione risolve una apparente contraddizione nello svolgimento ulteriore: perchè, mentre la libera gestione è soggetta nell'ultima epoca a una continua involuzione, dall'altra parte si evolve la rappresentanza. Quanto alla prima, già sullo spirar dell'età classica un senato-consulto emanato sotto Severo (a. 195 d. C.) vietò di alienare i fondi rustici e suburbani senza l'approvazione del magistrato. Costantino e Giustiniano estesero questo divieto sino a ricomprendervi tutte le cose pupillari, salvo gli oggetti deperibili. Ed anche i minori atti di gestione (collocar capitali, riscuotere, pagare, ecc) sono sottoposti a una continua vigilanza del magistrato.

In quella vece la rappresentanza, cioè l'efficacia immediata degli atti del tutore in testa al pupillo, venne ammessa nell'acquisto del possesso (e della proprietà nel nuovo diritto, resa la tradizione del possesso modo ge-

(1) Il concetto della ordinaria amministrazione corrisponde piuttosto alla *observatio* o *custodia rei servandae causa*. Cfr. L 48 D. *De adm.* 26,7.

nerale di acquisto), fu riconosciuta dal Pretore nella *bonorum possessio,* ossia nell'eredità pretoria, e nell'epoca romano-ellenica anche circa l'adizione vera e propria o acquisto dell'eredità civile, come circa l'acquisto dei crediti e l'assunzione di obbligazioni (v. § 87, 114, 128, 189, 194).

La tutela dei pupilli è anch'essa *testamentaria, legittima* e *dativa.*

La tutela *testamentaria* è in massima ordinata dal titolare della patria potestà. Tuttavia già nel diritto classico si riconobbero alcune deroghe, usando confermare, in genere previa inchiesta e a condizione che l'impubere fosse istituito erede, la tutela deferita dalla madre, dai prossimi congiunti, dal patrono, da un estraneo. Giustiniano accorda la conferma del magistrato anche per la tutela deferita dal padre naturale, senza inchiesta, quando il padre faccia un lascito, previa inchiesta altrimenti (1).

Tutori legittimi erano gli *agnati.* L'agnazione restò come base della tutela, benchè scalzata via via nel diritto ereditario. Fu soltanto Giustiniano che chiamò alla tutela i *cognati.*

Sono tutori legittimi anche il *patrono,* i *figli del patrono* e il *paterfamilias,* che ha emancipato un impubere.

Tutori *fiduciari* erano nel diritto classico i terzi che avevano prestato opera all'emancipazione, qualora aves-

(1) Non potrei concordare quindi circa la tutela deferita dal padre e dalla madre col Mancaleoni, *In tema di tutela* negli *Studi per Fadda.* Circa la madre dubito che la condizione dell' istituire si possa attribuire a Giustiniano e ritenere interpolata in questo senso la L. 4 D. *De test. tut.* 26, 2 e la L. 4 C. *eod.* 5, 28, quando precisamente in questa legge, che anch'io ritengo più largamente interpolata, non si fa motto di conferma in caso d'istituzione e si finisce con accordar la conferma senza inchiesta all' infuori d' ogni istituzione. Circa il padre poi, la L. 4 C. *De conf. tut.* 5, 29 e la L. 7 pr. D. *eod.* 26, 3, si conciliano, a mio avviso, nel senso espresso nel testo: conferma con o senza inchiesta son cose tenute sempre distinte nelle fonti. Reputo peraltro che nel secondo testo sia interpolato non solo l'inciso *cui nihil relictum est,* ma anche *sine inquisitione*: Ermogeniano negava la conferma senz'altro.

sero compiuto essi l'ultima manomissione del *filiusfamilias* dal *mancipium*, o i loro figliuoli. Nel diritto giustinianeo si dicono *tutores fiduciarii* i figli del *parens manumissor*, chiamati a succedere nella tutela paterna sul fratello o la sorella o sul figlio loro già emancipato dall'avo (1).

La tutela *dativa* è stata introdotta dalla *lex Atilia* ed estesa alle province dalla *lex Iulia et Titia* per provvedere ai casi in cui non vi fossero tutori nè testamentari nè legittimi. Essa è la nomina pubblica del tutore, che nella città di Roma spettava al Pretore e alla maggioranza dei tribuni della plebe, nelle province al prèside. Sotto l'impero più magistrati ebbero questo diritto di nomina: nel diritto giustinianeo sono il prefetto della città, il pretore, i presidi, i magistrati locali con varia competenza e disciplina secondo l'entità dei patrimoni.

§ 73. **Capacità, dispense e termine della tutela pupillare.**

I. *Qui test.* 1, 14. *De exc.*, 1, 25. *Quib mod.* 1, 22. Dig., 26, 1; 27. 1. Cod., 5, 60-69.

Divenuta la tutela un *munus* e un *onus* anzichè un *ius* o una *potestas* qual era in origine, anche i *filiifamilias* furono resi capaci di gerirla. Nel nuovo diritto in base a una costituzione di Valentiniano II (a. 390 d. C.) le donne stesse possono essere tutrici dei loro parenti prossimi, sotto condizione di non rimaritarsi (2).

(1) I, 1. 19. Forse è un mero equivoco dei compilatori, poichè sembra che ciò accadesse solo relativamente alle donne emancipate dal loro *paterfamilias* (Gaii *Inst.*, 1, 175). Anche il Ferrini (*Sulle fonti delle Istituz.* nel *Bull. dell'Ist. di dir. rom.* 1901 (vol. 13, p. 197) reputa interpolatizie le parole « *filiorum suorum* »: io riterrei forse pur sempre interpolato anche « fratris », poichè Gaio parla esclusivamente delle donne.

(2) L. 23 C. *Quando mul.* 5, 35. Interp. in conseguenza L. 16. pr. *D. De tut.* 26, 1 *(plerumque)*; L. 18 *eod.* (*nisi — postulent*).

Se non che il motivo stesso, che amplia la capacità, genera nuove incapacità o ragioni di dispensa dalla tutela dette *excusationes* (1).

Incapaci alla tutela furono resi, in genere da senatoconsulti, i pazzi, i sordi, i muti, i ciechi: sono anche esenti i soldati dell'esercito attivo. Giustiniano dichiarò incapaci i minori di 25 anni (2); e nel diritto delle Novelle i monaci, i vescovi, i debitori e creditori del pupillo.

I motivi di dispensa o *excusatio* dall'ufficio sono numerosissimi e derivano o da ragioni personali (grave età, povertà estrema, ecc.), o da gravami diversi, sia di natura privata (onere di figli, di altre tutele, ecc.), sia di carattere pubblico (gradi o cariche elevate) o da mero privilegio (grammatici, retori, veterani, atleti coronati, ecc.).

La tutela cessa quando il pupillo raggiunge la pubertà. Il tutore cessa anche d'ufficio, oltre che per morte, per la *capitis deminutio magna* (§ 16), per ragioni legittime di dispensa, o motivo di legittimo sospetto (v. § seguente) o anche pel sopraggiungere della condizione risolutiva o del termine apposto dal testatore.

§ 74. Rapporti giuridici tra tutore e pupillo.

I. I, 21, 26. Dig., 26, 7; 27, 2-9. Cod. 5, 52-58, 75.

I doveri di buona gestione da parte del tutore e le difese pupillari crebbero via via colla progressiva ingerenza dello Stato; e ciascuna delle varie difese si ampliò altresì nella sua propria sfera. Nel Codice decemvirale non erano sanciti altri rimedi che l'*accusatio suspecti tutoris* e l'*actio rationibus distrahendis*. La prima

(1 Le incapacità o le esenzioni si svolsero a grado a grado, cominciando in generale con l'esser ragioni di scusa e nelle fonti stesse del diritto giustinianeo si oscilla spesso tra la scusa e l'incapacità: donde controversie ed errori e donde la distinzione oziosa tra incapacità ed *excusatio necessaria*. È un de' casi in cui la cronologia ha un'importanza assoluta, e nel dubbio il regime dell'incapacità deve prevalere.

(2) L. 5 C. *De leg. tut.* 5, 30. Caratteristico è il titolo di *foeda confusio*, attribuito al regime precedente, che ammetteva i minorenni

è un'azione popolare, infamante, diretta a rimuovere il tutore sospetto; concessa, in principio soltanto in caso di vere malversazioni o frodi nella gestione e quindi sulla base del dolo e della colpa lata, venne in progresso di tempo resa esperibile per la mera inettitudine, però senza effetto infamante; e similmente venne in uso di rimuovere anche per mancata gestione. Nel diritto classico furono ammesse a promuovere l'accusa anche le donne, purchè prossime parenti del pupillo, e nel diritto giustinianeo anche gli infami.

L'*actio rationibus distrahendis* era un'azione penale rivolta contro le vere distrazioni compiute dal tutore, le quali non potevano, sembra, considerarsi come furti; essa è nel doppio della perdita subita dal pupillo, ma già nel diritto classico ha smarrito quasi completamente il carattere penale.

La più ampia difesa del pupillo, l'*actio tutelæ*, anch'essa infamante, spuntò sulla fine dell'età repubblicana (è nota a Quinto Mucio Scevola). Essa si poteva dirigere in origine solo contro il tutore che aveva gerito, cioè dipendeva dalla gestione effettiva; ma nell'età imperiale si accordò utilmente anche in caso di mancata gestione. L'azione compete al termine della tutela.

Il tutore è tenuto nell'*actio tutelæ* fino alla colpa lieve col limite della colpa in concreto (1), ossia deve adoperare negli affari del pupillo la stessa diligenza che adopera nelle cose proprie.

Giustiniano ha esteso la responsabilità in via sussidiaria anche ai tutori *honoris causa dati* (*honorarii*, secondo la sua terminologia) (2).

(1) Il limite è stabilito nella L. 1 pr. D. *De tut. et rat.* 27, 3 e ribadito da Giustiniano nella Nov. 22 cap. 8; se non che a L. 1 pr. D. *De tut. et. rat.* 27, 3 si reputa a buon diritto interpolata (*quantam — diligentiam*) e la L. 33 pr. D. *De adm.* 26, 7 non pone affatto questo limite.

(2) L. 3 § 2 D. *De adm.* 26, 7; L. 14 § 1 D. *De sol. et lib.* 46, 3; L. 60 § 2 D. *De r. n.* 23, 2. Per l'interpolazione di queste tre leggi v. Ascoli *Oblig. solidali* § 4 negli *Studi e docum. di St. e dir.*, 1890 e più largamente Benigni in *Arch. giur.* 1905 (13) pag. 499. La novità non è molto felice, mantenendosi a regola che questa tutela non conta per l'*excusatio*.

Per garentia preventiva il tutore deve, sin dal tempo di Claudio, dar cauzione prima di assumere la tutela (*sadisdatio rem pupilli salvam fore*), salvo che non sia stato nominato dal padre o da un alto magistrato. Inoltre si ritennero responsabili i mallevadori (*fideiussores*), coloro che avevano affermato l'idoneità del tutore (*affirmatores*), i privati che ne avevan proposto il nome (*postulatores* o *nominatores privati*), e sussidiariamente, dal tempo di Traiano, i magistrati municipali tenuti alla lor volta a fare analoga proposta ai magistrati superiori: un vero giuoco infinito di responsabilità. Finalmente venne accordato al pupillo il *privilegium exigendi* e sotto Costantino un'ipoteca legale generale sui beni del tutore.

Il tutore alla sua volta ha contro il pupillo la *contraria tutelae actio.*

§ 75. La cura dei pazzi, dei prodighi e dei minori.

PAUL. 3, 4 a. 7; ULP. 11, 12.
I. 1, 23-26. D., 26, 3; 5-10; 27, 1-10. Cod., 5, 31-75.

La cura dei pazzi (*furiosi*) fu stabilita dalle XII Tavole. L'amministrazione del patrimonio era affidata dalla legge stessa agli agnati e in difetto ai gentili.

Alle XII Tavole si richiama pure la cura dei prodighi, dissipatori dei beni paterni e aviti, che venivano dal Pretore interdetti: cura devoluta anch'essa agli agnati e ai gentili. Più tardi la nomina dei curatori fu permessa al Pretore e al *præfectus urbi* in Roma, ai presidi nelle province, per gli scemi di mente, cioè, riteniamo, le persone non così gravemente tocche, ma senza lucidi intervalli (*dementes*, *mentecapti*), e similmente si usò interdire e sottoporre alla stessa cura dativa anche i prodighi, che non avessero beni paterni e aviti, ma solo beni conseguiti per testamento (1).

(1) Contrario alle fonti è però l'arguto sistema dell'AUDIBERT *La folie et la prodigalité* 1892, che distingue nell'era classica due specie di prodighi con capacità diversa, gli uni interdetti, gli altri assimilati ai furiosi.

Nel diritto giustinianeo queste differenze sono svanite: ma non è probabilmente esatto il dire che la cura legittima è svanita. Dalle fonti risulta piuttosto uno stato di cose sostanzialmente uguale quello che vige per la tutela: cura testamentaria in primo luogo (da confermarsi però dal magistrato, sicchè formalmente essa è dativa), e appresso una cura legittima e una dativa.

La *cura minorum* cioè dei minori di 25 anni, spuntò in seguito alla *lex Plætoria* (a 191 a. C.). Nelle origini tuttavia questo curatore interveniva in atti isolati e come garentia morale pei terzi di fronte alla eventuale impugnativa accordata dalla *Lex Plætoria* al minore (v. § 17). A grado a grado esso diviene stabile amministratore e questa trasformazione, per la quale il curatore del minorenne ha conseguito alla pari del tutore la *negotiorum gestio*, è sancita definitivamente da Marco Aurelio. Finalmente nell'epoca romano-ellenica, mentre da un lato il minore soggetto a cura viene ad essere limitato alla pari dei pupilli nella sua capacità di agire, dall'altro lato, reciprocamente, il curatore diviene generale e obbligatorio anche pei minori che bene amministrano e consegue un ufficio analogo all'*auctoritas* del tutore, che è l'*assistenza* o il *consenso* agli atti del minore. Questo consenso fa che sieno di pien diritto validi gli atti stessi, onde il minore non può più giovarsi della *exceptio legis Plætoriæ*, nè dimandare la *restitutio in integrum*.

Anche per la cura dei minori la nomina fatta dal padre nel testamento è confermata dal magistrato; ma la cura legittima non è riconosciuta.

Le limitazioni, le norme relative alla gestione, la cauzione preventiva e la catena delle responsabilità, finalmente i motivi di incapacità o di dispensa, tutta la disciplina regolamentare della tutela venne estesa alla cura o concerneva *ab origine* anche la cura.

Anche il curatore può venir rimosso mediante l'*actio suspecti curatoris*.

L'azione che davasi contro i curatori per l'amministrazione dei beni dei minorenni, dei pazzi e dei prodighi, era nel diritto antegiustinianeo l'*actio negotiorum gestorum* ora in via diretta, ora (probabilmente secondo una teoria postclassica) in via utile; e alla sua volta il curatore intentava per esser risarcito il *contrarium iudicium negotiorum gestorum*. Ma poichè nell'ultimo svolgimento i due istituti, in origine così distinti, della tutela e della cura erano divenuti poco meno che un solo istituto (1), che ne' minorenni variava semplicemente il nome secondo l'età (e ne' territori greci non si può nemmen dire che variasse nome), i compilatori giustinianei intesero fare della azione per la curatela un'azione modellata *ad exemplum* dell'*actio tutelæ* e preferirono il nome di *utilis neg. gest.* o coniarono il *curationis iudicium* o la *utilis curationis actio*, appaiando la nuova azione coll'*actio tutelæ*, come usano sempre appaiare oramai tutori e curatori (2).

(1) Perciò nel diritto giustinianeo non solo al minorenne prodigo, ma anche al furioso non si dà un curatore *ut furioso, sed ut adulescentulo*, come al pupillo furioso non si dava curatore (Cfr. Arnò *Sul fr.* 3 § 1 D. 26, 1 in *Arch. giur.* 1903 (Vol. 71).

(2) Alibrandi, *Dell'azione contro i curatori* in *Bull. dell'Ist. di dir. rom.*, II, pag. 151; *opp.* 583 L'epiteto di *utilis* risulta il più delle volte interpolato nell'*actio neg. gestorum* contro il curatore ovvero è cancellata la menzione del curatore (cfr. L. 7, C., *Arb. tut.*, 5, 51; L. 17, C. *De neg. gest.*, 2, 18 (19); L. 8, C. *eod.* ecc.); e certamente interpolata è la terminologia specifica, come pure di regola *curatores* accanto a *tutores* (cfr. L. 11 D. *De auct. et. cons.* 26, 8, Tit. 27, 3 rubr.; L. 1 § 2; L. 10 D. *De reb. eor.*, 27, 9 e rubr.; L. 24, C. *De adm. tut.*, 5, 37, ecc.).

DIRITTO DELLE COSE

§ 76. Nozioni generali.

Il diritto reale si può definire la signoria *immediata* e *indipendente* su di una cosa. Con questo intendiamo esprimere due momenti nel sistema romano del pari essenziali: in primo luogo, che le facoltà di godimento si esercitano *immediatamente* sulla cosa, sia personalmente, sia per opera di propri dipendenti o rappresentanti; in secondo luogo, che l'esercizio delle facoltà stesse è *indipendente* dal perdurare del rapporto con una data persona, ond'è anche indipendentemente tutelato mediante azione esperibile contro qualunque terzo (*actio in rem*). Mancando l'un requisito, la relazione diretta colla cosa, come ne' cosiddetti oneri reali, del resto ignoti ai Romani (cfr. § 121), o l'altro, l'indipendenza e la garentia assoluta, come ad es. nella locazione, il godimento della cosa non è pei Romani diritto reale.

I diritti reali sono, più o meno, diritti tipici, vale a dire determinati essenzialmente dalla legge e riducibili a tipi fissi, che la volontà delle parti può alterare solo entro certi limiti: onde la trattazione del diritto delle cose si può ordinare opportunamente sulla base delle varie figure di diritti reali.

Le forme o specie di diritti reali riconosciuti dal popolo romano sono: la proprietà, la servitù, l'enfiteusi, la superficie, e, nella più generale opinione, il pegno e l'ipoteca. La proprietà è il diritto più eminente e vasto, e pertanto si confonde colla cosa stessa, perchè la cosa appartiene alla persona nel modo più assoluto: gli altri diritti reali, specialmente le servitù, sono diritti limitati e non possono sorgere se non su cosa che già è in proprietà di alcuno. I Romani li dicevano *iura in re*, i moderni *iura in re aliena.*

Giova anche trattare nel diritto delle cose di quei rapporti obbligatori che dipendono necessariamente da un rapporto reale, come gli obblighi tra condomini, l'obbligo al canone enfiteutico, ecc. Viceversa il pegno e l'ipoteca per la stessa connessione con un rapporto obbligatorio troveranno sede più opportuna nella teoria delle obbligazioni.

Un tema che solo in materia di diritti reali assume un valore giuridico o almeno importanza prevalente, è l'esercizio di un diritto sulla cosa, di cui non si è legalmente investiti, cioè l'essere *di fatto* nell'esercizio delle facoltà che in un dato diritto reale la legge riassume e garentisce. Tale stato di fatto in corrispondenza al diritto di proprietà dicesi *possesso*, rispetto agli altri diritti reali quasi-possesso o possesso dei diritti (*iuris quasi possessio*).

I. — LE COSE

§ 77. **La cosa e le distinzioni delle cose.** *Res in commercio, Res extra commercium.*

Pr. — § 10, I. *De rer. div.* II, 1. Dig., 1, 8.

Cosa (*res*) in senso concreto e specifico, cioè in relazione ai diritti reali, è una parte del mondo esteriore o altrimenti una entità obbiettiva e reale; in breve la cosa materiale, il *corpus*, come dicono pure i Romani. Questa materialità, requisito della cosa, si presenta viva nel diritto romano: le cose oggetto dei diritti reali sono veramente visibili, tangibili, sotto ogni riguardo sensibili; elementi come i gas e l'elettricità erano ignoti ai Romani, almeno come oggetto possibile di diritti.

Non sono cose le prestazioni, i servigi, il cui concetto presuppone la personalità umana, nè in generale le così dette *cose immateriali*, in cui si ricomprendono entità puramente ideali (1).

(1) Quanto alla distinzione romana delle *res corporales* e *incorporales* (I. 11, 2), essa è una categoria ibrida, in cui si confondono cose e di-

Relativamente alle cose occorre stabilire una serie di categorie e distinzioni, le une fondate sull'attitudine e destinazione generale delle cose, che le fa essere o non essere suscettibili di rapporti giuridici, le altre nella varia funzione economico-sociale, che le fa esser oggetto di diversi rapporti giuridici o in genere di una diversa disciplina giuridica.

La distinzione delle cose secondo che sono suscettibili o meno di rapporti giuridici si usa designare dagli interpreti coi termini *res in commercio* e *res extra commercium* ovvero *res in patrimonio* o *extra patrimonium*. Entrambe le designazioni hanno base nelle fonti, ma la prima di esse è a ragione preferita dalla dottrina.

Sono *extra commercium* o incommerciabili le cose comuni, le cose sacre, sante, religiose, e le cose destinate a un uso pubblico.

Cose comuni (*res communes omnium*) sono quelle il cui godimento, per la loro abbondanza o altro, non è stato regolato dal diritto; beni nel senso naturale, non nel senso civile, di cui l'uso è comune a tutti, nè occorre stabilirne le condizioni e i limiti. Tali l'aria, l'acqua corrente (*aqua profluens*), il mare e il lido del mare, che è definito quello spazio fino all'estremo del quale possono estendersi i massimi flutti invernali.

La qualifica di *res communis* spetta peraltro all'intera massa nel suo stato naturale e nella sua quantità infinita rispetto all'uso che gli uomini debbono farne; porzioni di aria o di acqua corrente possono essere isolate e appropriate dai singoli. Sul lido del mare inoltre, come è lecito pescare, porre delle reti, ecc., così anche si può costruire, dietro permesso dell'autorità; ma, distrutto l'edificio, il suolo ritorna comune.

Le altre cose *extra commercium* sono tali per lo scopo, divino o terreno, cui vennero destinate in per-

ritti. L'uso di nominar la cosa invece del diritto di proprietà, che la investe tutta, di affermare che un patrimonio abbraccia cose e diritti, si giustifica; ma la cosa non indica allora se non precisamente il diritto di proprietà, vale a dire sempre una *res incorporalis*.

petuo. Di diritto divino si riguardano in primo luogo le *res sacræ*, cioè consacrate al culto, i tempî, l'area dei tempî, anche distrutto l'edificio, i donativi fatti alla divinità. In un sol caso, cioè trattandosi di provveder somme pel riscatto dei prigionieri, Giustiniano permise di alienare o sottoporre a pegno cose sacre. Sono anche di diritto divino le *res religiosæ*, con che s'intendono i sepolcri e gli oggetti consepolti, e le *res sanctæ*, ch'erano le mura e le porte della città; in antico anche i limiti dei campi (v. § 80).

Cose incommerciabili *humani iuris* sono in primo luogo le *res publicæ*, quali i fiumi, la rive dei fiumi, i porti, le strade; tutte cose sottratte al commercio per l'uso generale dei cittadini, cui debbono essere riserbate. Lo stesso è a dire delle *res universitatis*, che sono le cose destinate all'uso pubblico degli abitanti di una comunità, come i teatri, i circhi, gli edifizi pubblici, le strade della città.

Tanto le *res divini iuris*, quanto le *res humani iuris*, non possono appartenere a nessuno in proprietà, ma sono oggetto di un diritto speciale di carattere pubblico, che spetta allo Stato, ed è la tutela delle cose stesse all'uso cui sono destinate. Non si vuol confondere le *res publicæ* o *res in usu populi* coi beni di proprietà dello Stato o *res in pecunia populi*. Le prime corrispondono ai nostri beni demaniali, la vera proprietà dello Stato, costituisce i beni patrimoniali.

Le cose commerciabili, se attualmente appartengono ad alcuno, diconsi *in patrimonio;* altrimenti *extra patrimonium* o *res nullius* (1). Le cose che divengono *nullius* per la rinuncia assoluta del proprietario al suo diritto diconsi *res derelictæ*.

(1) Veramente *extra patrimonium* o *nullius in bonis* si dicono nelle fonti anche le *res extra commercium* e le stesse cose commerciabili, su cui nessun subbietto vanta un diritto, ma che si riserbano a uno scopo o a un titolare futuro; ta'i le cose ereditarie prima dell'adizione (eredità giacente : cfr. § 20).

§ 78. Cose fungibili e infungibili, consumabili e inconsumabili, divisibili e indivisibili, principali e accessorie.

Cose fungibili sono quelle in cui, giusta gli usi del commercio, ciascun oggetto di un dato *genere* (o specie, secondo l'uso odierno), si considera come identico a qualunque altro oggetto dello stesso genere e quindi può venire da qualunque altro dello stesso genere sostituito: per esempio, vino, olio e grano della stessa qualità, copie di uno stesso libro e principalmente denaro. *Cose infungibili* al contrario sono quelle in cui ciascun oggetto di un genere si riguarda come avente un'individualità propria e distinta, onde non può essere indifferentemente surrogato da altro oggetto dello stesso genere; per esempio, un fondo, un quadro, un cavallo. Gli oggetti d'arte saranno cose infungibili, i prodotti delle industrie cose fungibili. Ma la distinzione è variabile negli usi, alterabile dalla libera volontà delle parti nei contratti.

Le cose fungibili, appunto perchè non hanno un'entità propria, che nel genere le distingua e dia loro l'impronta individuale, sono dette dai Romani *genera* o *quantitates*, ovvero *res quæ numero, pondere, mensura consistunt*. Il nome di cose fungibili fu creato sulla base di un frammento del Digesto, ove il giureconsulto Paolo le dice *res quæ in genere suo functionem recipiunt* (1), cioè cose che nella specie stessa possono far le veci l'una dall'altra, fungere l'una le parti dell'altra, rappresentarla: onde i moderni le chiamano anche *rappresentabili* o *surrogabili*. Il nome di *corpus* o *species*, che indica l'oggetto nella individualità sua (2), è riserbato di preferenza alle cose infungibili.

(1) L. 2, § 1, D, *De reb. cred.* 12, 1. Cfr. L. 6, *ibid*

(2) *Species* adunque non equivale al nostro termine *specie*, che traduce al contrario il latino *genus*. Nella lingua giuridica si usa peraltro anche nel senso latino.

Altra distinzione, apparentemente naturalistica, in realtà fondata pur essa su criteri economico-sociali, è quella delle cose consumabili o inconsumabili.

Consumabili si dicono quelle cose, la cui destinazione economica, cioè l'uso che se ne suol fare, consiste appunto nel consumarle, cioè distruggerne l'essenza o altrimenti spogliarsene (*res quæ usu consumuntur, res quæ in abusu consistunt*). Tali sono, per esempio, i generi commestibili e la moneta. *Inconsumabili* sono invece quelle cose, di cui l'uso non consiste precisamente nel consumarle, sebbene possa avere per effetto il logorìo di esse, come avviene, per esempio, delle vesti.

Divisibili sono le cose, che possono essere ridotte in parti, serbando ciascuna di queste l'essenza e la funzione istessa del tutto, sempre dal punto di vista economico-sociale: cose *indivisibili*, le altre. Un fondo è cosa divisibile, perchè le parti in cui si divide sono tuttavia fondi; una gemma, una statua sono cose *indivisibili*, perchè le parti non hanno più la stessa funzione dell'oggetto, donde derivano.

Altra distinzione è quella di cose semplici e composte, la quale pure non si vuol fondare sul criterio della costituzione chimica, semplice o composta, e nemmeno della formazione naturale o artificiale, ma pur sempre sul criterio economico-sociale.

Cose *semplici* si dicono quelle che negli usi del popolo si considerano come tali, per esempio, una pianta, una statua, una pietra, un mattone; cose *composte*, quelle che si creano dalla congiunzione di cose semplici, per esempio, un edificio, una nave, un armadio. Le *universitates rerum* o universalità di cose sono agglomerazioni di cose non congiunte materialmente insieme, ma che nondimeno si possono considerare come un oggetto unico, perchè, sempre dal punto di vista economico-sociale, hanno essenza distinta nella loro totalità. Tali un gregge, una libreria, ecc. Peraltro il concetto è assai controverso nel diritto romano, fuorchè per i greggi e simili complessi animati (sciami, armenti), che veramente pare si sia giunti a riguardare come un oggetto unico anche nella società romana, almeno riguardo alla rivendicazione del dominio.

Se due cose sono insieme congiunte in guisa da costituirne una sola, dicesi cosa *principale* quella che determina l'essenza e la funzione sociale del tutto, *accessoria* l'altra. Per esempio, a un anello s'incastona una gemma; l'anello è cosa principale perchè serba colla gemma incastonata il nome e l'uso di anello.

Diconsi *pertinenze* le cose accessorie, che si possono staccare dalla cosa principale.

Tra le cose accessorie meritano speciale attenzione le spese e i frutti.

Spesa è tutto ciò, che fu sborsato per una data cosa o impiegato in essa. Si distinguono le spese per conseguire i frutti di una cosa fruttifera e le spese per la cosa stessa; e queste vogliono essere distinte in spese *necessarie,* cioè indispensabili alla conservazione della cosa, le quali alla loro volta possono essere *ordinarie* e *straordinarie;* spese *utili,* che ne aumentano il reddito; spese *voluttuarie*, impiegate per aumentarne la bellezza.

Frutti sono quelle parti staccate della cosa, che negli usi sociali si considerano come il reddito della medesima; pertanto non sono frutti solamente i prodotti delle piante, ma altresì i parti degli animali, la lana, il latte e fino i prodotti delle miniere. Non sono peraltro frutti i parti della schiava; perchè il reddito dallo schiavo consiste nelle opere sue, che vennero infatti pienamente assimilate ai frutti. La dottrina antica di Muzio Scevola e Manilio, che consideravano come frutti i parti della schiava, venne abbandonata, sì per un riguardo alla personalità morale dello schiavo, sì per l'idea della sua vera destinazione economico-sociale: *non temere ancillae comparantur ut pariant.*

I frutti possono trovarsi in diversi stati: *pendenti,* cioè aderenti alla cosa produttiva; *separati,* cioè staccati per qualunque causa, fosse anche il proprio peso, il vento o la grandine; *percetti*, cioè raccolti; *percipiendi*, che si doveano produrre o raccogliere, il che si è omesso di fare; *esistenti (exstantes)*, che si trovano ancora presso il possessore della cosa, o *consumati* (*consumpti*), che il possessore ha consumati o trasformati o alienati.

Il termine *frutto* si usa anche a significare le rendite in denaro che dà l'impiego di un capitale: pigione, nolo, interesse, ecc. Questi frutti si dicono *civili*.

§ 79. *Res mancipi e nec mancipi.* Cose immobili e mobili.

GAII *Inst.* I, 120; II, 14-27 ULPIANI *Fragm.*, XIX, 1. Cod. 7, 31 BONFANTE, *Res mancipi e nec mancipi*, Roma, 1888-89.

V'ha in qualunque diritto una *summa divisio rerum*, nella quale tutto il regime economico-sociale, per così dire, s'incardina e che per conseguenza non interessa unicamente per questo o quel rapporto giuridico, in ragione della sua particolare funzione economica, ma pervade e investe tutto quanto l'organismo giuridico. Essa è per l'appunto tra quelle cose che hanno un' importanza sociale e vengon pertanto assoggettate a una più rigorosa tutela publica e quelle che hanno interesse più ch'altro individuale. In alcuni diritti, massime nelle epoche primitive, questa distinzione di cose assume il carattere schietto di un'antitesi tra beni che sono in proprietà collettiva di un gruppo sociale e beni di proprietà veramente individuale.

Questa distinzione fondamentale è rappresentata nel diritto moderno dai beni immobili e mobili: nomi convenzionali, perchè in gran parte alla realtà non rispondono. Nel diritto romano antegiustinianeo aveva tale significato la distinzione delle *res mancipi* e *nec mancipi*. Erano *res mancipi:* i fondi, case o terreni, di proprietà del cittadino, quindi posti in suolo italico e immuni; gli schiavi; i cavalli, i buoi, i muli e gli asini, cioè tutte le bestie da tiro e da soma; e oltre a queste cose corporali, le più antiche e preziose servitù rustiche, cioè le tre forme della servitù di passaggio (*iter*, *actus*, *via*) e la servitù di acquedotto (*aquaeductus*). Tutte le altre cose erano *res nec mancipi;* gli stessi immobili situati nelle provincie, che erano in possesso, non in proprietà dei singoli, salvochè alle terre non fosse stata concessa col *ius italicum* l'immunità.

La categoria delle *res mancipi* mostra ancora una volta l'alto interesse che la società romana antica nutriva per l'agricoltura. Tra le *res mancipi* e *nec mancipi* esistevano differenze giuridiche assai gravi nel diritto classico, specialmente in ordine al modo di alienazione, che era naturale e semplice per le *res nec mancipi*, la trasmissione del possesso o tradizione, solenne e pubblico per le *res mancipi*, la *mancipatio* o la *in iure cessio;* oltre alla necessità dell'*auctoritas tutoris* per le donne alienanti. Queste differenze si fanno più profonde via via che si risale nel diritto antico, e lo stretto rapporto che le *res mancipi* mostrano in quell'epoca col gruppo agnatizio (v. § 90), le tracce della primitiva organizzazione unitaria di questo gruppo (v. § 51), la comparazione storica in ordine a tutte le analoghe distinzioni di cose, tutto porta a questa conclusione: ch'esse costituissero in origine la proprietà sociale del consorzio agnatizio, cioè in antico, la vera proprietà (1).

(1) *Res mancipi* significava probabilmente *res mancipii*, cioè oggetti di proprietà (v. § 8). La scrittura però di questo antico genitivo nella formula *res mancipi* o *res nec mancipi*, che torna più di 70 volte nelle fonti, restò *sempre* con una sola *i*, unico esempio nella lingua latina, e in questa sola frase, perchè si legge altrimenti *lex mancipii*, *causa mancipii*, ecc.; indizio non ispregevole, com'è anche il *nec* per *non*, del carattere arcaico della distinzione. Anche la pronuncia regolare (essendo penultima la sillaba *ci*, che è breve) e del resto anche attestata dalla grafia *mancepi*, frequente nel manoscritto di Ulpiano, e dal grammatico Prisciano, che suppone la parola un dativo di *manceps*, è *mancipi*. È stato *stampato* da un egregio collega che « dopo l'ultima lettura del manoscritto di Gaio » lo Studemund avrebbe adottato la lezione *res mancipii* e *res nec mancipii!* Par di sognare!

La distinzione delle *res mancipi* e *nec mancipi* restò a base del diritto romano fino alla crisi del mondo latino. Ma chiusa l'èra classica e veramente romana dello svolgimento del diritto, la distinzione e le forme di alienazione delle *res mancipi* dovevano, come ogni istituto quiritario, naturalmente cadere. Svanito inoltre col privilegio dell'immunità nell'epoca dioclezianea ogni motivo di prevalenza dei fondi italici sui provinciali, i quali era assurdo d'altra parte riguardare come cose di minor pregio ora che il diritto romano si svolgeva in territorio provinciale, la distinzione divenne, oltre che disusata, sempre più incomprensibile. Compilando la sua legislazione sulla base dei monumenti classici, Giustiniano dovette espressamente abolire la distinzione delle *res mancipi* e *nec mancipi* e dei fondi italici e provinciali, ma lo fa in termini tali che rivelano com'egli si pronunci sopra istituti, di cui non iscorge più vestigio nella vita, nè intende lo spirito antico (1).

La distinzione, che nel nuovo diritto ha preso il posto delle *res mancipi* e *nec mancipi* nel rappresentare questa fondamentale antitesi tra oggetti di interesse sociale e oggetti di interesse individuale, è quella degli *immobili* e dei *mobili*. Sono *immobili* i fondi o predi, che si dividono in urbani e rustici, cioè edifici *(aedes)* e terreni, mobili le altre cose *(mobilia et moventia)*. Tale distinzione era quasi straniera al diritto classico. Le XII Tavole stabilivano bensì una differenza in ordine al tempo necessario a usucapire (due anni o un anno solo), ma non tra gli immobili e i mobili, bensì tra il *fundus* e tutte le altre cose *(ceteræ res)*, tra le quali *ceterae res* (2) sono ricomprese le servitù, le eredità e persino le donne. (Cfr. § 90). Si potè dubitare financo se gli edifizi si dovessero considerare come fondi o usucapire in un anno solo, come le *ceterae res*. Nemmeno la giurisprudenza classica usò l'espressione *res*

(1) L. *un.*, § 5, C. *De usuc. transf.*, 7, 31.

(2) Forse in origine le *res mancipi,* fuori dei fondi. Cfr. BONFANTE *op. cit.* II cap. III e *Studi per Schupfer* p. 4 nota.

immobiles, ma si valse di varie designazioni, spesso complicate: *fundus* o *fundi et aedes*, *res quae solo continentur* o *tenentur* e finalmente *res soli*. È soltanto nell'ultima epoca, e nel nuovo territorio, dove si svolge il diritto romano che imperatori, prefetti del pretorio e consuetudini locali introducono forme pubbliche e solenni di alienazione degli immobili e la distinzione si fissa nei termini *res immobiles* e *mobiles* (1).

II. — LA PROPRIETÀ

§ 80. **Nozione della proprietà.**

La proprietà è il *diritto eminente sulla cosa*. Ogni altro diritto reale è subordinato alla proprietà e si può dire che ne rilevi. Ogni altro diritto reale, nel suo nascere almeno, presuppone l'esistenza della proprietà, è diritto su cosa altrui *(ius in re aliena)*. In conseguenza la proprietà è anche in principio il *diritto più vasto sulla cosa*, cioè quello che ricomprende il maggior numero di facoltà che un dato sistema giuridico permette sulla cosa, sia in atto, sia per lo meno in potenza; giacchè è bensì vero che le varie facoltà realmente possibili sulla cosa possono in una misura più o meno larga ed anche in tutta la loro estensione esser sottratte al proprietario da vincoli o diritti concorrenti (divieti di alienazione o anche di rivendicazione, servitù prediali, usufrutto, enfiteusi, ecc.), ma il cessar del vincolo o del diritto concorrente, fa che la proprietà riacquisti naturalmente, *ipso iure*, le facoltà ad essa di regola inerenti. Questa virtù della proprietà che, ridotta al mi-

(1) Cfr BONFANTE *op. cit.* cap. ult. Il termine *res immobilis* è assai frequente nelle costituzioni romano-elleniche della più tarda epoca, e così la distinzione *res immobiles* e *mobiles*. Ma simile uso ne' classic non si riscontra che in testi interpolati: L. 63 D. *De proc.* 3, 3; L. 23 pr. D. *De us. et us.* 41, 3; L. 15 pr. D. *Qui sat.* 2, 8; L. 48 § 1 D. *Loc. cond.* 19, 2. L. 2 C. *De serv. et de aq.* 3, 34 (Antoninus) o probabilmente alterati: ULP. *Fragm.* 19, 6, 8. — Cfr. GAII *Inst.* II, 42; 1, 121

nimo dalla concorrenza di altri diritti, possa espandersi di nuovo in tutta la sua pienezza, dicesi dai moderni « elasticità del dominio ».

Ma inoltre, come risulta pure dalla nozione premessa, le facoltà del proprietario non si possono determinare positivamente, non si può, in altri termini, enunciare nella definizione ciò che il proprietario ha diritto di fare giacchè, mentre da un lato le facoltà più essenziali (diritto di disporre della sostanza, della cosa, diritto di alienare, di rivendicare) possono eventualmente far difetto, dall'altro lato gli usi possibili delle cose sono indefiniti, e, nel movimento economico-sociale, infinitamente variabili. Il diritto non fa che determinare negativamente il contenuto della proprietà, ordinare limitazioni legali. Questo lato, correlativo alla elasticità del dominio, dicesi alla sua volta dai moderni « astrattezza o indeterminatezza del dominio ».

Senonchè, mentre la proprietà moderna si può definire esclusivamente dal punto di vista dello sfruttamento economico *(la signoria più generale, almeno potenzialmente, sulla cosa)*, la proprietà romana non si può definire che dal punto di vista astratto (*la signoria eminente sulla cosa*). I caratteri della elasticità, dell'astrattezza e indeterminatezza si ritrovano nel diritto romano in molte signorie generali sulla cosa, cui pure il nome di proprietà non compete, sebbene per alcune di esse (la cosiddetta proprietà provinciale) abusivamente lo si adoperi dai moderni. Viceversa la proprietà romana ha caratteri suoi, che le dànno un'impronta speciale. Nel suo tipo antico e genuino, essa è veramente assoluta, esclusiva signoria, repugnante a qualunque limitazione, a qualunque straniera influenza (§ 97); assorbe *necessariamente* tutto ciò che vi si incorpora (principio dell'accessione (§ 83)); è perpetua (§ 92). L'antico fondo tipico, l'*ager limitatus*, ha confini (*limites*) santi, come le mura e il pomerio della città (§ 77). Finalmente, giusta le idee romane, la proprietà doveva essere esente da imposta fondiaria, perchè questa aveva per gli antichi il carattere di un corrispettivo per l'uso e il possesso, onde proprietario si considerava colui al quale il corrispettivo doveva essere pagato. Ora questa immunità l'avevano i fondi posti *in solo italico*, cioè nell'Italia e nelle città fuori d'Italia cui era stato concesso il *ius italicum;* non l'avevano invece i fondi situati nelle province. Quindi proprietario dei fondi provinciali si considerava non il possessore, ma lo Stato, cioè l'imperatore rispetto ai fondi situati nelle province imperiali (*fundi tributarii*), il popolo romano rispetto ai fondi situati nelle provincie senatorie (*fundi stipendiarii*), secondo la divisione fatta da Augusto. I modi di trasmissione propri del dominio, cioè i modi civili, non potevano di conseguenza applicarsi ai fondi provinciali.

Nell'epoca romano-ellenica e nel diritto giustinianeo tali caratteri, che facevano della proprietà fondiaria romana veramente lo schietto parallelo della *sovranità territoriale,* sono in larga misura obliterati; è scomparso da tempo l'*ager limitatus*, il principio della perpetuità del dominio è abolito da Giustiniano (v. § 92), il regime dei rapporti di vicinanza convertito in un sistema di gravi limitazioni del dominio (v § 97). Con Diocleziano (a. 292 d. C.) è cessata l'immunità dei fondi italici; e, sparita la *mancipatio* e la in *iure cessio,* la distinzione tra proprietà quiritaria e possesso provinciale non ha più significato. Giustiniano l'abolì formalmente, cancellando anche le ultime differenze e controversie, in ordine all'usucapione, al fondo dotale, ecc. Intatto, nondimeno, è, nello stesso diritto giustinianeo, il principio assoluto dell'accessione, e sussiste altresì l'incapacità di oneri fondiari sul dominio, fuor dell'imposta pubblica: il che rigetta dal concetto di proprietà nel diritto romano la superficie e l'enfiteusi.

La denominazione antica della proprietà presso i Romani era quella di *mancipium.* La parola *proprietas,* come denominazione tecnica di questo supremo diritto sulle cose, si cominciò a usare nell'epoca imperiale avanzata. L'altra designazione, *dominium*, è più antica, ma meno tecnica, e si adoperava anche per designare sia il potere generale del *paterfamilias*, sia l'appartenenza in generale di qualunque diritto subbiettivo.

Se non che l'esser proprietario s'indica pure dai Romani con dire senz'altro: la cosa mi appartiene o la cosa è mia, *res in bonis meis est*, *res mea est*, coll'aggiunta *ex iure Quiritium* nel diritto classico per significare il vero dominio civile. Nè un tal modo di esprimersi è in sostanza inesatto: qualunque diritto subbiettivo si può rappresentare come una pertinenza dell'obbietto al subbietto in una certa misura, che viene indicata dalla qualifica. Così alcuno può dire: io ho un fondo in enfiteusi o in usufrutto, e anche: questa donna è mia moglie ovvero mia moglie mi appartiene, ecc.; ma poichè nella proprietà cotesta pertinenza è la più completa possibile, il proprietario può ben dire che la cosa è sua, senza aggiungere alcuna limitazione che abbia a specificare in che senso e in che misura gli appartiene.

Nelle origini preromane erano proprietà comune del consorzio familiare le *res mancipi* (1). La disgregazione del gruppo agnatizio rese sin dall'origine individuale, come si suol dire, la proprietà romana. Peraltro una proprietà individuale tenuta necessariamente dal capo di un consorzio autonomo, come la famiglia romana, non è tale se non di fronte allo Stato e al *ius civile*. La vera proprietà individuale, non solo giuridicamente, ma socialmente, non è nata se non quando il processo di disgregazione dei gruppi primitivi si rinnovò nella famiglia classica e i singoli membri di essa divennero subbietti patrimonialmente indipendenti.

(1) V. § 79. Non abbiamo nella storia del diritto romano traccie del regime vero della proprietà collettiva, cioè della proprietà incentrata nel gruppo più vasto, e distribuita periodicamente alle famiglie. Certo però la *gens* aveva terre sue, l'*ager gentilicius* (forse il territorio della *gens* era in origine il *pagus*), come del resto in epoca storica ha il suo *ager publicus* lo Stato.

Questa evoluzione, come si è visto (v. § 53), precipita nella terza epoca ed ha il suo compimento definitivo nel diritto giustinianeo; ed allora soltanto, divenuta l'unità patrimoniale della famiglia e il dominio esclusivo del *paterfamilias* un concetto erroneo, più che vuoto, la proprietà individuale si può dire fondata assolutamente e sotto tutti i rapporti.

Nel diritto antegiustinianeo si distingueva pure il dominio civile, *ex iure Quiritium,* e il dominio pretorio, difeso mediante diverse azioni, principalmente l'*actio publiciana,* il quale dicevasi senz'altro epiteto, *in bonis habere.* Il caso più importante dell'*in bonis habere* era dato dall'alienazione di una *res mancipi* senza far uso dei modi civili per esse richiesti; onde in ordine ai modi di alienazione gioverà discorrerne.

§ 81. **Modi di acquisto della proprietà.**

GAII *Inst.*, II, 65. § 11 I. *De rer. div.*, II, 1.

Modi di acquisto della proprietà sono i fatti giuridici, in base a cui la legge riconosce al subbietto questo eminente diritto sulla cosa.

Si suol distinguere i modi di acquisto della proprietà in *originari* e *derivativi;* nei primi è un rapporto diretto colla cosa, nei secondi il rapporto colla persona dell'antico proprietario che giustifica l'acquisto, e la cosa si acquista coi diritti e gli oneri (servitù, usufrutto, ipoteche, ecc.), ond'era affetta nelle mani del proprietario antecedente.

La classificazione fatta nelle Istituzioni di Giustiniano è in modi di acquisto di *diritto civile* e modi di acquisto di *diritto naturale o delle genti.* Essa esprime, giusta il concetto generale di questa antitesi, che i primi hanno un carattere formale, in cui l'arbitrio del legislatore si rivela e sono particolari al popolo romano, mentre i secondi non richiedono altre condizioni se non quelle che la natura del dominio e l'interna coscienza richiedono e si possono ritenere comuni a tutti i popoli.

Nelle Istituzioni di Gaio, benchè a ogni acquisto si dichiari se è conforme al diritto naturale o alla *naturalis ratio*, ovvero se è di diritto civile, la distinzione dei modi naturali e dei modi civili non è posta a base di tutta la trattazione. Il giureconsulto separa invece i modi di acquisto derivativo e più propriamente le alienazioni, di cui discorre prima, e i modi di acquisto originario.

Soltanto dopo esposti i modi di alienazione, Gaio avverte che, giusta le premesse, alcuni oggetti si trasmettono nei modi naturali, altri nei modi civili (1). Ora circa le alienazioni il distinguere tra modi naturali e modi civili aveva nel diritto classico pratica importanza, perchè soltanto le cose *nec mancipi* si potevano validamente trasmettere nel modo naturale della tradizione, laddove per le cose *mancipi* occorrevano i modi civili.

Questa importanza è svanita affatto nel diritto giustinianeo, che non conosce più la distinzione delle *res mancipi e nec mancipi;* e siccome sono altresì scomparse le forme civili della *mancipatio* e della *in iure cessio*, la detta classificazione non solo non ha valore pratico, ma anzi non ha senso; e difatti nel titolo *de rerum divisione* Giustiniano non parla se non di modi naturali. Stando così le cose, l'aver non soltanto rilevata, ma esaltata la classificazione, mettendola come fondamentale, è errore dei compilatori, frutto di una simpatia teorica per questa partizione del diritto naturale e del diritto civile; il quale errore ha ingenerato dottrine erronee circa l'efficacia in origine inferiore dei modi di diritto naturale in genere.

Prescindiamo in questa trattazione tanto dai modi generali d'acquisto. come le successioni universali, i legati ecc., quanto da quelli singolarissimi, che si ricol-

(1) Illecito è pertanto lo spostamento eseguito dagli editori delle Istituzioni gaiane (Huschke, Krüger-Studemund) dei §§ 62-64, che trattano dei divieti di alienazione e solo ai modi di alienazione si debbono riferire (§§ 19-61 e il § 65), non anche ai modi originari (§§ 66-79).

legano a rapporti di diversa natura, come l'acquisto dei lucri nuziali da parte dei figli di primo letto in caso di seconde nozze.

§ 82. **Modi di acquisto originario. Occupazione e acquisto del tesoro.**

§§ 12-18, 22. 39 I. *De rer. div.*, II. 1. D. *De a, r. d.*, 41, 1 C. *De thes.*, 10. 15.

L'occupazione è la presa di possesso di cosa che non appartiene ad alcuno (*res nullius*) con intenzione di farla propria; in una parola l'impadronirsi dell'oggetto. Questa signoria di fatto (o *possessio*, come intendono questa parola i Romani, cfr. § 112) è riconosciuta dalla legge come signoria giuridica, in quanto appunto per esser la cosa *nullius* non si viene a ledere alcuno. (v. § 24 o 27). L'occupazione è il tipo dei modi di diritto naturale.

Si distinguono varie specie di *res nullius* e secondo esse varie specie di occupazioni.

Sono eminentemente *res nullius* gli animali *selvatici (feræ bestiæ, volucres, pisces)*. Tal genere di occupazione comprende pertanto la *caccia* e la *pesca*.

Il cacciatore acquista la proprietà dell'animale solo al momento, in cui l'ha preso, vivo o morto: *quia multa accidere possunt ut eam (feram bestiam) non capiamus.* Nel diritto classico la cosa era controversa, ritenendo alcuni che il cacciatore acquistasse la proprietà dell'animale ferito, purchè non avesse cessato d'inseguirlo. Non è necessario per l'acquisto che la caccia avvenga in luogo proprio. Il cacciatore che entra in un fondo altrui potrà esser chiamato responsabile, per la violazione commessa, colle azioni di possesso o di proprietà, o coll'azione di ingiurie; ma gli animali presi li fa suoi.

Naturalmente non sono oggetto d'occupazione gli animali *mansueti* o *domestici* e nemmeno i *mansuefatti* o *addomesticati*, perchè non sono affatto *res nullius*, nè l'allontanarsi ch'essi facciano dal padrone può esser causa che questi ne perda la proprietà. Peraltro gli animali addomesticati, come pavoni, api, cervi e simili, qualora abbiano perduto l'abito di ritornare al padrone *(consuetudo* o *animus revertendi)*, riacquistando la libertà naturale, cadono come *res nullius* in potere del primo occupante.

Sono oggetto di occupazione anche le cose del nemico *(occupatio bellica)*, anzi i Romani *maxime sua esse credebant quæ ex hostibus cepissent* (1). Il bottino appartiene allo Stato, salvo gli oggetti del nemico che per avventura si trovino in possesso di privati (2).

Il *ius postliminii* (v. § 16) si applicava pure, oltrechè alle persone, anche ad alcuni oggetti di guerra (navi da guerra e da trasporto, cavalli domati, muli da sella, non però le vesti o le armi, che non si perdono senza onta), i quali se ritolti al nemico ritornavano dell'antico proprietario.

È *res nullius* e oggetto di occupazione l'isola nata nel mare.

Invece la presa di possesso delle cose abbandonate dal legittimo proprietario (*res derelictæ*) non è dai Romani considerata come un caso di occupazione, ma come una specie distinta e si ricollega piuttosto ad altri istituti (v. § 89).

La presa di possesso perde alquanto del suo carattere materiale in ordine a quegli oggetti che non possono, come gli animali selvatici, sfuggire all'occupante. I Romani ricordano in proposito le pietre, le gemme e ogni cosa che si scopra sulla riva del mare. In tal caso la scoperta sola, non la materiale apprensione, genera l'acquisto, il quale dicesi appunto *inventio*.

È acquisto per invenzione in parte anche l'*acquisto del tesoro.* Tesoro è qualunque oggetto mobile nascosto da tempo immemorabile e di cui per conseguenza nessuno si possa più dimostrar proprietario: *vetus de-*

(1) Gaii *Inst.*, IV, 16.
(2) L. 51 § 1 D. *h. t.* 41, 1.

positio pecuniae, cuius non exstat memoria, ut iam dominum non habeat (1) L'acquisto del tesoro fu variamente regolato nel corso della storia del diritto romano. Soggetto, a quel che sembra, in origine ai puri principî dell'attrazione materialistica, conforme al carattere della proprietà romana (cfr. § 80, 83), emerge in epoca storica il diritto dell'inventore; e forse vi contribuirono le pretese fiscali, che più volte si affacciarono, del resto legittimamente (cfr. § 80), in ordine ai fondi provinciali. L'ordinamento del diritto giustinianeo, si fonda sopra una costituzione di Adriano, rinnovata dall'imperatore bizantino Leone. Se il tesoro è stato scoperto in un fondo altrui, l'inventore avrà la metà; l'altra metà spetta al proprietario del fondo. Il fisco non acquista la sua metà, se non quando il tesoro è stato scoperto non già in fondo privato, ma nel pubblico.

Abbiamo adunque nel tesoro un acquisto per occupazione o meglio per *inventio* a favore di chi lo scopre e un acquisto legale, che non è probabilmente se non un residuo dell'accessione totale, a favore del proprietario del fondo.

La scoperta del tesoro dev'essere casuale (*non data opera*) per ingenerare l'acquisto.

§ 83. **Accessione.**

§§ 20-24, 26, 29-34 I. *De rer. div.* II, 1. D. *De a. r. d.*, 41, 1. C. *De adluv.*. 7, 41.

È accessione vera e propria nel pensiero dei giureconsulti romani la congiunzione *organica* di due cose, nella quale la sostanza, gli elementi dell'una si fondono con quelli dell'altra in una intima unità. Solo verificandosi tale congiunzione, il proprietario della *cosa principale* (v. § 78) diventa proprietario *definitivo* anche della cosa accessoria. *Accessio cedit principali.*

(1) § 39, I. *De r. d.* II, 1. — Cfr. anche L. *un.*, C. *De thes.*. 10, 15: *condita ab ignotis dominis tempore vetustiori mobilia.*

Quando la congiunzione è puramente *meccanica,* sia pur che generi un *tutto ideale,* in cui l'essenza, la *propria qualitas* della cosa principale, come dicono i Romani, assorba la cosa accessoria, allora non si ha definitivo acquisto di proprietà. Si potrebbe scorgere tuttavia un acquisto *interinale* in questo caso, in cui la cosa principale determina l'essenza, lo *spiritus* del tutto (l'esempio tipico è di una statua monca, cui s'aggiunga il braccio); per lo meno le fonti vi riconoscono una accessione e negano la *rei vindicatio* della cosa accessoria: se non che al proprietario antico di questa è lecito chiedere la separazione delle due cose mediante l'*actio ad exhibendum* e, ottenutala, rivendica la propria.

Il concetto dell'accessione è caratteristico per l'essenza del dominio, in quanto, dato il valore imperativo delle sue regole nel diritto romano, l'accessione sta a rappresentare un elemento organico della proprietà romana, l'attrazione materialistica che questa esercita su tutto ciò che rientra nel suo recinto sovrano (v. § 80) e insieme la repulsione a tollerare entro la sua sfera diritti stranieri.

Le varie specie di accessione, separatamente discusse dai Romani, sono state raggruppate dai romanisti nelle seguenti tre categorie: accessione di cosa mobile a cosa mobile, di cosa mobile a cosa immobile, di cosa immobile a cosa immobile.

Si annoverano tra le accessioni di mobile a mobile: la *ferruminatio*, la *textura*, la *tinctura,* la *scriptura* e la *pictura.*

Dicevasi dai Romani *ferruminatio* la congiunzione di metalli *eguali* senza *mezzo interposto; plumbatura* o *plumbatio* invece la saldatura di oggetti metallici o non metallici, eguali o diversi, per mezzo del piombo o dello stagno (*plumbum album*). Soltanto la prima venne riconosciuta come vera accessione con acquisto definitivo. Invero la *ferruminatio* generava congiungimento forte, resistente al martello, inseparabile sotto l'azione del calore, mentre la *plumbatura* era unione debole, non resistente al martello e coll'azione del calore separabile: ma il punto che indusse la differenza giuridica fu propriamente il supposto che nella *ferruminatio* tra i due pezzi di metallo immediatamente congiunti e della stessa natura avvenisse una trasfusione reciproca di molecole, cioè vera *congiunzione organica* (1).

L'accessione per *tessitura* avviene per avere intessuto in un drappo gli altrui fili. Il caso più frequente presso i Romani era la tessitura di fili di porpora in un abito. Non reputiamo la tessitura vera e definitiva accessione, almeno nel diritto classico (2).

Per la *tintura* accede al drappo il colore.

Nella *scrittura* lo scritto accede alla carta, nella *pittura* invece la tavola al dipinto. Questa seconda decisione, che appare contradditoria colla prima e fu controversa tra i giureconsulti classici (3), si rivela non illogica, considerando che nella pittura l'opera artistica è immedesimata colla tela; il che non è dell'opera letteraria. Tuttavia Gaio non sa addurre una ragione plausibile del diverso trattamento e Giustiniano si richiama con enfasi sdegnosa al pregio superiore del dipinto.

Tra le accessioni di mobili a immobili si annoverano la *satio*, la *implantatio*, la *inædificatio*.

La *satio* o semina in fondo altrui fa che la pianta germogliata venga ad appartenere al proprietario di esso.

(1) *Per eandem materiam facit confusionem*: L. 23 § 5 D. *De r. v.* 6, 1. — Tecnicamente la *ferruminatio* si operava colla saldatura di *ferro* con *ferro* mediante argilla, *oro* con *oro* mediante lo santerna, *rame* (propriamente *aes*) con *rame* mediante la giallamina. Il supposto di una trasfusione di molecole è chimicamente errato, tanto più che, per lo meno nella congiunzione dell'oro e dell'*aes*, non è vero, come si reputava dai Romani, che la sostanza interposta sparisse. Cfr. su tutto PAMPALONI nell'*Arch. giur.* vol. 23 (1879) p. 223.

(2) Gaio non ne tratta mai nè nelle Istituzioni nè nelle *Res cottidianæ*; il testo delle Istituzioni di Giustiniano (II, 1 § 26) ci sembra interpolato fino al *nam extinctæ* ecc., e spezza malamente l'originale gaiano (II, 79); interpolata ci pare anche la 22 § 1 D. *De auro* 34, 2 *(et quæ his - insitae)*; Ulpiano finalmente accordava *l'actio ad exhibendum*. L. 7, § 2, D. *Ad exh.*, 10, 4).

(3) Paolo era ancora di contraria opinione. L. 23 13 D. *De r. v.* 6, 1.

L'accessione per *implantatio* o piantagione ha luogo quando gli alberi non soltanto sieno trasportati in un terreno altrui, ma v'abbiano messo radici stabilmente e ricevano alimento dal nuovo terreno (1).

Per l'*inedificazione* accede al suolo l'edificio. Emanazione caratteristica del dominio romano è il principio: « *Natura* o *iure naturali superficies solo cedit*, o *ædificium solo cedit, omne quod inædificatur solo cedit* ». Come appare dagli adagi enunciati è questo un principio connaturale all'essenza del dominio nel pensiero dei Romani, non mera presunzione, come presso di noi.

Nondimeno quel principio, se pronuncia che non si tollera proprietà separata dal suolo e dell'edificio posto sul suolo stesso, non giustifica che non possa chiedersi la separazione, quando non solo non vi ha che mera congiunzione meccanica, ma talora, come nelle tegole, non vi ha che mera adesione per contatto. L'inseparabilità fu sancita da un precetto positivo delle XII Tavole (2).

Le accessioni di cosa immobile a cosa immobile sono costituite in generale dagli incrementi fluviali: *avulsio, alluvio, insula in flumine nata, alveus derelictus.*

L'*avulsione* si ha quando una parte di terreno, per l'impeto della corrente o altra forza sia staccata dall'uno dei fondi rivieraschi e si venga ad aggiungere a un altro. L'accessione ha luogo, come nell'*implantatio* quando il tempo e la vegetazione hanno congiunto organicamente la zolla e le piante ch'essa reca col nuovo terreno (3).

(1) Le fonti distinguono ripetutamente le due fasi di *positio* e di *coalitio*: la prima non è forse nemmeno congiunzione meccanica, bensì mera adesione per contatto, la seconda è vera congiunzione organica, giacchè la pianta *credibile est alio terræ alimento alium factam* (L. 26 § 1 D. *De a. r. d.* 41, 1).

(2) V. in fine. A dimostrare il carattere positivo del precetto basta il richiamare ch'esso concerneva egualmente i pali delle vigne. Il difetto di congiunzione organica impedisce altresì che i materiali si possano usucapire da chi possiede il fondo (v. § 91).

(3) Come nell'*implantatio*, si distingue altresì lo stadio di *positio* e quello di *coalitio*, vera congiunzione organica, che genera *unitatem cum terra mea* (cfr. L. 9 § 2 D. *De d. inf.* 39, 2).

L'*alluvione* è un incremento lento e latente, che avviene aggiungendosi via via particelle di terra portate dal fiume, che recede, al fondo rivierasco.

L'*alveo derelitto* o il letto abbandonato dal fiume, che se ne è formato un nuovo, accede anch'esso ai terreni dell'una e dell'altra sponda sino alla mediana del fiume dalle rispettive parti, dividendosi alla lor volta le due metà tra i terreni delle singole rive, giusta la larghezza frontale ch'essi vi occupano. Ciò si ottiene tirando dai confini di ciascun fondo sulle rive del fiume delle perpendicolari alla mediana.

Il nuovo terreno, sul quale il fiume scorre, è diventato alla sua volta alveo e quindi, venendo abbandonato dalle acque, non dovrebbe tornare all'antico proprietario, ma accedere ai nuovi fondi rivieraschi. La ragione di equità indusse nondimeno al riguardo una derogazione allo stretto diritto (1).

L'*isola nata nel fiume* non è oggetto di occupazione, ma accede nella stessa guisa dell'alveo ai fondi rivieraschi (2).

Nelle accessioni in cui s'aggiunge un oggetto altrui occorre anche regolare la posizione dell'antico proprietario, il quale nel diritto giustinianeo ha di regola diritto a un indennizzo. Nella *ferruminatio* e in casi analoghi è concessa un'*actio in factum*. Nella pittura il proprietario della tavola ha una *utilis in rem actio* contro il pittore e contro qualunque terzo, benchè per l'accessione la sua proprietà sia cessata. Tale azione ha però soltanto il fine di ottenere il rifacimento del prezzo

(1) L. 7, § 5, D. *De a. r. d.*, 41, 1: *Sed vix est ut id optineat*. Forse è lo stesso Giustiniano che parla (cfr. il correlativo *stricta ratione*). — In questo senso ora anche Riccobono *Studi per Schupfer* p. 217.

(2) L'*alveus derelictus* e l'*insula in flumine nata* erano acquisti esclusi nel diritto classico dagli *agri limitati*, i quali, avendo confini fissati e sacri, non potevano esercitare la virtù di attrazione materialistica del dominio al di fuori.

Per tutti gl'incrementi fluviali interessano grandemente gli scritti dei *gromatici*. Cfr. Brugi, *Le dottrine giuridiche degli agrimensori romani*.

della tavola, perchè il pittore o il terzo acquirente potranno opporre la *exceptio iusti dominii*, la quale viene eliminata dalla *replicatio doli*, qualora non paghino il prezzo della tavola. Anche l'antico proprietario dell'albero ha una *utilis in rem actio* (1).

In qualunque caso poi a chi abbia in mano la cosa giova la *exceptio, doli* e se la cosa accessoria, tavola, colore o altro, è stata rubata, l'antico proprietario serba l'*actio furti* e la *condictio furtiva*.

Non è concessa azione all'antico proprietario nel caso di *avulsio*, il che non è iniquo, perchè questa non avviene immediatamente: onde il proprietario ha tempo di esperire la *rei vindicatio* prima che la congiunzione organica e l'acquisto si siano avverati.

Per una disposizione delle XII Tavole non si poteva chiedere in niun caso la separazione dei materiali congiunti a un edificio. La giurisprudenza stabilì che la *rei vindicatio* era sospesa, finchè durava la congiunzione dei materiali all'edificio, e si poteva soltanto esperire, quando per la volontà del proprietario o per qualunque altra causa fosse avvenuta la separazione. I giureconsulti proculeiani, ispirandosi allo scopo della legge *ne urbs ruinis deformetur*, ammisero che i materiali si potessero togliere anche durante la congiunzione dall'antico proprietario, quando non ne venisse danno all'edificio, e Giustiniano seguì la loro opinione, riconoscendo, mediante interpolazione di testi classici, il *ius tollendi* e — avvenuto per accidente il distacco — la *rei vindicatio* allo stesso costruttore di mala fede (2).

(1) Il Mancaleoni negli *Studi Sassaresi* 1900, ritiene interpolate le parole *in rem* nella L. 5, § 3 D. *De r. v.* 6, 1 e *rectam*, che dà per antitesi questo significato alla *utilis actio* nella L. 9 § 2 D. *De a. r. d.* 41, 1. Il testo di Gaio *Inst.* 2, 78 impone forse di esser cauti nella specie presente: ma la tesi generale che l'*actio in rem utilis* spunti nella maggior parte dei casi almeno (talvolta è decisivo il confronto col testo genuino), per opera dei compilatori, che se ne valsero come comodo strumento in tema di revoca del dominio (v. § 92) e di rappresentanza (v. § 128), non è dubbia.

2) L. 2 § 1 C. *De rei vind.* 3, 32: interp. *sive bona fide sive — exstructum sit* Tuttavia l'interpolazione non si confà colla chiusa della legge (*st-*

Il proprietario dei materiali aveva peraltro un'azione penale diretta a conseguire il doppio del valore contro il padrone dell'edificio, quando i materiali fossero di provenienza furtiva. Giustiniano convertì quest'azione penale in azione mista, facendo che il doppio del valore fosse pena e indennizzo a un tempo, onde, sperimentata una volta l'azione *de tigno iuncto*, non si aveva più diritto alla *rei vindicatio*, avvenendo in qualunque modo la separazione (1).

§ 84. Specificazione.

Gaii *Inst.* II, 79. § 25. I. *De rer. div.*, II. 1. L. 7, § 7; L. 24-27. D. *De a. r. d.*, 41, 1.

Specificazione è il trasformare una *materia prima* in guisa da ricavarne un oggetto avente una individualità, una destinazione propria e distinta, in breve una funzione economico-sociale sua; come, ad esempio, avviene, quando colle uve si fa vino, con del bronzo o del marmo si fa una statua, con della lana si fa un vestito. Il lavoro, la produzione industriale sono il motivo e il campo di questo istituto.

I testi classici usano per significare la specificazione la frase *speciem facere* o *speciem mutare*. *Species* significa l'oggetto creato, la cosa nuova; *materia* o *materia et substantia* è la *materia prima* adoperata (2).

non donandi animo, ecc.) e contraddice al testo di Gaio, L. 7 § 12 D. *De a. r. d.* 41, 1, che non accorda al costruttore di mala fede nè risarcimento nè ricupero eventuale dei materiali.

(1) Riccobono, *Sul Fr.* 63 *D.* 24, 1 in *Arch. giur.* vol. 53 e 54.

(2) *Materia* non significa precisamente nè *cosa originaria* (Fitting. Ferrini), nè la nostra *materia* nel senso astratto di *sostanza* (Perozzi), bensì materia in senso concreto, economico, cioè destinata alla specificazione, *materia prima*. Far carbone con legna da ardere è specificazione: incendiar case e mobilia non è specificazione, perchè mobilia e case non si considerano d'ordinario come *materia prima* da farne carbone o cenere. Nelle cose riducibili all'antica forma, come una statua di bronzo o una tazza d'argento, *materia manet*, perchè non è distrutta come *materia prima* e può esser di nuovo lavorata in altri oggetti; nelle cose irriducibili, come un vestito di lana, una nave, la materia

L'efficacia della specificazione come modo d'acquisto fu argomento di controversia fra i giureconsulti romani. Alcuni, principalmente i Sabiniani, le negavano tal valore, ritenendo che non lo specificante, bensì il padrone della materia dovesse anche serbar la proprietà della nuova specie. I Proculeiani invece attribuivano la proprietà della cosa nuova allo specificatore.

Nell'ultimo periodo della giurisprudenza classica si sviluppò una teoria eclettica, la quale cercò di conciliare le due opposte dottrine, accogliendo in sostanza la proculeiana, ma limitando il concetto della *cosa nuova*. A tal uopo si ebbe ricorso a tale criterio: se la cosa fosse o non fosse *riducibile alla materia prima*, ond'era derivata. Se non si poteva ridurre, la cosa era stimata propriamente nuova e la proprietà attribuita allo specificatore che l'aveva creata; se invece si poteva ridurre, allora la materia prima non si reputava estinta e il proprietario di essa non ne perdeva quindi la proprietà. Un mobile di ebano, una statua di marmo sono, giusta il criterio suespresso, cose nuove e appartengono allo specificatore: un vaso d'argento, una statua di bronzo appartengono invece al padrone dell'argento o del bronzo, perchè i metalli si possono fondere e ridurre allo stato di prima così perfettamente da rilavorarli in nuovi oggetti senza alcuna difficoltà. Il criterio della riducibilità non è in se stesso propriamente fallace, ove si riguardi al perdurare o meno della materia prima, cioè al per-

non manet, perchè, sussistendo pure la sostanza stessa nella cosa creata, non può più esser rilavorata come materia prima ed è quindi economicamente perita (L. 24 26 D. *De a. r. d.*, 41, 1 (Cfr. anche L. 5 § 1 D. *De r. v.* 6, 1 in fine).

Si possono conciliare, benchè diverse, le idee che *specie* sia l'oggetto nella sua individualità, ossia nel complesso dei caratteri suoi propri (Ferrini, Voigt), o nella idea, cioè nel tipo cui risponde (Perozzi). In realtà *species* sarebbe veramente la forma esteriore di un oggetto (cfr. *specio*, *aspectus*) in contrapposizione alla materia ond'è composto; e solo perchè la forma esteriore è ciò che rappresenta ai sensi l'individualità e l'idea dell'oggetto, *species* viene a significare senz'altro presso i Romani l'oggetto stesso.

durare o meno della materia dal punto di vista economico e industriale; ma non è opportuno il far dipendere da questo concetto puramente economico l'acquisto della proprietà da parte dello specificatore.

Giustiniano accolse la teoria eclettica (1). Ma egli v'introdusse anche una lieve alterazione: quando lo specificatore abbia adoperato materia in parte propria, in parte altrui, allora in ogni caso, sia o non sia l'oggetto riducibile alla materia prima, egli ne diventa proprietario. Giustiniano esige altresì nello specificante la buona fede (2), nè in caso pure di buona fede riconosce l'acquisto, se la cosa specificata era furtiva (3).

Anche nell'acquisto per via di specificazione dobbiamo regolare la posizione dell'antico proprietario e quella dello specificante nella specificazione di cose riducibili.

L'uno e l'altro hanno diritto a un indennizzo, a ottenere il quale nel caso in cui abbiano in mano la cosa giova loro la *exceptio doli*. Non avendo in mano la cosa, non pare serbassero altro ricorso all'infuori delle speciali azioni obbligatorie, che in base alle evenienze e al rapporto potessero competere. All'antico proprietario però nel diritto giustinianeo è concessa utilmente l'azione reale. Con questa azione egli non consegue la

(1) Sembra però dal confronto del testo di Gaio (II, 79) colla L 7. § 7. D. *De a. r. d.*, 41, 1, che i compilatori (o forse già le scuole orientali) abbiano alterato il fondamento delle dispute classiche Pare che i Proculeiani attribuissero allo specificatore la cosa nuova, perchè egli l'aveva fatta o creata, mentre nella L. 7, § 7 (interpolata) ciò accadrebbe, perchè la cosa nuova è una *res nullius*. Pare inoltre che si discutesse su casi speciali, senza concepire la specificazione come un istituto generale. - Cfr. PEROZZI, *Appunti sulla specificazione* nei *Rend. dell'Ist. Lomb.* 1890.

(2) Sono certo interpolate le parole *cum sciret-esse* nella L. 12, § 3 D. *Ad exh.* 10,

(3) Ammettendo non soltanto l'*actio furti*, ma altresì la *condictio furtiva*, che spetta solo al proprietario (cfr. L. 1 D. *De cond. furt.* 13, 1), non solo per l'antica materia, il che ritenevano anche i Proculeiani, giacchè si può esperir la *condictio* per le cose estinte. (GAII, *Inst.* II, 79), ma anche per la cosa nuova, il che probabilmente non è che una sopravvivenza sabiniana o una interpolazione (L. 52, § 14 D. *De f.* 47, 2 interp. Cfr. anche L. 4 § 20 D. *De us.* 41, 3).

cosa, perchè lo specificatore o il terzo oppongono la eccezione del dominio acquisito, ma ottiene il pieno risarcimento, opponendo alla sua volta la *replicatio doli.*

§ 85. Confusione e commistione.

§§ 27-28 I. *De r. d.*, II, 1.

La confusione o commistione è una tal mescolanza di liquidi o solidi per cui nessuna delle cose mescolate si può dire assorbita da una cosa principale (accessione), nè il tutto che risulta è cosa nuova (specificazione).

Rispetto alla confusione o commistione importa distinguere le seguenti ipotesi.

O la mescolanza è perfetta e i solidi o liquidi misti si compenetrano insieme, come nell'accessione, per esempio, siasi mescolato vino con vino, ed allora i diversi proprietari diventano comproprietari del miscuglio. La quota di condominio è misurata dalla quantità della materia appartenente a ciascuno.

O la mescolanza non è tale che i singoli elementi perdano ciascuno la propria individualità, la *species pristina,* per esempio, siasi mescolato vino con olio, frutta con altre frutta, ed allora ciascun proprietario conserva il suo diritto e può rivendicare l'oggetto suo, intentando prima l'*actio ad exhibendum,* perchè sia separato dall'altro.

Alcune volte può esser in pratica assai malagevole che la separazione ritorni le cose nello stato di prima; ad esempio due mucchi di grano sono stati insieme confusi. Nondimeno, poichè la mescolanza ad ogni modo non è perfetta, perchè *utraque materia, etsi confusa, manet tamen,* resta salva a ciascuno la *rei vindicatio* per la sua parte.

Se però la mescolanza non costituisce un mucchio determinato, ma sia tale che gli oggetti dell'uno dei proprietari non si possono più ritrovare nel patrimonio dell'altro, allora si ha veramente acquisto di proprietà.

I giureconsulti romani fanno il caso, ed è forse il solo che abbia pratica importanza, della confusione di monete, quando alcuno, ad esempio, mi paghi un debito con monete non sue ed io le abbia mescolate in modo colle mie da non potersi più distinguere. L'antico proprietario non può più rivendicare le specie singole, ma ha l'*actio furti* o altra azione obbligatoria contro chi ha dato monete non sue (1).

§ 86. **Acquisto originario dei frutti**.

§§ 35-38 I. *De r. d.*, II, 1.

Il frutto staccato dalla cosa prodotta è oggetto indipendente e si acquista, sia in base a un diritto sulla cosa, sia in base a un rapporto colla persona, che altrimenti sarebbe chiamata all'acquisto; quale, ad esempio, la locazione, il contratto di anticresi, ecc. Solo il primo è acquisto originario.

Cosa produttiva è quella che visibilmente tiene e nutre il prodotto: quindi la terra, non il seme, la femmina, non il maschio negli animali.

Acquistano i frutti in base al rapporto colla cosa il proprietario, l'enfiteuta, il possessore di buona fede al momento stesso della *separazione* (v. § 78 in fine), l'usufruttuario soltanto colla *percezione* (ibid.).

Circa l'acquisto dei frutti da parte del possessore di buona fede si disputava nel diritto classico se bastasse la buona fede iniziale, cioè al momento della presa di possesso della cosa produttiva, ovvero si dovesse richiedere la buona fede perpetua, con che s'intende la buona fede in ciascun momento di separazione dei frutti. Prevalse questa seconda opinione, la quale costituisce pure la regola del diritto giustinianeo.

Nel diritto giustinianeo è inoltre stabilito che il possessore di buona fede debba restituire colla cosa anche i frutti ancora esistenti presso di lui (*fructus exstan-*

(1) Ascoli *Sulla confusione* etc. nella *Riv. it. per le sc. giur.* 1887.

tes) al proprietario rivendicante: sicchè è detto nei testi giustinianei che egli fa suoi soltanto i frutti *consumati* (*fructus consumptos suos facit*) (1).

§ 87. **Modi derivativi di acquisto. La tradizione.**

§§ 40-46. I. *De r. d.*, II. 1.

Nel diritto giustinianeo la tradizione è modo generale per operare il trasferimento volontario della proprietà. Essa si può definire « la consegna o, in genere, la messa a disposizione della cosa con intenzione di rinunciare a favor d'altri e rispettivamente di ricevere la signoria della cosa, sulla base di un rapporto che la legge riconosce atto a giustificare il trasferimento del dominio ».

Il tradente deve in generale esser proprietario della cosa. *Nemo plus iuris in alium transferre potest quam ipse haberet.* Nondimeno la facoltà di alienare può competere ad altri che non sia il proprietario. Nel diritto classico essa spettava integralmente come parte dell'*administratio* al tutore, al curatore del furioso, al *procurator*, amministratore o rappresentante stabile costituito all'uopo dal proprietario, finalmente, sulla base del patto, al creditore pignoratizio non soddisfatto alla scadenza. Le restrizioni poste all'amministrazione dei tutori e curatori ebbero quasi eliminato la facoltà di alienare dei tutori e curatori nello stesso diritto antegiustinianeo (v. § 72). Giustiniano ha poi ridotto negli stessi limiti (frutti e oggetti deperibili) anche quella del pro-

(1) *Consumptos*, *si eos consumpsit* sono locuzioni all'uopo costantemente interpolate. Secondo il PELLAT (*Propriété* p. 306) la riforma è dioclezianea, secondo l'ALIBRANDI, giustinianea (*Teoria del possesso*, Roma, 1871 p. 126. *Op.* 324). Oggi è questa l'opinione generale.

Di fronte alla *hereditatis petitio* la regola giustinianea è in sostanza anticipata nel diritto classico (cfr. § 196).

curatore (1). Spetta tuttavia pur sempre la facoltà di alienare ai figli e ai servi, cui sia stata concessa l'amministrazione delle cose peculiari (§ 53 e 54) e naturalmente al mandatario munito di speciale mandato a tale oggetto. Per singolar privilegio compete infine la facoltà di alienare validamente le cose altrui al fisco, all'imperatore e all'imperatrice, salvo il diritto dell'antico proprietario di rivolgersi contro l'alienante nel termine di quattro anni per esser indennizzato.

D'altra parte non hanno diritto di alienare, benchè proprietari, i pazzi, i prodighi, gli infanti, infine i pupilli senza l'*auctoritas* del loro tutore.

Non deve inoltre la cosa esser gravata di un divieto di alienazione e per simil ragione il marito, benchè proprietario, non può alienare il fondo dotale, nè il colono i suoi beni, nè si possono alienare le cose litigiose, i materiali incorporati in un edificio, le cose interdette temporaneamente dal magistrato nell'interesse dei creditori.

Quanto all'accipiente non si richiede in generale che la sua capacità giuridica, il *commercium* (2), che può mancare in relazione a determinati oggetti: per es. il preside non può acquistar beni nella provincia. È poi ammesso in generale nel diritto nuovo che il rappresentante acquisti direttamente al suo rappresentato; nel diritto classico ciò vigeva solo in ordine al *procurator* (3).

(1) Cfr. GAII *Inst.*, II, 64 (*curator furiosi*; *procurator*; creditore pignoratizio; nella lacuna doveva esser menzione anche del *tutor*) con IUST. *Inst.* II, 8 § 1, in cui è soppressa ogni menzione di tutti, all'infuori del creditore pignoratizio: cfr. anche L. 29 D. *Fam. erc.* 10, 2. Interpolazioni all'uopo; L. 63 D. *De proc.* 3, 3 (*neque mobiles neque immobiles*, ecc.); L. 7 § 1 D. *Quib. mod.* 20, 6 (*non posse, nisi*, ecc.); L. 11 § 7 D. *De pign. act.* 13, 7, (*quod in procuratore*, ecc.; L. 13 § 25, D. *De act. e. v.* 19, 1 (*si modo — mandavit*); L. 1 § 1 D. *De off. proc. Caes.* 1, 19 (*consensu ipsius*; *denique*, ecc) L. 41 § 1 D. *De r. v.* 6, 1 (*voluntate domini* in seguito a *procurator*) — Vedi BONFANTE *Facoltà e decadenza* etc. negli *Studi per Schupfer*, Torino 1898.

(2) Non occorre nemmeno che sia determinato (*traditio in incertam personam*): cfr. § 46. I *De r. d.* II, 1.

(3) Era un principio speciale in materia di tradizione (non valeva per gli altri modi di alienazione) in ragione dell'acquisto del possesso riconosciuto pure mediante *procurator* nel diritto classico: cfr. § 114.

L'intenzione di trasferire e di acquistare dev'esser rivolta alla signoria di fatto, cioè, secondo il linguaggio romano (v. § 112), alla *possessio*, non già al dominio: così si conciliano le apparenti contraddizioni dei testi romani e la cosa è pienamente logica, sia perchè la tradizione in funzione di acquisto del dominio non è che un possesso legittimato, sia perchè, almeno nei *negozi* non formali, la volontà è diretta a un effetto economico, empirico, di fatto, non a un effetto giuridico (cfr. § 24).

Quanto all'atto materiale della tradizione, esso non è forma, bensì la pura e semplice realizzazione della *possessio*. Come tale, esso venne via via, seguendo l'evoluzione psicologica e civile della società, a staccarsi per opera della giurisprudenza dalla materialistica visibile operazione del trapasso da mano a mano. Nel diritto classico e giustinianeo la trasmissione del possesso si può compiere in modi così dissimulati e quasi spirituali, che a dichiarare il trasferimento della proprietà per mutuo consenso non v'è più che un passo. Tali sono i casi della tradizione *simbolica*, *longa manu, brevi manu* e del costituto possessorio; tutti riassunti nella categoria generale della *traditio ficta* (1).

Simbolica si disse nel medio evo la consegna delle chiavi di un magazzino, a fine di rimetter le merci, di cui non è che un ulteriore progresso la odierna consegna dei titoli rappresentativi.

Si dice *longa manu* quella tradizione in cui l'oggetto non è consegnato propriamente, ma indicato e messo a disposizione dell'acquirente, in quanto esso è *in conspectu, in praesentia; brevi manu* quella nella quale il nuovo acquirente deteneva l'oggetto per altra causa,

(1) I nomi sono opera degli interpreti: e se alcuni hanno un qualche addentellato nelle fonti, altri (tradizione simbolica, tradizione finta) manifestano il regresso psicologico-sociale del medio evo, in cui la realtà del trapasso del possesso in simili ipotesi era disconosciuta. La pratica dei magazzini di deposito e dei titoli rappresentativi (polizze di carico, fedi di deposito, note di pegno) ha cresciuto invece nel commercio odierno i modi di operare tradizioni reali senza spostamento.

per esempio, a titolo di locatario, comodatario, ecc., e non fa che conservarlo, integrando la detenzione coll'intenzione signorile, l'*animus possidendi.*

Il costituto possessorio è quasi l'inverso della *traditio brevi manu.* L'alienante, in luogo di operare la tradizione effettiva, conchiude coll'acquirente una convenzione, che gli permetta di tener la cosa sott'altro titolo, locazione, deposito, comodato, usufrutto, e per tal modo viene a costituirsi rappresentante nel possesso altrui. Finalmente la necessità della trasmissione effettiva del possesso fu abolita a favore delle chiese e dei luoghi pii.

Il rapporto tra le parti atto a giustificare la trasmissione del dominio dicesi *iusta causa traditionis.* Essa è contemporanea all'atto della tradizione, sebbene ideologicamente, come momento causale e giustificativo, si possa considerar precedente. Se la tradizione è stata realmente preceduta da una convenzione obbligatoria, non è questa la *iusta causa,* bensì la *solutio*, il pagamento di questa obbligazione; prova ne sia che se questa obbligazione precedente è meramente supposta o invalida, la proprietà nondimeno passa ed è esclusa la *reivindicatio;* soltanto, si può ripetere l'oggetto mediante un'azione obbligatoria, *condictio indebiti, sine causa*, ecc., diretta contro l'accipiente.

Le *iustæ causæ* non sono positivamente determinate: si può trasmettere la proprietà per un corrispettivo in denaro, come nella compra-vendita, per un oggetto dato o promesso in cambio, come nella permuta, per costituire una dote, per definire mercè transazione un litigio, e finalmente per puro spirito di liberalità, che, trattandosi di trasferimento di diritti, costituisce la donazione. Sono invece determinate positivamente le *causæ iniustæ,* cioè tali da impedire il trapasso della proprietà; come, ad esempio, la donazione tra coniugi.

Per una disposizione speciale, che si richiama alle XII Tavole, in base alla compra-vendita la proprietà non passa, se non pagato il prezzo o soddisfatto in altra guisa il venditore, cioè con pegni o malleverie. In altri termini, la mera obbligazione assunta per il pagamento nel prezzo non è causa sufficiente per la tradizione e l'acquisto del dominio. Nondimeno il tradente può rinunciare a questa garentia stabilita a suo vantaggio, dichiarando di affidarsi al compratore.

§ 88. La *mancipatio* e la *in iure cessio*. L'*in bonis habere*.

Gaii *Inst.* II, 22 — 41; Ulp. *Fragm.* XIX, 3-6; 9-15.

La *mancipatio* e la *in iure cessio* erano modi formali, *iuris civilis*, richiesti nel diritto antegiustinianeo per l'alienazione delle *res mancipi*.

La *mancipatio* è la forma più caratteristica, propria esclusivamente delle *res mancipi*, di guisa che, applicata alla *res nec mancipi*, non aveva di per sè alcun valore. *Mancipatio propria species alienationis est rerum mancipi*, dice Ulpiano. Nella lingua latina classica essa dicevasi ancora *mancipium* come il dominio (1).

La struttura della *mancipatio* rivela un carattere abbastanza primitivo. Essa consiste in una vendita simbolica eseguita alla presenza di cinque testimoni, cittadini romani puberi e di un altro cittadino, che teneva una bilancia di bronzo, ond'era detto *libripens*. L'ac-

(1) *Mancipatio* significava allora propriamente l'acquisto in cotesta forma, *emancipatio* l'alienazione.

Mancipio dare, *accipere* sono ancora le forme usuali presso i giureconsulti classici: ne' più antichi tempi il significato loro era « dare o ricevere in proprietà ».

Mancipatio non deriva direttamente da *manu capere*, ma da *mancipium*: l'etimologia comune è errata, come quella di *peculium* (cfr. § 50), e genera le stesse fallaci induzioni. Dovrebbe bastare del resto il tener presente il simbolismo antico per salvarsi dalle storte idee che la *mancipatio* si applicasse in origine alle sole cose mobili, che *res mancipi* fossero solo queste e così via: si dice bene anche dai nostri giureconsulti *ager manu captus!*

quirente (*mancipio accipiens*), recando in mano un pezzo di bronzo, dichiarava solennemente che la cosa era sua e ch'egli l'aveva comprata con quel bronzo e con quella bilancia: *Hunc ego hominem ex iure Quiritium meum esse aio isque mihi emptus esto hoc aere aeneaque libra;* indi batteva col bronzo la bilancia e lo porgeva all'alienante quasi come prezzo. Come è chiaro, la *mancipatio* si richiama a un tempo antichissimo, in cui la causa ordinaria di trasmissione del dominio era la compravendita e non usava ancora moneta coniata. Nell'età storica peraltro essa è una mera forma; ma se la *res mancipi* era trasmessa per donazione si usava dichiarare che la *mancipatio* era fatta *nummo uno,* cioè per un corrispettivo minimo, che era come niente.

Nel periodo storico inoltre non occorreva che gli immobili fossero presenti e si potevano mancipare più fondi insieme. Si richiedeva tuttavia la presenza delle *res mancipi* mobili, le quali dovevano altresì venire mancipate ad una ad una.

Il mancipante era tenuto a garantire la proprietà della cosa e rispondeva del doppio del valore, qualora avesse venduto cosa non sua. Tale garentia dicevasi *auctoritas* e l'azione relativa *actio auctoritatis.* Alla *mancipatio* si solevano anche aggiungere patti accessorii (*leges mancipii, pacta*), i quali avevano piena efficacia in base al principio delle XII Tavole: *Cum nexum faciet mancipiumque uti lingua nuncupassit ita ius esto.*

La *in iure cessio* era un trasferimento eseguito davanti al magistrato, che rivestiva la forma di una rivendicazione, cui l'alienante non si opponeva, onde il finto processo terminava *in iure.*

La *in iure cessio* era modo comune (*communis alienatio*) tanto alle *res mancipi,* quanto alle *res nec mancipi,* ma in generale quanto alle *res mancipi* poco in uso nell'età classica, per l'incomodo, dice Gaio, di doversi recare dinanzi al magistrato, e quanto alle *res nec mancipi* in realtà applicata soltanto alle *res incorporales*, per le quali probabilmente era sorta, cioè ai diritti, come servitù, usufrutto, eredità.

Se le forme della *mancipatio* o della *in iure cessio* non erano state osservate, ma l'acquirente aveva soltanto ricevuto la tradizione della *res mancipi*, sia pure in base a una *iusta causa*, egli non ne diventava proprietario legittimo, *ex iure Quiritium*, ma n'era semplice possessore; e solo quando il possesso fosse durato uno o due anni acquistava il dominio per usucapione.

Nondimeno già nell'epoca del diritto classico le cose erano alquanto mutate. Il Pretore concesse dapprima di respingere l'azione del proprietario mediante una eccezione, che prese il nome di *exceptio rei venditæ et traditæ* e verso la fine dell'età repubblicana venne accordata a chiunque avesse ricevuto la tradizione in base a una *iusta causa* una *reivindicatio utilis* contro qualunque terzo, la quale dal nome del suo inventore si chiamò *actio Publiciana*. Era questa un'*actio ficticia*, e la finzione era che colui che aveva ricevuto la tradizione avesse usucapita la cosa (cfr. § 90 e 99).

Con questa difesa assoluta tale possessore era in sostanza diventato vero proprietario, quando, s'intende, avesse ricevuto tradizione alla sua volta dal proprietario, onde i giureconsulti in questo, come in ogni altro caso in cui la difesa pretoria garentiva in modo assoluto il possesso, usano dire che l'acquirente ha *in bonis* la cosa, soltanto senza soggiungere *ex iure Quiritium*. Sicchè la frase *in bonis habere* o *in bonis esse* diventa quasi la designazione tecnica del dominio pretorio, così in questa specie, che è la più importante, difesa mediante l'*actio Publiciana*, come in ogni altra.

Colui che ha *in bonis* la cosa, non essendo riconosciuto come *dominus* dal diritto civile, non compieva su di essa alcun atto civilmente valido; non la poteva alienare nelle forme della *mancipatio* o della *in iure cessio*, non lasciare a causa di morte in forma di legato *per vindicationem*, non aveva facoltà di liberare uno schiavo facendolo cittadino romano, ma poteva soltanto concedere allo schiavo quella libertà di fatto, che ottenne dal Pretore una protezione analoga e diè luogo poi alla condizione speciale dei *Latini Iuniani* (v. § 14).

Invece il domino *ex iure Quiritium*, privo del godimento reale della cosa, ha su di essa, si dice, un *nudum ius;* ma egli conserva tutte quelle prerogative formali, che non incontrano ostacolo nelle azioni e nelle eccezioni concesse al dominio pretorio. Una di queste prerogative poteva avere anche un'efficacia reale: il domino quiritario, mediante una nuova manomissione *(iteratio manumissionis)*, faceva cittadino romano e suo liberto il latino giuniano. Anche in questo caso peraltro la successione nei beni, cui si ha diritto verso i propri liberti, era dal Pretore col mezzo consueto della *bonorum possessio* garantita a chi aveva l'*in bonis*.

Quando finalmente, in seguito alla crisi del terzo secolo, le forme e gli istituti civili caddero in piena desuetudine, almeno nel territorio dei nuovi cittadini grecoromani, la distinzione perdette ogni significato. Il nome perdurò ancora nelle scuole, anzi si richiamano certo a questa ultima epoca le designazioni di dominio bonitario o naturale e dominio quiritario; ma Giustiniano nell'abolire espressamente il *nudum ius Quiritium* dichiara appunto ch'egli non fa se non toglier di mezzo un nome vuoto di senso (1).

Il cadere delle *res mancipi* e *nec mancipi* e delle forme civili relative alle prime ha pertanto qual suo necessario riscontro e complemento la soppressione dell'*in bonis habere*. Così è che la tradizione, modo troppo semplice e facile, sembra divenire nel diritto giustinianeo generale mezzo di alienazione per qualunque oggetto: ed essa è tale nel senso che è necessaria per ogni sorta di beni, ma non nel senso che sia per tutti suf-

(1) Antiquæ subtilitatis ludibrium ... nomen quod nihil ænigmate discrepat, nec usquam videtur, nec in rebus apparet ... vacuum et superfluum nomen (L. un. C. *De nudo i. Q.* 7, 25).

ficiente. In realtà, più che le leggi imperiali, le consuetudini locali e i prefetti del Pretorio hanno provveduto in ordine ai beni immobili al bisogno di solennità e di pubblicità nella vendita e nella tradizione (1); onde, come già si è osservato, la distinzione dei beni immobili e mobili prende sin d'ora quasi il posto dell'antica delle cose *mancipi* e *nec mancipi* (cfr. § 79). Il diritto delle Pandette appare sin dall'epoca bizantina come un diritto generale che vuol esser integrato (v. § 3).

§ 89. **Altri modi derivativi di acquisto**.

Fuori della tradizione v'hanno modi derivativi di acquisto stabiliti *ex lege*, cioè indipendenti dalla volontà del proprietario attuale; ma sono di limitata importanza e appartengono in genere all'epoca bizantina. Così il proprietario che vuol farsi ragione da sè perde la proprietà dell'oggetto a favore del possessore illegittimo, il condomino che si rifiuta per quattro mesi di rimborsare le spese fatte dal socio perde il suo diritto a favore del socio, i coniugi divorzianti perdono la proprietà dei lucri nuziali a favor dei figli, ecc.

Applicazione più frequente ha l'acquisto per aggiudicazione. Nei giudizi divisori (§ 39) il giudice ha facoltà di far le parti come crede meglio e attribuire il dominio a ciascuno dei litiganti, che sono a un tempo stesso attori e convenuti. Per conferire al giudice questa facoltà il Pretore nel diritto classico aggiungeva alla formula una parte che dicevasi *adiudicatio* (§ 40); donde il nome di questo modo di acquisto.

È acquisto derivativo (*quasi traditio*) la percezione dei frutti fatta dal colono o locatario di un fondo rustico, in quanto si fonda su di un rapporto col locatore.

Un acquisto singolare, che si richiama alle condizioni dolorose della società romana nel periodo delle invasioni barbariche, è quello dell'*ager desertus*. Le terre di

(1) Cfr. Bonfante, *Res mancipi e nec mancipi* pag. 153 e 343.

confine, soggette alle incursioni ostili, erano spesso lasciate incolte e in abbandono dai proprietarî. Per ovviare al danno si permise a chiunque di prender possesso di queste terre abbandonate a patto di coltivarle, e se il proprietario non si presentava entro due anni a rivendicare il fondo, obbligandosi in pari tempo a rimborsare le spese al possessore e continuar la coltura, egli perdeva in pro di questo il suo diritto.

Finalmente i Romani considerano come acquisto derivativo, analogo alla tradizione e riassunto sotto il concetto della *traditio in incertam personam* (cfr. § 87), anche la presa di possesso di cose derelitte.

In forza di questo concetto non cessa l'usufrutto (il che è espressamente attestato) nè debbono cessare le ipoteche e le servitù attivamente e passivamente inerenti al fondo (cfr. § 81); inoltre i divieti di alienazione impediscono l'acquisto e finalmente gli è pure per questo motivo che la presa di possesso delle *res mancipi* derelitte nel diritto classico non faceva, come si dimostra, diventar proprietario l'occupante, nè nel diritto giustinianeo si deve ammettere che faccia diventar proprietario senz'altro la presa di possesso di cose immobili derelitte; ma si richiede all'uopo il decorso dell'usucapione (1).

§ 90. **Nozione ed evoluzione storica dell'*usucapio* e della *longi temporis præscriptio*.**

GAII *Inst.* II, 41-61. ULP. Fragm. XIX, 8.

Cfr. (per questo e il successivo §) BONFANTE *La iusta causa* ecc. nella *Riv. it. per le sc. giur.* 1893; *Le singole iustae causæ* ecc. ibid. 1894; *Essenza della bona fides*, ecc. nel *Bull. dell' Ist. di dir. rom.* 1893; VENEZIAN *L'errore di diritto e il possesso di buona fede* nella *Giur. it.* 1905; di nuovo BONFANTE, *Note ulteriori* ecc. nei *Rendic. Istit. Lomb.* 1906.

L'usucapione o prescrizione acquisitiva si può definire un modo, per cui la proprietà si acquista mediante

(1) Cfr. BONFANTE *Le singole iustæ causæ* § 2 nella *Riv. it. per le scienze giur.* v. 17 (1894). Con questo concetto si comprende meglio l'acquisto dell'*ager desertus*.

il possesso legalmente giustificato e continuato anche durante un periodo di tempo legale.

Questo modo di acquisto è singolare anche dal punto di vista della classificazione. Propriamente esso è originario, perchè si acquista *ex novo* il diritto in base a un rapporto colla cosa, nè occorre provare in giudizio il diritto del proprio autore, anzi l'usucapione è appunto destinata a esimere da questa prova. Nondimeno, se non è il rapporto con una persona, che giustifica l'acquisto della proprietà, esso interviene pure a giustificar l'acquisto del possesso, che è a base dell'usucapione. Se non v'ha successione giuridica nel senso che si derivi il proprio diritto dall'antico proprietario, v'ha una successione cronologica, perchè effettivamente la cosa appartenne ad altri sino all'ultimo momento dell'usucapione e muta di proprietario all'istante in cui l'usucapione s'è compiuta. Inoltre — ed è questo il punto più grave — l'usucapione non estingue il pegno, l'usufrutto le servitù attive e passive, e i divieti di alienazione impediscono l'usucapione. Ponendo mente a questi caratteri e all'acquiescenza dell'antico proprietario, ch'essi considerano quasi un consenso tacito, i Romani annoverano l'usucapione tra le alienazioni.

L' usucapione o prescrizione acquisitiva del diritto giustinianeo risulta dalla fusione di due istituti diversi, che già prima di Giustiniano si erano andati via via accostando e assimilando: l'*usucapio* e la *longi temporis præscriptio.*

L'*usucapio* è un istituto antichissimo, di diritto quiritario. Il nome non significa se non acquisto mediante il possesso, poichè *usus* non è che l' antico vocabolo indicante la *possessio;* e la denominazione stessa del modo d'acquisto era in origine semplicemente *usus.* La durata del possesso stabilita dalle XII Tavole era di due anni per i fondi, un solo per le altre cose, cioè in generale per i beni mobili, come noi diciamo. *Usus auctoritas fundi biennium, ceterarum rerum annus usus esto.*

Sottratte all'usucapione erano determinate cose, cioè — oltre le cose non suscettibili di proprietà privata, come la *res extra commercium* (1), in seguito anche i fondi provinciali — le *res mancipi* alienate dalle donne senza l'*auctoritas* del loro tutore legittimo, le *res furtivæ*, le *res vi possessæ*.

I due ultimi divieti (*res furtivae*, *res vi possessae*), — riassunti probabilmente in un solo al tempo delle dodici tavole, poichè sembra che in antico fosse inteso come furto lo spoglio di immobili, ma ribaditi separatamente dalla *Lex Atinia* e dalla *Lex Iulia et Plautia* — hanno per lo svolgimento storico l'importanza maggiore, in quanto ci rappresentano il modo onde in antico si concepiva il limite posto all'usucapione, affinchè tale acquisto non si convertisse in un premio o in uno stimolo all'usurpazione.

Il possesso doveva essere acquistato senza lesione altrui. Questo limite era inteso all'origine in un senso veramente materialistico, cioè si riguardava come sufficiente che l'acquisto del possesso fosse avvenuto senza lesione di possesso altrui; il che si riduceva appunto a questo: che la cosa non fosse rubata o rapita. La giurisprudenza antica elaborò al proposito il concetto e i requisiti della *iusta possessio:* il possesso doveva aver avuto origine in modo nè violento, nè clandestino, nè precario (*nec vi nec clam nec precario*).

Nel periodo classico tuttavia la coscienza più evoluta e l'analisi più fine delle relazioni giuridiche hanno svolto limitazioni più intrinseche e civili: si volle in primo luogo che l'usucapiente fosse andato al possesso sulla base di un rapporto col *precedente possessore* atto a giustificare *positivamente* l'acquisto del possesso stesso (*iusta causa possidendi*), al quale non era seguito l'acquisto della proprietà solo per difetto di modi formali

(1) Tra le res *extra-commercium* le XII Tavole rilevano, per ovvie ragioni, i *quinque pedes* limite dei fondi, cose sante, il *forum et bustum,* cose religiose (v § 77 e 80).

nell'atto di acquisto o di diritto nel proprio autore; in secondo luogo si richiese la coscienza di non agire contro le leggi dell'onestà, di non commettere effettivamente una intrinseca lesione ai danni del *legittimo possessore* nel godere da padrone la cosa altrui (*bona fides*). I limiti antichi peraltro (divieto di usucapione delle *res furtivae*, delle *res vi possessae*, delle *res mancipi* alienate dalla donna senza l'*auctoritas* del proprio tutore legittimo) sopravvissero col carattere obbiettivo che probabilmente avevano *ab origine*, cioè esclusa l'usucapione non solo finchè la cosa era nelle mani del possessore colpevole, ma in qualunque mano venisse a trovarsi, anche se il possessore attuale fosse in perfetta buona fede.

Dell'antico ordinamento dell'istituto rimasero nondimeno vestigi in alcune eccezionali figure d'usucapione, che nell'età classica e nell'epoca successiva s'andarono via via dileguando. La più importante di queste figure, che fin nel diritto giustinianeo ha fatto risentire le sue conseguenze, è l'*usucapio pro herede* (1). Questa usucapione era concessa a chiunque, *prima dell'erede*, avesse preso possesso delle cose ereditarie, poichè in questo caso egli non veniva a ledere il possesso di nessuno, nè dell'autore defunto, nè dell'erede; onde non era nemmeno possibile il furto circa le cose ereditarie. Essa appariva nell'età classica un lucro malvagio e ingiustificato (*improba usucapio*), e la giurisprudenza si studiò di restringerne l'applicazione, non ammettendo che coloro i quali avevano ricevuto già dal defunto degli oggetti, per esempio, a comodato o in deposito, potessero mutare a lor piacimento il titolo e usucapire *pro herede*. L'imperatore Adriano permise inoltre di revocare questa usucapione, facendo che la petizione di eredità si potesse intentare anche contro chi aveva usucapito *pro herede;*

(1) Solo di fronte all'*heres suus* tale usucapione era esclusa, probabilmente perchè, come questi succedeva *ipso iure* nella proprietà, senza bisogno di adizione (v. § 189), così egli si reputava, a cagione del rapporto famigliare, continuare il possesso, senza bisogno di materiale apprensione.

e la stessa efficacia venne attribuita all'*interdictum Quorum bonorum* (cfr. § 197). Finalmente Marco Aurelio introdusse il *crimen expilatæ hereditatis* contro chi s'impadroniva di cose ereditarie e d'allora in poi tale usucapione non divenne possibile, se non concorrendo almeno la buona fede. Queste ed altre simili usucapioni eccezionali si dicevano *ex lucrativa causa* in antitesi all'usucapione normale, che dicevasi *pro suo.*

L'utilità pratica di questo istituto dell'usucapione era di fornir sicurezza al possessore e porre un termine al rinnovarsi indefinito delle contestazioni giudiziarie nell'interesse sociale. Nel diritto classico si distinsero due ipotesi fondamentali: o il possessore aveva ottenuto la cosa da chi non era proprietario o altrimenti autorizzato all'alienazione: ovvero egli aveva acquistato dal vero proprietario una *res mancipi,* senza far uso delle forme debite della *mancipatio* o della *in iure cessio.* Nell'un caso e nell'altro egli era durante il periodo dell' usucapione possessore di buona fede; ma nella seconda ipotesi, poichè nel godimento della cosa egli aveva dal Pretore difesa piena e assoluta contro lo stesso proprietario, il suo possesso, che è in sostanza proprietà, si usa denominare, come abbiamo visto (§ 80 e § 88), *in bonis esse* o *in bonis habere.*

Ma questo istituto dell'usucapione nell'età imperiale, insieme con alcuni difetti, cui la giurisdizione pretoria poteva soccorrere nei casi etremi, com'era il breve decorso di tempo non adatto ad una vasta società, manifestava una grave lacuna: essendo un modo di acquisto del dominio, non era applicabile che ai fondi italici. Fu probabilmente per rimediare a questa lacuna che spuntò nell'età imperiale, per opera degli imperatori o dei governatori delle provincie, l'istituto della *exceptio* o *præscriptio longi temporis* o *longæ possessionis.* Questo istituto consiste in una eccezione concessa al possessore contro colui, che rivendica la cosa, quand'egli l'abbia posseduta per 10 anni tra presenti, ossia tra dimoranti nella stessa città (o nella stessa provincia, dopo l'ammissione dei sudditi provinciali alla cittadinanza) e venti anni tra assenti. Conforme alle norme del diritto pretorio, si richiese in origine qual condizione dell'*exeptio* soltanto la *possessio iusta* (conseguita *nec vi nec clam nec precario*).

Nella pratica, sebbene i due istituti avessero diverso carattere e diversi requisiti, finivano con adempire la stessa funzione: e sembra che al possessore, dopo trascorsi i dieci o venti anni, venisse più tardi concessa, oltre l'eccezione, anche un'azione per il ricupero della cosa eventualmente perduta. Non restava ormai che una differenza ingiustificabile tra fondi italici e fondi provinciali, sovrattutto circa il tempo necessario all'acquisto. D'altra parte nell'Oriente non esistevano in generale se non fondi provinciali, onde l'usucapione veniva in questo nuovo territorio del diritto romano a non avere applicazione circa le cose immobili. I tempi erano maturi per la riforma e Giustiniano l'operò. Egli rese chiaramente la *longi temporis præscriptio* un modo di acquisto del dominio e la fuse quindi coll'usucapione, ampliando anche il decorso del tempo in ordine alle cose mobili da uno a tre anni e appianando le differenze tra i due istituti. Nondimeno, conforme allo stato delle cose nell'ultima epoca, il nome di *usucapio* è adoperato di preferenza in ordine alle cose mobili, quello di *longi temporis præscriptio* in ordine agli immobili (1).

§ 91. La usucapione o prescrizione acquisitiva nel diritto giustinianeo.

1. *De us. et l. t. pr.*, II, 6. Dig., 41, 3-10. Cod., 7, 26-40.

Il vario sviluppo storico ha fatto che l'usucapione del diritto giustinianeo risulti di un complesso di requisiti. Essi sono: 1.° il possesso; 2.° il tempo, ossia la durata del possesso; 3.° la capacità della cosa o *res habilis*,

(1) I testi dell'*usucapio* relativi a immobili sono interpolati in *longi temporis capio o præscriptio*.

sotto il qual nome si ricomprendono anche i limiti obbiettivi dell'usucapione ereditati dall'antico diritto; 4.° la *iusta causa* o *iustus titulus;* 5.° la *bona fides* (1).

È necessario per l'usucapione il *possesso vero* della cosa, cioè la detenzione di essa coll'animo di tenerla come propria; il che del resto intendono i Romani colla *possessio* (cfr. § 112).

Le cose non suscettibili di possesso, come son quelle che hanno perduto la loro esistenza individuale per essere diventate accessione di un'altra, senza essersi con questa organicamente congiunte, non si possono usucapire; coll'usucapione dell'edificio non si acquista egualmente per usucapione la proprietà degli altrui materiali, sicchè, demolito l'edificio, il proprietario dei materiali può rivendicarli. Nondimeno in via eccezionale è riconosciuto, per lo meno nel diritto giustinianeo che l'usucapione già incominciata di un oggetto non cessa per il fatto che il possessore l'abbia congiunto a un altro da lui posseduto.

La *durata del possesso* è per le cose mobili di tre anni, per gli immobili di 10 anni tra presenti, ossia quando le parti abitano nella stessa provincia, di venti anni tra assenti. Tale durata dev' essere continua. Si ha interruzione naturale colla reale perdita del possesso (v. § 114), si ha interruzione civile (istituto particolare alla *l. t. præscriptio*, ora colla fusione da ritenersi generale, nonostante le antinomie dei testi) colla rivendicazione intentata dal proprietario. Il computo del tempo è, secondo il solito, civile e il giorno incominciato si ha per compiuto.

Il possessore può aggiungere al suo possesso anche quello del suo autore, a condizione che questo sia egualmente giustificato e quindi atto all'usucapione. Tale istituto, sorto a poco a poco per ragioni di equità e pro-

(1) Si sogliono nelle scuole riassumere nel seguente verso mnemonico: *Res habilis, titulus, fides, possessio, tempus.*

prio anch'esso della *l. t. præscriptio* (1) nelle origini prime, costituisce la così detta accessione del possesso *(accessio possessionis)*. Diversa da questa è la vera e propria *successio in possessionem* o *in usucapionem*, riconosciuta *ab origine* sia a favore come contro l'erede, il quale — per un principio che ha la sua ragione e derivazione dalla natura del diritto ereditario romano — è investito *ipso iure* e necessariamente del possesso così com'era in testa al suo autore, sia egli personalmente in buona o in mala fede, vale a dire non può che continuar l'usucapione del suo autore, in quanto subentra nel rapporto e nel titolo giuridico del defunto (§ 22 e 177) (2).

Circa la *capacità della cosa* sono escluse dall'usucapione, oltre le cose assolutamente *extra commercium*, anche le seguenti categorie: 1.° Le cose furtive (*res furtivæ*) e le cose violentemente sottratte al proprietario (*res vi possessæ*). Il vizio di furtività, che affetta la cosa in mano di chiunque si trovi, si purga in base alla legge Atinia col ritorno di essa in podestà del proprietario, e analogamente il vizio della violenta ablazione. 2.° Le cose ricevute in dono dal magistrato contro il divieto della *lex Iulia repetundarum:* ammessa anche qui la purgazione. 3.° Per la Nov. 119, secondo l'opinione dominante, gli immobili acquistati da un possessore di mala fede. 4.° Le cose dello Stato, *res fiscales*, del principe, dei pupilli e dei minori (3), i beni immobili delle

(1) O anche del classico *interdictum Utrubi*, i cui testi in proposito sono stati nel diritto giustinianeo accomodati alla prescrizione acquisitiva. Cfr. § 115.

(2) Cfr. Zanzucchi *La successio e l'accessio* etc. Pisa 1904.

(3) I beni dei pupilli e dei minori non erano sottratti all'antica usucapione (cfr. *ad abundantiam* L. 2 D. *De eo qui pro tut.* 27, 5). Il divieto (su cui fondasi l'adagio *contra non valentem agere non currit praescriptio*) appartiene alla *l. t. praescriptio* (L. 3 C. *Quib. non obiciatur* 7, 35; L. 5 § 1 C. *In quib. causis* 2, 40 (41)) e quindi al diritto nuovo, come in sostanza, salvo i due primi, tutti i divieti di usucapione, anche quello relativo alle cose fiscali (Savagnone *Le terre del fisco* ecc. pag. 49); l'ultima categoria è per lo meno cresciuta col crescere smisurato dei divieti di alienazione nella nuova epoca.

chiese e delle fondazioni pie, 5.° Le cose dotali (non solamente il fondo). 6.° Le cose, di cui l'alienazione è vietata.

La *iusta causa* (o *iustus titulus,* come nella nuova epoca si preferisce) è quel rapporto *col precedente possessore* che dimostra positivamente l'assenza di lesione altrui nella presa di possesso e sarebbe in se stesso atto a giustificare l'acquisto del dominio. Questo non è immediatamente avvenuto, in genere perchè il possessore precedente non era proprietario. La causa giustificativa del possessso si indica colla particella *pro.* Così *pro emptore; pro donato; pro dote; pro soluto*, se l'oggetto altrui fu dato in pagamento; *pro legato,* se fu elargito con questo atto di ultima volontà; *pro derelicto,* se l'oggetto, di cui s'è preso possesso, era stato abbandonato dal precedente possessore. *Pro suo possidere* è designazione generica che indica il possedere in base a una giusta causa, ma si usa specialmente, quando manchi la designazione specifica del rapporto giustificativo.

Per una storica anomalia nella compilazione giustinianea si annovera tra le *iustæ causæ* anche il titolo *pro herede,* sia dell'erede vero che possiede cose altrui credute in buona fede ereditarie, sia dell'erede apparente che possiede in buona fede l'eredità stessa e le cose pertinenti, mentre erede non è. L'eredità in sè stessa non dovrebb'essere mai titolo d' usucapione, poichè l' erede vero succede nei rapporti del defunto, sieno tali da giustificare l'acquisto del dominio o non sieno (per esempio, il defunto era depositario, locatario e simili), l' erede apparente poi non succede realmente in alcun rapporto e potrà quindi essere in perfetta buona fede, ma il suo possesso non è veramente basato su di una *iusta causa.*

Se Giustiniano ha riconosciuto le due cause anomale di usucapione, ciò deriva da un doppio equivoco; il primo più ch'altro di parole e di forma, il secondo veramente di sostanza. L'usucapione dell'erede vero su cose falsamente credute ereditarie era ammessa nel diritto classico sulla base del titolo di proprietà, per cui si presumeva erroneamente che il defunto le avesse possedute, da quei giureconsulti che riconoscevano l'efficacia del così detto titolo putativo, cioè la giusta causa meramente immaginaria o presunta. Ma Giustiniano, riconoscendo quest'usucapione, la considera *pro herede*, in quanto ha inserito i frammenti relativi nei titoli *Pro herede* del Digesto e del Codice.

Quanto all'usucapione *pro herede* dell'erede apparente, essa non era altro nel diritto classico se non la *lucrativa pro herede usucapio*, cioè una di quelle figure eccezionali, cui non si applicavano i nuovi requisiti della *iusta causa* e della *bona fides*. Giustiniano intese veramente di abolire questa usucapione, sopprimendo nelle sue Istituzioni i passi relativi di Gaio, e richiedendo con insistenza la buona fede e il termine unico per qualunque usucapione, tre, dieci, venti anni, mentre l'antica usucapione *pro herede* si compieva in un anno solo anche circa agli immobili (1). Ma distrutte queste due troppo visibili e gravi caratteristiche, forse gli parve di aver conciliato abbastanza l'usucapione *pro herede* col tipo normale, onde la mantenne con tutte le particolarità della sua essenza primitiva e del suo sviluppo ulteriore, che sono principalmente queste: che non si può usucapire se non cose di cui l'erede vero non abbia avuto il possesso, che non si può usucapire contro l'*heres suus* e si può invece in qualunque tempo revocare questa usucapione, intentando la petizione di eredità o l'interdetto *Quorum bonorum* (v. § 196 e 197).

La *buona fede* non è altro che il comportarsi da persona onesta nella presa del possesso; in altri termini, la coscienza di non far torto al *legittimo possessore*. Nell'usucapione suo presupposto è in generale un errore: che si creda di ricevere dal proprietario o da un suo rappresentante o almeno di non tener la cosa da padrone contro il suo consenso. La credenza di esser diventato proprietario in base a un negozio d'acquisto non è necessaria.

(1) Perchè veramente in origine ciò che s'intendeva usucapito era l'eredità, che rientra nel novero delle *ceteræ res*.

La specie classica in cui si usucapiva la *res mancipi* sulla base della tradizione *ex iusta causa*, lo dimostra con evidenza; ma nello stesso diritto giustinianeo chi riceve un oggetto, per esempio, dalla donna, che alla sua volta l'ebbe in donazione dal marito, sa di non diventar proprietario, perchè chi glielo dona o vende non è proprietario, e nondimeno usucapisce, perchè tiene l'oggetto col consenso del marito proprietario.

La buona fede si esige all'inizio del possesso: poco importa se in seguito si venga a cognizione del vero stato delle cose. *Mala fides superveniens non nocet.*

La causa remota, per es. l'obbligazione in base alla quale è avvenuta la *solutio* o pagamento, come nella tradizione, non si considera. Fa eccezione il contratto obbligatorio di compra-vendita, in cui a cagione, secondo che noi riteniamo, della speciale struttura della compra vendita consensuale romana, che non obbliga a trasferire la proprietà, bensì a trasferire il possesso e garantire il godimento della cosa, (v. § 162) non solamente si risale dalla *solutio* al contratto obbligatorio di compra-vendita, se la cosa non è stata venduta e consegnata a un tempo stesso, ma si vuole pure che l'obbligazione sia stata conchiusa in buona fede (1).

Nell'età della giurisprudenza classica fu viva questione, se occorresse la reale esistenza della *iusta causa* o se bastasse la mera credenza del subbietto, cioè il cosiddetto titolo putativo; in altri termini, se la buona fede potesse sostituire in tutto e per tutto la *iusta causa.* I fautori del titolo putativo esigevano in compenso che l'errore il quale aveva indotto a supporre l'esistenza della *iusta causa,* fosse errore scusabile (*iusta erroris causa, probabilis* o *tolerabilis error*). Gli ultimi giureconsulti, Paolo e Ulpiano, si mostrano contrari al titolo putativo, salvo alcune specie eccezionali e meno gravi, per esempio, la compra-vendita conchiusa con un pupillo

(1) V. per spiegazione data nel testo di queste due correlative peculiarità Scialoia *Lez. di dir. rom.* 1888-89 pag. 230 e Bonfante *Le singole iustae causae* (tit. *pro emptore* nella *Riv. it. per le sc. giur.* 1894.

creduto pubere, la quale senza l'*auctoritas tutoris* è nulla; e i rescritti dioclezianei seguirono questo indirizzo.

Giustiniano ha inserito nel *Corpus iuris* le opposte opinioni di Nerazio e Africano in pro del titolo putativo, di Celso, Ulpiano e Paolo in senso contrario. In questo stato di cose si deve accogliere per il diritto giustinianeo l'opinione più mite, riconoscendo che i testi, in cui si esprime che occorre necessariamente una reale *iusta causa*, e che non giova credere a torto che esista, sono stati intesi da Giustiniano colla restrizione che vi apponevano i fautori del titolo putativo: « salvochè la credenza non abbia a sua base una *iusta causa erroris* ». L'*usucapio pro herede* mostra che l'essenza della *iusta causa* non era più bene appresa dai compilatori.

Oltre all' usucapione ordinaria esiste un'usucapione straordinaria o *præscriptio longissimi temporis*, che si compie nel periodo di trent'anni (o quaranta circa gli immobili delle chiese, delle *piæ causæ* e le cose litigiose). Codesta usucapione straordinaria è stata creata da Giustiniano sulla base della generale prescrizione estintiva delle azioni, la *præscriptio triginta annorum* di Teodosio II (v. § 45), riconoscendo ad essa l'efficacia di modo d'acquisto del dominio, vale a dire concedendo al possessore dopo i trent'anni anche l'azione, quando però egli fosse in buona fede al momento della presa di possesso. Non si ricerca invece il giusto titolo nè la *iusta erroris causa*, e nemmeno i limiti obbiettivi infirmano questa usucapione straordinaria, salvo l'esser la cosa fuori di commercio, pupillare o dotale o pertinente al peculio avventizio regolare (§ 53).

§ 92. Perdita della proprietà.

La proprietà si perde o per venir meno della capacità giuridica del subbietto, o per venir meno della capacità dell'obbietto, se la cosa è messa fuori di commercio, o per la distruzione della cosa stessa o per l'alienazione o il passaggio legale della cosa in altri o per la derelizione.

La *derelizione* è l'abbandono assoluto della cosa, cioè fatto con animo di rinunciare al dominio. Nel diritto classico v'era controversia tra le due scuole dei Sabiniani e dei Proculeiani, se la proprietà venisse subito meno all'atto dell'abbandono o soltanto al momento, che altri se ne impadroniva. Giustiniano accolse l'opinione sabiniana, per cui la proprietà cessava immediatamente.

Nel diritto giustinianeo la proprietà cessa altresì immediatamente pel sopraggiungere del termine apposto o pel verificarsi della condizione risolutiva, sia espressa *lex commissoria, in diem addictio;* v. § 162; donazioni a causa di morte, v. § 182), sia tacita (dote, donazione nuziale, v. § 62,68,69); il che dicesi *revoca reale* o *revoca ipso iure* del dominio e importa il riconoscimento di un dominio temporaneo. Nel diritto classico non era ammessa la costituzione della proprietà a tempo, vale a dire il sopraggiungere del termine o della condizione risolutiva non estingueva la proprietà dell'attuale titolare e non generava un'azione reale a favore dell'alienante o avente causa da lui: soltanto, l'acquirente poteva esser tenuto a restituire il dominio in base all'obbligo assunto (revoca obbligatoria) (1).

§ 93. Rivendicazione della proprietà.

§ 1, I. *De act.*, IV, 6. § 2. I. *De off. iud.*, IV, 17. D. *De rei vind.*, 6, 1. Cod., 3, 32.

La *rivendicazione* (*rei vindicatio*) è l'azione colla quale il proprietario chiede il riconoscimento del suo diritto di fronte al possessore illegittimo e in conseguenza la restituzione della cosa con tutte le accessioni.

L'azione compete adunque al proprietario, che non possiede, contro il terzo possessore, sia che questi pos-

(1) Una costituzione di Diocleziano, che negava il trasferimento di proprietà *ad tempus* (FRAGM. VAT., 283), si ritrova interpolata nella L. 2 C. *De don. quæ sub modo*, 8, 54, (55) che l'ammette.

sieda la cosa con animo di disporne da padrone, cioè qual vero possessore, sia, come si ammise più tardi, che l'abbia in sua mano qual semplice detentore. Il detentore di beni immobili è tenuto però in forza di una costituzione di Costantino a dichiarare in nome di chi egli detiene la cosa (*laudatio auctoris*). In due casi si può intentare anche contro chi non possiede: quando il possessore abbia cessato dolosamente di possedere (*dolo desiit possidere*), ovvero abbia simulato il possesso per trarre in inganno l'attore (*liti se obtulit*). Chi nega falsamente d'esser possessore è costretto in pena a trasmettere il possesso nell'attore, il quale pertanto viene senz'altro costituito nella più vantaggiosa posizione di convenuto (1).

Il gregge e le *universitates rerum* di simil genere (cfr. § 78) si possono rivendicare nella loro totalità, senza che occorra dimostrare la proprietà dei singoli capi.

La prova della proprietà, che deve fornire l'attore, negli acquisti derivativi sarebbe, a rigore, più che malagevole, impossibile, poichè il proprietario dovrebbe provare il diritto del suo autore e quindi anche il diritto dell'autore di questo e così via via, finchè non si raggiunga un modo di acquisto originario; ma qui appunto soccorre l'istituto dell'usucapione.

Il convenuto condannato deve restituire la cosa con tutte le accessioni (*cum omni causa*) e nel diritto giustinianeo anche i frutti esistenti presso di lui (*fructus exstantes*). Il possessore di mala fede, in base a una costituzione di Valentiniano e Valente (a. 362 d. C.), deve restituire o risarcire tutti i frutti percetti, sia *exstantes*, sia *consumpti* (nel diritto classico occorreva pei frutti percetti prima della contestazione della lite o una

(1) Nel diritto antegiustinianeo era costituito all' uopo l' interdetto *Quem fundum:* cfr. ULPIANI *Inst. Fragm.*, IV; nel diritto giustinianeo provvede il giudice (L. 80. D. *De r. v.*, 6, 1 interpolata: *quia licet — approbaverit*)

vindicatio o una *condictio* distinta) e persino quelli che non ha percepito per incuria (*fructus percipiendi*).

Dopo la contestazione della lite anche il possessore di buona fede risponde di tutti i frutti.

Il possessore di mala fede è tenuto al risarcimento dei danni, se la cosa è perita totalmente o parzialmente per sua colpa, e così pure il possessore di buona fede dopo la contestazione della lite (1). Ma la responsabilità del possessore di mala fede dopo la contestazione della lite si aggrava, in quanto egli è tenuto anche della perdita per caso fortuito, salvochè non possa provare che il proprietario avrebbe egualmente subìto il danno, tenendo la cosa presso di sè.

Nondimeno anche il possessore può far valere dei diritti in confronto del proprietario rivendicante per le spese eseguite sulla cosa.

Nell'epoca della giurisprudenza classica il solo possessore di buona fede aveva diritto al risarcimento delle spese. Esso era pieno ed assoluto per le spese necessarie; quanto alle spese utili il possessore di buona fede aveva diritto di ritenzione sulla cosa, ove non fosse soddisfatto del minimo tra lo speso o il migliorato, anzi, quando l'indennizzare le spese riuscisse troppo di onere al rivendicante, perdeva altresì questo diritto. Per le spese voluttuarie non gli competeva nessun indennizzo.

Giustiniano ha riformato tutta questa materia. Egli accordò anche al possessore di mala fede il risarcimento pieno delle spese necessarie: per le spese utili conservò

(1) Nel diritto classico di fronte a qualunque possessore così in ordine ai danni, come in ordine ai frutti, decideva il momento della *contestazione della lite*. Per i danni anteriori non era tenuto che il ladro, con questo peraltro che, dirigendosi la *rei vindicatio* sin dal tempo di Labeone anche contro colui che aveva cessato dolosamente di possedere, la perdita dolosa non liberava il possessore: solo Giustiniano ha sancito mediante trasposizione di testi relativi ad altre materie la responsabilità del possessore di mala fede per le deteriorazioni anteriori alla *l. c.*

il diritto del possessore di buona fede al minimo tra lo speso e il migliorato in ogni caso, ma concesse inoltre così al possessore di buona fede come a quello di mala fede il *ius tollendi*, cioè il diritto di togliere le accessioni, ove ciò possa farsi senza danno della cosa, salvo che il proprietario non si offra a pagare quel prezzo che il possessore ne potrebbe ritrarre.

Lo stesso *ius tollendi* è concesso finalmente anche per le spese voluttuarie e sempre così al possessore di buona fede come al possessore di mala fede. L'idea che moveva i giureconsulti classici era un pensiero etico, un equo riguardo alla buona fede; l'idea che muove Giustiniano è una ragione di equilibrio patrimoniale: che in niun modo alcuno si debba arricchire con danno di altri, sia pure il perdente in mala fede (*non debet petitor ex aliena iactura lucrum facere*) (1).

Il possessore può inoltre opporre eventualmente all'attore la *exceptio rei venditæ et traditæ*. Questa eccezione era in origine la garentia passiva dell'*in bonis habere*, cioè del dominio pretorio contro il domino quiritario rivendicante. Nel diritto classico tale eccezione si estese a quei casi, in cui l'alienante, che non era in origine proprietario, avesse in seguito acquistato il dominio della cosa, per esempio, ereditando dal vero proprietario, e si presentasse allora a rivendicarla; per la quale ipotesi serviva in origine la *exceptio doli* o una *exceptio in factum* (2). Nel diritto giustinianeo, cessata la distinzione dei dominii, l'*exceptio rei venditæ et traditæ* è rimasta in questa sola applicazione eccezionale; ma se in origine la concessione di questa *exceptio* aveva

(1) RICCOBONO, in *Arch. giur.* vol. 58 (1897); *Bull. dell' Ist. di dir. rom.* vol. 9 (1896) p. 281. — Leggi interpolate: L. 38, D. *De her. pet.* 5, 3: *sed beniguius — melior sit*; L. 5, § 1, C. *De r. v.*, 3, 32: *nisi — fecerint*; L. 37, D. *De r. v.*, 6, 1: *sed hoc — posuit*; L. 27, § 5, D. *De r. v.*, 6 1: *nisi — ædificium*; L. 33 *ibid.*: *constituimus — officias*; L. 39 § 1. D. *De her. pet.*, 5, 3: *ut tamen — possint*.

(2) FERRINI, nei *Rendiconti dell'Ist. Lomb.*, vol. 26, pag. 814-853.

rappresentato in sostanza una convalescenza dell'alienazione e dell'*in bonis*, ora mal si distingue dalla eccezione di dolo (1).

I compilatori hanno ammesso varie rivendicazioni per sanzione della revoca reale o altri scopi e talora in funzione quasi obbligatoria (2).

§ 94. **Azione negatoria.**

§ 2. I. *De act*,, IV, 6.

L'azione negatoria (nel diritto classico duplice, *negatoria* o *prohibitoria*), compete al proprietario contro le minori violazioni del suo diritto per impedire o respingere l'esercizio di facoltà abusive sulla cosa, si sieno esse verificate o si abbia ragione di temerle. Anche nell'azione negatoria l'attore deve dimostrare la proprietà della cosa e altresì la lesione recata dal convenuto; ma non è tenuto a provare l'inesistenza del diritto altrui, perchè ciò spetta al convenuto, che deve accampare un diritto proprio per contestare d'aver leso un diritto altrui. La stessa prova della proprietà non si esige che sia rigorosa e assoluta come nell'azione di rivendicazione, perchè il dominio è condizione remota, nè la lite verte propriamente su di esso.

Mediante quest'azione il proprietario consegue la cessazione delle turbative, la rifusione dei danni ed eventualmente una cauzione per l'avvenire.

Per lesioni qualificate spettano al proprietario le azioni di furto, di danno e infine può egli giovarsi anche delle azioni possessorie.

(1) BONFANTE, *Appendice al titolo de exc. rei vend. et trad.* 21, 3 (nella traduz. al Comm. del GLÜCK).

(2) Cfr. MANCALEONI *Studi Sassaresi* 1900 n, 11.

§ 93. Comproprietà o condominio.

D. *Comm. div.*, 10. 3. Cod., 3. 37.

Sopra la cosa stessa più persone possono aver diritto di proprietà, ossia, secondo il linguaggio consueto, la cosa può appartenere, esser comune a più persone. Tale rapporto costituisce la comproprietà o il condominio o la comunione.

Il condomino è detto dai Romani *socius* e si dice pure *societas* l'insieme dei condomini (1). Ma non è a credere che i vari condomini costituiscano sotto niun rapporto un gruppo collettivo, al quale competa il diritto; ciascuno serba individualmente il suo diritto di proprietà e ne esercita indipendentemente le facoltà, finchè non sia limitato o impedito affatto dai diritti concorrenti degli altri condomini (2). È questo il concetto stesso del rapporto parallelo nel campo del diritto pubblico romano, la sovranità comune dei magistrati collegiali, quali erano in generale i magistrati della repubblica.

In conseguenza le facoltà divisibili si dividono per effetto del limite reciproco tra i vari condomini, le facoltà indivisibili si esercitano da ciascuno, ove si possano insieme conciliare, ovvero si debbono esercitare col consenso di tutti, nessuno eccettuato.

La misura nella quale si opera la divisione degli effetti divisibili è stabilita dalla quota o parte astratta, ideale o intellettuale (*pars pro indiviso*, *pars quæ iuris intellectum habet*), che ciascuno ha nel condominio. La

(1) L'inciso « si modo toti *societati*, ecc. » nella L. 26 *fin*. D. *De. s. p. u.* 8, 2 sembra interpolato: e dubbia è la genuinità della voce in altri passi (L. 14, § 3, 4. *h. t.* 10. 3). Nondimeno anche nel diritto pubblico si usa *collegium* nello stesso senso.

(2) È in sostanza il concetto dell'Eisele (*Archiv. für die civilistische Praxis*, 63. pag. 47) e dello Scialoia (*Lezioni di dir. rom.*, anno 1883-1884), dal quale è formulato nel modo seguente: « Il condominio è la concorrenza di più diritti di proprietà sulla cosa stessa, ciascuno limitato nel suo esercizio dal pari diritto degli altri condomini ».

più chiara facoltà che ogni condomino può esercitare *pro parte* è la percezione dei frutti, se la cosa è fruttifera. Ciascuno avrà diritto, per esempio, al terzo, al quarto, al decimo dei frutti, secondo la misura della sua quota, che può esser diversa tra i vari condomini. Similmente avviene circa le opere degli schiavi e anche circa gli acquisti dello schiavo comune, che si dividono tra tutti i condomini, salvochè lo schiavo non abbia fatto il nome dell'uno di essi o ricevuto solamente dall'uno di essi il *iussus* per l'acquisto.

Ma anche l'esercizio di facoltà giuridiche si può compiere *pro parte;* ciascuno dei condomini è libero di alienare il suo diritto, di costituire un usufrutto, di rivendicare la cosa, di pretendere una cauzione per danno temuto, di costituire un pegno o un'ipoteca sulla cosa, s'intende sempre nella misura della quota.

Le facoltà indivisibili si esercitano da ciascuno indipendentemente, ove però non eccedano i limiti, ma permettano a ciascun condomino il godimento, cui ha diritto sulla cosa comune. Così se ciascuno è libero, come s'è detto, di alienare o costituire in usufrutto la sua quota, non ha però facoltà di alienare una parte materiale, perchè verrebbe a sottrarla ai condomini, nè ha diritto di costituire sul fondo comune servitù prediali, perchè la servitù prediale non può essere costituita *pro parte* e quindi verrebbe a gravare su tutta la cosa (1). Ciascuno ha il diritto di usare della cosa, di farvi le spese occorrenti, ma non può recarvi innovazioni; fi-

(1) Tuttavia, se è pur conseguente e naturale che il condomino abbia il *ius inferendi mortuum* in un *sepolcro* comune, nè egli fa ciò come asseriva già splendidamente Cuiacio, *favore religionis, sed suo iure, quia ei rei locus destinatus est*, solo per riguardi religiosi venne ammesso il seppellimento d l condomino stesso in luogo non a ciò destinato, senza consenso dei soci. È questo un principio eccezionale ed erra l'EISELE ad affermare come discendente logicamente dal suo concetto il diritto di rendere religioso il luogo comune (v. FADDA, *Il diritto di sepolcro*, *Foro it.*, a. 1889 v. 14), perchè il rendere un luogo *extra commercium* è anche più grave che alienarlo. Ma forse il principio, da intendere del resto con molte restrizioni (FADDA, *l. c.*), è giustinianeo e ci parrebbero interpolate la L. 41, D. *De rel.* 11 7: *cum extranei — sepeliretur* e la L. 43 ibid.: *eademque — facit*.

nalmente ciascuno ha la potestà sullo schiavo e in conseguenza il diritto di castigarlo e dargli ordini, nel qual caso lo schiavo acquista per lui solo, ma non può ucciderlo o manometterlo.

Gli atti indivisibili, che il condomino non può compiere da solo, possono esser compiuti col consenso degli altri condomini. Ma nemmeno in questi atti si vuol rappresentarsi il complesso dei condomini come una corporazione e il condominio romano come il dominio di una *universitas personarum* o un dominio collettivo. Ciascuno ha facoltà di opporsi (*ius prohibendi*) contro di tutti, per le innovazioni che si propongono circa la cosa comune, per la costituzione di servitù prediali, e simili atti (1). Non è quindi la *maggioranza* che decide, bensì l'*unanimità:* ora la maggioranza è principio *sociale,* l'unanimità è principio *individualistico.*

(1) Cfr. L. 28 D. *h. t.* 10, 3 (Papinianus VII Quaest.): « Sabinus ait in re communi neminem dominorum iure facere quicquam invito altero posse. Unde manifestum est *ius prohibendi* esse : in re enim pari potiorem causam esse prohibentis constat. Sed etsi in communi prohiberi socius a socio ne quid faciat potest, ut tamen factum opus tollat, cogi non potest, si cum prohibere poterat, hoc praetermisit : et ideo per communi dividundo actionem damnum sarciri poterit. Sin autem facienti consensit, nec pro damno habet actionem. Quod si quid absente socio ad laesionem eius fecit, tunc etiam tollere cogitur ». (L'ultimo inciso da *sin autem* può destar qualche vago sospetto d'interpolazione per la forma). Come l'*intercessio* nel diritto pubblico, così anche la *prohibitio* nel diritto privato deve essere *prima* dell'atto manifestata e non omessa dal condomino presente e sciente. Quanto al *facere quicquam* è espressione pregna ed enfatica, non da intendere alla lettera, come è chiaro dall'*opus*, ch'è il punto pratico della questione papinianea. L'uso della cosa quale essa si trova deve esser permesso a ciascun condomino; del resto il *ius prohibendi* nelle nostre fonti (e anche fuor del condominio, come avviene ad es. circa la *o. n. n.* o l'*interdictum quod vi aut clam*) si appunta di regola contro le costruzioni, l'*opus* (*in solo factum*). Cfr. anche L. 27 § 2 D. *De s. p. u.* 8, 2 (Pomponius ad Sabinum): « Si in area communi aedificare velis, socius *prohibendi ius* habet. . . quia invito socio in iure (*l.* in re) communi non habeas ius aedificandi ». A ogni modo il parallelo, che noi facciamo del condominio con la collegialità, ossia la consovranità romana, è innegabile, perchè il condomino, come il console, ha precisamente diritto di far *tutto* (v. i testi citati), finchè il socio non si oppone. Certo però la costruzione del condominio romano è abbastanza antieconomica, come è, pel nostro spirito, antipolitico e artificioso l'istituto della collegialità pubblica, che rivela pure gli stessi dubbi, gli stessi inconvenienti e procede per via di espedienti e mitigazioni.

Una conseguenza pure caratteristica del condominio romano è il cosiddetto *ius adcrescendi*. Il diritto di ciascun condomino è su tutta la cosa e soltanto nell'esercizio può essere limitato o venire eliso dal concorso. Cessando il concorso, esso si spiega nuovamente in tutta la sua interezza, e per conseguenza se l'uno dei condomini abbandona la cosa, l'altro condomino diventa domino solitario, ovvero se ne resta più d'uno, essi sono liberati di un concorrente e la quota della divisione si accresce proporzionalmente a ciascuno (1). Similmente se l'uno dei condomini manometteva lo schiavo, nel diritto classico, si aveva pure il *ius adcrescendi* a favore dell'altro condomino; senonchè Giustiniano abolì in questo riguardo *favore libertatis* il *ius adcrescendi*, stabilendo che lo schiavo manomesso dall'uno dei condomini diventi libero, salvo l'indennità che compete all'altro condomino costretto a vender la sua parte (2).

Qualunque condomino può chiedere la divisione della cosa comune, nè gli è lecito di rinunciare a tal diritto in perpetuo, ma sì per un tempo determinato (3). L'azione,

(1) Oscure sono le parole di Modestino (*ut hoc sit in parte quod in toto*) nella L. 3 D. *Pro der.* 41. 7 ; ma il *ius adcrescendi* risulta chiaro dai testi relativi allo schiavo comune manomesso dall'uno dei condomini, e allo stesso ordine di idee appartiene del resto anche la regola per cui se l'uno dei condomini dello schiavo comune rifiuta l'acquisto o altrimenti non può acquistare (per es. la cosa è sua o egli non n'ha il commercio), acquista per intero l'altro condomino.

(2) L. 1 Cod. *De servo com. man.* 7, 7. Cfr. anche § 4 I. *De don.* II, 7. La deroga al *ius adcrescendi* aveva qualche spunto classico, specialmente per opera di costituzioni imperiali circa le manomissioni testamentarie eseguite da condomini militari. Cfr. Riccobono *Studi critici* in *Bull. dell'Ist. di dir. rom.* vol. VII (1894) p. 214 e segg. e Bortolucci *Studi romanistici* Padova 1906, p. 1 e segg., dal quale divergo solo in quanto ritengo ben fondati gli argomenti del Riccobono (non ricordato dal B.) per ritenere interpolata la chiusa della L. 30 D. *De lib. c.* 40, 12, la cui dizione inoltre non è forse esatto che sia inappuntabile.

(3) L. 3 C. *h. t.* 3. 37; L. 14 § 2, 3 D. *h. t.* 10, 3. — Il § 2 sembra interpolato nello stesso spirito (*si rei qualitati prodest*) che dettò l'interpolazione della L. 26 *fin.* D. *De s. p. u.* 8, 2. Interpolata pure (*suptili ratione*; *benignius-posse*), al fine di stabilire una lieve limitazione all'unanimità richiesta per la costituzione di servitù, mi sembra la L. 11 D.

con cui si chiede la divisione della cosa comune e si regola ogni rapporto tra condomini, è l'*actio communi dividundo* stabilita dalle XII Tavole.

§ 96. Obbligazioni e azioni basate sui rapporti di vicinanza.

Dig. 39, 1-3: 43, 24; 10, 1: 43, 28; 43, 27. Cod. 3,39.

La proprietà fondiaria è base di obbligazioni e azioni tra vicini che costituiscono i così detti *rapporti di vicinanza*. Nel diritto romano classico, data l'impronta particolare del dominio e il suo carattere indipendente, i rapporti di vicinanza ci rappresentano un *regime negativo*, una tutela della rispettiva libertà, sotto i più vari aspetti, e della quasi-sovranità di ciascun proprietario, non un *regime positivo*, che ammetta influenze e servigi reciproci tra i fondi. Per vero alcune di queste obbligazioni divengono, per lo meno nel diritto giustinianeo, sorgente di vere limitazioni: ma nondimeno la teoria dei rapporti di vicinanza appartiene pur sempre alla *difesa giuridica*, nè si vuol confondere colle *limitazioni della proprietà*. Nè siffatti mezzi giuridici si restringono alla proprietà, ma in via diretta o utile vennero estesi, il più delle volte forse dai compilatori, anche alle altre signorie generali sulla cosa.

Questi rapporti, denominati in gran parte, come spesso avviene in diritto romano, dalle azioni, sono: l'*actio aquæ pluviæ arcendæ*, la *cautio damni infecti*, l'*interdictum quod vi aut clam*, la *nunciatio novi operis*, l'*actio finium regundorum* e gli interdetti *de glande legenda* e *de arboribus cædendis*.

De s. p. r. 8, 3. Nonostante i ritocchi giustinianei, il condominio romano era per la sua struttura un regime labile: *propter immensas contentiones plerumque res ad divisionem pervenit* (L. 26 *cit.*). Un regime più equo e sociale è ordinato nel nostro diritto, principalmente coll'articolo 678 Cod. civ.

L'*actio aquæ pluviæ arcendæ* può competere al proprietario di un fondo rustico, situato in luogo più basso, contro il proprietario del fondo superiore.

Nel diritto classico la sua funzione, conforme al suo nome (1), era soltanto d'impedire il decorso delle acque, quando riuscisse nocivo al fondo inferiore, perchè tale era la preoccupazione esistente in Italia. Quindi l'azione non si poteva intentare se non per la cresciuta massa o violenza delle acque; inoltre si richiedeva che ciò fosse accaduto per opere o demolizioni *eseguite dal vicino*.

Quando le condizioni suaccennate — cresciuta massa o violenza delle acque per effetto di opere o demolizioni eseguite nel fondo superiore — non si verificassero, il proprietario del fondo inferiore non aveva diritto di esperire l'*actio aquæ pluviæ arcendae.* Il proprietario del fondo superiore, finchè, s'intende, operava nel suo fondo, era pienamente libero di trattenere l'acqua che vi passa o derivarla dal fondo vicino per via di canali, fosse o altre opere, anche se con ciò al vicino venisse a mancare l'acqua per l' irrigazione: era anche libero di tagliare le vene dell'acqua, che scaturisse nel suo fondo, per esempio, aprendo un pozzo. Più ancora: se il decorso delle acque venisse a riuscir nocevole per cresciuta massa o ristagno o intorbidamento dell'acqua, ma senza opera del vicino, bensì per fatto naturale, non si aveva l'azione per ottenere l'accesso nel fondo vicino e ristabilire le cose nello stato di prima a proprie spese, perchè si è obbligati a tollerare le immissioni che avvengono *natura loci, naturaliter.*

Senonchè fuori d'Italia regnava in ordine alle acque una cura opposta, ossia che l'acqua restasse o entrasse nel fondo. I rigorosi principî del diritto classico non si confacevano pertanto ai bisogni delle provincie e in particolare dell'Oriente. Probabilmente prima di Giusti-

(1) *Aquam enim arcere hoc est curare ne influat,* dicono i giureconsulti.

niano vi si ebbe riguardo, attenendosi alle consuetudini locali: ma questo imperatore vi provvide ed estese l'ámbito dell'*actio aquæ pluviæ arcendæ*, modificando all'uopo i testi classici. Egli per il primo stabilì un vero regime delle acque, fondato sui bisogni della coltura, che anticipa l'ordinamento moderno. L'acqua in qualunque forma, sia l'acqua piovana ch'entra nel fondo, sia l'acqua che vi scorre, sia quella che vi scaturisce, diventa una proprietà speciale, di cui ciascuno può usare *fino al limite dell'utile proprio*. Oltre questo limite, cioè quando non vi sarebbe più nessun vantaggio proprio a impedirlo, ciascun deve lasciar libero il decorso delle acque, perch' esse irrighino il campo del vicino, deve astenersi dalle opere che a questo recano danno e a lui non giovano, deve financo permettere al vicino di entrare nel suo fondo per farvi all'uopo restauri di canali, argini e simili, sempre a condizione che questo giovi al vicino e a lui non noccia. Pertanto il diritto di deviar l'acqua dal fondo altrui con opere nel proprio è limitato oramai all'acqua sovrabbondante per l'altro e conseguentemente il diritto di ritenzione all'acqua utile; non si può con opere nel proprio deviare la fonte del vicino, se non per iscopo utile, nè trattenere il corso di un torrente; si deve permettere l'accesso al vicino per rifare un argine naturale demolito dalle acque, cioè per danni prodotti dalla natura, non da opere proprie e anche, similmente, per farvi opere a fine di impedire che l'acqua ristagni o il canale si ostruisca. A tutti questi casi, contro il suo nome e la sua funzione originaria, è stata applicata dall'imperatore, talora in via utile, l'*actio aquæ pluviæ arcendæ* o quanto meno l'*actio doli* (1).

(1) Cfr. PEROZZI. *Il divieto d'atti di emulazione e il regime giustinianeo d'acque private*, nell'*Archivio giuridico*, vol. 53. — Leggi interpolate: 1, § 11, D. *De a. et aq. pluviæ arc*, 39, 3; *superficientem e prodesse — non prohibetur*; 1, § 12, ibid.: *si non animo — id fecit*, 2, § 9, ibid.: *si modo — noceat*; 2, § 5: *nam hac actione — deficiamur*; 2, § 6: *sed nos — admisimus*.

L'azione *aquæ pluviæ arcendæ* è arbitraria (v. § 39). Il proprietario autore delle opere deve restituire e risarcire dal momento della *litis contestatio*, il proprietario non autore (per esempio chi ha in seguito comperato il fondo) deve soltanto permettere che il vicino faccia la restituzione.

La *cautio damni infecti* è un istituto diretto a garantire contro danni temuti. V'era a questo scopo un antico rimedio civile, che non sappiamo come fosse regolato. L'istituto nuovo è di origine pretoria e consiste, come il suo nome dice, in una stipulazione in cui si promette di riparare eventualmente il danno non accaduto (*infectum*), ma che c'è motivo di temere, o per la ruina di un edificio contiguo (*vitio ædium*) ed è il caso tipico, o per opere che il vicino compia nel suo fondo o nel mio (*vitio operis*). Questa promessa doveva essere necessariamente prestata, altrimenti l'opera *in suo*, cioè nel proprio fondo istesso, è impedita colla denuncia di nuova opera, l'opera *in alieno* con una *prohibitio* (v. appresso), o col diniego delle azioni e degli interdetti relativi subordinati dal Pretore alla cauzione; chi poi ha ragione di temere il danno dall'edificio viene immesso dal Pretore nel possesso o meglio nella detenzione legale del fondo vicino (*esse in possessione*) per forzar l'avversario a prestar la debita cauzione. Rifiutandosi tuttavia il vicino a prestarla, s'impetrava dal Pretore la *possessio*, cioè il possesso definitivo della cosa (*missio in possessionem ex secundo decreto*), il quale possesso, essendo basato su di una giusta causa, è garentito mediante l'azione publiciana (v. § 99) e, decorso il tempo dell'usucapione, genera la proprietà.

La *nunciatio novi operis* o denuncia di nuova opera è un rimedio probabilmente d'origine civile, benchè sia stato poi riassunto ed elaborato dal Pretore. Essa consiste in un'intimazione, fatta sul luogo, *in re præsenti* (con parole sacramentali ne' più antichi tempi) di non compiere una data opera. L'opera deve esser nuova (*opus novum*), cioè tale da mutare la *pristina facies* del luogo, non un semplice restauro: escluse poi le opere dei campi, le opere urgenti per cui vi sia *periculum in mora*, lo spurgo dei canali e delle cloache. La denuncia ha tutto il carattere di un atto processuale; non può esser fatta che dal soggetto o dal suo *procurator*, previa prestazione della *cautio rem ratam dominum habiturum*; il pupillo abbisogna dell'*auctoritas tutoris*, lo schiavo è escluso. Può esser fatta per un diritto pubblico leso o per esigere una *cautio damni infecti (o. n. n. iuris publici tuendi causa, o. n. n. damni depellendi causa)*, ma la specie tipica e di più larga portata è quella che ha sua base nella lesione di un diritto reale, che dev'essere o la proprietà o una servitù sul fondo altrui (1): è stata però estesa ad altre signorie generali sulla cosa e, nel diritto giustinianeo, crediamo si debba concedere all'usufruttuario, benchè v'abbia antinomia nei testi. Deve infine esser fatta a chi si trovi sul posto *domini operisve nomine*. Il denunciato è tenuto a interrompere l'opera, ma il denunziante stesso deve subito iniziare il giudizio per la prova del suo diritto ad opporsi; altrimenti, sull'istanza del denunciato, il Pretore annulla il divieto, cioè ha luogo la *remissio* della *o. n. n.* Se il denunziato, nonostante la *o. n. n.* e senza chieder la remissione, continua l'opera, il denunziante ha un interdetto *ex operis novi nunciatione* per farla demolire, detto dagli scrittori *interdictum demolitorium*.

L'*interdictum quod vi aut clam* è un rimedio giuridico analogo alla *o. n. n.* e all'*interdictum demolitorium*, ch'è a sanzione di questa, ma d'una molto maggiore ampiezza e libertà. Se alcuno faccia opere di qualunque natura su di un suolo contro il divieto o clandestinamente per tema del divieto, il danneggiato,

(1) Non compete per la servitù di via (L. 14 D. *De o. n. n.* 39, 1); il che forse è una sopravvivenza anomala, perchè si può arguire che nel diritto classico non competesse per lesione di servitù rustiche.

che l'ha emesso o da cui si temeva, ha diritto di chiedere la demolizione e il risarcimento dei danni. Il *ius prohibendi* può aver sua base in un diritto di qualsivoglia natura, reale, personale o personalissimo; non solo il proprietario o l'usufruttuario o il titolare di una servitù prediale, ma lo stesso conduttore di un fondo, e persino chi abbia una statua in pubblico può esperir l'interdetto. La *prohibitio* stessa può essere fatta da chicchessia, a mezzo di uno schiavo, di un estraneo, di un fanciullo, perchè, dicono le fonti, ciò che importa è che l'avversario sappia. Finalmente dalla *prohibitio* non ha luogo *remissio* pretoria, sicchè il proibente non ha nulla a temere e nulla a fare: tocca al proibito di farsi innanzi ed agire, sia pure in via possessoria.

Dato ciò, si deve, a nostro avviso, porre il problema: perchè l'interdetto non ha riassorbito il mezzo così angusto e rischioso della *o. n. n.*, perchè anzi questo appare così vivo e pratico? La logica e i testi impongono una sola risposta: l'interdetto non compete per le opere fatte dal vicino *in suo* o in genere quando egli possieda: per queste opere è giuocoforza ricorrere alla *o. n. n.* (1).

L'*actio finium regundorum* compete per chiedere il regolamento dei confini tra più fondi rustici. Essa appartiene al novero delle azioni divisorie, in cui ciascuna delle parti è nello stesso tempo attrice e convenuta. Nel diritto classico si distingueva la *controversia de fine* relativa allo spazio di cinque piedi inusucapibile, che doveva intercedere tra due fondi (in essa fungeva da arbitro l'agrimensore) e la *controversia de loco*, la

(1) L. 5 § 10 D. *De o. n. n.* 39, 1. — Se ciò non si scorge (anzi il problema non si pone) e se con grave errore si giunge a sostenere che il proibente deve dar la prova del *ius prohibendi*, gli è perchè ragioni formali (tra cui la denominazione stessa di ciascun istituto, che per l'interdetto *Quod vi aut clam* è desunta dal secondo stadio, la sanzione, per la denuncia dal primo, il divieto) dissimulano il parallelismo dei due mezzi giuridici.

quale non era che una *rei vindicatio*. Questo sistema, che perdura con varie vicende anche nell'epoca romano-ellenica, è scomparso con Giustinano.

Il proprietario ha inoltre il diritto coll'*actio de arboribus cædendis* di esigere il taglio delle radici che oltrepassino il suo confine e del frondame degli alberi sino all'altezza di quindici piedi da terra. Finalmente ha il diritto di esigere coll'*interdictum de glande legenda*, previa *cautio damni infecti*, l'accesso nel fondo del vicino un giorno sì e un giorno no (*tertio quoque die*) per raccogliervi i frutti che dal proprio vi sieno caduti.

§ 97. Limitazioni della proprietà.

D. 43, 27; 43, 28; 47, 3. Cod. 8,10; 8,11.

Il diritto del proprietario sulla cosa si estende, conforme alla sua natura, fin dove non incontra limiti. È limite al diritto di proprietà in senso lato qualunque altro diritto, che gravi sulla cosa, quindi anche le servitù e ogni altro *ius in re aliena:* gli stessi diritti di proprietà dei vari condomini sulla cosa comune sono limite l'uno all'altro. Vere e proprie limitazioni al diritto di proprietà sono peraltro quelle indipendenti dalla volontà stessa del proprietario, legali, cioè costituite dalla legge stessa a favore d'altri privati cittadini o del pubblico; quindi inerenti alla struttura del dominio.

Le limitazioni legali concernono principalmente due oggetti, che tra le *res mancipi* stesse rappresentavano gli oggetti di più alta importanza sociale: i fondi e gli schiavi.

I limiti posti alla proprietà fondiaria sono propriamente di due specie: o il proprietario deve tollerare l'altrui esercizio di facoltà sulla cosa (*pati*), o astenersi in pro d'altri dall'esercizio di certe facoltà (*non facere*).

Non sono limitazioni del dominio gli obblighi imposti al proprietario come tale, per es., il pagamento dell'imposta fondiaria (1); tuttavia quando l'obbligazione, il *facere*, che grava sul proprietario, è in relazione colla cosa e ne restringe il godimento (per es., s'impone una data coltura o una data opera edilizia) è difficile negare che si abbia vera limitazione.

Le limitazioni del dominio non sono propriamente originarie nel diritto romano. La stessa proprietà fondiaria, nella quale per le necessità della coesistenza sociale, le limitazioni sembrano naturali e inevitabili, era in origine concepita e ordinata in guisa da repugnare a qualunque limite. Il fondo romano è quasi un territorio chiuso e indipendente, il quale come per accessione assorbe tutto ciò che vi s' incorpora, così esclude che altri senza il consenso del *paterfamilias* vi possa penetrare o esercitare una qualunque facoltà: l' estraneo convien che venga a patti col *paterfamilias*, il quale o concede precariamente un limitato uso, per es. a scopo di passaggio, con revoca ad arbitrio, o si obbliga a tollerarlo in persona sua e de' suoi eredi, ovvero assoggetta definitivamente cotesto suo territorio a un tal uso, nel qual caso il fondo è menomato nella sua libertà e reso oggetto di una *servitus* (cfr. § 100). Come si vede, ciò è perfettamente in armonia colla natura del consorzio familiare romano e la sua posizione rispetto allo Stato. Il principio romano è semplice: « *In suo hactenus facere licet, quatenus nihil(quis) in alienum immittat* ». Il criterio della *immissio* è naturalmente variabile secondo gli usi, le necessità, la sensibilità diversa nelle varie epoche, ma in sè non assurdo (2). Questo stato di cose

(1) La proprietà *ex iure Quiritium*, il fondo italico, era del resto immune da imposta (§ 80).

(2) Scialoja (*Lez.* 1883-84 e 1888-89) respinge il criterio della *immissio* e degli atti di emulazione: accetta il criterio iheringhiano dell'*uso normale*. Sono anch'io contro la teoria degli atti di emulazione e sarei pure per la *normalità* o la *necessità*, ma come determinazione del limite concettuale della *immissio*, data la variabilità sociale e psicologica di questo concetto; non v'ha *immissio*, finchè non si eccedono i limiti attuali di sensibilità normale e di necessità.

fu serbato nelle assegnazioni pubbliche, che ampliarono via via la proprietà fondiaria dei privati. Il fondo romano tipico è l'*ager limitatus*, i cui confini erano segnati con un cerimoniale solenne e sacro, rappresentati da un sentiero libero e imprescrittibile e annoverati tra le *res sanctae*, come il pomerio, che corre intorno alle mura nella città antica (v. § 80). Il territorio, che lo Stato assegnava ai privati sull'*ager* tolto ai vinti nemici, veniva diviso regolarmente in tanti quadrati o rettangoli secondo le regole della *limitatio* e intersecato da strade sottratte al dominio privato: le due maggiori erano il *cardo maximus* da nord a sud, il *decumanus maximus* da est ad ovest, le minori dicevansi *limites decumani* o *cardines;* il più piccolo sentiero era l'*iter limitare* al confine di ogni campo, della larghezza minima di cinque piedi (1). Questi sentieri pubblici e sovrattutto l'*iter limitare* provvedevano l'accesso ai singoli campi ed eliminavano la necessità del passo coattivo.

La stessa indipendenza godevano i fondi urbani; la funzione dell'*iter limitare* è qui rappresentata dall'*ambitus*, pure di cinque piedi, che gira attorno a ogni edificio, sia la *domus* antica, destinata a una sola famiglia, sia più tardi l'*insula* o casa d'affitto.

Ai bisogni dell'acqua per la coltura provvedono la pioggia e l'acqua che scaturisce nei fondi o li attraversa naturalmente: chi vuole assicurarsi una *melior condicio*, deve, di nuovo, trattar col proprietario e costituire,

(1) La *limitatio* dicevasi *centuriatio* (ed era il procedimento più antico e venerando), quando le parallele segnanti la divisione del territorio erano linee continue e i fondi di regola quadrati, *strigatio* o *scamnatio*, se le parallele erano discontinue e i fondi rettangolari. I rettangoli della *scamnatio* vanno da est ad ovest (vale a dire è doppio il lato da est a ovest), quelli della *strigatio* da nord a sud (vale a dire è doppio il lato che va da nord a sud).

I terreni non limitati dicevansi *agri arcifinii* (da *arcere fines*). I loro confini erano o naturali (monti, acque, versanti) o artificiali (fosse, abbattute o filari di alberi, siepi), ma non santi e nell' antichissimo diritto romano tali fondi non erano oggetto di proprietà; erano, cioè, parte dell'*ager publicus* occupato mediante permissione pubblica o locato dai censori.

ad esempio, la *servitus aquæ haustus*, *aquæductus* e simili. L'*actio aquæ pluviæ arcendæ*, già esaminata, (v. § 96) non ha nel concetto romano genuino altra funzione se non quella appunto di garantire in uno speciale aspetto la libertà dei fondi, vietando che un terreno situato più basso abbia a subire danno per violente immissioni d'acqua, che non derivino da naturale alterazione nel deflusso, ma avvengano per opere fatte dal vicino.

Le divisioni ereditarie e il commercio più attivo dei fondi, l'affollarsi della popolazione entro la città alterarono l'antico stato di cose; l'*iter limitare* si rivelò insufficiente pei fondi interclusi, l'*ambitus* fu spesso eliminato, e le case si addossarono a muro comune (1). Ma nemmeno questo mutamento diè luogo al passo necessario o altre essenziali limitazioni: si provvedeva all'uopo mediante costituzione di servitù di passaggio o simili, con questo però che nei giudizi divisori il giudice stesso aveva facoltà d'imporle per *adiudicatio*.

In epoca storica sorgono bensì parecchie limitazioni, ma sempre, per tutta l'età veramente romana, assai misurate.

Dev'essere esclusa nel diritto classico l'esistenza dell'espropriazione per causa di pubblica utilità nel diritto classico. Il potente sviluppo edilizio dello Stato romano non è argomento decisivo per ammetterla, giacchè una grandissima parte delle terre era nel dominio, almeno eminente, dello Stato.

Si noverano i limiti classici derivanti da interessi di religione e d'igiene, più tardi anche di viabilità e di edilizia. Era proibito *ab antiquo* di cremare e seppellire cadaveri in città e anche fuori città sino alla distanza di 60 piedi dai fabbricati. I proprietari dei fondi rivieraschi debbono permettere l'uso delle rive per la na-

(1) L'inciso « *intermisso legitimo spatio*, ecc. » nella L. 14 D. *De s. pr. r.* 8, 2 è probabilmente interpolato.

vigazione. Se non che nei due primi casi la limitazione nell'uso del proprio fondo è piuttosto indiretta e larvata, e il diritto sacro, cui si deve l'origine di quei divieti, rompe molto barriere; nel terzo è piuttosto ambigua tra il pubblico e il privato la condizione giuridica delle rive dei fiumi.

Più seria è la limitazione, per la quale i frontisti debbono permettere il passaggio (*præstare viam*), se la via pubblica è rovinata.

Un rescritto di Severo e Caracalla permise di chiedere in via di concessione precaria e straordinaria l'accesso al sepolcro situato in un fondo altrui.

Fin dalle XII Tavole *ne urbs ruinis deformetur* era fatto divieto di rivendicare i materiali propri congiunti a un edificio altrui (*tignum iunctum*) e la ragione reale del proprietario convertita in una ragione obbligatoria, l'*actio de tigno iuncto*, per il doppio del valore (§ 83 in fine). Più senato consulti imperiali (*Hosidianum* a. 44-46 d. C.; *Volusianum* a. 56 d. C.; *Acilianum* a. 122 d. C.) e statuti municipali (*Lex Genetiva* c. 75; *Lex Malacitana* c. 62; *lex Tarentina* l. 32) proibirono di detrar materiali dagli edifici a scopo di speculazione o a fine di trasportarli in altra città, o di legare i materiali stessi, o infine senza riedificar gli edifici stessi.

Le distanze però da osservare circa le piantagioni e le costruzioni ai confini è dubbio che fossero stabilite con norma generale di diritto dalle XII Tavole; certo la legge relativa di Solone, che Gaio richiamerebbe nel Digesto, è norma vigente solo nel diritto giustinianeo (1). Circa l'altezza degli edifici e le distanze da osservarsi emisero prescrizioni gl' imperatori, a cominciare da Augusto.

Un regime più di libertà e tutela reciproca del proprio diritto che di limitazioni è quello ordinato già dalle XII Tavole, riconfermato e ampliato in seguito dal

(1) L. 13 D. *Fin. reg.* 10, 1 (Gaius l. IV ad l. XII Tab.)

Pretore mediante interdetti in ordine al regolamento degli alberi di confine. Il proprietario deve recidere o patire che sieno recise le radici che oltrepassino il confine, il frondame che sporge sul suo fondo sino all'altezza di 15 piedi da terra, deve permettere l'accesso nel suo fondo al vicino un giorno sì e un giorno no (*tertio quoque die*) per raccogliere i frutti caduti.

Il torrente delle limitazioni del dominio sopravviene invece nell'epoca romano-ellenica, generato da tradizioni e tendenze diverse dei nuovi cittadini greco-romani e dalle diverse condizioni della proprietà fondiaria nelle province. L'espropriazione per causa di pubblica utilità è veramente riconosciuta, e regolata l'indennità e le magistrature competenti. L'*actio aquæ pluviæ arcendæ* diventa, come s'è visto, sorgente di vere limitazioni (§ 96). Il testo ulpianeo, che richiamava il rescritto di Severo e Caracalla, è stato interpolato in guisa da riconoscere la costituzione di un passo necessario dietro indennità (1).

Crescono in misura straordinaria e in forme gravi le limitazioni concernenti gli edifici; regolate ripetutamente e minuziosamente le altezze, le distanze, gli sporti: prescritte distanze speciali dagli edifici pubblici, dal palazzo imperiale: vietato il trasporto dei materiali preziosi da una provincia in un'altra, dalla città in campagna, ampliando il tenore degli antichi senato-consulti. Anche il privato interesse dei vicini si fa valere in questo campo: si deve tollerare il muro del vicino che fa pancia sino a mezzo piede (2), è vietato non solo di alterare il tipo antico degli edifici, ma di oscurare soverchiamente colle proprie costruzioni la casa del vicino (3), e Giu-

(1). L. 12 D. *De rel.* 11. 7 (interp. certo l'ultima parte). Del resto la costituzione tacita di servitù interpolata pure dai compilatori (§ 106) si confonde col passo necessario o legale.

(2) L. 17 D. *Si s. v.* 8. 5 interp. probabilmente: *semipedem aut amplius* (BONFANTE *Lez.* 1902-1903).

(3) Divieti interpolati entrambi nei testi classici: L. 30 D. *De usufr.* 7. 1 (*quod — habeant*); L. 10 D. *De s. p. u.* 8. 2 (*sed-moderatione*): L. 11

stiniano fa divieto persino di costruire o fare altrimenti in guisa da togliere il vento alle aie del vicino. Singolarissima è poi la proibizione di edificare sino a 100 piedi di distanza dagli edifici preesistenti, quando con questo si venga a togliere ad essi la gratissima vista del mare; restrizione introdotta da Zenone per la città di Costantinopoli e da Giustiniano estesa a tutte le città marittime dell'impero e disciplinata in guisa da evitar le frodi.

Finalmente con Graziano, Valentiniano e Teodosio è sancito l'obbligo di concedere l'escavazione delle miniere nel proprio fondo, dietro indennità di un decimo (1).

Il sistema giustinianeo prelude all'odierno regime della limitazioni pubbliche e dei rapporti di vicinanza, che ha la sua spiccata espressione nella estensione, che s'inizia coi bizantini, del concetto di servitù alle limitazioni della proprietà (servitù legale) (2).

§ 98. **Atti di emulazione.**

SCIALOIA, *Enc. giur.*, v. *Aemulatio*. *Foro it.*, 1878 I, 481; 1879. I, 119. *Legge* 1879, III, 225, 5, PEROZZI, *Arch. giur.*, 58.

Quando il proprietario non violi nessuno dei limiti legali, nè i diritti volontariamente costituiti sulla cosa stessa, egli non fa che esercitare il suo diritto ed è quindi pienamente libero nel rapporto colla cosa.

Nondimeno, secondo una dottrina medioevale, che tiene il campo ancora oggidì, benchè assai più misurata nell'applicazione, al proprietario sarebbero vietati quegli atti che egli compie per la maligna intenzione di nuo-

pr. *eod.*; Cfr. RICCOBONO *Riv. it. per le sc. giur.* 1896 (21) p. 393 segg. Non interp. è la L. 2 § 14 D. *Ne quid in l. publ.* 43, 8: trattasi di luogo pubblico.

(1) Interpolato in L. 13 § 1 D. *Comm. praed.* 8. 4.

(2) Pei limiti relativi agli schiavi v. § 51. — Circa il rapporto delle limitazioni colle servitù e il termine di servitù legali cfr. BRUGI, *Arch. giur.*, vol. 25, 27, 32, 33: *Riv. it. per le scienze giur.*, 1887. Un buon disegno storico delle limitazioni romane secondo quella che noi riteniamo esser la vera tendenza dell'evoluzione è in LUSIGNANI, *Filangeri* 1898 n. 7.

cere altrui, *animo nocendi*, con poca o niuna utilità propria. Alcuno, ad esempio, edifica nel proprio fondo un muro, non perchè gli serva a qualcosa, ma esclusivamente per far dispetto al vicino col togliergli la luce o un ameno prospetto. Questi atti si dicono con nome tradizionale *atti di emulazione*.

Soltanto la forza del sentimento prevalente sulla ragione e la invincibile antipatia per simili atti può spiegare il fascino ancora esercitato da una simile teoria « segnata in ogni sua parte dello stampo di quel medio evo, nel quale andavano sempre confuse le idee di diritto, morale e religione », giacchè è assai difficile trovare una opinione, che violi più apertamente la logica applicata ai principi giuridici. L'intenzione con cui un atto si compie non lo rende giuridicamente illecito, se l'atto non è tale per sè. Il danneggiato per agire in giudizio convien che provi d'aver subito un danno giuridico, cioè una lesione d'un suo diritto, convien che si richiami alla legge, non al sentimento. Ripugna certo che atti insocievoli si compiano; ma il diritto non regola tutto l'operare umano, nè si richiede dall'uomo che osservi soltanto il diritto. « Molte altre regole di genere diverso governano il mondo », morale, religione, onore, buon costume, galateo: altre leggi l'uomo deve osservare, oltre quelle poste dallo Stato, perchè meriti il titolo d'uomo onesto.

Questi principi sono espressi in aforismi celebri dai giureconsulti romani: *Non omne quod licet* (giuridicamente) *honestum est; nemo damnum facit nisi qui id facit quod facere ius non habet; nullus videtur dolo facere qui iure suo utitur; qui suo iure utitur neminem lædit.*

La logica deduzione dai principi generali mena adunque alla più assoluta negativa del divieto. Certo se la legge ponesse espressamente una simile proibizione di atti compiuti nell'esercizio del proprio diritto di proprietà *animo nocendi*, la proibizione sarebbe allora giuridica e il danneggiato avrebbe azione. Ma le leggi invocate in proposito dai fautori non provano affatto l'esistenza di una così grave e pericolosa limitazione del dominio. Le sole che abbiano un'apparenza alquanto speciosa sono leggi relative alla materia delle acque, nelle quali pare che effettivamente si vieti di alterare il decorso delle acque *animo nocendi;* ma tutto l'ordinamento delle limitazioni in materia di acque costituisce appunto un regime eccezionale, savio e benefico del resto, espressamente stabilito dall'imperatore Giustiniano. Nè si deve ritenere, nonostante le ripetute interpolazioni dell'*animus nocendi*, che per lo meno in questa parte di diritto giustinianeo rechi limitazioni all'uno dei proprietari e accordi all'altro diritti per la mera considerazione dell'animo con cui si esercita il diritto del primo sull'acqua. Conforme allo spirito di molte innovazioni giustinianee, anche nel regime delle acque il diritto di ciascun proprietario sull'acqua si è voluto restringere esattamente nei limiti dell'utile; egli può usare dell'acqua, non abusare, perchè l'acqua sovrabbondante non gli è più utile e quindi non gli appartiene più, bensì appartiene al proprietario del fondo inferiore, cui può essere utile.

Una limitazione adunque basata sul criterio subbiettivo della maligna intenzione non esiste nel diritto romano nemmeno come regola singolarmente stabilita in materia di acque. Il tema del divieto degli atti di emulazione appartiene per noi alla filosofia del diritto (1)

§ 99. **Possesso di buona fede e azione publiciana.**

§. 4. 5, I. *De act.* IV, 6. D. *De publ. in rem act.,* 6, 2.

Il possesso di buona fede è un istituto che assume due figure distinte nel diritto romano, l'una più generale, l'altra più ristretta.

(1) Il Cod. civ. germanico fa espresso e generale divieto degli atti di emulazione nell'esercizio di qualunque diritto e in qualunque danno recato: §§ 226, 826.

È possessore di buona fede in generale chi tratta la cosa come propria senza coscienza di ledere il proprietario. Non si richiedono insomma altri requisiti se non quelli che la frase esprime: il possesso e la buona fede del possessore.

Questo possessore di buona fede usa liberamente della cosa, può alienarla, consumarla, acquista i frutti e le opere degli schiavi. Però nel diritto giustinianeo venne limitato l'acquisto dei frutti, in quanto egli deve restituire al proprietario quelli ancora esistenti presso di sè (*fructus exstantes*) ed è libero da ogni responsabilità solo pei frutti, che ha consumato (*fructus consumptos suos facit*) (v. § 86). Ma questo possessore di buona fede non ha un'azione a sua difesa, qualora perda per accidente il possesso della cosa, nè quindi il possesso stesso, benchè di buona fede, si può considerare come un diritto: esso è un rapporto colla cosa, il quale produce conseguenze giuridiche, finchè dura, non le genera più, quando venga per avventura a cessare. Era controverso nel diritto classico se fosse necessario agli effetti del rapporto il perdurare della buona fede in ogni singolo momento in cui tali effetti avevano luogo (buona fede perpetua), o se dovesse ritenersi sufficiente la buona fede al momento della presa di possesso (buona fede iniziale). Gli ultimi giureconsulti, contro l'avviso di Giuliano, furono per la buona fede perpetua, ed è questa la regola del diritto giustinianeo.

In senso più ristretto è possesso di buona fede quello che riunisce in sè tutti i requisiti per condurre all'usucapione, vale a dire non soltanto la buona fede, ma anche una causa giustificativa dell'acquisto (*iusta causa possidendi*) e assenza di vizi nell'oggetto (§ 90, 91, 113).

Questo possesso è vero diritto, in quanto i Romani hanno concesso un'azione reale a sua difesa, detta dal nome del suo inventore *actio Publiciana*. Tale azione, sorta negli ultimi tempi della repubblica, è una rivendicazione fittizia basata sull'usucapione. Il Pretore imponeva al giudice di condannare il convenuto, quando risultasse che l'attore, il quale aveva acquistato l'oggetto in base a una giusta causa, l'avrebbe usucapito, qualora l'avesse posseduto per il tempo debito. L'elemento che si fingeva in questa rivendicazione era adunque il decorso del tempo necessario ad acquistare il dominio per usucapione; di tutti gli altri requisiti dell'usucapione doveva il giudice indagare la verità.

Valgono per questa rivendicazione utile le stesse regole della rivendicazione diretta (v. § 93).

Contro il vero proprietario la Publiciana di regola non riesce, perchè questi oppone la *exceptio iusti dominii;* senonchè l'eccezione può esser talvolta eliminata dalla *replicatio doli.* Per diritto classico nell'ipotesi di *traditio ex iusta causa* fatta *a domino*, che allora conferiva sulle *res mancipi* non la proprietà civile, ma soltanto l'*in bonis* o dominio pretorio (cfr. § 80 e 88), l'eccezione era eliminata sempre dalla *replicatio rei venditæ et traditæ.* Questa eccezione sembra sussistere ancora nel diritto giustinianeo in alcune ipotesi, cui era stata estesa in seguito (riconoscendovi in sostanza una convalescenza dell'*in bonis*), ma ormai non si distingue dalla *exceptio doli* (cfr. § 93 *in fine*).

La Publiciana non riesce nemmeno contro un altro possessore di buona fede, perchè tutti i requisiti essendo uguali dall'una parte e dall'altra, il possesso attuale la vince. Peraltro se l'attore e il convenuto acquistarono la cosa dalla stessa persona, allora si dà vittoria a chi n'ebbe primo la tradizione (1).

(1) Esiste in proposito un'antinomia ne' testi. L'insegnamento di Nerazio (L. 31. § 2 D. *De act. empti*, 19, 1), certo più logico, se si considera il rapporto ch'è a base della Publiciana come un diritto (cfr. L. 15 C. *De r. v.* 3, 32), era che in ogni caso, si derivi dallo stesso o da diversi autori non proprietari il possesso della cosa, dovesse vincere chi primo ebbe tradizione della cosa. Ma nel diritto giustinianeo è da preferire, in ragion della sede, l'opinione espressa nel testo, che è di Giuliano e Ulpiano (L. 9, § 4 *h. t.*), sebbene il testo di Nerazio in sede diversa sembri alterato forse dai compilatori stessi.

Nel diritto giustinianeo la Publiciana è stata estesa in funzione di confessoria utile all'usufrutto e alle servitù costituite in buona fede (1), nonchè all'*ager vectigalis* (2), che è ormai una stessa cosa coll'enfiteusi. Gli è probabilmente in conseguenza di questa estensione che i compilatori hanno interpolato *id quod traditur* in luogo, come io credo, dell'originario inciso *rem traditum sibi* nell'Editto publiciano (3), nella stessa guisa che per la scomparsa dell'*in bonis* essi hanno interpolato *non a domino,* come generalmente si ritiene.

III. — LE SERVITÙ

§ 100. **Nozioni generali.**

Col nome di servitù si designano complessivamente nel diritto giustinianeo i più antichi e veramente classici *iura in re aliena*, diritti sulla cosa altrui generalmente limitati, non tali da sopraffare il godimento del proprietario.

La servitù presuppone naturalmente che altri sia proprietario della cosa, quindi nè si può acquistare con modo propriamente originario, cioè su cosa che non appartenga a nessuno, nè può competere al proprietario stesso un diritto di servitù sulla cosa sua. Anche se la cosa è data in usufrutto, unica servitù tanto ampia da sopraffare il dominio e perciò limitata nel tempo, il proprietario non può riserbarsi un uso speciale della cosa

(1) L. 11. § 1, D. *De Publ.* 6. 1, interpolata. Cfr. § 108 in fine.

(2) Interpolata L. 12 § 1 *eod.* (soppresso il *non* davanti a *competit*; interpolato *si forte est* invece di *et in aliis praediis*; il testo originario recava inoltre certamente *et in tributariis vel stipendiariis praediis*).

(3) L. 1 pr. *eod.*: « Ait Praetor: « Si quis *id quod traditur* ex iusta causa *non a domino et* nondum usucaptum petet iudicium dabo ». Cfr. Gaii IV, 36: « Datur haec actio ei qui ex iusta causa traditam sibi rem nondum usucepit eamque amissa possessione petit ». L'inciso « qui *bona fide emit* » della L. 7 § 11 fa parte della formula o, se si vuole, di un altro Editto, ma certo non dell'Editto della L. 1 pr., il cui commento si chiude colla consueta rituale dichiarazione circa gli eredi alla L. 7 § 9.

sua, per esempio un diritto di passaggio, a titolo di servitù. Egli si riserba ed esercita tal diritto a titolo di proprietà. *Nemini res sua servit.*

Le servitù sono diritti reali e gravano sulla cosa. Il titolare esercita alcune facoltà sulla cosa (servitù positive, *in patiendo,* avuto riguardo al proprietario della cosa servente) ovvero esige in suo pro' che non ne eserciti alcune il proprietario (servitù negative, *in non faciendo*). Ma non può esigere che il proprietario operi attivamente in suo vantaggio, perchè allora non abbiamo più un diritto sulla cosa, ma sulla persona e sull'attività del proprietario, in breve un diritto di obbligazione. *Servitus in faciendo consistere nequit.*

Una specie singolarissima è tuttavia la *servitus oneris ferendi,* nella quale il titolare ha il diritto non solo di appoggiare il proprio edifizio su di un pilastro, colonna o altro sostegno del vicino, ma altresì quello di esigere in forza della stessa servitù e coll'azione che da questo diritto gli deriva, che il proprietario a sue spese mantenga in buono stato il pilastro o la colonna (1).

Falsa è la regola: *servitus servitutis esse non potest* (2).

La cosa soggetta a servitù (di regola un fondo) dicesi *cosa (fondo) servente.*

La servitù può esser costituita solo a vantaggio di un fondo determinato o di una determinata persona: quindi essa è propriamente inalienabile. Le servitù della prima specie si dicono prediali *(servitutes prædiorum),* quelle della seconda specie personali *(servitutes personarum).*

Queste due specie hanno veramente funzione e natura assai diversa. Le servitù prediali servono ai bisogni dei

(1) L'anomalia è avvertita dai Romani stessi: L. 6 § 2 D. *Si serv. vind.* 8, 5; L. 8 § 2 D. *eod.* (testo forse interpolato). Singolare è anche il trattamento di fronte a più condomini (L. 6 § 4 *eod.*).

(2) Nella L. 1 D. *De u. et usufr.*, 33, 2 (se pure non è interpolata: v. p. 290 n. 1) si deve correggere «*Fructus* servitutis, ecc.», com'è nella L. 33, § 1, D. *S. P. R.* 8, 3. Cfr. PEROZZI *Bull. dell'Ist. di dir. rom.*, 6, 1.

fondi nelle relazioni di vicinanza e consistono in facoltà di uso positivamente determinate; le servitù personali danno invece per iscopo di assicurare dei benefici, in genere una sussistenza vitalizia col pieno godimento della cosa, a certe persone senza trasmetter loro il dominio della cosa stessa. Il tipo vero e originario della servitù è costituito dalle servitù prediali, le quali nel diritto classico avevano il nome di *iura prædiorum* o *servitutes* senz'altra aggiunta e ancora nel nuovo diritto sono dette non di rado per antonomasia *servitutes*. I diritti personali spuntano solo negli ultimi tempi della repubblica e vennero ad esser ricompresi nella categoria generale delle servitù (innovazione non troppo felice, in quanto rende impossibile fissare un concetto generale delle servitù di fronte agli altri *iura in re aliena* e porre delle regole veramente specifiche) soltanto per opera di Giustiniano, il quale forse sarebbe stato proclive a riassumere nella categoria delle servitù tutti i *iura in re aliena;* il che era certamente più logico (1).

§ 101. **Le servitù prediali.**

I. *De serv.*, II. 3. D. *De serv.*, 8, 1. D. *De s. p. u.*, 8, 2. D. *De s. p. r.*, 8, 3. D. *Comm. praed.*, 8, 4. C. *De serv. et de aq.*, 3. 34.

Le servitù prediali, essendo costituite a vantaggio di un fondo, si considerano quasi come una pertinenza e una qualità di questo, che dicesi *fondo dominante*.

(1) La categoria classica non comprendeva che le servitù prediali, come risulta dai testi classici, dall'ordinamento sistematico delle opere classiche e dello stesso Digesto, da quei testi stessi del Digesto, che non furono, come avviene in larga misura (caratteristico e ripetuto è l'emblema tribonianeo *usus fructus et ceterae servitutes*), interpolati all'uopo. Cfr. Longo, *Bull. dell'Ist. di dir. rom.* 11 (1900) p. 281.

L'origine delle antichissime servitù con la caratteristica struttura reale si richiama probabilmente alla preistorica condizione degli agri agnatizi o gentilizi e al concetto di un asservimento stabile della proprietà, poichè quegli agri primitivi costituivano territori sovrani. V. in proposito Lusignani, *Origine delle servitù* negli *Studi e doc. di st. e dir.* 1897; Perozzi, *Problemi di origini*, in *Studi per Scialoja*, 1905

Naturalmente il diritto compete al proprietario del fondo dominante nella sua qualità di proprietario, di guisa che il titolare muta col succedersi di proprietari sul fondo.

Le servitù prediali si dividono in rustiche ed urbane (*servitutes* o *iura prædiorum rusticorum* e *urbanorum*). Il criterio della distinzione, giusta la più probabile dottrina, è il fondo a cui vantaggio è costituita la servitù, cioè il fondo dominante: se questo è un podere, la servitù è rustica, se è un edifizio, la servitù è urbana.

S'intende che la diversa natura che hanno il fondo rustico e il fondo urbano stabilisce delle differenze di contenuto tra le due specie di servitù, per cui, di regola almeno, il nome e il carattere della servitù esprime se è rustica o urbana (1).

Le servitù prediali, limitate di numero in origine, crebbero via via col crescere dei bisogni e della civiltà, ma restando pur sempre nello stesso diritto giustinianeo tassativamente determinate, ossia *tipiche,* come ogni altro diritto reale; di guisa che non è lecito alle parti di stabilire come servitù una qualunque facoltà di uso non riconosciuta come tale.

Le servitù prediali debbono recare utilità direttamente *al fondo, non alla persona* indipendentemente dal fondo. Perciò vogliono due fondi se non contigui, almeno *vicini,* in modo che i fondi intermedi o altri ostacoli

(con divergenze circa i gruppi anteriori, ma fondandosi l'uno e l'altro sul presupposto, che abbiamo fissato, del fondo *territorio sovrano*: v. § 80 e *Diritto romano* cap. VII).

(1) È probabile che nell'antico diritto romano il carattere specifico o il contenuto tipico, quindi il nome stesso, distinguessero le servitù rustiche dalle urbane. Ma o nella pratica posteriore o in forza d'interpolazioni giustinianee, come a me pare, alcune servitù (acquedotto, cloaca, luce: cfr. L. 11 § 1 D. *De publ.* 6. 2 interp. (PEROZZI, *Modi pretorii* ecc. in *Riv. it. per le sc. giur.* 1897). L. 2. D. *De s. p. r.* 8. 3 pure interpolata, a mio avviso) sono divenute promiscue, e quindi la qualità del fondo decide, e forse per diritto giustinianeo fa lo stesso che sia dominante o il servente.

non vietino l'esercizio della servitù, il che varia secondo le specie. Esse sono anche *inalienabili* separatamente dal fondo, cui aderiscono.

Le servitù prediali non si possono costituire *pro parte* (per es. da un solo dei condomini: cfr. § 95), giacchè il godimento ch'esse permettono della cosa consiste in mere facoltà di uso, le quali non si possono naturalmente dividere; e si dice appunto ch'esse sono *indivisibili*.

È falso che le servitù prediali debbano avere una *perpetua causa,* vale a dire, secondo l'interpretazione più ragionevole, soddisfare un bisogno perenne del fondo dominante o essere atte a soddisfarvi perennemente. Questo requisito ha un altro senso e va riferito, come si vedrà (v. § 102), non alle servitù in generale, bensì alle acque.

§ 102. **Delle singole servitù prediali.**

Le servitù rustiche sono le più antiche servitù prediali e venivano annoverate tra le *res mancipi,* tanta era l'importanza loro nella economia agricola romana. Esse si raggruppano principalmente in due classi: *iura itinerum* e *iura aquarum.* Assolutamente primitive sono le tre servitù di passaggio (*via, iter, actus*) e la servitù di acquedotto (*aquæ ductus*). L'*iter* è il diritto di passaggio della persona, a piedi o anche a cavallo e in lettiga, quando nulla sia convenuto in contrario; l'*actus* è il diritto di condurre giumenti o carri pel fondo altrui (1). La *via* è il diritto più ampio, che permette tanto di passare, quanto di trasportare per un sentiero fissato e formato traverso il fondo altrui carichi di pietre, materiali da costruzione o altro. La larghezza della via era stabilita dalle XII Tavole in otto piedi in linea diretta (*in porrectum*) e sedici negli svolti (*in anfractum*).

(1) Non è possibile una *servitus actus sine itinere.* Sulla pretesa contraddizione tra Ulpiano (L. 4, § 1. D. *Si serv.*, 8, 5) e Paolo (L. 1. D. *De adim. vel transf. leg.* 34, 4), cfr. Scialoja in *Bull. dell'Ist. di dir. rom.*, II. p. 165.

La servitù di acquedotto è il diritto di derivare acque dal fondo altrui o di condurle attraverso il fondo altrui (1).

Altre servitù di presa d'acqua sono: il diritto di attingere acqua (*aquæ haustus*) e il diritto di abbeverare il bestiame (*servitus pecoris ad aquam appellendi* o *adpulsus*). Finalmente altre minori servitù rustiche sono la *servitus pecoris pascendi* (relativa al bestiame da lavoro, che è indispensabile al fondo, altrimenti la servitù è personale), *calcis coquendæ, arenæ fodiendæ, cretæ eximendæ,* che autorizzano (in guisa analoga all'usufrutto) a far propri i prodotti di un fondo, sempre, però, pei bisogni di un altro fondo e non per usi estranei.

Carattere comune alle servitù di presa d'acqua (*aquæductus, aquae haustus*, ecc.), o relative in genere alle acque, come la *servitus navigandi,* è ch'esse siano costituite su di acqua viva, cioè perenne (*aqua viva, perennis, perpetua* o *quæ perpetuam causam habet*), giacchè la servitù deve gravare sul fondo e soltanto l'acqua viva è ritenuta dai Romani parte del fondo: per le acque morte il fondo si considera come un recipiente o un vaso che le contiene. Per simil motivo la servitù di condurre o di attingere acqua non si poteva costituire nel diritto classico se non alla fonte (*ex capite vel ex fonte*): Giustiniano, largo in tutta questa materia, ha permesso di costituirle anche lungi dalla sorgente, in qualunque punto (2).

(1) Se la corrente, da cui l'acqua si deriva, recede, lasciando asciutto in parte l'alveo, la servitù di acquedotto si estende sempre fino a raggiungerla. SCIALOIA in *Bull. dell'Ist. di dir. rom.*, II, 169. La L. 3 § 2 D. *De aq. cott. et æst.* 43, 20 fa due casi (alluvione e circonluvione), non tre (recesso, alluvione e circonluvione): la prima parte è una decisione generale di Sabino, le due seguenti contengono distinzioni fatte da Pomponio.

(2) PEROZZI, *Perpetua causa*, ecc. nella *Riv. it. per le scienze giur.* vol. 14. Nella L. 28, D. *De s. p. u.*, 8, 2. le parole *omnes autem — potest,* che enunciano la *perpetua causa* come un requisito generale del diritto di servitù prediale, costituiscono un glossema.

Paolo tuttavia intendeva nella citata legge in senso più lato la *perpetua causa* dell'acqua contro la comune interpretazione (cfr. L. un., § 4 D. *De fonte*, 43, 22, L. 1, § 3-4, D. *Ut in flum. publ*, 43, 14), appli-

Le servitù urbane, una volta cessata l'indipendenza delle singole abitazioni primitive, divennero via via più frequenti. Esse si raggruppano dai Romani stessi nelle seguenti categorie, che ne rappresentano pure l'ordine cronologico di svolgimento: *iura stillicidiorum, iura parietum, iura luminum.*

Alla prima categoria, le servitù di scolo, appartengono le *servitutes stillicidii* e *fluminis,* che consistono nel diritto di scaricare le acque piovane direttamente ovvero condotte in canali sul fondo altrui, e la *servitus cloacæ.*

Alla seconda categoria appartengono la *servitus tigni immittendi,* che è il diritto d'immettere una trave nel muro vicino; la *servitus oneris ferendi,* che è il diritto di appoggiare il proprio edifizio su di un muro o pilastro del vicino, la qual servitù ha di particolare, che il vicino, se non vuol abbandonare la parete o la colonna, è tenuto a mantenerle in buono stato (cfr. § 100); la *servitus proiiciendi,* che è il diritto di far sporgere un balcone sul fondo altrui, la *servitus protegendi,* che è il diritto di far sporgere una grondaia.

Alla terza categoria si richiamano tutte le servitù dirette a garantirsi aria, luce e prospetto. Il diritto che il vicino non elevi la fabbrica di fronte costituisce la *servitus altius non tollendi.* Il diritto di esigere che il vicino non faccia in generale opere che scemino la luce o tolgano il prospetto costituisce le due servitù *ne luminibus* o *prospectui officiatur.* La *servitus luminum* o *luminis immittendi* è invece il diritto di aprir finestre nel muro comune o in quello del vicino.

candola anche alle acque piovane, perchè *quod ex coelo cadit, etsi non adsidue fit, ex naturali tamen causa fit.* Ma la sentenza di Sabino, cui appartiene la prima parte del testo, che nega la *servitus fluminis* per lo scolo dell'acqua con cui si lava il pavimento, è vera semplicemente perchè il *flumen* è destinato per l'acqua piovana.

Interpolata è la L. 9, D. *De s. p. r.*, 8, 3 nella parte che estende la servitù di acquedotto: *hodie tamen — constitui potest.*

Alcune servitù urbane sono l'inverso delle precedenti. Così la *servitus stillicidii vel fluminis non avertendi,* che consiste nel diritto di ricever le acque scaricate dal fondo del vicino per alimentare cisterne o per altro scopo, la *servitus altius tollendi, officiendi luminibus vicini,* cioè di elevare il proprio edifizio, togliere la luce al vicino contro le limitazioni legali che non sieno d'ordine pubblico.

§ 103. Le servitù personali.

Anche quelle che nel diritto giustinianeo troviamo designate come servitù personali sono diritti tipici e si riducono a quattro sole: usufrutto, uso, abitazione, opere degli schiavi e, almeno nel nuovo diritto, degli animali altrui.

Le così dette *servitù irregolari,* cioè servitù personali aventi il contenuto delle servitù prediali, coll'ammissione delle quali si verrebbe, se non a distruggere il carattere tipico, certo ad ampliare di molto l'elenco, non sono riconosciute in principio dal diritto romano. La servitù prediale esige un fondo, nè può essere fruita dalla persona per una utilità esclusivamente sua, non propria del fondo dominante.

Per render valide le costituzioni o i lasciti esclusivamente personali di servitù prediali, per esempio, del diritto di passare o di attingere acqua o di pascere nel fondo, i giureconsulti classici gl'interpretavano come diritti di credito, per cui solamente l'attuale proprietario o l'erede del defunto rimanevano obbligati a subire il passaggio o altro, e responsabili, in caso, per gli ostacoli frapposti. Talvolta però il lascito si poteva ridurre, nonostante i termini usati, a un vero lascito di usufrutto o di uso, come, per esempio, se venga legato il *ius pascendi* in un fondo destinato esclusivamente al pascolo, e allora esso era efficace naturalmente come diritto di usufrutto o di uso.

Tuttavia nel diritto giustinianeo, se non si è giunti a riconoscere cosiffatte servitù personali, si ammise, quando fosse possibile, cioè quando il titolare avesse un fondo, la costituzione di una servitù prediale revocabile per morte o *capitis deminutio* del subbietto, e quindi limitata alla persona (1).

§ 104. Usufrutto e quasi-usufrutto.

I. *De usufr.* II, 4. Dig., 7, 1-6; 7,9. Cod., 3,33.

L'usufrutto è il diritto di usare della cosa altrui e di percepirne i frutti (*ius utendi fruendi*) senza distruggerne la sostanza (*salva rerum substantia*); con che s'intende anche senza alterare la destinazione economica dell'oggetto.

La persona, cui compete l'usufrutto, dicesi *fructuarius* o *usufructuarius*, la proprietà dalla quale è dedotto l'usufrutto *nuda proprietas*, il proprietario della cosa, quando si voglia indicare come proprietario di cosa soggetta a usufrutto *dominus proprietatis*.

L'usufruttuario acquista i frutti naturali solamente colla percezione (§ 86): sicchè i frutti pendenti o anche staccati, ma non percetti, al momento della sua morte non passano ai suoi eredi, ma appartengono al proprietario. I frutti civili invece si acquistano giorno per giorno.

(1) L'unico testo grave, che portava all'ammissione delle servitù irregolari, era la L. 14, § 3, D. *De al. vel cib. leg.*, 34, 1; ma le parole *nam et haustus — exprimenda utendi* sono un evidente glossema. Cfr. Scialoia. *Sulla L.* 14 § 3, ecc. nella *Riv. it. per le scienze giur.*, vol. 5. Crediamo istituzione dei compilatori la servitù prediale con revoca obbligatoria, perchè ci sembra interpolata la L. 1, D. *De usu et usufr.*, 33, 2: *aut ea servitus — restituatur*. Cfr. anche § 107 in fine (nota). Certo la libertà di costituzione delle servitù prediali è stata notevolmente ampliata nel diritto giustinianeo, in cui si giunge ad ammettere la cessione del diritto di attingere nell'acquedotto che passa pel proprio fondo: L. 33, § 1, D. *De s. p. r.* 8, 3, interpolata: *nisi — subsecuta est* e *pacto — quamvis* (invece di *quia*), Cfr. Perozzi, op. cit. in *Bull.*, 6, pag. 18.

L'usufruttuario deve usare della cosa da buon *paterfamilias* e aver cura di non oltrepassare i limiti del suo diritto. Egli può ben eseguire, colle debite regole, dei tagli in un bosco ceduo, ma non può usare nello stesso modo delle piante di un orto o di un frutteto: anzi deve sostituire gli alberi che muoiono. Similmente egli deve sostituir nuovi capi agli animali di un gregge in luogo di quelli morti o macellati da lui; il che dicevasi *summittere*. Può fruire delle miniere in esercizio, ma non può aprirne di nuove, ove ciò muti la destinazione della cosa o rechi danno alla coltura.

L'usufruttuario sopporta tutte le spese necessarie al mantenimento della cosa e tutti i pesi inerenti ad essa. All'atto della restituzione egli è responsabile per ogni inadempimento di obblighi e deterioramento della cosa fino alla colpa lieve, conforme ai principi (v. § 35). Per gli abusi gravi il proprietario può anche chieder la restituzione prima del termine.

A garentia degli obblighi suaccennati l'usufruttuario deve fornir cauzione al proprietario *se usurum boni viri arbitratu et restituturum*. Tale cauzione fu imposta dal Pretore al legatario d'usufrutto, ed estesa progressivamente a ogni altra causa di costituzione d'usufrutto; in caso di rifiuto, il proprietario ha diritto di non consegnare la cosa o di ripeterla mediante *rei vindicatio*. Nel diritto giustinianeo si può anche agire direttamente per la cauzione *(condictio cautionis)* (1). Nel diritto intermedio l'obbligo di conservare e restituire divenne inerente all'usufrutto, cioè legale.

Cessa l'obbligo della cauzione nell'usufrutto legale del padre o del coniuge binubo, nell'usufrutto che il donante si riserba e nell'usufrutto costituito in dote.

L'usufrutto è costituito a vantaggio di una determinata persona e cessa al più tardi colla morte di questa: *ne in perpetuum inutiles essent proprietates, semper*

(1) L. 7, pr. D. *Usufr. quemadm. cav.* 7, 9.

abscedente usufructu. Per l'usufrutto delle persone giuridiche è fissato il termine massimo di cento anni (1).

L'usufrutto è anche per questa ragione inalienabile, salvo la rinuncia a favor del proprietario: ma l'usufruttuario può cedere altrui l'esercizio del suo diritto.

L'usufrutto propriamente non può consistere se non sulle cose inconsumabili. Ma un senatoconsulto dei primi tempi dell'impero stabilì che si potesse lasciare per legato l'usufrutto di tutte le cose componenti il patrimonio di una persona. Ora, poichè delle cose consumabili non si può far uso senza distruggerne la sostanza, la giurisprudenza, per salvare in questa parte la disposizione e la logica, stabilì che relativamente alle cose consumabili era la proprietà che passava coll'obbligo di restituire a suo tempo una eguale quantità delle stesse. Questo rapporto complessivo di trasferimento del dominio con obbligazione congiunta, per l'occasione onde trasse origine e per l'analogia ch'esso offre, quanto alla funzione economica, coll'usufrutto, si disse *quasi usufrutto*. Il quasi usufruttuario fu anch'egli obbligato alla cauzione.

§ 105. **Uso, abitazione, opere degli schiavi e degli animali.**

1. *De usu et habit.*, II, 5. Dig., 7, 7; 7. 8. Cod., 3,33.

L'uso è il diritto di usare delle cose altrui, ma senza percepire i frutti oltre i propri bisogni. Pertanto l'usuario non solo non può alienare il suo diritto, ma nemmeno l'esercizio, perchè il contenuto dell'uso ne verrebbe ad essere alterato. L'uso è indivisibile.

È però lecito in alcuni casi interpretar l'uso in un modo alquanto più esteso. Per esempio, se ad alcuno

(1) Il limite è probabilmente giustinianeo e interpolate all'uopo sono la L. 56 D. *De us.* 7, 1. (*et placuit--est*), e la L. 8, D. *De usu et usufr.* 33, 2 (forse da *quousque*, ecc). Cfr FADDA in *Atti della Reale Acc. di Napoli*, vol. 34 (1902). Il FADDA ritiene pure interpolato il motivo *ne in perpetuum*, ecc. nelle tre leggi gaiane 3 § 2 e 56 D. 7, 1; 8 D. 33, 2.

fu legato l'uso di una casa, può, abitandovi colla sua famiglia, appigionare le stanze superflue (1).

L'*habitatio* è il diritto di abitare una casa e di appigionarla. In antico disputavasi, a quel che sembra, se fosse un diritto di uso o di usufrutto: ma Giustiniano le diede figura speciale, riconoscendo al titolare, dietro l'esempio di Marcello, il diritto di appigionar la casa, ma non quello di concederne gratis il godimento.

Il diritto di usare delle opere degli schiavi e degli animali costituisce la servitù di opere (2). Come l'abitazione, anche le opere possono esser locate e inoltre il legato di opere passa all'erede del legatario (3). Anche tale diritto è indivisibile.

L'uso, abitazione e le opere impongono, come l'usufrutto, l'obbligo alla cauzione, ma hanno di particolare l'*indivisibilità* (cfr. § 120). L'abitazione e le opere non si estinguono nè per *capitis deminutio*, nè per non uso (cfr. § 107).

§ 106. Costituzione delle servitù.

La servitù propriamente non può esser costituita se non per un modo di acquisto derivativo, cioè in base ad un rapporto col proprietario della cosa, sia pure, nel diritto postclassico e giustinianeo, rapporto non più vo-

(1) Secondo il RICCOBONO, *Sull'usus* negli *Studi per Scialoia*, la facoltà di percepire i frutti, sia pure in una modica misura, e l'interpretazione più larga dell'*usus*, che hanno alterato il concetto dell'istituto in opposizione col *fructus* sarebbero opera dei compilatori e sarebbero interpolati i testi seguenti: L. 4 pr. D. *de usuet. hab.* 7, 8 (*secundum-contentus sit*); L. 8 *eod.* (*seorsum; sine se*); L. 12 § 1. *eod.* (*sed Sabinus — negarit; aliquo enim-usus; sed melius-in fundo*); § 2 (*hoc amplius-defunctorum*) § 4: (*sed si-sensisse*). Tutto porta a credere peraltro che anche il lavorio classico su questi istituti sia stato notevole e che agli usi, ai bisogni, alla volontà dei testatori si avesse già riguardo dai giureconsulti.

(2) Per le opere degli animali l'unico testo è la L. 5 § 3 D. *Usufr. quemadm. cav.* 7, 9, sospetto d'interpolazione. Il concetto stesso « opere degli animali » è assai dubbio (SEGRÈ).

(3) L. 2 D. *De usu et usufr.* 33. 3 (Pap.).

lontario, ma legale, almeno quanto all'usufrutto. L'usucapione peraltro, data la natura alienatoria di questo istituto, è possibile anche circa la servitù.

I modi di costituzione delle servitù si possono adunque ridurre ai seguenti: negozio col proprietario in generale, aggiudicazione, usucapione o prescrizione acquisitiva e legge.

Il negozio costitutivo di servitù doveva essere, nel diritto classico, atto *espresso* e *formale*. Ne' negozi tra vivi occorreva la *mancipatio* o la *in iure cessio* circa le *servitutes mancipi*, cioè le rustiche, la *in iure cessio* per le urbane, nonchè pel diritto di usufrutto e similari, allora non ricompresi nel catalogo delle servitù. La tradizione sulla base di una *iusta causa*, anche ammesso che l'atto in sè della tradizione fosse possibile, non era riconosciuta. Circa i fondi provinciali, al modo istesso che il cittadino romano non ne aveva la proprietà civile, così non vi poteva legalmente acquistare diritti di servitù. Per attuare in qualche modo il rapporto si soleva convenire tra i proprietari mediante patto suggellato e garentito dalla formale stipulazione (1) che l'uno avrebbe esercitata la servitù sul fondo dell'altro, e in tal modo si era tutelati contro l'azione del proprietario o de' suoi eredi responsabili delle obligazioni del defunto. In processo di tempo le servitù così costituite ottennero anche una vera difesa reale dal Pretore, cioè furono garantite contro i terzi possessori non eredi mediante la *utilis confessoria actio*.

Nel diritto giustinianeo, abolite la *mancipatio* e la *in iure cessio* e tolta ogni differenza tra fondi italici

(1) « Pactionibus et stipulationibus » dice Gaio (II, 31). Che s'intendessero stipulazioni penali aggiunte al patto è invenzione di Teofilo (II, 3, 4). Cfr. PEROZZI, *Riv. it. per le sc. giur.* 1897 (23) fasc. I. Il PEROZZI intende « sia coi patti sia colle stipulazioni ». Migliore mi sembra il senso da me formulato nel testo: da molti esempi, anche fuor del nostro campo (cfr. L. 45 D. *Sol. matr.* 24, 3), appar chiaro che in simili combinazioni i Romani intendono significare col patto il contenuto, colla stipulazione la forma.

e provinciali, *non è necessaria alcuna forma* per la costituzione delle servitù. La servitù si acquista per semplice *convenzione*, cioè per l'accordo delle due parti sulla base di una *iusta causa:* vendita, donazione lecita e simili (1). Non altro che accordo tacito, cioè manifestato col fatto e colla tolleranza, può essere la *patientia* o *quasi traditio servitutium* (2).

Il diritto di servitù, come il dominio, può derivare da eredità, legato o altro acquisto a causa di morte. Ma dei modi generali d'acquisto non occorre parlare ora.

La servitù può essere anche detratta dal dominio nell'atto in cui questo si trasferisce (3), cioè riserbata all'antico proprietario, e si dice allora costituita per *deduzione*.

L'*usucapione* o *prescrizione acquisitiva* delle servitù ha subìto vicissitudini assai vario o oscure. Nell'antichissimo diritto romano le servitù (probabilmente peraltro le sole servitù rustiche, anteriori e *res mancipi*) erano oggetto di usucapione come il dominio e si usucapivano in un anno solo, venendo ricomprese nelle *ceteræ res*. La *lex Scribonia* abolì questa usucapione. Ma in processo di tempo i bisogni della vita crearono un istituto analogo alla *longi temporis præscriptio* (cfr. § 90). Chi aveva esercitato il diritto di servitù per

(1) Ne' testi si parla generalmente di *pactio* e *stipulatio*, voci ora interpolate da Giustiniano (L. 33 § 1 D. *De s. p. r.* 8, 3; 25 § 7 D. *De us.* 7, 1), ora genuine perchè il testo era in origine relativo ai fondi provinciali (così forse la L. 25 § 4 D. *De us.* 7, 1; cfr. anche L. 3 C. *De serv. et de aq.* 3, 34). Vedi PEROZZI *l. c.* Ma la *stipulatio* oramai qui specialmente non può significare che il mero accordo.

(2) La *quasi traditio* o *patientia*, come la correlativa *quasi possessio* delle servitù (cfr. § 116), è un'invenzione giustinianea, introdotta per interpolazione ne' testi: L. 1 D. *Quib. mod. us.* 7, 4 (cfr. FRAGM. VAT. 61); L. 25 § 7. D. *De us.* 7, 1; L. 11 § 1 D. *De publ.* 6, 2; L. 3 pr. D. *De us.* 7,1; L. 3 D. *Si ususf.* 7. 6. Cfr. l'insegnamento contrario dei testi genuini: GAI. II, 28; L. 3 pr. D. *De a. vel. a. p.* 41, 2; L. 4 § 27 D. *De us. et usuc.* 41, 3; L. 32 § 1 D. *De s. p. u.* 8, 2; L. 3 § 2 D. *De a. e. v* 19, 1. — Cfr. PEROZZI *l. c.*

(3) Cioè nel diritto classico all'atto della *mancipatio* o della *in iure cessio,* nel nuovo diritto all'atto della *traditio,* interpolata in loro vece.

un tempo abbastanza lungo *nec vi nec clam nec precario* venne difeso dal Pretore mediante *utilis confessoria actio.* Giustiniano infine riconobbe questo istituto come un modo di acquisto delle servitù e lo assimilò per la durata dell'esercizio alla *longi temporis præscriptio* degli immobili, cioè richiese dieci o venti anni. Così venne a costituirsi la prescrizione acquisitiva delle servitù, alla quale si dovranno pure estendere i requisiti della usucapione acquisitiva della proprietà, benchè dai testi ciò non risulti (1).

Nelle azioni divisorie i diritti di servitù tra le parti dei fondi divisi, come il dominio sulle parti stesse, sono attribuiti direttamente dal giudice.

Ma non è soltanto la forma e la solennità dell'atto che nel diritto nuovo più non si richiede: talora nemmen la volontà o la dichiarazione espressa non occorrono. Nel periodo romano-ellenico l'usufrutto è costituito

(1) I testi parlano di *longi temporis consuetudo, longae possessionis praerogativa* e simili (giustificata dall'uso o esercizio *nec vi nec clam nec precario*) e di *actio utilis.* Un solo testo classico parla di acquisto *tempore* « exemplo rerum immobilium » ed è la L. 2 C. *De s. et de aq.* 3, 34 di Antonino Caracalla, ma l'interpolazione è per molte ragioni evidente e si deve assolutamente negare per diritto classico la prescrizione delle servitù, che del resto non era allora acquisitiva, benchè ivi fosse riconosciuta, nemmeno in ordine alla proprietà. Su tutto cfr. BONFANTE *Riv. it. per le sc. giur.* 1893 (XV) fasc. II. — Ritiene questa idea anche il PEROZZI *l. c.*, il quale reputa interpolate all'uopo anche le leggi seguenti: 10 pr. D. *Si serv. vind.* 8. 5; 1 § 23 D. *De aq. pl. arc.* 39, 3; 5 § 3 D. *De it. actuque pr.* 43, 19, che riferisce nel loro senso originario al carattere probatorio della *vetustas.* Ma appunto perchè i testi suenunciati non parlano di *longi temporis praescriptio* nè di vero e proprio acquisto, e concedono azioni utili, l'interpolazione non mi par troppo verosimile; l'azione è poi concessa in base al lungo possesso *nec vi nec clam nec precario*, in base alla *vetustas*, se si vuole, ma non perchè si attribuisca carattere probatorio alla *vetustas*, anzi *tametsi ius non probaretur*, dice un altro frammento, che anche il PEROZZI reputa genuino, la L. 26 D. *De aq. pluv. arc.* 39, 3. Infine dal punto di vista del diritto giustinianeo questi testi, che non richiedono se non l'assenza di vizi nel possesso, sono certo imbarazzanti per la teoria della *iusta causa* e della *bona fides* in materia di servitù. Troppo numerosa è la serie delle contraddizioni e delle incongruenze, che Giustiniano avrebbe accumulato *gratuitamente* col diritto giustinianeo.

anche dalla *legge*, cioè riconosciuto *ipso iure* in base a certi rapporti, senza il concorso della volontà del proprietario; tale è il caso dell'usufrutto del *paterfamilias* sul peculio avventizio, dell'usufrutto del coniuge binubo sui lucri nuziali, di cui aveva la proprietà prima delle seconde nozze, ecc. In ordine alle servitù prediali, specie al passaggio, è riconosciuta, massime negli atti di ultima volontà, per es. quando due fondi contigui vengano a esser devoluti a diversi legatari, ovvero l'uno all'erede, l'altro al legatario, la costituzione tacita, *ipso iure*, della servitù, ossia la volontà è presunta sulla base della necessità o dello *stato precedente di servizio* mantenuto tra i due fondi dal proprietario anteriore, che li teneva entrambi; con che per la prima volta fa il suo ingresso nel diritto la costituzione delle servitù per *destinazione del padre di famiglia* (1).

§ 107. Estinzione delle servitù.

D. *Q. m. ususfr. vel us. am.*, 7, 4. D. *Quemad serv. am.*, 8, 6.

Le servitù si estinguono in primo luogo per *mancanza di oggetto*, venendo a esser distrutta o sottratta al commercio la cosa servente, le servitù personali anche venendo a esser la stessa trasformata sostanzialmente.

Le servitù prediali si estinguono anche per la *distruzione del fondo dominante* e le personali per la *morte* o *perdita della capacità del titolare*. Tuttavia l'abitazione e le opere non si estinguono per la *capi-*

(1) L. 15 D. *De usu et usufr.* 33, 2 interpol. in ispecie le frasi: *secundum voluntatem defuncti*; *ut haec forma in agris servetur quae. vivo testatore optinuerit*, ecc.; L. 41 pr. D *De s. p. u.* 8, 2 interpol. *quidem*; *sed heredem — legatario*; L. 20 pr. D. *Si serv. vind.* 8, 5 interpol. pr. « *deberi* » invece che « *non deberi* » § 1: *sed — transire*. — Cfr. Riccobono nella *Riv. it. per le sc. giur.* 1895 (21) p. 380. Riterrei interpolata con questa tendenza anche la L. 81 § 3 D. 30 (1): *et servitus ipso iure — serviret*.

tis deminutio (1). Ciò fu disposto dalla giurisprudenza, avendo riguardo alla natura di questi rapporti, che soddisfano i più immediati bisogni umani e non hanno carattere schiettamente giuridico.

Le servitù si estinguono ancora per la *rinuncia* del titolare. Nel diritto classico doveva all'uopo compiersi la *in iure cessio* o la *mancipatio* al proprietario, nel diritto nuovo basta il semplice patto.

Altra causa di estinzione (salvo per l'abitazione, le opere e l'*iter ad sepulcrum* (2)) è il *non uso* della servitù durato per lo spazio di dieci o venti anni. Per le servitù urbane tuttavia la perdita non avviene se non quando col non uso del titolare sia concorsa la *usucapio libertatis* del proprietario del fondo servente, vale a dire questi abbia posseduto durante quel periodo il fondo in tale stato da impedire l'esercizio della servitù.

Le servitù si estinguono ancora per *confusione*, cioè pel ricongiungersi delle qualità di proprietario e titolare della servitù nella stessa persona: il che a proposito dell'usufrutto dicesi *consolidazione*.

Le servitù personali si estinguono *ipso iure* collo spirar del termine o della condizione risolutiva, le prediali *ope exceptionis* (3).

§ 108. Azione confessoria.

D. *Si ususfr. pet.*, 7, 6. D. *Si serv. vind.* 8, 5.

L'azione costituita a tutela delle servitù dicesi azione confessoria, in quanto è diretta a far confessare al proprietario che esiste un diritto di servitù sulla cosa sua,

(1) L. 10 pr. D. *De us. et hab.* 7, 8. L. 2 D. *De usu et usufr.* 33, 2. Cfr. L. 10 D. *De cap. min.* 4, 5. — Giustiniano ha deciso che anche l'usufrutto non si estingua per la *capitis deminutio minima*. L. 16 C. *De usufr.* 3, 33.

(2) Cfr. nota precedente. Per l'*iter ad sepulcrum*: L. 4 D. *Quemadm. serv. am.* 8, 6.

(3) Le servitù prediali erano, come la proprietà, essenzialmente perpetue. Come in ordine alla proprietà, il termine è probabilmente inven-

o anche *vindicatio servitutis*. L'attore deve provar la esistenza della servitù e nelle servitù prediali anche la proprietà del fondo dominante.

Il titolare della servitù ottiene mediante questa azione il ristabilimento nell'esercizio del suo diritto, il risarcimento dei danni e, trattandosi di usufrutto, la restituzione dei frutti; all'uopo egli consegue pure di esser garantito contro future turbative mediante *cautio de amplius non turbando*.

L'*actio confessoria* è concessa utilmente all'enfiteuta, al superficiario, al creditore pignoratizio (1).

L'azione publiciana è concessa in funzione di confessoria al possessore di buona fede del fondo dominante o a chi non derivò la servitù dal vero proprietario e non ha compiuto ancora l'usucapione (§ 99): per la protezione interdittale v. § 116.

IV. — ENFITEUSI E SUPERFICIE

§ 109. Cenni storici sull'enfiteusi e la superficie.

SEGRÈ, *Traduz. comm. Glück*. VI, 3 note *b* e *d*; MITTEIS, *Zur Gesch. der Erbpacht in Alterthum* nelle *Abh. der sächs Ak*. 1903 (letta nel 1901) e *Amherst Papyri*, in *Z. d. Sav. Stift*. v. 22 (1901) p. 151. Cfr. anche BRUNNER, *Die Erbpacht* etc. nella *Z. d. Sav. Stift. für Rg.* (Germ. Abth.) a. 1884.

L'enfiteusi e la superficie sono rapporti molto analoghi per la struttura, le fasi storiche e interessanti per il mutamento recato da essi nel sistema romano dei diritti reali. L'una e l'altra spuntarono assai più tardi delle servitù, e dei diritti di usufrutto e similari, che

zione dei compilatori e reputo interpolate la L. 4 D. *De serv*. 8, 1 (*ipso quidem iure; sed tamen-vindicanti*), la L. 1 D. *De usu et usufr*. 33, 2 (*aut ea servitus-restituatur*); e la L. 56 § 4 D. *De v. o.* 45, 1 (*nam et heres — summovebitur*). Cfr. anche § 103.

(1) L'usufruttuario per le servitù costituite a favore del fondo tenuto in usufrutto intenta la *vindicatio ususfructus* (cioè, nel diritto giustinianeo, l'*actio confessoria* della *servitù* di usufrutto): L. 1 pr. D. *Si ususfr. pet.* 7, 6.

Giustiniano ha riassunto nella categoria delle servitù; l'una e l'altra non ebbero sanzione nel *ius civile*, nè vennero chiaramente riconosciute come diritti reali nella dottrina classica: l'una e l'altra poi, contro lo spirito delle servitù, costituiscono diritti, quanto al godimento delle cose, prevalenti sul dominio.

L'enfiteusi ha nel diritto romano ed elleno-orientale vari precedenti e addentellati storici. Il più antico è la romana *possessio* dell'*ager publicus*, il quale, costituito principalmente dai terreni dei popoli vinti, in parte era diviso e assegnato in proprietà ai privati (*assignatio, ager assignatus*), o anche venduto (*ager quæstorius*), ma in larga parte concesso alla libera occupazione dei cittadini (*occupatio, agri occupatorii*) dietro il corrispettivo di $^1/_5$ o $^1/_{10}$ delle rendite. In diritto bensì lo Stato era sempre proprietario delle terre così occupate, ma di fatto i possessori si consideravano come padroni di questi fondi, che non solo passavano in eredità, ma si alienavano e si trasformavano colla sicurezza dell'indefinito godimento: le leggi agrarie dei Gracchi, proposte per indurre una nuova assegnazione dell'*ager publicus* tenuto in mero possesso, furono più ch'altro un fomite di tetre agitazioni.

Il vero istituto romano precedente l'enfiteusi è però la *locatio* degli *agri vectigales*. Tali erano i terreni incolti dello Stato non assegnati o venduti, nè abbandonati all'occupazione, bensì dati in affitto per lo spazio di 100 anni o in perpetuo e quelli dei municipi e dei collegi sacerdotali dati pure in affitto a lungo termine o perpetuo (1). Il locatario, corrispondendo regolarmente il *vectigal*, era sicuro del godimento indefinito

(1) Hyginus p. 116 (testo di incertissima lezione: tra altro « in annos centenos *pluresve* » non corrisponde alla lettura del Lachmann) e Sic. Flaccus p. 162 (Le' Gromatici veteres ed. Lachmann): Paul. L. 1 pr. D. *Si ag. vect.* 6, 3. — Le terre coltive erano locate di regola per la durata di un *lustrum* o anche meno; ma ne' Gromatici esse sono pure incluse nell'*ager vectigalis*. Pare che il vero e proprio *ius in agro vectigali*, costituito dalla locazione in perpetuo o a lungo termine, avesse

del fondo. Anche per questo rapporto, stante il suo carattere duraturo, venne concessa, oltre la difesa interdittale, un'azione reale, l'*actio in rem vectigalis*.

Ma l'enfiteusi del diritto giustinianeo si ricollega piuttosto al mondo elleno-orientale che non al mondo romano antico. Si tratta di istituti, che così nell'evo antico, come nell'evo di mezzo, spuntano dietro la più viva e diretta pressione delle condizioni economiche, ricollegandosi ed intrecciandosi a peculiari condizioni sociali (colonato, servitù della gleba, ecc.), e, indipendentemente l'uno dall'altro, assumono forme pure meravigliosamente similari: la storia deve cedere il posto all'etnologia. Nelle città greche, come attestano iscrizioni che ci riportano fino al V secolo avanti Cristo, si hanno simili locazioni in perpetuo o a lungo termine, di terre incolte, allo scopo di dissodarle (φυτεύσις ἐπικαρπία, più tardi *ius ἐμφυτευτικόν*) o anche di terreni colti; ora mentre nell'epoca dei Costantini, probabilmente per effetto della vasta confisca dei beni delle città, operata dagli istauratori del cristianesimo, l'*ager vectigalis* scompare, sorgono sui terreni imperiali (1) e più tardi si estendono alle terre private, due forme che hanno tra loro grande analogia, il *ius emphyteuticum* e il *ius perpetuum:* la mercede che si corrisponde dai locatari si chiama non più *vectigal*, ma *canon* (2). Oscure

luogo in ordine a latifondi, non parcelle, e che la locazione fosse fatta la società di capitalisti ed appaltatori *(mancipes)*. Ma sia sul primo punto sia sul riferimento esclusivo dei *mancipes* alle locazioni a lunga scadenza, regnano dubbi e controversie gravi.

(1) Dei due rapporti menzionati nel testo, il primo, il *ius perpetuum*, era di regola costituito sui *fundi rei privatæ principis*, il secondo, il *ius emphyteuticum*, sui *fundi patrimoniales*. Che cosa rappresentino queste due categorie di fondi è però disputato: si ritiene d'ordinario che la *res privata* significhi una specie di patrimonio della corona, il *patrimonium principis* sarebbe invece il patrimonio della famiglia regnante. Ma con seri argomenti il SAVAGNONE (*Le terre del fisco*, 1900, p. 56) ritiene che coi *fundi patrimoniales* si debbano intendere le terre del fisco.

(2) Menzione isolata dell'enfiteusi prima dei Costantini occorre in Ulpiano, L. 3, § 4, D. *De reb. eor.* 27, 9 (in lingua greca e co' termini delle

ono le differenze tra queste due forme; sembra, anche indipendentemente dal nome, che il primo tipo rappresenti una concessione a lungo termine, il secondo in perpetuo; se non che, già prima di Giustiniano, e probabilmente nel volgere del IV e del V secolo, i due istituti eleno-orientali si sono fusi in un solo, l'enfiteusi (1).

Sin dal tempo dei giureconsulti classici si disputava se la *locatio* degli *agri vectigales* fosse una vera e propria locazione o non piuttosto una vendita: poichè da un lato la prestazione annua del canone le attribuiva il carattere di locazione, dall'altro lato l'abbandono della cosa in perpetuo al concessionario la rendeva simile alla vendita, causa traslativa del dominio. Si vede quanto la coscienza di un *ius in re aliena* di simil natura fosse straniera alla giurisprudenza romana: poichè la questione era posta in modo che rispetto al rapporto dell'utente colla cosa non ne poteva seguire che l'una o l'altra soluzione: che fosse mero possesso e non diritto sulla cosa, ovvero proprietà. Trasportatasi la controversia alla nuova enfiteusi, l'imperatore Zenone dichiarò il negozio costitutivo un contratto *sui generis*, nè vendita, nè locazione, ma contratto di enfiteusi. Con ciò egli non fece che confondere l'idea dei contratto: peraltro, assegnando a questo una figura e una denominazione distinta, spianò la via a considerare l'enfiteusi come un

iscrizioni greche, ma riconosciuto come *ius prædii)* e in Diocleziano L. 13, C. *de præd.* 5. 71 (a 293), ove è pure l'ultima menzione dell'*ager vectigalis* distinto dall'enfiteusi. L'identificazione, che abbiamo nella rubrica del nostro titolo (6, 3) e nella L. 15, § 1, D. *qui satisdare* 2, 8, è certamente interpolata.

(1) Rapporti in parte analoghi alla locazione perpetua romana, in parte a quella greca, ci si offrono anche nell'era classica sopra latifondi imperiali in Africa, a favore di chi li mette a coltura. Le due celebri iscrizioni (Henchir Mettich e Ain Ouassel), che li hanno rivelati, li designano rispettivamente e col nome di *ius colendi* e *ius possidendi ac fruendi heredique suo relinquendi*. Analogo è pure il diritto sulle terre incolte, accordato in Italia da Pertinace (HEROD. 2, 4, 8). Tipi ed esempi si potrebbero moltiplicare.

diritto reale distinto (1). Giustiniano diede all'istituto l'ultima mano, operando la fusione de' testi dell'*ager vectigalis* romano e dell'enfiteusi greca, aggiungendo le prescrizioni della notifica al proprietario nell'alienazione del fondo, del *ius protimiseos o praelationis*, del laudemio e la decadenza per inadempimento agli obblighi suaccennati, come altresì per mancato pagamento del canone durante tre anni.

La superficie nacque da un fine diverso: la necessità di rimediare alle conseguenze antieconomiche del concetto romano del dominio. La proprietà immobiliare romano è quasi un piccolo territorio e tutto ciò che s'aggiunge e s'incorpora al fondo appartiene *necessariamente (ratione naturali)* come accessione al proprietario del fondo (§ 80 e 83); quindi anche l'edificio tutto quanto non può ad altri appartenere che al proprietario del suolo. Ma il principio doveva col crescere della città e collo sviluppo dell'edilizia manifestare i suoi gravi inconvenienti: si pensi che il suolo di Roma si ridusse ben presto a esr proprietà di corporazioni e di pochi privati. S'introdusse allora, come ora in Londra, sui terreni dello Stato dapprima, poi delle città, poi anche circa le aree di privati, l'usodi concedere ad altri il diritto di fabbricare e godere a tempo o in perpetuo dell'edificio, mercè un corrispettivo annuo *(pensie, solarium)* o anche il pagamento di una soma unica, ossia per contratto di locazione o di vendita (2). Proprietario delle *superficies*, cioè dell'edificio, era pur sempre il proprietario del suolo; se non che al superficiario venne accordato un interdetto speciale analogo all'interdetto

(1) La soluzione naturale era di riconoscere per l'atto costitutivo la vendita, come si riconosce la donazione ed il legato, ma in pari tempo stabilire che la vendita (l'alienazione, dice l'imperatore) ha per oggetto non la proprietà, bensì lo speciale *ius prœdii*, il cui contenuto è precisamente ciò che Zenone vuol regolare (L. 1, C. *h. t.* 4, 66; cfr. GAII *Inst.* III, 145 e § 3, I. III, 24).

(2) Fu specialmente il DEGENKOLB *Platzrecht und Miethe*, Berlino 67, a determinar l'origine pubblica della superficie.

Uti possidetis (cfr. §§ 115 e 118) per esser mantenuto nel godimento *(frui)* dell'edificio, e finalmente per la superficie costituita in perpetuo fu concessa un'*actio in factum* modellata sulla *rei vindicatio*, cioè una vera e propria azione reale (1). In simil modo anche la superficie venne ad esser ordinata come diritto reale.

§ 110. L'enfiteusi nel diritto giustinianeo.

§ 3. *De loc. et cond.* III. 24. D. *Si ager vect.* 6, 3. C. *De i. emph.*, 4, 66.

L'enfiteusi *(emphyteusis)* si può definire « un diritto reale alienabile e trasmissibile agli eredi, che attribuisce il pieno godimento del fondo coll'obligo di non deteriorarlo e di pagare un annuo canone ».

L'enfiteuta, come il proprietario, acquista i frutt al momento della separazione, nè alcun limite è posto al godimento del fondo, salvo l'obbligo di non deteriorarlo; può, per la durata del suo diritto, costituir servitù o ipoteche, dare in usufrutto o in subenfiteusi. Natural mente sono a carico dell'enfiteuta tutte le spese e tutt gli oneri che gravano sulla cosa.

Di fronte al proprietario egli è tenuto però a certe obbligazioni: deve prestare un corrispettivo annuo, che dicesi canone, e con Giustiniamo deve notificare al proprietario l'alienazione che faccia del suo diritto, chiederne il consenso, preferirlo a condizioni uguali, ovvero pagargli la cinquantesima parte del prezzo riscosso, se il proprietario non preferisce di riscattare l'enfiteusi. Il diritto di preferenza del proprietario dicesi *ius protimiseos* o *prælationis* e si può esercitare entro due mesi, dopo di che l'enfiteuta, che ha eseguito la debita notifica, ha facoltà di alienare liberamente; il diritto di percepire la cinquantesima, ossia il 2 per cento, dicesi *laudemio*, da *laudare* nel senso di approvare.

(1) Contro i dubbi avvanzati circa la classicità dell'azione reale v. SEGRE in *Studi per Moriani* v. II. pag. 330-331, n. 1.

Oltre l'*actio vectigalis* o *utilis rei vindicatio*, l'enfiteuta ha pure un' *actio confessoria utilis* per le servitù a favore del suo fondo, come ha pure l'*actio negatoria* per l'esercizio illecito di servitù sul fondo enfiteutico.

Il contratto costitutivo, dopo la famosa costituzione di Zenone, ebbe nome di contratto enfiteutico. Il diritto reale coll'azione relativa sorge immediatamente in base al contratto, il quale può modificare variamente i diritti e gli obblighi dell'enfiteuta, salvo sempre l'obbligo al canone, che è riguardato come essenziale all'enfiteusi.

L'enfiteusi può essere anche costituita per atto di ultima volontà, legato o donazione a causa di morte; ma non avviene di regola che per aggiudicazione si attribuisca un diritto di enfiteusi. La prescrizione acquisitiva si potrebbe tuttavia nel nuovo diritto applicare anche all'enfiteusi.

L'enfiteusi cessa colla distruzione del fondo, colla confusione dei subbietti, il riscatto, la prescrizione estintiva, per la quale occorre la *usucapio libertatis* (cfr. § 107); e la decadenza per inadempimento degli obblighi che incombono all'enfiteuta, cioè in caso di deterioramento del fondo, e con Giustiniano per mancato pagamento del canone o di altri pesi per tre anni, e per mancanza agli obblighi di notifica, prelazione e laudemio. La revoca è immediata e l'azione che si promuove è la *rei vindicatio* (1).

§ 111. La superficie nel diritto giustinianeo.

D. *De superf.* 43, 18.

La superficie si può definire « un diritto reale alienabile e trasmissibile agli eredi, che attribuisce il pieno godimento di un edifizio o parte di edifizio ».

(1) Cfr. SEGRÈ, *L'azione di caducità promossa contro l'enfiteuta* negli *Studi per Serafini*, 1892.

La superficie è quasi il parallelo dell'enfiteusi rispetto ai fondi urbani. Ma il diritto del superficiario è anche più assoluto di quello dell'enfiteuta. Egli non ha limiti nè obblighi verso il proprietario e nemmeno l'annua retribuzione, che ha nome di *solarium*, pare essenziale alla superficie.

La superficie si costituisce per contratto, ma la causa del contratto può esser diversa, se l'obbligo del *solarium* annuo, che le darebbe un carattere fisso, come nell'enfiteusi, non è essenziale: è la vendita, se si corrisponde il prezzo una volta per sempre, è la locazione, se si pattuisce il *solarium*, è la donazione, se si rinunzia a qualunque corrispettivo.

La superficie si estingue anch'essa per le stesse cause dell'enfiteusi, salvo i casi di decadenza, che non hanno luogo.

V. — POSSESSO E QUASI POSSESSO

§ 112. Nozione del possesso e suoi elementi.

Possesso (*possessio*) significa presso i Romani una tal relazione di fatto colla cosa che permetta di disporne pienamente, congiunta colla effettiva intenzione di disporne da padrone; il significato della parola è quello di una signoria vera, di una dominazione di fatto sulla cosa (1). Così concepito il rapporto, esso non esprime se non ciò ch'è di regola il contenuto della proprietà; onde è vero in un senso più esatto e pregno di quel che si suole intendere che il possesso sia l'*immagine esteriore* o, come lo Ihering si espresse, la *posizione di fatto* del diritto di proprietà.

Viceversa la proprietà non è altro che il possesso munito di vera garentia giuridica, e alcuni casi di *posses-*

(1) Cfr. Bonfante, *Il punto di partenza nella teoria del possesso* negli *Studi per Moriani* 1906.

sio, come l'*habere in bonis*, divennero effettivamente forme di proprietà: onde i termini *possessio*, *possidere*, nella lingua romana, come e più che nella nostra i vocaboli corrispondenti, s'usano a designare la proprietà, quando si prescinda dalla garentia giuridica. A significare (per esempio, in ordine all'occupazione, all'acquisto del tesoro, alla tradizione, ecc.) la intenzione di voler esser padrone della cosa, di voler disporne pienamente, i Romani usano l'espressione *animus* o *affectio possidendi* o simili: perchè infatti l'animo di chi occupa l'animale cacciato o scopre un tesoro o accetta un libro in dono è diretto a conseguire la signoria di fatto e non importa per l'acquisto che si abbia chiara consapevolezza che quel fatto è garentito e costituisce il diritto di proprietà.

Nondimeno, se il possesso è l'immagine normale e naturale del dominio, esso può ben essere scompagnato dal dominio. Il ladro, per fare il caso estremo, ha bene il possesso della cosa, in quanto ne ha la disponibilità e nutre la più precisa intenzione di trattarla come cosa sua: ma il ladro non usa e fruisce legittimamente della cosa.

Ma se il possesso non è un diritto, nè il possessore ha difesa assoluta contro i terzi, quando venga per avventura a non aver più nelle mani la cosa, sarebbe d'altra parte assai dannoso abbandonarlo alle aggressioni e alle usurpazioni del primo venuto. Troppo agevole e frequente è nel campo della proprietà, *a differenza d'ogni altro diritto,* il caso che il fatto sia scompagnato dal diritto. Troppo ordinarie sarebbero le usurpazioni, se ciascun possessore, per riavere la cosa sottrattagli in modo apertamente riprovevole, dovesse dimostrare il suo diritto, e forte incitamento si darebbe allo spirito disonesto, se l'usurpatore fosse al sicuro, perchè al possessore non vien fatto di dar la prova del suo diritto. Per siffatte ragioni d'ordine pubblico e di sicurezza sociale (conviene per diritto romano tener presente la vasta diffusione e importanza, la pressione immensa del regime delle *possessiones*, onde probabilmente ebbe origine la tutela) il diritto romano ordinò una difesa straordinaria e amministrativa del possesso mercè la procedura interdittale per mantenere lo stato di fatto contro ogni turbativa o reintegrarlo contro le lesioni qualificate, come lo spoglio.

Ma non è già che il possesso si consideri come un diritto, perchè, se così fosse, sarebbe in ogni caso tutelato di per sè *etiamsi casu possessor amiserit possessionem*, cioè senza riguardo alla causa della perdita; e sarebbe tutelato in via definitiva, senza riserva di un giudizio sulla pertinenza reale del diritto. Invece il possesso non ha difesa se non in caso di *turbative dello stato di fatto* o *invasioni determinate e qualificate (vi, clam, precario)* e mentre in casi simili il possessore ha difesa anche contro il proprietario, dall'altra parte questi prende la sua rivincita nel giudizio petitorio (1).

Conforme alla nozione premessa, il possesso consta di due elementi: la *disponibilità della cosa*, cioè una tal relazione colla cosa che *nella economia e nella coscienza sociale* permetta, secondo la diversa natura della cosa, di agire quando si voglia su di essa, e l'*intenzione di tenerla come propria*. Il primo, l'elemento materiale, è significato dai Romani colle espressioni *tenere* o *detinere*, *esse in possessione*, *possessio naturalis* o *corporalis*, *possessio* o *possidere corpore:* il secondo, l'elemento spirituale, *animus* o *affectio possidendi*, *animus rem sibi habendi*. Nell'uso degli scrittori *animus possidendi* è diventato semplicemente *ani-*

(1) Cfr. BONFANTE *Possessio civilis* ecc. nella *Riv. it. per le scienze giur.* vol. 16 (1891), con riserva circa alcune più che dubbie argomentazioni svolte in questo scritto. — Che il possessore fruisca della cosa, finchè il possesso dura, non significa che il possesso sia un diritto; è un fatto che la legge tollera e ne deve tollerare ben di più gravi, perchè la legge civile non rappresenta tutto l'ordine etico.

mus, e l'antitesi ha tratto ad abbreviare *possessio corpore* in *corpus: il che è un vero equivoco*, perchè *corpo* significa in latino quello che in italiano, cioè o il corpo umano o la cosa stessa, non mai la detenzione materiale di essa (1).

Si avverta ancora che dai moderni si suole spesso chiamare *possesso* anche la mera detenzione così nella legge, come nella lingua dei giuristi: *ciò che non è usato dai Romani*, pei quali il possesso rappresenta in modo assai più vivo che non per noi l'immagine e il contenuto pieno della proprietà (cfr. in principio).

Il mero possesso corporale, per esempio, quello del locatario o del comodatario, non ha per diritto romano gli effetti della *possessio*, o del possesso giuridico, come si usa dire. Purnondimeno alcune specie determinate di possesso corporale hanno gli effetti e la difesa del possesso, anzi il nome stesso di *possessio*. Tali figure eccezionali sono in primo luogo le tre seguenti: il possesso del creditore pignoratizio, il possesso del precarista, cioe di colui che ha ottenuto il godimento della cosa a titolo di concessione precaria (*precibus*), rapporto assai frequente nell'antica società romana, e il possesso del sequestratario; con questo, peraltro, che nel diritto classico avanzato il precario può esser costituito accordando la mera detenzione e il sequestro non attribuisce il possesso, se non quando ciò sia pattuito (2) all'atto del sequestro. Vi si aggiunse, pare, nell'epoca romano-ellenica il possesso dell'*ager vectigalis* o enfiteutico. Tutti istituti singolari: i tre primi, rudimenti storici in decadimento di

(1) Cfr. ora anche Hruza nella *Grünhut's Zeitschrift* vol. 24 (1897). Il Hruza dichiara il *corpus possessionis* « espressione antiromana e barbarica ». *Corpus* nelle fonti « indica sempre o la cosa o il corpo umano ». Hruza peraltro esagera i danni di questo mero equivoco, ormai tradizionale, di termini e impreca troppo a Savigny.

(2) Giustiniano aggiunge: *espressamente (et hoc aperte fuerit approbatum)*; L. 39 D. *De a. vel a. poss.* 41, 2 interpol. La distinzione tra sequestro con possesso e sequestro con detenzione, avuto riguardo alla volontà dei sequestranti, sembra opera di Giuliano. Cfr. Riccobono *Bull. dell'Ist. di dir. rom.* 1895 p. 240.

un' epoca antichissima, nella quale siffatti possessi avevano essenziale importanza e offrivano veramente la più viva analogia di fatto colla proprietà, l'ultimo un istituto che precorre e accenna la nuova espansione dell'enfiteusi verso la proprietà. A ogni modo in queste figure eccezionali oramai la *causa* specifica sostituisce l'*animus possidendi*, che espressamente si nega dai giureconsulti romani, i quali, per esempio, di simili possessori affermano ch'essi posseggono non già *pro suo*, bensì *pro alieno*.

Inoltre gl'interdetti vennero estesi utilmente all'usufruttuario (v. § 116), sebbene anche l'usufruttuario non abbia che la mera *possessio corpore*.

§ 113. **Varie specie di possesso.**

Secondo le diverse qualifiche che si aggiungono alla sua semplice nozione si distinguono varie specie di possesso.

In primo luogo ci si presenta una duplice partizione, nella quale torna in senso diverso lo stesso membro: *possessio naturalis* e *possessio*; *possessio naturalis* e *possessio civilis*. La *possessio naturalis* in opposizione a *possessio* non ci rappresenta se non concretata ne' singoli casi l'antitesi tra la mera detenzione senza *animus possidendi* e il possesso vero, che riunisce i due elementi. Il possesso dell'usufruttuario è *possessio naturalis*, il possesso del ladro è *possessio*, perchè egli ha l'*animus possidendi* e la difesa interdittale. In breve l'opposizione è tra uno stato di mero fatto e uno stato nel quale interviene anche la volontà umana: lo stesso significato in cui si contrappone un argine naturale o l'acqua piovana, che ha una *naturalis causa*, all'argine manufatto o all'acqua versata. L'altro membro non è mai *possessio civilis*, giacchè al mero possesso, che non è un diritto, non si aggiungono mai simili epiteti.

La *possessio naturalis* in opposizione a *possessio civilis* o *possidere civiliter* significa invece un'antitesi tra fatto e diritto. È possessore civile chiunque non solo ha la *possessio*, ma l'ha in base a una *iusta causa*, che gli dà diritto a godere come padrone della cosa e gli attribuisce una difesa assoluta, una vera rivendicazione: quindi il proprietario, cui principalmente si ha riguardo, il possessore di buona fede, che nel diritto romano ha l'*azione publiciana*, e nell'età classica il così detto dominio bonitario, il possessore provinciale ecc. (1). *Possessio naturalis* significa invece la detenzione della cosa, con o senza *animus possidendi*, di chi non abbia diritto sulla cosa stessa.

Il possesso è anche giusto e ingiusto, secondo il carattere dell'acquisto. È *giusto* quello non acquistato per via di spoglio violento o clandestino, o per concessione precaria, *nec vi nec clam nec precario*: *ingiusto* quello affetto dall'uno o dall'altro dei tre vizi enunciati. Per la protezione del possesso l'esser giusto o ingiusto il possesso *in senso assoluto* poco importa: ciò che si vuole, e non sempre, è che sia giusto *di fronte all'avversario*. *Adversus extraneos etiam vitiosa possessio prodesse solet.*

Il possesso è infine di buona o di mala fede. Si è già trattato del primo, il quale costituisce nella sua figura tipica, cioè quando abbia i requisiti dell'usucapione, un vero diritto munito di azione petitoria, la quale protegge il titolare in via definitiva, *etiamsi casu amiserit possessionem* (§ 99). Qui si osservi che il possesso di buona fede, in quanto conduce all'usucapione, si suol dire dai moderni, con espressioni che hanno addentellati nelle fonti, *possessio ad usucapionem*, e il possesso puro e semplice, in quanto ha a sua

(1) Bonfante, op. cit. nella *Riv. it. per le sc. giur.*, vol. 16 (1894). È in fondo il senso usuale (non tecnico-legale: cfr. Cod. civ. art. 68 e 694) del nostro « legittimo possessore ».

difesa gli interdetti, si suol dire *possessio ad interdicta*.

Ogni volta che il possessore non ha diritto sulla cosa il possesso civile è separato dal possesso naturale o *ad interdicta*. Nei casi eccezionali, in cui la causa sostituisce l'*animus possidendi* (§ 112) si riconosce (non però di regola nel sequestro) che il concedente continui anche l'usucapione, quantunque per questa sia necessaria in massima la *possessio corpore* (v. § 91).

§ 114. **Acquisto e perdita del possesso.**

D. *De adq. vel am. poss.*, 41, 2. C. *De a. et ret. poss.*, 7, 32.

Il possesso è un rapporto giuridico, il quale non richiede veruna forma per la sua attuazione; basta quindi che in qualunque modo si siano realizzate le condizioni necessarie alla sua esistenza, cioè la *possessio corpore* (il *corpus* dei commentatori) e l'*animus possidendi*. « *Adipiscimur possessionem corpore et animo, neque per se animo, aut per se corpore* ».

Nei tre casi eccezionali la causa specificamente determinata tien luogo dell'*animus possidendi*.

Per avere quella riconosciuta disponibilità, che costituisce la *possessio corpore* nel diritto romano storico non è più indispensabile il contatto corporale (*corpore et tactu*) colla cosa. Basta una qualunque relazione di fatto che permetta, secondo gli usi e la coscienza sociale oramai evoluta, di agire su di essa ad esclusione di ogni altro (§ 112). Giova in proposito ricordare per la presa di possesso indipendente, cioè l'acquisto originario, i vari aspetti dell'occupazione, dalla brutale e visibile apprensione delle cose tolte al nemico, e dall'apprensione materiale dell'animale cacciato (in cui pure alcuni giureconsulti classici riconoscevano l'occupazione, purchè l'animale fosse ferito in guisa da potersi prendere e il cacciatore lo inseguisse) fino all'occupazione delle pietre preziose o del tesoro costituita dalla semplice *inventio* o scoperta dell'oggetto (§ 82). Rispetto all'acquisto derivativo del possesso, valgono le diverse forme di tradizione quasi spirituale, la tradizione *longa manu (oculis et adfectu)* o *brevi manu*, il costituto possessorio, fino alla mera consegna delle chiavi di un magazzino, colla quale, almeno nel diritto giustinianeo, si ha pure la riconosciuta disponibilità degli oggetti ivi racchiusi (cfr. § 87).

Il possesso, se non è un diritto, è un rapporto giuridico: onde è manifesto che soltanto le persone che abbiano *capacità giuridica* possono essere capaci di possesso. Lo schiavo può ben avere la *possessio naturalis*, ma non ha per conto suo nè la *possessio civilis*, cioè il possesso come diritto, nè la *possessio* vera e propria (1).

Il requisito dell'*animus possidendi* fa poi che all'acquisto del possesso sia necessaria anche la *capacità di agire*: ma essendo d'altra parte il possesso un rapporto giuridico *di mero fatto*, la capacità di volere o di agire non va misurata alla stregua dei rigorosi e formali requisiti dalla legge, ma sulla base della reale esistenza di una volontà plausibile e sufficiente. Quindi non possono bensì acquistare il possesso, almeno di per sè, gl'infanti, i pazzi, le persone giuridiche e l'eredità giacente; ma si disputò tra i giureconsulti circa il pupillo, se occorresse o meno l'*auctoritas tutoris*, e Giustiniano, seguendo l'opinione antica di Ofilio e Nerva figlio, giunse a prescindere da questo requisito civile, reputando sufficiente l'*animus possidendi* del pupillo, purchè fosse in età da poter intendere e nutrire tale

(1) Anche il *filiusfamilias* nel diritto classico non poteva possedere fuorchè oggetti del peculio castrense. Lo sviluppo dei peculî e dell'autonomia del *filius* nell'epoca romano-ellenica hanno distrutto praticamente anche in ordine al possesso il principio dell'incapacità patrimoniale del *filius*. Nel diritto classico forse non poteva acquistare il possesso nemmeno chi per errore si ritenesse *filiusfamilias*. — Cfr. ALIBRANDI, *Possesso* p. 109. 125 (*Opere* 299, 314), il quale ritiene interpolata la L. 44 § 4 D. *De us.* 41, 3, di Papiniano.

animus (1); ciò perchè, come quei due antichi dicevano, il possesso non è un diritto, ma un fatto *(res facti)*, cui non si può negare l'esistenza e la difesa come tale, quando il subbietto sia capace di diritti.

Per la stessa ragione i divieti civili, che rendono *iniusta* la causa e impossibile l'acquisto del possesso civile, non infirmano il possesso naturale nè tolgono gli interdetti. Il coniuge donatario non acquista diritto di sorta sulla cosa donata, perchè le donazioni tra coniugi sono vietate: ma n'acquista bene il possesso, perchè *res facti infirmari iure civili non potest.*

Similmente in virtù del *postliminium* gli scampati alla prigionia riacquistano *ipso iure* tutti i loro diritti, ma non il possesso, che non è un diritto, ma un rapporto giuridico di meno fatto; come nel concetto romano del matrimonio, ch'è pur esso un rapporto analogo al possesso, generante diritti, finchè dura la convivenza con *affectio maritalis*, i due coniugi non tornano *ipso iure* a esser tali, ma solo quando vogliano riprendere la vita coniugale.

Infine il possesso non si trasmette *ipso iure* agli eredi al momento dell'adizione, come i diritti; occorre che l'erede prenda materialmente *(naturaliter)* possesso dell'oggetto.

Ed è sempre lo stesso pensiero che il possesso è cosa di fatto, non di diritto, il motivo, implicitamente o espressamente, regolatore dell'acquisto del possesso per intermediario. Anzitutto il possesso si acquista per mezzo delle persone soggette, schiavi e *filiifamilias;* ma se gli uni e gli altri acquistano i diritti necessariamente al *paterfamilias*, anche se questi ignori l'acquisto,

(1) Non mi pare che la dottrina di Ofilio e di Nerva riuscisse a tenere il campo nel diritto classico. Nella L. 1 § 3 *h. t.* 41, 2 la chiusa « *quae sententia recipi* ecc. » è in troppo aperta contraddizione col principio del § 3 per ritenerla genuina. Certo nel § 11 è interpolato per lo meno il *maxime* (ALIBRANDI *Possesso* p. 78, *Opere* p. 277); a mio avviso tutta la comparazione stonata: *sicut pupillus — possessionem*.

quanto al possesso occorre invece che il *paterfamilias* conosca dell'acquisto (1). Ciò vuol dire, in sostanza, che le persone *alieni iuris* possono ben sostituirsi nell'apprensione, ma, trattandosi di un rapporto di fatto, per lo meno una manifestazione passiva dell'*animus* dal lato del *paterfamilias*, qual è data dalla sua scienza, è indispensabile. Solo in ordine alle cose peculiari si riconobbe in via anomala (*utilitatis causa*, *iure singulari receptum*, dice Papiniano) l'acquisto al domino anche ignaro, *etiam ignoranti*.

Viceversa il motivo istesso, espressamente dichiarato al proposito, s'invoca dai Romani a giustificare l'insinuarsi della rappresentanza in ordine al possesso. La rappresentanza, ossia l'acquisto diretto mediante persona *extranea*, come usa dire Gaio, o *libera*, come preferisce Giustiniano (§ 22), è problema che concerne nel periodo della giurisprudenza classica esclusivamente il *procurator*, il quale non è un semplice mandatario, bensì un rappresentante stabile costituito dal principale, un organo permanente del principale (2).

L'acquisto mediante procuratore è dottrina che si fa strada sin dalla giurisprudenza anteadrianea e postadrianea (3), e appare sotto i Severi dogma indiscusso (4). Ciò fu riconosciuto evidentemente, in quanto il *procurator*, come appunto lo schiavo, non rappresenta soltanto il suo principale nell' acquisto soltanto, ma

(1) L. 44 § 1 D. *De a. vel am. p.* 41, 2. — Si riconobbe pure l'acquisto per mezzo del *bona fide serviens*; L. 44 pr. D. *De us.* 41, 3. Non si giunse invece a tale nel diritto classico nè per la *uxor in manu*, nè per il *caput in mancipio* (Gaii *Inst.* II, 90), nè per il parallelo del *bona fide serviens*, il *filiusfamilias* per errore ritenuto tale: L. 44 pr. D. *De us.* 41, 3 Divergenze intorno al *servo usufruttuario:* Gaii *Inst.* II, 90 e Paul. L. 1 § 8 D. *h. t.* 41, 2.

(2) Per questo concetto del *procurator* cfr. Scialoja nella *Cultura* anno I (1882) recens. Schlossmann.

(3) Neratius L 41 D. *De us.* 41. 3: « *iam fere* conveniat ». Gaii *Inst* II. 95: « tantum de possessione quaeritur an (per procuratorem) nobis acquiratur ».

(4) Paul. *Sent.* 5, 2, 2: « *utilitatis causa receptum est* ecc. ».

altresì nel rapporto di fatto con la cosa (1). Ma nel diritto giustinianeo si va più oltre: è ammesso in via generale l'acquisto del possesso mediante qualunque *persona libera* (2), sia il mandatario o il *negotiorum gestor*, sia, in pro dei pupilli e dei minori, il tutore e il curatore (3), sia l'amministratore delle persone giuridiche (4).

L'acquisto mediante *procurator*, non altrimenti che quello mediante lo schiavo in ordine alle cose peculiari, si riconobbe, com'è asserito in più testi, *etiam ignoranti*, cioè a favore del domino ignaro dell'apprensione; se non che Giustiniano esige il mandato speciale, con che viene ad annientare la regola, limitando la rappresentanza nell'atto d'acquisto alla mera *possessio corpore* (5).

Nell'acquisto del possesso per intermediario, sia mediante persona *alieni iuris*, sia per mezzo di rappresentanti, si richiede la capacità di agire in chi apprende il possesso, cioè per lo meno la sua capacità di fatto: il servo può essere impubere, ma deve essere *infantia maior* (6).

Finalmente è necessario che la cosa sia capace di possesso. Essa deve aver propria individualità, cioè non costituire parte di un'altra, ed essere in commercio.

(1) Cfr. SCIALOJA *l. c.*

(2) In più testi occorre all'uopo la sostituzione di *libera persona* a *procurator*. Cfr. KNIEP *Vacua possessio* p. 210 sgg.

(3) Interpolato in più testi « *tutorem* o *tutorem curatorem* » L. 1 § 20 D. *h. t.* 41. 2; L. 11 § 6 D. *De pign. act.* 13. 7; L. 13 § 1 D. *De a. r. d.* 41. 1. Cfr. ALIBRANDI *Possesso*, 71 segg. (*Opp.* 271, e segg.).

(4) Interpolate: L. 2 *h. t.*; L. 7 § 3 D. *Ad exh.* 10, 4; Cfr. ALIBRANDI *Possesso*, p. 80 (*Opp.* 278).

(5) Interpolate, a mio avviso, L. 42 § 1. D. *h. t.*; L. 23 (24) D. *De neg. gest.* 3. 5.

(6) L. 1 § 11 *h. t.* — Le antinomie (procuratore e mandatario; mandato speciale e ignoranza) sono frequenti in questa materia e non si possono srisolvere se non artificiosamente: la volontà di Giustiniano non mi par dubbia. Dubbio può esser piuttosto se Giustiniano non abbia, al contrario, voluto estendere l'acquisto *etiam ignoranti* mediante le persone soggette anche fuor delle cose peculiari. Cfr. L. 34 § 1 D. *h. t.* 41, 2; con GAII *Inst.* II, 95; L. 31 § 3 D. *De us.* 41, 3 (interpol. ?); L. 15 D. *De* ut. 1, 3; con L. 12 § 2 D. *De capt.* 49, 15.

Il possesso si perde, venendo a cessare l'una o l'altra delle condizioni necessarie alla sua esistenza, la *possessio corpore*, l'*animus*, la capacità dei subbietti, la capacità dell'obbietto. Quanto alla *conservazione* del possesso l'insistenza corporale non si richiede, quando l'economia non la esige, ed è poi riconosciuta *ab antiquo* largamente la rappresentanza corporale: si dice che il possesso non si acquista *solo animo*, ma *solo animo retinetur*. Il possesso tenuto per mezzo di rappresentante non si perde inoltre nè per la follia, nè per la morte di questo, nè (così stabilì Giustiniano) per l'abbandono stesso della cosa da parte del rappresentante.

§ 115. Azioni possessorie.

I. *De interd.*, IV, 15. Dig., 43, 16; 17; 31. Cod., 8, 4; 5, 6.

Le azioni possessorie si dicono interdetti, perchè nel diritto classico la difesa del possesso era ordinata in forma straordinaria per via della procedura interdittale. Si distinguono gli *interdicta retinendæ possessionis* e gli *interdicta recuperandæ possessionis;* i primi difendono il possesso in caso di turbativa o molestia recata al possessore o anche solo temuta, i secondi in caso di spoglio qualificato.

Gli *interdicta retinendæ possessionis* o azioni di manutenzione nel possesso sono due, l'uno destinato per la vera *possessio*, il fondo, l'altro modellato sugli schiavi, ma esteso a tutte le cose mobili; essi hanno nome, dalle parole con cui principiano, *uti possidetis* e *utrubi*. Coll'interdetto *uti possidetis* il possessore è mantenuto nel possesso attuale, purchè questo non sia vizioso di fronte all'avversario, cioè il possessore non abbia conseguito la cosa dall'altro *nec vi nec clam nec precario*. Che sia giusto o ingiusto di fronte a qualunque terzo non si domanda. Il vincitore consegue la cessazione delle turbative e la riparazione dei danni subiti.

Quanto all'interdetto *utrubi*, esso era nel diritto classico regolato in modo diverso. Considerando forse che le cose mobili, anche per eventi naturali, o per fuga quanto agli schiavi e agli animali, passano facilmente di mano in mano, la vittoria era attribuita non al possessore attuale, bensì a colui che aveva posseduto più lungo tempo nell'anno precedente all'interdetto *nec vi nec clam nec precario* di fronte all'avversario. Nel diritto giustinianeo anche questo interdetto è stato assimilato all'*uti possidetis* e si considera il momento attuale, che è quello della contestazione della lite, poichè non v'ha ora differenza tra interdetti e altre azioni (1).

Gl'*interdicta retinendæ possessionis* debbono farsi valere entro un anno utile dalla sofferta lesione. Essi giovano anche allo scopo di stabilire chi debba sostenere la parte comoda di possessore e di convenuto in un giudizio petitorio.

Recuperandæ possessionis è l'*interdictum unde vi* concesso a chi sia stato violentemente spogliato di un fondo. Qui non occorre altro che il puro e semplice possesso, s'intende sempre *animo et corpore* (salvo i casi eccezionali), nè importa affatto *nel diritto nuovo* che sia giusto o ingiusto, nemmeno di fronte all'avversario (2). Esso si dirige contro chi ha compiuto in proprio nome o in nome altrui, ovvero ordinato lo spoglio *(deiectio)*; con che non s'intende che il possessore sia stato con mano armata o con vie di fatto espulso dal fondo, ma basta che in qualunque modo sia impedito di continuare a possedere, per esempio, gli si chiuda l'accesso al suo fondo. Il possessore entro l'anno consegue non solo la restituzione del possesso, ma a un

(1) L. *un.*, D. *Utrubi*, 43, 31 interpolata: *sed optinuit — habet.*

(2) Nel diritto classico gl'interdetti *de vi* erano due: *de vi cottidiana* e *de vi armata*: il primo ammetteva la *exceptio vitiosæ possessionis*, il secondo no. Cicerone (*Pro Caec.* 32, 92) non sostiene già che questo competesse anche al detentore, come s'interpreta, ma che non era interdetto possessorio, nè occorre per la *deiectio* l'esser mai stati sul fondo. Tesi disperata.

medesimo tempo il risarcimento di tutti i danni subìti pel sofferto spoglio. Dopo l'anno l'invasore non risponde se non di ciò che ha ottenuto dallo spoglio *(de eo quod ad eum pervenerit)*. I suoi eredi non rispondono mai al di là di questo limite, e così pure chi non abbia ordinato l'espulsione, sebbene questa sia avvenuta in nome suo.

Si disputa se vi fosse nell'antico diritto anche un interdetto contro l'usurpazione clandestina, *interdictum de clandestina possessione*. Esso divenne a ogni modo inutile, una volta stabilito il principio che il possesso di un fondo non si perde all'insaputa del possessore, sicchè questi s'intende spogliato solo al momento in cui gli si vieta di rientrare, ed allora ha l'*interdictum de vi*.

Per la reintegrazione nel possesso di cose mobili serviva nel diritto antegiustinianeo l'*interdictum utrubi*. Nel diritto giustinianeo il possessore spogliato, non volendo o non potendo esperire la rivendicazione, può giovarsi di vari mezzi giuridici: le azioni di furto e di rapina, l'*actio ad exhibendum* e le *condictiones possessionis;* ma un vero rimedio possessorio non v'ha.

§ 116. **Possesso dei diritti o quasi possesso.**

Dig., 43, 18-23.

L'esercizio di fatto di un diritto è possibile anche in ordine agli altri diritti sulle cose, sovrattutto in materia di servitù prediali. La protezione di un simile stato di fatto non si presenta peraltro così spontanea come quella del dominio, non solo perchè il fatto non ha una esteriorità così vivace e caratteristica, onde meno del possesso s'impone alla vista e alla considerazione, ma anche perchè il fatto stesso è forse meno frequente, certo meno degno di difesa, in quanto chi commette la turbativa non può esser d'ordinario che una persona, il proprietario del fondo servente

La costruzione dell'uso delle servitù quale un concetto parallelo al possesso è probabilmente opera di Giustiniano, non altrimenti che la *quasi traditio* o la *longi temporis præscriptio* delle servitù, il quale ultimo istituto formò il motivo della progressiva alterazione concettuale del possesso. Così, dietro l'esempio del possesso, venne riconosciuto uno stato di fatto parallelo, che si disse quasi possesso o possesso dei diritti *(quasi possessio, possessio iuris)* in opposizione al possesso della cosa *(possessio corporis)*, come si chiama il possesso vero e proprio, conforme all'antitesi tra i *iura in re aliena* e la proprietà, che si confonde colla cosa (1).

Gli elementi, e quindi le condizioni dell'acquisto e della perdita, del quasi possesso corrispondono a quanto si è detto relativamente al possesso. Anche qui occorre una disposizione della cosa limitata all'esercizio del diritto, per esempio, passare traverso il fondo altrui con giumenti, carri e pesi, cioè nel modo ampio che corrisponde alla servitù di via, e aver l'intenzione effettiva di esercitare in guisa permanente e indipendente questi atti, come farebbe il vero titolare della servitù.

Ora in questo concetto del quasi possesso è riassunta nel diritto giustinianeo la difesa interdittale dell'esercizio di alcune servitù rustiche; benchè le condizioni della difesa sieno ben lungi dal corrispondere esattamente alle condizioni della tutela possessoria. Nel diritto delle Pandette abbiamo l'interdetto *de itinere actuque privato*, concesso a chi abbia esercitato la servitù di passo *nec vi nec clam nec precario* almeno per trenta giorni nell'ultimo anno, gli interdetti *de aqua cotidiana et æstiva*, concessi a chi abbia esercitato senza vizio o anche in buona fede il diritto di valersi dell'acqua altrui o tutto l'anno o nell'estate; l'interdetto *de rivo*

(1) La terminologia, o per lo meno la locuzione *quasi possessio* (cfr. Gaii *Inst.* IV, 139) è classica, ma può esser dubbio che i classici applicassero il quasi possesso fuori dell'usufrutto. V. Perozzi in *Riv. it. per le sc. giur.* v. 23 (1897) p. 41.

reficiendo per chi voglia restaurare i condotti dell'acqua, gli interdetti *de fonte* o *de fonte reficendo* o *de cloacis*, e finalmente l'interdetto *de itinere reficiendo*, che presenta financo questa singolare particolarità di esigere la prova del diritto, oltre quella dell'uso.

Le cosiddette servitù personali, per esempio, l'usufrutto, sono tuttavia difese mediante gli stessi interdetti del possesso vero e proprio (nel diritto classico estesi utilmente e con formula appositamente foggiata dal Pretore), giacchè sebbene l'usufruttuario o l'usuario abbiano la mera *possessio corporalis* o *naturalis* senza *animus possidendi*, essi si trovano in una posizione di fatto molto analoga a quella del possessore. Il superficiario ha un interdetto proprio e all'enfiteuta nel diritto nuovo è probabilmente riconosciuto il possesso vero e proprio.

Nel diritto intermedio la tutela possessoria, per l'influenza del diritto germanico, dei canonisti e della pratica, venne estesa anche fuori del campo dei diritti reali, assumendo peraltro un carattere più penale che possessorio. Il Codice civile italiano chiama possesso il possesso vero e proprio o la *possessio* romana, la detenzione e il possesso dei diritti (Cod. civ., art. 685). La reintegrazione in caso di spoglio violento o clandestino è concessa a qualunque possessore, inteso in questo modo ampio e non romano il possesso (Cod. civ., articolo 695). Per la manutenzione invece si richiedono requisiti più gravi del possesso romano (Cod. civ., articolo 694).

DIRITTO DELLE OBBLIGAZIONI

§ 117. **Nozioni generali.**

I. *De obl.*, 3,13. D. *De o. et a.*, 44,7. C, 4,10.

L'obbligazione è un rapporto giuridico, in base al quale uno o più subbietti da un lato hanno diritto di esigere una data prestazione, cioè il compimento di un atto o di una serie di atti a favor loro, e uno o più subbietti dall'altro hanno il dovere di adempierla.

L'elemento caratteristico dell'obbligazione è la costrizione giuridica dell'attività di un subbietto libero, la quale si riflette nei termini: *Obligare* (da *ligare*), *nectere, nexum, adstringere, vinculum, contrahere, contractus,* e per contrario *solvere, liberare,* ecc.

La parola *obligatio* significa nelle fonti romane così il rapporto obbligatorio o la causa del diritto, come il diritto stesso *(obligatio creditoris, obligationem adquirere, comparare)* o l'obbligo del subbietto passivo *(obligatione liberari, obligationem suscipere).*

L'essenza dell'obbligazione in antitesi al rapporto reale è rappresentata efficacemente dal giureconsulto Paolo: *Obligationum substantia non in eo consistit, ut aliquod corpus nostrum aut servitutem nostram faciat, sed ut alium nobis obstringat ad dandum aliquid vel faciendum vel præstandum* (1).

Nelle Istituzioni l'obbligazione è definita nel modo seguente: *Obligatio est iuris vinculum, quo necessitate adstringimur alicuius solvendæ rei secundum nostræ civitatis iura* (2). Conviene in questa definizione

(1) L. 3, pr. D. *h. t.* 44, 7.
(2) Pr. I. *h. t* 3, 13 (Fiorentino?).

intendere la *res* nel senso generico di qualunque prestazione; altrimenti la definizione stessa non significa a rigore se non le obbligazioni, per cui si è tenuti a trasmettere un diritto di proprietà.

Il subbietto attivo della obbligazione, cioè il titolare del diritto, dicesi creditore *(creditor)*, voce generalizzata dal mutuo e contratti similari, in cui v'ha un affidamento *(credere, res creditæ); reus stipulandi* è il creditore nella stipulazione, forma comune di obbligarsi nel commercio romano. Il subbietto passivo o l'obbligato dicesi debitore *(debitor, reus promittendi* nella stipulazione o semplicemente *reus)*.

Come i termini stessi dimostrano, nella obbligazione il rapporto si confonde facilmente col diritto, perchè l'uno e l'altro hanno per termine la stessa persona.

Obbietto del diritto di obbligazione è propriamente la persona del debitore. Siccome peraltro la persona libera non può essere nella sua intera attività adibita agli scopi di un'altra, si preferisce indicare come obbietto dell'obbligazione quella particolare attività che il debitore è tenuto a esercitare in pro del creditore, cioè il *contenuto,* a dire il vero, della obbligazione, la *substantia,* come dice Paolo. La corrispondenza coll'oggetto dei diritti reali è più ch'altro nominale. Il termine comune è *prestazione* dal verbo romano *præstare,* che ha il significato quasi di fare, adempiere, forse in origine star garante *(præs stare*, etimologia tornata oggi in favore).

Le differenze essenziali che esistono tra i diritti reali e i diritti di obbligazione in ordine al rapporto giustificativo e in ordine all'obbietto generano differenze ulteriori, specialmente circa la possibile violazione e la garentia dei due diritti. Il diritto reale può essere violato da chiunque, ma precisamente *ab initio* non si conosce chi lo possa violare, nè si pensa anzi di trovarsi mai nella necessità di difendere mediante azione il proprio diritto; il diritto di obbligazione invece può essere violato dalla persona colla quale si è in rapporto e si sa *ab origine* di aver da esercitare eventualmente l'azione contro questa persona.

Mentre adunque l'azione a difesa dei diritti reali è assoluta, cioè si dirige *erga omnes* (anzi *actio in rem* diventa una denominazione generale per tutte le azioni assolute, comprese le azioni di capacità o di stato), l'azione a difesa del diritto di obbligazione si dirige solo contro una determinata persona e si dice *in personam;* e dall'altra parte quello scambio tra il diritto e l'azione, che, per lo svolgimento particolare del diritto romano, è così familiare ai giureconsulti, diventa poi naturalissimo nelle obbligazioni (1).

(1) Il PEROZZI, in un elevato originalissimo studio (*Le obbligazioni romane*, Bologna 1903) sostiene che la definizione di Paolo nella L. 3 *h. t.* 44, 3 è stata elaborata dai bizantini, che il concetto generale dell'obbligazione non è classico, che il diritto classico non conosce se non tipi determinati di obbligazioni, all'infuori dei quali vi ha bensì un *obbligo*, un *teneri*, un'*actio* (già il KARLOWA, dice il Perozzi, notava che le fonti in ordine all'*actio ad exhibendum* usano sempre *teneri*, non una sola volta *obligari)*, non una *obligatio*, e il significato dell'*obligatio* è quello di asservimento personale. Esprimo per ora i seguenti dubbi: 1.° La definizione di Paolo ha sapore classico, non bizantino (su di essa cfr. la limpida critica fatta dal CARUSI *Sull' obbligazione romana* negli *Studi per Scialoja* 1905, vol. I). 2.° L'antitesi tra obbligazione ed obbligo è un semenzaio di equivoci (di cui però non si può dar colpa al Perozzi); e per quel che riguarda la fraseologia del *teneri* e dell'*obligari*, che dovrebbe esserne la prova testuale, si scambiano due fasi di un concetto per due concetti antitetici; *obligari* allude al vincolo, al rapporto, alla causa, *teneri* agli effetti, alla sanzione, che segue; anche nelle fonti estragiuridiche l'uso proprio delle due voci è serbato, e si dice *obligari scelere, crimine*, ecc., ma *teneri lege de vi;* e se in molti rapporti, come nell'*actio ad exhibendum*, la terminologia dell'*obligari* nelle nostre fonti svanisce e cede al *teneri*, all'*actio*, ciò avviene per la semplice ragione che in troppi istituti, obbligatori o *reali*, del diritto romano il rapporto è designato dall'azione (v. § 38). La terminologia è preziosa, ma può insegnare ben altro: che il rapporto è pretorio (così i delitti, fuor degli antichi e tipici), che il commento del giureconsulto è alla pretoria *actio in factum* (commodato, deposito, pegno: cfr. § 39, p. 106, n. 3). 3.° *Obligatio* non significa *asservimento*, ma *legame, vincolo*. D'altra parte, se il Perozzi assume il concetto dell'obbligazione rapporto internazionale tra le genti, sorprende alquanto la sua insistenza su questo artificioso concetto dello stato di asservimento, inteso in senso pregno, che allude piuttosto ad un rapporto interno e, dirò così, costi-

La trattazione delle obbligazioni è molto ampia e si distingue una parte generale ed una parte speciale. Nella prima si espongono i principì generali relativi all'obbietto, ai subbietti, al rapporto, nonchè alla costituzione e alle modificazioni del vincolo obbligatorio. La seconda parte offre la trattazione dei singoli istituti sulla base dei rapporti obbligatorì; poichè le obbligazioni non offrono diritti tipici e determinati, come la famiglia e più ancora il diritto delle cose.

tuzionale, mentre il *vincolo* è precisamente l'immagine antica e perenne dei rapporti internazionali. L'etimologia, la logica e la storia paiono sforzate. — Per le fonti dell'obbligazione ed il concetto del contratto, v. § 126-127.

PARTE GENERALE DELLE OBBLIGAZIONI

I. — OGGETTO DELL'OBBLIGAZIONE

§ 118. **Specie e requisiti dell'oggetto.**

L'atto che il debitore deve compiere, ossia la prestazione (*præstare, præstatio*) può essere tanto un'azione positiva quanto una omissione.

I Romani distinguevano tre categorie di oggetti dell'obbligazione: *Dare, facere, præstare. Dare* indica l'obbligo al trasferimento della proprietà o altro diritto sulla cosa (*rem dare, usumfructum, iter dare etc.*), *facere* un fatto nudo, che non implica il trasferimento di un diritto, per esempio, l'esecuzione di un'opera, la prestazione del godimento di un oggetto, ecc. *Præstare* o *præstatio* in senso specifico e con uso esclusivo denotano quelle prestazioni (più spesso accessorie o accidentali, che vengono ad aggiungersi, d'ordinario per il verificarsi di eventi posteriori, all'obbligazione principale), in cui, più che l'obbligo al compimento dell'atto, ha rilievo il momento della garentia di esso e della responsabilità per l'inadempimento. E così dicesi, per esempio, *præstare dolum, culpam, diligentiam, custodiam, casum, id quod interest* (danni-interessi), *evictionem*, etc.

La prestazione, per essere obbietto di obbligazione, deve riunire i seguenti requisiti, i quali hanno essenziale importanza in materia di contratti: essere *possibile, lecita, determinata* o almeno *determinabile* e offrire un *interesse* per il creditore

Primo requisito è l'esser *possibile*. *Impossibilium nulla obligatio est*. La impossibilità della prestazione può essere *fisica* o *giuridica;* ma deve essere vera e assoluta impossibilità, in altri termini una impossibilità obbiettiva ed universale, non già relativa e individuale (1). È, ad esempio, naturalmente impossibile adempier l'obbligo di trasmettere la proprietà di una cosa distrutta, è impossibile giuridicamente vendere una *res divini iuris* o in generale una cosa incommerciabile, o un oggetto che è già in proprietà del creditore, far patto sull'eredità di persona vivente, ecc.

L'oggetto dev'essere anche moralmente *lecito*, perchè, se il diritto non assume la difesa della morale, non vuole peraltro assumere quella dell'immoralità.

In terzo luogo l'oggetto dev'essere *determinato*. Non è peraltro necessaria una determinazione assoluta e attuale. Può bastare che l'oggetto sia determinato relativamente, per esempio, rimesso alla volontà di un terzo, desunto dal rapporto della cosa, che si deve prestare, con altre cose *(quantum in arca habeo)*, o altrimenti determinabile in base a circostanze diverse (2). Può anche esser rimesso alla volontà del creditore o del debitore o di un estraneo di scegliere tra due o più cose (obbligazioni alternative) o in un dato genere di cose (obbligazioni generiche); ma non può esser rimesso alla volontà del debitore nè l'obbietto in modo assoluto, nè la quantità, trattandosi della prestazione di cose fungibili.

Infine l'obbietto dell'obbligazione deve offrire un *interesse* per il creditore. Questo interesse deve essere, in via di principio almeno, pecuniario, cioè valutabile in danaro.

(1) L. 185. D. *De r. i.*, 50, 17. Si distingue nelle fonti tra *impedimentum naturale* e *causa difficultatis* o *impedimentum promissoris*. L. 137, § 4, D. *De v. o.*, 45, 1; L. 34 *ibid*.

(2) Es. L 7, § 1, D. *De contr. empt.* 18, 1. L. 69, § 4 D. *De i. d.*, 23, 3.

§ 119. Obbligazioni generiche e alternative.

Obbligazioni generiche sono quelle in cui l'oggetto è determinato solamente nel genere o in una *data* categoria, in un *dato* gruppo di oggetti: alternative quelle in cui è stabilito un gruppo di singoli oggetti, ciascuno determinato, anzi d'ordinario due oggetti, tra cui scegliere. La scelta che in entrambe le specie occorre fare tra i vari oggetti compete di regola al debitore. Può anche spettare al creditore o ad un terzo, ove ciò sia convenuto espressamente.

Se la scelta compete al debitore o è attribuita per patto al creditore, passa agli eredi, perchè s'incorpora nell'obbligazione stessa; se è stata attribuita ad un estraneo, non passa ai suoi eredi. Inoltre il debitore o il creditore hanno il diritto di mutare la scelta *(ius variandi)*, l'uno finchè non abbia pagato, l'altro finchè non abbia chiesto giudizialmente il pagamento (1); il terzo, una volta fatto la scelta, non può più mutarla (2).

Le obbligazioni generiche e alternative non si comportano però egualmente per quel che concerne la responsabilità in caso di perdita o deterioramento della cosa da prestare. Ed è naturale. Tali vicende nelle obbligazioni generiche non si suppone che si avverino: *genus non perit*. Invece nelle obbligazioni alternative gli oggetti, tra cui compete la scelta, possono tutti o in parte deteriorarsi o perire. In questo caso conviene distinguere se la deteriorazione o distruzione sia avvenuta in tutti gli oggetti o in uno solo, se contemporaneamente o successivamente siano tutti periti, se per caso o per colpa dell'una o dell'altra parte, ovvero in parte

(1) L. 106; L. 138, § 1, D. *De v. o.*, 45 1. Salvo che dal modo di lesprimersi non sia chiaro che il diritto di scelta è attribuito una volta tanto. L. 112, pr. D. *De v. o.*, 45, 1.

(2) Circa l'esercizio equo della scelta (oggetto medio) in materia di egati, ordinato forse per interpolazione da Giustiniano, cfr. § 222.

per caso, in parte per colpa; in qualunque ipotesi occorre por mente a chi competeva il diritto di scelta. Fatte tutte queste disamine, si potrà decidere se l'obbligazione è divenuta semplice o estinta per mancanza di oggetto e se alcuno sia responsabile del risarcimento del danno per sua colpa ed in qual misura (1).

V'ha però una mitigazione all'obbligo del debitore indotta da spirito pietoso e ordinata probabilmente da Giustiniano per interpolazione. Perito per caso fortuito uno degli oggetti, l'obbligazione sarebbe, a rigore, concentrata necessariamente sull'altro, cioè ridotta semplice, nella stessa guisa che se fosse stata semplice, si sarebbe estinta per mancanza di oggetto. In quella vece è accordata al debitore (che abbia, s'intende, diritto di scelta) facoltà di liberarsi, pagando il prezzo dell'oggetto superstite; il che non è certamente logico, in quanto implica di necessità un *solvere aliud pro alio* (2).

D'altra parte se il primo oggetto è perito per colpa del debitore, il secondo per caso, l'obbligazione, sempre nell'ipotesi normale che il debitore abbia diritto di scelta, dovrebbe a rigore considerarsi estinta, perchè — ridotta semplice col primo perimento, il quale non fa che privare il debitore del suo diritto di scelta — il secondo perimento, che è fortuito, non può indurre più alcuna responsabilità nel debitore. Nondimeno anche in

(1) Per le varie ipotesi (tutti gli oggetti sono periti per caso, ovvero un solo è perito per caso, ovvero un solo è perito per colpa del debitore, ovvero il primo per colpa del debitore, il secondo per caso, ecc.), cfr. le LL. 34, § 6. *De contr. empt.*, 18, 1; 47, § 3, D. *De leg.*, 30; 95. pr. D. *De sol. et lib.*, 46, 3; 95, § 1 *ibid.*; 72 § 4 *ibid.*; 55, D. *Ad leg. Aq.*, 9, 2; 105, D. *De v. o*, 45, 1.

(2) L. 47, § 3 D. *De leg.* 30 interpol.: *aut-aestimationem; fortassis — pretium; vel ipsum — aestimationem*; implicitamente e indirettamente anche nella L. 95, § 1. D. *De sol. et lib.* 46, 3 pure interpol. (cfr. nota seguente). La riserva vuol esser sottintesa per diritto giustinianeo in altre leggi: L. 128 D. *De v. o.* 45, 1; L. 34 § 6, D. *De c. e.* 18. 1; L. 2, § 3, D. *De eo q. c. l.* 13, 4; L. 55, D. *Ad l, Aq.* 9, 2. — Cfr. su tutto SCIALOJA in *Bull. dell'Ist. di dir. rom.* vol. I (1899), p. 61. La mitigazione non è riprodotta nel nostro Codice (art. 1180), che seguì il Cod. fr. (art. 1193).

questa ipotesi fu disposto un *jus singulare*, e qui a favor del creditore: Papiniano (o piuttosto Giustiniano per interpolazione), preoccupato dalla colpa precedente del debitore, la quale ha frustrato col concorso del successivo perimento la legittima aspettativa del creditore, riconobbe l'obbligo di risarcire il creditore, concedendo all'uopo l'*actio doli* (1).

Un'altra differenza tra le obbligazioni generiche e le alternative si ha quando una delle prestazioni non sia possibile, per es., uno degli oggetti sia in proprietà del creditore. Per quell'oggetto l'obbligazione alternativa non nasce, nè si convalida se venga poi ad uscire dal dominio del creditore, mentre la circostanza è indifferente nelle obbligazioni generiche (2).

§ 120. Obbligazioni indivisibili.

Le obbligazioni si dicono divisibili, quando la prestazione è di tal natura che si possa eseguire in parte senza alterarne l'essenza; indivisibili nel caso contrario.

Le obbligazioni, il cui obbietto consiste nel *dare*, sono in genere divisibili, perchè i diritti sulle cose, che d'ordinario hanno per contenuto il godimento dei frutti o del valore di scambio, si reputano divisibili in quanto si possono costituire *pro parte*. Così, è dato costituire *pro parte* un diritto di proprietà, di enfiteusi, di pegno, ecc. Le servitù nondimeno, poichè esse importano un uso limitato della cosa, senza facoltà di godere dei frutti o del valore di scambio, sono indivisibili tutte, ad eccezione dell'usufrutto.

(1) L. 95, § 1 D. *De sol. et lib.*, 46, 3 interpol.: *quamvis; possit* per *potest; si forte — constitutum est, tamen; sane quoniam — decessisset.* L'*actio doli* non ha più base nel *dolus*, il che non è senza esempio nel sistema dei compilatori (cfr. § 96). Il nostro Codice ha in proposito una disposizione meno giustificabile, per cui il debitore è sempre tenuto a pagare il prezzo dell'ultimo oggetto. Cfr. di nuovo Scialoja *l. c.*

(2) L. 67; L. 72, § 4, D. *De sol et lib.*, 46, 3 (Marcellus). — Papiniano eguaglia, ma non è da seguire, le obbligazioni generiche alle alternative anche in questo riguardo. L. 66, § 3, D. *De leg.*, 31.

Le obbligazioni che consistono in un *facere* sono invece di regola indivisibili. Una parte non è l'opera, nè può avere lo stesso carattere e proporzionalmente lo stesso valore del tutto. Una casa, un teatro costruiti a mezzo non sono ancora una casa, un teatro.

Tuttavia, anche rispetto alle obbligazioni di *facere*, sono divisibili quelle che hanno per oggetto la prestazione di opere fungibili, *quæ numero, pondere, mensura consistunt,* perchè si riguardano più come un insieme di opere che come un'opera unica.

La distinzione delle obbligazioni divisibili e indivisibili ha essenzialmente importanza quando si abbiano più creditori o debitori di una stessa obbligazione; perchè se il creditore è uno solo e un solo il debitore, la prestazione deve eseguirsi tutta in una volta ed integralmente, nè il creditore può esser mai costretto a riceverla a rate.

Ora il caso che si abbiano più creditori o più debitori *pro parte* di un unico oggetto indivisibile si verifica di regola nell'eredità, quando cioè alla morte di un creditore o di un debitore originario succedono più eredi all'uno od all'altro. Le XII Tavole disponevano che i debiti ed i crediti fossero divisi *ipso iure* tra i vàri coeredi. Per conseguenza il diritto e l'obbligo correlativo venivano a scindersi in tanti diritti e tanti obblighi e l'obbietto di ciascuno era una parte dell'obbietto originario.

Senonchè quando l'obbietto è indivisibile, spunta la necessità di alcuni principî speciali a fin di provvedere ad un'esecuzione congrua, e a un tempo stesso non perdere di vista che in realtà ciascuno dei debitori deve sòlo una parte e ciascuno dei creditori ha diritto soltanto ad una parte.

Nell'ipotesi di più debitori, ciascuno è costretto ad eseguire la prestazione per intero, quando venga invitato a pagare, perchè non la si può eseguire in parti; ma ha diritto di chiedere una proroga al creditore per rivolgersi ai suoi condebitori, e, pagando, serba il diritto di regresso verso i suoi condebitori. Inoltre un fatto giuridico che liberi uno dei debitori, per esempio, la compensazione, la remissione del debito, ecc., non ha effetto veruno rispetto agli altri, nè la colpa dell'uno dei debitori nuoce all'altro.

Ove si abbiano invece più creditori, ciascuno di essi non può esigere se non l'intera prestazione, ma poichè il suo diritto solo in causa della natura dell'oggetto si estende all'intero, così il debitore che paga ha diritto di chiedere cauzione al creditore cui paga, per essere garantito contro gli altri creditori (1). La remissione che l'uno faccia del debito non ha effetto se non in suo riguardo.

La prescrizione e la cosa giudicata naturalmente non si possono opporre se non al creditore in confronto del quale si sono verificate.

Si avverta da ultimo che l'obbligazione indivisibile, quando per l'inadempimento si trasforma nell'obbligo di risarcire il danno, diventa divisibile, perchè i danni interessi si pagano in una somma di danaro (2).

(1) Può darsi però che gli altri creditori perdano il loro diritto, perchè la prestazione eseguita soddisfa anche il loro interesse.

(2) Interpolazioni in materia: L. 3 § 3, D. *Comm.* 13, 6: *nisi forte-conveniat*; L. 1 § 36, D. *Dep.* 16, 3 (GRADENWITZ, *Interp.* 14), L. 14 pr. *eod.*; L. 22 *eod.*: *nec tamen-extitit*; L. 81§1. D. *De sol. et lib* 46,3; in generale avvertite dal Fabro. — La dottrina delle obbligazioni divisibili e indivisibili ha sua base principalmente in due leggi di Paolo: L. 2 e L. 85, D. *De o. et a.* 45, 1. L'ARNÒ (*Le obblig. indivisibili*, Modena 1901), ritiene che la giurisprudenza classica distinguesse tre specie: obbligazioni, il cui oggetto è *materialmente* divisibile (danaro o in genere quantità di cose fungibili); obbligazioni, il cui oggetto è solo *intellettualmente* divisibile (cose individue o, in termini romani. *species)*; obbligazioni il cui oggetto è assolutamente indivisibile (la costituzione di servitù o un *facere* indivisibile). Le prime divisibili tanto *petitione*, quanto *solutione*, le seconde divisibili *petitione*, ma non *solutione*, giacché, se la domanda si può fare *pro parte*, nell'esecuzione ciascuno deve dare il tutto; le ultime non divisibili nè *petitione*, nè *solutione*. I mutamenti procedurali avrebbero indotto i compilatori a fondere in una le due prime categorie, lasciando peraltro qualche incongruenza dogmatica (le obbligazioni alternative e generiche respinte nella categoria delle obbligazioni indivisibili, benchè l'oggetto sia pure intel-

II. — SOGGETTI DELLA OBBLIGAZIONE

§ 121. Obbligazioni con soggetto variabile.

Di regola i soggetti dell'obbligazione sono individualmente e per sempre determinati. Può accadere tuttavia che anche i soggetti siano determinati solo relativamente a un rapporto reale, cui l'obbligazione è congiunta, e variabili con esso; in quanto l'essere debitore o creditore dipenda dall'essere in quel dato rapporto colla cosa. Tale è il caso dell'*actio aquæ pluviæ arcendæ,* e in generale delle obbligazioni nascenti da rapporti di vicinanza; dell'*actio quod metus causa,* delle azioni nossali, del pagamento del canone enfiteutico, del *solarium,* etc. Tali obbligazioni si dicono dagli scrittori *obligationes propter rem.* I Romani stessi chiamano l'*actio metus* un'azione *in rem scripta.*

Nel diritto romano tuttavia simili obbligazioni sono connesse per legge col rapporto reale, proprietà, possesso, enfiteusi, superficie, ecc. Non era invece ammesso quello che più tardi fu largamente usato ed abusato nel medio evo, cioè di congiungere arbitrariamente mediante convenzione delle obbligazioni con un rapporto fondiario (i cosidetti *oneri reali*). Anche se alcuno si obbliga precisamente ad eseguire una prestazione riferentesi ad un fondo, per esempio, a dare una quantità periodica di frutti, quest'obbligo passa ai suoi eredi, ma non ai successivi proprietari del fondo (1).

lettualmente divisibile) ed esegetica (il famoso *fundum tradi* indivisibile della L. 72 D. *De o. et a.* 45, 1). Ma contro l'assunto che le obbligazioni di *res certa* fossero indivisibili *solutione* vedi le gravi obbiezioni del Segrè in *Studi per Scialoja* p. 256 n. 3: *adde* L. 10 D. *De acc.* 46, 3.

(1) Non provano molto per la tesi negativa la L. 81, § 1. D. *De contr. empt.* 18, 1 e la L. 12 pr. D. *De ann. leg.* 33, 1 (Fadda e Bensa. n. *c.* al l. II delle Pandette del Windscheid p. 559); ma tanto più prova il *si-*

§ 122. Obbligazioni parziarie ed obbligazioni solidali o correali.

I. *De duob. reis stip. et prom.*, III, 16. D. *De duob. reis const.*, 45, 2. C. *De duob. reis stip. et prom.*, 8, 39 (40).

Quando più debitori sono tenuti ad una data prestazione, o più creditori hanno diritto di esigerla, il rapporto si può configurare in due guise. Può accadere che l'obbligazione si divida tra i vari debitori o tra i vari creditori, di guisa che ciascuno sia obbligato solo a una parte della prestazione complessiva, o abbia diritto solo a una parte della stessa; ed allora abbiamo in realtà non solo più debitori o più creditori e più obbligazioni, che si dicono parziarie o rateali *(pro parte, pro rata)*, ma anche più oggetti rappresentati ciascuno da una parte dell'oggetto intero (1).

Ma si hanno pure vere obbligazioni di più subbietti per l'intero, *in solidum*. Pertanto è *solidale* o *correale* la obbligazione con pluralità di subbietti, ma *unico* obbietto, di guisa chè ciascuno dei vari debitori è tenuto all'intera prestazione, ovvero ciascuno dei vari creditori ha diritto all'intera prestazione.

Le denominazioni derivano dalle espressioni romane *duo rei stipulandi vel promittendi* ovvero *obligationes plurium in solidum*, relative l'una ai subbietti, l'altra all'obbietto.

lenzio delle fonti. — Un *non facere* si può tuttavia costituire come servitù negativa, quando, s'intende, n'abbia i requisiti, cioè sia utile al fondo: nella pr. L. 13 pr. D. *Comm. praed.* 8, 4, ove ciò è impossibile anche per la natura del mare, si dispone a ogni modo da Giustiniano il rispetto del negozio come contratto *obbligatorio*, ma si vuol intendere, per quanto l'espressione nel linguaggio giustinianeo sia equivoca, nei limiti regolari di questo, cioè a carico del promittente e de' suoi eredi. Per l'interpolazione (*quamvis* invece di *quia* e *quia tamen-obligantur*) cfr. PEROZZI., *Riv. it. per le sc. giur.* 1897, vol. 23, fasc. I.

(1) Anche nelle obbligazioni indivisibili, benchè ciascuno, a cagione della indivisibilità dell'oggetto sia tenuto per l'intero, *in solidum*, (v. § 120) tuttavia non si può dire che l'obbligazione di ciascuno ia *in solidum*.

Il rapporto che dà vita all'obbligazione solidale si rappresenta o si può rappresentare come unico, il che significano le espressioni romane, *una eademque obligatio, obligatio communis, par causa,* ed unico è certamente l'oggetto *(una res, una summa, eadem pecunia* o *idem debitum)* (1); pur nondimeno anche nella obbligazione solidale occorrono in sostanza più obblighi o più diritti, ossia più *obligationes* in questo senso; e le varie obbligazioni possono anche essere sottoposte a diverse modalità, per esempio, può accadere che altri debba sotto condizione o a termine, altri puramente o semplicemente.

La obbligazione solidale è estinta nella sua totalità, cioè per tutti i subbietti, da quei fatti giuridici che toccano il suo elemento unico, l'obbietto. Tali il pagamento, l'accettilazione, la compensazione, la perdita o distruzione della *specie* per caso fortuito, il giuramento sull'esistenza obbiettiva dell'obbligazione. Non è estinta invece se non relativamente a un dato subbietto per quei fatti giuridici che a quel dato subbietto si riferiscono; per esempio, la confusione del debitore e del creditore in una stessa persona, la *capitis deminutio,* la *restitutio in integrum,* il patto di non chiedere ossia la remissione personale, la prescrizione. Similmente la mora di un correo non fa responsabili gli

(1) L'unità della causa a rigore non si riscontra se non nell'obbligazione correale tipica, che è (prescindendo dal delitto) conchiusa nella forma della stipulazione, e, a dire il vero, l'assimilazione concettuale degli altri negozi ai *duo rei promittendi* sembra persino in alcuni testi caratteristici interpolata (cfr. ad es. *ut eiusdem pecuniae debitores,* inserito a sproposito nella L. 38 pr. D. *de adm.* 26, 7 e la L. 9 D. *h. t.* 45, 2, piena di sgrammaticature e incongruenze, sulla quale v. PEROZZI *Le obbligazioni romane*, p. 55 n. 2). Nondimeno anche nelle ipotesi in cui l'unità della causa sembra veramente sparire è ben difficile stabilire un regime diverso: la recente scoperta della L. 32 pr. D. 15, 1 allo stato genuino (v. § 45 nota in fine) mostra quanto la giurisprudenza classica fosse rigorosa sul terreno della consumazione processuale per *eadem res* persino allorchè la condanna non era possibile nell'intero: Giuliano si tiene ai principi, Ulpiano ricorre al *iudicium rescissorium.*

altri (1). Solo è a notare che mentre nel diritto classico, trattandosi di un caso tipico di azioni *ex eadem re* (cfr. § 45), la contestazione della lite aveva effetto consuntivo riguardo a tutti i subbietti, sia attivi, sia passivi, Giustiniano ha espressamente disposto che nelle obbligazioni correali passive o di più debitori essa non estingua se non la obbligazione di quel solo debitore in confronto del quale è avvenuta (2).

L'obbligazione solidale di per sè esclude il diritto di regresso, perchè il debitore, che paga l'intero, paga ciò che deve; egli soddisfa l'intero non per la impossibilità di prestare una parte, come nelle obbligazioni parziarie indivisibili, ma perchè è obbligato per l'intero, *in solidum*. Soltanto, tra i vari correi può essere costituito un altro rapporto, per cui il debitore che paga possa esigere indennizzo dagli altri o anche soltanto da coloro che dell'obbligazione hanno fruito, ed allora intenterà, ad esempio, l'*actio pro socio*, se i correi costituiscono una società, a beneficio della quale fu richiesto il credito, l'*actio mandati*, se il debitore solidale che ha pagato non è che un mandatario o un garante, ecc. In casi analoghi si dànno anche azioni utili.

Per quei casi in cui altro rapporto non esiste tra i subbietti, il rimedio non può nascere se non da principî di diritto singolare o beneficî di legge; e i Romani, pur non essendo giunti a sancire in generale il beneficio del regresso, ne hanno ammesso diversi altri che sono: il *beneficium cedendarum actionum*, per cui il debitore che paga può, innanzi di estinguere l'obbligazione, chiedere la cessione dell'azione dal creditore, il *beneficium divisionis* introdotto da Adriano (v. § 145), in pro del fideiussore obbligato insieme con altri fide-

(1) L. 32, § 4, D. *De us. et fr.*, 22, 1; L. 173, § 2, D. *De div. reg.* 50. 17. — Diversamente la colpa: L. 18, *h. t.* (interp. *quoque* invece di *non* o *nequaquam*? la differenza tuttavia non è forse inesplicabile).

(2) L. 28, C. *De fid.*, 8, 40 (41).

iussori per dividere l'azione tra i vari mallevadori solventi e presenti (1).

Si volle distinguere, nel secolo passato, tra obbligazioni *correali,* con unità più stretta, e obbligazioni *solidali.* Questa distinzione nacque dall'osservare che mentre in una serie di casi è detto nelle fonti che la contestazione della lite in confronto di un solo dei vari condebitori solidali estingue l'obbligazione per tutti, in altri si nega questo effetto, ed è espressamente dichiarato che solo il pagamento eseguito libera tutti i condebitori. Il criterio della distinzione divenne il tema di lunghe e astruse controversie. In realtà l'esigenza assoluta del pagamento con diniego della efficacia estintiva della *litis contestatio* fu interpolata dai compilatori per mettere i frammenti del diritto classico in armonia colla riforma di Giustiniano, che aboliva tale effetto nelle obbligazioni correali passive, e quanto ai pochi frammenti, in cui se ne conserva menzione, essi o si riferiscono alle obbligazioni correali attive, ovvero l'interpolazione è stata per negligenza omessa (2).

(1) Il *beneficium divisionis* del fideiussore è accordato nelle Pandette anche ne' rapporti tra contutori *ex communi gestu*: L. 1, § 11-12 D. *De tut.* 27,3 interp.? Al contutore Antonino Pio concesse pure un'*actio utilis* contro il proprio contutore, se non fosse intervenuta la cessione: L. 1, § 13, *eod.* Cessione delle azioni, divisione, azione utile si negavano in pena per mancata gestione: L. 38, D. *De adm.* 26,7. Forse interpolata è la L. 45 *eod.* dalle parole *sed haec* sino alla fine.

(2) ASCOLI negli *Studi e docum. di storia e diritto,* vol. XI, 1890 e *Bull. dell'Ist. di dir. rom.* vol. IV, 1892. EISELE nell' *Archiv für die civilistiche Praxis*, vol. LXXVII, 1891, Cfr. ora PACCHIONI negli *Atti della I. R. Accademia di Rovereto*, 1900 (vol. VI, fasc. IV) e BINDER *Die Correalobligation* Leipzig, 1899. Frammenti interpolati, secondo l'Ascoli: L. 8, § 1, D. *De leg.*, 30: *et solutum* (già riconosciuto da Cuiacio); L. 4, D. *De his qui effud.*, 9, 3: *perceptione, non litis contestatione* (già ALIBRANDI, *Opp.* p. 180); L. 5, § 15, D. *Comm.*, 13, 6: *si* e *praestiterit*; L. 3, pr. D. *Si mensor*, 11, 6: *si satisfecerit*; L. 1, § 13, D. *De vi*, 43, 16: *sic tamen-praestita;* L. 1, C. *De cond. furt.* 4, 8: *ac tum-liberari.* Inoltre, secondo l'Eisele: L. 11, § 1. *De aq. et aq. pl. arc.* 39, 3: *et restitutio — facta sit; et si praestiterit;* L. 1, § 43, D. *Depos.*, 16, 3: *nec* per *et; non enim — pervenietur;* L. 1, § 13, D. *De tut. et rat distr.*, 27, 3: *praestiterit*; L. 15 ibid: *praestitisset — est;* L. 18, § 1. D. *De adm. et per. tut.* 26, 7: *non;* L. 7, § 4, D. *Quod falso tut.* 27, 6: *perceptione, non electione* (già ALIBRANDI, *l. c.*). Secondo il BINDER: L. 8, § 4, D. *De nov.* 46,2: *si autem-liberatur.* — Altre interpolazioni am-

III. — EFFICACIA DELLE OBBLIGAZIONI

§ 123. Obbligazioni civili ed onorarie.

§ 1. I. *De obl.*, III, 13.

Civili in senso stretto erano le obbligazioni stabilite dagli organi legislativi del popolo romano o create dalla libera interpretazione della giurisprudenza. *Onorarie* o *pretorie* (1) quelle introdotte via via dal Pretore. Tale distinzione aveva importanza in diritto classico; nel diritto giustinianeo la distinzione non ha più che una mera importanza storica. Anche l'estinzione temporale si è resa colla prescrizione comune a tutte le azioni (v. § 45).

§ 124. Obbligazioni civili e naturali. Obbligazioni meramente naturali (*naturales tantum*).

La distinzione delle obbligazioni civili e naturali è un'applicazione della generale antitesi del *ius naturale* o *ius gentium* e del *ius civile* (§ 6); ma le *obligationes naturales* in stretto senso o *naturales tantum* rappresentano una categoria delle *obligationes naturales* in generale.

Pertanto sono di diritto naturale quelle obbligazioni, le quali non hanno carattere arbitrario, formale, ma sembrano dettate al legislatore dai bisogni e dalla co-

metteva l'Alibrandi, senza scorgerne il risultato pel tema della solidarietà: L. 18, § 3, D. *De const. pec.*, 13, 5 (*et tutius — proficit*); L. 32, pr; D. *De pec.* 15, 1 (*sed licet — intuetur*); L. 35, § 1, D. *loc.* 19, 2 (*rem servaverim* invece di *egerim*); L. 52, § 3, D. *De fid. et mand.* 46, 1 (*absolutione — sed*; *pecunia soluta*). Su talune ipotesi, come di più tutori, di più depositari, v'ha controversia tra l'Eisele e l'Ascoli (cfr. contro Eisele l'Ascoli in *Bull. dell'Ist. di dir. rom.*, vol. IV (1892), pag. 287). Il tema delle azioni penali, nelle quali in antico nemmeno il pagamento dell'uno libera gli altri, ma che via via si alterano in reipersecutorie o miste, è pure argomento oscuro e controverso.

(1) Più spesso, per note ragioni (cfr. § 38), *actiones* che non *obligations*.

scienza sociale. Tale è l'obbligo di restituire le somme ricevute a mutuo (1). Sono invece di mero diritto civile quelle che per il loro carattere arbitrario o formale non sono o non riescono sempre conformi allo scopo economico ed alla coscienza sociale. Tale l'obbligo nascente dal contratto formale della stipulazione.

Ma l'una e l'altra specie di obbligazioni, una volta conchiuse, hanno la stessa efficacia, e in senso lato sono entrambe le specie civili.

La giurisprudenza romana concesse peraltro alle obbligazioni naturali una efficacia maggiore. Tutte le volte che *una obbligazione naturale era in contraddizione con un principio di mero diritto civile, e per questo o non nasceva o veniva ad estinguersi,* era bensì innegabilmente privo di civile efficacia l'obbligo e il diritto creditorio, e quindi il creditore non aveva più l'*azione* per esigere il pagamento, ma ben poteva con una logica alquanto libera contemplarsi il rapporto obbligatorio per altri effetti, che non ripugnassero in modo assoluto collo scopo della regola di mero diritto civile che annientava l'obbligazione; tale principalmente l' effetto di non poter ripetere ciò che si fosse pagato. Insomma la regola di diritto civile veniva interpretata con piena libertà, assegnatole uno scopo, e, conforme allo spirito della giurisprudenza romana, ristretta l'efficacia stessa nei più angusti limiti che erano stabiliti dallo scopo stesso. Queste obbligazioni naturali, abolite nel loro effetto fondamentale, quale è quello di generare un diritto creditorio ed una azione corrispondente, si dicevano *obligationes naturales tantum* o anche semplicemente *obligationes naturales* in senso enfatico (2).

Il territorio precipuo, se non esclusivo, delle obbligazioni meramente naturali sembra però nella giurispru-

(1) L. 84, § 1, D. *De r. i.* 50,17: « Is natura debet, quem iure gentium *dare oportet*, cuius fidem secuti sumus ».

(2) Iul. in L. 16, § 4, D. *De fid.* 46,1 (a proposito della fideiussione): « Naturales obligationes non *eo solo* aestimantur *si actio aliqua* eorum nomine competit etc. ».

denza romana esser rimasto ne' rapporti delle persone *alieni iuris*, principalmente gli schiavi (1). A ogni modo nella legislazione giustinianea ciascuna obbligazione naturale costituisce un istituto anomalo, giustificato da uno speciale fondamento, ma non suscettibile di applicazione analogica.

Sono obbligazioni naturali *(naturales tantum)* nel diritto giustinianeo:

1.° Le obbligazioni degli schiavi sia tra di loro, sia col loro padrone, sia con estranei. Il principio, per cui non è possibile un'obbligazione giuridica col servo, ha radice in un istituto di puro diritto civile, la schiavitù, che, nel concetto dei Romani, toglie allo schiavo la capacità giuridica. Si ricordi però che le obbligazioni attive, cioè i crediti che lo schiavo acquista verso il terzo, valgono civilmente, in quanto egli li acquista al proprio padrone, ed anche nelle obbligazioni passive col terzo il padrone è tenuto nella misura del peculio (v. § 56). Per i delitti gli schiavi si obbligano civilmente, ed obbligano anche il padrone, col beneficio peraltro della *noxæ deditio*.

Si avverta sempre che la obbligazione deve essere di diritto naturale, cioè deve avere una causa effettiva e non essere costituita da un rapporto meramente formale (2).

2.° Le obbligazioni tra persone legate insieme da rapporto di patria potestà, cioè tra il *paterfamilias* ed il suo *filiusfamilias*, tra due *filiifamilias* soggetti alla stessa patria potestà. Anche qui è un puro istituto di

(1) Il testo fondamentale di Giuliano (L. 16, § 4, D. *De fid.* 46, 1 — L. 10, D. *De o. et a.* 44,7) era relativo esclusivamente agli schiavi ed ha assunto per opera dei compilatori un significato generale (*eorum nomine* è ora una sgrammaticatura per *servorum nomine*; *naturales debitores* è in luogo di servi). In più casi il fondamento naturale, con cui si giustifica l'esclusione della *condictio indebiti*, sembra pure interpolato dai compilatori. Cfr. su tutto Gradenwitz *Natur und Sklave* in *Festgabe für Schirmer* 1900.

(2) L. 49. § 2, D. *De pec.*, 15, 1. Cfr. anche L. 16. § 4, D. 46, 1 cit.

diritto civile, l'ordinamento della famiglia romana e il carattere assorbente della patria potestà (per cui subbietto patrimoniale è in principio il solo *paterfamilias*), ciò che impedisce il sorgere di un'obbligazione giuridica. Il riconoscimento del peculio castrense rese possibile, riguardo a questo, anche un'obbligazione civile tra *paterfamilias* e *filiusfamilias;* e finalmente lo sviluppo postclassico dei peculî, eliminò quasi totalmente questa figura di obbligazione naturale.

3.° L'obbligazione estinta per una eccezione introdotta solo *in odium (ob poenam) creditoris.* Il caso principale è il mutuo del *filiusfamilias* estinto mediante *exceptio senatus consulti macedoniani* (v. § 158 in fine). Questa *exceptio* era non solo un principio meramente civile, ma di diritto singolare, e fondato non sulla incapacità del *filiusfamilias*, che coi terzi poteva civilmente obbligarsi per qualunque causa, bensì sulla necessità sociale di rattenere chiunque dall'imprestar danaro ad un *filiusfamilias* senza consenso del padre (1).

4.° La obbligazione estinta per *capitis deminutio* anche *minima,* come quella che segue per l'emancipazione, l'arrogazione, l'adozione. Questo fatto estintivo è tanto meramente civile che riesce del tutto inesplicabile, ove non si richiami alla memoria l'essenza e la funzione primitiva della famiglia romana, e ciò che doveva nelle origini significare il diventar membro di una nuova famiglia, o costituirne una a sè.

In ordine a questa singolarissima causa estintiva la giurisprudenza andò tanto oltre da stabilire che rimaneva intatta l'obbligazione, quando avesse per oggetto non la trasmissione di un diritto, ma una prestazione di mero fatto. Il Pretore poi restituì l'azione al terzo, prescindendo dalla *minima capitis deminutio.*

5.° L'obbligazione estinta dalla *litis contestatio.* Questo caso è sparito nel diritto giustinianeo.

(1) Altro caso singolare di tal natura v. in L. 3, § 7, D. *Quod quisque iuris* 2, 2.

Casi controversi sono i seguenti:

6°. L'obbligazione contratta dal pupillo senza l'*auctoritas* del tutore. Questa obbligazione è ammessa in una serie numerosa di testi cogli effetti consueti dell'obbligazione naturale. È negata in due testi celebri (1). Dal punto di vista astratto si può dubitare se all'obbligazione del pupillo si opponga una regola di diritto naturale o di mero diritto civile. Da un lato l'incapacità a volere e a consentire del pupillo ha base naturale, e la tutela pupillare stessa è un istituto di diritto naturale, dall'altro lato il limite fisso dell'età impubere è arbitrario, e gli stessi Romani riconoscevano una certa capacità di volere e di consentire agli impuberi prossimi alla pubertà.

Dal punto di vista del diritto giustinianeo, il miglior modo di appianare l'antinomia consiste nel distinguere appunto tra impuberi prossimi alla pubertà o prossimi all' infanzia: al che i testi per vero non accennano, ma ciò importa poco, anzi sarebbe necessario separare le due specie, anche senza il bisogno di sciogliere cotesta antinomia (2).

7.° La obbligazione estinta per ingiusta assoluzione del debitore.

Questa obbligazione naturale è recisamente affermata in due testi, e può significare che i Romani consideravano — cosa del resto non irragionevole, specialmente nell'ordine privato dei giudizi, in cui l'*iniuria iudicis* è sovente rilevata — come un principio meramente ci-

(1) Neratius: L. 41, D. *De cond. ind.*, 12, 6; Licinnius Rufinus: L. 58-59, D. *De o. et a.*, 41, 7. Interp. secondo il Di Marzo *Per la st. della nat. obl. pup.* in *Circolo giur.* 2^{a}, v. 32 (1901). Par certo che i compilatori nutrissero vagamente il proposito di abolire per un eccesso di difesa del pupillo questa obbligazione naturale: cfr. l'interpolazione *et locupletior factus est* in L. 13 § 1 D. *De cond. ind.* 12, 6, recisamente in contrasto col disposto e la notizia in L. 5 pr. D. *De auct. et cons.* 26,8.

(2) È impossibile anche per il sorgere della obbligazione naturale non aver riguardo almeno alla capacità di fatto, come appunto avviene in ordine al possesso (cfr. § 114).

vile o formale la massima *res iudicata pro veritate habetur*. Peraltro a questa obbligazione naturale non vien riconosciuto, almeno per diritto giustinianeo, se non l'effetto del non potersi ripetere ciò che si è pagato.

8.° L'obbligazione estinta dalla prescrizione.

Nessun testo pone questa obbligazione naturale: e in queste condizioni, per quanto si ripeta che la prescrizione elimina soltanto l'azione (v. 45), noi non siamo proclivi ad ammettere questa figura come vera e propria obbligazione naturale.

9.° Il nudo patto.

Con questo nome s'intende la convenzione spoglia delle forme civili, e non costituita sulla base di una di quelle cause che non hanno bisogno di forme per dar vita ad una obbligazione civilmente valida, e che si dicono contratti in senso proprio. Ora l'obbligazione naturale esige appunto una causa giuridicamente riconosciuta. Essa non è altro che una *obligatio iuris naturalis* ridotta ad essere *naturalis tantum* per un impedimento civile. D'altra parte nel periodo della giurisprudenza classica il *pactum* aveva probabilmente un significato speciale, per cui la *exceptio* ad esso accordata era il suo vero e naturale effetto (v. § 168).

Quanto all'efficacia, le obbligazioni naturali non generano il diritto di esigere la prestazione, nè l'obbligo di adempierla, onde *sono prive di azione;* ma possono eventualmente produrre i seguenti effetti:

1.° Il diritto di ritenere ciò che il debitore abbia in qualunque modo pagato *(soluti retentio)*. In altri termini, il creditore che ha ricevuto il pagamento non è soggetto alla *condictio indebiti,* nemmeno se il debitore abbia pagato per errore, credendosi civilmente obbligato.

Il pagamento, all'istante in cui si compie, non deve, secondo i principî suesposti, contraddire all'impedimento civile che toglie la validità dell'obbligazione. Perciò, trattandosi, ad esempio, di uno schiavo o un pupillo, egli paga validamente solo quando sia libero o uscito di tutela.

2.° Il creditore naturale oppone la compensazione, quando sia citato in giudizio per soddisfare un suo debito civile (1).

3.° La obbligazione naturale può servire di base a qualunque rapporto giuridico accessorio, che presupponga l'esistenza di un'obbligazione e sia stabilito a garantirne l'esecuzione, come il pegno, l'ipoteca, la fideiussione, ovvero sia diretto a rinnovarla, come la novazione e il costituto di debito. Quando questo rinnovamento avvenga, dato che non sussistano più gli impedimenti per cui l'obbligazione era naturale all'origine, essa diventa civilmente valida.

Finalmente l'obbligazione naturale interessa per il computo del peculio (cfr. § 56) e anche per il computo dell'eredità, quanto ai debiti e crediti reciproci dell'ereditando e dell'erede (2).

§ 125. Obbligazioni naturali improprie.

Una categoria diversa dalle vere e proprie obbligazioni naturali sono le obbligazioni morali o religiose o di altra natura sociale, alle quali si riconnette pure dai Romani questo effetto giuridico, che non si possa ripetere ciò che si è pagato, anche avendo pagato per errore, cioè nella falsa credenza di essere legalmente obbligati.

(1) Peraltro, a considerar che il testo generale di Ulpiano (L. 6, D. *De comp.*, 16, 2) si riferiva in origine alla società, in cui la compensazione, come nei negozi di buona fede, avveniva circa i debiti reciproci nascenti *ex eadem causa*, par certo che nel diritto classico le obbligazioni naturali non si potessero opporre in compensazione se non quando nascevano dallo stesso negozio in base a cui s'intentava l'azione (per es. un pupillo, che ha contratto senza l'*auctoritas tutoris*, cita l'altra parte, che è civilmente obbligata). Cfr. APPLETON, *Hist. de la compensation en droit romain*, Paris 1895, pag. 67.

(2) Cfr. L. 95, § 2, D. *De sol. et lib.*, 46, 3.

Anche queste obbligazioni sono talora chiamate dai Romani debiti naturali, ma in tal caso la parola *natura* è adoperata in perfetta antitesi a *ius*, perchè esse hanno causa e sanzione nella *pietas*, nell'*officium*, e simili, ma non nel diritto. L'unica somiglianza colle obbligazioni giuridiche è questa, che anch'esse hanno carattere patrimoniale.

I casi ricordati nelle leggi romane sono i seguenti:

1.° L'obbligo delle opere da parte del liberto verso il suo patrono.

Anche se il liberto non aveva promesso affatto, ma prestato effettivamente le opere credendo per errore di esservi giuridicamente obbligato, non ha diritto a ripetizione, perchè tali opere costituiscono un debito naturale *(natura debitum)*, sancito dal costume per la riconoscenza che il liberto deve al patrono.

2.° L'obbligo della moglie di costituirsi una dote. Se la moglie s'è costituita la dote, credendosi per errore obbligata da promessa fatta, non ha diritto a ripeterla dal marito come indebitamente pagata: *sublata enim falsa opinione, relinquitur pietatis causa, ex qua solutum repeti non potest* (1).

3.° L'obbligo agli alimenti, allorchè non si è tenuti giuridicamente a prestarli. Se vengono tuttavia somministrati *pietatis causa*, non si possono ripetere.

4.° L'obbligo al pagamento degli interessi di una somma ricevuta, quando gli interessi non siano stati formalmente stipulati (come si richiede, non costituendo il mutuo di per sè una causa giustificativa della prestazione degli interessi), ma solamente siano stati convenuti per patto e pagati.

Inoltre la madre non può ripetere per simile ragione ciò che ha pagato per redimere il figliuolo dalla schiavitù, nè si ripetono le spese sostenute per i funerali di un proprio congiunto.

(1) L. 32. § 2, D. *De cond. ind.*, 12, 6. Cfr. L. 46, § 2, D. *De i. d.* 23, 3.

Questa enumerazione non è tassativa, giacchè i debiti sociali, cui la legge si richiama, esistono sempre, nè l'interprete fa opera creativa, cercando di rintracciarli per escludere nei singoli casi la ripetizione dell'indebito.

Le obbligazioni naturali del diritto civile italiano (Cod. civ., art. 1237 capov.) non sono che queste obbligazioni sociali di carattere patrimoniale; quindi mentre da un lato si deve ricercarne i casi fuori delle disposizioni del Codice, dall'altro lato non è ammissibile altro effetto giuridico se non questo: la validità del pagamento eseguito, nel quale peraltro è implicito pur sempre, a nostro avviso, l'altro che la dazione non costituisce donazione: nel pensiero del legislatore pagamento e donazione sono concetti incompatibili.

§ 126. Nozione e classificazione delle fonti o cause obbligatorie.

§ 2. I *De obl.*, 3, 13. L., 1. D. *De o. et a.*, 44, 7.

Si dicono fonti delle obbligazioni, o con termine romano *causæ obligationum,* i fatti giuridici donde può derivare un rapporto obbligatorio.

L'obbligazione può nascere dalle cause più svariate, cioè tanto da negozio giuridico, quanto da atto illecito, ovvero da fatto giuridico puro e semplice, senza intervento della volontà del subbietto, cioè, come s'usa dire, dalla legge.

I negozi giuridici donde l'obbligazione può nascere sono negozi giuridici bilaterali o contratti; anzi il termine *contratto* è adoperato nelle nostre fonti esclusivamente per significare i *contratti obbligatori.*

Solo in alcuni casi eccezionali l'obbligazione nasce da semplice promessa o *pollicitatio.*

Quanto alle obbligazioni generate da fatti giuridici puri e semplici, è da avvertire che alcune di esse hanno grande analogia col fatto che costituisce l'elemento obbiettivo del contratto o del delitto: solo vi manca l'elemento intenzionale. I Romani dicevano in simili casi che la obbligazione nasce *quasi ex contractu* o *quasi ex delicto;* donde si formarono per opera degli interpreti le due categorie dei quasi contratti e dei quasi delitti (1).

Ciò premesso, la classificazione delle fonti delle obbligazioni può essere così stabilita: 1.° Contratti e promesse *(pollicitationes)*; — 2.° delitti; — 3.° quasi contratti; — 4.° quasi delitti; — 5.° fatti giuridici puri e semplici o legge.

§ 127. Il contratto.

La fonte di gran lunga più importante delle obbligazioni è il contratto.

Il *contratto* si può definire « l'*accordo* di due o più persone diretto a costituire un *rapporto obbligatorio* dalla legge riconosciuto ». Avvertasi peraltro che la parola romana *contractus* più che all' *accordo* accenna e dà risalto al *rapporto*, causa del *vincolo obbligatorio* (2), in quanto il rapporto obbiettivo ha nel diritto romano maggior peso e rilievo, che non nel diritto moderno.

(1) Il PEROZZI. *Le obbligazioni romane* 1903, pag. 144 e segg. reputa in tutto giustinianea la terminologia *quasi ex contractu*, *quasi ex delicto* e interpolate la L. 1 pr. e la L. 5 D. *De o. et a.* 44, di Gaio. Ma questa terminologia, riferita al rapporto e non all'accordo (v. § seguente), non dà un senso così assurdo, come egli stima, nè è irragionevole che Gaio segua nelle *res cottidianae* una classificazione più moderna ed esatta, quando la tradizionale non gli torna nemmeno nelle Istituzioni (cfr. GAII *Inst.* III, 91).

(2) Cfr. § 28. — Il PEROZZI, *Obbl rom.* pag. 31, reagendo contro l'opinione che *contractus* significhi consenso o convenzione — opinione che io pure ebbi a respingere (*Diritto romano* cap. XI) — attribuisce alla parola il significato di affare (cfr. anche SCHLOSSMANN *Der Vertrag* pag. 23). Questo *preciso* significato è linguisticamente e logicamente impossibile. *Contrahere* allude al vincolo sempre, (cfr. § 28 e *Diritto romano* l. c.), cioè ad una relazione *duratura*, sia negli usi giuridici, come negli usi estragiuridici: non sono affari il matrimonio, l'amicizia, la passione e l'odio: viceversa è un *negotium* il pagamento, la tradizione e ogni alienazione, ma non un *contractus*, almeno pei classici, e molto meno è un *contractus*, come è tratto ad asserire il Perozzi (*l. c.* pag. 40), il ripudio d'un legato o d'una eredità: d'altra parte il doppio impiego con *negotium* è nella lingua latina, povera di sostantivi, inverosimile

Il *contractus* consta di due elementi. Il primo di essi, originario, è la *causa* od il fatto obbiettivo, il *negotium contractum*, che giustifica l'obbligazione. L'altro elemento, elaborato posteriormente nella giurisprudenza classica, è l'accordo delle parti, il *consensus* o la *conventio.*

Nell'antico diritto romano la costituzione di obbligazioni non nascenti *ex delicto* richiedeva l'uso di forme solenni. Ma già innanzi al periodo classico alcune determinate cause costituivano dei contratti riconosciuti, indipendentemente dall'uso di forme tipiche e solenni. Tali figure eccezionali vennero distribuite in due categorie, rispettivamente qualificate colle frasi *re contrahitur* o *consistit obligatio* e *consensu contrahitur* o *consistit obligatio:* donde le denominazioni moderne *contratti reali* e *contratti consensuali.* La designazione della prima categoria, desunta dalla *res,* significava l'essenza delle obbligazioni singole, ch'era per l'appunto in ciascuna la restituzione di cosa ricevuta: il pensiero comune è, a nostro avviso, la *res credita,* l'*eandem rem recepturi* (1). Quanto alla seconda categoria, essa non ha che una designazione enfatica, per difetto di caratteri propri; ma può anche essere che in questi contratti per la prima volta il *consensus* abbia avuto rilievo. A ogni modo le scuole elleniche o i compilatori hanno mutato la base dell'antitesi, alterando il concetto del contratto reale, inteso oramai come quel contratto giustificato dalla dazione di una cosa, anche se non implichi l'obbligo al *restituere* (2).

Se non che, a nostro avviso, *contractus* ha più ristretta sfera del *contrahere,* perchè non è se non una ellissi e un sinonimo di *negotium contractum* o *contractus negotii*; ben si usa in sua vece la categoria generica del *negotium gestum,* ma non invece di questo il *negotium contractum.*

(1) L. 1 § 2; L. 2 § 3 D. *De r. c.* 12,1. Se il deposito non è più compreso nella rubrica delle *res creditae* ciò deriva, a nostro avviso, dall'essere giudizio di buona fede più anticamente che non il pegno o il comodato.

(2) Cfr. § 1. I *De cons. obl.* III, 22 con GAII *Inst.* III, 136. I compilatori possono quindi ricomprendere ne' contratti reali i cosiddetti con-

Nei contratti reali si annoverano i quattro seguenti: *mutuo*, *comodato*, *deposito*, *pegno*. A questi convien forse aggiungere per il diritto antegiustinianeo la *fiducia*.

I contratti consensuali sono pure quattro: *compravendita*, *locazione-conduzione*, *società*, *mandato*.

Ma nel corso dell'età imperiale, in forza di uno sviluppo che occupa i secoli della giurisprudenza classica e postclassica, si giunse a riconoscere come contratti molti negozi costituiti dalla trasmissione di cose o prestazione di opere, eseguite al fine di conseguire una diversa prestazione. Questi contratti non ricevettero alcuna denominazione complessiva, onde nella dottrina *ab antiquo* si chiamano *contratti innominati*. Essi si distribuiscono in quattro figure (ciascuna delle quali peraltro può comprendere una serie di contratti speciali), secondo l'essenza della causa e dell'obbligo rispettivo: *do ut des*, *do ut facias*, *facio ut des*, *facio ut facias*.

Altre cause di obbligazioni (in origine più penali che contrattuali) si riconobbero dal Pretore: tale, ad esempio, il *costituto*: altre ne riconobbero gl'imperatori, come il *patto dotale*, il *patto di donazione*; ma le une pel carattere loro, le altre per la tarda origine non vennero riassunte nello schema dei contratti, che le Istituzioni ricalcano da Gaio (1).

Nonostante questo sviluppo, le cause, che senza veste di forme costituiscono il contratto, si presentano pur sempre nel diritto romano come eccezioni, sono rapporti *espressamente*, *positivamente* determinati dal legislatore, e si avverte quindi con piena coscienza e perfetta chiarezza che la causa deve esistere, che l'accordo o

tratti innominati: cfr. L. 1 § 2 D. *De r. p.* 19, 4 (espressamente in *Brachylogus* III, 3, 3-4). — Ciò dimostra luminosamente il PEROZZI *Contratto consensuale classico* negli *Studi per Schupfer* 1898: dubbia soltanto mi sembra la sua formulazione (elemento causale classico, elemento perfezionatore giustinianeo).

(1) Cfr. però il *Brachylogus* III, 12, che offre sempre un sistema più coerente.

convenzione non è contratto, che in questo *inest negotium, subest causa. Cum nulla subest causa, propter conventionem hic (l. iure civili?) constat non posse costitui obligationem* (1). Nel diritto moderno si è pervenuti invece al riconoscimento di qualunque causa, purchè il legislatore espressamente non la riprovi (Cod. civ., art. 1120-1122), in base al mero consenso; il che genera la conseguenza che mentre nel diritto romano il creditore nei contratti non formali doveva provare così l'esistenza della causa, come quella della volontà, nel diritto moderno, provata la volontà, la causa si presume, ed il debitore dovrà, se crede, fornire la prova della sua inesistenza (cfr. anche § 169 in fine).

Le forme giuridiche, onde il negozio dovea esser rivestito per costituire un contratto, fuori delle cause per se stesse riconosciute, erano tipiche per la obbligazione e nell'epoca romana di preferenza verbali. I Romani usano per le forme verbali la frase *verbis contrahitur obligatio,* per le scritte *literis contrahitur obligatio.*

Nella trattazione speciale pertanto i contratti verranno distribuiti nelle seguenti categorie: *verbali, letterali, reali, consensuali, innominati* e finalmente *convenzioni legittime* e *pretorie.*

I contratti verbali e letterali, cioè, in una parola, *formali,* sono naturalmente *iuris civilis:* i contratti *materiali* o *causali* sono *iuris naturalis.*

I contratti si distinguono nella dottrina in contratti unilaterali e bilaterali, a titolo oneroso e a titolo gratuito.

La distinzione dei contratti unilaterali e bilaterali non si deve confondere con quella degli atti giuridici unilaterali e bilaterali. *Contratti unilaterali* sono quelli in cui delle due parti una sola è obbligata e l'altra acquista il diritto creditorio: tale, per esempio, il mutuo. *Bilaterali* o *sinallagmatici* si dicono quelli in cui le due parti sono reciprocamente debitrici e creditrici: tali,

(1) L. 7, § 4, D. *De pact.*, 2, 14.

la compra-vendita, la locazione-conduzione, ecc. Nei primi, poichè un solo è il diritto e l'obbligo che scaturisce dal contratto, si ha una sola azione; nei secondi invece due azioni.

Contratti a titolo oneroso sono quelli, in cui la causa giustificativa rappresenta una perdita corrispondente, che il creditore ha subito o deve subire. Tutti quanti i contratti bilaterali sono naturalmente a titolo oneroso, perchè tra le parti corre un'obbligazione reciproca. Ma anche alcuni contratti unilaterali sono a titolo oneroso, in quanto la perdita è stata già subìta dal creditore; per esempio, nel mutuo il creditore non riceve se non l' equivalente di ciò che a suo tempo ha dato al debitore.

Contratti a titolo lucrativo sono invece quelli, in cui la causa giustificativa non significa alcun corrispettivo che il creditore abbia ricevuto o debba ricevere; tale, ad esempio, il mandato. I contratti a titolo lucrativo sono tutti unilaterali, ma, come si è detto, la proposizione reciproca non vale.

Tra i contratti unilaterali ve n'ha alcuni, che per il concorso di altre circostanze possono diventare bilaterali, in quanto nasce allora anche un obbligo a carico del creditore. Tali contratti si usano dire *bilaterali imperfetti*. Tale è, ad esempio, il comodato. Solo il comodante ha in base al contratto un diritto creditorio, cioè che gli sia restituito l'oggetto dato in uso al comodatario. Ma lo stesso comodante può incorrere nell'obbligo al risarcimento per il fatto di aver consegnato dolosamente oggetti guasti, che hanno recato danno al comodatario. L' azione che in tal caso sperimenta la parte avversaria ha lo stesso nome dell'azione contrattuale, ma prende l'epiteto di *contraria actio* o meglio, nel diritto classico, *contrarium iudicium*. Così dicesi *contrarium iudicium depositi, mandati*, ecc.

§ 128. La rappresentanza nei contratti e i contratti a favore di terzi.

§. 4. §§ 19-22. I. *De inut. stip.*, III, 19

Rappresentanza nei contratti. Di fronte alla negazione civile della rappresentanza, per cui l'obbligazione nasceva soltanto tra il rappresentante (procuratore o mandatario, tutore o curatore) ed il terzo, nel sistema classico e postclassico si venne in soccorso per via di espedienti vari: istituti singolari e azioni utili.

Prescindiamo dalle persone *alieni iuris*. Queste acquistano necessariamente i crediti, come ogni altro diritto, al loro *paterfamilias* in virtù dell'ordinamento familiare romano: e in ordine ai debiti nemmeno le persone *alieni iuris* obbligano il loro *paterfamilias*, salvo i casi esaminati della *in rem versio*, del *iussum*, dell'*actio de peculio* o dell'*actio tributoria*, *exercitoria* o *institoria* (cfr. § 55).

Il problema della rappresentanza concerne i negozi compiuti mediante *extraneae personae*, cioè persone straniere alla famiglia, o, come Giustiniano si esprime, mediante *liberae personae,* frase cui occorre, per essere esatta, l'apposizione « *quae nostro juri subiectae non sunt* », ma che per la disgregazione della famiglia, che ha reso indipendenti i *filiifamilias,* è nel diritto nuovo preferita (cfr. § 22).

Ora anzitutto in ordine ai debiti, una volta applicata anche alle persone estranee la preposizione alle aziende commerciali di terra e di mare, come si soleva circa i *filiifamilias* e i *servi* (cfr. § 56), i terzi ebbero contro il principale o rappresentato l'azione *exercitoria,* quando il rappresentante fosse stato in qualità di *magister* messo al governo di una nave, cioè di un'azienda marittima, l'azione *institoria,* quando fosse stato invece preposto come *institor* a un'azienda commerciale di terra. Ma un'azione utile *ad exemplum institoriae* contro il rappresentato (per opera di Papiniano, se non per opera degli stessi compilatori) venne indi riconosciuta per ogni negozio compiuto dal *procurator* (1).

In qualunque caso l'azione *exercitoria* o *institoria* o *utilis ad exemplum institoriae* contro il principale non elimina l'azione diretta contro l'*institor* o il *magister* o il *procurator*, che hanno conchiuso il negozio.

Ma trattandosi di pupilli, minori, furiosi e persone giuridiche, a cominciare dall'epoca di Antonino Pio, si ammise, per le obbligazioni contratte dai tutori, curatori, amministratori, l'*actio utilis* o l'*actio iudicati* contro i loro rappresentati e, finito l'ufficio, si concesse ai rappresentanti di respingere con una eccezione l'azione contro di essi rivolta (2). Riconosciuta pienamente è la rappresentanza, sia per opera dei tutori o curatori, sia per opera dei procuratori, in ordine ai mutui e alla *condictio indebiti*, come conseguenza del riconoscimento della rappresentanza in materia di acquisto del possesso e della proprietà per tradizione, che costituisce la causa di queste obbligazioni (cfr. § 114 e § 87): obbligato alla restituzione è senz'altro e direttamente il rappresentato.

Finalmente Giustiniano sembra avere esteso l'*actio de in rem verso utilis* anche agli atti degli intermediari non soggetti, i quali pertanto, ne' limiti dell'arricchimento, fanno sempre responsabile il principale (3).

(1) L'innovazione è attribuita a Papiniano, ma potrebbe essere invenzione dei compilatori, tanto più che l'analogia regolarmente invocata colla preposizione institoria, in alcuni casi almeno, è arbitraria. Giudicherei interpolate le leggi seguenti: L. 19, pr. D. *De inst. act.*, 14, 3; 10 § 5 D. *Mand.*, 17, 1; 13, § 25, D. *De a. e. v.* 19, 1; 30 (31) pr. D. *neg. gest.*, 3, 5 (cfr. per questo testo SCHLOSSMANN *Jahrb. für die Dogm.* vol. 28 a 1889); 5, C. *De inst. act.*, 4, 25. Cfr. anche § 56. Occorre però sempre, per Giustiniano, il mandato speciale all'atto: L. 13, § 25. D. *De a. e. v.* 19, 1.

(2) L. 5. D. *Quando ex f. tut.*, 26, 9; L. 2, D. *De adm. et per. tut.*, 26, 7; L. 4, § 1, D. *De re iud.*, 42, 1; L. 18 § 2, D. *Ut leg.* 36, 3; L. 1, C. *Quando ex f. tut.*, 5, 25.

(3) Leggi interpolate all'uopo: L. 7 § 3 C. *Quod cum eo* 4, 26 (*nisi habuit*); L. 13. C. *Si cert. pet.*, 4, 2 (*principaliter obligatum*); L. 82. D.

In ordine ai crediti in linea di principio l' acquisto mediante intermediario non soggetto è fin nei più tardi tempi espressamente negato, sia in generale, sia in rapporti obbligatori speciali (1). Nondimeno anche dal lato attivo qualche giureconsulto ampliava il rapporto institorio anche a favore del rappresentato, ammettendo ch'egli potesse agire contro il terzo per il negozio dell'*institor,* almeno in caso di fallimento dell'*institor* (2). Similmente nel rapporto analogo del commercio marittimo e dell'*actio exercitoria*, si soleva pur concedere in via straordinaria l' azione al preponente o *exercitor* (3). Nel diritto nuovo pare generalmente ammessa da Giustiniano l' azione utile a favore del principale contro i terzi per i negozi compiuti dal procuratore, la quale pur sempre non elimina l' azione diretta del *magister* preposto, nè significa quindi pieno riconoscimento della rappresentanza (4). Ma di nuovo trattandosi di pupilli, minori, furiosi o persone giuridiche, e, per favore speciale, anche soldati, finito l'ufficio, viene riconosciuta in lor favore l' azione utile e concessa al terzo una eccezione contro l' azione intentata dal rappresentante (5).

Pro socio, 17, 2 (*nisi-sunt*); L. 1, C. *Si aliena*, 8, 15 (16) (*si tamen-desideranti*); L. 27, D. *De reb. cred.*, 12, 1 (*si-tenebuntur*). Cfr. Lenel, *Archiv für civ. Praxis*, vol. 78 (1892); Mancaleoni, nel *Filangeri*, 1899, fasc. 5.

(1) L. 126, § 2, D. *De v. o.*, 45, 1; L. 1, pr. D. *De inst. act.*, 14, 3, L. 49, § 2, D. *De a. vel a. poss.*, 41, 2.

(2) L. 1 2, D. *De inst. act.*, 14, 3; L 5, D. *De stip. praet.*, 46, 5.

(3) L. 1, § 18, D. *De ex. act*, 14, 1.

(4) L. 13. § 25, *De a. e. v.* 19; 1: *ergo et per contrarium* etc. interp.? Cfr. anche L. 27, § 1. D. *De proc.*, 3,3: *et hoc-transferri*; *et haec-penitus tollenda* interp.?

(5) Per vero nel diritto classico ciò sembra riconosciuto in casi speciali: L. 5, § 9, D. *De pec. const.*, 13, 5 (*utilitatis gratia*); L. 5 C. *Quando ex facto*, 5, 39 (*nisi certis ex causis*; a ritenere la qual frase interpolata no vien fuori per diritto classico la negativa assoluta). Interpolate sono o potrebbero essere le leggi seguenti: L. 26 D. *De reb. cred*, 12, 1; L. 2, D. *De adm. et per. tut.*, 26, 7; L. 2 D. *Quando ex f.* 26, 9: L 4 C. *Quando ex facto*, 5, 39 (*sed ex* etc). La L. 9 pr., D. *De adm. et per. tut.* 26, 7 attribuisce la novità (dal lato attivo) a Giuliano.

Finalmente, pel motivo già addotto (la rappresentanza nel possesso) l'acquisto immediato del credito è stato riconosciuto, in ordine alla *pecunia credita,* mutui e *condictio indebiti,* vale a dire è stata accordata l'*actio certae creditae pecuniae* al principale per le somme date in prestito in suo nome dal suo procuratore (1).

I contratti a favore di terzi. I contratti a favore di terzi sono in principio nulli, perchè la prestazione non ha interesse per il creditore. Si può nondimeno assicurarne l'esecuzione, stipulando una clausola penale.

È valido il contratto a favore del terzo quando l'interesse del contraente all'adempimento, sia pure un interesse meramente eventuale, vi sia; per esempio, uno dei tutori, cedendo la gestione del patrimonio pupillare, si fa garantire dal contutore che il patrimonio sarà bene amministrato *(stipulatio rem pupilli salvam fore).* La stipulazione è valida, perchè se il patrimonio del pupillo è male amministrato, anch'egli può esser chiamato responsabile.

È questione diversa il sapere se, ammessa la validità del contratto tra i contraenti stessi, abbia poi azione anche il terzo, a cui favore sarebbe la prestazione. Ciò è riconosciuto in più casi eccezionali, tutti introdotti espressamente da Giustiniano o interpolati da lui nelle fonti classiche.

I. Il padre, costituendo la dote, ne ha pattuita la restituzione ai nipoti, in caso di morte della figlia, ovvero alla figlia stessa (2).

II. Il creditore pignoratizio nella vendita del pegno ne ha pattuito il riscatto pel debitore (3).

III. Il deponente o comodante di cose altrui ne pattuisce la restituzione al proprietario (4).

(1) L. 126, § 2. D. *De v. o.*, 45, 1. Cfr. § 158.

(2) Testi interpol. L. 7 Cod. 5, 14 (*licet-actio*) interpolaz. attestata da Taleleo, sc. 2 *Bas.* 29, 1, 37: L. 45, D. 24, 3: *sed permittendum-decurrendum est*, e nella frase precedente la parola *directo.*

(3) Interpol. 13, pr. D. 13, 7: *sed et-agere.*

(4) Interpol. 8 C. 3, 42: *stricto iure-utilis actio.* Mancano queste parole nei Basilici (15, 4, 28).

IV. Il venditore pattuisce col compratore a favore del conduttore dell'oggetto alienato (1).

V. I contratti a favore del proprio erede, la cui validità venne riconosciuta espressamente da Giustiniano, abolendo il principio classico: *obligatio ab heredis persona incipere non potest* (2).

V. — CESSIONE DELLE OBBLIGAZIONI

§ 129. **Origine e natura della cessione.**

I diritti di obbligazione o crediti passavano bensì, come i debiti, nell'erede, e nelle origini probabilmente anche le obbligazioni *ex delicto*, ma non si potevano altrimenti trasmettere da persona a persona. Tale era il principio romano, tramandato da un'epoca in cui il carattere personale dell'obbligazione si sentiva ancor fortemente e l'antitesi tra i diritti reali ed obbligatori, anzichè svanire, rappresentava una separazione così profonda che le due categorie non si toccavano affatto, divergendo assai più tra di loro che non i diritti reali dai diritti di famiglia (3).

(1) L. 9, C *De loc.*, 4, 65 interpol.: *nisi-emit*.

(2) Non v'ha che in apparenza una simile efficacia in altri casi, ma trattasi di mandato (per es. consegna con l'onere di rimettere l'oggetto a un terzo) o di rappresentanza. — Cfr. su tutto EISELE, *Beitr. zur röm. Rg.*, 1896; PACCHIONI, *I contratti a favore dei terzi*, Innsbruck, 1898. Il Pacchioni è proclive a ritenere che in ogni caso nello stesso diritto giustinianeo non si abbiano veri contratti a favore dei terzi, bensì o una estensione della rappresentanza o azioni legali concesse per ragioni di equità al terzo, in base al rapporto obbiettivo: ma poichè si realizza la volontà del contraente, in questo senso non mi sembra da negare il contratto

(3) I diritti sulle cose e sulle persone della famiglia si esercitavano all'interno, i diritti di obbligazione erano relazioni con altri gruppi e altri capi di famiglia, paragonabili agli odierni rapporti internazionali, con cui sia per la fonte essenziale (il delitto), sia nelle conseguenze (la *noxae deditio*), sia per le solennità (la *sponsio*, il giuramento) nell'antico diritto romano offrono schietto parallelismo.

Questa regola a ogni modo doveva nello svolgimento storico del diritto romano piegarsi dinanzi ai bisogni del commercio; l'obbligazione, assunto che ebbe il carattere schietto di un istituto patrimoniale, non poteva tardare a divenire altresì commerciabile. Senza rinnegare il principio, i Romani hanno all'uopo ricorso a un espediente fornito loro dalla rappresentanza giudiziale, riconosciuta colla procedura formulare. Il creditore, che voleva cedere ad altri il proprio diritto, costituiva il cessionario o suo cognitore o procuratore per il giudizio, autorizzandolo ad esercitare il diritto in proprio vantaggio. Questo singolare procuratore dicevasi *procurator in rem suam*. La *intentio* della formula era concepita in nome del rappresentato, la *condemnatio* a favore del *procurator in rem suam*.

Questo spediente aveva peraltro i suoi difetti, come tutti i mezzi non nati per un dato fine. Il debitore poteva prima della condanna pagare il suo creditore vero e così essere liberato dall'obbligazione, frustrando il cessionario; e d'altra parte, venendo a morire il creditore, poichè il mandato per morte si estingue, il cessionario non poteva più intentare la lite. All'uno e all'altro inconveniente rimediò il diritto imperiale o forse lo stesso Giustiniano: al primo collo stabilire che la denuncia al debitore vietasse a questo di pagare direttamente al proprio creditore; all'altro, permettendo al cessionario di esperire azioni utili in caso di revoca del mandato o morte del mandante (1).

Finalmente ne' casi in cui la cessione sia in qualunque modo obbligatoria si rese indipendente dal mandato effettivo, accordandosi senz'altro l'azione utile (2).

(1) *Litis denunciatio*; L. 3 pr. C. *De nov.*, 8, 41: interp. *vel aliquid-denuntiaverit*. — Revoca del mandato: L. 55, D. *De proc*, 3, 3 interp. *qui-intendit* (Bähr, Lenel): Iust., L. 33, C. *De don.*, 8, 53 (54). — Morte del mandante: L. 1, C. *De o. et a.* 4, 10: *quae-competit* interp ?

(2) Nella compera di eredità, in cui soccorreva l'analogia col fidecommesso universale, il principio sembra classico (L. 16, pr. *De pact.* 2,

§ 130. Cause, limiti ed effetti della cessione.

La cessione può essere *volontaria* e *necessaria* o *legale*. Alla prima non occorre se non l'accordo tra cedente e cessionario sulla base di una *iusta causa;* vendita, donazione lecita, permuta e simili.

La cessione legale ha sua base in una disposizione espressa di legge, che fa obbligo in determinati casi al creditore di trasmettere il suo diritto. Così l'erede ha obbligo di cedere le azioni al legatario, se il testatore ha lasciato a questo un credito.

Di regola qualunque credito si può cedere, derivi da contratto, da delitto o da causa diversa, purchè sia nel patrimonio del creditore *(in bonis)*. Fanno eccezione quei crediti che hanno la loro base in un rapporto personale del creditore, per esempio, il diritto agli alimenti nascente dalla parentela. È vietata inoltre la cessione dei crediti ad una persona più potente *(cessio in potentiorem)*, che avrebbe agio di molestare ed opprimere il debitore, ed inoltre la cessione di azioni litigiose e la cessione di azioni che il tutore od il curatore abbiano contro le persone poste sotto la loro protezione.

Nel basso impero sembra che la cessione desse luogo ad abusi inverecondi. L'acquisto dei crediti era divenuto una vera professione: si costituivano anche all'uopo delle società, che con poco denaro comperavano i crediti altrui per poi esigere l'intero dal debitore con ogni vessazione *(redemptores litium)*. Ad ovviare a questo abuso l'imperatore bizantino Anastasio concesse al debitore un'eccezione *(exceptio legis anastasianæ)*, per

11 ; ma in tutti gli altri casi pare introdotto per interpolazione in più leggi del Codice dai compilatori (L. 2, C. *De o. et a.*, 4, 10, L. 5, C. *Quando fiscus*, 4, 15; L. 7, 8, C. *De her. vel act. vend.*, 4, 39; L. 18, C. *De leg.*, 6, 37). Per la donazione: IUSTINIANUS, L. 33, C. *De don.* 8, 53.

la quale questi non era tenuto a pagare se non quanto il terzo avesse pagato al cedente per acquistare il credito (1).

È controverso a chi incomba l'onere della prova in questa eccezione; giova però nel dubbio ritenere che l' imperatore Anastasio non abbia voluto allontanarsi di soverchio dai principî e il debitore debba quindi provare che il cessionario non ha sborsato tutta la somma del credito.

Gli effetti della cessione sono regolati tra cedente e cessionario dalla causa, tra cedente e debitore ceduto dalla denuncia, tra cessionario e debitore ceduto dal mandato vero o finto.

Il cedente è quindi responsabile sempre di fronte al cessionario della realtà del debito, cioè per il *nomen verum*, se il credito fu ceduto per compera od altro titolo oneroso, perchè vi si applicano allora le regole della evizione; non è responsabile invece se il credito fu donato. Per la solvibilità del debitore, ossia pel *nomen bonum*, il cedente non è mai tenuto.

Il debitore ceduto può pagare al cedente prima della *denunciatio* eseguita dal cessionario; ricevuta la denuncia, tale pagamento non avrebbe più effetto liberatorio.

Il cessionario, qual procuratore vero o finto del cedente, ha tutti i privilegi e tutte le eccezioni del cedente stesso. Viceversa il debitore ceduto può opporre al cessionario tutte le eccezioni che avrebbe potuto opporre al cedente.

(1) L. 22, C. *Mand.*, 4, 35.

VI. — ESTINZIONE DELLE OBBLIGAZIONI

§ 131. Nozioni generali.

I. *Quib. mod. obl. toll.*, 3, 29.

Causa di estinzione dell'obbligazione è qualunque fatto giuridico per cui cessa il rapporto obbligatorio coi diritti e gli obblighi che ne derivano. Si distinguono le cause di estinzione *ipso iure* e *ope exceptionis*.

Le prime annullano veramente la obbligazione e per sempre con tutti i rapporti accessori che ne possano eventualmente dipendere. Le seconde non fanno che attribuire un diritto d'impugnativa per eliminare il rapporto obbligatorio; ma di questo diritto il subbietto cui compete può usare o non usare, e anche volontariamente rinunciarvi, come può il diritto stesso cessare per causa indipendente dalla sua volontà (ad esempio, il decorso del tempo) o essere eliminato da una *replicatio*.

Si deve infine tener presente che la obbligazione non è estinta, finchè non è opposta l'eccezione, ed anche opposta l'eccezione, essa può sopravvivere rispetto ad altri coobbligati, come possono sopravvivere le obbligazione accessorie e le garanzie.

Al tempo della procedura formulare, alla quale si richiama la genesi dell'*exceptio* e delle cause di estinzione *ope exceptionis*, v'era anche questa differenza tra le due specie: che le cause di estinzione *ipso iure* si potevano produrre in qualunque stadio del giudizio, mentre la *exceptio*, il cui fondamento è sempre nella giurisdizione del Pretore, doveva esser proposta dinanzi al magistrato e quindi inserita nella formula.

Nell'antico diritto occorrevano forme solenni a sciogliere l'obbligazione, parallele alle forme in cui l'obbligazione era stata costituita: la *nexi liberatio*, l'*acceptilatio* letterale, l'*acceptilatio* verbale: sotto l'influenza del *jus gentium* si riconobbe tuttavia la piena efficacia estintiva della esecuzione o pagamento. Delle antiche forme soltanto l'*acceptilatio* verbale sopravvive nel diritto giustinianeo; ma data la piena efficacia del pagamento, essa non rappresentava da tempo se non un atto solenne di remissione.

§ 132. Esecuzione o pagamento.

Pr. 1. *Quib. mod.*, III, 29, § 1, 1. *De inut. stip.*, III, 19. § 2, 1. *Quib. al* 2, 8. — D. *De sol. et lib.*, 46. 3 . Cod., 8, 42 (43).

L'adempimento o esecuzione della prestazione costituisce il *pagamento*, che i Romani dicono *solutio. Solvere dicitur qui id facit quod facere promisit.*

Esaminiamo le condizioni che occorrono a un valido pagamento.

Quanto ai subbietti, chi paga sarà di regola il debitore. Ma ciò non è necessario; un terzo qualunque può pagare in vece sua, purchè sia capace di adempiere la prestazione e paghi colla intenzione di liberare il debitore. Nè solo questo, ma il terzo può eseguire il pagamento senza saputa del debitore e persino contro il suo divieto espresso.

Altra questione è però se il terzo abbia azione contro il debitore per farsi restituire ciò che ha pagato. Questa è cosa che dipende dal rapporto che esiste tra lui e il debitore. S'egli è suo mandatario, potrà esperire l'*actio mandati,* altrimenti l'*actio negotiorum gestorum,* ove abbia compiuto una valida gestione di affari altrui. In ogni altra ipotesi gli gioverà di fare che il creditore gli ceda la sua azione contro il debitore, che col pagamento egli viene allora a comperare (v. § 130).

Si paga al creditore o al suo rappresentante, sia questi un rappresentante generale *(procurator omnium bonorum)*, o speciale, o anche una persona aggiunta nell'atto costitutivo dell'obbligazione per ricevere all'uopo il pagamento (*solutionis causa adiectus*. o nelle stipulazioni l'*adstipulator*). Si può anche pagare al creditore del creditore col consenso di questo, il che costituisce una delegazione (*delegatio*), e, quando le due obbligazioni siano collegate, il debitore può anche fare a meno del consenso del suo creditore. Così il sublocatario può validamente estinguere la sua obbligazione, pagando direttamente al locatore.

Quanto all'oggetto, il debitore è tenuto a soddisfare, precisamente l' oggetto dell' obbligazione tutto in una volta e per intero. Soltanto se una parte del debito è litigiosa, egli è ammesso per intanto a pagare la parte non litigiosa. Giustiniano concesse inoltre al debitore, che senza sua colpa non possa procurarsi denaro, di offerire in pagamento anche beni immobili dietro giusta stima (*datio in solutum necessaria*).

Finalmente in proposito si debbono ricordare due istituti di diritto singolare. Il primo, che promette di avere nel diritto commerciale moderno una sempre più larga applicazione, è il concordato, che i Romani applicarono solamente all'eredità. Una costituzione di Marco Aurelio stabiliva che se l' eredità è molto gravata di debiti, l'erede ha facoltà di convocare i creditori e invitarli a ridurre proporzionalmente i proprì crediti. La deliberazione è presa a maggioranza, seguendo peraltro in prima linea l'entità dei crediti di ciascuno (1).

L'altro istituto è il *beneficium competentiae*, pel quale il debitore ha diritto di non essere condannato a pagare se non nella misura delle sue facoltà (*in id quod facere potest*) e *salvo il necessario sostentamento*. Quest'ultimo limite, che veramente ha ricongiunto il così detto *beneficium competentiae* alla teoria del pagamento, mentre in origine esso non aveva altro scopo che di evitare l' esecuzione personale o l' infamia, fu riconosciuto a favore del donante dalla giurisprudenza; ma

(1). L. 7 § 18, 19 e L. 8-10 pr., D. *De pact.*, 2, 14 largamente interpolate.

la sua generalizzazione a ogni titolare del beneficio è giustinianea (1). Le persone, alle quali il beneficio compete sono: il marito rispetto alla moglie e, almeno per diritto giustinianeo, anche la moglie rispetto al marito, gli ascendenti e discendenti, i fratelli o le sorelle, il patrono, il milite, il socio per i debiti contratti a causa della società, il *filiusfamilias* diseredato o astenutosi dall'eredità paterna, il donante, il suocero pel pagamento della dote.

Pel donante il calcolo si fa sul patrimonio netto, cioè il titolare ha diritto di detrarre i debiti (2).

(1) Risulta più ch'altro dall'essere il frammento di Paolo, L. 173, D. *De r. i* 50, 17, formulato in guisa generale e staccato dal suo contesto (cfr. lo stesso frammento in L. 19. D. *De re iud.* 42, 1), nonchè dalla sua collocazione istessa nel titolo generale *De regulis iuris*. Nel diritto comune, eliminata la condanna *in id quod facere potest*, venne invece esaltato l'altro effetto sino a costituirne un vero diritto agli alimenti, commisurati altresì alla condizione sociale (alimenti civili).

(2) La ragione decisiva che trasse a riconoscere al donante il beneficio in questa maggiore ampiezza, ammettendo la detrazione dei debiti, era senza dubbio la circostanza ch'egli non aveva diritto al beneficio di fronte agli altri creditori: il principio si ricollega appunto coll'altro principio classico (generalizzato dai compilatori) della riserva degli alimenti, la quale sarebbe stata illusoria se di fronte a successivi creditori il donante si fosse trovato insolvibile. Per vero il Pampaloni *St per Schupfer* 1889 p. 73 reputa interpolate le parole *et is solus deducto aere alieno* nella L. 19 § 1 D. 42, 1, e interpolata la L. 49 *eod.*, non solo nella chiusa *et indubitati iuris* ecc. (Kalb, Lenel), ma dalle parole *quemadmodum autem* ecc.: la restrizione del calcolo sul patrimonio netto *pel solo donante* sarebbe opera dei compilatori. Tesi assai dubbia, per le ragioni enunciate: aggiungo che Giustiniano non aveva nessuna ragione di restringere questa benigna norma e doveva piuttosto sentirsi portato a generalizzarla, come ha fatto della riserva degli alimenti e com'è pur conforme al suo spirito largo, e più coi debitori che non co creditori. Dal lato esegetico il caposaldo della tesi del Pampaloni è costituito dalla L. 3 D. 14, 5; ma questa legge, come la L. 19 D. 42, 1, non prova se non che si discuteva dai giureconsulti se il diritto alla detrazione dei debiti si dovesse estendere anche all'emancipato e al diseredato, che pe' debiti posteriori alla liberazione dalla patria potestà si trovano in condizioni analoghe a quella del donante: e nondimeno anche di fronte a costoro la tendenza era contraria: il fare timido di Ulpiano nella L. 3 cit. lo dimostra, onde la recisa affermazione di Paolo in contrario può anche esser genuina. Di una generalizzazione classica poi non v'ha traccia. — Per la particolarità (il carattere causale prima, personale poi) e la storia del *beneficium competentiæ* del marito, cfr lo stesso Pampaloni, l. c. Pel suocero, cfr. Riccobono nel *Bull. dell'Ist di diritto romano*, pag. 115.

Il *beneficium competentiae* riduce tuttavia soltanto la condanna, non l'obbligazione, onde se le condizioni patrimoniali del beneficiato tornano a migliorare, egli è tenuto a pagare anche il resto.

Riguardo al luogo del pagamento, se l' obbligazione deriva da contratto, si deve pagare nel luogo convenuto. Se sono stabiliti più luoghi alternativamente, il debitore ha la scelta, finchè non sia prodotta l'azione contro di lui; se cumulativamente, il pagamento va diviso nei diversi luoghi.

Se nulla è convenuto, trattandosi di trasmettere degli oggetti mobili od immobili, il luogo è quello dove si trovano; se si devono restituire, quello dove si sono ricevuti. In qualunque altro caso la prestazione può essere eseguita ove piace al debitore; se il creditore vuol riceverla altrove, deve pagare la spesa.

Intentata l'azione, il luogo è quello del giudizio.

In ordine al tempo, l'obbligazione deve eseguirsi nel termine stabilito *(quando dies venit)*, se un termine è imposto. Siccome il termine è di regola a favore del debitore *(diei adiectio pro debitore est)*, questi ha libera facoltà di pagare anche prima.

Se non è stabilito alcun termine, a rigore si può chiedere quando si voglia il pagamento, anche subito. A ciò sono stabiliti alcuni temperamenti. Il creditore deve prima invitare formalmente il debitore a pagare *(interpellatio)* e concedergli anche delle proroghe, ove ciò sia riconosciuto equo dal giudice.

§ 133. Effetti e sostituti del pagamento.

Il pagamento estingue nel modo più naturale l'obbligazione con tutti i suoi accessori.

Se il debitore ha più debiti collo stesso creditore e non dichiara espressamente quale intende soddisfare, il pagamento s'intende fatto, in base alla sua presunta volontà, per l'obbligazione più onerosa: ove siano tutte ugualmente onerose, per quella di data più antica, e se anche questo criterio non giova, l'imputazione si fa proporzionatamente per ciascun debito (1).

Se il creditore si paga da sè colla vendita del pegno, può imputare la somma in pagamento di qualunque obbligazione, anche naturale.

Il pagamento si prova con documenti o con testimoni. Pel diritto giustinianeo i testimoni devono essere cinque e la quietanza o *apocha* non fa prova se non dopo trenta giorni; prima di questo termine il creditore può impugnarla coll'*exceptio non numeratae pecuniae.*

Col consenso del creditore si può anche dare in pagamento un oggetto diverso da quello convenuto *(datio in solutum)*. Nel diritto classico fu controversia circa l'efficacia *(ipso iure* ovvero *ope exceptionis)* di questa causa di estinzione. Giustiniano accolse l'opinione dei Sabiniani, per i quali essa operava *ipso iure.*

§ 134. Novazione.

§ 3 I. *Quib. mod.*, III, 29. D. *De novat. et deleg*, 46, 2. Cod., 8, 41 (42).

Altra causa di estinzione *ipso iure* è la novazione. Si chiama *novazione* la costituzione mercè contratto formale di un nuovo rapporto obbligatorio, che debba sostituire e quindi annullare l'antico (2). Alla validità della novazione occorrono i seguenti requisiti preliminari: 1.° Che vi sia una precedente obbligazione da estinguere, civile o naturale. 2.° Che la nuova obbligazione

(1) Tale ordinamento non mi sembra classico. Il diritto classico, tacendo il debitore, dovea dar la scelta al creditore e, in difetto anche di questa, soggiungere i criteri enunciati. Ma nel diritto nuovo, con una di quelle interpolazioni, in apparenza restrittive, in realtà negative, i criteri sono anche soggiunti come limiti alla scelta del creditore, ed essendo esa rienti, l'annientano. Cfr. L. 1, D. *De sol. et lib.* 46, 3 (testo evidentemente interpolato dalle parole *dummodo in id constituat* etc.) e leggi segg. L. 1, C. *De sol. et lib.* 8, 42 (43).

(2). L. 1, pr. D. *h. t.: Novatio est prioris debiti in aliam obligationem vel civilem vel naturalem transfusio atque translatio.*

sia valida civilmente o naturalmente. 3.° Che si conchiuda mediante contratto formale. Tale forma, almeno nel diritto nuovo, non può essere che la stipulazione.

L'obbligazione sostituita all'antica sarà veramente nuova in qualche elemento; per esempio, verrà ad esser mutato il termine o il luogo del pagamento, o la persona del debitore o quella del creditore, quando la novità non consista esclusivamente nella forma della stipulazione. Rispetto al mutamento della persona, quando alcuno, creditore di Tizio e debitore di Caio, ordini al proprio debitore di obbligarsi in vece sua verso Caio, la novazione costituisce una delega *(delegatio)*. E d'altra parte colui che si obbliga, con o senza delegazione, a pagare un creditore altrui, compie una *expromissio*.

Ma sul requisito veramente essenziale, fondamento della novazione e della sua virtù estintiva, una radicale mutazione è avvenuta dal diritto classico al diritto giustinianeo. Nel diritto classico non si poteva mutare l'oggetto dell'obbligazione; anzi fondamento della virtù estintiva della novazione era l'*idem debitum,* giacchè non erano ammessi tra le stesse persone due contratti aventi lo stesso oggetto, come non erano possibili due processi sullo stesso oggetto *(bis de eadem re agi non potest)*. Nel diritto giustinianeo il concetto antico della novazione è svanito, e l'identità di oggetto eliminata come requisito, anzi la novità può consistere appunto nel mutamento dell'oggetto. Invece dell'antico *requisito obbiettivo,* è posto un *requisito subbiettivo,* che muta radicalmente l'essenza e la funzione dell'istituto. Esso consiste nell'*animus novandi,* con che s'intende che occorre l'intenzione effettiva di novare, cioè di sostituire la nuova all'antica obbligazione, non di lasciar sussistere colla nuova l'antica.

L'*animus novandi,* secondochè Giustiniano ha stabilito, si deve dichiarare espressamente; in caso diverso s'intende costituita un'altra obbligazione, non già novata l'antica (1). La novazione, dice Giustiniano, deve ormai avvenire *voluntate, non lege*.

§ 135. Accettilazione ed altre cause di estinzione, *ipso iure*.

§ 2. I. *Quib. mod.*, III, 29. D. *De acceptil.* 46, 4, C., 8, 43 (44).

L'*accettilazione* è un atto solenne di remissione del debito, che rappresenta ormai un pagamento immaginario, *imaginaria solutio*, mentre costituiva nelle origini una delle solennità, in cui doveva eseguirsi il pagamento effettivo. La forma consiste in una interrogazione ed una risposta: il debitore interroga il creditore se egli ha ricevuto il pagamento *(Quod ego tibi promisi habesne acceptum?)*, ed il creditore risponde che sì *(Habeo)*. L'accettilazione estingue anch'essa l'obbligazione *ipso iure*. Quale tipico *actus legitimus* essa non ammette nè condizioni nè termini, incompatibili del resto col tenore della dichiarazione formale. Non si possono estinguere in questo modo se non le obbligazioni conchiuse nella corrispondente e tipica forma della stipulazione. Peraltro ogni obbligazione, prima di essere estinta, può essere novata e quindi ridotta nella forma della stipulazione, la quale novazione dall'inventore di tale espediente, il giureconsulto Gallo Aquilio, si dice *stipulatio aquiliana*.

L'obbligazione si estingue pure per *confusione* della persona del creditore con quella del debitore, il che avviene specialmente se il creditore divenga erede del

(1) L. 8, C. *h. t.* Interpol. l'*animus novandi* (e non soltanto l'espressa dichiarazione): L. 8, § 2, D. *h. t.*: *si modo — promisit*; § 5 *si hoc-est; si novationis-fiat* o anche sino a *liberatur*; L. 26: *si novandi — fiat*; L. 28: *si non — facta est*; L. 29 *si id actum est*; L. 31 pr.: *novandi animo*; § 1: *cum id specialiter agit*; L. 58 D. *De v. o.* 45, 1: *nisi-possunt.* — Similmente il *legitime* nella frase « novatio *legitime* facta » (L. 18, D. *h. t.*; L. 4, C. *De fid. et mand.*, 8, 40 (41). Cfr. De Ruggero in *Bull. dell'Ist. di dir. rom.*, 1899 (11): p. 49.

debitore o viceversa, per *impossibilità della prestazione* e per *cessazione dell'interesse* da parte del creditore.

L'obbligazione a dare un oggetto individualmente determinato, cioè una *species*, viene pure ad essere estinta quando lo stesso oggetto si sia conseguito *per causa lucrativa (concursus causarum)*. Nell'antico diritto romano le obbligazioni di tal natura si estinguevano per qualunque causa la proprietà dell'oggetto si fosse acquistata in seguito dal creditore, attenendosi rigidamente al principio che non può essere valida l'obbligazione diretta a dare cosa già propria del creditore. Nel diritto giustinianeo l'estinzione si limita all'ipotesi in cui l'oggetto siasi conseguito dal creditore senza sacrificio, ossia per causa lucrativa: altrimenti il debitore rimane obbligato pel valore *(aestimatio)* (1).

Finalmente le obbligazioni consensuali *re adhuc integra* si estinguono per *consenso contrario* (2).

Vi hanno poi le cause speciali a singoli rapporti obbligatori.

§. 136. La compensazione e le cause di estinzione *ope exceptionis*.

GAII *Inst.* IV, 62-68. §§. 30, 39. I *De act.*, 4, 6. D. *De compens.* 16, 2. Cod., 4, 31, D. *De pactis*, 2, 14. Cod., 2, 3.
APPLETON, *Hist. de la compensation*, Paris 1895.

La *compensazione* è l'imputazione in pagamento di ciò che il creditore alla sua volta deve al debitore (3).

Nell'antico diritto la compensazione non si poteva opporre dal debitore all'infuori dei giudizi di buona fede,

(1) Il FERRINI (*Rend. Ist. Lomb.*, 1891, pag. 325) attribuisce la nuova dottrina a Giuliano. Secondo il DI MARZO (*Bull. dell'Ist. di dir. rom.*, v. 15 (1901) p. 91 e v. 17 (1905) p. 103) la teoria del *concursus causarum* e in genere la distinzione delle cause lucrative e onerose è opera delle scuole postclassiche (anzi posteriore al IV secolo), dietro qualche spunto classico: i testi interpolati, dato questo concetto, sarebbero veramente assai numerosi.

(2) La regola ha senso ed era formulata dai giureconsulti classici solo per la vendita. Cfr. PEROZZI *Il contratto consensuale classico* n. 5.

(3) L. 1, *h. t.*: *Compensatio est debiti et crediti inter se contributio.*

in cui rientrava nelle facoltà e nel dovere del giudice *(officium iudicis)* di valutare le reciproche obbligazioni delle parti e diminuire la condanna del reo; nè d'altra parte in questa maniera si compensavano tutte le obbligazioni, ma solo quelle nascenti dallo stesso rapporto, *ex eadem causa.* Nei giudizi stretti la compensazione fu riconosciuta soltanto circa le azioni dei banchieri *(argentarii)*, che debbono operarla nella *petitio,* e quelle del *bonorum emptor,* nelle quali ultime si deduce dalla condanna *(deductio)* la somma dovuta dal debitore citato; giacchè in questi casi ragioni gravi di equità s'imponevano.

Un rescritto di Marco Aurelio permise di far valere la compensazione mediante la *exceptio doli* ne' casi in cui la domanda del credito intero si potesse considerare veramente come dolosa. Finalmente nell'ultima epoca divenne generale l'uso di una domanda riconvenzionale *(mutua petitio)* del debitore citato, quando fosse alla sua volta creditore. Questo sistema fu accolto e reso generale da Giustiniano.

Giustiniano, che ha ordinato la compensazione come modo generale di estinzione dell' obbligazione, dichiara pure che essa opera *ipso iure* (1). Alcuni testi classici peraltro, che in origine si riferivano alla compensazione dei banchieri, non si adattano al concetto della compensazione legale: il debitore, non opposta la compensazione o non tenutone conto, serba il suo credito con la propria azione, e tra più crediti da opporre s'imputa non il più antico, ma quello che piace. Gli scrittori pertanto sogliono comunemente cercare altre interpretazioni della frase giustinianea; noi crediamo tuttavia che,

(1) L. 14, C. *h. t.*, § 30 1, *De act.*, 4, 6. La frase *ipso iure* venne puranco interpolata nei testi classici (L. 4; L. 10, *pr. h. t.*; L. 21, *Posteaquam-compensari*, ecc.), come d'altra parte, per l'unificazione compiuta, la *deductio* del *bonorum emptor* si mutò in *compensatio* (L. 10.; L. 13; L. 14, *h. t.*), o fu soppressa la menzione dell'*argentarius*, per far che il testo avesse una portata generale (L. 2; 4; 15; 21. *h. t.*, ecc.).

conforme alle parole di Giustiniano, si debba ritenere la compensazione legale con i suoi vari effetti (cessazione degli interessi dal momento della coesistenza delle due obbligazioni, com'è altresì attestato, cessazione della mora, ecc.), e riguardare le due anomalie sopraddette nel sistema del diritto giustinianeo come benigne disposizioni di diritto singolare (2).

I requisiti della compensazione sono:

1.° Che i subbietti tra cui intercedono reciprocamente le due obbligazioni sieno in realtà gli stessi. Peraltro non solamente l'erede può opporre il credito del defunto, ma il cessionario quello del cedente, il fideiussore quello del debitore principale, e il debitore solidale quello del suo condebitore.

2.° Che il credito opposto in compensazione sia valido, scaduto e, se non assolutamente liquido, almeno di prova non lunga e difficile. Ricordiamo tuttavia che anche i debiti naturali si possono opporre in compensazione (v. § 124).

3.° Che si tratti di cose fungibili della stessa specie.

Non si può opporre la compensazione contro i crediti del fisco, i mutui e legati a favore dei municipi, contro i crediti nascenti da deposito, violenza, furto.

Le cause di estinzione *ope exceptionis* sono numerosissime, poichè è questa la funzione essenziale della *exceptio*, ma si richiamano a istituti speciali (*exceptio metus, doli, senatusconsulti Velleiani*, *Macedoniani, exceptio rei iudicatæ vel in iudicium deductae, exceptio* o *praescriptio temporis*, ecc.). Qui giova ricordare un istituto parallelo alla *acceptilatio*, che è il patto di non chiedere.

Il *patto di non chiedere (pactum de non petendo)* è una mera convenzione, colla quale il creditore pro-

(2) La teoria della compensazione legale rimonta al glossatore Martino. Essa è stata ripresa con vigore da C. Longo *Appendice al titolo De comp. nel Comm. del Glück*.

mette di non chiedere al debitore la prestazione, cioè gli rimette il debito.

Questa convenzione, non essendo conchiusa nella forma solenne della *acceptilatio*, non poteva avere per affetto la estinzione della obbligazione *ipso iure*, ma il Pretore su questa base concesse la *exceptio pacti conventi*. Tale eccezione non vale di regola se non tra le persone che hanno conchiuso il patto, quindi non si può opporre dal condebitore in solido, e lascia poi sussistere i rapporti accessori, pegno, ipoteca, fideiussione. Può nondimeno il patto esser conchiuso in guisa che giovi anche ai terzi, e allora dicesi *pactum de non petendo in rem*.

VII. — MODIFICAZIONE DELLE OBBLIGAZIONI (OBBLIGAZIONI ACCESSORIE)

§. 137. Nozioni generali.

L'obbligazione può essere variamente modificata, sia perchè scemi o cresca o s'alteri per effetto di cause diverse la sua efficacia iniziale, sia perchè all'obbligazione principale si aggiungano obbligazioni distinte, che hanno propria azione, ma pur sempre carattere accessorio. In altri termini l'obbligo può essere accessorio materialmente e formalmente, ovvero solo materialmente.

L'obbligazione può essere modificata dalla stessa volontà delle parti mediante *nudo patto* (v. § 168) o *stipulazione* (v. § 154). Il patto è sufficiente nei negozi di buona fede, perchè ivi è alle parti concessa la maggiore libertà nell'ordinare i diritti o gli obblighi reciproci ed il giudice ha il debito di accertare *ex fide bona* quanto dalle parti sia stato voluto. Il patto però deve costituire un tutto unico col negozio, ossia venire conchiuso all'atto stesso, *in continenti, non ex intervallo*, perchè l'azione stessa del negozio si possa all'uopo intentare per esso, sia esso diretto a crescere o alleviare l'obbligazione *(ad augendam vel minuendam obligationem)* (1).

Tali patti si dicono comunemente *pacta adiecta*. Così alla compra-vendita può essere aggiunto il patto di riscatto, il patto di risoluzione in caso di migliore offerta *(in diem addictio)*, il patto di non alienare o non manomettere lo schiavo venduto, ecc.

Nei negozi invece che danno luogo a un'azione di stretto giudizio o di stretto diritto, come usa dire Giustiniano, per le obbligazioni accessorie dirette ad *augendam obligationem* si deve conchiudere un nuovo contratto all'uopo, il quale occorre che rivesta la forma della stipulazione. Così, se al contratto di mutuo si vuole aggiungere l'obbligo del pagamento degli interessi, conviene stringere una speciale stipulazione all'uopo, giacchè il mutuo di per sè non obbliga pei Romani se non alla restituzione dell'equivalente (2).

L'obbligazione può essere anche modificata per eventi posteriori (deteriorazione o perimento della cosa, in genere sopravvenuta impossibilità della prestazione, inadempimento o inadeguato adempimento), in quanto venga a sostituirsi o aggiungersi all'obbligazione principale l'obbligo al risarcimento del danno.

Nasce l'obbligo al risarcimento del danno di regola quando il debitore è in colpa, e si applicano in proposito le norme della colpa contrattuale (cfr. § 35). Qui giova trattare di alcune forme di colpa o di responsabilità legale che hanno speciale importanza nella materia delle obbligazioni, e sono: la mora, la custodia, l'evizione della cosa trasmessa, e i vizi occulti della medesima.

(1) Il patto che venga stretto in seguito non genera azione, ma il Pretore accordò nondimeno che si potesse opporre in via di eccezione tanto ne' giudizî di buona fede, quanto ne' giudizî stretti: il che dà un àmbito molto più largo ai patti diretti *ad minuendam obligationem* (cfr. § 168).

(2) Tuttavia per i patti aggiunti *in continenti* alla stipulazione si disputa in base alla L. 40 D. *De r. c.* 12, 1: può essere che, data l'elasticità di questa forma, si sia pervenuti a estender la tutela dell'azione ai patti aggiunti.

§ 138. La mora.

D. *De usur. et fruct. et caus. et omn. acc. et mora*, 22, 1.

La *mora* è l'inadempimento colposo della obbligazione al tempo debito o il colposo rifiuto di accettarla. Si distingue pertanto la mora del debitore *(in solvendo)* e la mora del creditore *(in accipiendo)*.

Requisiti della prima sono:

1.° Che l'obbligazione sia valida e munita di azione: onde non v'è mora nelle obbligazioni, *naturales tantum* (1).

2.° Che la obbligazione sia esigibile. Tale non è l'obbligazione condizionale o a termine, finchè non siasi avverata la condizione o sia scaduto il termine.

3.° Che il debitore sia invitato a pagare mediante un atto che dicesi *interpellatio,* giacchè egli non è tenuto a offrirsi spontaneamente.

4.° Che il debitore sia in colpa *(cessatio fraudulosa)*.

L'interpellazione non esige forme e può essere fatta dal creditore o dal suo rappresentante al debitore o al rappresentante di questo. Il debitore non è in mora, quando riesca a produrre una causa giustificativa dell'inadempimento a tempo debito, per esempio, assenza o prigionia, perchè allora l'indugio è scevro di colpa.

Ne' seguenti casi la mora procede senza interpellazione:

1.° Quando l'interpellazione è resa impossibile per colpa del debitore.

2.° Nei debiti che derivano *ex maleficio.*

I vecchi commentatori crearono inoltre per le obbligazioni a termine la regola *Dies interpellat pro homine*, che non ha sufficiente base nelle fonti.

(1) L. 88, D. *De r. i.* 50, 17: *Nulla intelligitur mora ibi fieri ubi nulla petitio est* (= L. 127 D. *De v. o.* 45, 1).

Per effetto della mora il debitore rimane obbligato anche divenendo in seguito la prestazione impossibile *(obligatio mora perpetuatur)*, salvo il temperamento, di dubbia classicità, ondc si è ammessi a provar che la cosa sarebbe egualmente perita presso il creditore: inoltre ne' negozi di buona fede e, per diritto nuovo, ne' legati deve *officio iudicis* (v. § 141) gl'interessi legali del credito e i frutti delle cose da consegnare o da restituire.

Per la mora *in accipiendo* occorre che il debitore abbia nei modi debiti offerto l'esatta prestazione *(oblatio rite facta)* e il creditore l'abbia rifiutata. Il debitore non viene per essa liberato, ma l'oggetto dell'obbligazione è ormai a rischio e pericolo del creditore, il quale può essere anche responsabile dei danni per non avere a tempo debito accettato l'offerta.

La mora cessa o si purga colla dichiarazione del debitore ch'egli è pronto a soddisfare la prestazione, compresi gli interessi, ovvero con quella del creditore che egli è pronto a ricevere, ed inoltre per l'estinzione dell'obbligazione all'infuori del pagamento, per un nuovo termine apposto e per la mora dell'altra parte.

§ 139. **Responsabilità per la custodia. Il caso fortuito.**

Si chiama *custodia* la diligenza che si deve adoperare affine di preservare dalla perdita o dal deterioramento le cose altrui, che il debitore ha nelle sue mani.

Il grado di questa diligenza è vario a seconda del grado di colpa, onde è responsabile il debitore. Di regola però la custodia significa la diligenza ordinaria del buon *paterfamilias* nel custodire gli effetti altrui; onde la responsabilità per la custodia propriamente incombe in quelle obbligazioni in cui si è responsabili anche per la colpa lieve, come la locazione ed il comodato.

In alcuni casi peraltro la *custodia* implica una responsabilità senza colpa: così è certamente nel *recep-*

tum, ossia nella responsabilità dei *nautae, caupones, stabularii* per furti e danni circa le cose loro affidate (cfr. § 177). Sugli altri casi, anzi sulla possibile costruzione di un concetto e un campo generale di applicazione, assai si discute (1).

Caso *fortuito,* è un evento non imputabile al debitore. Il caso fortuito tipico ed assoluto è la *forza maggiore (vis maior, damnum fatale),* cioè un evento non prevedibile affatto o non riparabile innanzi: ne sono esempi l'incendio, la ruina, il naufragio e simili.

Il caso fortuito per cui la cosa perisce o la prestazione divenga altrimenti impossibile, libera il debitore, salvo patto contrario; sicchè il rischio e pericolo è a carico del creditore, il quale, ove sia obbligato alla sua volta ad una contro-prestazione, la deve egualmente, benchè lo scopo gli venga a fallire.

Viceversa, ove l'oggetto della prestazione aumenti per avventura di valore, ciò torna a vantaggio di chi subisce il pericolo. *Commodum eius esse debet, cuius et periculum.*

§ 140. Responsabilità per la evizione e per i vizi occulti della cosa.

D. *De evict. et duplae stip.*, 21.2. C. *De ev.* 8,44 (45). D. *De aedil. ed.*, 21, 1. C. *De aedil. act.*, 4,58.

Si ha evizione quando colui che acquistò una cosa o altro diritto ne venga privato giudizialmente dal vero titolare in tutto o in parte, senza sua colpa, bensì per un vizio inerente al diritto del suo autore *(vitium in iure transferentis).*

La responsabilità per evizione si può riguardare come un caso speciale della responsabilità per danni derivanti dall'inadempimento de' propri doveri nei negozi con altri conchiusi. Essa incombe di necessità all'alienante

(1) Il LUSIGNANI, *La responsabilità per custodia,* Modena, 1902-1903 ritiene questa custodia in senso tecnico una invenzione di Giustiniano e interpolati all'uopo i testi classici.

in tutti i negozi a titolo oneroso per cui siasi trasmesso un diritto. Se non che la sua genesi e la sua vera applicazione è in ordine al contratto di compravendita, perchè, a causa della speciale struttura di questo nel diritto romano (v. § 162), il compratore, e soltanto il compratore, non poteva agire contro il suo autore per danno derivante dall'inadempimento, scoprendo di aver ricevuto cosa altrui, ma doveva attendere di essere effettivamente spossessato.

In ogni caso però l'acquirente, a fine di potersi dire esente da ogni colpa, non deve aver negletto i consigli dell'alienante, che non gli ha nascosto lo stato delle cose e deve inoltre denunciar la lite, ossia chiamare in giudizio l'alienante, perchè questi può aver mezzi di difesa suoi proprî.

La responsabilità legale per i vizi occulti della cosa alienata fu introdotta per la prima volta dall'editto degli edili circa le vendite di schiavi e bestiame sui mercati, e nell'epoca romano-ellenica estesa al trapasso di ogni oggetto anche fuori de' mercati.

I vizî debbono essere veramente occulti e non di lieve momento, ma tali da rendere la cosa impropria all'uso, e dovevano inoltre esistere al momento del contratto.

L'obbligo del risarcimento, indipendente dalla buona o mala fede dell'alienante, può consistere o nella riduzione del corrispettivo, e a tal uopo è ordinata l'*actio aestimatoria* o *quanti minoris*, o nella rescissione del negozio, ed a tal fine soccorre l'*actio redhibitoria*.

§ 141. Obbligo degli interessi.

D. *De usur. et fruct.* 22, 1. D. *De naut. faen.* 22, 2. C. *De usur.* 4, 32. C. *De naut faen.* 4, 33. C. *De usur. et fruct. leg.* 6, 47. C. *De usur. rei iud.*, 7,51. C. *De usur. pupill.*, 5,56.

Si dicono *interessi* o *usure* quella quantità di cose fungibili, in genere denaro, che il debitore è tenuto a pagare periodicamente per il tempo che non soddisfa l'obbietto principale.

Il nome di *usure* deriva dall'essere in genere stabilite qual corrispettivo dall'uso di una maggiore quantità di cose della stessa specie, costituenti il capitale *(caput, sors)*.

Le usure costituiscono nel modo più evidente un'obbligazione accessoria, la quale, pertanto, non esiste se la obbligazione principale è nulla, e cade, se questa venga ad estinguersi.

L'obbligo delle usure può derivare dalla *volontà privata* o dalla *legge*.

Circa le usure volontarie nei cosiddetti negozi di buona fede basta un semplice patto aggiunto alla conclusione del contratto stesso. Nei negozi invece di stretto giudizio o di stretto diritto occorre che le usure siano stipulate separatamente, perchè nel giudizio non si potrebbe tener conto di patti accessori (v. § 137). Eccezionalmente peraltro si ammette la costituzione di tale obbligo delle usure per via di semplice patto nei mutui fatti da una città o da un banchiere, nei mutui di somme destinate a traversare il mare *(pecunia traiecticia)* ovvero non consistenti in denaro (v. § 158).

Gl'interessi legali sono talvolta stabiliti in pena di un atto illecito. Tali le usure *ex mora*, le usure che deve l'amministratore, per esempio, il tutore, il mandatario, il gestore d'affari, il socio, e simili, quando abbia impiegato il denaro o altre cose fungibili affidategli in usi suoi o abbia lasciato oziose delle somme che era tenuto a collocare. Talvolta invece ne corre l'obbligo, perchè altri ha impiegato proprio denaro nell'amministrare il nostro patrimonio *(in rem versio)*. Sono pure legali le usure che si debbono ai minori ed al fisco, agli istituti di beneficenza, al venditore per il prezzo dal momento della consegna, al compratore, se l'oggetto fu evitto, dal giorno dell'evizione, al marito, dal giorno in cui la dote è stata costituita e non consegnata, alla moglie dal giorno in cui, sciolto il matrimonio, deve essere restituita, all'attore, che ha ottenuto vittoria, dopo quattro mesi dalla sentenza (*usurae rei iudicatae*).

Da non confondere colla precedente è la distinzione schiettamente romana delle *usurae quae officio iudicis praestantur* e delle *usurae quae in obligatione consistunt.* Le prime sono quelle che non hanno propria azione, ma possono soltanto essere valutate e ammesse dall'*officium iudicis,* intentando l'azione per il capitale; le seconde sono quelle che hanno base in una propria e distinta obbligazione con propria e separata azione. Le usure convenzionali che derivano da patto aggiunto a un negozio di buona fede o le usure legali punitorie hanno sanzione entrambe nell' *officium iudicis.* Invece le usure volontarie derivanti da stipulazione o da patto indipendente ed eccezionalmente munito di azione o da testamento, le usure legali dovute ai minori, al fisco, ai luoghi pii *in obligatione consistunt.* L'azione intentata pel capitale, la novazione o il pagamento del capitale, non hanno effetto circa gli interessi scaduti nelle *usurae in obligatione;* anzi la *litis contestatio* non impedisce nemmeno la decorrenza *pendente iudicio.* Per contrario la contestazione della lite, la novazione, il pagamento del capitale nelle *usurae quae officio iudicis praestantur,* togliendo la obbligazione principale, alla quale simili interessi sono accessori materialmente e formalmente, tolgono anche ogni diritto agli interessi (1).

Il tasso delle usure fu assai variamente regolato nella storia del diritto romano. Il limite più antico delle usure volontarie, fissato in seguito alle lunghe lotte colla plebe, era il così detto *unciarium foenus*, che pare fosse del $8^1/_3$ per $^0/_0$ (2): nell'età classica il tasso

(1) FADDA, *Le usurae quae officio iudicio praestantur*, nella *Riv. it. per le scienze giuridiche*, vol. II (1886), pag. 365; vol. III (1887), pag. 1.

(2) Cioè, secondo l'interpretazione del Niebuhr, una *uncia* o $^1/_{12}$ del capitale all'anno, il che viene $8\ ^1/_3$ o $10\ ^0/_0$, secondochè base del calcolo si reputi fosse l'anno di 12 mesi o il preteso anno di 10.

legale (molto superiore al tasso convenzionale normale) è costituito dalle *usurae centesimae*, il 12 per °/₀. Giustiniano lo ridusse a metà, la *dimidia centesimae* (1), salvo casi eccezionali, ove il *maximum* era fissato in una misura maggiore o minore.

Le usure necessarie o legali sono variamente fissate. Nel diritto classico una somma d'interessi non esatta non si poteva più esigere oltre la misura del capitale, *ultra alterum tantum*. Giustiniano diede a questa regola un carattere esorbitante, disponendo che non si potessero più chiedere interessi, quando quelli già pagati raggiungessero la somma del capitale.

È vietato da Giustiniano col più assoluto rigore l'anatocismo, cioè il far che gl'interessi non pagati producano alla lor volta nuovi interessi.

VIII. — GARENTIE DELLE OBBLIGAZIONI

§ 142. Nozioni generali.

L'esecuzione dell'obbligazione può essere garantita in più modi. In primo luogo mercè la costituzione di una nuova obbligazione, la quale, poichè dipende da quella già costituita, è accessoria rispetto ad essa, che dicesi obbligazione principale. Si distinguono le garentie obbligatorie che derivano dallo stesso debitore, e quelle che derivano da un terzo, le quali prendono la denominazione generale di *intercessioni*.

In secondo luogo la obbligazione può essere garentita mercè la costituzione da parte del debitore o di un terzo a favor del creditore del diritto di pegno o d'ipoteca.

(1) L. 26, C. *h. t.* Nei testi classici pertanto *usurae centesimae* venne mutato in *usurae legitimae*.

§ 143. Caparra, clausola penale, giuramento e costituto.

Le garentie obbligatorie derivanti dallo stesso debitore sono: la caparra *(arrha confirmatoria)*, la clausola penale o pena convenzionale *(stipulatio poenae)*, il giuramento promissorio e il costituto di debito proprio.

La *caparra* consiste nella consegna al creditore di una somma di danaro o altro oggetto, che il debitore si obbliga a non più ripetere nel caso d'inadempimento dell'obbligazione principale.

Tale obbligazione è un nudo patto, che genera quindi a favor del detentore dell'oggetto la *exceptio pacti conventi,* per cui si oppone a ogni azione, colla quale il debitore venga a ripetere la cosa sua, prima di avere eseguito l'obbligazione principale.

La *clausola penale* è la promessa di una prestazione, in genere una somma di denaro, per il caso d'inadempimento dell'obbligazione assunta. Essa non costituisce un contratto per sè riconosciuto, e occorre quindi la forma della stipulazione, onde il nome di *stipulatio poenae;* ma sempre, s'intende, basta il nudo patto, ove s'aggiunga a un negozio di buona fede (cfr. § 137 e 168) (1).

Il *giuramento* come modo di garentire le obbligazioni già assunte è riconosciuto in un caso solo. Per un rescritto singolare di Alessandro Severo l'obbligazione del minore rinforzata dal giuramento fa sì che questi perda il diritto di chiedere la restituzione in intero (2). L'obbligazione del minore deve però essere valida, e così ritenne giustamente Bulgaro. L'interpretazione più larga, messa innanzi, secondo il solito, dall'oppositore di Bulgaro, Martino, che coll'atto del giu-

(1) Vedi sul tema Bertolini, *Della pena convenzionale*, negli *Studi e doc. di storia e dir.*, vol. XV, 1894.
(2) L. 1, C. *Si adv. v.*, 2, 27 (28).

ramento si potesse confermare un' obbligazione non validamente contratta dal minore, non è conforme al diritto romano (1).

Il *costituto di debito proprio* è un patto munito di azione dal Pretore *(actio de constituta pecunia)*, per il quale alcuno si obbliga di pagare ciò che deve a causa di un preesistente rapporto obbligatorio, secondo nuove modalità di tempo, di luogo od altro. Il costituto può rendere civile anche una obbligazione naturale. Nel diritto classico era riconosciuto soltanto il costituto di *pecunia*, danaro o altre cose fungibili. Giustiniano lo estese a ogni altro oggetto.

Il pagamento del costituto, poichè ha lo stesso oggetto dell'obbligazione principale, estingue l'obbligazione principale.

Analogo al costituto era nel diritto classico il *receptum argentariorum*, contratto pel quale il banchiere si obbliga a pagare somme per conto del proprio cliente: ma esso è stato da Giustiniano fuso insieme col costituto.

§ 144. Dell'intercessione in generale.

L'intercessione può essere di più maniere: o il terzo assume l' obbligazione, liberando il debitore (intercessione privativa o intervenzione), ovvero il terzo si obbliga insieme col debitore principale (intercessione cumulativa).

L'intercessione privativa non può accadere naturalmente se non contraendo di nuovo col creditore, perchè questi non può essere costretto ad accettare un nuovo debitore invece dell'antico.

Tale intercessione costituisce adunque una nuova obbligazione che viene in luogo dell'antica e la estingue,

(1) Nel diritto intermedio una costituzione di Federico I rese validi gli atti di alienazione impugnabili, quando fossero afforzati da giuramento (Auth. *Sacramenta puberum* ad L. 1, C. *Si adv. v.* 2, 27). Il diritto canonico estese questa sanzione a tutti gli atti nulli, purchè non contenessero nulla d'illecito.

cioè una forma di novazione, che è precisamente l'*expromissio.*

L'intercessione cumulativa alla sua volta può essere di due specie: o il terzo si obbliga in linea eguale al debitore principale, ed allora si ha un'obbligazione in solido costituita a scopo di intercessione, o il terzo si obbliga in linea sussidiaria, e questa è propriamente vera intercessione.

L'obbligazione sussidiaria per intercessione ha nel diritto giustinianeo le tre forme seguenti: la fideiussione, il costituto di debito altrui e il mandato, che in questa applicazione si suol dire dai moderni mandato qualificato.

Le intercessioni delle donne nell'età imperiale vennero proibite dal senato-consulto Velleiano (a. 46 d. C.), sulla base del quale si concesse alla donna intercedente la *exceptio senatusconsulti Velleiani,* nè la giurisprudenza ammise che a questa eccezione sopravvivesse pure un'obbligazione naturale. Trattandosi d'intercessione privativa, è restituita dal Pretore l'azione contro il debitore liberato. Solo in casi eccezionali, per esempio, errore scusabile del creditore, dolo della donna, o quando avesse interceduto nel proprio interesse, la intercessione era valida.

Giustiniano poi dichiarò nulle di pieno diritto le intercessioni delle donne a favore del marito e quelle non redatte in istromento pubblico, sottoscritto da tre testimoni (1). Giova tuttavia l'*exceptio* nelle intercessioni debitamente redatte.

§ 145. La fideiussione.

I. *De fideiuss.*, III, 20. D. *De fideiuss. et mand.*, 46, 1. Cod., 8, 40 (41).

La *fideiussione* è un contratto formale, mediante il quale alcuno si obbliga a pagare un debito altrui nel caso che il debitore principale non paghi alla scadenza. La forma è quella della stipulazione.

(1) L. 23, § 2, C. *A S. C. Vel.*, 4,29.

Nel diritto antegiustinianeo esistevano varie garentie formali e civili con applicazioni ed effetti diversi: la *sponsio*, la *fidepromissio*, la *fideiussio* propriamente detta. La forma della *fideiussio*, in genere più ampia e sicura, è l'unica che sopravviva nel diritto giustinianeo (1).

Si può garentire mediante fideiussione qualunque obbligazione, anche un'obbligazione meramente naturale o un'obbligazione futura.

Il fideiussore è obbligato alla stessa prestazione del debitore principale. *In aliam rem quam quæ credita est obligari fideiussor non potest.* L'obbligazione del fideiussore non può nemmeno esser più grave di quella del debitore principale, ossia non si può egli obbligare *in duriorem causam*. Si può invece obbligare non per l'intero, *in omnem causam*, ma soltanto per quel che non si ricavi dal debitore principale, ed abbiamo allora una *fideiussio indemnitatis*, il cui carattere, se sia fideiussione o stipulazione comune, è però dubbio.

La posizione del fideiussore fu più equamente regolata nel diritto imperiale. Adriano per il primo concesse nel caso di più fideiussori il *beneficium divisionis*, in virtù del quale il fideiussore escusso poteva esigere dal creditore che dividesse la sua azione tra i vari confideiussori presenti e solventi (cfr. § 122).

Ma per la prima volta Giustiniano accordò al fideiussore il *beneficium excussionis*, in virtù del quale il fideiussore convenuto può opporre al creditore che egli si rivolga prima contro il debitore principale; oramai il suo debito non è più propriamente *in solidum*, cioè in linea perfettamente uguale con quello del debitore principale. Con questa riforma la fideiussione assume veramente il suo tipo odierno di negozio sussidiario.

(1) I termini *sponsor*, *fidepromissor* vennero pertanto soppressi nei testi classici o mutati in *fideiussor*. Cfr. L. 25, D. *h. t.* (ove certamente *his* riferivasi a *sponsori vel fideiussori non subveniatur*, inciso mutato in *ei non subveniatur*); L. 72 *eod.* (cfr. GAI, III, 12); L. 52 D. *Mand.* 17, 1 (*spopondit!*); L. 6 pr. D. *De nov.* 46,2 ecc.

Tuttavia per ottenere dal debitore principale la restituzione del pagato, ossia per esercitare il *diritto di regresso,* il fideiussore non ha nemmeno nel nuovo diritto azione in base al contratto stesso. Egli può all'uopo ricorrere a diversi mezzi fondati sul rapporto distinto, che per avventura lo leghi al debitore, e sperimentare l'*actio mandati contraria* in base al mandato che aveva dal debitore, o l'*actio negotiorium gestorum,* se ha compiuto, pagando, una gestione utile, ove concorrano tutti i requisiti della *negotiorum gestio* (§ 170). Potrà anche farsi cedere dal creditore le sue azioni contro il debitore (1). Giustiniano accordò l'*actio mandati* anche se il fideiussore ha omesso senza dolo una eccezione o ha pagato, ignorando che il debito era già stato soddisfatto dal debitore principale (2).

§ 146. Il costituto di debito altrui ed il mandato qualificato.

D. *De pec. const.*, 13,5. C. *De const. pec.*, 4, 18.
D. *De fid. et mand.*, 46,1. Cod. 8,40 (41).

Il *costituto di debito altrui* è un semplice patto riconosciuto dal Pretore, per cui alcuno promette di adempiere un'obbligazione altrui esistente all'atto in cui si conchiude il costituto.

Oltre all'essere scevro di forme, il costituto differisce dalla fideiussione in quanto la prestazione può essere diversa non solo nelle modalità, ma anche nell'obbietto stesso, ed inoltre i mutamenti dell'obbligazione principale non si riflettono punto sull'obbligazione del costituente. Giustiniano ha esteso al costituto il *beneficium divisionis* (cfr. § 145).

(1) Paolo (o forse Giustiniano) ammette le possibilità della cessione anche fatto già il pagamento, ossia quando, secondo i principî, l'azione sarebbe estinta: L. 36, D. *h. t.*, 46, 1 interpol. *poterit quidem dici; sed non ita-actiones.* Contra Mod. L. 76, D. *De sol. et lib.*, 16, 3.

(2) L. 29, pr. D. *Mand.*, 17, 1 interpolata. — Per le riforme in ordine alla *litis contestatio* cfr. § 122.

Il *mandato qualificato* è una malleveria fondata sul contratto consensuale di mandato, che viene a tal fine adibito. Essa risulta dall'incarico dato altrui di prestare una somma di danaro od una quantità di cose fungibili a un terzo, per la restituzione della quale il mandante resta, in base al mandato, mallevadore. Il *mandator* fruisce anch'egli del *beneficium divisionis.*

Tale malleveria, conforme alla natura del mandato, si può contrarre anche tra assenti, a differenza della fideiussione, che per la forma richiede la presenza delle parti, ed anche per una obbligazione futura, a differenza del costituto; oltre all'essere, come il costituto stesso, meramente consensuale.

Per esercitare il diritto di regresso il *mandator* ha l'*actio mandati contraria.*

§ 147. Le garentie reali. Nozione ed evoluzione storica.

Si dicono garentie reali quelle in cui è concesso al creditore di ritenere o, in una fase e in una forma più evoluta, vendere un oggetto, qualora non sia soddisfatto dell'obbligazione; il quale oggetto è d'ordinario una cosa materiale, onde si può dire in generale che, mentre nelle garentie obbligatorie è un *rapporto con la persona,* qui è un *rapporto con la cosa,* che assicura la esecuzione dell'obbligazione.

Le garentie reali presentano uno svolgimento assai vario ed una ricchezza straordinaria di forme e di applicazioni. In generale tutte le volte che la legge concede a tutela del proprio credito un diritto di ritenzione di cose altrui o una immissione nel possesso delle stesse *(ius retentionis, missio in possessionem)* si ha una vera e propria garentia reale.

Le forme tipiche di garentia reale nel diritto classico erano, a prescindere dalla *praediatura,* che appartiene piuttosto al diritto pubblico, la *fiducia,* il *pignus* e l'*hypotheca.*

La *fiducia* è un istituto abbastanza generale, non destinato esclusivamente a scopo di garentia, sebbene questa fosse la sua principale applicazione. Essa consisteva nel trasferimento della proprietà, in uso forse per le *res mancipi*, eseguito, nel caso, a fine di garentia, e quindi congiunto con un patto, che riserbava al debitore (fiduciante) il diritto di ripetere la cosa dal creditore (fiduciario), soddisfatto ch'egli avesse il debito. L'azione a tal uopo dicevasi *actio fiduciae* (v. § 157).

Col trasferimento della proprietà non andava di regola, nell'epoca almeno nel diritto classico, congiunto il trasferimento del possesso; sicchè il debitore rimaneva nel godimento della cosa e poteva mediante il possesso recuperare il diritto di proprietà, la quale usucapione, appunto perchè importava il ricupero di cosa già propria, dicevasi *usureceptio*. Ad evitare questo sconcio, che avrebbe privato il creditore della sua garentia, il possesso stesso veniva espressamente rilasciato dal creditore al debitore a titolo di precario o di locazione, il che faceva che non fosse più atto a giustificare l'*usureceptio* (1).

Il creditore aveva anche, volendo, facoltà di vender la cosa, ma in base alla proprietà acquistata. Egli poteva essere responsabile coll'*actio fiduciae*, qualora esercitasse tal diritto senza attendere di essere soddisfatto dell'obbligazione; e nell'età della giurisprudenza classica divenne via via più chiara la coscienza che il trapasso della proprietà era meramente formale. Così ordinata, la *fiducia* era abbastanza rispondente al suo fine e rimase per tutta la seconda epoca il mezzo più in voga di garentia reale.

Al contrario della *fiducia* il *pignus* consisteva nel mero trasferimento del possesso della cosa mobile o immobile, il quale venne garentito dal Pretore cogl'inter-

(1) Gaii, *Inst.*, II, 59-60. — Come la *usucapio pro herede*, così la *usureceptio* della fiducia esigeva un anno solo, anche circa i fondi.

detti possessorî, qualora il creditore fosse turbato nel possesso stesso, o ne fosse spogliato.

L'istituto dell'ipoteca sorse come un perfezionamento del *pignus*. La sua prima applicazione fu in ordine agli istrumenti di coltura introdotti dal colono nel fondo preso in affitto *(invecta et illata)*. S'introdusse l'uso che tali istrumenti dovessero costituire la garentia del fitto, senza che fossero tolti al locatario, e sulla fine della repubblica un Pretore concesse all'uopo un interdetto al locatore per prenderne eventualmente possesso, qualora non fosse soddisfatto alla scadenza *(interdictum Salvianum)*. Tale interdetto però si poteva esperire solamente contro il colono e i suoi eredi, non mai contro i terzi. Un altro Pretore introdusse un'*actio in rem,* quindi esperibile contro qualunque terzo, la quale dal suo inventore prese il nome di *actio Serviana,* ed a questo punto il diritto del creditore sugli *invecta et illata* è divenuto un diritto reale.

Ma l'uso stesso, dalla locazione dei fondi rustici e dagli *invecta et illata,* si estese ad altri rapporti ed altri oggetti, e si concesse utilmente all'uopo la tutela dell'*actio Serviana (Serviana utilis, quasi Serviana, hypothecaria)*. Il nome d'*hypotheca* parrebbe esprimere che allo sviluppo dell'istituto non furono estranee influenze greche; nondimeno la cosa è oggi vivamente contestata, per quanto l'origine dalle garentie reali fornite allo Stato sia forse ancor meno probabile.

Così costituita, l'ipoteca non differisce essenzialmente dalla *fiducia,* se non in quanto è regime più difettoso e meno sicuro per il creditore, in primo luogo per l'assenza di forme solenni e di pubblicità, in secondo luogo per la struttura primitiva, che implica il *jus possidendi,* ma non ancora il *jus distrahendi* quale elemento essenziale del rapporto.

E non fu se non la desuetudine in cui venne la *mancipatio* nella terza epoca che fece cadere l'istituto della *fiducia,* almeno in Oriente, dove d'altra parte non esistevano che fondi provinciali e i modi propri di alienazione del dominio romano non attecchirono probabilmente mai.

Nel diritto giustinianeo il pegno e l'ipoteca hanno preso interamente il posto della *fiducia;* ma l'antica struttura è stata essenzialmente alterata. Mentre nel diritto classico si soleva aggiungere convenzionalmente al pegno o il patto che l'oggetto rimanesse in proprietà del creditore non soddisfatto *(lex commissoria)* o il patto che al creditore spettasse nel caso la facoltà di vendere l'oggetto *(pactum distrahendi)*, ora, nell'epoca romano-ellenica, la *lex commissoria* è stata da Costantino proibita e in quella invece il *jus distrahendi* (che già sullo spirar del diritto classico nell'epoca dei Severi era divenuto elemento naturale del rapporto, in quanto si riteneva sottinteso, salvo patto contrario) è stato da Giustiniano ordinato come elemento essenziale, cui non si può, per patto, derogare (v. § 150) (1).

§ 148. Il pegno e l'ipoteca. Essenza, requisiti, oggetto.

D. *De pign.*, 20, 1. D. *Quae res pign.*, 20, 3. C., 8,13 (14); 15 (16); 16 (17), 23—26.

Il pegno e l'ipoteca nel diritto romano costituiscono quasi un unico istituto, giacchè l'ipoteca non è sorta se non quale un perfezionamento del pegno; onde le ragioni e azioni relative sono comuni: altro non v'ha se non che più propriamente si usa dire *pignus,* quando al creditore è stato trasmesso all'atto della convenzione il possesso, *hypotheca*, allorchè l'oggetto è rimasto in

(1) I termini classici *fiducia, fiduciae causa mancipio dare* e *accipere, fiduciae dare* o *accipere* vennero costantemente mutati dai compilatori in *pignus, pignoris causa dare, pignori dare* o *accipere*, s'intende, allorchè la *fiducia* interveniva a scopo di garentia. Cfr. L. 8. pr. § 3, D. *De pign. act.*, 13, 7 (l'*eam* rivela ancora l'interpolazione); L. 22 *eod.*; L. 36 D. *De pec.* 15, 1; L. 50 § 1 D. *De i. d.* 23, 3; L. 16 D *De o. et a.*, 41, 7; L. 62 § 1 D. *De f.* 47, 2 ecc. Indice precipuo l'ordine dei libri edittali (Lenel).

possesso del debitore. Secondo l'oggetto varia poi la struttura giuridica del diritto di pegno o d'ipoteca, il quale si designa come *reale*, se si è data in pegno la cosa, ma non è tale certamente, se si è dato in pegno un credito. Si considera da alcuni come oggetto del pegno il diritto stesso (1).

Qualunque obbligazione può esser garentita da pegno; sia pure una obbligazione condizionale o a termine o meramente naturale e perfino una obbligazione futura. Nel caso di obbligazione condizionale il pegno è anch' esso inefficace fino al verificarsi della condizione, ma il verificarsi della condizione ha effetto retroattivo per il pegno come per la obbligazione principale. E anche nel caso di obbligazione futura, per la natura accessoria del pegno, è a ritenere ch'esso non solo non abbia efficacia, ma non prenda inoltre data se non dal momento in cui la obbligazione effettivamente si conchiude.

Il pegno è *indivisibile:* con che s'intende questo che il pegno è per intero a garentia di qualunque parte della obbligazione, sicchè resta intero anche se la obbligazione è soddisfatta in parte; e se il creditore ha più eredi, ciascuno di essi può intentare l'azione pignoratizia per l'intero oggetto costituito in pegno.

Il pegno può essere costituito dal debitore o da un terzo a favor suo.

Può essere oggetto del pegno qualunque oggetto alienabile; perchè in ultima analisi il diritto di pegno altro non è che una alienazione condizionata a favor del creditore nel suo tipo primitivo, e una facoltà condizionata di alienare nella sua nuova struttura. Perciò i divieti di alienazione sono anche divieti di costituzione di pegno.

(1) In realtà il pegno potrebbe essere collocato fuori delle due classiche categorie; non appartiene ai beni o ai diritti patrimoniali, ma alla loro tutela giuridica.

Propriamente il pegno grava sulla cosa, sia qualunque il diritto reale costituito in pegno, ne' limiti del diritto stesso. Però, conforme all'uso di significar la proprietà esprimendo l'appartenenza della cosa, si dice che il pegno è sulla cosa, quando è costituita in pegno la proprietà; che è sul diritto, quando è invece costituito in pegno un altro diritto.

Il pegno sulla cosa si estende a tutte le accessioni, per esempio, alle alluvioni, alle costruzioni e anche ai frutti, se i frutti sono acquisiti al proprietario.

Se il pegno è su di una *universalità di cose* — qui s'intende l'*universalità* nel senso più lato, cioè non il gregge e simili complessi, ma anche, ad esempio, un magazzeno di merci — esso grava pure sui capi singoli del magazzino o dal gregge, ma, conforme alla natura dell'*universitas*, s'intende che il pegno cessi via via sui capi alienati e venga ad essere costituito sui capi di nuovo introdotti, purchè l'*universitas* non venga ad esserne distrutta o diminuita.

Può esser costituita in pegno anche una quota di condominio, e il pegno, anche fatta la divisione, seguita a gravare su tutte le parti divise nella ragione della quota.

Quanto agli altri diritti reali, il pegno può esser costituito sui diritti di enfiteusi e di superficie, che sono alienabili, sull'esercizio dell'usufrutto o dell'abitazione e perfino sulle servitù rustiche da costituirsi, se il creditore ha un fondo vicino, in guisa da poterne fruire fino alla scadenza e venderle a un altro vicino, quando non sia soddisfatto alla scadenza (1).

Il pegno di *credito (pignus nominis)* ha per oggetto in sostanza la stessa prestazione che altri deve al costituente, e al creditore pignoratizio è concessa utilmente contro il terzo la stessa azione del costituente, ove non preferisca di vendere il credito pignorato.

(1) L. 11. § 3; L. 12, D. *De pign.*, 20, 1. Il Perozzi (*Istituzioni* § 402 pag. 487, 1) ritiene queste leggi interpolate.

Si può costituire in pegno anche il proprio *pegno (pignus pignori datum, subpignus)*: figura assai disputata.

Finalmente anche tutto il *patrimonio* può esser costituto in pegno, e allora, naturalmente, poichè il patrimonio non è unità ideale, come sino a un certo segno le *universitates rerum,* bensì un complesso di oggetti o di diritti che hanno un padrone unico o un'unica destinazione, non solo il pegno grava sui singoli oggetti, ma non si può intendere che cessi quando vengano per alienazione in mano di terzi, mentre viene a gravare sugli oggetti ch'entrano via via a far parte del patrimonio.

Gli oggetti indispensabili alla vita e di uso quotidiano sono sottratti al pegno universale.

§ 149. **Costituzione del diritto di pegno e d'ipoteca.**

D. *De pign.* 20, 1, D. *In quib. caus.* 20, 2. Cod., 8, 14; 16; 18; 21; 22.

Il pegno o l'ipoteca può costituirsi per *volontà privata,* per *legge* o per *autorità giudiziaria.*

La convenzione costitutiva del diritto di pegno è un patto cui non occorre veruna forma e nemmeno la consegna della cosa pignorata. Giustiniano ha pur riconosciuto nel pegno la rappresentanza, cioè la costituzione del pegno mediante tutore, curatore e procuratore, munito però, secondo la sua tendenza legislativa, di mandato speciale (1). Si richiede soltanto che la cosa o il diritto sia *in bonis debitoris,* altrimenti il pegno non nasce. Se però si costituisce pegno su cosa altrui nella speranza che divenga propria, il pegno si convalida al momento in cui diventa propria: e anche se il pegno fu costituito senza questa speranza si ritenne equo di

(1) IUSTINIANUS, L. 3 (2). C. *Per quas pers.*, 4. 27. Interpolate in conseguenza: L. 11, § 6, D. *De pign. act.*, 13, 7 *(plerumque; semper)*; L. 21, pr. D. *De pign.*, 20, 1 *(vel ratam-videatur.)*.

concedere al creditore pignoratizio una eccezione contro il debitore e i suoi eredi, e un' azione utile contro i terzi.

Controverso è il caso in cui il proprietario divenga erede del costituente; ma l' opinione più accettabile è che il pegno si convalidi. Il possessore di buona fede costituisce un pegno valido nella stessa misura del possesso di buona fede, vale a dire al creditore giova l'azione serviana rispetto alle stesse persone contro cui soccorre al debitore la publiciana.

La ratifica del proprietario produce assoluta convalidazione del pegno con effetto retroattivo.

Il pegno può essere anche costituito per atto di ultima volontà, per esempio, a titolo di legato.

Il pegno o l'ipoteca *legale* si dice *pegno tacitamente contratto.* I pegni legali appartengono quasi tutti all'epoca romano-ellenica: essi sono *speciali* e *universali* o *generali.* Pegno legale *speciale* è il pegno del locatore di un fondo urbano sugli oggetti stabilmente introdottivi dal locatario *(invecta et illata),* del locatore di un fondo rustico sui frutti del fondo; del pupillo sulla cosa comprata da chiunque con suo denaro; dei legatarì o fedecommissari sui beni che l'erede o altro gravato acquista dalla successione; e finalmente il pegno sull'edificio a favor di colui che ha imprestato il danaro per ricostruire l'edificio stesso.

Generale è il pegno del fisco pei crediti derivanti da imposte o da contratti; dell'imperatore e dell'imperatrice; dei pupilli e dei minori sui beni dei loro tutori e curatori e, quando la madre sia tutrice, anche su quelli del nuovo marito; dei figli sui beni del padre, per l'amministrazione del peculio avventizio e sui beni della madre pei lucri nuziali; della moglie sui beni del marito per la restituzione della dote, del patrimonio estradotale e della donazione *propter nuptias;* del marito sui beni del costituente, che non ha ancora pagato la dote; dell'erede o altri sui beni della vedova del testatore, quando un legato le sia stato lasciato sotto condizione di vedovanza; delle chiese sui beni dei loro enfiteuti.

Il pegno *giudiziale* può essere costituito in caso di aggiudicazione, esecuzione di sentenza o immissione nel possesso per garentia. Le *missiones in bona* stabilite a scopo di garantia prendevano vita veramente nel diritto classico dall'autorità del magistrato e non del giudice e costituivano il cosiddetto *pegno pretorio.* Tali erano la *missio in bona legatorum servandorum causa,* accordata al legatario sui beni ereditari, la *missio ventris nomine,* accordata alla donna incinta sull' eredità alla quale sarebbe chiamato il nascituro, e finalmente la *missio in bona debitoris* accordata al creditore, quando il debitore dolosamente non si lasci trovare *(fraudationis causa latitat),* ovvero ha eseguito la cessione dei beni.

§ 150. Diritti del creditore pignoratizio e ipotecario.

D. *Qui pot.* 20, 4. D. *De distr. pign.*, 20, 5. Cod., 8, 19; 27; 28; 29; 33; 34

Il creditore pignoratizio ha nella legislazione giustinianea non solo facoltà d'impossessarsi, ma altresì di vendere la cosa o il diritto costituito in pegno e soddisfarsi sul prezzo, quando non sia soddisfatto a tempo debito, restituendo il dipiù che ricavi dalla vendita *(hyperocha)* (1). Non si procede alla vendita se non due anni dopo l'intimazione fatta al debitore.

(1) Il *pactum de non distrahendo pignore* non ha oramai altra efficacia che quella di obbligare il creditore a far tre denuncie al debitore per invitarlo a pagare: L. 4 D. *De pign. act.* 13, 7, interp. la chiusa; *nisi ei ter-cessaverit.* Estranea o probabilmente interpolata è la L. 7 § 2 D. *De distr. pign.* 20,5, che discute se un simile patto possa essere imposto al *debitore* (proprietario) e decide che sì. Questo patto del resto aveva senso solo nella primitiva figura del pegno, allorchè di fronte al terzo compratore che esperiva la *rei vindicatio* il creditore pignoratizio non aveva nè la *exceptio rei pigneratae* nè altra difesa.

Se non si presenta alcun compratore, il creditore può farsi aggiudicare subito il *pignus in causa iudicati captum,* e, dopo nuova intimazione al debitore ovvero dopo decorso il termine fissato in sua assenza dal giudice, può farsi anche aggiudicare qualunque altro pegno *(impetratio dominii),* salva sempre la restituzione del di più sul prezzo di stima giudiziale. Il pignorante ha per due anni facoltà di riscattare il pegno aggiudicato al creditore.

Se il creditore ha il possesso del pegno, come avviene nel *pignus* propriamente detto, può tenerlo a garentia di un altro credito, opponendo la *exceptio doli,* anche quando sia stato soddisfatto del debito per cui venne costituito.

Il creditore pignoratizio non ha diritto di usare della cosa pignorata, salvo il consenso del pignorante. Si può anche pattuire che i frutti della cosa vadano in conto di interessi: e tale patto dicesi *anticresi.* Fu vietato invece da Costantino, conforme al nuovo carattere che ormai assumeva il pegno, il *patto commissorio,* con cui si soleva convenire che l'oggetto rimanesse in proprietà del creditore, quando questi non fosse soddisfatto.

Se più pegni hanno lo stesso oggetto, allora è possibile tra i vari creditori una collisione di diritti in caso di non capienza dell'oggetto. Per questo motivo i creditori sono graduati in un certo ordine, il quale è stabilito in generale dalla *precedenza di tempo (prior in tempore potior in iure).* V'hanno però alcuni criterî speciali che sono la *pubblicità* e il *privilegio.*

Il criterio della *pubblicità* fu stabilito da Leone (a 469). Il pegno costituito mediante documento pubblico ovvero con istrumento privato sottoscritto da tre testimoni *(quasi publicum),* deve aver preferenza su quelli che risultino da atti privati.

Sono pegni *privilegiati* e vanno innanzi a tutti gli altri: il pegno del fisco per le imposte arretrate e anche pei crediti contrattuali relativamente ai beni acquistati dopo il contratto: il pegno della moglie per la restituzione della dote: il pegno di colui che ha fatto spese per acquistare, restaurare o mantenere la cosa del debitore. Tra più crediti privilegiati decide di nuovo la priorità di tempo, salvo il pegno del fisco che è privilegiato su tutti.

Il privilegio non ha mai tale efficacia di far che il pegno passi innanzi ad altro costituito dal proprietario precedente dell'oggetto.

I creditori pignoratizi di grado inferiore hanno diritto di pagare i creditori pignoratizi di grado immediatamente superiore, subentrando nella loro ipoteca; è questo il *ius offerendi* o surroga ipotecaria.

§ 151. Azione ipotecaria ed estinzione del pegno o dell'ipoteca.

D. *Quib. mod.*, 20, 6. C. *De luit. pign* 8, 30 (31)

La vera azione del creditore pignoratizio è l'*actio hypothecaria* o *pigneraticia in rem* (1), che è una estensione utile dell'*actio Serviana* concessa sugli *invecta et illata* in un fondo rustico a favor del locatore, e si dirige contro qualunque detentore della cosa. L'attore deve dimostrare che la cosa gli fu debitamente pignorata da chi l'aveva *in bonis*, a garentia di un vero debito. La condanna del convenuto, se non restituisca la cosa con tutti gli accessori, è diretta al risarcimento dei danni, i quali però, se l'azione è diretta contro lo stesso pignorante, non possono eccedere l'ammontare del debito. Il convenuto restituisce anche i frutti esistenti *(exstantes)* e tutti quelli percepiti dopo la contestazione della lite, quando la cosa principale sia insufficiente a soddisfare il creditore.

(1) Da non confondersi coll'*actio pigneraticia in personam*, che garentisce la restituzione del pegno al debitore che ha pagato. Cfr. § 161.

Contro l'azione si hanno però diverse eccezioni. Sono cause di eccezione: le spese necessarie e utili fatte sulla cosa, un'ipoteca anteriore a quella dell'attore, la prescrizione, che rispetto al pignorante e suoi eredi ha il termine straordinario di 40 anni. Il convenuto per ipoteca generale può inoltre pretendere dall'attore che escuta prima i beni colpiti da ipoteca speciale (la cosiddetta *exceptio excussionis realis)*, e, in base a una Novella di Giustiniano, che si rivolga prima contro il debitore principale e i suoi fideiussori *(exceptio excussionis personalis)*: infine può evitar la condanna, pagando l'attore ed esigendo la cessione dell'ipoteca.

Il creditore pignoratizio ha pure l'interdetto Salviano contro il debitore e suoi eredi per ottenere il possesso della cosa pignorata, provando semplicemente la convenzione pignoratizia.

Finalmente ha gl'interdetti possessorî e in via utile la *negatoria* e *confessoria actio*, le azioni obbligatorie basate sulla proprietà, nonchè l'*actio legis Aquiliae* e la *condictio furtiva*.

Il diritto di pegno o d'ipoteca si estingue principalmente coll'estinguersi dell'obbligazione, cui accede come garentia, o colla vendita del pegno. Cessa inoltre per la rinuncia espressa o tacita (per esempio, fatta manifesta dalla restituzione della cosa pignorata) e pel sopraggiungere del termine o della condizione risolutiva apposta.

Il pegno e l'ipoteca su cose corporali si estinguono inoltre ne' modi stessi degli altri diritti reali: distruzione della cosa, confusione subbiettiva, prescrizione, quando altri possegga in buona fede la cosa libera dal vincolo ipotecario.

PARTE SPECIALE DELLE OBBLIGAZIONI

I

§ 152. Le promesse.

D. *De poll.*, 50, 12.

La promessa *(pollicitatio)* è sufficiente a generare obbligazione in diritto romano, quando sia fatta ad una città per *iusta causa* e quando sia fatta alla divinità *(votum)*. La *iusta causa* può esser una onoranza che si voglia concedere o sia stata concessa al promittente *(ob honorem decernendum vel decretum)*; ma, anche senza questo, nasce l'obbligazione, se l'opera promessa ha già avuto principio *(ob opus coeptum)* (1).

Se il promittente cade in miseria, può liberarsi, a patto di cedere una quinta parte del suo patrimonio. I discendenti eredi cedono il decimo.

II. — CONTRATTI VERBALI

§ 153. Il *nexum*, la *promissio iurata*, la *dotis dictio*.

Il contratto formale più antico era nella società romana il *nexum*. Esso corrisponde nella sua forma al *mancipium* o alla *mancipatio*, cioè al modo tipico ro-

(1) Con molta verosimiglianza l'ASCOLI negli *Studi e doc. di Storia e diritto*, vol. 14, p. 67, 1 e di nuovo nel *Trattato della Donazione* 95, 1-2, ritiene giustinianeo il criterio dell'*opus coeptum*; L. 11. D. *h. t.* 50, 12: *nisi forte — inchoatam*; L. 14, *eod.*: *sed si quis — adficitur*

mano usato per trasferire la proprietà delle *res mancipi.* Anche il *nexum* richiede i cinque testimoni, il *libripens*, la cerimonia del pesare il bronzo, che significava il danaro che l'obbligato riceveva dal creditore, e una dichiarazione analoga del creditore, di cui peraltro non conosciamo precisamente il tenore (1). Entrambi, *nexum* e *mancipium* o *mancipatio*, sono ricompresi nella comune denominazione di *gestum per aes et libram;* e in senso lato si adopera l'uno o l'altro termine come sinonimo di *gerere per aes et libram.*

Come al *mancipium* si potevano aggiungere patti speciali, che costituivano la *lex mancipii*, così patti analoghi si aggiungevano al *nexum* e venivano a costituire la *lex nexi:* determinazione di tempo e luogo circa il pagamento, ammontare degl'interessi, specie delle monete e simili. La sanzione stabilita dalle XII Tavole era comune: *Cum nexum faciet mancipiumque uti lingua nuncupassit ita ius esto.*

Gravissima era l'efficacia del *nexum.* Se il debitore non pagava, il creditore acquistava diritto sulla sua persona, il che vuol dire che gli era permesso d'impadronirsene *(manus iniectio)*, senza commettere un'ingiusta violenza, di tenerlo in catene, batterlo con verghe, farlo lavorare per proprio conto fino al pieno soddisfacimento del debito. Probabilmente in origine questa efficacia significava che il debitore era senz'altro ridotto in condizione di schiavo: se non che lo Stato romano non tollerò che un cittadino diventasse schiavo di un altro cittadino, e quindi i *nexi* vennero soltanto riguardati *servorum loco*, non altrimenti che i *mancipio dati* (cfr. § 55).

Questa efficacia terribile del *nexum* fu causa di lunghe lotte tra i patrizi creditori e i plebei debitori e di scene storiche tumultuose: finchè la *lex Poetelia* nell'anno 326 a. C. abolì l'esecuzione diretta del *nexum*

(1) Si conosce la formula della *nexi liberatio.* Gaii, III, 174

e mitigò l'esecuzione in generale, vietando di tenere in ceppi i debitori insolventi. (1)

Questa legge parve agli antichi il trionfo della libertà civile; *eo anno*, dice Titio Livio, *plebei romanæ velut aliud initium libertatis factum est;* ma essa segna un progresso memorando anche nello sviluppo del concetto dell'obbligazione. Caratteristiche sono le parole di Livio: *ne quis, nisi qui noxam meruisset, donec pecuniam lueret, in compedibus aut in nervo teneretur: pecuniæ creditæ bona debitoris, non corpus obnoxium esse.* L'esecuzione personale durò ancora; ma vietandosi di tenere in ceppi il debitore insolvente, sparve il carattere penale, e fu aperto l'adito a considerar l'obbligazione come un rapporto di mero carattere patrimoniale.

Peraltro il *nexum*, perduta la sua potente efficacia di esser senz'altro un titolo esecutivo, decadde dall'uso, lasciando il posto ad altre forme più semplici.

La *promissio iurata* era una forma di carattere sacro, che consiste in un giuramento di colui che si obbliga, fatto nel nome degli Dei. È incerto se avesse efficacia civile. Nel diritto giustinianeo rimane ancora un vestigio di questa antichissima forma, ed è la promessa giurata di opere o donativi d'uso, fatta dal liberto al proprio patrono *(iusiurandum liberti)* (2).

(1) Il *nexum* è stato oggetto in tempi recenti di numerosi e interessantissimi studi (Mitteis, Mommsen, Lenel, Kübler, Schlossmann, Naber) inseriti principalmente nella *Zeitschr. der Sav. Stift. für Rg.* Vi diede impulso il Mitteis nel 1901 col negare la originaria forza esecutiva del *nexum* e col ridurre il *nexum* ad un autopignoramento (automancipazione condizionata) del debitore. Sul primo punto la tesi incontrò l'adesione del Mommsen e del Lenel; sul secondo punto il Mommsen mantenne al *nexum* il carattere e il significato di contratto obbligatorio, il Lenel trascorre invece a una tesi più radicale, identificando il *nexum* col *mancipium* e riferendo la funzione obbligatoria alle eventuali obbligazioni nascenti dalla *mancipatio*. Il punto di partenza dell'obbligazione non è, secondo il Lenel, il *gerere per aes et libram*, bensì la malleveria per sè stesso o l'autopignoramento nella forma del *vadimonium* corrispondente; alla *wadiatio* del diritto germanico. Il Kübler reagì al Mitteis, anche in nome del diritto comparato. La disputa, interessantissima per la genesi dell'obbligazione romana, non è ancora matura, come da ultimo conviene lo stesso Mitteis.

(2) Secondo il SEGRÈ negli *St. per Moriani* II p. 313 l'azione classica era pretoria.

Finalmente la *dotis dictio* era una forma viva ancora nel diritto classico, ma speciale alla promessa di dote, che nel diritto giustinianeo è divenuta negozio non formale (v. § 66 e 169). Tanto nel giuramento, quanto nella *dotis dictio* l'obbligazione nasceva *uno loquente:* sicchè non aveva propriamente nella forma carattere convenzionale.

§ 154. La stipulazione.

I. III, 15-19. D. *De v. o.* 45, 1. D. *De stip. serv.*, 45, 3. D. *De stip. praet.*, 46, 5. Cod., 8, 37. 38.

Il contratto formale, che prese il posto dei precedenti e divenne nel commercio romano il negozio più in uso per costituire un rapporto obbligatorio, è la *stipulazione*. La solennità della stipulazione consisteva tutta in una interrogazione del futuro creditore *(stipulator* o *reus stipulandi* o *qui sibi stipulatur)* e nella congrua risposta del futuro debitore *(promissor* o *reus promittendi)* (1).

Incerta è l'etimologia della parola e l'origine del contratto. Serii indizi tuttavia portano a ritenere che derivi dal giuramento. Certo la forma più antica della stipulazione, cioè la *sponsio*, sembra alludere nel nome al diritto sacro e nello stesso tempo si richiama a varie applicazioni, come la *sponsio* giurata del diritto pubblico usata per conchiudere paci e alleanze, e quella del diritto familiare usata per promettere la figliuola in matrimonio.

Come contratto verbale, in cui domanda e risposta debbono essere profferite e sentite, la stipulazione non si può naturalmente conchiudere tra assenti, sordi e muti. A questo inconveniente soccorreva la rappre-

(1) L. 5. § 1, D. *De v. o.*, 45, 1: *Stipulatio autem est verborum conceptio, quibus is qui interrogatur daturum facturumve se quod interrogatus est responderit.* — Cfr. L. 1 § 7 D. *De o. et a.* 44, 7; pr. I. III 15. Gaii *Inst.* III, 92; Paul. *Sent.* 2, 3.

sentanza necessaria degli schiavi e dei *filiifamilias*. Si richiede inoltre che tra domanda e risposta non siavi interruzione dell'atto, cioè che non si passi nel frattempo ad altre operazioni *(unitas actus)*.

Se non che i requisiti formali della stipulazione andarono soggetti nel progresso del diritto romano ad una diminuzione siffatta che tra l'antica e la classica stipulazione corre una recisa antitesi e finalmente nel diritto giustinianeo lo stesso contratto verbale sopravvive più ch'altro di nome.

Nell'antico diritto la domanda e la risposta dovevano rigorosamente esser concepite nella forma dello *sponsio. Spondes mihi dare centum? Spondeo.* La stipulazione stessa prendeva il nome di *sponsio* ed era accessibile ai soli cittadini romani, era *iuris civilis* non solo in antitesi al *jus naturale*, ma anche in antitesi al *jus gentium.*

Tra domanda e risposta doveva esservi inoltre una esatta corrispondenza: non si poteva promettere una somma diversa dalla richiesta o aggiunger patti o condizioni non proposte.

Sotto l' influenza del *ius gentium* decadde il rigore della forma: la mera domanda e risposta venne riconosciuta come sufficiente, purchè orale, per esempio: *dabis? dabo; promittis? promitto; fidepromittis? fidepromitto; fideiubes? fideiubes; facies? faciam,* o anche *utique, sane;* e non importava nemmeno che fosse concepita in latino. La nuova forma più libera fu detta *stipulatio iuris gentium* e resa accessibile anche ai peregrini: la *sponsio* restò pei soli cittadini romani. Quanto alla corrispondenza tra domanda e risposta l'abbandono dell'antico rigore sembra opera dei compilatori. Certo nel diritto giustinianeo la stipulazione è valida fin dove l' accordo sussiste: quindi se il creditore domanda 30 e il debitore risponde 10, se il creditore domanda gli schiavi Stico e Panfilo e il debitore promette Stico, la stipulazione è valida per 10 e per lo schiavo Stico, ed anche una risposta condizionata non vizia l'atto, purchè venga accettata dallo stipulante (1).

Ma una più profonda rivoluzione produssero nell'istituto le dirette influenze elleno-orientali. Già dall'epoca della prima crisi l'uso della scrittura aveva preso tal voga che la stipulazione si annoverò bentosto tra gli atti che si solevano redigere in iscritto. Non era questo tuttavia se non un mezzo comodo di provar che la stipulazione era seguita, non altrimenti che il chiamar testimoni ad assistervi. Se non che nel territorio dei nuovi Romani questa pratica era d'uso costante e concepita quasi come essenziale: mentre d'altra parte i Greci abborrivano dai cerimoniali di parole, così graditi ai Romani, e volontieri attestavano per iscrittura che tutte le formalità erano state osservate, anche se ciò effettivamente non era. Questa nuova fase ottenne legale suggello in una costituzione di Leone (a. 472 d. C.), la quale abolì completamente l'antica solennità verbale, riducendo l'essenza della stipulazione al consenso orale delle parti presenti. Finalmente Giustiniano indebolì anche il requisito della presenza, stabilendo che si dovesse prestar piena fede a un documento in cui fosse scritto che la stipulazione era seguita, e l'unico modo per infirmar la fede del documento fosse la prova patente che nel giorno indicato le parti non erano assolutamente sul luogo. Con queste leggi il carattere formale della stipulazione viene ad esser riposto puramente e semplicemente nella *intenzione di stipulare (animus stipulandi)*: salva soltanto, e fino a un certo segno, la presenza delle parti (2).

Le stipulazioni si distinguono in convenzionali e necessarie. Sono *convenzionali* quelle che si contraggono

(1) L. 1, § 3, D. *De v. o.* 45, 1, interpol.: *nisi — videtur* (KARSTEN *Die Bedingung der Form* 1867): L. 1 § 4 *eod.* interp.; *nisi in decem; licet·inesse* (FERRINI *Bull. dell'Ist. di dir rom.* v. 14 (1903) p. 220). Cfr. GAII *Inst.* III, 102.

(2) Anche nella mente dei compilatori l'*animus stipulandi* pare infatti l'unica differenza tra stipulazione e patto. Cfr. L. 7, § 12 D. *De pact.*, 2, 14, interpolata *nisi — paciscentium.*

liberamente, *necessarie* quelle che il magistrato o il giudice o indifferentemente l'uno o l'altro dei due, che del resto nel diritto nuovo sono la stessa persona, obbligano a conchiudere, spediente d'uso ordinario nel sistema classico romano: e poichè lo scopo di queste ultime è di garentire contro danni o turbative, esse prendono (benchè l'appellativo si usi anche in senso più generale) il nome di *stipulationes cautionales* o *cautiones*. Tali sono, ad esempio, la *cautio damni infecti*, la *cautio de amplius non turbando*, la *cautio rem ratam dominum habiturum*, ecc. (1).

Un punto importante è il rapporto della stipulazione colla sua causa. In generale si tenga presente che le cause della stipulazione non sono le sole cause contrattuali riconosciute per se stesse. Nelle origini la realtà del rapporto costituente la causa della stipulazione non si ricercava, ossia la stipulazione era negozio formale nel senso più assoluto. Solo al tempo di Cicerone si ottenne rimedio adeguato contro le conseguenze inique mediante l'*actio* e la *exceptio doli* (§ 31). Ma le costituzioni imperiali introdussero contro l'atto scritto o chirografo addotto in prova della stipulazione la speciale *exceptio non numeratae pecuniae*, della quale eccezione doveva esser provata dall'attore la non sussistenza; al convenuto bastava addurla. In sostanza non era questa, così intesa, una vera eccezione, ma il fondamento stesso dell'azione e il mutuo diventava quasi causa prossima dell'obbligazione; senonchè la *exceptio non numeratae pecuniae* fu limitata a un certo termine, che, di un anno dapprima, venne esteso da Diocleziano a cinque e ridotto da Giustiniano a due dalla data della stipulazione. Entro questo termine il debitore non citato poteva anche direttamente proporre la *querela non numeratae pecuniae*.

(1) Cfr. I. *De div. stip.*, III, 18. — Essenzialmente basata sullo scopo è la tripartizione in Ulpiano, il quale del resto la riferisce solamente alle stipulazioni pretorie. L. 1, D. *De stip. praet.*, 46, 5.

Data l' assenza originaria di contratti non formali, lo svolgimento della stipulazione dal lato obbiettivo ci rappresenta lo svolgimento istesso dell'obbligazione. Ammessa in origine per i debiti di denaro, si estese ben tosto a ogni dazione di cosa certa, e finalmente si usò, dapprima indirettamente, mediante clausole penali, poi anche direttamente, a render giuridica l' obbligazione avente per oggetto un *incertum,* prestazione di fatti o servigi. In guisa corrispondente si distinguono con nomi speciali tre azioni a garentia della stipulazione: l'*actio certae creditae pecuniae* (nel linguaggio dei compilatori anche *condictio certi)*, se l'oggetto è determinato e consiste in una somma di denaro, la *condictio triticaria,* se non consiste in danaro, ma in altre cose certe, l'*actio ex stipulatu* se l'oggetto è un *incertum* (v. anche § 39 e 158).

III. — I CONTRATTI LETTERALI

§ 155. Il *nomen transcripticium.*

GAII *Inst.*, III, 128-130.

Il *nomen transcripticium* è il contratto letterale classico. Esso aveva sua base nella regolare tenuta dei libri di conti entro la famiglia romana. Il *paterfamilias* soleva riportare dagli *adversaria*, cioè dai quotidiani appunti delle entrate e delle uscite, tutte le partite di dare e avere in un libro speciale, che prendeva il nome di *Codex accepti et expensi.* Ora il *nomen transcripticium* è appunto la trascrizione di un credito *(nomen)* nel *Codex accepti et expensi* e nella rubrica dell'*expensum (expensilatio),* operata dal creditore col consenso del debitore, e dichiarante che tale somma era stata pesata e data. Non pare che fosse necessaria in modo assoluto la corrispondente trascrizione nei libri del debitore nella rubrica dell'*acceptum* per la validità dell'obbligazione; ma una persona onesta e ordinata doveva operarla.

A differenza della stipulazione il *nomen transcripticium* poteva aver luogo così tra presenti come tra assenti; ma non aveva per oggetto che un *certum*, anzi una somma di denaro *(certa pecunia)* e non tollerava condizioni. Esso serviva come novazione, sia per mutar la causa del debito, per esempio, registrando come pesata e data una somma che altri doveva a titolo di compravendita *(transcriptio a re in personam)*, sia per mutar la persona del debitore, registrando come dato a Caio ciò che invece s'è dato a Tizio *(transcriptio a persona in personam)*. Come tutte le forme troppo connesse alla organizzazione e alle tradizioni particolari della società romana, anche il *nomen transcripticium* è sparito nel periodo romano-ellenico.

§ 156. Singrafe e chirografi. La nuova obbligazione letterale.

GAII *Inst.*, III, 131-134. I. *De litt. obl.* III. 21. C. *De non num. pec.*, 4,30.

Le *singrafe* e i *chirografi* erano nel diritto classico obbligazioni letterali dei peregrini, cioè in sostanza dei Greci. La differenza formale tra i due contratti era, come il nome dice, questa: che le singrafe venivano redatte in doppio originale, di cui l'uno rimaneva presso il debitore, l'altro presso il creditore, mentre il chirografo era costituito da un solo esemplare pel creditore.

Un'altra differenza più intrinseca pare vi fosse tra i due atti: che mentre contro il chirografo si poteva addurre l'inesistenza della causa, le singrafe erano contratti formali nel senso più assoluto.

Ne' rapporti coi provinciali anche i Romani usavano valersi delle singrafe, che per verità non nascondevano affari troppo onesti: e n'abbiamo esempi celebri nei negozi di feroce strozzinaggio conchiusi da Clodio, Antonio, e dell'austero Bruto per mezzo de' suoi agenti.

Nel diritto postclassico non si fa più motto delle singrafe. Probabilmente è qui l'estendersi del diritto romano colla concessione della cittadinanza che ha respinto questo contratto, il quale, tanto per la forma, quanto per l'astrazione completa dalla causa, non si poteva conciliare o velare affatto nel sistema romano. Il chirografo invece, gia penetrato da tempo nel diritto romano come mezzo di prova della stipulazione, sopravvisse, velando appunto la sua essenza con questo uffizio. Ma nella pratica il chirografo continua ad essere in uso all'infuori di qualunque stipulazione, e le costituzioni imperiali estesero ad esso la *exceptio non numeratae pecuniae*. In un certo senso Giustiniano ha ragione, quando afferma nelle sue Istituzioni l' esistenza di una nuova obbligazione letterale, garantita mediante una *condictio* (1).

IV. — I CONTRATTI REALI

§ 157. La fiducia.

La *fiducia* costituiva un negozio di vasta applicazione e di grande interesse nel diritto classico, che nel suo svolgimento ultimo avrebbe dovuto essere ricompreso fra i contratti reali e potrebb'essere che vi fosse ricompreso: ma nel diritto giustinianeo essa è abolita.

(1) Cfr. SCHUPFER, *Singrafe e chirografi* nella *Riv. it. per le sc. giur.* vol. 13. La teoria del contratto letterale giustinianeo fu gravemente confutata dal GNEIST *Die formellen Verträge* p. 362 e seg. e oggi s'inclina a ritenere che Giustiniano abbia confuso la perfezione del contratto colla prova di esso, forse coscientemente, per mantenere nelle distinzioni la simmetria classica. Certo è peraltro che la condizione del chirografo indipendente non è diversa da quella della stipulazione di mutuo ridotta in iscritto: impugnabile entro i due anni colla *exceptio* o colla *querela*, inattaccabile dopo i due anni.

I compilatori hanno sempre eliminato peraltro il contratto letterale antico nella enumerazione classica dei contratti *re, consensu, verbis, litteris*.

La *fiducia* si può definire una convenzione per cui una delle parti (fiduciario), ricevendo dall'altra (fiduciante) una cosa nella forma della *mancipatio* o della *in iure cessio* assume l'obbligo di usarne a un fine determi nato, e, di regola almeno, restituirla, esaurito quel fine.

Il fine, per cui la *fiducia* veniva impiegata, era di natura assai varia: o di fornire al creditore una garanzia reale, e in questa applicazione, di cui si è già ragionato a suo luogo (v. § 147), la *fiducia* dicevasi contratta *pignoris iure cum creditore,* o di costituire la cosa in deposito, o di concederla a comodato, cioè in godimento gratuito, o infine a un altro uso qualsiasi: per esempio, veniva mancipato al fiduciario uno schiavo, perchè questi lo manomettesse o subito o dopo un certo tempo: nelle quali applicazioni la *fiducia* si diceva contratta *cum amico.* La *mancipatio* eseguita pel fine determinato dalla *fiducia* era detta *fiduciae causa.*

L'obbligazione del fiduciario nasceva dal *pactum fiduciae,* convenzione scevra di forme e distinta dalla *mancipatio.* La *mancipatio* dell'oggetto costituiva la causa giustificatrice dell'obbligo assunto e allo stesso oggetto riferivasi la prestazione; ed è perciò che la fiducia si può annoverare tra i contratti reali (cfr. § 127).

L'azione a garentia del fiduciante, d'origine incerta (prima *in factum,* poi *in ius* e di buona fede: cfr. § 39), dicevasi *actio fiduciae.* Era di buona fede ed infamante e ammetteva eventualmente l'*actio fiduciae contraria,* a favor del fiduciario.

I diritti del fiduciario sulla cosa, per esempio, il diritto di venderla non soddisfatto del suo credito, il diritto di usarne, il diritto di manometter lo schiavo ecc., formalmente derivano dalla proprietà, che egli acquistava sulla cosa; ma in sostanza egli non poteva fruire della cosa, che dicevasi anch' essa *fiducia*, se non conforme al patto. L'*actio fiduciae,* stabilita per ottener la restituzione dell'oggetto, venne via via estesa a garentire ogni violazione del patto e ogni uso illecito della cosa. Il fiduciario doveva trattarla appunto come *fiducia*, restituire i frutti, se la cosa era fruttifera ed egli ne teneva il possesso e usarvi la debita diligenza.

La *fiducia* scomparve nell'epoca romano-ellenica insieme col cessare delle forme della *mancipatio* o della *in iure cessio;* ma già nel diritto classico i contratti di pegno, di deposito, di comodato, probabilmente ristretti in origine alle *res nec mancipi*, avevano ricevuto una generale applicazione (1).

§ 158. **Mutuo.**

Pr. e § 2. 1. *Quib. mod. r. c.*, III, 14. D. *De. r. c*, 12, 1. *De naut. foen.*, 22,2. *De S. C. Mac.*, 14,6. C, 4,1; 28; 33.

Il *mutuo* è un contratto reale unilaterale, pel quale il debitore o mutuatario, che ha ricevuto dal creditore o mutuante una quantità di cose fungibili (in generale danaro), si obbliga a restituire altrettanto dello stesso genere e della stessa qualità.

Causa del mutuo è la dazione delle cose, cioè la trasmissione seguita della proprietà delle medesime. Essa giustifica l'obbligo assunto dal debitore e appunto nella misura della quantità ricevuta, nè il mutuo nasce, se non v'è stata trasmissione di dominio.

Pertanto a costituire il mutuo si richiede che il creditore sia proprietario e abbia la capacità di alienare. In forza dell'acquisto del possesso, e della proprietà che ne dipende, per via di rappresentante (§ 87 e 114), anche nel mutuo s'insinua la rappresentanza: e si ammise pure

(1) Per i testi interpolati in *pignus*, cfr. § 147. Trattavano della *mancipatio fiduciæ causa* per altri fini (deposito, comodato, manumissione) i seguenti testi: L. 31 D. *De pign. act.* 13, 7; L. 1, § 42, D. *Dep.*, 16, 3; L. 5 D. *De tut.* 27, 3; L. 18, § 1, D. *De don.*, 39, 5; L. 42 pr. D. *De m. c. don.*, 39, 6; L. 16, D. *De o. et a.* 44, 7; L. 6, D. *De stip. serv.* 45, 3, ecc.

come diritto singolare (1) che se il creditore ordina al suo debitore (il proprio banchiere ad es., presso il quale si hanno somme in deposito) o anche a un terzo qualunque non debitore di prestar danaro a Tizio, il mutuo è direttamente costituito a favore del creditore stesso, delegante o mandante; si è giunti persino (almeno nel diritto giustinianeo) a riconoscere il mutuo se il terzo presta danaro in mio nome, anche a mia insaputa (2). Ed ancora, se il mutuatario non ha acquistato la proprietà per tradizione, perchè il mutuante gli ha dato monete non sue, può acquistarla per confusione o per aver consumato in buona fede le specie; e da quel momento il mutuo è convalidato.

L'accordo delle parti deve esser rivolto a costituire un mutuo. Se l'una di esse ha intenzione di donare, l'altra di ricevere a mutuo, non c'è nè donazione nè mutuo. Si può dubitare se siavi trapasso di proprietà, ma ciò non riguarda il negozio obbligatorio.

Il patto degli interessi (v. § 141) è incompatibile col mutuo, perchè non rispondente alla sua causa tipicamente fissa, che non ammette una restituzione, se non nella misura della dazione *(quatenus datum sit)*, o, se si conviene, in una misura inferiore, ma giammai superiore, e dà luogo a uno stretto giudizio; occorre quindi all'uopo una speciale stipulazione, cioè un negozio separato. Solo in alcuni casi eccezionali è stato riconosciuto l'obbligo degli interessi in base al mero patto aggiunto al mutuo, e sono: i mutui contratti dal fisco e dalle città, i mutui di somme destinate a traversare il mare *(pecunia traiecticia)*, i mutui in derrate e con Giustiniano i mutui dei banchieri.

(1) *Singularia quaedam; benigne receptum* (L. 15 D. *De r. c.* 12, 1; L. 34 pr. D. *Mand.* 17, 1 ecc.) Si suol parlare di una *traditio brevi manu*: non mi pare molto a proposito (cfr. § 87).

(2) L. 9 § 8 D. *h. t.* 12, 1 interp.? Certo non nella forma voluta dal Pernice *Labeo* 3, 222, 4; il ragionamento di Giuliano non giustifica la tesi di Aristone, anzi pone in rilievo la volontà, ma appunto per questo è difficile ritenere che sia precisamente interpolato questo corretto ragionamento (da *quin* in poi).

Il rischio delle cose ricevute è a carico del mutuatario in qualunque ipotesi, giacchè egli non deve restituire le stesse cose, ma una quantità equivalente, e il genere non perisce.

L'azione di mutuo nel diritto giustinianeo è l'*actio certae creditae pecuniae* o *condictio certae pecuniae*, nel linguaggio dei compilatori anche *condictio certi* (cfr. § 39 e 154), o la *condictio triticaria*, secondo che trattisi di mutui di denaro o di altre cose fungibili: è un'azione di stretto giudizio o di stretto diritto, onde per la responsabilità eventuale del mutuante, che avesse dato generi guasti o monete false, si doveva ricorrere all'*actio doli*.

Mutui speciali sono la *pecunia traiecticia* e, per il senatoconsulto macedoniano, i mutui contratti dai *filiifamilias*.

La *pecunia traiecticia* è il mutuo marittimo, cioè di somme destinate a traversare il mare o in natura o mutate in merci. Essa offre la singolarità che il rischio è a carico dal mutuante sin dal giorno della partenza, ma in compenso si possono pattuire degli interessi, e allora dicesi propriamente *faenus nauticum*. Inoltre la misura degli interessi può superare il tasso legale: nel diritto giustinianeo essa è limitata al *maximum* del 12 %, cioè le *usurae centesimae*, che sono il doppio ormai del tasso legale (v. § 141).

I giureconsulti hanno applicato le regole della *pecunia traiecticia* all'ipotesi analoga che il mutuatario non siasi obbligato alla restituzione se non verificandosi certe circostanze.

Per tutela dell'ordine familiare in occasione d'un misfatto compiuto da un tal Macedone, fu emanato sotto Vespasiano il celebre senatoconsulto macedoniano, che fece divieto di dar denaro a mutuo ai *filiifamilias*. L'eccezione concessa dal Pretore sulla base di questo senatoconsulto non estingue tuttavia nel modo più assoluto la obbligazione, ma lascia sopravvivere una obbligazione naturale (v. § 124).

La eccezione è *rei cohaerens* e può essere opposta da chicchessia: dai coobbligati come dai fideiussori.

Il senato-consulto cessa tanto rispetto al padre quanto rispetto al figlio e la obbligazione è valida nei seguenti casi: 1.° se il terzo per un errore scusabile credeva di contrarre con un *paterfamilias;* 2.° se il *paterfamilias* ha consentito; e la sua scienza vale consenso, s'egli ha taciuto, potendo opporsi; 3.° nei casi dell'*actio de in rem verso,* dell'*actio exercitoria* o *institoria,* e dell'*actio de peculio* (l'*actio quod iussu* rientra a maggior ragione nell'ipotesi precedente); 4.° se il creditore era impubere o minore.

Cessa il senato-consulto solamente rispetto al *filiusfamilias:* 1.° quando egli abbia un peculio castrense o quasi castrense, e nel nuovo diritto anche quando abbia un peculio avventizio irregolare; 2.° quando il *filiusfamilias,* fatto *sui iuris,* abbia riconosciuto il debito, sia pur tacitamente, soddisfacendolo in parte o costituendo un pegno per esso (1); 3.° finalmente per una disposizione speciale di Giustiniano il mutuo contratto dal *miles* è pienamente valido (2).

§ 159. Comodato.

§ 2. I: *Quib. mod. re*, III, 14. Dig. *Comm.*, 13,6. Cod., 4,23. FERRINI, *Arch. giur.*, vol., 52,53.

Il *comodato* è un contratto reale bilaterale imperfetto, pel quale il debitore (comodatario) si obbliga a restituire al creditore (comodante) una cosa non consumabile gratuitamente ricevuta per usarne.

(1) In ordine al pegno la L. 9 pr. D. *De s. c. Mac.* 14, 6 stabilisce però che la convalidazione abbia luogo *usque ad pignoris quantitatem* (interp. ?).

(2) L. 7 § 1 C. *Ad Sc. Mac.* 4, 28. A torto si suol annientare questa disposizione, riducendola all'ipotesi del peculio castrense. Essa mostra, a mio avviso, che il motivo delle nullità si era alquanto oscurato.

Causa del comodato è la cessione dell'oggetto a un dato uso, la quale non importa trasferimento di diritti e nemmeno di possesso: il comodatario non ha che il mero possesso corporale, la *possessio naturalis* nel senso della detenzione (§ 113).

Non occorre pertanto che il comodante abbia la proprietà dell'oggetto o anzi che v'abbia in genere alcun diritto: anche il ladro, concedendo il godimento della cosa, obbliga e acquista l'*actio commodati*. Tuttavia, se il comodato è valido, il comodante, che non aveva libera facoltà di uso dell'oggetto (per esempio, il creditore pignoratizio o il depositario), si rende colpevole di furto.

Comodatario può esser chiunque, salvo il proprietario della cosa.

Oggetto del comodato non dovrebb'essere mai che una cosa inconsumabile: tuttavia anche oggetti consumabili possono essere dati a comodato, quando se ne richiegga l'uso puramente e semplicemente *ad pompam*.

Il comodatario è tenuto a usar della cosa giusta i patti: ove ne usi in modo diverso, egli si rende colpevole di furto dell'uso, salvo, almeno per diritto giustinianeo, ch'egli sappia che l'uso diverso è indifferente al comodante. La restituzione dell'oggetto deve esser fatta al termine dell'uso convenuto, ovvero al termine fissato, con tutte le accessioni e i frutti, se la cosa è fruttifera.

La responsabilità eventuale del comodatario si estende, conforme ai principî generali, sino alla colpa lieve: tra gli obblighi v'ha pur quello della custodia, ond'è tenuto per il furto, se la cosa gli vien rubata, ed ha per la stessa ragione l'*actio furti* contro il ladro; ma non risponde se prova che il furto è avvenuto senza sua colpa, ond'è sempre libero da ogni responsabilità pel caso fortuito o almeno, nel diritto giustinianeo, pel caso fortuito tipico e assoluto, qual è la *vis maior* o il *damnum fatale*. Se la cosa è data sotto stima, egli è sempre tenuto pel valore, in quanto si reputa che la stima implichi un aggravamento di responsabilità.

In certi eventi nascono obbligazioni a carico del comodante stesso. Egli risponde per le spese necessarie straordinarie e maggiori fatte dal comodatario sulla cosa o per aver consegnato dolosamente oggetti inservibili o dannosi. In alcuni casi il comodato può esser costituito a vantaggio di entrambe le parti o eccezionalmente a vantaggio del solo comodante: in questi casi la responsabilità del comodante cresce fino alla colpa lieve.

Il comodante ha l'*actio commodati directa* (dapprima *in factum*, poi anche *in jus* e noverata tra le azioni di buona fede (v. § 39): il comodatario eventualmente l'*actio commodati contraria*, pur essa prima *in factum*, poi *in ius ex fide bona:* per le spese e i danni egli esercita anche il *jus retentionis*. Se il comodato non nasce per l'incapacità dell'altra parte a contrarre, il comodante ha soltanto l'*actio ad exhibendum* o la *rei-vindicatio* per farsi restituir l'oggetto. Tuttavia contro il pupillo è concessa utilmente l'*actio commodati* sino alla misura consueta dell'arricchimento.

§ 160. **Deposito.**

§ 3. I. *Q. m. r. c. o.* III, 14. D. *Dep.*, 16, 3. Cod., 4, 34.

Il *deposito* è un contratto reale bilaterale imperfetto, per il quale il debitore (depositario) si obbliga di restituire al creditore (deponente) a ogni richiesta una cosa mobile ricevuta in custodia.

Causa del deposito è la consegna della cosa, la quale non costituisce se non detentore l'accipiente. Non è necessario pertanto che nemmeno il deponente sia proprietario: anche il ladro può esser creditore per aver depositato l'oggetto furtivo.

Il depositario deve custodir l'oggetto e non farne uso; altrimenti si rende colpevole di furto dell'uso (v. § 174). Egli deve restituir la cosa con tutte le accessioni a ogni richiesta del deponente, anche prima del termine, se un termine venne fissato. Il luogo della restituzione è quello ove la cosa si trova senza dolo del depositario. L'obbligo della restituzione è assoluto: essa dev'esser fatta anche al ladro e persino, dispone Giustiniano, se si è acquistata la proprietà dell'oggetto. Nello stesso ordine d'idee l'imperatore esclude anche il diritto di ritenzione del depositario per le spese e i danni (1). La obbligazione è indivisibile (2).

Per la perdita o il deterioramento, il depositario è di regola tenuto solo fino al dolo, cui si equipara la colpa lata (v. § 34-35). In casi eccezionali la sua responsabilità cresce fino alla colpa lieve, e sono: 1.° quando il deposito sia costituito a vantaggio comune; 2.° quando il depositario siasi spontaneamente offerto; 3.° quando gli sia stato concesso di usar degli oggetti depositati. Nel caso che arbitrariamente usi dell'oggetto si rende responsabile del caso fortuito.

La responsabilità che eventualmente può incombere al deponente concerne le spese necessarie sostenute dal depositario, per le quali tuttavia questi non ha diritto di ritenzione, e i danni recati dalla cosa. L'*actio depositi* fu dapprima *in factum*, poi anche *in jus* e di buona fede: la condanna nell'*actio directa* rende infame il condannato.

Specie particolari sono: il deposito necessario, il deposito irregolare e il sequestro.

Il *deposito necessario*, detto dai commentatori *depositum miserabile*, è quello che avviene in occasione di disastro, come incendio, naufragio o altra ruina. In ragione di queste circostanze, le quali fanno che la scelta del depositario sia precipitosa e non libera, e ancora perchè è maggior perfidia non aver sentimento in simili eventi, la condanna del depositario infedele è *in duplum*.

(1) L. 11, C. *h. t.* 4,34.

(2) Per le speciali cautele stabilite all'uopo da Giustiniano cfr. L. 1, § 36 *h. t.* interpolata; L. 14 pr. *eod.* interp. « *cautela — reddenda* » e forse tutto il principio.

Deposito irregolare (denominazione anch'essa delle scuole) è un deposito di danaro o altre cose fungibili, di cui sia stata pattuita la restituzione solamente nel genere, e quindi implicitamente o anche esplicitamente permesso di usare, sicchè il negozio assume la funzione di un mutuo. A questo contratto è lecito aggiungere il patto delle usure, perchè il giudizio del deposito, che è di buona fede, può abbracciare anche patti accessori. Esso si soleva fare specialmente presso i banchieri, e nel caso di fallimento della banca coloro che non hanno pattuito usure serbano un *privilegium exigendi* (1).

Il *sequestro* è il deposito di un oggetto, perchè venga restituito solo al verificarsi di certe circostanze, per esempio, la fine di un litigio, di un giudizio di divisione, ecc. Esso differisce dal deposito vero e proprio per più ragioni: che è fatto da più persone, che può esser fatto anche d'immobili, che si può trasmettere il possesso, che la restituzione non deve accadere, se non verificandosi le circostanze prestabilite.

§ 161. **Pegno**.

§ 4. I. *Quib. m. re* III, 14. D. *De act. pign.* 13, 7. Cod., 4, 24.

Il *pegno* è un contratto reale bilaterale imperfetto, pel quale il debitore (pignoratario) si obbliga a restituire al creditore (pignorante) un oggetto ricevuto a titolo di garentia di un credito, ch'egli, il pignoratario,

(1) Peraltro il concetto del deposito irregolare par certo non derivi dai giureconsulti, pei quali il permesso d'uso attribuiva regolarmente al deposito il carattere di mutuo, ma dai compilatori, allo scopo principalmente di permettere le usure moratorie o convenzionali. Cfr. Naber in *Mnemos.* v. 34 (1905) p. 59 e più largamente e indipendentemente C. Longo, *Appunti sul dep. irreg.* in *Bull. dell'Ist. di dir. rom.* v. 18 (1906). Leggi interp.: L. 29 § 1 D. *h. t.* 16, 3 (cfr. Coll. 10, 7, 9); L. 24 *eod.*: *si tamen ab initio* etc, forse anche *quod ita-dicendum est*; L. 25 § 1 *eod.*: *ut tantundem redderet*; L. 26 § 1 *eod.*: *et ideo secundum* etc. Ardua è la L. 31 D. *Loc.* 19, 2 di Alfeno e mal armonizzate col sistema giustinianeo le LL. 9 § 9 e 10 D. *De r. c.* 12, 1 di Ulpiano.

alla sua volta ha verso il pignorante. Non si vuol confondere il contratto obbligatorio di pegno colla convenzione *(pactum)* costitutiva deldiritto reale di pegno, cui si riconnette: il creditore che ha pattuito il pegno e tiene l'oggetto a sua garentia, figura in questo contratto come debitore dell'oggetto stesso, che all'estinzione del suo credito egli ha promesso di restituire al pignorante.

Anche il pegno ha per causa la tradizione dell'oggetto, la quale trasmette nel debitore (il creditore pignoratizio) il possesso *ad interdicta.*

Rispetto al contratto di pegno e agli obblighi che ne scaturiscono non occorre che il pignorante sia proprietario della cosa: benchè naturalmente, se ciò non è, il diritto di pegno non nasca, ossia la garentia reale fallisca al creditore pignoratizio.

La cosa data in pegno non deve però appartenere al pignoratario: altrimenti il pegno non vale.

Il pignoratario (ossia il creditore pignoratizio) è obbligato a custodir la cosa senza farne uso, altrimenti si rende anch'egli colpevole di furto dell'uso (v. § 174): salvo il *patto anticretico (antichresis),* cioè la convenzione che i frutti valgano come interessi del credito garentito dal pegno. Egli è tenuto a restituir la cosa solo all'estinzione completa del suo credito, con tutte le accessioni e i frutti. È responsabile fino alla colpa lieve.

Il pignorante può esser obbligato alla sua volta per le spese necessarie eseguite e le imposte pagate dal pignoratario. Egli è inoltre responsabile per aver consegnato cose non atte a servir di garentia sufficiente per esser cose altrui o per vizi occulti. Anche la sua responsabilità si estende fino alla colpa lieve.

L'azione pignoratizia (anch'essa probabilmente prima *in factum,* poi *in ius*; cfr. § 39) dà luogo pure a due giudizi di buona fede, diretto e contrario, cioè si può avere *directa* e *contraria actio.*

V. — CONTRATTI CONSENSUALI

§ 162. Compra-vendita.

I. *De empt. et vend.*, III, 23. Dig., 18, 1-7; 19 1. Cod., 4, 38-58.

La *compra–vendita* obbligatoria è un contratto consensuale bilaterale, per cui uno dei contraenti (il venditore) promette all'altro (il compratore) di cedergli per sempre il possesso di una cosa *(merx,* almeno trattandosi di cosa mobile) e prestar la garentia del possesso stesso, ovvero trasmettergli qualunque diritto, dietro promessa di ricevere un corrispettivo in *danaro (pretium)*.

La compra–vendita è causa generica (v. § 27) e può anche senz'altro fornire la giustificazione dell'immediato acquisto del dominio o di altro diritto, quando all'atto stesso esso venga trasferito nelle debite forme: così avviene della compra-vendita, che è *iusta causa traditionis,* all'infuori di qualunque obbligazione precedente (v. § 87). In questa parte ci occupiamo della sola compra–vendita obbligatoria, la quale ha in diritto romano una costruzione specialissima.

Giova premettere che la compra–vendita obbligatoria romana non corrisponde propriamente alla nostra compra–vendita, bensì alla promessa reciproca di comprare e vendere, giacchè la compra-vendita odierna, quando abbia per oggetto cose determinate, è immediatamente un contratto traslativo di diritti, non costitutivo di obbligazioni. Ma inoltre la compra-vendita romana, considerando il modo speciale ond'è ordinato l'obbligo del venditore nella vendita di cose, differisce profondamente anche dalla nostra promessa di vendere.

Come in ogni contratto bilaterale, nella compra-vendita si hanno due cause obbligatorie fuse in un negozio unico; il venditore acquista il diritto al prezzo, perchè s'è obbligato a dare la cosa (in possesso, nel diritto romano), il compratore acquista il diritto di ricever la cosa, perchè s'è obbligato a dare il prezzo.

La *merce* o è una cosa corporale o è un *jus in re aliena* o è un diritto di credito o anche un complesso di diritti, come l'eredità. In genere ogni cosa e ogni diritto è oggetto di vendita, salvo speciali divieti. Così, ad esempio, è fatto divieto agli amministratori, tutori o curatori, di comperare le cose dei loro amministrati: ai presidi e militari di comperare fondi nelle provincie ove risiedono, ecc.

Speciali derogazioni sono stabilite, in tutto o in parte per opera de' compilatori, circa il requisito dell'impossibilità dell'oggetto (v. § 118) in materia di compra-vendita. È affermato bensì in generale che la *impossibilità fisica*, per es., l'inesistenza dell'oggetto, il suo perimento, o l'*impossibilità giuridica*, l'incommerciabilità dell'oggetto, fanno che la vendita sia nulla (1). Ma se l'oggetto è perito solo per metà (un edificio, un oliveto), la vendita vale, ridotto proporzionalmente il prezzo; anzi, se v'è dolo o da parte del venditore o da parte del compratore (non dalle due parti, perchè il dolo reciproco si compensa e la vendita è nulla), allora la vendita è valida in qualunque modo, finchè l'oggetto non sia *totalmente* perito, e o il venditore è costretto a prestare i danni interessi o il compratore a pagare egualmente il prezzo (2). Circa l'impossibilità giuridica il diritto classico ebbe riconosciuto la validità della vendita (naturalmente per l'esperimento dell'*actio empti* e le sue responsabilità) di un uomo libero come schiavo (3): Giustiniano ha esteso la regola a ogni altro oggetto incommerciabile, sempre quando il compratore ignori (4).

(1) L. 15 pr. *h. t.* 18, 1; L. 7 D. *De her. vel act. vend.* 18, 4. — L. 22-24; L. 34, § 1, *h. t.* — *Actio in factum;* L. 8, § 1, D. *De rel.* 11, 7.

(2) L. 57 *h. t.* interpolata: *hac questione multum interesse — stare non concedente;* L. 58*; sive autem — dicta sunt.* — Interpolata, a mio avviso, anche la L. 8, D. *De her. vel act. vend.* 18, 4: *ut si-consequatur.*

(3) Cfr. per es. L. 70 D. *h. t.*; L. 39, § 3, D. *De ev.* 21, 2.

(4) L. 4, D. *h. t.* interp. *et loci-potest ; si ab ignorante emitur* (Scialoja in *Bull. dell'Ist. di dir. rom.*, vol, 2 (1889), p. 178); L. 62, § 1 *h. t. licet; teneat, ex empto,* ecc. § 5, I. *h. t.* III, 23 (Ferrini, *Sulle Fonti delle Ist.* nel *Bull.* cit. vol. 13 1901), p. 179.

Anche una cosa o un diritto non proprio del venditore può essere oggetto di vendita. *Rem alienam distrahere quem posse nulla dubitatio est,* dice Ulpiano. Finalmente possono costituire oggetto di vendita anche le cose future. Si distingue al proposito la *emptio rei speratae* e la *emptio spei.* La prima è vendita condizionale ed ha efficacia solo verificadosi la condizione; la seconda è vendita aleatoria (tale, per esempio, la compera anticipata della pesca che si farà in un giorno o in un tratto di reti) ed obbliga il compratore a pagare il prezzo, anche non verificandosi affatto la speranza.

Il prezzo deve consistere in denaro; altrimenti non si ha vendita, ma permuta, che non è contratto consensuale e in cui gli obblighi reciproci sono altresì diversi, almeno per una delle parti. Dev' esser certo e determinato. Tuttavia la determinazione del prezzo può esser rimessa a un terzo e Giustiniano sancì che in tal caso la vendita fosse perfetta solo quando il terzo avesse determinato il prezzo (1). All'arbitrio delle parti non può esser mai rimessa la determinazione del prezzo. Conchiusa la compra-vendita, si può anche sostituire di comune accordo un altro oggetto in pagamento al danaro.

Veniamo ora a dire degli obblighi reciproci del venditore e del compratore. Circa la compra-vendita di cose, che è senza dubbio l'originaria, il negozio romano offre una singolare particolarità: che il venditore non è obbligato a trasferire la proprietà dell'oggetto, ma solo il possesso, e propriamente dicevasi ch'egli era tenuto a *tradere ut habere liceat.* Pertanto la compra-vendita di cose non solo non è un contratto traslativo di proprietà, come nel diritto moderno, ma non è nemmeno un contratto che obblighi a procacciarsi la pro-

(1) Tra i giureconsulti classici si disputava in proposito (GAII, *Inst.* III, 140). Giustiniano decise la controversia (L., 15, C. *De contr. empt.* 4, 38: § 1, I, *h. t.*). La L. 25 pr. D. *Loc.*, 19,2 è interpolata: *sub hac condicione — statuta.*

prietà e trasmetterla, come la stipulazione *ad dandum* o il legato per *damnationem*.

Oscura è l'origine di questa singolare costruzione della compra–vendita romana, avvertita dagli stessi giureconsulti romani: certo essa rivela una genesi anomala del contratto. Se non che tutto il carattere dello svolgimento progressivo della compra–vendita nel diritto romano si riassume nel cercare gli espedienti per torre di mezzo tale imperfezione, cioè fare che il venditore abbia a trasmettere non soltanto il possesso, ma bensì in definitiva la proprietà. Il primo riconoscimento giuridico del contratto obbligatorio non risale, a quel che sembra, oltre l'ultima età repubblicana (1). Ma trasmessa la cosa, il venditore aveva allora adempiuto ogni obbligo e non solo non era tenuto, se il compratore scopriva che gli era stata data cosa altrui, ma nemmeno se la cosa stessa veniva reclamata o financo riconquistata per via giudiziale dal vero proprietario: salvo, s'intende, l'obbligo dell'*auctoritas* derivante dalla mancipazione in ordine alle *res mancipi* vendute e trasmesse debitamente in questa forma. Per garentirsi in modo analogo fuori della mancipazione, cioè principalmente in ordine alle cose *nec mancipi*, conveniva aggiungere alla compra-vendita delle stipulazioni apposite, che in origine furono la *repromissio* o la *satisdatio secundum mancipium,* con cui si prometteva, assicurando a un bisogno la promessa con malleverie *(satisdationes),* la stessa garentia e assistenza al processo, cui era tenuto il mancipante; in seguito la *stipulatio habere licere* ovvero la *stipulatio duplæ.* Colla *stipulatio duplæ,* che divenne ben tosto il modo più consueto, si prometteva di rifare il doppio del prezzo

(1) Il negozio consensuale era in uso già innanzi, ma sotto la sanzione della *fides*. La cosiddetta compra-vendita reale (scambio *immediato* della cosa e del prezzo) è d'ogni tempo e d'ogni popolo — oltrepassato, s'intende, lo stadio assolutamente barbarico della permuta o scambio diretto dei prodotti, senza l'intermediario della moneta — ma non è il contratto obbligatorio.

pagato (o il solo prezzo o anche più del doppio), ma soltanto nel caso di vera e propria evizione, cioè quando l'acquirente venisse effettivamente privato della cosa e in forza di sentenza (1).

L'uso generale di siffatte stipulazioni condusse ad ammettere che il venditore fosse tenuto a conchiuderle, e si accordò al compratore l'azione stessa del contratto per ottenerle: finchè, senza l'intervento di alcuna stipulazione, si riconobbe al compratore il diritto di valersi della stessa *actio empti* per conseguire il risarcimento, sempre in caso di evizione. Ma si andò anche più in là: e giovandosi dello schietto carattere di buona fede dell'azione, Giuliano stabilì che il venditore, il quale avesse scientemente venduto cosa altrui senza saputa del compratore, doveva esser responsabile e soggetto all'*actio empti* senza attendere l'evizione: perchè allora s'intende ch'egli è in dolo (2). E questo è il punto estremo, cui giunge lo svolgimento del contratto obbligatorio di compra-vendita nel diritto romano: ma in forza di tale sviluppo a ogni modo il principio che il venditore non è tenuto se non a trasmettere il possesso resta come un dogma più formale che sostanziale.

Il venditore ha pure obbligo alla garentia dei vizi occulti. Anche tale obbligo incombeva in origine solo al mancipante in base alle sue dichiarazioni *(dicta et promissa)* all'atto della mancipazione; la giurisprudenza estese tale responsabilità anche alla reticenza dolosa. Ma s'ebbe al riguardo una evoluzione parallela all'obbligo per l'evizione; vale a dire si aggiunsero al contratto consensuale stipulazioni apposite e nel diritto clas-

(1) Cfr. quanto fu detto al § 140 circa l'evizione in generale. Per l'*auctoritas* del mancipante cfr. § 88.

(2) L. 30, § 1. D. *De act. e. v*, 19, 1. — Di qui la enumerazione degli obblighi del venditore in Paolo: *possessionem tradere, ob evictionem se obligari, purgari dolo malo* (L. 1 pr. D. *De r. perm.*, 19, 4). Il compratore *nisi nummos accipientis fecerit, tenetur ex vendito*: il venditore invece *si evicta res non sit, nihil debet.*

sico si ottenne d'intentare all'uopo anche l'*actio empti*. Se non che in materia di vizi intervenne l'opera degli Edili colle loro azioni, la *redhibitoria* per la rescissione del contratto, e la *aestimatoria o quanti minoris* per la riduzione del corrispettivo, colle quali il venditore è tenuto indipendentemente dalle dichiarazioni, dalla reticenza e dalla scienza stessa del vizio; vale a dire, è tenuto anche se ignaro e in buona fede. Ordinate per la vendita di schiavi e giumenti sui mercati (cui vigilavano appunto gli Edili), nell'epoca romano-ellenica, cessata la giurisdizione speciale degli Edili, esse sono state estese a qualunque vendita, anche fuor de' mercati, e a qualunque oggetto (1).

Il venditore è nell'adempimento de' suoi vari obblighi tenuto responsabile, conforme ai principi generali, non solo per il dolo, ma altresì per la colpa lata lieve.

Il compratore è obbligato a pagare il prezzo e a trasferire effettivamente la proprietà delle monete. Il rischio della cosa comperata e quindi anche i lucri eventuali che ne derivano *(periculum et commodum)* sono a carico o a favore del compratore sin dal momento della conclusione del contratto; trattandosi di cose fungibili, dal momento in cui vennero fissate le singole specie, cioè o pesate o numerate o misurate. Nella compra-vendita condizionale, finchè la condizione pende, il rischio della perdita grava naturalmente sul venditore, ma il deterioramento della cosa è sempre a carico del compratore.

Il compratore è alla sua volta responsabile sino alla colpa lieve.

La compra-vendita, essendo vero contratto sinallagmatico, genera due azioni dirette, di buona fede, l'*actio empti* a favor del compratore, l'*actio venditi* a favor del venditore.

(1) Cfr. anche circa l'editto degli Edili e i vizi occulti il § 140. — Interpolata per l'estensione: L. 1 pr. D. *De aed. Ed.* 21, 1.

La compra-vendita è anche il negozio, al quale più che a ogni altro si aggiungono patti accessorî. I principali sono: la *lex commissoria*, cioè il patto per cui la vendita si deve ritener come sciolta e la cosa torna al venditore, quando il prezzo non sia stato pagato entro un certo tempo, la *in diem addictio*, per cui la compra-vendita si vuol risoluta, se al venditore verranno altre offerte migliori, il *pactum displicentiæ* per cui la vendita o non si vuol conchiusa o è risoluta, se la cosa dispiace, il *pactum de retro vendendo* o patto di riscatto, il *pactum de retro emendo;* il *pactum de non alienando*, *de non manumittendo* o *ne ancilla prostituatur* circa gli schiavi, ecc.

La vendita è nel diritto nuovo rescindibile per lesione enorme, quando sia stato comperato l'oggetto per meno dalla metà del suo giusto valore (1).

§ 163. Locazione e conduzione.

1. *Loc. cond.;* III, 24. D., 19. 2. Cod. 4,65.

La *locazione-conduzione* è un contratto consensuale bilaterale, per cui una delle parti promette all'altra l'uso e il godimento temporaneo di una cosa ovvero la prestazione di una serie di servigi *(operae)* o di un'opera determinata *(opus)* dietro promessa di ricevere un corrispettivo.

Anche nella locazione e conduzione si hanno in realtà due cause obbligatorie fuse in un negozio unico e quindi egualmente due obbligazioni e due oggetti, e ciascuno dei due subbietti rappresenta una doppia parte, quella di creditore e debitore a un tempo.

Uno degli oggetti della locazione e conduzione è costante: il corrispettivo da pagare, che dicesi mercede

(1) L. 2, C. *De resc. vend.* 4, 44 interp. *humanum est*, ecc.; L. 8. *eod.* interp. *nisi minus*, ecc. — Cfr. GRADENWITZ, *Bull. dell'Ist. di dir. rom.*, II (1889). p. 14.

(*merces* o anche *pensio* o *canon*). Dev'essere certo e determinato, come il prezzo nella compra-vendita. Nel diritto classico non si richiedeva però in modo assoluto che fosse stabilito in denaro, perchè non v'era, come nella compra-vendita, l'impossibilità assoluta di distinguere le due prestazioni. Solo quando questa impossibilità vi fosse, si esigiva la mercede in danaro; altrimenti poteva consistere anche in derrate. Ma nel diritto giustinianeo i testi classici sono stati intesi in un senso generale e quindi non è riconosciuta locazione, se il corrispettivo non è stabilito in danaro (1).

L'altro obbietto della locazione è invece vario: e su questa base si distinguono la locazione di cose, di opere o servigi e di un'opera o impresa unica.

La *locazione di cose (locatio conductio rerum)* è un negozio molto analogo alla compra-vendita, massime nella costruzione della compra-vendita romana.

Qualunque cosa può essere oggetto di locazione, salvo le cose consumabili, delle quali non si può usare, senza distruggerne la sostanza. Nulla è la locazione di cosa propria del conduttore, come la vendita di cosa propria del compratore (2).

L'obbligazione del locatore è di consegnare la cosa in modo da poter servire all'uso promesso e garentirne il libero godimento. Pertanto egli non può fare alcun mutamento in ordine alla cosa, finchè la locazione dura, deve sostener le spese necessarie ed è responsabile anche della privazione d'uso che il locatario può subire per l'evizione della cosa; finalmente egli sostiene anche tutti i pesi inerenti alla cosa, come i tributi.

Il locatario o conduttore è obbligato a corrispondere la mercede dalla data della prestazione effettiva e nella misura della prestazione, a usar convenientemente della

(1) FERRINI *La colonia partiaria* nei *Rend. dell'Ist. Lomb.* a 1893, pag. 87. La colonia parziaria, in cui il corrispettivo è in derrate non è più considerata dai compilatori come locazione.

(2) Cfr. L. 21 D. *De us. et us.* 41, 3.

cosa, a restituirla non deteriorata. Il conduttore di fondi urbani dicesi *inquilino,* di fondi rustici *colono.* V'hanno divieti speciali di prendere in affitto relativi ai soldati rispetto alle case o terre della provincia in cui risiedono, agli uffiziali dell'amministrazione imperiale rispetto alle terre fiscali, agli ecclesiastici rispetto alle terre non ecclesiastiche o alle rendite fiscali.

Chi abbandona il fondo locato prima del tempo era tenuto nel diritto classico a pagare intera la mercede di tutto il tempo convenuto: nel diritto giustinianeo fino al limite dei danni interessi (1).

La locazione di cose è un rapporto duraturo; quindi è il rapporto obbligatorio in cui più frequentemente l'estinzione accade per lo spirar del termine; è ammessa però, restando il conduttore senza opposizione sul fondo, la tacita riconduzione (2). Il locatore nel diritto giustinianeo, e per opera probabilmente dei compilatori, ha facoltà di disdetta in alcuni casi, come l'abuso della cosa locata, il non pagamento del fitto durante due anni o il bisogno della cosa locata. Il conduttore ha facoltà di recedere dal contratto per difetti della cosa che ne impediscano l'uso o per la mora del locatore nel consegnare la cosa o per fondato timore di un pericolo. La vendita della cosa non scioglie veramente la locazione (sotto questo aspetto è fallace la massima tradizionale *emptio tollit locatum)*, ma il rapporto è sempre personale tra il locatore e conduttore; onde il conduttore espulso dal fondo non ha azione se non verso chi gli ha locato la cosa o i suoi eredi.

La *locazione di op (erelocatio conductio operarum)* ha per oggetto soltanto servigi onesti, ma illiberali. Le opere liberali, come i servigi del medico, dell'avvocato, del precettore di persona libera, non si consideravano presso i Romani come obbietto di locazione, nè si poteva pretendere giuridicamente la mercede. Il

(1) L. 55, § 2, D. *Loc.*, 19, 2, interpolata: *quatenus - servetur.*
(2) L. 13, § 11, D. *h. t.*; L. 14; L. 16, C. *h. t.*

costume regolava il compenso per queste opere con donativi socialmente obbligatorì, che i Romani chiamavano *honoraria* o *munera*. Nel periodo imperiale simili rapporti cominciarono a esser regolati dal diritto per via di *extraordinaria cognitio*. Egualmente per ragioni sociali non si riguardavano come locazioni, ma ricadevano tuttavia *ab antiquo* sotto l'ambito di altri rapporti giuridici il contratto colla nutrice (mandato), coll'agrimensore *(actio in factum)*, col *politor* o agronomo (società).

La *locazione-conduzione di un' opera* o *di un' impresa (locatio conductio* o *redemptio operis)* differisce dalla precedente, in quanto l'obbietto è un' opera determinata e si considera come locatore non colui che la compie, ma colui per conto del quale si compie. L'impresario è invece il conduttore *(conductor* o *redemptor operis)*.

Quanto agli obblighi reciproci, le stesse regole valgono per entrambe. Si noti però che il locatore di opere deve prestarle personalmente, mentre l'impresario può eseguire il lavoro anche per mezzo altrui.

La locazione e conduzione di opere si estingue anch'essa collo spirare del termine; l'impresa invece colla esecuzione dell'opera assunta. Si estingue ancora la locazione e conduzione di opere per la morte del locatore, ossia dell'operaio; la locazione e conduzione di un'opera o impresa per la morte del conduttore, ossia dell'imprenditore, quando il contratto sia stato conchiuso in considerazione dell'abilità personale di costui.

Le azioni della *locatio conductio*, di buona fede, sono rispettivamente l'*actio locati* e l'*actio conducti*.

§ 164. Società.

I. *De soc.*, III. 25. D. *Pro soc.*, 17, 2. C., 4, 37.

La *società* è un contratto consensuale, per cui due o più persone si obbligano reciprocamente a mettere insieme delle cose o delle opere per conseguire un fine lecito e di comune utilità. L'intenzione sociale dicesi *affectio societatis* o *animus coeundae societatis*.

Causa dell'obbligazione di ciascuno è la corrispondente obbligazione degli altri.

La società giustinianea è una fusione di diversi istituti nelle origini loro e nelle fasi storiche nettamente distinti: la *societas omnium bonorum*, la quale trae origine dall'antico consorzio agnatizio dei *filiifamilias*, che si mantenevano uniti alla morte del *paterfamilias*, la *politio*, contratto col *politor* o agronomo, chiamato a dirigere la cultura di un fondo e partecipare a una quota del profitto, la *societas quaestuaria* o mercantile, avente scopo di lucro, introdotta probabilmente nell'epoca del *jus gentium* sotto l'influenza greca (1). Qualunque oggetto si può conferire nella società; cose, crediti, opere. Non è necessario che le messe dei soci sieno eguali e non è necessario che tutti abbiano parti eguali e corrispondente nei lucri e nei danni; ma non si può fissare il patto che un solo abbia il guadagno, perchè sarebbe contrario alla natura della società.

Si distinguono diverse specie di società: 1.° Secondo i mezzi conferiti, *societates rerum, operarum, mixtæ;* 2.° Secondo lo scopo della società, *societates quæstuariæ* e *non quæstuariæ.* Delle prime è fine il lucro, delle altre no; 3.° Secondo l'estensione del rapporto: *società universali (societates omnium bonorum), società dei lucri,* in cui i soci convengono di mettere insieme i guadagni della loro attività (non della fortuna, come eredità o donativi) e *società particolari (rei unius, negotiationis alicuius).*

I soci sono obbligati ciascuno a conferire l'oggetto promesso. Il socio amministratore è obbligato a conferire gli utili che ricava, presta le usure per la mora ed è tenuto al rendimento dei conti. Ha però diritto di esser risarcito delle spese necessarie e utili fatte sulla cosa comune.

(1) Ferrini, *Origini del contratto di società* nell'*Arch. giur.*, vol. 38 (1887); De Medio, *Contributo alla storia del contratto di società in Roma*. Messina (1901).

La società ha regole singolari, che possono derivar dall'antico consorzio agnatizio tra fratelli. In difetto di patti speciali, le quote sono assolutamente eguali, non proporzionate alle messe. La responsabilità del socio si estende fino alla colpa in concreto, vale a dire egli è tenuto a prestare nell'amministrazione quella diligenza che impiega nelle cose proprie (1). La buona fede è considerata nel modo più grave, anzi occorre tra i soci un *ius quodammodo fraternitatis; l'actio pro socio* è un'*actio famosa,* ma la condanna è *in id quod facere (socius) potest,* vale a dire il socio fruisce, come i prossimi congiunti, del *beneficium competentiae* (§ 132); finalmente nella *societas omnium bonorum* la trasmissione dei beni si opera immediatamente senza uopo di tradizione, come ne' rapporti familiari avviene che si prescinda dall'apprensione del possesso e dalla tradizione (successione dell'*heres suus* nel possesso (cfr. § 187), donazione tra ascendenti e discendenti).

La società si estingue: 1.° *ex personis,* per morte o *capitis deminutio maxima* o *media* dell'uno dei soci (il che è forse di nuovo un residuo dell'antico *consortium*) (2); 2.° *ex rebus,* per l'esaurimento dello scopo o del patrimonio o perchè lo scopo divenne illecito; 3.° *ex voluntate,* per volontà comune dei soci o per la rinunzia non intempestiva nè dolosa dell'uno di essi, nonchè per lo spirar del tempo fissato; 4.° *ex actione,* per la trasformazione o lo scioglimento della società mediante stipulazione o azione intentata (3).

(1) Il limite della *diligentia quam suis* (colpa in concreto) pare tuttavia interpolato ne' testi: § 9 I. *h t.* 3, 25; L. 72 D. *h. t.* 17, 2. Cfr. § 35 e § 172.

(2) L. 63, § 10 D. *h t.* 17, 2; L. 65, § 11 *eod.* interp. — Nel diritto classico si scioglieva la società anche per la *capitis dem. minima;* GAII *Inst.*, III, 150). Cfr. EISELE, *Beiträge zur röm. Rg.* 1896, p. 193.

(3) Sul modo d'intendere l'ultima causa, che sembra un duplicato della precedente, Ulpiano e Paolo (L. 63 § 10 e L. 65 pr. *h. t.*) non erano forse concordi.

§ 165. Mandato.

I, *De mand.*, III, 26. D. *Mand.*, 17, 1. Cod., 4, 35

Il *mandato* è un contratto consensuale bilaterale imperfetto, per cui una delle parti (mandatario, *is qui mandatum accepit,* o procuratore, *procurator)* si obbliga gratuitamente a eseguire una prestazione o gerire un affare per conto dell'altra parte (mandante, *mandator,* o principale, *dominus negotii),* dalla quale ha ricevuto l'incarico.

Il mandato è, alla sua volta, la fusione di due istituti classici: il mandato vero e proprio e la procura. Mandatario *(is cui mandatum est, is qui mandatum accepit)* era nell'antico diritto l'incaricato di un servigio, di una missione giuridica o non giuridica, ma isolata e definita. Dal lato giuridico la gratuità, dal lato sociale la delicatezza e l'elevatezza della funzione affidata, sono il criterio discretivo del mandato dalla locazione d'opera. Il *procurator* era un agente giuridico e stabile, un incaricato d'affari e in guisa permanente (1). In origine anzi, vero *procurator* era soltanto il *procurator omnium bonorum, ad res administrandas datus,* cioè l'amministratore di un patrimonio, d'ordinario in assenza del *dominus;* ma si ammise in seguito, almeno dalla maggior parte dei giureconsulti, anche il *procurator* per un affare determinato *(unius rei* o *negotii)* e assunse poi una figura specifica il *procurator ad litem.* Il *procurator* conseguì facoltà ampie sul patrimonio dell'amministrato: di alienare beni, acquistare il possesso e quindi la proprietà dipendente dal possesso (v. § 87 e § 114), pagare ed esigere, novare, permutare, rappresentare il principale in giudizio, impetrare per esso la restituzione in intiero. Cotesto *procurator* era una figura sociale, uno schiavo o un liberto legato alla casa del suo patrono, e le ampie

(1) Il carattere sociale del *procurator* e la stabilità del suo ufficio vennero messi in luce dallo Schlossmann e dallo Scialoja. Cfr. § 114.

facoltà a lui riconosciute derivano dalla sua posizione di fatto, non dal mandato: non solo al tempo di Cicerone (1) si distingue il mandatario dal *procurator*, ma ancora al tempo di Gaio e di Paolo si discute e si ammette l'indifferenza del mandato in ordine al *procurator* (2). A ogni modo la tendenza di dar veste di mandatario al *procurator* si rivela già nel diritto classico, e probabilmente il mandato generale venne in uso per il *procurator*. Ma nella società romano-ellenica, cui sono stranieri gli istituti caratteristici dell'ambiente sociale e familiare di Roma, la tipica figura del *procurator* svanisce e anche il suo concetto giuridico — organo d'affari permanente — si offusca. Nel diritto giustinianeo il *procurator* è fuso col mandato: con questo solo, ch'egli è un mandatario essenzialmente giuridico, e senz'altra aggiunta s'intende il *procurator omnium rerum;* ma le stesse facoltà più larghe del *procurator omnium rerum* (alienare, acquistare il possesso, stare in giudizio, chiedere la *restitutio in integrum)* sono ora fatte dipendere dal mandato speciale *ad hoc*.

Oggetto del mandato è un'opera onesta e di possibile esecuzione e che offra interesse pel mandante, non pel mandatario esclusivamente, almeno di regola.

Il mandato può essere *speciale (unius rei, unius negotiationis)* e *generale (procurator omnium bonorum* o *ad res administrandas datus* o *procurator* semplicemente). Nel diritto giustinianeo, come s'è detto, per alcuni affari, quali l'alienazione del dominio (§ 87), per l'acquisto del possesso, e in dipendenza, della proprietà (§ 114 e 87), per la impetrazione della *restitutio in integrum* (3), il processo (4), la transazione, il giu-

(1) Cic. *Top.*, 10, 42.
(2) Gaii, *Inst.* IV, 84; Consult. 3, 6.
(3) L. 25, § 1, D. *De minor.* 4, 4, interp.
(4) Interpolate: L. 27 pr. D. *De proc.* 3, 3: « *sed haec ita si*, ecc. »; L. 48 *ibid.* « *si hoc specialiter* »; L. 3, § 1, D. *Quod quisque*, 2, 2 « *utique si — habui* »; Justinianus, L. 2, § 5, C. *De jureiur.* 2, 58 (59); Gratianus, L. 24, C *De proc.* 2. 12, che riproduce, in parte alterata, la L. 3, C. Th. 2, 12. — Alterata in parte mi sembra anche la L. 1 pr. D. *De proc.* 3, 3.

ramento decisorio, ecc., il mandato generale non basta. Le donne, i soldati, gl'impuberi, gli ecclesiastici sono esclusi dal mandato giudiziario.

La gratuità è dell'essenza del mandato; purnondimeno le necessità sociali introdussero l'uso di retribuire mediante donativi o attestati onorifici *(munus, honor, honorarium)* alcuni mandati. Nel diritto classico per tali remunerazioni pattuite potevasi agire solo *extra ordinem,* ma nel diritto giustinianeo questo criterio non giova, perchè la procedura *extra ordinem* è divenuta generale.

Il mandatario è obbligato: a eseguire il mandato giusta le istruzioni ricevute e giusta la natura del negozio, a rendere i conti e restituire ciò che non ha speso e quanto ha percepito a titolo di usure, anche se i capitali sono stati collocati a interesse contro la volontà del mandante.

Non v'è di regola obbligo di eseguir di persona il mandato. In ragione della speciale fiducia, nella quale riposa il mandato, la responsabilità del mandatario si estende eccezionalmente sino alla colpa lieve, sebbene il negozio sia gratuito.

Ma anche il mandante può eventualmente essere obbligato verso il mandatario per le spese che questi abbia dovuto fare, per le perdite subite e per gli interessi delle somme che abbia anticipato. Inoltre egli deve assumere le obbligazioni passive contratte dal mandatario nell'esecuzione del mandato.

Verso i terzi il mandatario acquista diritti e assume obblighi personalmente, poichè il principio della rappresentanza non è riconosciuto, salve sempre le azioni utili a favore o a carico del mandante introdotte via via e le eccezioni ammesse (cfr. § 128–130).

Il mandato si estingue per l'esaurimento dell'incarico, per la concorde volontà delle parti, per morte del mandante o del mandatario, revoca o rinunzia del mandato. La revoca e la rinuncia, se l'esecuzione era già incominciata *(re non integra)*, obbligano tuttavia mandante o mandatario per le spese anticipate o i danni subiti dall'altra parte.

Anche l'*actio mandati*, di buona fede, si scinde in due giudizi o due azioni, diretta e contraria. L'azione diretta (contro il mandatario) è infamante.

VI. — CONTRATTI INNOMINATI

§ 166. Natura e origine dei contratti innominati.

D. *De praescr. v.*, 19, 5. Cod., 4,61.

I *contratti innominati* appaiono quasi un compimento e una generalizzazione dei contratti reali. Come nei contratti reali, così nei contratti innominati, la causa dell'obbligazione consiste nella prestazione eseguita da un subbietto a favor dell'altro per ottenere la controprestazione convenuta; questa peraltro, cioè l'oggetto dell'obbligazione, a differenza dei contratti reali, può divergere, e talora essenzialmente, dalla causa. Lo svolgimento di questi contratti comincia soltanto nel fiore dell'epoca classica, ed è completo quando questa è già tramontata; onde non ebbero una designazione caratteristica ed anche i singoli contratti, ad eccezione di alcuni, non ricevettero una denominazione popolare, ma s'indicano perifrasticamente. Di qui la espressione contratti innominati, tradizionale negli scrittori sin dal Brachilogo.

I contratti innominati si raggruppano nelle seguenti quattro categorie: 1.° *do ut des*, in cui la causa è la dazione già eseguita di una cosa, ossia la trasmissione di un diritto, e l'obbietto una prestazione consimile; 2.° *do ut facias*, in cui la causa è bensì la trasmissione di una cosa, ma l'obbietto è la prestazione di un'opera; 3.° *facio ut des*, in cui al contrario la causa è un'opera, l'obbietto un *dare*; 4.° *facio ut facias*, in cui causa e obbietto consistono in fatti meri.

Simili negozi, in cui la convenzione tra le parti era, di regola almeno, di ricevere in cambio un'altra diversa prestazione (non, come nei contratti reali, la restituzione dell'obbietto stesso), non avevano nell'origine efficacia giuridica. La parte che aveva eseguito la sua prestazione, serbava non altro che il diritto di ripeterla mediante una *condictio,* ove fosse possibile, cioè trattandosi di una *certa res;* che se invece aveva prestato una opera, solo col rimedio estremo dell'*actio doli* era dato ottenere il risarcimento negativo pel danno recato (non per l'inadempimento della promessa).

Il problema circa l'efficacia obbligatoria, una volta eseguita la prestazione dall'una delle parti, si presentò dapprima in ordine alla permuta *(permutatio)*, negozio *do ut des.*

I Sabiniani, fondandosi sull'analogia economica, che la permuta ha colla compra-vendita, di cui rappresenta quasi la forma primitiva, pretesero di considerarla come una compra-vendita e quindi sancirne la validità obbligatoria in base all'obbligo reciproco assunto dalle parti e manifestato col consenso. I Proculeiani però, considerando come essenziale alla compra-vendita che un oggetto abbia funzione di merce, l'altro di corrispettivo generale e uniforme (la moneta), massime data la struttura speciale della compra-vendita romana, che non obbliga al trasferimento della proprietà rispetto alla merce, ripudiarono questa opinione. Giustiniano seguì la teoria proculeiana.

Ma in generale nel progressivo riconoscimento di queste nuove figure due tendenze si fanno palesi. La scuola dei Sabiniani (e già alcuno dei *veteres*), senza ritenere la natura contrattuale dell'obbligazione in simili rapporti, via via che la pratica e l'urgente equità reclamavano la sanzione giuridica, consigliava al Pretore un'*actio in factum.* I Proculeiani invece, a quel che sembra, riconobbero il contratto, e l'azione, come nascente dal contratto, era civile e si disse *actio civilis incerti*, in quanto nella *demonstratio* della formula, non potendosi nettamente avvisare col proprio nome il negozio conchiuso, si suppliva con una descrizione in principio *(praescriptio,* onde *praescriptis verbis agere)*, cui soggiungevasi l'*intentio incerta* (« *quidquid dare facere oportet* »; dubbia, per diritto classico, la clausola *ex fide bona)*.

Il punto di partenza del nuovo sviluppo, in cui per la prima volta si opera dai giureconsulti sulla base della causa, sembra costituito da alcune figure analoghe ai contratti nominati e riconosciuti, ma incerte nella determinazione tra l'uno o l'altro di questi o anche tra più (1).

Ma la configurazione scolastica delle quattro categorie, nella quale si abbandona l'elaborazione sporadica sulla base della causa e della analogia coi contratti nominati, sembra opera del diritto post-classico, e a Giustiniano o alle scuole orientali di diritto romano appartiene probabilmente l'invenzione dell'*actio præscriptis verbis* (2).

(1) Cfr. Ulp. 1 pr. 19, 3; Ulp. 13 pr. § 1 (citato Julianus) 19, 5; Neratius 6 *eod.*; Ulp. 17 pr. e § 3 *eod.*; 19 pr. § 1 *eod.*; 44, D. 17, 2; 5 § 12, D. 13, 6; 22, D. 10. 3.

A parte il carattere pretorio ed estracontrattuale dell'una, civile e contrattuale dell'altra azione, la differenza sostanziale nel diritto classico tra le due era che con l'*actio in factum* si esigeva il mero interesse negativo per la prestazione eseguita e non corrisposta, con l'azione civile il vero e pieno interesse positivo, cioè i danni-interessi per la controprestazione mancata, che era obbligatoria. Caso per caso, del resto, gli stessi giureconsulti esprimevano nei diversi negozi talora diversi avvisi, ora accordando l'*actio in factum*, ora l'*actio civilis incerti*.

(2) La L. 5, D. *De præscr. v.*, 19, 5, è in massima parte fattura dei compilatori. L'*actio praescriptis verbis* pare certo interpolata qual complemento o apposizione dell'*actio civilis incerti* nei seguenti testi: Ulp. 7, § 2, D., 2, 14 (Aristo e Mauricianus), Pap. 8 *h. t.*; Ulp, 15 *h. t.* *h. t.* 19, 5; Jul. 19 § 2, D. 43, 26; Diocl. 6, C. 4, 64; Diocl. 9, C. 8, 53 (54); forse il termine *actio* nei seguenti testi in cui la locuzione è usata da sola: Ulp. 44, D. 17, 2; 17, § 1, 2, 5 *h. t.* 19, 5; 20, § 2 *h. t.*; 1, § 10 D. 16, 3; 9, § 3. D. 4, 3; Pomp. 26, pr. *h. t.* 19, 5; Ulp. 1. pr. 19, 3; 2 § 2. D. 43, 26; Caracalla 7, C. 2, 4 (l'interpolazione è rivelata dal confronto col Codice Greg. 1, 1, 1): Maximinus 6, C. 5, 12; Diocl. 4. C. 4, 64. Ma inoltre i compilatori all'*actio in factum*, pretoria e non contrattuale, attribuirono lo stesso valore dell'azione civile e contrattuale, sia apponendovi *praescriptis verbis* ovvero *idest praescriptis verbis actio* (Ulp. 13, § 1. *h. t.*; Gaius 22; *h. t.* Africanus 24 *h. t*), sia fondendo

I Romani usavano soltanto l'espressione *præscriptis verbis agere*, per la ragione accennata, che non avendo i negozi, su cui la formula doveva esser concepita, denominazione e figura distinta, si doveva anzitutto con più parole descrivere il rapporto.

Ne' contratti innominati la parte che ha eseguito la prestazione serba pur sempre la *condictio causa data causa non secuta* per ripetere l'oggetto trasferito, sebbene il negozio sia oramai obbligatorio e generi quindi azione per ottenere l'adempimento della promessa. Ciò è però abbastanza equo, almeno quando l'inadempimento della prestazione da parte del debitore sia colposo; e per vero in questi limiti è stato appunto ristretto da Giustiniano l'esperimento della *condictio ob causam datorum (causa data causa non secuta*, nel nuovo linguaggio) (1). Anzi una simile scelta tra l'esecuzione e la risoluzione del contratto è stata estesa nel diritto moderno a tutti i negozi bilaterali (Cod. civ art. 1165) (2). Ma è veramente eccessivo il diritto generale di pentirsi

l'*actio in factum* coll'*actio civilis* nella bizzarra locuzione *actio in factum civilis* (Paul., 5, § 2, *h. t.* 19, 5: interpolato *civilem*, giacchè si cita Giuliano, fautore dell'azione *in factum*; Paul. L. 1. § 1, 2 *h. t.*; interpolato forse *in factum*, sia per l'ordine delle parole, sia per essere citato Labeone, primo fautore dell'azione civile).

Allo stato genuino sono probabilmente i testi seguenti, in cui si usa *actio civilis incerti* o *praescriptis verbis agere:* Ulp. 23. D. 10. 3; 19, pr. *h. t.*; Neratius 6, *h. t.* Papinianus. 7-9 *h. t.*; Marcianus 25 *h. t.* Pomponius 16 pr. *h. t.*; Ulp. 18 § 2 D. 10 2; Alex. 6 § 1, C. 2, 4; Diocl. 22 § 1. C. 8. 53 (54). — Inalterati, ma intesi, ove occorra, dai compilatori, nel nuovo significato, sono i seguenti testi, in cui, senz'altra apposizione, si usa *actio in factum*; Iavolenus 10, *h. t.*; Proculus 12, *h. t.*; Alfenus 23, *h. t.*, Ulp 5 § 12, D. 13, 6; 13. pr. *h. t.*; Pomponius 26 § 1 *h. t.*; Paul. 1, § 1, D. 19. 4. Evidente è nei due testi seguenti l'opposizione tra l'azione civile e l'azione in fatto: Ulp. 7, § 2 D. 2, 14 (Aristone e Mauriciano contro Giuliano); Pomp. 16, § 1, *h. t.* (Aristone e Pomponio).

(1) Testi interpolati per escludere la *condictio* nei casi d'inadempimento incolpevole; L. 5, § 4, D. *De cond. c. d. c. n. s.* 12, 4; L. 8. D. *De præscr. v.*, 19, 5; L. 10. C. *De c. ob. c. d.* 4, 6.

(2) Si fusero nella pratica francese i due istituti della *condictio causa data causa non secuta* e della *lex commissoria* relativa alla vendita. Cfr. De Pirro, *La condictio indebiti*, ed. Lapi, 1892, pag. 62.

e ripeter la seguita prestazione *re adhuc integra* mediante la così detta *condictio ex poenitentia,* sancito da Giustiniano, estendendo a ogni contratto innominato una decisione emessa dalla giurisprudenza in un caso specialissimo (1).

§ 167. Principali contratti innominati.

D. *De aestim.* 19,3. D. *De r. p.*, 19, 4. D. *De prec*, 43, 26. C. *De r. p.*, 4, 64. C. *De prec.*, 8, 9.

La *permuta* è un negozio *do ut des,* pel quale alcuno si obbliga a trasferire una cosa o anche un diritto diverso dalla proprietà per avere già ricevuto una consimile prestazione d'altro oggetto. S'intende che anche la permuta nel più lato senso è causa generica d'acquisto, e serba nel linguaggio ordinario il nome di permuta, sia che lo scambio reciproco degli oggetti segua immediatamente d'ambe le parti, sia che l'una di esse o entrambe ne assumano soltanto l'obbligo. Nella prima forma la permuta è naturalmente riconosciuta *ab origine;* ma essa non è allora contratto obbligatorio, bensì giustifica immediatamente l'acquisto del diritto, è, per esempio, *iusta causa traditionis, usucapionis,* senza che preceda alcun rapporto obbligatorio; chè anzi era tale *ab initio* nella tradizione e nell'usucapione, quando non un solo giurista riconosceva ancora il rapporto obbligatorio in niuna forma e in niun modo, nè come contratto, nè come obbligazione estracontrattuale garentita dall'*actio in factum.* Nella seconda forma, che è quella di cui si ragiona ora, la permuta è contratto obbligatorio innominato, riconosciuto in tempi storici e non da tutti i giureconsulti: fin Paolo concedeva ancora

(1) Leggi interpolate: 3, § 2. *De cond. c. d.*, 12, 4; *aut si me — condicere possum*; § 3, *nisi poeniteat*; L. 5, pr. *ibid.*: *sed cum liceat poenitere — expendisti;* § 2, *deinde poeniteat — iri*, ecc.

un'*actio in factum* (1). Quanto alla permuta in figura di contratto bilaterale, senza uso di forme, essa non è punto riconosciuta nel diritto giustinianeo.

Alla permuta vennero estese dalla vendita le regole circa l'evizione, i vizi occulti della cosa trasmessa, nonchè il rischio *(periculum et commodum)*, che è a carico del creditore prima ancora della consegna. Se non che, imponendo la permuta, a differenza della vendita romana, obbligo di trasmetter la proprietà, non occorre nemmeno attendere l'evento dell'evizione, ma l'una o l'altra delle parti può agire senz'altro pei danni interessi, se la cosa ricevuta in cambio era altrui, o anche ripeter la propria. Chi poi dà per il primo una *res aliena* non obbliga l'altro alla controprestazione, perchè fa difetto la causa (2).

Inoltre, non distinguendosi nella permuta merce e denaro, non si fa luogo alle regole che hanno base esclusiva in questa distinzione, come la rescissione per lesione enorme: oltre quella specialissima alla compravendita romana, che l'uno dei subbietti, il venditore che deve la merce, non sia obbligato se non a trasmetterne il possesso.

Altro contratto innominato è il *contratto estimatorio*, pel quale il debitore, che ha ricevuto un oggetto stimato, con libero incarico di venderlo, si obbliga alternativamente di prestare la stima convenuta, serbando per sè l'eventuale eccedenza, o di restituire l'oggetto stesso. I giureconsulti classici garentivano il negozio mediante un'*actio de aestimato*, riassunta da Giustiniano sotto il concetto dell'*actio præscriptis verbis*.

(1) L. 1, § 1, D. *h. t.*, 19, 4. Cfr. invece Marcianus L. 25, D. *De praescr. verb.* 19, 5 e Cod. *h. t.* 4. 64, specialmente L. 1 (Gordianus). L. 3 (Diocletianus), L. 5, *eod.* L. 29, C. *De evict.* 8, 44 (46). La L. 1. § 4 D. *h. t.* 19, 4, di Paolo è talmente intricata e contradditoria nell' ultima parte, che evidentemente la responsabilità per l'interesse positivo (*non in hoc — convenit*) deve essere interpolata, conforme alla teoria contrattuale accolta nel nuovo diritto.

(2) L. 1, § 3, D. *h. t.*, 19, 4.

Un negozio classico, che nel suo svolgimento ultimo dovrebbe esser pur ricompreso tra i contratti innominati, ma che è quasi lettera morta nel diritto giustinianeo, è il precario. Il *precario (precarium)* è la concessione gratuita di un oggetto con patto di restituzione ad arbitrio del concedente (1). Il precario era assai diffuso e antichissimo nella società romana; ma non veniva riguardato come contratto, perchè tra le parti non si constituiva alcun rapporto obbligatorio, nè il concedente aveva azione sulla base della concessione stessa. Anzi in origine egli serbava soltanto l'azione reale, perchè non si era spogliato del dominio, e con essa poteva ottener la restituzione della cosa dal precarista, come da qualunque altro possessore; ma gli era permesso anche di espellere il precarista, senza commettere una *vis iniusta,* perchè la cosa era sua. Introdotta la protezione del possesso, il precarista venne riconosciuto come possessore ed ebbe quindi la tutela degl'interdetti, qualora venisse turbato nel possesso o spogliato: ma la difesa interdittale non gli giovava contro il concedente che lo avesse espulso dal fondo, perchè questi opponeva la *exceptio precariæ possessionis,* inserita espressamente in antico pur nell'interdetto *unde vi* (cfr. § 115).

Ma il concedente ottenne ora dal Pretore una tutela regolare e più spiccia dell'azione reale nell'*interdictum quod precario,* esteso al successore universale e anche al successore particolare, cioè all'acquirente, quando non revochi la concessione fatta dal suo autore. Esso non è interdetto possessorio, giacchè chi lo intenta può non aver

(1) Veramente il precario dovrebb'esser piuttosto ricompreso tra i contratti reali, perchè l'oggetto da restituire è quello stesso che si è dato, e il negozio non è ormai se non un comodato alquanto più ampio: ma (e ciò valga pure per gli altri rapporti) l'azione con cui Giustiniano tutela il precario (*actio praescriptis verbis*) e il carattere di mero complemento o generalizzazione dei contratti reali, ch'egli attribuisce ai contratti innominati, consigliano piuttosto di riassumere tra questi il precario, rispettando la categoria storica dei contratti reali.

mai posseduto la cosa, ma si fonda appunto sul rifiuto di restituir l'oggetto, cioè in sostanza sulla lesione dell'obbligo assunto.

Tuttavia neppure nel diritto classico il precario venne annoverato tra i contratti, perchè la difesa dell'obbligo era assicurata in via straordinaria, non mediante un'azione civile: e come tale si reputava quasi generata dalla lesione stessa, anzichè derivante dal negozio. Avendo riguardo a quest'assenza di obblighi precisi e civilmente garentiti da parte del precarista, che pur riceve a tempo indeterminato un oggetto, i giureconsulti assimilano il precario alla donazione.

Nel diritto giustinianeo peraltro il concedente ha una vera azione obbligatoria e contrattuale per reclamar la cosa sua, la *incerti condictio,* detta altresì *præscriptis verbis* (1).

Ma via via che il precario assumeva carattere obbligatorio s'indeboliva il rapporto del precarista colla cosa: il possesso non fu più riguardato come inerente al precario, e si prese a costituire il precario attribuendo al precarista anche la semplice detenzione della cosa, l'*esse in possessione.* Insensibilmente l'istituto del precario si avviava a diventare un concetto giuridico, e nelle costituzioni più tarde la frase *precario possidere* è usata come equivalente a *pro alieno possidere.*

Colui che concede la cosa a precario dicesi *precario dans,* ovvero, con nome che richiama il carattere primitivo del precario, *rogatus.* Il precario però non è costituito colla *rogatio,* bensì colla *datio* dell'oggetto.

A differenza del comodatario, al quale meglio che a ogni altro viene ad approssimarsi il precarista nel di-

(1) Nella L. 14 § 11 D. *de furt.* 47, 2 Ulpiano nega che vi sia *civilis actio* contro il precarista, perché il rapporto è simile alla donazione; pertanto è a ritenere interpolata non solo l'*actio praescriptis verbis* nella L. 2, *h. t.* 43, 26, ma altresì insieme con essa la *condictio incerti* della L. 19, *eod.*, che non è del resto figura processuale classica (cfr. § 39). Interpolata è altresì la L. 23 D. 50, 17 (cfr. L. 5 § 2 D. 13, 6).

ritto nuovo, egli non riceve la cosa a un uso determinato, ma ne può fruire nel modo più ampio; d'altra parte però anche ora il concedente non si vincola punto e conserva il diritto di revoca a suo piacimento, cui non gli è lecito di rinunciare. Inoltre il precarista è tenuto a rispondere solamente del dolo e della colpa grave.

Il concedente o *rogatus* conserva ancora, oltre l'*actio præscriptis verbis*, l'*interdictum quod precario;* ma non può espellere colla forza il precarista, perchè l'*exceptio precariæ possessionis* è stata abolita nell'*interdictum unde vi* (1).

VII. — I PATTI E LE CONVENZIONI

§ 168. Patti nudi e patti accessori.

De pact. 2,14. D. *De trans.*, 2,15. D. *De rec.* 4,8. C. 2, 3; 2, 4; 2,55 (56).

La convenzione priva di forme e non conchiusa in base a una delle cause, per cui la forma non si richiede, dicesi in generale — almeno nella dottrina giustinianea — *patto (pactump, actio, pactum conventum)*, o anche, per distinguerla dalle convenzioni riconosciute, ossia dai contratti, *patto nudo*. Il patto nudo *(nudum pactum)* non trasferisce diritti, nè genera obbligazioni giuridicamente perfette: sulla base di esso non vi è azione.

Nondimeno già sino *ab antiquo* il patto era in uso come modo di definire le controversie davanti al magistrato stesso e in tal caso la lite si conciliava *in iure*. Più tardi il Pretore dichiarò nel suo Editto che avrebbe tenuto conto in generale dei patti convenuti tra le parti *(pacta conventa servabo)*, purchè non fossero contrari alle leggi, nè conchiusi dolosamente per raggirare una delle parti. Con ciò il Pretore non riconobbe la piena

(1) Sul precario cfr. SCIALOJA, *Il precarium*, Roma 1878; *Il possesso del precarista* negli *St. giur. per l'VIII cent. della Un. di Bol.*, 1888.

efficacia del patto — il che, se il patto s'intende come sinonimo di convenzione, avrebbe portato a una completa rivoluzione del sistema contrattuale romano — nè concesse quindi azione sulla base di esso, ma, obbligandosi a rispettare i patti nell'esercizio della sua giurisdizione, quando alcuno intentava azione sulla base di un rapporto stabilito legalmente, egli usava accordare al convenuto che avesse un patto a suo favore la *exceptio pacti conventi*. In forza di questa generale sanzione il patto nudo riusciva praticamente efficace nei seguenti casi: 1.° quando era diretto ad eliminare totalmente o parzialmente l'efficacia di un rapporto giuridico; per esempio, alcuno aveva un debito di 100, ma il creditore aveva pattuito con lui di non chiedergli affatto quella somma o di non chiederla tutta o di non chiederla entro un determinato tempo; 2.° quando si fosse con patto speciale consegnato un oggetto o permesso altrimenti l'esercizio di un qualunque diritto; per esempio, alcuno aveva pattuito (non stipulato) una penale in caso di inadempimento dell'obbligazione e consegnato nel frattempo la somma o l'oggetto al creditore (caparra), ovvero alcuno aveva pattuito di concedere al vicino il passaggio per il proprio fondo, senza costituir debitamente la servitù (1), ma permettendogli l'esercizio di fatto del passaggio.

In tutti questi casi l'una delle parti serbava intatta o l'azione del proprio credito o la *rei vindicatio* per l'oggetto o l'*actio negatoria*, ma l'efficacia di queste azioni era eliminata dalla *exceptio pacti conventi*.

Nei giudizi di buona fede il patto aveva anche una più grande efficacia, perchè il giudice era tenuto a valutare *ex fide bona* gli obblighi reciproci delle parti, e quindi l'azione stessa del contratto assicurava l'esecuzione di qualunque patto, anche se scopo del patto non era di eliminare o restringere il diritto, dirigendosi

(1) Come si soleva circa i fondi provinciali: cfr. § 106.

contro l'azione, bensì di crescere o alterare le conseguenze del rapporto giuridico, ampliando o modificando il contenuto dell'azione. Ciò si soleva esprimere con dire: *pacta conventa inesse bonae fidei iudiciis.* Il patto però doveva essere veramente tutta una cosa col contratto, perchè il giudice ne potesse tener conto, e quindi conchiuso all'atto istesso del contratto, *in continenti, non ex intervallo* (cfr. § 137). Simili patti, per cui si può esperire l'azione del negozio, si dicono dagli scrittori *pacta adiecta.*

Una categoria speciale di patti accessorî erano inoltre i patti che si solevano aggiungere all'atto di mancipare un oggetto *(leges mancipii);* la qual facoltà di aggiungere patti è stata da Giustiniano trasferita alla *traditio* dalla *mancipatio,* ma intesa pure in un senso nuovo e con una portata che non pare fosse quella delle originarie *leges mancipii* (1).

I principali patti nudi sono: il patto di non chiedere *(pactum de non petendo),* che è la tipica figura del patto, la transazione e il compromesso.

Del *patto di non chiedere* si è discorso tra i modi di estinzione *ope exceptionis* delle obbligazioni (cfr. § 106).

La *transazione* è quel patto con cui le parti, mediante concessioni reciproche *(aliquo dato aliquo retento),* convengono sopra ragioni litigiose o dubbie.

Propriamente la transazione è una causa o un atto generale, onde può giustificare l'acquisto o la perdita così di diritti reali, come di obbligazioni. Ma poichè essa non genera se non eccezione, può ben valere ad estinguere un credito in tutto o in parte, ma non vale a crearlo, salvo che al patto non sia soggiunta la *stipulatio.*

Il *compromesso* è un patto, per cui le parti si obbligano a sottoporre la decisione di una lite al giudizio di un terzo, che ha nome di arbitro. La sentenza dell'arbitro *(arbitrium* o *laudum)* non obbliga le parti, nè toglie il diritto di agire, quindi è che per vincolarsi

(1) Cfr. principallmente la L. 48, *De pact.*, 2, 14 interpolata.

con una sanzione più forte si soleva aggiungere al patto la stipulazione di una penale in caso d'inosservanza. Giustiniano concesse contro il recalcitrante un'*actio in factum*, quando però il lodo dell'arbitro fosse stato sottoscritto dalle parti, ovvero non fosse stato attaccato nei dieci giorni successivi alla sua pronuncia (1).

Giova infine richiamare che il patto nudo non è più tale, ma diviene contratto nel nuovo diritto ed ha a suo favore l'azione *praescriptis verbis*, allorchè delle due parti obbligatesi per patto ad una prestazione determinata l'una abbia adempiuto l'obbligo suo (2).

Dei diversi patti aggiunti abbiamo discorso via via, specialmente in materia di dote, pegno, compra-vendita (3).

§ 160. Convenzioni pretorie e legittime.

D. *De pec. const.*, 13,5. D. *De rec.*, 4,8. C 4. 18; 2,55 (56).

In forza della giurisdizione pretoria, ovvero, nell'ultima epoca, per sanzione imperiale alcune convenzioni

(1) Justin. L. 5 C. *De rec.* 2, 55 (56).

(2) Di qui si spiega come la divisione, la transazione, la donazione modale pattizia, il patto di restituzione della dote abbiano figura ora di patti, ora di contratti innominati. Cfr. rispettivamente per questo secondo aspetto (eseguita la prestazione dall' una delle parti): Divisione: 45, D. *De pact.* 2, 14 (Hermogenianus: interpolato *traditione*). Donazione modale: 22, § 1, C. *De don.* 8, 53 (Diocl.). Costituzione di dote: 6 C. *de iure dot.* 5, 12 (Maximinus); 1, § 13. C. *De rei ux. act.* 5, 13 (Justinianus). Transazione: 6 § 1 C. *De trans.* 2, 4 (Alexander; interpolata); 7, C. *De p.* 2, 3 (Caracalla; interpolata: cfr. Cod. greg. I. 1, 1). Del resto la sanzione generale dei patti aggiunti alla tradizione (18 D. *De pact.* 2,14, interpolato *traditionibus* invece di *mancipationibus*) giunge oramai nel diritto giustinianeo allo stesso risultato, quando la causa consista in un *dare*, cioè nelle categorie *do ut des*, *do ut facias*.

(3) Cfr. anche in generale § 137 (obbligazioni accessorie). — Sui *pacta*, cfr. Manenti negli *Studi senesi*, 1891: contro, Ferrini, nel *Filangeri*, 1892. — Ritiene il Manenti che il *pactum* fosse nel diritto classico non già la convenzione in generale priva di forma o di causa, bensì esclusivamente la convenzione diretta a eliminare l'azione o il diritto, tipo originario il patto giudiziale: onde la *exceptio* sarebbe stata *naturalmente* per la essenza istessa del patto il suo unico effetto Tesi ingegnosissima e attraentissima, ma forse troppo fragile.

vennero munite di azione e con ciò ottennero virtù di produrre senz'altro diritti reali o diritti di credito. Le convenzioni costitutive di diritti reali, come il *pactum hypothecæ,* il patto costitutivo di usufrutto o di servitù prediali nel diritto giustinianeo, non si richiamano a questo proposito: in quelle che concernono la materia delle obbligazioni la difesa giudiziaria sembra aver sua base in un punto di vista estraneo alla convenzione, forse penale per le convenzioni pretorie.

Il *costituto* o promessa di pagare un debito proprio o a un dato giorno o in dato luogo, è una garentia pretoria delle obbligazioni (cfr. § 143 e 146).

Il *receptum arbitrii* è l'accettazione dell'uffizio di arbitro in una controversia. Una volta assunto l'incarico dall'arbitro, il Pretore l'obbligava a proferire il giudizio.

Anche il *giuramento volontario* ebbe garentia dal Pretore mediante *actio in factum.*

La costituzione obbligatoria di dote non era valida nel diritto classico, se non conchiusa nella forma della stipulazione o della *dotis dictio.* La mera *promessa dotale (pollicitatio dotis)* venne per la prima volta riconosciuta da Teodosio II (a. 428 d. C.) (1).

Quanto alla promessa di donare essa non solo non era nel diritto classico obbligazione valida in base al mero accordo, ma perfino la stipulazione conchiusa all'uopo poteva esser resa inefficace mediante la *exceptio legis Cinciæ,* la qual legge faceva generale divieto di donare oltre una certa misura. Soltanto Giustiniano, già caduta in desuetudine nell'ultima epoca la *lex Cincia,* riconobbe la mera *promessa di donare* e la munì di azione, per esigerne l'adempimento (2).

Se non che, mentre da un lato alcune convenzioni, senza assumere il nome di *contractus*, tendono in sostanza a crescere il novero delle cause o dei negozi con

(1) L. 6 C. *De dot. prom. et nuda pollicit.* 5, 11. Cfr. § 66.

(2) § 2, I, *De don.*, 2, 7; L. 35, pr. C *De don.*, 8, 53 (54). Oltre i 500 *solidi* si esige però l'insinuazione (v. § 181).

questo nome già riconosciuti nell'epoca veramente romana dalla consuetudine e dalla giurisprudenza, in una parola dal *ius civile*, senza bisogno di forme, dall'altro lato la stipulazione aveva smarrito interamente la sua forma tipica di una domanda e di una risposta verbale, riducendosi al puro e semplice accordo tra presenti con *animus stipulandi* (cfr. § 154). Così, oscurata nel periodo romano-ellenico l'essenza distinta del contratto, della convenzione e del patto, ravvicinati il patto e la stipulazione, la differenza tra i vari concetti quasi svaniva nello stesso diritto giustinianeo e si perdette veramente nel diritto intermedio. Il risultato sostanziale fu che, salvo le cause espressamente vietate, qualunque negozio conchiuso tra le parti nel diritto moderno venne ad esser riconosciuto come contratto, cioè genera, di regola, obbligazione in base al mero consenso (1).

VIII. — QUASI-CONTRATTI

§ 170. Gestione degli affari altrui, e obbligazioni similari (tutela, cura, actio funeraria).

§§ 1, 7. 1 *De o. q. ex c.*, III, 27. D. *De neg. gest.*, 3. 5. Cod., 2, 18 (19). PACCHIONI *Gestione degli affari altrui* Lanciano 1893. FERRINI in *Bull. dell'Ist. di dir. rom.* v. 7 (1894) p. 85; PACCHIONI *ibid.* v. 9 (1896) p. 50; SEGRÈ *Sulle formole* etc. negli *Studi per Moriani* II p. 291.

Si chiama in generale *gestione d'affari (negotiorum gestio)* l'amministrazione degli affari altrui assunta senza saputa del principale o amministrato.

(1) Gli è perciò che nel diritto moderno la *causa contrattuale* quasi svanisce ed è certo passata in seconda linea di fronte al *consenso*, e dove nel diritto romano essa costituisce la causa obbiettiva del riconoscimento giuridico (v. § 27), il *negotium contractum*, i moderni la riferiscono al motivo subbiettivo delle parti, la controprestazione o persino lo spirito di liberalità. Perciò anche il nome di *convenzione* è diventato sinonimo di *contratto*, e il contratto stesso è divenuto una categoria generale e astratta, in cui prevale il significato dell'accordo.

L'analogia di questo fatto è col mandato nel senso della causa o del rapporto obbiettivo. Ciò e non altro indicano i Romani, dichiarando che la obbligazione nasce *quasi ex contractu:* manca invece completamente l'accordo contrattuale, ossia la *conventio*. Le due obbligazioni, che ne scaturiscono, com'è anche ne' contratti bilaterali imperfetti, non pare abbiano gli stessi requisiti, almeno nel diritto giustinianeo. La pura e semplice amministrazione di affari altrui, cioè il *negotium alienum,* basta per obbligare il gestore verso l'amministrato; ma il gerito o *dominus* non è obbligato verso il gestore, se non quando questi abbia l'animo di gerire un affare altrui *(animus* o *affectio negotia aliena gerendi)* e l'abbia utilmente intrapreso *(utiliter cœptum)*. Tuttavia chi non abbia l'*animus* di gerire un negozio altrui, ma gerisca con l'intenzione di lucrare per sè, ha pure azione contro il *dominus negotii* nella misura in cui questi si è arricchito (1). Si disputava tra i giureconsulti circa gli effetti della gestione d'affari intrapresa nonostante il divieto del principale *(negotiorum gestio prohibente domino);* la disputa fu troncata da Giustiniano, negando azione in questo caso al gestore.

L'obbligo del gestore è di condurre a termine l'affare intrapreso giusta la natura di esso e di restituire all'amministrato profitti e interessi. Egli deve recare nella gestione la diligenza di un buon *paterfamilias*, ossia risponde anche della colpa lieve. È tuttavia responsabile del dolo e della colpa grave soltanto, se l'affare non consentiva ritardo; per esempio, una casa minacciava rovina o s'incorreva per non pagamento di debito in una penale; laddove se ha intrapreso affari, che l'amministrato non soleva, risponde anche del caso fortuito.

(1) La deroga è probabilmente giustinianea: L. 5 § 5 (3) D. *De n. g.* 3, 5, interp. la chiusa: *in id quod-factus sum*. Cfr. SEGRÈ *St. per Scialoja* v. I p. 278 n. 3; 279 n. 1 e 2, e RICCOBONO, *Tracce di dir. rom. classico* ecc. negli *St. per Salinas*.

Il domino è tenuto a risarcire il gestore delle spese e a liberarlo dalle obbligazioni assunte.

Data la reciprocità delle obbligazioni, all'*actio negotiorum gestorum directa* si contrappone pertanto l'*actio negotiorum contraria*, d'origine assai disputata, ma certamente più tarda, come tutti i *contraria iudicia*.

La tutela in parte e la cura implicano pur esse una gestione d'affari altrui. La tutela però ha i suoi caratteri e le sue azioni speciali e si richiama al diritto di famiglia (§ 74).

La cura del minore, del furioso e del prodigo generava nel diritto classico l'*actio negotiorum gestorum*, ma, come si vide, Giustiniano, proseguendo l'assimilazione della tutela e della cura, ha preferito i termini *actio utilis* o *curationis actio* (§ 75).

Analoga alla *negotiorum gestio* è finalmente l'*actio funeraria* per le spese di sepoltura, concessa contro l'erede e con privilegio sull'eredità; sempre però a condizione che alcuno abbia proceduto alla sepoltura coll'*animus negotia aliena gerendi*, non già *pietatis gratia* (1).

§ 171. **Arricchimento ingiusto.**
(condictiones sine causa).

§ 6. *I. De obl. quasi ex cont.*, III, 27. D. 12, 4-7. Cod., 4, 5; 6; 7.

Si chiama *arricchimento ingiusto* quell'aumento patrimoniale, che si fonda su di una causa o rapporto giuridico ingiustificato. Questo avviene perchè la causa prossima è congiunta per avventura (2) a una causa remota inesistente o inefficace per il diritto. In siffatti

(1) Nel valutare l'*animus* il giudice ha tuttavia un più largo ambito che non circa la *neg. gestio*. Cfr. L. 14. § 7, § 13, D. *De rel.*, 11, 7 interp. (cfr. ora anche FADDA *Dir. ered.* II p. 338 e LONGO *St. per Scial.* I p. 635 e segg.).

(2) La connessione non vuol essere *necessaria*, perchè vi sarebbe allora assoluto difetto di causa e nullità del negozio (la dote è nulla, ad esempio, se non v'ha matrimonio), ma appunto *eventuale*.

casi, pur riconoscendo l'acquisto del diritto reale o del credito, si concede azione al danneggiato per ottenere la restituzione dell'aumento patrimoniale dall'altra parte.

L'analogia dei fatti generanti queste obbligazioni e queste azioni è coi contratti reali, ma sempre avuto riguardo alla causa, al rapporto obbiettivo, che giustifica l'obbligazione, cioè l'aumento patrimoniale conseguito dall'una delle parti a carico dell'altra. Anzi alcune volte la obbligazione per ingiusto arricchimento sorge, perchè, mancando il consenso, non può nascere il contratto reale. Così se alcuno ha dato a mutuo a un pupillo senza l'*auctoritas tutoris,* ovvero gli ha dato un oggetto a comodato, a titolo di permuta, non può nascere un contratto di mutuo, di comodato, di permuta; ma il pupillo rimane obbligato per l'ingiusto arricchimento.

Le azioni per l'ingiusto arricchimento prendono il nome generico di *condictiones sine causa* e sono le seguenti: 1.° La *condictio ob causam datorum (condictio causa data causa non secuta* nel diritto giustinianeo) quando si è diminuito il proprio patrimonio a favor d'altri per conseguire una prestazione in contraccambio. L'altro acquista validamente il diritto in base all'obbligo assunto; ma se a quest'obbligo egli non soddisfa, si ha il diritto di ripetere ciò che fu dato, qualora (dopochè fu riconosciuta nel nuovo diritto la validità dei contratti innominati) l'inadempimento sia avvenuto per sua colpa (1); 2.° La *condictio indebiti,* quando per errore si è compiuto un pagamento indebito, cioè sulla base di un'obbligazione inesistente o inefficace. Il diritto romano richiede a intentar la *condictio* che l'errore di chi pagò indebitamente fosse scusabile (2); 3.° La *condictio ob turpem vel*

(1) Circa la restrizione alla colpa e la *cond. ex poenitentia,* cfr § 166.

(2) Giustiniano regolò in modo alquanto particolare l'onere della prova nella *condictio indebiti,* specialmente trattandosi di pupilli o minori, donne e persone ignoranti, che abbiano pagato un indebito. L. 25, D. *De prob.*, 22, 3; la qual legge è interamente fattura dei compilatori.

iniustam causam, quando si è dato o promesso, perchè altri non compia atti immorali o illegali. Se la turpitudine della causa non è soltanto dalla parte di chi riceve, ma anche da quella di chi offre, la *condictio* non si può esperire. In questo caso vince il possessore dell'oggetto dato; 4.° La *condictio sine causa* in senso stretto e *ob causam finitam*, quando si ripete ciò che si è dato o anche solo promesso, almeno nel diritto giustinianeo *(condictio liberationis)*, sulla base di un qualunque rapporto che non esiste o che è venuto a cessare.

§ 172. Comunione incidentale.

§§ 3.4 *I. De obl. quasi ex contr.*, III, 27.

Tra più titolari di diritti sulla stessa cosa, per esempio, tra più comproprietari o cousufruttuari, nascono per questo fatto dei rapporti obbligatori. Il fatto in se stesso è analogo alla società, in quanto v'ha lo stesso sostrato obbiettivo o la stessa causa, e prende il nome di *communio incidens*. La *communio incidens* si regola in modo analogo alla società; senonchè ciascuno dei comunisti è libero di chiedere quando che sia lo scioglimento della comunione mediante l'*actio communi dividundo* o l'*actio familiæ erciscundæ* (in caso di coeredità), che difendono altresì i reciproci rapporti obbligatori. Come i soci, anche i comunisti rispondono fino al limite della colpa *in concreto*, ossia sono tenuti alla *diligentia quam suis rebus* (1).

(1) L. 25 § 16 D. *Fam. erc.* 10, 2 interp. Il motivo addotto è precisamente il contrario di quello che si adduce nella L. 72 D. 17, 2 per la società! Cfr. in generale § 35 — Si considera come nascente quasi da contratto anche l'obbligo di pagare i legati da parte dell'erede che abbia adito: L. 5 § 2 D. *De o. et a.* 44,7 = § 5. I. *De. o. q. ex contr.*, III. 27.

IX. — ATTI ILLECITI E FATTI GIURIDICI IN STRETTO SENSO

§ 173. Il delitto e le sue conseguenze private.

FERRINI, *Diritto penale romano*, Milano 1902. PAMPALONI, *Studi sopra il delitto di furto*, Torino 1900 e 1901 (per il furto e le *actiones ex delicto* in generale).

Delitto è ogni atto illecito che viene colpito da pena. Come negli atti illeciti in generale (cfr. § 34), occorrono pertanto due elementi nel delitto: la lesione di un diritto e la volontarietà, cioè la colpa. Gli effetti specifici sono maggiori, in quanto nel delitto la gravità dell'atto per l'ordine sociale fa sì che all'obbligo del risarcimento sia congiunta anche una pena.

Si distinguono i delitti *pubblici* e *privati*. Nei primi la pena ha carattere pubblico, cioè vien subìta rispetto allo Stato *(poena publica)*, sieno poi o non sieno di azione pubblica; nei secondi, i soli, di cui qui ci occorra trattare, la pena, ridotta in epoca storica a una composizione pecuniaria, si deve al privato.

Il concetto del delitto privato, il carattere privato e obbligatorio dell'azione e della pena costituiscono un residuo dell'ordinamento primitivo, nel quale anzi il delitto è la fonte essenziale della obbligazione. Ma nel diritto classico e giustinianeo la categoria è in isfacelo. Le Istituzioni di Gaio e di Giustiniano noverano solamente quattro figure di delitti privati: il *furto*, la *rapina*, il *danno* e l'*ingiuria*. Ma anche per questi tipi, che pure sono i più popolari, o il concetto del delitto è abbastanza evanescente, come nel danno, o la pena pubblica si è collocata accanto alla pena privata e tende a surrogarla. Nel diritto moderno, solo per tradizione dottrinale si parla del delitto come fonte di obbligazione parallela al contratto; in realtà non una sola figura di delitto privato sopravvive, e quanto all'obbligo del risarcimento, pel quale si mantiene questa figura nel campo delle obbligazioni, esso non è conseguenza esclusiva del delitto.

Le azioni nascenti dai delitti si distinguono in penali, reipersecutorie e miste. Tra più coautori o complici la responsabilità è solidale pel risarcimento, indipendente per la pena, nella quale il pagamento eseguito dall'uno non libera naturalmente gli altri (1).

§ 174. Il furto e la rapina.

I. *De obl. quæ ex del.*, IV, 1. *Vi bon. rapt.* IV, 2. D. *De furt.*, 47. 2. *Vi bon rapt.*, 47, 8. Cod., 6,2 ; 9, 33.

Il *furto* nel diritto romano è tanto la sottrazione fraudolenta eseguita a fin di lucro di cosa mobile altrui, quanto l'uso illecito o la indebita appropriazione della medesima da parte di chi già detenga la cosa col consenso del derubato. Nel diritto giustinianeo si distingue: la sottrazione della cosa, *furtum rei*, l'uso illecito, *furtum usus*, l'indebita appropriazione, *furtum possessionis*. « *Contrectatio rei fraudulosa lucri faciendi gratia vel ipsius rei vel etiam usus eius possessionisve* » (2).

Consta adunque il furto di più elementi: 1.° La *contrectatio*, nel quale concetto si ricomprende tanto la sottrazione della cosa altrui, quanto l'uso illecito che se ne faccia *(furtum usus)* o la indebita appropriazione *(furtum possessionis)*. Nel *furtum possessionis*, conforme alla teoria proculeiana, non è necessaria l'amozione della cosa, ma basta l'interversione del possesso, cioè la intenzione fissata di voler d'ora innanzi possedere per sè. La *contrectatio* s'intende non assentita dal

(1) Cfr. circa le azioni *ex delicto* il § 39. — Qui si richiami che il rilievo dato alla colpa, la distinzione tra pena e risarcimento e la separazione delle azioni penali e reipersecutorie non sono idee primitive. Il diritto primitivo non conosce che responsabilità penale e indipendente dalla colpa. Moderna è poi la distinzione tra delitto e atto illecito, appena adombrata e imperfettamente proseguita nelle categorie, foggiate sui testi romani, del delitto e del quasi-delitto.

(2) Paul. L. 1, § 3, *h. t.* 47, 2 = § 1 I. 4, 1 interp.: *vel-possessio nisve*. Cfr. Paul. *Sent.* 2, 31, 1 = *Coll.* 7, 5, 1 (2) e Pampaloni *l. c.* p. 115, 164.

proprietario *(invito domino)*; 2.° La intenzione fraudolenta *(contrectatio fraudulosa, animus* o *affectio furandi)*; 3.° L'intenzione di trarre lucro dall'oggetto rubato *(animus lucrifaciendi)*; 4.° La cosa mobile. In antico si ammetteva anche il furto d'immobili, ma tale opinione era già rigettata nell'epoca classica.

L'azione penale è l'*actio furti*. Se il furto è manifesto, cioè flagrante, la pena è il quadruplo del valore della cosa rubata, calcolata nel suo maggior valore durante tutto il processo criminoso *(quanti unquam plurimi fuerit)*; se non è manifesto, il doppio. Essa compete a chiunque abbia interesse che la cosa non venga rubata, perchè risponde della *custodia*, quindi al comodatario, al locatario, ecc. Tutti costoro però debbono restituir la pena come accessorio al proprietario dell'oggetto. Come azione penale si dirige solo contro il ladro, non contro gli eredi. Essa è infamante e perpetua.

L'azione *reipersecutoria* dicesi *condictio furtiva*. Essa compete solo al proprietario e si dirige anche contro gli eredi del ladro.

Il proprietario può intentare anche una mera *condictio sine causa* o la *rei vindicatio;* ottenuto lo scopo, la *condictio furtiva* s'intende estinta.

La *rapina* è la sottrazione violenta di cosa altrui. L'azione concessa, oltre quelle di furto, è l'*actio vi bonorum raptorum,* anch'essa infamante, ma annuale (dopo l'anno accordata *in simplum)* e nel diritto giustinianeo di natura mista, diretta a ottenere complessivamente il quadruplo del valore dell'oggetto.

§ 175. Danno estracontrattuale *(damnum iniuria datum)* e ingiuria.

I. *De l. Aq.* IV, 3. Dig., 9, 2; Cod., 3,35. I. *De iniur.* IV, 4. D. 47, 10. Cod. 9, 35. 36.

Il *danno estracontrattuale,* cioè recato indipendentemente da qualunque rapporto colla persona lesa, fu regolato definitivamente dal primo e dal terzo capitolo della legge Aquilia. Nel primo si disponeva che chi avesse ucciso uno schiavo o un animale di un gregge dovesse risarcire il maggior valore che l'oggetto aveva avuto nell'anno: nel terzo che se lo schiavo o l'animale di un gregge era soltanto ferito, ovvero il danno era recato a qualunque altro oggetto, si dovesse risarcire il maggior valore dell'oggetto nei 30 giorni precedenti.

Si richiede la colpa nel danneggiante; ma basta un *minimum* di colpa. *In lege Aquilia et levissima culpa venit.*

L'azione esigeva l'assoluta materialità del danno, il quale doveva esser recato *corpore,* cioè direttamente cagionato dall'agente, e *corpori,* cioè colpire direttamente l'oggetto. Il Pretore e la giurisprudenza ebbero ammesso azioni utili e in *factum* per i danni indirettamente recati, cioè non *corpore* nè *corpori.*

L'*actio legis Aquiliæ* competeva solo al proprietario, ma fu estesa *utiliter* al possessore di buona fede, all'usufruttuario, all'usuario, al creditore pignoratizio, e allo stesso conduttore, benchè questi non abbia un *ius in re* (1).

Ingiuria (iniuria) in senso proprio è un atto che lede fisicamente o moralmente, cioè nell'onore, la persona stessa. Può consistere in parole *(verbis)* o in fatti *(re);* può essere *atroce,* cioè qualificata da circostanze aggravanti di persona, luogo, tempo, o *semplice.* Si distingue pure l'ingiuria *immediata,* cioè recata direttamente alla persona, e *mediata,* cioè fatta a persone con essa intimamente congiunte, per es., alla fidanzata, alla figlia, ecc. Quindi è che per lo stesso atto varie persone possono avere cumulativamente diritto di agire.

Le fiere pene stabilite dalle XII Tavole (tra cui quella del taglione) fecero luogo all'*actio iniuriarum æstimatoria* introdotta dal Pretore, per cui la pena divenne

(1) Pel conduttore: L. 27, § 14, D. *Ad L. Aq.*, 9, 2, interpolata: *non solum — sed et*; *et si-inquietet*. Cfr. Pampaloni nel *Bull. dell'Ist. di dir. rom.*, 3, 241. Ma anche le altre estensioni non sembrano classiche. Cfr. De Medio in *St. per Scialoja* I p. 29 segg.

pecuniaria, rimessa la misura o *æstimatio* di volta in volta al retto criterio *(arbitrium)* del giudice.

L'azione d'ingiuria è penale e infamante: essa appartiene al novero delle azioni *vindictam spirantes*, onde non compete agli eredi dell'ingiuriato, nè si dirige in niun modo contro gli eredi dell'ingiuriante.

§ 176. Quasi-delitti.

1. *De o. q. ex del.*, IV, 5. D. *De his qui eff. vel dei.* 9, 3. D. *Furti adv. nautas* 47, 5.

Nei quasi delitti come nei quasi contratti è il fatto obbiettivo che fonda l'analogia col delitto. La formazione di questa categoria è un momento della tendenza classica che indusse via via più a dar rilievo alla colpa pel concetto e le conseguenze del delitto.

I casi annoverati sono i seguenti:

1.° *Positum et suspensum.* Se qualche oggetto è posto o sospeso fuori di un edificio che dia sulla strada pubblica, l'inquilino, senza guardare se n'abbia colpa o meno, è soggetto all'*actio de positis et suspensis* esperibile da chiunque. La pena è nel diritto nuovo di 10 aurei.

2.° *Effusum et deiectum.* Se da un edificio è versato o gittato in luogo pubblico un qualunque oggetto onde derivi danno, l'inquilino, senza aver riguardo alla sua colpa, è tenuto coll'*actio de effusis et deiectis* a risarcire il doppio del danno recato. Se una persona libera rimase uccisa, qualunque cittadino può intentar l'azione, e la pena è di 50 aurei; se rimase ferita, viene rimessa all'arbitrio del giudice la stima dell'indennità dovuta.

Più coinquilini di una stessa casa rispondono in solido.

3.° *Si iudex litem suam fecerit.* Se il giudice ha emesso una sentenza errata o negletto altrimenti il suo dovere, deve risarcire alla parte lesa il valore della lite.

4.° *Furti e danni commessi dai propri dipendenti.* I padroni di navi, alberghi, rimesse rispondono nella misura del doppio pei furti commessi e i danni recati agli oggetti dei viaggiatori, sieno o non sieno loro consegnati. L'azione non compete contro gli eredi; ma è perpetua e solidale.

§ 177. Altri fatti illeciti.

D. *De cal.* 3, 6. Cod. 9. 46. D. *De s. corr.*, 11, 3. Cod., 6. 2. D. *De sep. viol.*, 47,12. Cod., 9,19, D. *Naut. caup.*, 4, 9. 1. *Si quadrupes*, IV, 9. D. 9, 1.

Del dolo e della violenza, che danno luogo all'*actio de dolo* e all'*actio quod metus causa,* si è discorso nella parte generale (cfr. § 31-32).

La *calumnia* nel senso romano significa il ricever danaro per molestare altrui con processi o per astenersene. La pena a favore del molestato è il quadruplo della somma ricevuta.

Per il danno recato dal corruttore di schiavi si ha l'azione *de servo corrupto.* La pena è il doppio del danno effettivo, ma l'azione, se, come ogni altra azione penale, non si dirige contro gli eredi, è nondimeno perpetua, non annale. La stessa azione compete utilmente, almeno nel nuovo diritto, per i traviamenti di un *filiusfamilias.*

La violazione di sepolcro *(sepulchrum violatum)* dà diritto al padrone di esso di esperire un'*actio in factum* contro il violatore. La misura della pena è rimessa all'arbitrio del giudice, ma se l'*actio sepulchri violati* è intentata come azione popolare, la pena è di 100 aurei o di 200 contro chi abiti o fabbrichi in luogo destinato a sepoltura.

I capitani di naviglio, i padroni di albergo o di rimessa *(nautæ, caupones, stabularii),* che ricevono in deposito merci o bagagli, contraggono per l'Editto pretorio in base al *receptum* una rigorosa responsabilità, che non è quella del depositario e nemmeno del locatario, ma li obbliga per qualunque danno, che venga a colpire le cose ricevute in custodia, anche senza loro colpa, salvo il caso di assoluta forza maggiore. L'azione *rei persecutionem continet:* è quindi perpetua e si dirige contro gli eredi.

Per i danni recati dagli animali domestici (con atti contrari alla loro natura, secondo la restrizione posta dalla giurisprudenza al concetto primitivo) risponde, in guisa analoga a quel che avviene nelle azioni nossali pei delitti degli schiavi e, nel diritto antegiustinianeo, dei *filiifamilias,* il proprietario attuale coll'*actio de pauperie,* e gli è lecito ugualmente di liberarsi da ogni responsabilità, abbandonando l'animale al danneggiato. Simile è l'*actio de pastu,* che s'intenta ove animali altrui sieno venuti a pascolare nel proprio fondo.

Più comproprietari sono responsabili *in solidum.*

§ 178. **Azione Pauliana.**

D. *Quæ in fraud.,* 42, 8, Cod. 7, 75.

I creditori, dal momento in cui il loro debitore si rende insolvente, hanno diritto di far rescindere tutti gli atti compiuti da lui in frode delle loro ragioni. Per gli atti a titolo oneroso è necessaria anche la frode del terzo. Gli atti a titolo gratuito sono rescissi a danno del terzo, anche se egli non fu partecipe della frode; l'obbligo suo però non potrà oltrepassare i limiti dell'arricchimento. La ragione per cui di fronte ai donatari sono preferiti i creditori è riposta dalla giurisprudenza, che ammise in questo caso l'azione contro i terzi di buona fede, nel fatto che questi tentano di evitare un danno *(certant de damno vitando),* mentre il donatario mira a fare un guadagno *(certat de lucro captando).*

L'*eventus damni* rispetto ai creditori è attestato dalla *missio in possessionem* ne' beni del debitore: pel *consilium fraudis* non si richiede che la consapevolezza della propria insolvibilità futura, al momento di compiere l'atto.

L'azione del diritto giustinianeo è la fusione di due istituti classici, l'*actio Pauliana* e l'*interdictum fraudatorium:* essa è arbitraria, *in factum,* temporale, intrasmissibile agli eredi oltre la misura dell'arricchimento, ma non è più nossale, nè si cumula con altri mezzi, ne' tra più coautori.

§ 179. Obbligo alla esibizione. Divisione del danno tra i naviganti.

D. *Ad exh.*, 10,4. Cod., 3, 42. D. *De tab. exh.*, 43,5. Cod., 8,7. D. *De L. Rhod.*, 14,2.

Chiunque debba intentare un'azione relativamente a un oggetto può chiedere, ove occorra, per es., allo scopo di riconoscer l'oggetto, per una scelta ecc., la esibizione a chi lo tiene. L'azione dicesi *actio ad exhibendum*. Pei i documenti e i libri dei banchieri si accorda un'*actio in factum* e per i testamenti l'*interdictum de tabulis exhibendis* sulla base di un semplice interesse. L'azione *ad exhibendum* il più delle volte prepara la rivendicazione e si esperisce per ottenere la separazione di cose congiunte bensì, ma non organicamente in guisa da costituire una definitiva accessione (cfr. § 83). Se la cosa fu consumata o distrutta o ne fu abbandonato dolosamente il possesso, l'attore può pretendere il risarcimento dei danni.

La *lex Rhodia de iactu*, cioè una disposizione tolta dal diritto marittimo dei Rodii, impone che nel caso di merci gittate in mare per salvar la nave in pericolo, il danno sia diviso tra i naviganti in ragione delle proprietà salvate a ciascuno. La disposizione fu estesa analogamente al deterioramente delle merci, al prezzo di riscatto pagato ai pirati, ecc. La giurisprudenza riassunse questa responsabilità sotto il concetto della *locatio operis*, accordando l'*actio locati* ai danneggiati contro il padrone della nave, e a questo l'*actio conducti* contro i proprietari delle merci salvate.

Delle obbligazioni accessorie a rapporti reali o di famiglia fu discorso a suo luogo.

CAUSE E MODI GENERALI DI ACQUISTO

LA DONAZIONE
E LE SUCCESSIONI UNIVERSALI TRA VIVI

I. — LA DONAZIONE

§ 180. Concetto della donazione.

I. *De don.* 2, 7. D., 39,5, C., 8,53 (54).

La donazione è causa generale di acquisto, in quanto vale per qualunque diritto patrimoniale, nè mutano i suoi requisiti e le sue norme speciali, qualunque diritto si acquisti. Ogni diritto peraltro richiede le sue forme debite per essere costituito, giacchè la donazione è soltanto causa, cioè fondamento giustificativo dell'acquisto.

Si può definire la *donazione* « quella causa gratuita per la quale alcuno (il donante) opera a favor d'altri (il donatario) il trapasso definitivo di diritti patrimoniali già incorporati nel suo patrimonio, non per altra causa fuor della pura e semplice intenzione di beneficare ». La donazione implica pertanto una *alienazione di diritti* e in pari tempo esige l'assenza di qualunque causa giustificativa di pagamento, fosse anche una mera obbligazione naturale, poichè la donazione non dev'essere una *solutio*. L'intenzione del donante costituisce quello che dicesi *animus donandi*.

Secondo la natura dell'atto patrimoniale si distinguono le *donazioni reali*, le *donazioni obbligatorie* o *promesse di donare*, le *donazioni liberatorie*.

Colle prime si vuol costituire un diritto sulla cosa, d'ordinario attribuirne la proprietà, colle seconde costituire un diritto di credito a favore del donatario, colle ultime liberare da un debito il donatario.

Ciascuna di queste diverse specie richiede le forme stabilite dalla natura del diritto che si vuol trasmettere. Quindi per trasferire la proprietà è necessaria la tradizione della cosa, per costituire un usufrutto a favore del donatario basta nel nuovo diritto la semplice convenzione, a costituire un diritto di superficie non si richiede pure altro che il relativo contratto e così via. Una promessa di donare richiedeva nel diritto antegiustinianeo il contratto formale, per esempio, la stipulazione; nel diritto giustinianeo la *causa donationis* è diventata valida causa di obbligazione in base al semplice patto.

Per le donazioni liberatorie si esegue l'*acceptilatio*, ovvero tra le parti si conchiude semplicemente un *pactum de non petendo.*

Per la trasmissione di crediti altrui si esegue la cessione delle azioni, per la liberazione di debiti verso terzi si opera il pagamento o la novazione col terzo creditore, accollandosi il debito.

La donazione può anche riferirsi a tutto il patrimonio attuale del donante e prende allora nel diritto giustinianeo il nome di *donazione universale (donatio universitatis).* Si avverta peraltro che anche in questo caso occorre sempre osservare le debite forme, secondo la diversa natura dei diritti: quindi basterà la semplice convenzione a costituire l'obbligazione generale di donare o a trasmettere quegli elementi del patrimonio per cui non si richiede di più; ma per trasmettere il dominio delle cose converrà pur sempre eseguire la tradizione di ciascuna e per trasferire i crediti si ricorre alla cessione delle azioni. I debiti sono naturalmente di per sè esclusi dalla donazione anche universale: il donante rimane personalmente obbligato, ma i creditori hanno contro di lui l'azione Pauliana per rescindere gli atti compiuti in frode delle loro ragioni (§ 178).

Se poi si vogliono trasmettere anche i debiti, il che è fuori del concetto della donazione, conviene indurre il creditore a novare il proprio credito col donatario, cioè ad accettare la delega del donatario invece dell'antico suo debitore.

§ 181. Limiti e forme speciali della donazione.

Nel diritto romano le donazioni erano soggette a un regime assai rigoroso.

La più antica limitazione generale delle donazioni nacque per effetto della *Lex Cincia de donis et muneribus* proposta nell'anno 204 a. C. dal tribuno Lucio Cincio Alimento. Questa legge proibiva le donazioni oltre una certa misura, salvo tra certe persone *(exceptæ personæ)*, sovrattutto i congiunti *(cognati, adfines)*. Veramente la legge non dichiarava nulle le donazioni oltre il *modus*, ossia la misura da essa stabilita (1); ma nel periodo della procedura formulare il Pretore concesse una eccezione sulla base della legge Cincia a qualunque interessato contro il donatario. In simil guisa le donazioni obbligatorie erano pienamente paralizzate, perchè all'azione, con cui si chiedeva l'adempimento della promessa, veniva opposta l'*exceptio legis Cinciæ*. Invece le donazioni reali erano salve, quando però fossero state debitamente eseguite, cioè le *res mancipi* mancipate e tradite, le *res nec mancipi* cedute *in iure* o tradite; perchè altrimenti il donante serbava la *reivindicatio* e con essa riusciva a ricuperare la cosa, eliminando qualunque eccezione del donatario convenuto colla *replicatio legis Cinciæ*. Inoltre circa le cose mobili, il donante, anche avendole debitamente trasmesse, poteva ricuperarle, sinchè si trovasse in condizione di esperire l'*interdictum Utrubi*. Le donazioni rese inattaccabili mediante l'uso dei modi debiti e il più lungo possesso nell'anno che si richiedeva a vincere nell'*interdictum Utrubi* si dissero in seguito *perfectæ* (2).

(1) Era una *lex imperfecta*. Ulp., *Fragm.* 1.

(2) Ascoli, nel *Bull. dell'Ist. di dir. rom.*, 1893, pag. 173.

Di qui la grande importanza che per la validità delle donazioni conservarono sino ai tempi di Costantino le forme stesse della *mancipatio* e della *in iure cessio.*

In forza del principio (d'origine incerta, ma probabilmente da riportare a Severo e Caracalla, come l'altro della analoga convalescenza tra coniugi: § 60), *morte Cincia removetur* gli eredi non potevano validamente opporre la *exceptio,* se il donante aveva perseverato nella sua volontà sino alla morte.

Ma nell'età greco-romana anche la legge Cincia cadde in desuetudine: al che certamente dovette influire la scomparsa delle forme civili, che sole potevano assicurare contro gli effetti troppo gravi della legge, riuscendo a ordinare un sistema che non impediva totalmente le donazioni, ma esigeva una meditata volontà e una reale esecuzione. Allora le donazioni vennero assoggettate a un nuovo regime, la redazione in iscritto e la trascrizione nei pubblici registri. Questa pratica, riconosciuta sotto i Costantini, costituisce la cerimonia della *insinuazione.* Giustiniano esige l'insinuazione per le donazioni superiori ai cinquecento *solidi.*

Sono esenti dall'insinuazione: le donazioni imperiali, le donazioni di oggetti mobili fatte dai generali ai soldati, quelle fatte per riedificare una casa demolita o per la liberazione di schiavi, ed infine le donazioni fatte alla donna per costituirle una dote.

Non occorre nemmeno l'obbligo alla insinuazione per le donazioni fatte in ripetuti termini, che non eccedano singolarmente i cinquecento solidi, e per le costituzioni di rendita che non oltrepassino in un anno questa somma.

Ricordiamo infine che le donazioni tra coniugi sono assolutamente nulle. Tale divieto, di cui si tenne discorso nel diritto di famiglia (v. § 60), è posteriore alla legge Cincia, la quale annoverava anzi i coniugi tra le *exceptæ personæ.*

§ 182. Donazioni speciali.

C. *De don. quæ sub modo* 8, 54 (55). § I. 1. *De don.*, II, 7. D. *De mort. c. don.* 39, 6. C. *De don. c. mort.*, 8, 56 (57).

Tipi speciali di donazione sone le donazioni modali, remuneratorie, e a causa di morte.

Donazione modale o *sub modo* è quella, per cui lo stesso donatario assume l'onere di una prestazione. Nel diritto giustinianeo il donante, gli eredi e qualunque interessato hanno l'*actio praescriptis verbis* (v. § 166) per chiedere l'adempimento dell'onere.

Donazione remuneratoria è quella che ha per motivo determinante il fine di remunerare servigi o benefizi resi dal donatario al donante.

Donazione a causa di morte (mortis causa donatio) è quella nella quale si dona altrui nel timore o nell'imminenza di un pericolo di morte, ovvero per l'evento della morte. L'uso della donazione a causa di morte è d'origine primitiva, e da essa molto probabilmente si staccò in tempi remoti l'istituto dei legati (cfr. § 220). Anzi l'evoluzione subìta dalla successione a causa di morte ha di nuovo assimilato siffatte donazioni ai legati, in guisa tale che nel diritto giustinianeo non si può trattarne adeguatamente se non in correlazione a questo istituto del diritto successorio (v. § 231).

§ 183. Revoca della donazione.

C. *De revoc. donat.* 8,55 (56).

Nel diritto giustinianeo la donazione può esser revocata per più cause. In primo luogo per *ingratitudine del donatario,* nel qual caso il donante ha contro di lui un'azione personale che non si trasmette agli eredi, nè si può dirigere contro gli eredi.

In secondo luogo per *inadempimento dell'onere* imposto al donatario.

In terzo luogo le donazioni del patrono al liberto (le sole revocabili in origine e ad arbitrio del patrono) per *sopravvenienza di figli,* quando però la donazione sia di tale entità che il donante non l'avrebbe fatta, se avesse preveduto il nascere della prole.

Le donazioni *mortis causa* eseguite dal donante sono revocabili, se questi sfugge al pericolo, per esempio, se risana da grave malattia; anzi la proprietà delle cose ritorna *ipso iure* al donante, il quale ha l'azione reale per ricuperare il possesso (cfr. § 92).

Sono irrevocabili le donazioni remuneratorie (1).

I terzi possono impugnare le donazioni o perchè diminuiscano la loro porzione legittima nella successione a causa di morte, o perchè fatte in frode delle loro ragioni *(actio Pauliana)* (v. § 178).

II. — SUCCESSIONI UNIVERSALI TRA VIVI

§ 184. **Concetto della successione universale e specie delle successioni universali tra vivi.**

Successione o acquisto *universale (successio* nel diritto classico, *successio per universitatem,* nel diritto giustinianeo) (2) si chiama in generale il subentrare mercè un fatto unico ne' vari rapporti patrimoniali di un subbietto, com'erano in capo ad esso.

La successione universale implica l'acquisto, per così dire, in blocco di tutto un patrimonio *(adquisitio per universitatem).* Per essa, continuandosi il rapporto giuridico del predecessore, passano d'uno in altro subbietto anche diritti, che altrimenti non si sarebbero

(1) L. 31, § 1, D. *De don.*, 39, 5 interpolata. Il testo di Paolo conservatoci (PAUL., *Sententiae* 5, 11. 6) si riferiva al *modus* della legge Cincia, dal quale erano esenti siffatte donazioni.

(2) La terminologia « successio *per universitatem* » è assolutamente straniera alle fonti classiche: essa è opera dei compilatori, come dimostra il confronto tra GAII *Inst.* II. 97-98: III. 82, IV, 77 e JUST. *Inst.* pr. III, 10; III. 11. Per più ampi ragguagli, cfr. § 22 e 187.

potuti trasmettere; per esempio, il fondo dotale, che non è alienabile, il diritto sui sepolcri, le cose di cui l'acquirente non ha per ragioni speciali il commercio, per esempio, i fondi situati nella provincia, dove ha sede il magistrato o il soldato, cui tale acquisto a titolo singolare sarebbe inibito.

Ma la successione universale non è già un negozio che si possa compiere a piacere tra due subbietti. Chi vuol vendere o donare o costituire in dote o per altra causa alienare tutto il suo patrimonio, deve per ciascun diritto adoperare i debiti modi; l'acquirente avrà un nuovo titolo (la vendita, la donazione etc.), in quanto non continua il rapporto e il titolo dell'alienante, e alcuni obbietti, che nella successione universale si trasmettono, non li potrà assolutamente alienare.

La successione universale non si attua *tra vivi* che nelle seguenti ipotesi:

1.° Quando una persona libera è ridotta in schiavitù. Ciò si avvera nel caso di consenso doloso alla vendita di se stesso per dividere il prezzo col venditore *(pretii participandi causa)*, nella revoca in schiavitù del liberto *propter ingratitudinem* e per diritto classico nella riduzione in ischiavitù della donna, che non volesse desistere da una tresca collo schiavo altrui. Chi diventa padrone dello schiavo colla *potestas dominica* acquista anche il patrimonio.

2.° Quando, nel diritto classico, la donna *sui iuris* veniva ad assoggettarsi alla *manus* mercè la *confarreatio*, la *coëmptio* o l'*usus*, diventando *filiafamilias (conventio in manum)*. Il marito o il suo *paterfamilias*, acquistando sulla donna la *manus*, acquistano anche il patrimonio di lei.

3.° Quando una persona *sui iuris* si assoggettava mediante l'*arrogatio* alla *patria potestas* di un altro *paterfamilias*, diventando suo *filiusfamilias*. Il *paterfamilias* arrogatore, insieme colla *patria potestas* sull'arrogato e sulla *familia* soggetta a questo, acquistava pure il patrimonio dell'arrogato.

Come si vede, l'acquisto del patrimonio in blocco è sempre *conseguenza necessaria dell'acquisto di una potestà*, cioè *dominica potestas*, *manus*, *patria potestas*, le quali tre forme costituivano in origine un'unica potestà: la *manus*. In ogni caso la persona, di cui si acquistava il patrimonio, subiva una *capitis deminutio*, ch'era però la *minima capitis dominutio* nei casi di assoggettamento alla *manus* e alla *patria potestas* (1).

§ 185. Effetti della successione universale tra vivi.

I. *De adquis. per adrog.*, III. 10. I. *De success. subl.*, III, 12. D. *De cap. min.* 4, 5.

La successione universale nel patrimonio per atto tra vivi è adunque *conseguenza della potestà familiare costituita su di un subbietto* ed è precisamente conseguenza parallela all'acquisto dei diritti che sulla persona stessa ed eventualmente sulle persone ad essa soggette, come nell'arrogazione, derivano dalla potestà familiare.

Posto questo principio, che determina i casi in cui ha luogo necessariamente la successione universale, veniamo ad esaminare l'istituto patrimoniale in sè stesso.

La successione universale nella società romana data da tempo immemorabile e si deve ritenere primitiva (2). Noi non abbiamo traccia della sua origine, ed è naturale: posta la costituzione della famiglia romana e de' suoi poteri, è logico e necessario che sin dall'origine l'uomo

(1) La *bonorum venditio*, mezzo di esecuzione giudiziaria (cfr. § 18), e la *bonorum possessio* (cfr. § 194) sono istituti pretori sorti in tempi storici ed assimilati per via di azioni utili alle successioni, e precisamente a quelle *mortis causa*. Dovrebb' essere quindi evidente che simili istituti non si possono addurre contro il concetto enunciato, almeno nel tipo originario o nel *ius civile*; anzi, data la finzione, cui si ricorre, ne mostrano piuttosto la veracità e la forza nello spirito romano).

(2) Delle successioni (cioè delle nostre successioni universali) tra vivi dice Gaio ch'esse, a differenza dell'eredità (la quale è certo anteriore alle XII Tavole, ma è stata confermata e riordinata da questo Codice), sono istituzioni consuetudinarie, il che vuol dire preistoriche (GAII *Inst.* II, 82).

libero o l'uomo *sui iuris*, diventando rispettivamente schiavo o *filiusfamilias*, come d'ora innanzi acquistava tutto al *paterfamilias*, così perdesse il suo patrimonio attuale a profitto del *paterfamilias*. Per la stessa ragione il *paterfamilias*, succedendo pure nei diritti, non è responsabile dei debiti, perchè la persona soggetta non può *deteriorem facere eius condicionem* (cfr. § 56), nè rimane obbligato l'antico subbietto, poichè ha subito una *capitis deminutio*.

La stessa antichità immemorabile della successione universale fa che tanto più si debba insistere sulla ragione del suo essere, cioè sulla connessione coi poteri familiari, perchè, all' opposto, la trasmissione a titolo singolare dei diritti s'è andata svolgendo nel corso dei secoli, talvolta con mezzi indiretti e artificiosi (1), ed alcuni rimasero pur sempre intrasmissibili a titolo singolare, anche allorchè tutto un patrimonio si trasmette da un subbietto nell'altro, come, ad esempio, nella donazione universale (cfr. § 180).

La progressiva evoluzione del diritto non ha esaltato, ma invece alterato via via in tempi storici l'essenza pura della successione universale. Anzitutto spuntarono dei diritti patrimoniali così strettamente legati alla persona che non possono cessare di appartenerle, senza cessar di esistere: tali, ad esempio, il diritto di usufrutto e di uso, cioè le cosiddette servitù personali. Di cosiffatti diritti non si ammise il passaggio nemmeno nella successione universale; sicchè essi vengon meno, come le obbligazioni, per effetto della *capitis deminutio*.

Dall'altra parte circa i debiti, mentre la giurisprudenza riconosceva il perdurare dell'obbligazione naturale, il Pretore restituì utilmente l'azione contro il *capite deminutus*. Nel caso poi di *capitis deminutio maxima* la giurisprudenza ammise che si potesse

(1) Come la cessione dei crediti. Cfr. § 12?

dirigere un'azione utile contro il proprietario dello schiavo, e se il padrone non soddisfaceva integralmente i debiti, i creditori erano immessi nel possesso dei beni, che erano già appartenuti allo schiavo.

Inoltre la giurisprudenza, mediante interpretazione equa e restrittiva, conservò al *capite deminutus* nella *capitis deminutio minima* tutti quei diritti e quei crediti, che non hanno carattere essenzialmente giuridico e patrimoniale, ma rappresentano direttamente i bisogni naturali, cui soddisfa il diritto, o prestazioni di fatto; il diritto d'abitazione, il diritto agli alimenti e simili.

Con Giustiniano finalmente la successione universale tra vivi è in sostanza ridotta alla sola ipotesi della riduzione in istato di schiavitù, ossia della *maxima capitis deminutio.* La *conventio in manum* è sparita da lungo tempo, e quanto alla successione universale *per adrogationem,* essa si è trasformata in guisa corrispondente alla trasformazione della famiglia romana e della patria potestà. L'arrogatore acquista bensì l'usufrutto sui beni dell'arrogato, ma la proprietà resta all'arrogato (1). Inoltre i diritti di uso e di usufrutto non si estinguono più in forza della *capitis deminutio minima.*

(1) Il patrimonio dell'arrogato è trattato, conforme all'ordinamento nuovo della famiglia, come i *bona adventicia* del *filiusfamilias.* Cfr. § 47.

SUCCESSIONE UNIVERSALE A CAUSA DI MORTE O EREDITA

I. — PRINCIPI GENERALI

§ 186. Nozione generale e origine dell'eredità romana.

BONFANTE, *Bull. dell'Ist. di dir. rom.* IV (1891) pag. 97; VII (1894), pag. 151, *Studi per Scialoja* 1901, I pag. 131; *Filangeri* 1901 n. 4

La successione universale a causa di morte, che prende il nome di *eredità*, non è nel diritto romano che una categoria speciale delle successioni universali. La caratteristica più appariscente, per cui si distingue dalla categoria bizantina delle successioni particolari, è pur sempre, come nelle successioni tra vivi, l'acquistare il patrimonio della persona defunta *nel suo insieme, mercè un unico fatto*, ond'è che non si fa distinzione tra la varia natura dei diritti e si succede anche in diritti che altrimenti sarebbero intrasmissibili.

La successione universale a causa di morte, se non è, come le successioni universali tra vivi, conseguenza dell'acquisto di una potestà, dipende peraltro *necessariamente* nel diritto romano dall'acquisto di uno stato o di un titolo personale, che è *il titolo di erede*.

Tutti i principî fondamentali dell'eredità romana si richiamano a questo concetto: che la successione ereditaria è una necessaria conseguenza dell'acquisto del *titolo di erede*, il quale viene ad essere pertanto una vera *condizione subbiettiva* o *di capacità* per l'acquisto universale del patrimonio di persona defunta.

Come si spiega alla sua volta questa singolare dipendenza, la quale genera sovente effetti ripugnanti alla coscienza moderna e allo scopo di trapasso patrimoniale che l'eredità deve adempiere?

Considerando la natura della famiglia romana, gruppo sociale analogo allo Stato, e richiamando che da molti indizi circa l'originario gruppo agnatizio (cfr. § 151) e circa l'evoluzione del dominio sulle *res mancipi* (cfr. § 78), si ritrae come alla morte del *paterfamilias* nelle prime origini romane o preromane il gruppo agnatizio non si dovesse sciogliere in tante *familiae* separate, ciascuna sotto un suo *paterfamilias*, ma serbarsi unito, si presenta ragionevole questa ipotesi: l'erede era precisamente il *successore nella potestà sovrana sul gruppo agnatizio* e solo in conseguenza anche nei beni; ossia *l'eredità originaria serviva a scopo di trapasso della sovranità, anzichè di trapasso patrimoniale*. Il disciogliersi del consorzio agnatizio fece sì che l'erede non succedesse più nella potestà sui membri del gruppo, ma soltanto nei beni; ma rimase pur sempre, colle sue molteplici conseguenze, il principio che soltanto chi ha questo titolo di erede può succedere nei beni.

Già sin d'ora dalle cose dette si ricavano argomenti gravi a favore di questa ipotesi. Ogni altro tipo di successione universale — istituto primigenio, che nelle epoche storiche non ha maturato, ma intristito via via — *dipende precisamente dall'acquisto di una delle varie forme della potestà del paterfamilias, che costituivano nelle origini una sola potestà;* è troppo naturale che lo stesso dovesse essere della successione universale a causa di morte e che il *titolo di erede,* da cui si fa procedere in questa successione l'acquisto, significasse in origine una reale autorità conseguita.

V'ha di più: l'eredità ricomprendeva ancora nel diritto classico l'assunzione del culto familiare, i *sacra* del defunto. Ora i *sacra* esprimono una funzione comune a tutti gli organismi politici dell'evo antico, che hanno ciascuno il suo culto e le sue divinità.

Ma la dimostrazione piena e precisa di questa nostra ipotesi circa l'origine dell'istituto risulterà soltanto via via dall'esame dei principî supremi dall'eredità romana (cfr. specialmente § 187, 190–193, 200–201, 204–206, 218–220), che nell'evoluzione del diritto romano stesso vennero ad essere limitati o scalzati per effetto di rimedi eccezionali o di nuove istituzioni e nell'evoluzione posteriore, oltre il diritto romano, totalmente eliminati (1).

Nel diritto moderno l'acquisto universale non dipende più dal titolo di erede, ma si chiama erede chi è designato ad acquistare l'universalità dei beni del defunto (art. 760 Cod. civ.), ossia il titolo non è più la *condizione,* ma semplicemente la *denominazione* dell'acquisto.

§ 187. Oggetto, effetti e natura della successione ereditaria.

L'oggetto della successione ereditaria dicesi anch'esso *eredità.*

Il patrimonio ereditario si diceva dai Romani asse, *as,* e l'asse dividevasi in dodici once, *unciae.* Le divisioni tra vari eredi si solevano fare secondo una frazione dell'asse, che rappresentava un certo numero di once ed aveva un proprio nome: *sextans,* due once, o $^{2}/_{12}$, ossia $^{1}/_{6}$ dell'asse, *quadrans,* tre once, ossia $^{1}/_{4}$ dell'asse, *triens,* quattro once, ossia $^{1}/_{3}$ dell'asse, e così di seguito; *quincunx* $^{5}/_{12}$, *semis* $^{6}/_{12}$, *septunx* $^{7}/_{12}$, *bes* $^{8}/_{12}$, *dodrans* $^{9}/_{12}$, *dextanx* $^{10}/_{11}$, *deunx* $^{11}/_{12}$. Si usavano pure frazioni più complesse con propri nomi e frazioni senza pro-

(1) L'origine della successione ereditaria dalla successionesovrana fu da me formulata, argomentando in pari tempo dalla regola *Nemo pro parte testatus*, ecc. e dall'analogia del testamento coll'istituto pubblico della designazione da parte del predecessore, in *Res mancipi,* ecc. II, p. 322 e *Bull. dell'Ist. di dir. rom.* I (1888) p. 249. La regola *Nemo pro parte testatus*, ecc. era stata spiegata dallo SCIALOJA (*Lez.* 1886-87 p. 136) sulla base del modellarsi dell'erede testamentario sull'*heres suus*, senza abbandonare la patrimonialità; in seguito però in una comunicazione all'Istituto di diritto romano (*Bull. cit.* III (1890)p. 176), egli aderì al concetto della sovranità ch'io svolsi in scritti speciali. Questo era una prosecuzione del concetto della famiglia organismo politico, che nel seguito dei miei studi io applicai pure in altri campi, per es., nella proprietà, e intorno al quale Scialoja *saepe audivi dicentem*; egli argomentava dalla *noxae deditio*.

pria designazione. L'erede *pro parte* veniva designato in guisa corrispondente: *heres ex quadrante, ex semisse,* ecc.

In alcuni casi speciali, quando, per esempio, il defunto, esaurite nelle assegnazioni ad alcuni eredi le 12 once, avesse nominato altri eredi, si usava fare il calcolo, per le ragioni che vedremo (§ 205), su di un asse doppio o triplo, che dicevasi *dupondium, tripondium,* ecc.

V'hanno tuttavia dei rapporti patrimoniali, legati alla vita e alla persona, che non trapassano nell'erede. Tali sono i diritti di usufrutto, di uso e di abitazione, la cui esistenza è limitata alla vita del titolare, i privilegi personali, le azioni penali, salvo *in id quod ad heredem pervenit*, e le *actiones vindictam spirantes,* le quali sono legate essenzialmente alla persona.

Il possesso come rapporto giuridico di mero fatto esige la continuità reale de' suoi requisiti, onde non passa negli eredi, perchè tra la morte dell'autore e l'accettazione dell'eredità o adizione v'è una reale interruzione, la quale rende necessaria una nuova apprensione e manifestazione dell'*animus possidendi* (1).

Ma l'efficacia più grave e propria della successione ereditaria è che l'erede non subentra solo ne' diritti, ma anche negli oneri del defunto illimitatamente. Ciò fa sì che l'erede non acquista solo il patrimonio, ma è tenuto *pei debiti* del defunto, anche se oltrepassano l'attivo patrimoniale ereditato, anzi l'eredità può consistere di soli debiti e vien detta allora dai giuristi *hereditas damnosa.* Inoltre egli succede nella *buona o*

(1) Cfr. § 114. Non è il solo rapporto che per questo carattere, a nostro avviso, non passi. Ma il tema è reso complesso e oscuro per le molteplici alterazioni operate da Giustiniano.

Quanto agli eredi familiari (gli *heredes necessarii*: cfr. § 189), nel diritto classico essi dovevano, a nostro avviso, subentrare anche nel possesso, nella stessa guisa che acquistavano *ipso jure* l'eredità, per essere esclusa ogni interruzione entro la famiglia. Ciò consigliano le norme relative al furto di cose ereditarie e all'*usucapio pro herede* (cfr. § 90); ma nel diritto giustinianeo non v'è ragione di escluder la regola per essi.

mala fede del defunto in ogni rapporto e in ogni azione, ne' vizii del possesso (violenza, clandestinità e furtività, precarietà), ed infine confonde all'atto dell'acquisto ereditario il suo patrimonio con quello del defunto, di guisa che si estinguono per *confusione* i reciproci diritti ed obblighi dell'erede sul patrimonio del defunto, e del defunto sul patrimonio dell'erede.

Queste varie conseguenze, non esclusa quella più appariscente dell'acquisto universale anche di elementi patrimoniali intrasmissibili al subbietto, si riassumono adeguatamente in un concetto, che rappresenta la vera ed essenziale caratteristica delle cosiddette successioni universali: che mentre negli acquisti di diritti singoli (le successioni a titolo particolare nel diritto nuovo) si acquista il diritto in base a un *nuovo rapporto*, nelle successioni (universali) si subentra precisamente nella serie dei *rapporti giuridici del predecessore*, ciascuno dei quali pertanto *trapassa com'era costituito in testa al proprio autore* (1).

Per significare questa natura dell'acquisto ereditario i Romani usavano regolarmente e tecnicamente per le successioni universali e soltanto per esse la parola ***successio*** e le formule ***successio in ius, in locum, in locum et in ius***, che tornano specialmente nella materia dell'eredità. Quella parola e queste formule intendono esprimere precisamente che l'erede subentra nello stato giuridico istesso del defunto, nel complesso dei rapporti patrimoniali com'erano in capo al defunto, succede quindi anche negli oneri, nei *commoda et incommoda*. *Ius* in questa, come in altre espressioni, altro non denota se non *stato* o *posizione, condizione giu-*

(1) Cfr. § 22. Nelle successioni (universali) tra vivi non trapassano i debiti in niuna estensione e ne abbiamo spiegato il motivo (§ 185); ma ciò non vuol dire che i rapporti che trapassano non perdurino identici; e così il successore subentra nel vincolo dotale, nell'usucapione ecc. V. anche BONFANTE *L'origine dell' hereditas e le critiche al concetto* in *Filangeri* 1905 n. 4.

ridica del subbietto, nè giammai si adopera nel linguaggio romano per significare l'oggetto patrimoniale che si acquista. Solo in poche leggi delle Pandette torna la celebre formula *successio in universum ius* (o anche *in universitatem, in omne ius)*; ma la formula è stata interpolata nei testi, e interpolata è anche la celebre definizione giulianea, ripetuta da Gaio colle stesse parole: « Hereditas nihil aliud est quam successio in *universum* ius *quod defunctus habuerit* » (1).

Pertanto la formula in uso presso i moderni *succedere* o *subentrare nella posizione giuridica del defunto* non è se non la traduzione esatta della romana e significa per l'appunto questo carattere della successione ereditaria.

L'interpolazione dell'*universitas* o dell'*universum ius* — in più casi controllabile dal confronto col testo genuino di Gaio, cioè, se vi comprendiamo il *fideicommissum hereditatis*, che in Giustiniano diventa *universitatis*, circa 30 volte, e negli altri sempre riconoscibile — deriva, par chiaro, dalla creazione della *successio in singulas res*, che costrinse a differenziare con un'apposizione la vera *successio* (2). La dottrina dell'*universitas* è post-classica, ma non propriamente giustinianea (3). A ogni modo essa spostò e intorbidò il problema relativo al carattere peculiare della successione. Dove il giureconsulto romano diceva: l'erede risponde dei debiti perchè succede *(succedit in locum* o *in ius defuncti)*, cioè l'ere-

(1) L. 62 D. *De r. i.* 50, 17 = L. 24 D. *De v. s.* 50. 16. La definizione di Giuliano doveva essere *successio in ius defuncti*: il *nihil aliud est* allude alla molto semplice differenziazione dalle altre *successiones*: che l'autore è un defunto.

(2) Cfr. § 22 per citazioni e maggiori spiegazioni.

(3) Cfr. BONFANTE, *La formazione scolastica della dottrina dell'universitas* ne' *Rend. Ist. Lomb.* v. 39 (1906) p. 277. Il confronto del Gaio veronese col Gaio di Autun lo dimostra.

I giureconsulti classici parlano bensì di *adquirere* o *transire per universitatem*, ma per significare l'acquisto in blocco, che è conseguenza della *successio*, e soltanto in ordine alle *res*: ne' crediti e debiti *si succede*. Successione o succedere *per universitatem*, lo ripetiamo, sono formole che ne' testi classici non si trovano mai.

dità non è un puro acquisto di diritti, ma un subentrar nei rapporti, il giureconsulto bizantino, e dietro a lui la schiera degli interpreti, pronuncia: risponde dei debiti, perchè acquista un patrimonio, una *universitas*, nella quale i debiti sono compresi.

Questa spiegazione non soddisfa per gli altri elementi e nemmeno pei debiti, perchè non è esatto che nel patrimonio siano compresi i debiti *ultra vires* o che il patrimonio possa esser costituito di debiti: si scambia il *patrimonio* colla *posizione patrimoniale.*

Concetti più gravemente errati e pericolosi, anch'essi di radice bizantina (1), sono il succedere nella personalità giuridica o patrimoniale, nella rappresentanza del defunto (2).

Ciò posto, non giova allontanarsi dalla semplice nozione romana, alla quale la scienza moderna è ritornata, credendo di scoprirla *ex novo*. Ma poichè la successione ereditaria romana dipende dall'attribuzione del titolo di erede, e questa dipendenza determina tutta la struttura dell'eredità romana, essa deve esser definita nel seguente modo: *l' acquisto di un titolo personale, il quale è condizione necessaria e sufficiente per subentrare nella stessa posizione giuridica del defunto in ordine al patrimonio e alle private responsabilità del defunto,* salvo quei diritti e quegli obblighi che si estinguono colla morte del subbietto e salvo i beni dei quali il defunto avesse espressamente disposto a favore dei terzi (per legato, donazione a causa di morte ecc., (3).

(1) Cfr. Nov. 48.

(2) Ho udito recentemente invocare per queste dannate concezioni le moderne teorie dell'eredità fisiologica e psichica. Ciò mi persuade che simili immagini retoriche non sono tanto innocenti. Si tratta di un travolgimento d'idee: il termine eredità si è potuto applicare all' eredità fisiologica, guardando non all' oggetto, ma alle persone che succedono e riducendo queste persone ai figli Pensiero assolutamente antiromano: istinti, sentimenti ereditari, monarchia ereditaria sarebbero state frasi incomprensibili a un romano.

(3) Si può serbare almeno pel diritto giustinianeo la formula « nella stessa posizione *patrimoniale* », pur di avvertire che « posizione patrimo-

Senonchè il subentrare nella stessa posizione giuridica del defunto è conseguenza grave e non coerente alla funzione patrimoniale. Non basta che l'erede sia tenuto senza limitazione per tutti gli oneri e le responsabilità civili del defunto e ne debba soddisfare i debiti anche *ultra vires hereditatis;* egli può anche subire questo danno ulteriore di perdere per confusione sub-

niale » non è equivalente a patrimonio. Nelle stesse fonti *giustinianee* non si considerano i debiti come elemento del patrimonio nè fuori dell'eredità, come è noto (L. 39 § 1, D. *De v. s.*, 50, 16: *Bona intelleguntur cuiusque quæ deducto aere alieno supersunt;* L. 83. *ibid.*: L. 11, D. *De i. f.*, 49, 14; L. 8 § 4 C. *De bonis* 6,61), nè propriamente *in materia di eredità*, per quanto nella *bonorum possessio* il nome obblighi a dichiarare che ivi (*hic; in hoc loco* L. 3 pr. *De b. p.* 37, 1; forse il testo è interpolato) i *bona* si vogliono intendere in modo speciale, con tutti gl'*incommoda*. La formula *successio in ius* (o anche, se vuolsi, *in universum ius*) non indica l'entità obbiettiva patrimoniale della successione, ma la posizione giuridica in cui si succede. Ciò è dimostrato dal non trovarsi mai *ius* per indicare l'oggetto della successione in verun altro rapporto: ciò è dimostrato dall'equivalenza di *successio* o *successio in ius* e *successio in locum*. Ciò è dimostrato dalla tendenza della *successio in ius* (o *in universum, in omne ius, totius iuris* nelle fonti giustinianee) in tutti i testi, in cui ha un riferimento concreto, che è appunto il succedere nei debiti e negli oneri, il che, nella traduzione letterale, antiromana della frase, si converte in una curiosa ironia.

Questo fatto che l'eredità classica ricomprende, anche tramontati i *sacra*, qualche cosa che non è patrimonio, è un nuovo indizio per la mia ipotesi storica sull'origine dell'eredità.

Certamente il pensiero di Giustiniano è anche qui ambiguo a causa della forma e degli intenti della compilazione: ma l'*universitas* è a ogni modo un concetto convenzionale, che può turbare, non illuminare la nozione di patrimonio: è dessa che ha generato la fisima del preteso concetto romano del patrimonio in antitesi al germanico (cfr. § 9). Ma considerando il diritto romano fuor della compilazione giustinianea, la posizione è netta: l'eredità fa bensì acquistare i *bona*, genera una *adquisitio per universitatem* o in blocco delle *res*, ma questa è una mera conseguenza: nel suo concetto essa trascende i *bona*, é una *successio* e perciò fa che si subentri ne' debiti.

Contro il mio concetto, e in particolare contro l'ipotesi storica, si è di nuovo recentemente pronunciato il FILOMUSI nella sua ormai classica *Enciclopedia giuridica* (Roma, 1905). Le obbiezioni di un così illustre uomo e le osservazioni in genere di un vero dotto e pensatore hanno valore indipendentemente dal loro carattere di obbiezioni e, anche quando non colpiscono il segno, sono più feconde che non le scoperte dei mediocri (cfr. specialmente le importantissime note a pag. 425 e 428): ma nel caso appunto esse non hanno scosso le mie convinzioni, per quanto mi abbiano fatto meditare.

biettiva un suo diritto di credito verso il defunto, o un suo diritto d'usufrutto o d'ipoteca su cose che appartenevano al defunto. Se l'eredità ha meramente la funzione di trapasso del patrimonio del defunto nella persona dell'erede, non altro che l'attivo dovrebbe trasmettersi nell'erede, perchè patrimonio è soltanto ciò che residua, dedotti i debiti (1). A spiegare l'origine di un simile aggravamento nella posizione dell'erede si vuol far ricorso all'interesse dei creditori e all'idea che il patrimonio del debitore debba essere la garentia dei debiti. Simile ipotesi non regge affatto. L'origine dell'eredità romana si perde nella notte dei secoli, laddove l'idea che l'obbligazione conferisce un diritto sul patrimonio, non sulla persona del debitore, si è svolta in epoca storica. Ed anche ammesso che il patrimonio del debitore già sin dalle remote origini del diritto romano fosse considerato come la garentia dei suoi creditori, su quello essi dovevano venire soddisfatti, non oltre quello. Ciò esige la logica; nè d'altra parte il favore dei creditori si suole spingere nel diritto sino ad addossare altrui le obbligazioni che un debitore ha contratto.

Si avverta ancora che l'istituto della *successio in ius* (o *in universum ius,* come è definita nelle Pandette) è così poco preordinato per la garentia dei creditori, che può arrecar la loro rovina con probabilità eguale, se non maggiore. Il defunto è persona sicura ed agiata, l'erede di dubbia onestà e oberato di debiti; orbene, per effetto della confusione dei due patrimoni, i creditori dell'erede concorrono con quelli del defunto e sottraggono loro precisamente quella garentia che sarebbe stata per loro stabilita. Il defunto poteva in antico aver elargito tutto il suo patrimonio in legati e lasciato all'erede il mero titolo (cfr. § 226); se il patrimonio del defunto fosse stato la garentia dei creditori, questi avrebbero dovuto rifarsi sui legatari, più che sull'erede.

(1) Cfr. nota precedente.

Finalmente il succeder nella buona o nella mala fede del defunto, ne' vizi del possesso nulla ha che vedere coll'interesse dei creditori.

Il vero è che la *successio in (universum) ius* non può derivare da un fine pratico e patrimoniale: perchè sotto questo aspetto, quando non è inutile (1), è sempre dannosa o all'erede o ai creditori del defunto o anche a quelli dell'erede, è sempre iniqua, perchè non si scorge mai la ragione onde ciascuna di queste parti ora si debba avvantaggiare a danno dell'altra, ora debba rassegnarsi anche alla propria ruina.

Ma si spiega invece esattamente, richiamando l'ipotesi avanzata a principio circa l'origine dell'eredità. L'eredità era il trapasso della sovranità sulla *familia* in un subbietto nuovo, e in qualunque società, col potere sovrano, passano tutti gli oneri senza limitazione, perchè un organismo politico non muore mai. Ridotta la potestà primitiva dell'erede a un mero titolo per conseguire il patrimonio, simili conseguenze diventano un onere iniquo, come il peso dei *sacra*, che ancora a tempo di Cicerone incombeva esclusivamente all'erede.

Vedremo in seguito (§ 193) i mezzi e i benefici vari con cui si cercò di rimediare alle gravi conseguenze della successione ereditaria. Nel diritto moderno, l'erede è un *mero* e *diretto* successore patrimoniale. Si dice bensì anche oggi che egli subentra nella posizione istessa del defunto; e per vero egli succede pure oggidì nei debiti del defunto, *ultra vires hereditarias*. Ma ciò accade (a differenza di quel ch'era nel diritto romano classico), in quanto i debiti sono concepiti come elemento del patrimonio ereditario, e nella buona o mala fede del defunto l'erede non subentra se non in ordine al possesso, e in base a *positive* ed *anomale* disposizioni di legge, da cui (con qualche dubbiezza) ciò si desume (Cod. civ.

(1) È inutile che l'erede sia tenuto *ultra vires hereditarias*, se nell'eredità c'è capienza pei debiti.

art. 693). Sicchè anche questo della *successio in ius*, che sarebbe l'unico elemento organico della eredità romana sopravvivente nell'eredità moderna, non sopravvive neppur esso come tale, cioè con carattere organico. Ma inoltre, ai benefici, con cui nel diritto romano evoluto si cercò di eliminare le conseguenze dannose della *successio ultra vires* e della confusione, è stata conferita nel diritto moderno una tale estensione che il principio istesso, se si vuol ritenere sopravvivente, vige in modo più formale che sostanziale, solo per generar complicazioni e danni.

§ 188. **Requisiti della successione ereditaria.**

I requisiti della successione ereditaria, ossia le condizioni per l'acquisto della qualità di erede, sono: I. la morte di un subbietto; II. la capacità del defunto d'avere un erede; III. la capacità di succedere; IV. la delazione o chiamata all'eredità; V. di regola anche l'adizione o accettazione dell'eredità.

È necessaria anzitutto la *morte dell'autore o ereditando. Hereditas vivi non datur* (1).

Ma l'ereditando deve inoltre essere *capace*, il che significa esser cittadino romano e nel diritto classico *sui iuris*. Sono quindi incapaci d'avere un erede non solo i *servi*, i *peregrini*, i *capite deminuti*, ma nel diritto classico gli stessi *filiifamilias* come persone *alieni iuris*. Anche dopo lo stabilirsi del peculio castrense, alla loro morte il *paterfamilias* lo riacquista *iure peculii*, non *iure hereditatis*. Con Giustiniano peraltro, abolito il ritorno *iure peculii* al *paterfamilias* ed estesi i nuovi beni avventizi sino a ricomprendere tutti gli acquisti del *filiusfamilias*, è riconosciuta pienamente, si può dire, la sua capacità di avere un successore, salvo i limiti che durano ancora riguardo al testamento (v. § 201).

(1) L. 27 D. *De a. vel om. her.* 29, 2.

La *capacità di succedere* esige che pure il chiamato debba esser cittadino romano, non peregrino, nè *capite deminutus* per qualunque causa, e nel diritto classico *sui iuris*. Quanto ai *servi* e ai *filiifamilias* erano propriamente incapaci di succedere, salvo che non fossero istituiti per testamento, (v. § 201), ma in tal caso essi acquistavano necessariamente, secondo i principì, al loro *paterfamilias*. Se non che nell'età greco-romana lo sviluppo dei beni avventizi (§ 53) portò il riconoscimento pieno della capacità del *filiusfamilias* di succedere in proprio vantaggio, sia per testamento, sia *ab intestato*.

Nel diritto giustinianeo si hanno invece persone incapaci di succedere per ragioni politiche e religiose: i figli dei *perduelles* o condannati per alto tradimento, gli apostati e gli eretici.

Delazione è la chiamata all'eredità. *Delata hereditas intellegitur, quam quis possit adeundo consequi* (1).

La delazione è di due specie, secondo il modo di designazione dell' erede: testamentaria e intestata. Dicesi *testamentaria* quella che ha sua base nella volontà stessa del defunto manifestata in un atto apposito, il testamento; *intestata* o *ab intestato* quella che, in difetto di testamento, si fonda su di un rapporto col defunto. Entrambe, dicono i Romani, sono delazioni legittime, in quanto hanno riconoscimento nella legge civile. Nella dottrina odierna tuttavia *eredi legittimi* si chiamano gli eredi *ab intestato*, il che si può giustificare per la sola e consueta ragione che la volontà della persona, nel caso dell'ereditando, non interviene; ma nel diritto romano *legitimi heredes* e *legitima hereditas* significavano, secondo l' antitesi tradizionale, eredità civile in opposizione alla *bonorum possessio* o successione pretoria.

A queste due specie di delazione se ne aggiunse in progresso di tempo una terza, la *successione legittima*

(1) Cfr. L. 151, D. *De v. s.*, 50, 16.

contro il testamento riconosciuta a favore di alcuni prossimi congiunti. Peraltro questa successione, sorta in tempi assai tardi, non è necessariamente successione ereditaria.

Il patto successorio, cioè il contratto tra l'ereditando e l'erede, è un istituto assolutamente estraneo al diritto romano, ove l'eredità si stacca così dalle donazioni come dai contratti. Quanto al patto circa l'eredità di un terzo, esso è nullo per ragioni d'ordine morale, salvo che il terzo, della cui eredità si tratta, non vi abbia dato il proprio consenso e sia morto senza revocarlo; ma questa è materia delle obbligazioni, non di diritto ereditario.

§ 189. Acquisto immediato e adizione. Eredità giacente.

I. *De her. qual. et diff.*, II, 19. D. *De adq. vel om. her.* 29,2. C. *De i. d. et de ad. vel adq. her.*, 6, 30, C. *De rep. vel abst. her.* 6,31.

In base alle condizioni suesposte alcuni chiamati acquistano *ipso iure* la qualità di eredi e in conseguenza il patrimonio, anche senza loro saputa e contro la loro volontà. Tali eredi si dicono *necessarii* e sono i *filiifamilias* del defunto o *sui (heredes sui et necessarii)* e gli schiavi manomesssi nel testamento e a un tempo stesso istituiti eredi dal proprio padrone *(heredes necessarii)*.

Per tutti gli altri chiamati *(heredes extranei vel voluntarii)*, occorre l'accettazione, che dicesi *adizione*.

L'adizione è un atto giuridico, che implica eventuale obbligazione, ed esige i debiti requisiti. In primo luogo la capacità di agire: pazzi e infanti non possono assolutamente fare adizione, gl'impuberi debbono adire coll'*auctoritas* del loro tutore e, nel nuovo diritto, i minori col consenso del curatore; i prodighi anche senza di esso (1). Non è ammessa la rappresentanza: solo nel

(1) L. 5. § 1 D. *De a. vel om. her.* 29,2. — Il punto è però assai disputato.

nuovo diritto, in forza di una costituzione di Teodosio II e Valentiniano III, si ammise la rappresentanza degli infanti mediante il loro padre o tutore (1) e, riconosciuta la capacità delle persone giuridiche (§ 201), si affermò anche al riguardo la rappresentanza.

L'infante divenuto capace può ottenere una *restitutio in integrum*.

Le eredità devolute agli schiavi, e nel diritto classico anche quelle devolute ai *filiifamilias*, erano acquisite al *paterfamilias*, e le persone chiamate dovevano adire dietro suo ***iussus***. Nel diritto nuovo, cessata la subordinazione assoluta dei *filiifamilias*, essi possono adire per conto proprio, ove il padre non dia il *iussus*, e in tal caso l'eredità entra nei *bona adventicia extraordinaria*, sui quali il padre non ha l'usufrutto (§ 53).

La volontà dev'essere seria e determinata. Non si può adire prima della delazione o se l'erede è incerto sull'esistenza della delazione, sulla causa della medesima, sulla validità del testamento, sull'apposizione e sull'avveramento di una condizione.

Non nuoce al contrario l'incertezza sulla propria capacità di acquistare o sull'ammontare dell'eredità o anche della propria quota, purchè si adisca indeterminatamente. L'adizione indotta da timore o dolo è valida, salva l'azione di risarcimento contro il colpevole: nel caso di timore peraltro si può impetrare la *restitutio in integrum*.

L'adizione non può farsi sotto condizione o a termine nè *pro parte:* l'accettazione parziale è valida per l'intero (2). Ma non è necessaria una forma determinata e l'accettazione dell'eredità può anche risultare dal fatto

(1) L. 18 § 2-4 C. *De i. del.* 6, 30. Il principio è applicato da Giustiniano alla restituzione del fedecommesso universale (L. 7 C. *Ad sc. Treb.* 6, 49), donde le interpolazioni *nisi infans est* e *indistincte* in L. 38 (36) § 1 e L. 40 (39) D. *Ad sc. Treb.* 36, 1.

(2) Pel motivo, a nostro avviso, che l'essenziale è la qualità di erede e il resto vien da sè: onde mal si trasporta la soluzione nel nostro diritto e peggio si ragiona sull'inscindibilità dell'*universum ius*.

istesso della gestione *(pro herede gestio)*. A tal uopo giova ricercare ne' singoli atti d'amministrazione con quale animo essi siano compiuti.

Non è prescritto nemmeno alcun termine legale per adire l'eredità. Per soccorrere ai creditori e ai legatari fu loro concesso d'impetrare che fosse imposto all'erede un termine per adire o rifiutare, trascorso il quale nell'antico diritto si presumeva che avesse rifiutato, nel diritto giustinianeo s'intende che abbia accettato. Il più lungo termine fu fissato da Giustiniano a nove mesi, se dato dal magistrato, a un anno, se dato dall'imperatore.

Il testatore stesso poteva tuttavia imporre un termine per l'accettazione o il rifiuto dell'eredità (1).

La rinuncia all'eredità esige gli stessi requisiti della adizione, e può essere anch'essa *espressa,* cioè dichiarata apertamente, o *tacita*, cioè desunta in modo non equivoco dagli atti dell'erede chiamato.

Nell'intervallo tra la morte dell'ereditando o l'adizione, l'eredità costituisce un patrimonio privo di subbietto, e i Romani dicono ch'essa giace *(hereditas iacet)*. I singoli diritti ereditari sono privi di titolare *(nullius in bonis sunt)*, ma non cedono per questo al primo occupante, nè periscono. Essi si riservano per l'erede, e a questo scopo il patrimonio è tenuto insieme, onde l'eredità fa le veci di persona e si dice ora che rappresenta quella del defunto, ora quella dell'erede.

Durante lo stato di giacenza l'eredità può crescere o scemare per effetto di fatti giuridici naturali o anche

(1) In tal caso l'eredità doveva essere adita entro il termine in una forma solenne, che dicevasi *cretio* (Gaii *Inst.*, II, 164-173), la qual solennità verbale si può ritener con sicurezza che occorresse per ogni adizione nel diritto primitivo. La *cretio* fu abolita nella nuova epoca da Teodosio II (L. 17 C. *h. t.*); ma, come appare dal confronto colla costituzione genuina del Codice Teodosiano (c. 8 § 1. C. Theod. 8, 18), solo circa le eredità devolute ai *filiifamilias*: l'abolizione generale è opera di Giustiniano. I testi classici in proposito vennero interpolati, mutando *cernere* in *adire*, *aditio*. Cfr., ad esempio, L. 76, L. 86, D. *h. t.* 29, 2.

per negozi compiuti dagli schiavi o da terzi, che ne assumano spontaneamente la gestione *(negotiorum gestio)*. Una volta avvenuto l'acquisto, esso ha effetto retroattivo.

Nel diritto moderno l'adizione è sparita e i beni del defunto passano immediatamente nell' erede chiamato (Cod. civ., art. 925), il quale tuttavia può confermare coll'accettazione o rifiutare l'acquisto (art. 929 e segg.). L'eredità giacente non è quindi l'istituto romano, ma un patrimonio acquisito all'erede; benchè pure all'amministrazione convenga provvedere per legge, se il titolare non si fa vivo (art. 980-983).

§ 190. **Rapporto tra la successione testamentaria e la intestata.**

Giusta i principî del diritto romano, quando v'è un erede nominato dal testamento, non si chiamano assolutamente i successori *ab intestato*, anche se il defunto ha disposto a favore dell'erede istituito di una sola parte del suo patrimonio, per esempio, metà dell'asse. L'erede unico istituito *pro parte* acquista tutto, diventa *heres ex asse*, nè i successori *ab intestato* potrebbero essere chiamati nella parte residua. Questa regola ha una formula celebre: *Nemo pro parte testatus, pro parte intestatus decedere potest* (1).

L'incompatibilità delle due successioni era così radicata nello spirito dei Romani che, senza discutere, essi sono usi di considerare la regola come una necessità di logica naturale e immutabile, per cui sarebbe assurdo ammettere il contrario, come un principio organico, insomma, dell'eredità (2).

(1) § 5, I. *De her. inst.*, II, 14; L. 7, D. *De r. i.*, 50, 17; L. 8, C. *Comm. de succ.* 6, 59.

(2) « Earumque rerum (tra le due successioni) *naturaliter inter se pugna est* » dice Pomponio, nell'epoca di Adriano (L. 7, D. *De r. i.*, 50, 17). E già Cicerone (*De inv.*, II, 21): « Unius pecuniae plures dissimilibus de causis heredes esse non possunt, *nec unquam factum est*, ut eiusdem pecuniae alius testamento, alius lege heres esset ».

Pure se v' ha cosa che a noi repugna è invece il vedere in tal caso attribuito il patrimonio per intero all' erede scritto nel testamento contro la volontà del defunto, ed esclusi anche dal residuo i successori *ab intestato.*

Ma questa regola singolarissima è pienamente in armonia col concetto premesso della eredità romana. Il titolo di erede è l'*essenziale*, e l'acquisto del patrimonio soltanto una *conseguenza* subordinata all'assunzione di esso: ora se il titolo di erede è stato conferito dal testamento, i presunti successori *ab intestato* non l'hanno e non possono quindi affacciare pretesa alcuna sul patrimonio.

Quanto alla ragione intrinseca e finale del principio, essa si richiama all'ipotesi circa l'origine dell'eredità, della quale questa regola è una delle riprove migliori. L'eredità non serviva in origine come trapasso patrimoniale, ma come trapasso della sovranità sulla famiglia romana. Ora in qualunque società politica, quando v'è un capo designato in una forma, per esempio, dall' elezione o dalla nomina del predecessore, è inconcepibile e naturalmente incompatibile che ve n'abbia a un tempo stesso un altro designato in forma diversa, per esempio, dalla nascita (1).

(1) Le numerosissime spiegazioni storiche o logiche del principio sono l'una più infelice dell'altra, e tutte campate in aria. L'unica veramente ben congegnata, restando nel campo patrimoniale, è quella dello SCIALOJA (*Lezioni* 1886-87 p. 136): la successione testamentaria ha luogo in origine solo in assenza del *suus*, e, dato questo concetto, l'erede testamentario, anche istituito *pro parte*, esclude l'agnato, in quanto è parificato al *suus*. Chiaro è peraltro come sia più semplice e punto congetturale il nostro concetto; due forme di designazione di un successore sovrano sono incompatibili e non si ebbero mai nella storia. Si può ripetere al riguardo il ciceroniano: *nec unquam factum est.*

Anche in tempi più recenti lo SCIALOJA è tornato ad insistere sul concetto dominante di una preminenza originaria, anche nel diritto romano, della successione legittima sulla testamentaria (*Lezioni* 1904-1905). La questione è dal nostro punto di vista mal posta. La successione è sempre legittima o naturale, che dir si voglia, in quanto il testamento non è destinato, come par si supponga, a chiamare l'estraneo, bensì a chiamare l'uno dei *sui*. Tra più sudditi (di regola vi ha più di un *suus*)

Ma è questa appunto una di quelle regole che più direttamente contraddicono al nuovo scopo dell'eredità e che pertanto l'evoluzione giuridica ha via via corroso e finalmente distrutto. Nel diritto imperiale essa fu abolita quanto alla successione dei militari (1), e nello stesso adagio tradizionale venne inserito questo restringersi del suo campo di applicazione al diritto borghese: *nemo in paganis pro parte testatus*, ecc. Ma anche in questo campo il sorgere della successione legittima contro il testamento vi portò vere derogazioni: poichè in più d'un caso l'erede legittimo non si sostituisce, ma si aggiunge all'erede testamentario (2). Che se nondimeno la regola perdurò e fu accolta nel diritto giustinianeo, ciò avvenne perchè da lungo tempo accanto al testamento si era svolta l'istituzione del codicillo che permetteva di disporre solo di una parte del patrimonio (3).

Nel diritto moderno tale regola non vige affatto (articolo 720, capov.); nè occorreva del resto un'espressa abolizione, perchè, come si disse, oggidì il titolo di erede non è condizione indispensabile all'acquisto, ma si chiama erede chi acquista l'universalità o una quota dei beni.

dev'essere scelto un sovrano; ora l'etnologia e la storia mostrano essenzialmente due sistemi per ridurre la scelta ad un solo: o la primogenitura o la designazione da parte del predecessore. Non vi ha la menoma traccia di primogenitura nel diritto romano pubblico e privato, e basterebbe questo dato negativo per ritenere che il sistema nazionale fosse il secondo. Cfr. BONFANTE *L'eredità e le critiche al concetto* nel *Filangieri* 1905. V. anche § 200.

(1) Perchè si vuol usar riguardo alla volontà del militare: § 5, I. *De her. inst*, II, 14: « neque enim idem ex parte testatus ex parte intestatus decedere potest, nisi sit miles, *cuius sola voluntas in testando spectatur* (L. 6 D. *De test. mil.*, 29, 1) ».

(2) Papiniano conchiude, enunciando un caso simile: *nec absurdum videtur pro parte intestatum videri* (L. 15, § 2, D. *De inoff. test.*, 5, 2): ma forse la chiusa è interpolata. Cfr. peraltro, L. 19, 24, 25, 27, § 3 *eod.*

(3) Abolirono la regola in Oriente e in Occidente rispettivamente il diritto bizantino e gli Statuti.

§ 191. Successione nella delazione o trasmissioni.

Il principio romano è che l'eredità deferita, ma non ancora accettata, non trapassa all'erede del chiamato, se questo muore. *Hereditas delata, nondum adquisita, non transmittitur ad heredes.*

Anche questo principio non si spiega se non col concetto romano dell'istituto ereditario. La delazione dell'eredità non attribuisce il diritto al patrimonio, bensì il diritto a una qualità personale, che è il titolo di erede. Ed anche questo principio nel diritto giustinianeo è quasi svanito.

Le eccezioni al principio, cioè i casi in cui le eredità si trasmettono, prendono il nome congruo di *transmissiones*. Al diritto classico per vero esse sono in fondo straniere. La *transmissio ex capite in integrum restitutionis* non è che una logica applicazione della *in integrum restitutio.* Il diritto di chiedere la *in integrum restitutio* passa agli eredi della persona lesa, onde se l'erede istituito ha ripudiato o altrimenti omesso di adire l'eredità, ma si era trovato in condizione di chiedere la *in integrum restitutio*, possono, lui morto, chiederla i suoi eredi in sua vece, *ex capite* o *ex persona defuncti* (1).

Ma nell'epoca romano-ellenica e nel diritto giustinianeo le eccezioni sopravvengono e in tal misura da eliminare la regola. La *transmissio* basata sulla *in integrum restitutio ex persona propria* è veramente ri-

(1) Una *restitutio in integrum ex persona propria* è stata ammessa in via eccezionale da Antonino Pio (L. 30 pr., D. *De a. vel om. her.*, 29, 2), ma non in un caso di vera e propria *transmissio;* la L. 86 pr. *eod.*, che estende la disposizione ai casi di vera *transmissio*, è interpolata.

Nelle teorie v'ha del resto una qualche incertezza circa i concetti e i nomi; e v'ha chi (ad es. il Maynz) alla *in integrum restitutio,* di cui alle L. 30 e 86 cit, dà il nome di *transmissio ex iure patrio* o *ex capite infantiae*, benchè trattisi di una vera ed eccezionale *restitutio* e questa non abbia nemmeno sua base nell'infanzia, ma nell'assenza che ha impedito al *paterfamilias* di dare il *iussus* per l'adizione al *filius.*

conosciuta con applicazione generale. Accanto ad essa è sorta la *transmissio Theodosiana* o *ex iure sanguinis*, introdotta da Teodosio II (a. 450). Se un testatore aveva istituito erede un proprio discendente e questi fosse morto prima dell'apertura del testamento, trasmetteva alla sua volta il diritto di adire l'eredità al proprio discendente, che fosse in pari tempo suo erede (1).

Giova richiamare anche due figure, il cui carattere di trasmissioni della delazione può esser revocato in dubbio: la *transmissio ex capite infantiae*, introdotta egualmente da Teodosio II e Valentiniano III (a. 426), e la *transmissio ex jure patrio*, ordinata da Giustiniano. Per la prima, se il *filiusfamilias* o anche il figlio (poichè gli imperatori vogliono che il disposto valga indipendentemente dalla patria potestà), cui l'eredità era deferita, fosse morto infante, ossia prima di raggiungere l'età che lo rendeva capace di adire, la successione era devoluta al *paterfamilias* o al padre « *quasi iam infanti quaesita* ». Per la seconda, se il *filiusfamilias* avesse ricusato l'eredità, il *pater familias* era ammesso ad acquistarla in sua vece.

Ma una eccezione vera, e di portata generale, è la *transmissio iustinianea* o *ex iure deliberandi*. Se il chiamato muore prima che sia trascorso l'anno dal giorno in cui ebbe notizia della delazione, ovvero prima che sia esaurito il termine preso per deliberare, gli eredi di lui possono entro il resto dell'anno o del termine adire l'eredità: che se l'autore è morto senza conoscer la delazione, l'anno decorre per intero a favor degli eredi.

Con quest'ultima trasmissione concessa ad ogni erede il principio dell'intrasmissibilità della delazione si può dire praticamente distrutto. Giusta il consueto processo dell'evoluzione romana, l'eccezione ha finito nell'epoca ultima con esaurire la regola.

(1) Gli sforzi per estendere questa trasmissione fuori dell'ipotesi legislativa e sovrattutto prescindere dalla morte dell'istituito « *ante* apertas tabulas », costituiscono esempi caratteristici dell'ermeneutica inventiva del diritto comune.

Nel diritto moderno la delazione si trasmette agli eredi (Cod. civ., art. 939).

§ 192. Diritto di accrescimento.

Quando sono chiamate a succedere più persone, se alcune di esse rinunciano o non possono acquistare o anche, dato il principio romano che la delazione non si trasmette agli eredi del chiamato, se vengono a morire prima dell'adizione, le parti caduche sono acquisite ai coeredi in proporzione della quota ereditaria di ciascuno. Questo istituto dicesi *ius adcrescendi* o *diritto di accrescimento.*

Anche il diritto di accrescimento non è in armonia colla funzione di trapasso patrimoniale assunta dall'eredità, nè si fonda affatto sulla volontà del defunto. Esso ha luogo anche se gli eredi sono testamentarì ed esistono dei successibili *ab intestato*, che potrebbero essere chiamati nelle quote caduche, ha luogo anche se il testatore l'*abbia espressamente proibito*, ed infine anche senza saputa e contro la volontà degli eredi stessi, i quali potrebbero esserne più pregiudicati che avvantaggiati.

Ed anche tale conseguenza deriva dall' ordinamento dell'eredità romana. Questa non conferisce il patrimonio, bensì uno stato personale, il titolo di erede, in forza del quale si è chiamati ad acquistare il patrimonio del defunto. I successori legittimi non possono essere chiamati nella quota caduca, perchè se il defunto ha dichiarato chi deve essere erede, questo titolo essi non l'acquistano. E restando solo gli eredi istituiti, tra di essi il solo concorso determina le parti *(solo concursu partes fiunt)*, e il diritto di ciascuno sul patrimonio cresce o anche si estende all'intero, se rispettivamente scema o cessa in tutto il concorso dei coeredi.

Il diritto di accrescimento tra eredi testamentarì ebbe a subire peraltro nel periodo classico una singolare alterazione per effetto della *lex Iulia et Papia Poppæa.* Conforme allo spirito di questa legge, la porzione caduca non era acquistata proporzionalmente a tutti i coeredi, ma solo a quelli che avessero figliuoli, e vennero ammessi a pretenderla anche i legatari; cioè in generale tutti coloro, *qui in eo testamento patres essent.* È questa la cosiddetta *caducorum vindicatio.* In difetto di padri, la porzione caduca si devolveva al fisco. Inoltre questa legge stabilì che la porzione caduca accrescesse cogli oneri imposti alla persona istituita. Il diritto antico si mantenne solo trattandosi di figliuoli o di parenti fino al terzo grado.

Il diritto caducario venne abolito da Giustiniano, il quale ripristinò l'antico ordine, salvo il principio nuovo che la porzione accresce coll'onere (1).

L'accrescimento si avvera anche a favore di chi succede nella quota di uno dei chiamati, perchè, si dice, la parte accresce alla parte, non alla persona *(portio portioni adcrescit).*

Se il diritto di accrescimento è indipendente dalla volontà del defunto, tuttavia nella distribuzione delle quote vacanti si segue la volontà del defunto presunta o espressa; onde, se il defunto non abbia nulla dichiarato in proposito, la divisione si fa tra tutti i coeredi, s'intende proporzionalmente alla quota di ciascuno. Se ha operato delle congiunzioni o chiamando più eredi nella stessa porzione *(coniunctio re),* o chiamandoli nella stessa porzione e anche in una stessa proposizione *(coniunctio re et verbis),* queste congiunzioni si rispettano, e nella quota caduca si chiamano solo gli eredi congiunti.

L'istituto dell'accrescimento nello stesso diritto romano fu soggetto a limitazioni ed eccezioni diverse,

(1) L. *un.* C. *De cad. toll.*, 6,51: donde l'interpolazione di *caducum* o *caduca bona* in *vacantia bona* (cfr. § 233) o simile: cfr. L. 4; L. 5 C. *De bon. vac.*, 10, 10 (COD. THEOD. 10, 10, 30; 10, 8, 5).

stabilite o dalle sostituzioni al primo istituito operate dal defunto (§ 208) o dalle trasmissioni della delazione riconosciute (§ 191) o dalla *successio graduum* (§ 210). Inoltre fu dato anche agli eredi di rifiutare l'accrescimento, quando il *suus* chiamato con essi all'eredità, per essere questa oberata di debiti, usi del *beneficium abstinendi*, o quando l'uno degli eredi accettanti abbia ottenuto la *restitutio in integrum* contro gli effetti dell'adizione. Il diritto di accrescimento fu poi totalmente escluso nella successione dei militari, in cui la quota vacante è devoluta ai successori *ab intestato.*

L'istituto dell'accrescimento ereditario non vige nel diritto moderno, in cui l'accrescimento dipende dall'essere più eredi « *congiuntamente* chiamati, senza che (nelle successioni testamentarie) il testatore abbia fatto tra essi distribuzioni di parti »; onde segue le regole generali del concorso di più titolari di uno stesso diritto sull'oggetto comune, non altrimenti che nella *coniunctio* di più legatari dello stesso oggetto (§ 224), ed è sempre conforme altresì alla volontà del testatore (Cod. civ. art. 946, 948, e 880).

§ 193. Il *beneficium abstinendi*. I benefici della separazione e il *beneficium inventarii.*

I. *De her. qual. et diff.*, II, 19. D. *De separ.*, 42. 6. C. *De bon. auct. iud. poss. s. v. et de sep. bon.*, 7, 72. C. *De i. d. et de ad. vel adq. her.*, 6, 30.

La successione illimitata nei debiti e nella buona o mala fede del defunto, la confusione del patrimonio dell'erede con quello del defunto, sono conseguenze di un ordinamento dell'eredità, che si richiama a una diversa funzione dell'istituto, e riescono iniquamente gravose, colla nuova funzione di esso, tanto all'erede quanto ai terzi. Di qui uno sforzo lento, ma persistente, per rimediare a queste conseguenze e scalzare la *successio in (universum) ius.*

Quanto alla buona o mala fede, per quel che concerne l'acquisto dei frutti, le opere degli schiavi e il diritto ad esser risarciti per i miglioramenti recati alla cosa che si possiede, i giureconsulti classici, dopo un certo contrasto, resero il successore indipendente dal defunto, considerando la buona fede nei singoli momenti, non esclusivamente in quello della presa di possesso dell'oggetto (§ 99). Il principio rimase inalterato in altri rapporti e principalmente nell'usucapione (cfr. § 91), ove, trattandosi di un puro lucro a danno altrui, l'iniquità è meno sensibile.

Quanto alla successione illimitata nei debiti, si può riguardare come il più vetusto correttivo del sistema, sancito fino dalle XII Tavole, la *divisione delle obbligazioni* tra più coeredi, che eliminava la solidarietà, pericolosa in ispecie nel caso d'insolvenza di alcuno di essi (v. § 198 e 122). Agli *heredes sui,* che succedevano *ipso iure* e necessariamente (v. § 189), concesse il Pretore il *beneficium abstinendi,* per il quale il *suus* che si asteneva dall'immischiarsi nei beni ereditari non era affatto responsabile dei debiti. Gli rimane tuttavia la qualità di erede, ma essa è un *nudum nomen,* nè importa vantaggi o pesi patrimoniali. Il patrimonio è attribuito dal Pretore agli altri eventuali successibili, coeredi o sostituiti, o venduto in nome dei creditori.

Il *suus* può essere costretto dal giudice, dietro domanda dei creditori, a fare entro un dato termine la sua dichiarazione di astenersi, ma, nel diritto giustinianeo, gli è dato sempre di ritirarla nei tre anni successivi, purchè i creditori non abbiano venduto i beni ereditari.

Quanto agli schiavi eredi necessari, cioè istituiti *cum libertate,* che nulla possedevano assolutamente di proprio al momento in cui diventavano eredi, venne loro accordato il *beneficium separationis,* con che si intende la separazione dei beni, che venissero ad acquistare in seguito alla morte del padrone, dalla *hereditas damnosa,* nella quale erano stati istituiti.

Per rimediare d'altra parte al danno che per la confusione potevano subire i creditori dell'eredità, qualora invece l'erede fosse oberato di debiti propri, essi ebbero concesso alla loro volta il diritto di chiedere la *separatio bonorum* (1). Per questa separazione l'asse ereditario veniva ad esser riserbato ai creditori del defunto e ai legatari, e solo quando questi fossero soddisfatti, il residuo cedeva ai creditori dell'erede. I creditori dell'eredità, che facessero uso di questo diritto, non potevano più rivolgersi sul patrimonio dell'erede (2); ma Papiniano decise nondimeno che, pagati i creditori di questo, potessero anche i creditori del defunto concorrere sul residuo patrimonio dell'erede (3). Ottenuta la separazione, i creditori hanno diritto di far rescindere le alienazioni compiute dall'erede.

La separazione si può chiedere entro lo spazio di cinque anni dall'adizione: termine probabilmente fissato da Giustiniano. Non si ha più diritto alla separazione, ove l'erede in buona fede abbia alienato o mescolato colle sue delle cose ereditarie, ovvero in qualunque modo i creditori abbiano manifestato la loro intenzione di rivalersi contro di lui.

La posizione dei creditori dell'erede, che accetta un'eredità oberata, non fu stimata degna dello stesso riguardo, perchè, si disse, è lecito a chicchessia di peggiorare la condizione del suo creditore, aggiungendosi un nuovo debitore. Il concetto che il patrimonio del debitore (non già, materialmente o moralmente, la sua

(1) Il FERRINI (*Bull. dell'Ist. di dir. rom.*, vol. 13, 1900, pag. 32) sostiene che nel diritto antegiustinianeo la *separatio* avesse luogo in ordine alla sola successione testamentaria. V. contro FADDA, *Concetti fondamentali*, ecc., 1902, v. II, pag. 372.

(2) Ulpianus, L. 1, § 17, D. *De sep.*, 42, 6; Paul. L. 5, *eod.*

(3) Pap. L. 3 § 2, *eod.* — Dal punto di vista dell'*eredità romana* il principio logico è quello di Ulpiano e Paolo (cfr. BONFANTE, *Separaz. del patrimonio del defunto* nel *Digesto italiano*, p. 504). Sulla deroga ammessa da Papiniano si può discutere per diritto giustinianeo (cfr. in ispecie SOLAZZI nel *Bull. dell'Ist. di dir. rom.*, vol. 11, 1900, p. 248). Il FERRINI (*Arch. giur.* 13, p. 519) ritiene il testo interpolato.

persona stessa) è la garentia dei suoi creditori non si affacciò schietto nemmeno nel diritto romano più evoluto. I creditori che s'erano fidati dell'erede dovevano subire le conseguenze della poca fede di costui, nè si ammise a loro favore una nuova derogazione ai principi dell'eredità.

Alla posizione dell'erede volontario la legge romana non fu indotta a provvedere con urgenza, perchè a ogni modo egli aveva diritto di accettare o rifiutare l'eredità oberata e anche tutto il tempo di riflettere. Nei casi più gravi, come l'adizione di un'eredità oberata fatta leggermente da un minore, o eseguita sotto la pressione di minacce, soccorreva l'estremo rimedio della *restitutio in integrum*. Inoltre il diritto romano dà facoltà di venire a concordato coi creditori dell'eredità oberata (v. § 132).

Per la prima volta l'imperatore Gordiano, spirata appena l'era classica, rinnovando come norma generale una concessione personale ed eccezionale di Adriano, concesse ai militari di non esser responsabili dei debiti oltre l'ammontare del patrimonio ereditario.

Ma fu soltanto Giustiniano che in questa parte si rese interprete della nuova coscienza. Ispirandosi alla derogazione introdotta da Gordiano a favore dei militari, egli stabilì il *beneficium inventarii,* col quale diede un colpo mortale al principio romano della *successio in ius* e intese veramente di abolire la responsabilità *ultra vires hereditatis* (1). In virtù di questo beneficio ogni erede ottiene di separare il patrimonio del defunto dal proprio e non essere obbligato *ultra vires,* purchè garantisca con un inventario i creditori del defunto. L'inventario si deve incominciare entro trenta giorni dopo conosciuta la delazione, e finire entro sessanta, ovvero entro un anno, se l'erede risiede lontano dalla maggior parte dei beni ereditari. L'inventario dev'essere solenne, coll'inter-

(1) Cfr. per questo sentimento di Giustiniano la Nov. 1 c. 2 § 2.

vento di un notaio, e, occorrendo, di periti e coll'intervento dei legatari, dei creditori, o, in loro assenza, di tre testimoni. L'erede sottoscrive l'inventario, dichiarando, all'uopo, con giuramento ch'esso è fatto in piena regola. In caso di frode paga il doppio.

Durante l'inventario l'erede non può essere molestato. Egli paga i creditori a misura che si presentano, lasciando loro la cura di regolare le reciproche pretese, paga anche se stesso, rimborsandosi dei crediti e delle spese.

Nel diritto civile italiano esiste tuttavia la successione nella buona o mala fede del defunto, in ordine al possesso per ogni effetto; cioè la *successio in possessionem* è pur sempre distinta dall'*accessio possessionis* (Cod. civ., art. 702 capov. e 693) (1). È concesso il beneficio della separazione del patrimonio del defunto da quello dell'erede a favore dei creditori (art. 1032, 2054-2065, Cod. civ.). È scomparso il *beneficium abstinendi,* perchè non vi sono più successori necessari, ma vige per tutti gli eredi il beneficio d'inventario, il quale è imposto assolutamente ogni volta che l'eredità sia devoluta a persone incapaci di agire (art. 930-932, Cod. civ.) e (n altri casi (art. 958), nè vale il divieto del testatore iart. 956) (2).

(1) È da queste disposizioni positive a ogni modo che la regola si desume, nè deriva, come nel diritto romano, dal concetto organico dell'eredità (cfr. § 187 in fine).

(2) Tutte le legislazioni indipendenti dalla tradizione romana (diritto inglese, anglo-americano, ungherese, diritti orientali) e tutte le nuove legislazioni (Codice germanico, dietro l'esempio del prussiano o del sassone, e codici dell'America meridionale) escludono la regola della successione illimitata nei debiti. Nel nostro diritto essa non fa che crescer le rinuncie e rendere impossibile una riforma del diritto successorio in pro del credito, poichè dovrebb'essere evidente che non si può stabilir come regola e ampliare la separazione a favore dei creditori, nonchè ripristinare la solidarietà tra coeredi, e la responsabilità dei solventi per gli insolventi, se l'onere de' debiti non è limitato all'asse ereditario: le due riforme sono inscindibili.

§ 194. La *bonorum possessio*.

I. *De b. p.*, III. 9 Dig. 37. 1.

Nello svolgimento del diritto successorio uno dei bisogni più anticamente sentiti fu quello di mutare le persone dei chiamati nella successione intestata e diminuire le solennità gravi del testamento. L'antica successione intestata aveva interamente sua base ne' rapporti della famiglia romana; smarrito il senso e il valore essenziale dell'antica organizzazione gentilizia e familiare, nonchè il fine originario della successione ereditaria, cessa il bisogno di riconnettere questa a un corpo essenzialmente politico e si fa viva invece l'aspirazione di chiamare a tale acquisto le persone secondo i più cari vincoli di sangue, cioè di basarla sulla famiglia naturale. E in parte per lo stesso incalzare del nuovo fine anche le forme del testamento si vogliono più facili e accessibili.

Alla nuova coscienza sociale per lungo periodo fu fatta ragione esclusivamente dal Pretore; anzi è questo forse il campo nel quale il Pretore ha compiuto la maggior rivoluzione. Così venne a svilupparsi accanto all'eredità di diritto civile e in conflitto con essa l'eredità di diritto pretorio. Senonchè, giusta il consueto suo modo di procedere, il Pretore non chiamò eredi nuovi invece di quelli designati dal diritto civile, ma concesse e garantì nei casi in cui gli parve equo il possesso (il che vuol dire nel senso romano la signoria: cfr. § 112) dei beni del defunto ad altre persone; onde il nome dell'istituto, che dicesi appunto *bonorum possessio*.

È dubbio peraltro se la *bonorum possessio* abbia servito fin dalle origini a questo scopo di riformare il diritto civile. Vi hanno indizi per supporre, ed è ritenuto da molti, che la prima funzione della *bonorum possessio* sia stata quella di regolare il possesso dell'eredità e quindi le parti di attore e di convenuto tra più pretendenti all'eredità medesima, ovvero di affrettare l'adizione dell'eredità. Questo è certo che nei tempi storici colla *bonorum possessio* il Pretore usa chiamare all'eredità nuove categorie di successibili non contemplate dal diritto civile o non contemplate almeno in quella base più larga; la concede bensì anche agli eredi civili che la domandino, in quanto egli li ricomprende nelle nuove categorie da lui create.

Quanto ai principi fondamentali non v'ha differenza in generale dall'eredità civile alla *bonorum possessio*, e vi si estendono senz'altro le stesse regole, come avviene dalla *reivindicatio* all'azione Publiciana. La sola differenza, all'infuori del titolo a succedere, concerne l'atto d'acquisto dei beni colle sue forme e naturalmente le azioni concesse per l'acquisto ereditario in sè, come per la difesa dei singoli diritti acquisiti.

Riguardo all'atto d'acquisto la *bonorum possessio* è sempre volontaria. Occorreva un'istanza al magistrato, ed erano stabiliti dei termini per avanzarla: un anno utile per gli ascendenti o discendenti, cento giorni utili per gli altri successibili, a partire sempre dal momento in cui s'ebbe notizia della successione aperta. Si può avanzar l'istanza anche per mezzo di rappresentanti. Si distingue la *bonorum possessio edictalis* e la *bonorum possessio decretalis:* la prima, contemplata dall'editto perpetuo, si accordava *de plano* sulla presentazione di un semplice libello contenente le condizioni che l'editto esige; l'altra, non contemplata nell'editto, si accordava soltanto previa cognizione di causa con un decreto formale reso *pro tribunali.* La prima è detta dai romanisti *praetoris mortui,* la seconda *praetoris vivi.*

Quanto ai diritti dell'acquirente e alla loro difesa, il *bonorum possessor* non era erede, bensì *heredis loco.* Per ottenere il possesso dei beni aveva un interdetto possessorio *adipiscendae possessionis,* detto dalle parole iniziali *quorum bonorum.* Poteva esperire poi tutte le azioni singole che spettavano al defunto, ma soltanto in via utile e precisamente quali azioni fittizie *(ficto se herede)*. Sulle cose egli non aveva che i diritti garentiti dal Pretore; quindi non proprietà civile, finchè non fosse decorso il termine dell'usucapione, ma soltanto l'*in bonis*.

In alcuni casi la *bonorum possessio* è conferita solo in via provvisoria. Tali sono: 1.° la *bonorum possessio ventris nomine* concessa alla madre, che si ritiene incinta, a favor del nascituro; la quale cessa quando il nascituro non venga alla luce; 2.° la *bonorum possessio furiosi nomine* accordata al curatore per il pazzo, che non può adire l'eredità a lui deferita. Se il furioso riacquista la ragione, può accettare o rifiutare l'operato del curatore; se muore, si considera come se non fosse mai stato chiamato, e i beni vanno a chi di diritto; 3.° la *bonorum possessio ex Carboniano edicto* a favor dell'impubere, contro il quale si muove controversia di stato e di eredità, concessa dietro cauzione, rinviando le due questioni all'epoca della pubertà; 4.° la *bonorum possessio,* concessa pure dietro cauzione, innanzi al verificarsi della condizione apposta al testamento; 5.° la *missio in possessionem ex lege ult. Codicis de Edicto divi Hadriani tollendo* a favor di colui che presenti un testamento esteriormente perfetto. Ove nessuno si presenti a muover causa al possessore, questa *bonorum possessio* di provvisoria diventa definitiva.

§ 195. Rapporto tra l'*hereditas* e la *bonorum possessio* e riavvicinamento dei due sistemi.

L'indipendenza della *bonorum possessio* dall'eredità civile era, secondo il consueto, ragione di conflitto tra i due istituti. E nelle origini il *bonorum possessor* puro e semplice non vinceva mai sull'erede civile, il suo diritto era temporaneo, egli era *bonorum possessor sine re*, salvo che non fosse in pari tempo l'erede civile, ovvero gli eredi civili facessero totalmente difetto; via via peraltro, dall'epoca di Cicerone allo spirar del diritto classico, ad una ad una le varie *bonorum possessiones* divennero *cum re.* I due sistemi durano sempre distinti: ma nell'ultima fase l'erede civile vince solo quando appartenga nel sistema pretorio ad una categoria di successibili che precede quella dell'avversario, di guisa che sarebbe stato preferito se avesse chiesto la *bonorum possessio;* perde invece, qualora appartenga nel diritto pretorio ad una categoria posteriore al *bonorum possessor.* Così potevasi avere pur sempre un *heres cum re* e un *bonorum possessor sine re* o viceversa un *heres sine re* e un *bonorum possessor cum re.*

In tal forma i due sistemi si mantennero sino a Giustiniano. Questo imperatore non operò sin da principio nei rapporti tra i due istituti quella fusione altrove eseguita, la quale riusciva sempre in sostanza a ridurre nell'istituto più recente e più adatto la piena efficacia dell'antico; anzi nella sua compilazione mantenne tale quale si era venuta svolgendo l'antitesi tra l'eredità e la *bonorum possessio.*

Solo nelle sue famose Novelle 118 e 127 Giustiniano, determinando categorie nuove di successibili in ordine all'eredità legittima, le quali peraltro non rappresentano se non l'ultimo sviluppo del sistema pretorio e della legislazione imperiale che l'aveva proseguito, abolì in gran parte le *bonorum possessiones.* Rimasero in vigore tuttavia le *bonorum possessiones* testamentarie, (per esempio, la *b. p. contra tabulas)* e le *bonorum possessiones* provvisorie; inoltre nella stessa eredità legittima per l'ultima categoria di successibili la Novella 127 riconfermò la *b. p.* a favor del coniuge superstite *(Unde vir et uxor).*

Tuttavia la *bonorum possessio*, nei casi in cui è mantenuta, non differisce nel diritto giustinianeo dall'eredità civile, se non per la forma dell'acquisto; poichè, sparita la distinzione tra la proprietà quiritaria e *in bonis,* tra azioni civili dirette e azioni fittizie, gli effetti dell'acquisto sono formalmente e sostanzialmente gli stessi.

§ 196. Azione d'eredità (*hereditatis petitio*).

D. *De her. pet.*, 5, 3. C. *De pet. her.*, 3, 31.

L'erede, subentrando nei diritti del defunto, può intentare le varie azioni reali o personali che competevano a questo, a fine di conseguire il godimento effettivo dei singoli diritti acquistati; e alla sua volta i singoli convenuti per la consegna delle cose o il pagamento dei crediti potranno opporre all'erede tutte le difese e le eccezioni che potevano opporre al defunto: è questo un effetto della *successio in ius*. Ma può accadere che alcuno non contesti il diritto dell'autore, bensì la qualità di erede. In tal caso non giova richiamarsi al diritto del defunto, ma soltanto far fondamento sul proprio titolo ereditario; e i Romani crearono all'uopo un'azione generale, che dicesi *vindicatio* o più spesso *petitio hereditatis*. La *hereditatis petitio* si può adunque definire « quell'azione colla quale l'erede intende conseguire l'immissione effettiva nel patrimonio del defunto, fondandosi puramente e semplicemente sulla qualità di erede » (1).

Qualunque oggetto del patrimonio può essere oggetto della *hereditatis petitio: corpora* e *iura*, cioè la consegna materiale delle cose e la ricognizione d'ogni diritto ereditato. Nè soltanto le cose di proprietà del defunto sono oggetto dell'azione, ma le cose stesse delle quali il defunto era possessore di buona fede o detentore per qualunque titolo, per esempio, qual comodatario o depositario, giacchè l'erede subentra nel rapporto stesso del defunto e deve fruire e rispondere di tutto. Anche il soddisfacimento di una obbligazione si può finalmente domandare colla *hereditatis petitio*.

(1) Mediante una *exceptio* (un tempo *præscriptio*) *ne præiudicium fiat* (GAI. IV, 133) chi sia convenuto con un'azione singola può costringere l'erede a proporre contro di lui l'*hereditatis petitio*, in cui è direttamente posta la questione se egli sia erede

Ma, conforme al suo scopo, la *hereditatis petitio* non può essere intentata, se non contro chi possieda *pro herede* o *pro possessore*, cioè o vantando di essere l'erede, o non vantando alcuno speciale diritto proprio (*possideo quia possideo*); insomma contro chi contesti positivamente o negativamente il solo titolo di erede. Contro altri che vanti un diritto speciale, che avrebbe potuto di fronte al defunto istesso far valere, l'erede non può intentare se non le speciali azioni ereditarie, che il defunto stesso avrebbe promosse.

A somiglianza della *rei vindicatio* l'azione si può dirigere anche contro chi ha cessato dolosamente di possedere e contro colui *qui liti se obtulit*. Chi poi nega falsamente di esser possessore, provata la menzogna, è condannato a restituire il possesso all'attore senza procedere nel giudizio (1).

L'erede deve fornir la prova che l'eredità è a lui deferita e che il convenuto possiede. Non occorre la prova dell'acquisto, salvo che gli sia stato prefisso un termine.

Circa la restituzione delle cose la *hereditatis petitio* ha in generale gli stessi effetti della *rei vindicatio*. Essa fu regolata dal Senatoconsulto Giovenziano emanato sotto Adriano (a. 126 d. C.). Il possessore di buona fede non restituisce se non ciò che possiede e tutti i frutti di cui s'è arricchito (*fructus augent hereditatem*). Il possessore di mala fede è tenuto anche pei danni-interessi delle cose che mancano e deve restituire tutti i frutti, anche *percipiendi*, cioè non prodotti o non raccolti per incuria. Dopo la contestazione della lite il possessore di buona fede è costituito in mala fede, ma là condizione del possessore di mala fede alla sua volta peggiora, in quanto egli è in mora e risponde oramai non solo di ogni perdita o deterioramento che avvenga per sua colpa, ma altresì del caso fortuito.

(1) Nel diritto classico serviva a questo scopo l'interdetto *Quam hereditatem*. Nel diritto giustinianeo il magistrato ordina in tal caso la restituzione senza procedura speciale (Cfr. § 9?).

Lo stesso possessore di buona fede è tenuto altresì a restituire le cose comperate con somme ereditarie o altrimenti conseguite per mezzo dell'eredità, siano pur donativi ottenuti in ricambio e non vero corrispettivo giuridico, e dall' altra parte il danaro ricavato dalla vendita di cose ereditarie *(res succedit in locum pretii, pretium succedit in locum rei),* ma sempre tuttavia sino alla misura dell' arricchimento, onde è libero da ogni responsabilità, se ha consumato o donato il prezzo o la cosa (1). Il possessore di mala fede invece è tenuto senza limiti, e risponde anche per il maggior valore della cosa in confronto del prezzo conseguito (2).

Circa le spese eseguite per la cosa, non per conseguire i frutti (cfr. § 78), chè in tal caso esse non fanno se non diminuire i frutti, tornano al proposito le riforme di Giustiniano già ricordate. Mentre il diritto classico separava nel modo più assoluto il possessore di buona fede e quello di mala fede, accordando solo al primo il risarcimento pieno delle spese necessarie e nella misura inferiore tra lo speso e il migliorato per le spese utili, Giustiniano, la cui mira costante, astraendo da qualunque elemento etico o giuridico, era di ristabilir l'equilibrio tra i due patrimoni, concesse il risarcimento delle spese necessarie e utili anche al possessore di mala fede e riconobbe altresì per ogni qualità di spese, perfino voluttuarie, il *ius tollendi* così al possessore di buona fede, come a quello di mala fede (cfr. § 68 e § 93).

L'*hereditatis petitio* compete non solo all'erede *ex asse*, ma anche all'erede *pro parte,* il quale però deve esattamente domandare la sua parte: utilmente venne estesa al fedecommissario, al fisco o a chi fosse sottentrato in luogo del fisco.

(1) Nel diritto giustinianeo si perviene a tal segno che la rivendicazione del terzo acquirente è esclusa, se il possessore di buona fede non si è arricchito del prezzo, poichè egli ne sarebbe responsabile contro il terzo evitto. L. 25 § 17, D. *h. t.*, 5, 3 interp.: *nisi-habent* (interpolazione rilevata dallo stesso Mommsen).

(2) L. 20 § 21. D. *h. t.*, 5, 3.

§ 197. Interdetto *quorum bonorum*.

D. *Quor. bon.*, 43, 2. Cod., 8,2.

L'interdetto *Quorum bonorum* compete a chi abbia ottenuto la *bonorum possessio* contro il possessore *pro herede* o *pro possessore* delle cose ereditarie.

L'attore deve dimostrare l'acquisto della *bonorum possessio;* il convenuto può opporgli una *bonorum possessio* di grado superiore *(potior)*.

L'ordinamento dell'istituto trae seco la conseguenza che il vincitore in un dato giudizio possessorio può esser costretto a cedere di fronte all'erede, che intenti la *petitio hereditatis*, o di fronte ad un nuovo *bonorum possessor*.

Tanto l'interdetto quanto l'*hereditatis petitio* rescindono anche l'usucapione compiuta dall'erede apparente di buona fede (v. § 90 e 91).

§ 198. Rapporti tra coeredi e azione divisoria d'eredità.

(actio familiae erciscundae).

D. *Fam. erc.* 10. 2 Cod., 3,26.

La divisione dell'eredità fu regolata sin dalla legge delle XII Tavole. Le obbligazioni si dividono *ipso iure* tra i vari coeredi, di guisa che ciascuno diventa immediatamente all'atto dell'acquisto debitore o creditore *pro parte* (1).

(1) Questa disposizione *positiva* delle XII Tavole, di una equità abbastanza dubbia pei creditori, che debbono dividere la propria azione tra più debitori (sarebbe certo più equo pel credito ammettere la obbligazione *in solidum* con diritto di regresso tra i coeredi in base al rapporto di comunione o almeno rendere i coeredi solventi responsabili pel coerede insolvente) è non di rado confusa dagli scrittori colla successione istessa nei debiti per attribuire una data storica e una origine positiva, che risparmi ogni altra indagine e spiegazione, a questo elemento della *successio*, che è per noi una regola inerente all'essenza organica genuina, nata quindi e cresciuta coll'istituto dell'eredità. Confonder la responsabilità per i debiti colla divisione tra più coeredi è precisamente quel che sarebbe il confonder la responsabilità dei fideiussori col *beneficium divisionis*, accordato solamente da Adriano tra più confideiussori.

Quanto alla proprietà e ai diritti reali si costituiva tra i vari coeredi una comunione incidentale, a risolver la quale, invece dell' *actio communi dividundo* (cfr. § 95 e 172) è stabilita l'*actio familiae erciscundae*, la quale compete a ogni erede e, in via utile, a chiunque abbia diritto a una quota dei beni ereditari.

L'azione *familiae erciscundae* costituisce un *duplex iudicium*, in cui ciascuno funge in pari tempo quale attore e convenuto. Il giudice ha i larghi poteri di un arbitro; e non riuscendo a far le parti eguali, costituisce rispettivamente a favor dell'uno e a carico dell'altro crediti, pegni o altre garentie, e impone servitù sui fondi divisi. Non entrano in divisione le cose che per lor natura debbono rimanere indivise, come i documenti, nè i libri magici o i veleni o le cose delittuose. Dovevano venir rispettate dal giudice le disposizioni del testatore in proposito ed anche in massima le divisioni già fatte tra coeredi e i patti conchiusi.

La sentenza conteneva, oltre la condanna, anche l'*aggiudicazione* delle parti divise.

L'azione *familiae erciscundae* può abbracciare parecchie eredità comuni. Non esige che tutti gli eredi intervengano, sicchè può svolgersi *inter pauciores*, ma nessuno deve essere ignorato, altrimenti il giudizio è nullo. E nemmeno significa che chi accetta il giudizio riconosca la qualità di erede nell'attore o nel convenuto; ma dall'altra parte il convenuto, che voglia garantirsi, può reclamare che sia sperimentata prima la *petitio hereditatis*, opponendo l'eccezione *ne praeiudicium hereditati fiat* (v. § 196).

§ 199. **Alienazione dell'eredità.**

GAII *Inst.* II, 34-37. D. *De her. vel a. vend.*, 18,4. C., 4.39.

Nel diritto classico vigeva un singolare istituto: la *in iure cessio* dell'eredità da parte dell'erede legittimo *prima dell'adizione*. Era in sostanza la qualità di erede che si trasmetteva al terzo, invece di valersene per l'acquisto dei beni ereditari. Il terzo diventava erede non altrimenti che se fosse stato chiamato direttamente all'eredità.

Non avevano diritto di compiere la *in iure cessio* della eredità deferita nè l'erede testamentario nè l'*heres suus,* il quale del resto acquista *ipso iure* la eredità al momento della delazione, nè quindi potrebbe più alienare altro fuorchè i singoli beni ereditari a titolo singolare e ne' modi debiti.

L'origine dell'istituto è oscura. È possibile ch'esso nascesse per rimediare al difetto di successione di ordini e di gradi negli eredi legittimi, giusta i principî del diritto civile (1). A ogni modo esso mostra ancora una volta come la successione nel patrimonio del defunto e nei debiti fosse conseguenza della qualità di erede; infatti, dopo l'adizione, l'erede legittimo non poteva più trasmettere il patrimonio ereditario nella sua universalità, e se avesse eseguito la *in iure cessio,* trapassavano bensì le cose, ma non le obbligazioni, per le quali la *in iure cessio* non era forma riconosciuta di trapasso. Pei debiti rimaneva tuttavia obbligato l'erede legittimo, i crediti andavano perduti.

La *in iure cessio hereditatis* scomparve coll'andare in desuetudine della forma civile. Nel diritto giustinianeo l'eredità non si può vendere o donare prima dell'adizione, ma si può sempre dopo l'adizione; senonchè la vendita o donazione non costituisce l'acquirente successore universale, e si deve operare la trasmissione dei singoli diritti nei debiti modi. All'acquirente è però accordata in via utile l'*hereditatis petitio* contro i terzi per immettersi nel godimento del patrimonio ereditario.

(1) V. peraltro il parallelo della *in iure cessio tutelæ,* permessa pure al tutore legittimo, non al tutore testamentario: Ulp., XI, 17-18.

II. EREDITÀ TESTAMENTARIA

§ 200. Il testamento.

Il testamento era il negozio di gran lunga più importante nella vita sociale e giuridica di Roma. Esso è definito da Ulpiano: *mentis nostrae iusta contestatio in id sollemniter facta, ut post mortem nostram valeat* (1); e dal suo discepolo Modestino: *voluntatis nostrae iusta sententia de eo quod quis post mortem suam fieri velit* (2).

L'indeterminata ampiezza di queste definizioni non è il loro difetto, ma è ben difetto in esse il non rilevare che, tra le tante disposizioni che il testamento può contenere, una è propriamente essenziale per diritto romano e giova a distinguere il testamento da un altro atto, il codicillo, che nel periodo classico è spuntato accanto al vecchio istituto: ed è la *designazione o istituzione dell'erede* (3). Il testamento *può* contenere elargizioni patrimoniali a favore di persone diverse (legati) o mere disposizioni personali, come la nomina di tutori, la manumissione di schiavi; ma *deve necessariamente* contenere l'istituzione di erede. Il testamento è l'atto formale, l'istituzione d'erede è l'atto sostanziale.

Ciò posto, il *testamento romano* si può definire: « quell'atto solenne di ultima volontà, col quale si nomina l'erede o si può inoltre disporre altrimenti del proprio patrimonio per legato, nominare tutori, manomettere servi, ecc. ».

Senonchè la istituzione d' erede, fine essenziale del testamento nel diritto romano, era fors'anche in origine

(1) ULPIANI *Fragm.*, 20, 1.

(2) L. 1. D. *Qui test. fac.*, 28, 1.

(3) *Testamenta vim ex institutione heredis accipiunt et ob id veluti caput atque fundamentum intellegitur totius testamenti heredis institutio*, § 34. I. *De leg.*, 2, 20: GAII *Inst.*, II, 229. Cfr. ULPIANI *Fragm.* 24, 15: *Vis et potestas testamenti ab heredis institutione incipit*; L. 1. § 3, D. *De vulg. et pup. subst.*, 28, 6 (Modest.): *Sine heredis institutione nihil in testamento scriptum valet.* Cfr. anche L. 20, D. *De iure codicill.*, 29, 7 (Julianus in Paul.).

contenuto unico dell'atto; poichè la facoltà di elargire nel testamento assegni patrimoniali o nominare tutori fuori dell'erede sembra sia stata per la prima volta sancita dalle XII Tavole; e altre disposizioni ottennero valore in seguito (1). Giova altresì tener presente che il testamento era nella coscienza romana d'uso costante e quasi necessario. Nella società, come nel diritto, nella elaborazione dottrinale e nello stesso ordine delle materie tenuto dai giureconsulti romani e serbato nelle Istituzioni di Giustiniano e nelle Pandette, l'eredità testamentaria prevale sulla legittima, che dicesi precisamente *ab intestato*, e la precede; l'erede tipico non è, come nella nostra coscienza, l'erede legittimo, bensì l'erede scritto nel testamento, e il *favor testamentorum* è uno dei moventi caratteristici della legge, della consuetudine e della giurisprudenza romana. Più si risale indietro ne' secoli e più questa prevalenza del testamento risalta. La stessa tendenza dell'evoluzione reagisce contro la moderna dottrina — propugnata da illustri pensatori (Mommsen, Ihering, Pernice) e favorita da un uso fallace della comparazione giuridica, in cui l'organismo delle istituzioni, la vera struttura giuridica è completamente posta in non cale non meno che la storia specifica del diritto romano — che il testamento fosse atto eccezionale in origine, una special legge derogativa alla legge generale della successione legittima.

Ma si noti ancora: il testamento si riscontra col sistema di designazione del successore nel potere sovrano proprio dello Stato romano.

(1) A parte la dubbia questione circa l'*adoptio testamentaria* a cominciar dalla fine della repubblica, è certo che il cosiddetto *modus* e molte raccomandazioni d'ordine morale hanno ottenuto sanzione giuridica nel diritto giustinianeo. Cfr. ad es. L. 7, *De ann. leg.*, 33, 1 interpol. in fine. È in questa parte che il testamento mostra una evoluzione: ossia, secondo il consueto processo dell'evoluzione, il contenuto accessorio tende a soffocare il contenuto principale ed in origine unico, la designazione dell'*heres*.

Non l'elezione o la nascita divennero mai nel diritto pubblico romano titolo esclusivo per la nomina di re, magistrati, imperatori, bensì fu sempre o titolo unico o titolo concorrente coll'elezione la *designazione eseguita dal predecessore o dal collega:* nè la tradizione si smentì mai per tutto il millennio della vita di Roma, da Numa Pompilio, designato dall'*interrex* cessante, fino all'ultimo imperatore legittimo, Giulio Nepote, designato da Zenone; anzi continua nell'impero bizantino. Il padre designava il figlio o l'un de' figli a succedergli (1), ma l'istituto della *primogenitura* è assolutamente straniero al diritto pubblico, come al privato di Roma. Ora caratteri e analogie di simil genere sono di nuovo argomento a ritenere che nelle origini l'eredità non era se non la successione nel potere sovrano.

Finalmente giova intendere che il testamento vero e proprio è un istituto prettamente romano. Il cosiddetto testamento barbarico, che ha influito a rendere l'istituto moderno così dissimile dal romano, non è che donazione a causa di morte, con cui non si dispone che dei beni, anzi di una parte di essi, i beni propri: l'individuo non può disporre del patrimonio comune della famiglia, riservato al primogenito, il quale era ivi successore in origine anche nell'autorità del capo-casa, giacchè il sistema prevalente presso i Germani era appunto la primogenitura (2).

(1) Ciò basterebbe a mostrar la fallacia della dottrina, pure accarezzata per malintese analogie col diritto comparato (Schulin, Sohm, ed ora Perozzi), la quale fa derivare il testamento dall'arrogazione di un estraneo entro la famiglia. Fallace ed equivoca è pure l'antitesi fra la successione testamentaria e legittima nell'età primitiva, che turba le idee circa la preminenza: il successore designato dal *paterfamilias* non era un estraneo, bensì il figlio più adatto a regger la famiglia per le qualità, come il primogenito è il più adatto per l'età (cfr. § 190). La designazione pubblica e la testamentaria sono rappresentate nel loro spirito d l motto di Alessandro il grande morente: *Al più degno tra voi.*

(2) Anche il preteso testamento greco non è testamento nel senso romano, in quanto non contiene istituzione d'erede, ma assegnazione di beni. Cfr. BONFANTE, op. cit. nel *Filangeri* 1905, e ora V. ARANGIO RUIZ. *Il testamento greco-egizio* nel *Bull. dell'Ist. di dir. rom.* v. 18 (1906).

Nel nostro diritto il testamento è una pura e semplice disposizione patrimoniale, nè occorre che contenga l'istituzione di erede (Cod. civ. art. 759, 827). Anche quando la contiene, essa non significa se non succedere nel patrimonio ed esser tenuto pei debiti *ultra vires* (il che è l'unico residuo schiettamente romano), nè la qualità risulta dal titolo, bensì dall'essere il patrimonio assegnato dal defunto in una data forma: cioè nell'universalità o in una quota (Cod. civ., art. 760) (1).

§ 201. Capacità di testare e di succedere per testamento.

I, *Quib. non est perm. test. fac.*, II, 12; D. *Qui test. fac. poss.*, 28, 1 Cod. 6, 22; 24; 48

La capacità d'istituire o essere istituito erede è detta dai Romani *testamenti factio*. Essa può essere intesa in generale ovvero con una persona data. I commentatori hanno distinto la *testamenti factio activa* o capacità di testare e la *testamenti factio passiva* o capacità di essere istituiti eredi (2).

Sono incapaci di testare per ragioni naturali i pazzi *(furiosi)*, salvo nei momenti di lucidi intervalli, gl'impuberi, e nel diritto classico i sordi e i muti a causa

(1) Avvertasi che l'erede nel diritto romano acquistava bensì il patrimonio nella sua universalità, perchè l'acquistava in blocco sulla base del titolo, ma colui al quale era assegnata l'universalità o una quota senza conferirgli il titolo, non era erede, bensì legatario; il quale poi non acquistava nulla, ove il testamento non contenesse una istituzione di erede, perchè in tal caso l'atto era nullo.

Il valore attribuito nel diritto moderno all'assegnazione del patrimonio nella sua universalità e non nei singoli oggetti derivò naturalmente da questo che, smarrito lo spirito romano, da una parte il titolo di erede parve una mera forma, cioè un modo prescelto dalla legge fra tanti per significare che s'intende attribuire il patrimonio nella sua universalità, e dall'altra parte il peso dei debiti si reputò inerente all'*universitas*. Per l'errore di queste concezioni rinviamo ai §§ 184-187 e § 229.

(2) La *testamenti factio* attiva e passiva si subordina nella capacità generale di avere eredi e di succedere (cfr. § 188), anzi non di rado dagli scrittori s'identifica con essa.

delle forme di testamento allora in uso. Nel diritto giustinianeo questa incapacità fu conservata soltanto pei sordomuti dalla nascita, in cui si presume uno sviluppo intellettuale imperfetto. Anche l'incertezza sul proprio *status*, relativo alla capacità, esclude il diritto di testare.

Sono incapaci di testare per ragioni giuridiche, oltre, s'intende, gli schiavi e gli stranieri, i *capite deminuti*, in massima i *filiifamilias*, i prodighi e inoltre nel nuovo diritto i rei di libello famoso, gli apostati, i Manichei (1). Ai servi pubblici fu concesso di testare per metà del loro peculio, e i militari testano validamente anche se incerti sul proprio stato o sordo-muti e persino condannati a morte, purchè però non sia per delitto di alto tradimento e solo in ordine ai beni castrensi.

Degna di nota è l'incapacità dei *filiifamilias*. Questi potevano col consenso paterno far donazioni a causa di morte; ma nemmeno il consenso paterno li rendeva capaci di far testamento. Tale esclusione si spiega solo storicamente, ove si richiami ancora una volta che la istituzione di erede non era in origine un mero atto patrimoniale, bensì la nomina di un successore nel potere sovrano sulla famiglia; ora il *filiusfamilias* non è sovrano, ma suddito nella *familia* (2).

Come privilegio militare peraltro, a partire da Augusto si concesse ai *filiifamilias* in servizio e poi anche ai congedati il diritto di testare in ordine al peculio castrense. E nonostante la quasi totale indipendenza patrimoniale conquistata dai *filiifamilias*, nello stesso diritto giustinianeo essi hanno facoltà di testare solo in ordine al peculio castrense e quasi-castrense.

Quanto alle donne, anche *sui iuris*, esse erano nell'antichissimo diritto (fatta eccezione per le Vestali)

(1) Costoro (rei di libello, ecc.), formano la categoria degli *intestabiles*.

(2) Questo argomento, rilevato come secondario nel mio primo scritto sull'origine dell'eredità (*Bull.* 1891, p. 16, nota), è stato revocato in dubbio dal Fadda (*op. cit.*, II., p. 81) e difeso dallo Scialoja.

assolutamente incapaci di testare. Di ciò si vuol trovar la ragione nelle forme pubbliche dell'antico testamento; ma giova pur sempre tener presente che il far testamento doveva essere, data la sua funzione originaria, un diritto esclusivo del *paterfamilias*.

Sul finire della repubblica peraltro le donne *sui iuris* ebbero facoltà di far testamento a patto di subire una *capitis deminutio,* cioè uscire dalla famiglia propria, assoggettandosi mediante *fiduciaria coemptio* alla *manus* di un terzo e facendosi poscia affrancare: lo spediente della *coemptio fiduciaria* era anzi largamente usato dalla donna a questo fine, cioè *testamenti faciendi gratia.* Fu soltanto l'imperatore Adriano che esentò le donne in generale dal ricorrere a questo espediente, concedendo loro di testare, però sempre coll'*auctoritas* del loro tutore (1). Ma poichè l'indebolimento della tutela ebbe portato a questo che il tutore veniva anche costretto a interporre la sua *auctoritas,* il Pretore usò concedere la *bonorum possessio* all'erede istituito, se l'*auctoritas* non era intervenuta, qualora non sussistessero eredi legittimi. Introdotta da Antonino Pio la *exceptio doli* a favore del testamento imperfetto, si disputò se non giovasse anche nel caso, non mai però trattandosi di tutori legittimi. Le donne aventi il *ius liberorum* (e colla scomparsa della tutela tutte le donne) ebbero conseguito libera e piena facoltà di testare (2).

Il testatore deve aver la capacità di testare al momento della erezione del testamento e non essere in dubbio o in errore circa il suo stato. Soltanto il militare può testare anche se incerto sulla sua capacità. Gl'impedimenti naturali che sopravvengono in seguito non infirmano il testamento: ma lo rende invalido la *capitis deminutio* e qualunque impedimento giuridico.

Circa la *testamenti factio passiva,* sono incapaci di succedere i peregrini e la categoria degli *intestabiles,*

(1) Gaii *Inst.* I, 115; II, 112-113. Cfr. Ulp. 20, 16; Paul. 3, 4 *a*, 1.
(2) Gaii *Inst.* II, 118-122.

cioè figli di *perduelles,* rei di libello famoso, apostati, manichei. Quanto agli schiavi, si può istituire così lo schiavo proprio, liberandolo nel testamento, con che egli diviene erede necessario (v. § 189), come anche lo schiavo altrui, nel qual caso la *testamenti factio passiva* deve esistere col padrone, che in definitiva acquista. Liberi di lasciare per testamento a chi volessero erano i militari; ma Giustiniano ha stabilito anche al proposito delle restrizioni (1). Erano pure incapaci nel diritto antico le persone incerte. Tali sono le persone che vogliono essere determinate da un avvenimento futuro, e le persone giuridiche. Si ammisero però nell'una classe e nell'altra delle eccezioni. Fu riconosciuta valida già nel diritto classico l'istituzione dei *sui* nati dopo l'erezione del testamento *(postumi sui)*, e un senatoconsulto accordò ai municipi il diritto di essere istituiti dai propri liberti (2). Nel diritto nuovo poi, da Costantino a Giustiniano, oltre che allo Stato, fu riconosciuta la piena capacità alle città, alle chiese e alle opere pie. Finalmente in una costituzione perduta (restituita ora in base alle Istituzioni e al Tipucito) Giustiniano riconobbe la capacità di tutte le corporazioni, nonchè dei *postumi alieni*, purchè già concepiti (3).

Nel diritto antegiustinianeo le donne erano incapaci in forza della legge Voconia (168 a. C.) di essere isti-

(1) Cfr. L. 22, C. *De hær. et man.*, 1, 5; L. 13 § 2, D. *De test. mil.*, 29, 1 interpol., a mio avviso; *fere*; *et generaliter — poterit*), donde pure l'interpolazione *nisi — prohibuerit* in L. 5, C. *De test. mil.*, 6,21. L'interpolazione *et generaliter* nella oscura L. 13 § 2 cit. ha, per mio avviso, il valore di annientare quasi il privilegio militare in ordine ai successibili, riducendolo a questo, che la capacità di succedere non si esige *al momento della erezione del testamento* (requisito tutto sovrano, che a ragione ora SCIALOJA, *Lez.* 1904, p. 381, ricollega all'origine sovrana della eredità), ma ben si esige al momento della morte, come era disposto nel diritto classico per la istituzione del *servus poenæ* da parte del *miles*. Cfr. per queste restrizioni § 203 nota in fine.

(2) Circa la istituzione del *populus romanus*, che non è istituzione di erede, cfr. SCIALOJA, *Il testamento di Acca Larentia* negli *Atti della R. Acc. dei Lincei* 1905 (v. 14) 141 e *St. per Moriani* II, 1. Circa la pretesa istituzione degli Dei cfr. pure SCIALOJA *Se gli Dei potessero istituirsi eredi* ecc. in *St. per Fadda* v. II, p. 3.

(3) C. *un.* C. *De inc. pers.*, 6,48 Cfr. § 25-27, I. *De leg.*, 2, 20.

tuite eredi da chi possedeva più di 100,000 assi; ma questa limitazione fu abolita da Giustiniano.

Limitazioni relative o parziali concernono nel diritto nuovo i genitori e i figli di unione incestuosa tra loro, la vedova che si rimarita non trascorso l'anno del lutto, i figli naturali, che in presenza di figli legittimi non possono ricevere più di $^{1}/_{12}$ della sostanza paterna tutti insieme, la concubina, che non può ricevere più di $^{1}/_{24}$ della stessa.

La capacità di succedere deve esistere nel chiamato al momento della erezione del testamento e dal momento della delazione fino a quello dell'acquisto.

Istituto distinto dalla *testamenti factio passiva* era nel diritto classico la capacità di acquisto, il *ius capiendi* o la *capacitas* in senso tecnico, stabilita col solito scopo di favorire i matrimoni e la figliolanza, sottraendo in tutto o in parte l'eredità ai celibi, ai padri solitari, agli orbi, dalla legge *Iulia* e *Papia Poppaea* ed applicata dalla legge *Iunia Norbana* ai *Latini Iuniani* e da un Editto di Domiziano alle *mulieres probrosae*. Il suo difetto faceva che la parteca duca andasse al fisco. Essa non si richiedeva che al momento della adizione, ed erano di regola concessi 100 giorni dalla delazione per acquistarla. Giustiniano ha conservato soltanto l'*incapacitas* delle *mulieres probrosae*, che vige anche pel testamento militare.

Altro istituto pur esso distinto è l'indegnità, che non elimina la qualità di erede, ma fa che il patrimonio si devolva al fisco (v. § 233). Essa è comminata in generale per atti contro la vita, l'onore e la volontà del defunto.

§ 202. Forme dei testamenti nel diritto antegiustinianeo.

Gaii *Inst.*, II, 101. 111. 1. *De test. ord.*, II, 10.

Le più antiche forme di testamento che si ricordino nella storia del diritto romano sono il *testamentum calatis comitiis* e il *testamentum in procinctu*. Il primo aveva luogo davanti al popolo adunato nei comizi appositamente convocati *(calata)*, e ciò soleva accadere due volte l'anno. Presiedeva i comizi, che erano i curiati, cioè le più antiche assemblee romane, il pontefice massimo. Se il popolo votasse non è detto, e considerando che il testamento è un diritto primigenio dei singoli *patresfamilias*, anteriore alla formazione dello Stato, considerando che una *lex*, di cui sarebbe stato proponente un privato, è concetto abbastanza strano, è più probabile che no. Col decadere dei comizi curiati anche il *testamentum calatis comitiis* si usò fare davanti ai trenta littori.

Il *testamentum in procinctu* seguiva davanti allo esercito schierato e pronto al combattimento, e può ritenersi che fosse un sostituto del primo in quel caso supremo.

La solennità di queste forme, la quale d'altra parte non era tanto grave e sensibile nelle condizioni sociali della Roma primitiva, e i periodi stabiliti non debbono affatto indurre nell'opinione che il testamento fosse un atto eccezionale. Il *paterfamilias* non mancava di fare il suo testamento, giacchè questo era il modo di designazione del successore voluto imperiosamente dai costumi e dalla tradizione romana; ma doveva di regola bastare che l'avesse fatto una volta in vita sua. Anche il matrimonio è atto solenne e avviene pure di regola che si compia una volta sola; ma tutto ciò non vuol dire che non sia un atto ben normale nell'esistenza umana, e anormale piuttosto il farne di meno. Appunto perchè il fine patrimoniale non costituiva l'essenza del testamento, nè in quei primi testamenti si solevano elargire legati, quel bisogno di mutare e rimutare, di aggiungere e togliere non v'era e non si esigevano forme più facili e alla mano ogni giorno.

Ma una nuova forma di testamento si sviluppò in un modo singolarissimo, che mostra forse la prima schietta invasione dello spirito patrimoniale nell'istituto. Chi, sorpreso dalla fine imminente, si trovasse a non aver fatto testamento, trasmetteva le proprie sostanze a un amico, pregandolo di disporne come gli dettava e affidandosi per l'esecuzione delle proprie volontà alla fede dell'amico. Questo atto prendeva il nome di *familiae mancipatio*, che non significa se non alienazione del proprio patrimonio nella forma della *mancipatio* (1). Colui che acquistava il patrimonio per disporne conforme alla volontà del morente dicevasi *familiae emptor*.

Da questa pratica si sviluppò, probabilmente per opera della giurisprudenza, il *testamentum per aes et libram*. Pare che la giurisprudenza, per corrispondere al desiderio pubblico che simili atti avessero sanzione giuridica, siasi fondata sul disposto delle XII Tavole, che attribuiva efficacia piena a qualunque dichiarazione congiunta all'atto della *mancipatio: Uti lingua nuncupassit ita ius esto*. Ma con questo la parte essenziale dell'atto non è la *mancipatio*, che si fa solo per serbar le forme *(dicis causa)*, bensì la *lex mancipii* o *nuncupatio* aggiunta, nè il *familiae emptor* è più *heredis loco*, bensì è vero erede la persona designata colla *nuncupatio*. Un altro progresso fu fatto col redigere il testamento per iscritto (*tabulae testamenti)* e ridurre la *nuncupatio* del testatore a una presentazione delle tavole ai testimoni accompagnata da una congrua dichiarazione: *Haec ita uti in his tabulis cerisque scripta sunt, ita do, ita lego, ita testor, itaque vos, Quirites, testimonium mihi perhibetote* (2). Del resto formalmente l'atto era pur sempre riguardato come una *mancipatio*, tantochè le persone soggette alla potestà del *familiae emptor* non potevano intervenire come testimoni, sebbene il *familiae emptor* fosse ormai un mero figurante, e invece potevano esser testimoni non solo le persone soggette alla potestà dell'erede, ma l'erede stesso (3).

(1) La parte essenziale del patrimonio era di *res mancipi*. I debiti e i crediti non passavano naturalmente con questo atto.

(2) Gaii *Inst.*, II, 104.

(3) Il che i giureconsulti consigliavano però di schivare. Gaii *Inst.* I, 108: *Minime hoc iure uti debemus.*

Solamente il diritto pretorio, procedendo oltre, abbandonò l'osservanza della *mancipatio*. Se le tavole erano suggellate con sette suggelli, il Pretore usò concedere la *bonorum possessio* all'erede istituito *secundum tabulas* senza riguardare se le vere formalità della *mancipatio* fossero state eseguite o meno. Il testamento pretorio non rompeva peraltro un testamento civile precedente, ed anche gli eredi legittimi serbavano il loro diritto. Solo Antonino Pio (o Marco Aurelio) concesse all'erede istituito di respingere colla *exceptio doli* gli eredi legittimi.

§ 203. **Forme dei testamenti nel diritto nuovo.**

I. *De test. ord.* II, 10. *De test. mil.*, II. 11. D. *Qui test.*, 28, 1. *De test. mil.*, 29, 1. C. *De test.*, 6,23. C. *De test. mil.*, 6,21. D. *De l. Corn. et de sc. Libon.*, 48, 10. C. *De his qui sibi*, 9, 23.

Nel periodo greco-romano il testamento per *æs et libram* scompare (1). Il nuovo testamento imperiale non è che uno sviluppo del testamento pretorio. Esso è detto dall'imperatore Giustiniano *tripertitum,* perchè deriva da tre fonti: il diritto civile antico, il diritto pretorio, le costituzioni imperiali.

La nuova forma ebbe il suo definitivo ordinamento dall'imperatore Teodosio II (a. 439 d. C.) (2). Suoi requisiti sono la *unitas actus*, cioè unità di tempo e di contesto, e la presenza dei sette testimoni, i quali dovevano essere *simultanei*, *rogati,* cioè chiamati *appositamente* (3), e *volontari*. Non sono capaci di esser testimoni i pazzi, gl'impuberi, i sordi e i muti, le donne, le persone *intestabiles* e i condannati per concussione; oltre, naturalmente, i servi e gli stranieri.

(1) Se per desuetudine o espressa abolizione sotto Costantino (cfr. Euseb. *Vita Const.* 4,26; L. 3 § 2 C. Th. 4, 4 e anche L. 15, C. *De test.* 6,23) può esser dubbio.

(2) Nov. Theod. 16 interpolata in L. 21, C. *De test.*, 6, 23.

(3) A ciò si riferiva la famosa *quaestio domitiana*, che Celso non intese: L. 27, D. *Qui test.*, 28, 1.

Inoltre non sono capaci i *filiifamilias* soggetti al testatore e ormai nemmeno l'erede e i *filiifamilias* soggetti alla patria potestà dell'erede.

Il testamento scritto poteva esser *olografo* e *allografo*. Nel primo non occorreva la firma del testatore. Nell'uno e nell'altro però occorreva la sottoscrizione e il suggello di ciascun testimonio. Pel senato-consulto liboniano ogni disposizione a favore dello scrivente o di alcuno dei suoi parenti doveva esser confermata di pugno del testatore, a meno che lo scrivente non fosse il solo erede intestato.

Pel testamento orale o *nuncupativo* non si richiede se non che il testatore davanti ai testimoni manifesti chiaramente la propria volontà.

Nel nuovo diritto sono state inoltre riconosciute due forme di testamenti pubblici: il testamento *apud acta giudiziale* o *municipale)* e il testamento presentato al principe *(principi oblatum)*.

Nel diritto nuovo le formalità del testamento privato vengono per ragioni speciali ora diminuite, ora cresciute, e si ha così una serie di *testamenti straordinari*. Si richiedono formalità maggiori nei seguenti: il testamento del cieco, nel quale deve intervenire un ufficiale pubblico *(tabularius)* o un ottavo testimonio dove non si ritrova un *tabularius*, e il testamento dell'analfabeta, per cui occorre pure un ottavo testimonio. Si richiedono formalità minori nei seguenti: il testamento fatto in tempo di peste *(testamentum pestis tempore)*, in cui non si esige la simultaneità dei testimoni (1), il testamento redatto in campagna *(testamentum ruri conditum)*, per cui bastano cinque testimoni, se più non se ne possono avere, e per l'a-

(1) Diocletianus: L. 8. C. *De test.*, 6,23. Il testo è incerto nella lettura (*oppresso, oppressis*. il testatore, *oppressos*, i testimoni) e ambiguo. È dottrina assai diffusa che non occorra che i testi sieno introdotti alla presenza del testatore: tuttavia per lo meno il *sociari* è più facilmente riferibile ai *testes* fra loro. Non è improbabile neppure che l'imperatore int se rimettere entrambi i requisiti.

nalfabeta firmano gli altri (con questo però che i cinque testimoni conoscano il tenore delle disposizioni e depongano sotto giuramento dopo la morte del testatore) (1), il testamento che istituiva eredi i figli stessi del testatore (*testamentum inter liberos*), nel quale bastava che il testatore scrivesse di proprio pugno il nome degli istituiti, la quota e la data (2).

Finalmente eccezionalissimo fra tutti già nell'epoca del diritto classico è il testamento militare, in cui non si richiede altro se non che il milite manifesti la propria volontà (3). L'efficacia di questo testamento è li-

(1) Justinianus: L. 31. C. *De test.*, 6,23. Anche questo testo è ambiguo. Dal complesso tuttavia il privilegio sembra locale, non personale ai *rustici*.

(2) Theod. et Valentinianus (a 439 d. C.): L. 21 § 3, C. *De test.*, 6, 23 (Nov. Theod. 16, 1 2-5): interpolato: « *a parentibus utriusque sexus* » e la parte relativa all'estraneo mescolato nella disposizione, la quale è pure interpolata nella L. 26 § 1, C. *Fam. erc.*, 3,36 di Costantino: cfr. L. 1, C. Th. 2, 24; Nov. 107 c. 1. L'istituto non si vuol confondere colla *divisio parentum inter liberos*, operata dal *paterfamilias* vivente circa la futura successione, cui Giustiniano diede forma certa, prescrivendo che il documento fosse firmato o dal padre o da tutti i figli (Nov. 18 c. 7: Nov. 107 c. 3).

(3) La concessione definitiva della piena libertà di forme nel testamento militare risale a Traiano: *Faciant igitur testamenta quomodo volent, faciant quomodo poterint, sufficiatque ad bonorum suorum divisionem faciendam nuda voluntas testatoris* (L. 1, § 1, D. *De test. mil.*, 29, 1). L'originale di questo *caput ex mandatis* si trova assai frammentario in Pap. Fayum n. X p. 10).

Il testamento militare è largamente privilegiato anche in ordine al contenuto, e costituisce una deroga generale a tutti i principi cardinali della successione romana, la quale prelude allo spirito della successione odierna, anzi lo oltrepassa con un ordinamento più rigorosamente patrimoniale. Il militare può testare anche se incerto sulla sua capacità, sordomuto o condannato a morte (§ 201), e può istituire persone incapaci (§ 201); non ha luogo nel testamento militare la regola *nemo pro parte testatus*, ecc. (§ 190), nè il diritto di accrescimento (§ 192); più testamenti militari sono egualmente validi, se compatibili (§ 209); il militare può testare a termine risolutivo e sotto condizione risolutiva (§ 207), può nominare un sostituto all' impubere senza nominare un erede a se stesso (§ 208), può validamente istituire *ex re certa*, o in patrimoni separati con proprie obbligazioni ciascuno (§ 206), non è tenuto a rispettare gli eredi necessari (§ 216), nè a salvare la quarta Falcidia (§ 226), nè finalmente ha obbligo di istituire formalmente l'erede (§ 204).

Le nuove condizioni dello Stato e della milizia nell'epoca romano-ellenica hanno indotto Giustiniano a porre limitazioni alla libertà del testamento militare (cfr. anche § 201 e 209), l'una delle quali, quella relamitata a un anno dopo il congedo non ignominioso. Giustiniano ha disposto inoltre ch'esso si possa fare solo quando i soldati sieno *in expeditionibus occupati*, cioè in campo, non in servizio di guarnigione.

§ 204. Forme e requisiti dell'istituzione d'erede

Gaii *Inst.*, II, 117; 231. D. *De her. inst.*, 28,5. C. *De test.*, 6,23.

La istituzione d'erede, contenuto essenziale del testamento, doveva anch'essa nel diritto antico seguire in forma solenne, con parole imperative e dirette all'erede, in lingua latina e in capo al testamento; perchè, giova insistere, il testamento romano *vim ex heredis institutione capit*.

Queste regole si comprendono assai bene colla primitiva funzione del testamento, nella quale la designazione della persona, che aveva il titolo di erede e la qualità di successore nel potere sovrano, era veramente l'essenziale o il tutto. Nondimeno la forza della tradizione era tale che un simile apparato di solennità si conservò per tutta l'epoca schiettamente romana. Accanto alla forma rigorosamente diretta *Titius heres esto* si ammise bensì nel diritto classico il comando indiretto *Titium heredem esse iubeo*, forma già riconosciuta *(iam comprobata)* ai tempi di Gaio, e da taluni anche le forme nè dirette nè imperative *Titium heredem instituo* o *facio*, che però tanto ai tempi di Gaio quanto al tempo di Ulpiano sono riprovate dai più (1).

tiva al tempo della *expeditio* (L. 17, C. *De test. mil.*, 6, 21, interpolata anche in L. 1 e L. 15 pr. *eod.*), annienta quasi il privilegio, e a ogni modo ne muta in guisa la base, che i privilegi sostanziali di questo testamento non sono più giustificati e non sarebbero più spiegabili, se non fosse che, salvo quello relativo alla capacità dei successibili, ora quasi eliminato (cfr. § 201), gli altri rappresentano ad uno ad uno la tendenza fatale del testamento ordinario nella progressiva evoluzione. — Per la origine del *testamentum militis* dai diritti provinciali e in particolare dal greco, cfr. V. Arangio-Ruiz in *Bull. dell'Ist. di dir. rom.* v. 18 (1906).

(1) Ulpiano ammette anche delle forme ellittiche: *Lucius heres* (sottinteso *esto*) o *Lucius esto* o anche *illum heredem esse* (sottinteso *iubeo*),

Ma il pieno affrancamento dall'osservanza di forme dirette e imperative fu decretato solo nell'anno 339 d. C. dall'imperatore Costanzo e ribadito da Giustiniano. La necessità di usare la lingua latina è pur essa abolita (1). Finalmente alla prescrizione che l'erede debba essere nominato in capo al testamento e tutto ciò che precede non valga si fece nel periodo classico solo una timida derogazione, ammessa al tempo di Gaio dai Proculeiani soltanto: che la nomina dei tutori potesse precedere. Ma anche questa prescrizione fu tolta affatto da Giustiniano (2). Sicchè nel diritto giustinianeo sopravvive soltanto il principio che il testamento deve contenere l'istituzione d'erede.

Ai militari, secondo il solito, già nel diritto classico venne condonata l'osservanza di ogni prescriziono o di ogni solennità.

La designazione dell'erede non può esser rimessa dal testatore alla volontà di un terzo. Essa deve inoltre esser chiara e completa. È nulla pertanto se fatta in un modo equivoco, ovvero se il senso delle parole non corrisponde alla volontà del defunto. Dichiarazioni erronee circa le qualità della persona *(falsa demonstratio)* o circa i motivi dell'istituzione *(falsa causa)* non la rendono invalida. Finalmente se il testatore ha errato circa la determinazione della quota, si deve attender piuttosto alla sua volontà, quando si possa rilevare, che non alla scrittura.

forma già ripudiata da Giuliano. A queste deviazioni diede impulso l'imperatore Antonino Pio colle sue decisioni (L. 1, § 5-7, D. *De her. inst.*, 28, 5). Invalida per tutti, almeno ai tempi di Gaio, era l'istituzione; *Titium heredem esse* volo (GAII *Inst.*, II, 117).

(1) Quando? A me sembra che nulla si opponga a riportar la concessione dell'uso del greco a una costituzione di Alessandro Severo, come sembra dichiarare un recente papiro (MITTEIS, *Aus d. griech. Pap.* Leipzig 1900 p. 43), perchè la costituzione di Teodosio II del 439 nel testo genuino (NOV. THEOD. 16) constata la concessione in ordine alla *institutio heredis*, e solo nel testo giustinianeo (L. 21 § 6, C. 6,23) la sancisce.

(2) L. 24, C. 6, 23. Quindi la consueta interpolazione, che esautora il principio, ne' testi classici: cfr L. pr. D. *De her inst.* 28, 5 *(plerumque)*.

§ 205. Varie specie d'istituzioni.

1. *De her. inst.*, II,14. Dig., 28,5. Cod. 6,24.

Le conseguenze patrimoniali delle varie specie d'istituzioni nel diritto romano si presentano sovente allo spirito moderno come artifizi complicati, che facilmente sfuggono all'intelligenza e alla memoria. Ma qui appunto giova più che mai tener presente che il titolo di erede è nel diritto romano l'elemento primario ed essenziale, e a questo lume le conseguenze singolari non solo si comprendono, ma si argomentano indipendentemente dalle fonti e si riassumono in un concetto unico.

Se il defunto ha istituito un solo erede, questi è sempre *heres ex asse*, vale a dire acquista l'intero patrimonio ereditario, anche se il defunto glien'abbia assegnato solo una parte, perchè il titolo d'erede, da cui dipende l'acquisto del patrimonio, non l'ha altri che lui. Fa eccezione, come si vide, il testamento militare (§ 190).

Ma il defunto può aver istituito più eredi, e in tal caso conviene distinguere tre ipotesi fondamentali: o li ha istituiti senza designare le parti del patrimonio che a ciascuno vuole attribuite, o li ha istituiti con designazione di parti, o ha designato le parti di alcuni e non quelle di altri.

Se gli eredi sono stati istituiti senza designazione di parti, allora il patrimonio si divide in parti uguali tra di loro *(concursu partes fiunt)*.

Se gli eredi sono stati istituiti con designazione di parti e queste parti esauriscono l'asse ereditario, ciascuno acquista il patrimonio nella misura voluta dal defunto.

Ma può accadere che le parti assegnate non esauriscano o invece superino l'asse ereditario: il testatore, per esempio, ha disposto tra quattro eredi solo di nove once delle dodici, ovvero ne ha invece assegnate diciotto. Ecco che il titolo d'erede incomincia a generare delle conseguenze non in tutto conformi, chi ben guardi, alla volontà del defunto. Se l'asse ereditario non è esaurito, le rimanenti once si distribuiscono nondimeno tra i vari eredi testamentari, perchè eredi sono essi soli: la volontà del defunto si rispetta solo in quanto la divisione del residuo tra i vari coeredi segue nella stessa ragione delle quote assegnate a ciascuno. Se l'asse ereditario è stato oltrepassato, si fa invece una riduzione, proporzionale sempre alle quote di ciascuno. Insomma il residuo o l'esuberanza *pro parte adcrescit* nel primo caso, *pro parte decrescit* nel secondo.

Se gli eredi finalmente sono stati istituiti alcuni con designazione di parti, altri no, anche allora convien distinguere se l'asse è stato esaurito o anche superato, ovvero se non è stato esaurito. Questa seconda ipotesi è la più semplice; perchè gli eredi istituiti *sine parte* concorrono senz'altro nel residuo. Nella prima ipotesi invece potrebbe parere che gli eredi istituiti *sine parte* non dovessero aver nulla, perchè nulla rimane del patrimonio. Ma ciò è contrario alla natura dell'eredità romana, e per far che l'erede istituito indeterminatamente avesse a ogni modo parte nei diritti e negli obblighi del defunto i giureconsulti ricorsero a questo espediente di raddoppiare o triplicare le once dell'asse, cioè distribuirlo in ventiquattro once *(dupondium)* o in trentasei once *(tripondium)* e assegnare il residuo agli eredi istituiti *sine parte*.

Nel diritto moderno, dato il carattere *diretto* dell'acquisto patrimoniale, le cose procedono in guisa più semplice e conforme al fine patrimoniale dell'istituto. Un solo erede o più eredi istituiti in parti non esaurienti l'asse ereditario acquistano ciò che è loro assegnato e nel residuo sono chiamati gli eredi legittimi. Un solo erede o più eredi istituiti dopo distribuito l'intero asse ereditario tra gli altri chiamati non acquistano nulla e non sono eredi, perchè erede non è ora una qualifica personale, condizione dell'acquisto, ma la denominazione d'un acquirente, cui nel caso si attribuisce un oggetto inesistente.

§ 206. L'istituzione d'erede in un oggetto determinato.

(heres ex re certa).

MANCALEONI, *Appunti sull'institutio ex re* negli *Studi Sassaresi II*, 1902.

Tra le conseguenze patrimoniali dell'istituzione d'erede qual è ordinata nel diritto romano le più degne di nota sono quelle che hanno luogo quando uno o anche più eredi vengono istituiti dal defunto in oggetti determinati *(institutio ex re certa).*

La istituzione *ex re certa* è sicuramente tutt'altro che primitiva. La prima forma nella quale ci si presenta è, come doveva essere, quella che meno urta col concetto genuino dell'eredità romana: la istituzione di erede *excepta re certa*, cioè meno un oggetto determinato. Il testatore poteva credere di non errare, perchè egli non adoperava la parola *heres* a significar la persona cui vuole attribuito un oggetto; soltanto, istituito debitamente l'erede, gl'imponeva di astenersi da un oggetto determinato del patrimonio, che in forza del suo titolo egli acquistava, sia nella sua totalità, sia in una quota, ove concorressero più eredi.

Tuttavia se il significato del titolo d'erede non era propriamente frainteso, diveniva d'altra parte impossibile dar valore alla volontà del defunto relativamente a questo oggetto. Chi poteva infatti acquistarlo, fuorchè l'erede, se l'autore non l'aveva elargito per legato a nessuno? Chiamar gli eredi *ab intestato* per diritto romano era assurdo, perchè essi non sono eredi, finchè ve n'ha uno istituito per testamento. La soluzione, più che opportuna, inevitabile, era di non tener conto affatto di questa limitazione; e un celebre giureconsulto dell'età di Cicerone, Gallo Aquilio, il più fecondo creatore di rimedi e di espedienti, dichiarò che per diritto civile si doveva ritenere come se l'erede fosse stato istituito senza quella aggiunta; e col peso della sua autorità egli fece prevalere nella giurisprudenza questa decisione (1).

Ma veramente grave era la deviazione dal concetto genuino dell'eredità e più imbarazzante la soluzione nella specie pura e semplice dell'istituito in una *res certa*. Qui evidentemente il testatore aveva inteso il nome di erede in un senso che nel diritto romano tale parola non ha e posto in essere una disposizione nulla e inattuabile. E se una diseredazione fosse stata fatta in forma così scorretta, i Romani non esitavano a dichiarar nullo il testamento, perchè, dicono, le diseredazioni non si debbono aiutare; ma trattandosi d'istituzione di erede, la prevalente simpatia per la successione testamentaria *(favor testamenti)* consigliava di risolvere benignamente l'ipotesi (2). Questa benigna tendenza indusse a fare una più ardita applicazione del criterio di Gallo: l'istituzione *ex re certa* è valida, cancellando la menzione della cosa certa *(detracta rei certae mentione)* (3). E per vero la designazione dell'*heres* non fa difetto, sia pure con un'apposizione assurda, cui si usa lo stesso preciso trattamento (con audacia forse minore) che alle condizioni impossibili apposte alle istituzioni (§ 26 e 207).

Alla volontà del defunto relativamente alla *res certa* è impossibile dar valore, e l'erede *ex re certa* acquista tutto in forza del titolo conferitogli. Solo il fedecommesso espressamente ordinato poteva far sì che l'erede *ex re certa* fosse tenuto alla restituzione fedecommessaria del patrimonio agli eredi scritti in un testamento anteriore, trattenendo per sè la *res certa* (4).

(1) L. 75 (74), D. *De her. inst.*, 28, 5.
(2) L. 19, D. *De lib. et post.*, 28, 2.
(3) L. 1 § 4, D. *De her. inst.*, 28, 5. Cfr. L. 41 § 8, D. *De v. et p. s.* 28, 6.
(4) L. 30 (29). D. *Ad. S. C. Treb.*, 36, 1 = § 3. *Q. m. t. inf.* II, 17 con qualche alterazione. Nè il fedecommesso si sottintende.

Ma se invece di un solo fossero stati istituiti più eredi *ex re certa*, allora coll'applicazione pura e semplice della sentenza di Gallo la volontà del defunto subiva una violenza anche più grave, perchè, tenendo conto solo del titolo di erede e non dell'oggetto assegnato, gli eredi si dividevano il patrimonio in parti uguali tra loro e degli stessi oggetti a ciascuno attribuiti non veniva ciascuno a conseguire che una parte. Non pare tuttavia che i Romani in sulle prime abbiano indietreggiato dinanzi a tale estrema conseguenza del titolo di erede (1). Che anzi se il testatore avesse bensì fatto le parti, ma sulla stessa *res certa* o su diverse *res certae,* giusta un parere ancor più reciso di Sabino *(expeditissima Sabini sententia)*, si hanno pur sempre come eredi a parti eguali, non tenendo conto nè della cosa, nè delle parti fatte su di essa (2). Sembra che soltanto con Papiniano sia venuto in uso un secondo espediente per serbare in parte la volontà del defunto: considerandosi pur sempre gl'istituiti quali eredi *sine parte,* essi concorrono alla pari sul patrimonio, ma rientra nei larghi poteri dell'*arbiter familiae erciscundae* tenuto a rispettare le disposizioni del testatore (v. § 198), nell'*officium iudicis*, in una parola, di far che nella divisione de' singoli *corpora* ereditari ciascuno degli eredi consegua la *res certa* assegnatagli quasi come fosse un prelegato (v. § 228): i debiti e crediti sono sottratti alla divisione dell'arbitro, in quanto si dividono *ipso iure* tra i coeredi. Se non che nelle nostre fonti, cioè nel diritto giustinianeo, la *res certa* si considera come un vero prelegato e come tale è soggetto, ove occorra, alla Falcidia. Che se le *res certae* sono per

(1) Iavolenus L. 11, D. *De her. inst.*, 28. 5.

(2) L. 9 § 13; L. 10, D. *De her. inst.*, 28, 5. Nella legge 10. forse ritoccata dai compilatori, inveco di *pretium* è da leggere *partium* o *praediorum partium.* La sentenza di Sabino è inspirata alla specialità del caso e, per mio avviso, a torto si è attribuita finora a questo celebre giureconsulto una influenza fondamentale nella teoria dell'*institutio ex re certa*

avventura due patrimoni con proprio attivo e passivo (beni italici e provinciali, beni paterni e materni) allora si procede più oltre nell'attuazione della volontà del defunto e i debiti e crediti si attribuiscono ai singoli patrimoni assegnati e s'interpongono all'uopo delle reciproche cauzioni (1).

Occorre finalmente la terza combinazione: si hanno insieme alcuni istituiti in cose determinate ed altri regolarmente, sia in quote, sia senza quote. Ragionando coi principì romani e cogli espedienti posti in opera finora dai giureconsulti, si dovrebbero ritenere gli eredi *ex re certa*, al solito, come istituiti *sine parte*, ma nella divisione assegnar loro le *res certae* ed eventualmente il residuo dell'asse fino a complemento della loro quota, ovvero, se il testatore ha esaurito colle istituzioni regolari le dodici once, far dell'asse un dupondio e dividere tra gli eredi *ex re certa* le altre dodici once. Nella misura in cui acquistava i beni a titolo ereditario, l'istituito *ex re certa* avrebbe dovuto esser responsabile dei debiti e partecipe dei crediti. Se non che un rescritto di Gordiano, che noi possediamo fuor della compilazione, ammette come cosa indubitata che l'*officium iudicis* nella divisione debba fare che gli eredi *ex re certa* non conseguano null'altro *(non plus emolumenti consequantur)* che la *res certa* (2). Evidentemente la

(1) L. 35 pr. § 2 : L. 79 (78), D. *De her. inst.*, 28, 5 Secondo il MANCALEONI la trasformazione degli eredi in legatari relativamente alla *res certa*, con intrusione della Falcidia, e la distribuzione disuguale dell'attivo e del passivo sarebbero novità di Giustiniano e interpolate ne' testi citati le parti seguenti: L. 35 § 1 : *quare-interponendas* ; § 2: *quae-erit;* L. 79: *factis — cautionibus ; salva — compensetur*. Credo esatto il primo punto (cfr. anche *Cod. Greg.*, 3, 4 (3, 8), in cui, come il MANCALEONI stesso rileva, non si parla che di *officium iudicis)*, dubbio il secondo (cui risponde l'interp. *factis — cautionibus)*, in cui la soluzione già nel diritto classico è giustificata dalla specialità del caso e attuabile e anche nel diritto giustinianeo si deve limitare solo alla ipotesi di aziende separate. Certo è però che Giustiniano lascia libero il varco in modo generico anche a più libere attuazioni della volontà del defunto : L. 9 § 13, D., 28, 5 interp.: *si modo — refragatur* ; L. 30 (29) D., 36, 1 interp.: *et hoc ita — scriptum.*

(2) CODEX GREGORIANUS. *Fam. erc. et comm. div.*, 3, 4 (3, 8 o 3, 6, secondo le edizioni). Non altro è detto nella L. 35 pr. D, 28, 5 di Ulpiano,

presenza di eredi regolari, che esauriscono l'asse ereditario, rendeva possibile di fruire sempre dell'*officium iudicis* per una più ampia attuazione della volontà del defunto in questa ipotesi. Ciò peraltro deve riferirsi soltanto ai *corpora:* debiti e crediti, di nuovo, dovevano andar divisi secondo le quote ereditarie e quindi pesare anche sull'erede *ex re certa* o competere ad esso (1).

Di ciò è argomento la stessa riforma giustinianea. Nessun testo relativo a questa ipotesi è stato inserito nella compilazione. Invece l'imperatore in una sua costituzione prescrive appunto che in questo caso le azioni ereditarie sieno esclusivamente a favore degli eredi regolarmente istituiti *(ex certa parte vel sine parte),* o contro di essi, nè costoro abbiano a sentire alcuna diminuzione delle stesse azioni pel concorso degli eredi *ex re certa* (2).

L'imperatore dichiara pure che tali eredi si hanno in conto di legatari; e questo è infatti d'ordinario il risultato pratico. Tuttavia neppure nel diritto giustinianeo sarebbe esatta in modo assoluto una simile conclusione. Già l'istituzione *ex re certa* è sufficiente per lo stesso Giustiniano a respingere i legittimari, che attacchino la validità del testamento per non essere stati istituiti eredi. Ma inoltre (ed è questo un punto meritevole sempre della massima attenzione per la luce che getta sui principî cardinali della successione romana e sulla tenace resistenza loro) l'istituzione può anche ripigliare il suo pieno vigore e far acquistare tutta l'eredità, qualora gl'istituiti regolarmente rinuncino o

ove, per mio avviso, la massima *dicebam receptum esse,* ecc., enunciata in generale, ha lo stesso preciso valor generale del rescritto di Gordiano, che si suole unicamente invocare per questa ipotesi *(officio iudicis — contineatur nihil amplius eum — quam rem — consequi).* Certo il pensiero non è esattissimo, se non quando, in un modo o nell'altro, con l'assegnazione di *res certae* o con assegnazioni di *res certae* e istituzioni regolari, si esauriscano i *corpora* ereditari; ma questa sembra appunto l'ipotesi presente sempre ai giureconsulti.

(1) Per la dimostrazione v. MANCALEONI, *l. c.* p. 101 e segg.

(2) L. 13, C. *De her. inst.*, 6, 24.

vengano a mancare prima dell'adizione; perchè, *quanto a chiamare gli eredi ab intestato del defunto e stabilire un fedecommesso tacito a favor loro, lo stesso Giustiniano non ha pensato giammai.*

Ma sin dall'epoca del diritto classico si procedeva in modo più spiccio nel testamento militare, che è una continua deroga ai principi romani e appunto per questo ha carattere quasi moderno. Sin dalla prima costituzione di questo testamento privilegiato non solamente si riconobbe pienamente valida l'istituzione di erede *ex re certa* eseguita dal militare, ma valide altresì le assegnazioni di cose singole fatte con quel titolo, considerandole senz'altro come prelegati. Anzi in un caso analogo a quello esaminato da Papiniano, cioè di due patrimoni quasi distinti, beni castrensi e non castrensi, lo stesso Giuliano circa un secolo innanzi decise che si avessero a considerare come due eredità di due persone diverse, di guisa che dei debiti gravanti sui beni castrensi fosse responsabile soltanto l'erede istituito nei beni castrensi, dei debiti relativi agli altri beni fosse invece responsabile l'erede istituito in essi; e ciò *ipso iure* di fronte ai creditori stessi, *senza bisogno di cauzioni* (1).

Nel nostro diritto, poichè l'istituzione di erede non è più contenuto essenziale del testamento (Cod. civ., art. 759, 827) e in pari tempo la qualità di erede non è un titolo formale staccato dal patrimonio, ma si chiama erede, con che s'intende che si chiama a rispondere dei debiti anche *ultra vires hereditatis*, colui al quale è assegnata l'universalità o una quota dei beni (Cod. civ., art. 760), segue che l'istituzione di erede in una cosa certa e determinata, anzichè in una quota, è senza dubbio valida, ma l'istituito non è nè sarà mai erede, bensì acquista senz'altro la qualità di legatario. L'unico erede è in tal caso l'erede legittimo, il quale risponderà dei debiti, se intende accettare.

(1) L. 17 pr., 1, D. *De test. mil.*, 29, 1.

§ 207. Modalità dell'istituzione d'erede.

D. *De cond. inst.*, 28, 7. *De cond. et dem.*, 35, 1.

La condizione sospensiva apposta all'istituzione d'erede differisce la delazione dell'eredità, finchè non siasi verificata; onde se l'istituito muore prima dell'avverarsi della condizione, la delazione non ha più luogo.

Il diritto pretorio concesse nondimeno all'istituito una *bonorum possessio* provvisoria durante lo stato di pendenza della condizione, purchè desse cauzione, promettendo di restituire l'eredità sia per il caso che la condizione venisse a mancare, sia per il caso che egli morisse prima del suo avverarsi, ovvero che al suo avverarsi non avesse più la capacità di essere erede. Se la condizione era potestativa e negativa, cioè che l'erede non compiesse una data azione vita natural durante, allora la cauzione sostituiva l'adempimento della condizione: tale cauzione dal nome del suo inventore si disse *cautio muciana* (1).

Le condizioni impossibili, sia giuridicamente, sia fisicamente, e le condizioni turpi apposte all'istituzione non viziano l'atto, ma si hanno per non scritte *(pro non scriptis habentur)* (v. § 26 e 222).

È nulla l'istituzione captatoria, cioè fatta sotto la condizione di essere parimente istituito.

Rispetto al *modus*, l'erede istituito può adire l'eredità, ma deve eseguir l'incarico. Ove non lo faccia, può esservi costretto dal terzo, a cui vantaggio l'onere sia

(1) La cauzione si doveva bensì ai coeredi, ma non agli eredi *ab intestato*, che non si contemplano (cfr. L. 7, D. *De cond. et dem.*, 35, 1; L. 20 pr. D. *De cond. inst.*, 35, 7), e così, se coeredi non vi sono, la condizione si ha per non scritta. Ma in base alla Nov. 22, c. 44, § 9, si deve ammettere che la cauzione spetti agli eredi *ab intestato*. SCIALOJA (*Bull. dell'Ist. di dir. rom.*, vol. 11, 1900, p. 265) è d'opinione che nel diritto classico la cauzione muciana si applicasse ai legati soltanto, non all'eredità, e giudica interpolate la L. 7 pr. e § 1 e la L. 18, D. *De c. et em.*, 35, 1.

stato imposto, dai coeredi o dai sostituiti; mancando costoro, l'onere non aveva nel diritto classico efficacia giuridica, poichè i successibili *ab intestato* non possono affatto intervenire. Giustiniano introdusse la coazione per opera del magistrato (1).

Non era ammissibile invece nel diritto romano l'istituzione di erede sotto condizione risolutiva o a termine. È il principio che si esprime col noto aforisma: *Semel heres semper heres*. Forse è anche questo un residuo del tempo in cui l'eredità attribuiva una funzione e non un mero titolo per l'acquisto del patrimonio. La regola non vige per il testamento militare, e nello stesso testamento comune fu resa vana dalla istituzione del fedecommesso, per il quale era permesso al testatore d'imporre la restituzione dell'eredità ad un dato termine o al verificarsi di una condizione. È riconosciuta tuttavia la regola nel diritto civile italiano (non nel francese), ma per la reazione appunto contro il fedecommesso (Cod. civ., art. 851).

§ 208. Sostituzione.

I. *De vulg. subst.*, II, 15. *De pup. subst.*, II, 16.
D. *De vulg. et. pup. subst.*, 28, 6. Cod., 6.26.

La sostituzione si può definire in generale una subordinata istituzione, cioè una istituzione ordinata dal testatore nell'ipotesi che il primo istituito non acquisti l'eredità. Essa è di tre specie: volgare, pupillare, quasi pupillare.

La sostituzione *volgare* crebbe nell'uso specialmente dopo la legge Giulia e Papia Poppea a causa delle ragioni d'incapacità e di caducità da questa introdotte. Essa è la nomina subordinata di un erede in luogo dell'istituito per il caso che questi non voglia o non possa adire l'eredità. Di solito era nel diritto classico accom-

(1) L. 7, D *De ann.*, 33, 1 interp.: *sed interventu-perduci.*

pagnata dalla *cretio*, vale a dire, al primo istituito era fissato un termine entro il quale adire solennemente l'eredità.

Il testatore è libero di sostituire più persone ad una sola istituita o una sola a più, di sostituire vicendevolmente gl'istituiti e di sostituire agli stessi sostituiti (sostituzione di secondo, di terzo grado, ecc.).

La condizione, per cui la sostituzione fu fatta, viene a mancare naturalmente, quando il primo istituito acquisti l'eredità. Può tuttavia risorgere se questi ottiene la *restitutio in integrum*, che cancella gli effetti dell'adizione, o anche se l'*heres suus* profitta del *beneficium abstinendi*. La condizione si avvera *(condicio existit)* e il sostituito subentra, quando è certo che l'istituito non diviene erede, purchè il sostituito viva e sia tuttora capace di succedere.

La sostituzione *pupillare* è la nomina di un erede eseguita dal *paterfamilias* in luogo del *filiusfamilias* impubere per il caso che questi muoia prima della pubertà. Essa può farsi in più modi: o nello stesso testamento il *paterfamilias* istituisce il *filiusfamilias* impubere e gli sostituisce un terzo, ovvero, facendo due distinti testamenti, l'uno per sè, l'altro in nome del *filiusfamilias*, istituisce erede nel primo il *filiusfamilias* o un terzo, nel secondo nomina un erede al *filiusfamilias*.

La sostituzione pupillare sembra mutare di carattere sullo scorcio del periodo classico. Essa era in origine una semplice emanazione della patria potestà ed un'applicazione del diritto illimitato del *paterfamilias* di designare il proprio successore; e tale è il carattere che serba ancora nelle decisioni di Giavoleno e Giuliano. In seguito s'inspira piuttosto a un concetto di pietà e si riguarda come un atto che si compie per il figliuolo stesso; e così ci si offre nelle decisioni di Marcello, Papiniano, Ulpiano (1). Nei primi l'eredità dell'impubere appare ancora strettamente connessa con quella del padre. Così

(1) Cfr. COSTA, *Bull. dell'Ist. di dir. rom.*, 1891 (VI).

se un *suus heres* (cioè un *filiusfamilias* del defunto) era sostituito all'impubere, non gli si permetteva, astenutosi dall'eredità paterna, di accettar liberamente la sostituzione, ma, essendo erede necessario, l'immischiarsi nell'eredità pupillare lo privava del *beneficium abstinendi* rispetto alla paterna (1). Ancora: se l'impubere aveva usato del *beneficium abstinendi* rispetto all'eredità paterna, il sostituito, accettando in seguito l'eredità dell'impubere, rimaneva obbligato per la paterna, sia pure che non fosse stato istituito in questa; *in breve, il beneficium abstinendi dell'impubere non giovava al sostituito* (2). Cogli ultimi giureconsulti classici si smarrisce in parte questa necessaria connessione ed al *suus* sostituito è concesso serbar l'eredità pupillare, ricusando la paterna, purchè il testamento che lo sostituisce non cada come *desertum* col suo rifiuto (3) e il sostituito erede volontario può giovarsi del *beneficium abstinendi* già chiesto dal pupillo (4). E tale è il principio da ritenere pel diritto giustinianeo.

(1) Iulianus in Ulp. L. 40, D. *De a. vel om. her.*, 29, 2. Diversamente decide Giuliano, se l'impubere sia stato diseredato: L. 41 *eod.* È motivo del decidere la separazione con ciò stabilita tra le due eredità, ovvero il testo è interpolato? Trattandosi di erede estraneo, lo stesso Ulpiano in questo stesso caso non ammette ch'egli possa accettare l'eredità pupillare, ripudiando la paterna, se non ha un sostituto: L. 10, *h. t.*, 28, 6.

(2) Javolenus L. 28, D. *De reb. auct. iud.*, 42, 5. Julianus in Ulp. L. 42, pr. D. *De acq. vel om. her.*, 29, 2.

(3) Occorreva pertanto che fosse stato istituito con un coerede (così decide Marcello, seguito da Ulpiano, contro Giuliano nella L. 40 pr. D. 29, 2), perchè in caso diverso il testamento, che si considera *sempre come un solo*, cade appunto come *desertum*. Genericamente e assolutamente Papiniano: L. 12 *h. t.*, 28, 6. Rispetto all'estraneo sostituito Giuliano (L. 27 (28), D. *Ad sc. Treb.*, 36, 1) sembra concordare con Marcello e Ulpiano. Il Costa ritiene che il testo da *et ideo si pupillo*, ecc. contenga una nota, da cui sia caduto *Marcellus ait*: considerando lo stile, è forse più probabile che si abbia senz'altro una interpolazione a cominciare dal periodo successivo (*si vero detracto hoc articulo... tum si solus... si vero coheredem*, ecc.). Per l'estraneo sostituito vedi inoltre L. 10 § 2, 3, 4, D. *h. t.*, 28, 6 (nell'ultimo § il testamento paterno può esser salvo per l'esistenza di un sostituto volgare al sostituto pupillare).

(4) L. 12. D. *De vulg. et pup. subst.*, 28. 6. Nella L. 28, D., 42, 5 di Giavoleno si avverta che l'eredità, *quae obvenit* in seguito al pupillo, non

Purnondimeno l'acquisto dell'eredità paterna obbliga nello stesso diritto giustinianeo anche per la pupillare. Ai militari fu concesso di nominare un erede all'impubere, anche senza nominarne uno a se stessi.

La sostituzione pupillare cessa ne' seguenti casi: se l'impubere viene a morire o ad esser liberato dalla patria potestà vivente il testatore, se raggiunge la pubertà, se il testamento paterno diventa invalido ed infine se il sostituito trascura di far nominare un tutore all'impubere, morto il *paterfamilias.*

La sostituzione *quasi pupillare* o *esemplare* è stata introdotta da Giustiniano *ad exemplum pupillaris substitutionis.* Essa è la istituzione fatta in nome di un discendente furioso senza lucidi intervalli per il caso che questi venga a morire in istato di pazzia. Non è più necessaria la patria potestà, e un qualunque ascendente, maschio o femmina, può fare una simile sostituzione. È sempre necessaria però l'istituzione del furioso, almeno nella quota legittima. È controverso se in questo caso la sostituzione si limitasse a questa legittima o si estendesse a tutta la sostanza del furioso. Nonostante l'esempio della sostituzione pupillare, è preferibile la prima opinione, perchè lo spirito con cui sorge questa nuova sostituzione, in cui dal rapporto di patria potestà si fa astrazione, è troppo diverso. Inoltre, mentre nella sostituzione pupillare il testatore non era tenuto a rispettare i diritti dei legittimari, nè propri, nè del figlio, nella sostituzione quasi pupillare egli non può violare i diritti dei legittimari.

La sostituzione quasi pupillare si estingue se il furioso muore prima del testatore, se risana o se il testamento dell'ascendente diventa invalido.

è la paterna, dalla quale si è astenuto, ma di un terzo, cioè una cosa istessa coll'*id quod postea obvenit*, che « *ex adventicio adquisitum est* ». Quanto alle parole « *postquam pupillus se paternae miscuerit hereditati* » sono anch'esse da ritenere una interpolazione, anzichè col Fabio un glossema.

§ 209 Invalidità dei testamenti.

D. *De in. rupto*, 28,3. *De his quæ in test. del.*, 28,4.

Il testamento può essere invalido fin dall'erezione o divenire invalido per eventi posteriori; nullo *ipso iure* o annullabile.

L'invalidità del testamento può talvolta esser sanata per un atto dell'erede legittimo, con cui rinunci al mezzo d'impugnativa; e si ammette anche la rinuncia tacita, per esempio, desunta dalla mera accettazione di un legato. Inoltre il testamento nullo come tale può avere efficacia come codicillo in forza della clausola codicillare.

Si hanno, secondo le cause, varie specie di nullità. Il testamento si dice *iniustum* o *non iure factum*, quando il testatore era incapace al momento della redazione o non ha rispettato le forme debite. Il testamento è *irritum*, quando il testatore perde in seguito la capacità per effetto della *capitis deminutio*. Hanno applicazione circa la prigionia di guerra i benefici del *ius postliminii* e della *fictio legis Corneliæ* (v. § 16). Inoltre se il testatore ricuperò la *testamenti factio* prima di morire, il Pretore concede all'erede la *bonorum possessio secundum tabulas;* la quale nel diritto classico era *sine re* di fronte all'erede legittimo, ma è sempre *cum re* nel diritto giustinianeo.

Il testamento è *destitutum o desertum*, quando l'erede muore innanzi al testatore o diviene incapace o rifiuta l'eredità o viene a mancare la condizione sotto la quale era stato istituito. A ogni modo, mancando l'erede, cade tutto il testamento. Non si ammette che possano esser valide le altre disposizioni, come legati, manumissioni di schiavi, nomine di tutori, perchè giova sempre tener presente che nel diritto romano l'istituzione d'erede è l'elemento essenziale, è il fine vero del testamento.

Il testamento si dice *ruptum*, quando il testatore muti volontà. *Ambulatoria est voluntas defuncti* (Ulp.

testatoris?) usque ad vitæ supremum exitum. Non vale in proposito alcuna clausola in contrario, poichè il testamento non ha nulla di comune col contratto o cogli atti patrimoniali veri e propri. Il trattamento e la storia della revoca sono pel concetto romano dell'eredità di particolare interesse. Secondo l'antico *ius civile* la revoca non poteva accadere se non *mediante un nuovo testamento:* altrimenti alcuno può ben manifestare nel modo più patente la sua contraria volontà, cancellare la scrittura del testamento o il nome dell'erede, rompere i suggelli, più ancora, distruggere, bruciare le tavole del testamento, che ciò nonostante l'*heres scriptus* è sempre erede. Se il testamento prevale a tal segno sulla volontà del testatore e sui cosiddetti diritti del sangue, non è, a nostro avviso, nell'antico formalismo che se ne può ricercare la ragione, bensì nella preminenza dell'*heres scriptus* intesa quasi come una necessità che questo vi sia. Ma egualmente assoluto era, dall'altra parte, l'effetto positivo della revoca validamente eseguita, cioè mediante un nuovo testamento e una nuova istituzione d'erede: essa annulla il testamento anteriore, anche se le nuove disposizioni patrimoniali siano con le precedenti perfettamente compatibili. Ciò che importa è l'istituzione di erede.

Nell'un senso e nell'altro il Pretore e il diritto romano-ellenico hanno modificato i principî dell'*ius civile.* Se il testatore ha distrutto il vecchio testamento o ne ha rotto i suggelli, o cancellato l'istituzione, il Pretore rifiuta la *bonorum possessio* all'erede istituito, e l'accorda invece agli eredi *ab intestato;* la qual *bonorum possessio*, se in origine cedeva pur sempre nel conflitto con l'erede testamentario, è divenuta *cum re* già prima di Gaio e dell'epoca degli Antonini (1).

Nel diritto giustinianeo è ugualmente valida la revoca, così mediante la confezione di un testamento nuovo,

(1) GAII *Inst.*, II. 151. Cfr. KRÜGER, *Krit. Versuche* 1870 p. 1 e *Zeitschr. der Sav. St. für Rg.*, vol. 7 (1886), p. 91 e vol. 8 (1887), p. 106.

come per la distruzione del testamento precedente. Ma un'altra estensione della revoca fu maturata nell'epoca romano-ellenica dal riguardo ai diritti del sangue. Il testamento posteriore anche imperfetto (non sottoscritto, non suggellato), il quale contemplasse gli eredi legittimi non considerati nel precedente testamento, fu riconosciuto valido e atto a revocare il testamento anteriore, purchè fosse confermato dal giuramento di cinque testimoni (Teodosio II e Valentiniano III, a. 439 d. C.) (1).

Finalmente Teodosio II e Onorio ebbero anche introdotto (a. 418 d. C.) l'estinzione del testamento per la prescrizione decennale *(per longum tempus)*. Giustiniano l'ha abolita, riconoscendo peraltro il diritto di revocare giudizialmente, dinanzi a tre testimoni, il testamento dopo dieci anni dalla sua confezione.

Quanto agli effetti della revoca, essi furono mitigati dall'istituzione del fedecommesso. Se il testamento nuovo conferma il testamento precedente, questo è bensì nullo come testamento, ma la conferma si può interpretare come fedecommesso, sicchè l'erede, in base al testamento posteriore, è obbligato a restituire l'eredità all'istituito nel testamento precedente, come fedecommesso universale.

La violenza o il dolo dell'istituito non rendono l'istituzione nulla, ma l'erede viene escluso come indegno pel suo crimine (2); onde, come in simili casi, i beni vacanti sono devoluti al fisco.

Cause di nullità e di rescindibilità che si richiamano al riconoscimento dei diritti della famiglia e dei pros-

(1) L. 21, § 5, C. *De test.*, 6, 23. Cfr. Ulpianus: L. 2, D. *De in. r. irr. f. t.*, 28, 3, interpol. *vel in eo scriptus est, qui ab intestato*, ecc. Errata è l'interpretazione corrente di Gaio, II, 148-149 e indotta dai soliti preconcetti: l'erede istituito in un testamento anteriore o posteriore e l'erede *ab intestato* sono ivi concetti paralleli, ma non coordinati e l'erede legittimo (§ 149) è in antitesi al *bonorum possessor*. Il favore degli eredi *ab intestato* è totalmente straniero al diritto classico.

(2) Arg. L. 3, D. *Si quis al.*, 29, 6; L. 3 C. *Si quis al.*, 6, 34. — Cfr. Scialoja, *Lez. di dir. rom.*, 1886-87.

simi congiunti sono quelle stabilite dall'aver preterito, cioè omesso d'istituire o diseredare un proprio discendente o dall'aver mancato al proprio debito *(officium)*, non contemplando affatto per nessuna porzione i più prossimi congiunti. Di questi casi converrà trattare nella successione legittima contro il testamento.

Rispetto ai militi la semplice manifestazione della volontà era sufficiente a togliere, come a conferire l'eredità; ma la revoca vige ne' termini appunto, in cui essa è riconosciuta nel diritto moderno (Cod. civ. art. 920), vale a dire le disposizioni del testamento precedente sono annullate soltanto se incompatibili colle nuove: *militi licet plura testamenta facere* (1).

III. EREDITÀ INTESTATA O LEGITTIMA

§ 210. Nozioni generali.

L'eredità intestata o legittima ha luogo solo in difetto di testamento, o perchè questo manchi assolutamente, o perchè non sia valido. Pertanto la successione intestata non si apre necessariamente alla morte dell'ereditando, ma anche in seguito, ove il testamento divenga per fatto posteriore inefficace.

La successione legittima ha dunque carattere subordinato rispetto alla successione testamentaria, il quale carattere era chiaramente sentito dai Romani ed espresso nella stessa denominazione. Il favore che accompagna l'istituzione d'erede per testamento *(favor testamentorum)* non è esteso alla successione intestata. Non solo non si chiama l'erede legittimo a concorrere coll'erede testamentario, anche assegnata a questo una sola parte dei beni, ma finchè esiste il testamento, non si ha riguardo agli eredi legittimi, nemmeno per la garentia

(1) Ulpianus: L. 19 pr. *De test. mil.*, 29. 1, Tuttavia Giustiniano (il testo è, a mio credere, interpolato) soggiunse la restrizione: sed sive simul fecerit, sive separatim, utique valebunt, *si hoc specialiter expresserit*.

dei loro eventuali diritti o della volontà del testatore dall'*heres scriptus* disconosciuta (cfr. § 20).

La reazione dei diritti del sangue contro il testamento si compie in epoca storica; ma ancora nel diritto giustinianeo questa reazione non ha completamente mutato lo spirito della successione romana e il rapporto tra le due successioni.

Ma la stessa storia della eredità intestata relativamente ai subbietti chiamati mostra il carattere politico che il diritto ereditario aveva nelle origini sue. Sua base è nell'antico diritto esclusivamente la *famiglia romana,* cioè sono chiamati nei diversi ordini i membri della *familia,* del *gruppo agnatizio,* della *gente.* Solo per effetto di una lunga evoluzione, che, iniziata dal diritto pretorio, proseguita dal diritto imperiale nel periodo classico e nel periodo greco-romano, si compie definitivamente per opera di Giustiniano, dopo la pubblicazione del *Corpus iuris,* con due famose novelle, la *famiglia naturale* e il *vincolo di sangue* si collocano dapprima accanto alla vecchia base agnatizia per sopraffarla a grado a grado e finalmente abolirla.

Nella successione intestata si distinguono vari ordini o varie classi e in ciascuna classe diversi gradi. Nell'antico diritto, il che è pur degno di nota, non era riconosciuta la delazione successiva, nè tra i vari ordini *(successio ordinum),* nè tra i varigradi *(successio graduum),* vale a dire se l'erede chiamato in uno degli ordini o dei gradi non adiva l'eredità, non si chiamava la classe o il grado successivo (1). Ma nel diritto pretorio si riconobbe la successione delle classi, e anche quella dei gradi entro la classe nuova dei cognati. Giustiniano riconobbe la successione dei gradi anche nella classe degli agnati, prima di riformare completamente la base del diritto successorio.

Si distingue ancora la successione in capi, in stirpi o generazioni, in linee. La *successio in capita* si può

(1) *In legitimis hereditatibus successio non est.* PAUL. *Sent.*, 4, 8, 23; GAII III, 12, 22; ULP. *Fragm.*, 26, 5.

dire l'unico sistema in origine: solo rispetto ai membri della prima classe le XII Tavole riconoscevano la *successio in stirpes,* nella quale i vari capi di una generazione successiva sono chiamati soltanto a dividersi la quota del loro capostipite predefunto. Giustiniano la estese anche ai figli di fratelli e di sorelle. La successione *in lineas* è un concetto affatto nuovo del diritto romano-ellenico e significa la divisione dell'eredità tra gli ascendenti paterni e materni.

Finalmente nella nuova epoca è sorto anche il concetto della successione ordinaria e straordinaria. *Successori ordinari* sono quelli che hanno diritto solo quando manchino membri di classi o gradi anteriori; *successori straordinari* quelli che concorrono in una quota con qualunque successibile ordinario.

§ 211. L'eredità intestata secondo l'antico *ius civile.*

GAII *Inst.*, III, 1-17.

Le XII Tavole chiamavano alla successione intestata nella prima classe i *sui.* Con questo nome s'intendono tutti i *filiifamilias* soggetti immediatamente alla potestà del *paterfamilias,* i quali per la morte del *paterfamilias* divengono *sui iuris*: quindi anche la moglie del *paterfamilias* soggetta alla *manus* di lui, ossia *filiafamilias* anch'essa. I *filiifamilias* di secondo grado e le *uxores in manu* dei *filiifamilias* non succedono, perchè non divengono *sui iuris:* ma restano nella condizione istessa: soltanto mutano le persone investite della *patria potestas* o della *manus* su di loro. Poteva peraltro accadere che il futuro loro *paterfamilias* fosse predefunto, ovvero fosse stato emancipato e con ciò uscito dalla famiglia; in questo caso anch'essi alla morte dell'attuale *paterfamilias* divengono *sui iuris* e succedono.

La successione si devolveva nello stesso grado *in capita,* in gradi diversi, quando, per esempio, più figliuoli di un figlio predefunto fossero chiamati alla successione, in *stirpes*.

Questa vocazione ebbe origine certo col disciogliersi del gruppo agnatizio in tante singole famiglie; il patrimonio accompagna sempre chi resta investito della sovranità familiare. Che anche le donne succedano non deve sembrar mirabile, quando si tenga presente la posizione singolarissima fatta alle donne dalla dissoluzione del primitivo gruppo agnatizio: cioè ch'esse possono divenire *sui iuris*, senza venire perciò a capo di una famiglia. Del resto al tempo delle XII Tavole la tutela degli agnati sulle donne era ancora molto analoga alla *manus*.

La seconda classe di successibili era costituita dal *prossimo agnato* o dai prossimi di grado eguale. *Si intestato moritur cui suus heres nec escit, agnatus proximus familiam habeto.* La famiglia, in cui si dice succedere l'agnato, significa il patrimonio (1). Anche nella successione degli agnati non si faceva in origine distinzione di sesso: fu soltanto la giurisprudenza che, seguendo lo spirito restrittivo della legge *Voconia;* limitò la successione delle donne alle sorelle consanguinee. Era forse un mezzo di reagire contro la progressiva emancipazione delle donne. Siffatta limitazione venne abolita soltanto da Giustiniano, prima di emanare l'ultima sua riforma, che cancellò ogni traccia del sistema agnatizio.

Nella classe degli agnati il grado prossimo escludeva il più remoto e in modo assoluto, onde anche se l'agnato rinunciava o non adiva l'eredità, non si passava al grado più remoto. Forse la *in iure cessio hereditatis*, permessa appunto agli agnati, porgeva rimedio a questo stato di cose (v. § 199).

(1) Forse questa identità di termini è un vestigio dell'epoca nella quale i due concetti erano ancora inseparati e la successione era in un'autorità complessiva che abbracciava cose e persone.

La terza classe era costituita dai *gentili*. *Si agnatus nec escit, gentiles familiam habento.* Nell'antica età, quando la *gens*, per le memorie che n'abbiamo, costituiva ancora un organismo potente e compatto tra la famiglia e lo Stato, essa doveva succedere come tale; ma abolita anche l'unità della *gens*, succedevano in questa classe i *gentiles* individualmente, cioè i singoli capi delle famiglie gentilizie. Sotto gli Antonini ogni traccia dell' antichissimo diritto gentilizio era da tempo scomparsa.

In modo alquanto diverso veniva regolata la successione dei liberti. La prima classe è pur sempre costituita dai *sui*. Ma nella seconda classe succedono il patrono e la patrona, nella terza i discendenti in *familia* del patrono e della patrona, cioè legati ancora dal vincolo familiare agnatizio; finalmente gli agnati e i gentili. Come si vede, l'ordine della successione è lo stesso che quello degli ingenui, salvo che il liberto non può naturalmente avere che *heredes sui;* al di là subentra la famiglia ov'era prima schiavo.

In guisa analoga a quella del manomesso procede la successione dell'emancipato.

§ 212. La successione intestata secondo il diritto pretorio.

GAII *Inst.*, III, 18-38, *Inst.*, III, 9. D. *De b. p.*, Lib. 37 e 38

La successione del diritto civile era costituita tutta sulla base di un vincolo diverso da quello di sangue e analogo perfettamente al vincolo che lega tra loro i cittadini. È manifesto che, svanita l'importanza di quei consorzi politici primitivi, ogniqualvolta cotesto assoluto riguardo ad un rapporto di natura politica traeva ad escludere dalla successione le persone legate dai vincoli oramai più cari di sangue e di affetto, la cosa doveva apparire una grave iniquità. A mostrare come il diritto delle XII Tavole fosse in proposito uno *stric-*

tum ius, Gaio nota per l'appunto che sono esclusi dalla successione i figli emancipati o per qualunque altra causa non soggetti alla potestà del padre loro (per esempio, si tratta della famiglia di un peregrino che ha conseguito la cittadinanza romana, nè i figli generati innanzi vengono ridotti sotto la patria potestà); che ne sono esclusi gli agnati che hanno subìto una *minima capitis diminutio*, la quale rompe il vincolo agnatizio; che ne sono esclusi finalmente tutti i parenti per parte di donna, perchè non sono agnati, ma soltanto cognati; anzi nemmeno la madre succede al figlio, nè il figlio alla madre. S'aggiunga infine che la moglie (s'intende, libera dalla *manus*) non succede mai al marito.

La coscienza era così mutata sotto gli Antonini, allorchè questo sistema era da tempo caduto, che l'adozione stessa incominciava ad apparire come un vincolo artificiale. Riguardo alla successione dei liberti Gaio trova naturale che il patrono sia escluso dai *sui*, quando costoro sono veramente figli del defunto, ma decisamente iniquo (*aperte iniquum*) ch'egli sia escluso pure dagli adottivi.

Ma simili iniquità, soggiunge Gaio, furono corrette dall'editto del Pretore. Il diritto pretorio non mutò assolutamente la base della successione, ma costituì una specie di compromesso tra la famiglia romana e la famiglia naturale, tra i diritti dell'agnazione e quelli della cognazione, per cui le più stridenti iniquità erano veramente eliminate. Naturalmente il Pretore accorda ai chiamati da lui la *bonorum possessio*.

La successione pretoria comprende nel suo ultimo sviluppo, che noi possiamo seguire dall'epoca di Cicerone, quattro classi. La prima è costituita dai *liberi*, con che s'intendono tutti i figli del defunto, senza distinguere tra *sui* ed *emancipati*. In questa prima classe adunque si rende piena giustizia al vincolo di sangue.

La seconda classe è costituita dai *legitimi*, cioè da coloro che la legge chiamava alla successione. Poichè i *sui* erano chiamati nella prima classe come *liberi* e i *gentiles* scomparvero, questa classe non comprendeva nel periodo classico se non gli *agnati*.

La terza classe è quella dei *cognati* e comprende tutti i parenti di sangue fino al sesto grado e del settimo i figli nati *a sobrino vel sobrina*. Questa vocazione giova sovrattutto per la madre e i parenti per parte di madre, cioè in linea femminile; ma può giovare agli agnati che abbiano subito una *minima capitis deminutio*. Succedeva anche tra i *cognati* il più prossimo; ma il Pretore inoltre riconobbe in questa classe la *successio graduum*, se il più prossimo veniva a mancare o rifiutava o tralasciava di chiedere la *bonorum possessio* nel termine stabilito. I figli illegittimi succedono alla madre e ai parenti materni.

L'ultima classe è costituita dal coniuge superstite (*vir et uxor*).

Ad evitare lo sconcio che nasceva in ordine alla successione, quando il *paterfamilias* avesse emancipato un figlio, ritenendo sotto la sua potestà i nipoti, Salvio Giuliano introdusse nell'editto la clausola, ch'ebbe nome da lui, in forza della quale i nipoti sono chiamati alla successione unitamente al padre loro in una sola quota, che si divide a metà tra padre e figliuoli.

Circa la successione dei liberti, il Pretore chiamò nella prima classe i *liberi*, cioè tutti i figli del manomesso, nella seconda i *legitimi*, cioè il patrono e la patrona e i loro discendenti in *familia*, nella terza i *cognati* del liberto, nella quarta gli *agnati* del patrono, nella quinta il patrono del patrono e i suoi discendenti e ascendenti, nella sesta il coniuge superstite del liberto, nella settima i cognati del patrono. Tutta questa complicazione nasce dal bisogno di conciliare al riguardo in un duplice senso la base vecchia e la nuova della successione, cioè dal lato del liberto e dal lato del patrono. Per sussidio della memoria ed anche per afferrare lo spirito del diritto pretorio giova rilevare che nelle prime quattro classi il diritto pretorio del liberto, per così dire, si alterna col diritto civile del patrono, nelle ultime tre invece il diritto pretorio del patrono si alterna col diritto pretorio del liberto.

La successione dell'emancipato è regolata anche dal Pretore in guisa analoga a quella del manomesso: con questo peraltro, che se l'emancipato era stato manomesso dall'*extraneus*, anzichè dal *parens* (cfr. § 50), i *legitimi* sono preceduti, in base all'Editto *Unde decem personae*, dai prossimi congiunti di sangue.

§ 213. Progressiva evoluzione. I senato-consulti Tertulliano e Orfiziano e le riforme greco-romane.

Inst., III, 3-4, D. *Ad S. C. Tert. et Orph.*, 38,17 Cod., 6.56-57.

Il carattere di tutto lo svolgimento posteriore, in cui l'opera degli imperatori si sostituisce a quella del Pretore, è di basare via via più la successione sul vincolo di sangue e respingere il vincolo politico della pura agnazione.

Le più antiche disposizioni in proposito sono i due senato-consulti *Tertulliano* e *Orfiziano*. Il primo, emanato sotto Adriano, stabilì il diritto di successione della madre rispetto ai figli, il secondo, sotto Marco Aurelio, dei figli rispetto alla madre. Questo così intimo vincolo di sangue non era affatto contemplato nel diritto civile, in cui la successione aveva tutt'altra base; la madre succedeva al figliuolo e il figliuolo alla madre solo quando fossero *agnati*, cioè fossero stati soggetti a uno stesso *paterfamilias* fino alla sua morte, il che avveniva nei matrimoni accompagnati dalla *manus*. Ma nello stesso diritto pretorio madre e figlio potevano succedere reciprocamente solo nel terzo ordine, quello dei *cognati*. Peraltro anche ora il diritto di successione della madre, conforme allo spirito della legge Giulia, venne accordato soltanto alle madri di tre figli, se ingenue, di quattro, se libertine. Inoltre, mentre per il senato-consulto Orfiziano i figli divennero i più prossimi eredi della madre con esclusione di qualunque altro agnato o cognato, il senato-consulto Tertulliano chiamava la madre e insieme le sorelle consanguinee dopo i discendenti del figliuolo defunto e il padre naturale, sia che avesse diritto alla successione come emancipatore (successione legittima o *b. p. contra tabulas*), sia che fosse chiamato alla *b. p. unde cognati:* anzi alla madre erano preferiti anche i fratelli consanguinei. L'eredità in difetto di discendenti, padri e fratelli, era divisa a metà tra la madre e le sorelle consanguinee.

Tanto l'uno quanto l'altro senato-consulto vennero nel periodo greco-romano ritoccati giusta le nuove tendenze. Dal lato della madre le riforme concernono principalmente il *ius liberorum.* Costantino accordò alla madre un terzo dei beni, qualora non avesse il *ius liberorum;* Teodosio e Valentiniano le accordarono due terzi, finchè Giustiniano abolì totalmente il *ius liberorum: quid enim peccavit mater, si non plures, sed paucos peperit?*

Quanto al senatoconsulto Orfiziano i discendenti in generale, non soltanto i figli, vennero chiamati alla successione degli ascendenti materni. Però il diritto dei nipoti importava due terzi dell'eredità che avrebbe avuta il padre loro, se concorrevano con figli, tre quarti, concorrendo con altri agnati. Giustiniano stabilì che di fronte agli agnati collaterali i nipoti fossero chiamati soli alla successione.

Le ultime riforme tendono a far scomparire la distinzione tra gli emancipati e non emancipati, già abolita nella prima classe dal Pretore. Anastasio chiamò insieme tutti i fratelli e le sorelle consanguinee, con questo solo che gli emancipati dovevano ottenere la metà dei non emancipati, concorrendo con essi. La restrizione venne abolita da Giustiniano, il quale anche pareggiò i consanguinei agli uterini, preferendo agli uni e agli altri i germani. Di più Giustiniano chiamò alla successione dello zio tanto i figli di fratello emancipato, quanto quelli di non emancipato, e pareggiò i figli della sorella e quelli del fratello. Un'altra costituzione di Giustiniano tolse ogni differenza tra maschi e femmine e riconobbe il principio della successione dei gradi nella classe degli agnati. Finalmente egli concesse al coniuge povero un quarto dell'eredità; la qual disposizione in seguito fu limitata alla vedova povera.

§ 214. **Novelle 118 e 127.**

Nell'ultimo stadio dello svolgimento del diritto successorio romano la conciliazione tra il vecchio e il nuovo sistema era oltrepassata oramai e la serie dei compromessi nominali, con cui si dissimulava la rivoluzione operatasi, costituiva senza pro un ordinamento complicato e barocco. Devesi considerare come la più felice ispirazione ch'abbia avuto Giustiniano quella di abbandonare, già compiuta la sua compilazione, un simile indirizzo e attuare la sua magnifica riforma della successione intestata colle Novelle 118 e 127.

Il fondamento posto alla successione da queste Novelle è puramente e semplicemente la *famiglia naturale,* cioè a dire la *cognazione* co' suoi gradi e il *matrimonio.* Soltanto l'adozione venne tuttavia rispettata e conservò quindi un vestigio dell'antico sistema; senonchè l'adozione è stata completamente trasformata, come si vide, da Giustiniano stesso e l'estraneo che adotta (*adoptio minus plena*) non stabilisce che un rapporto tra sè e l'adottato, nè questi succede ad altri che all'adottante; onde in sostanza l'adozione viene a stabilire *per la prima volta nel diritto romano* una successione volontaria analoga al testamento.

Le classi degli eredi ordinari sono cinque: 1.° tutti i discendenti, figli, nipoti, ecc.; 2.° gli ascendenti più prossimi in concorso coi fratelli germani o le sorelle o loro figliuoli; 3.° i fratelli o le sorelle unilaterali, cioè consanguinei o uterini, e i figli di fratelli o sorelle unilaterali: 4.° gli altri più prossimi parenti; 5.° il coniuge superstite. Per quest'ultima classe Giustiniano non fece che riconfermare la *bonorum possessio unde vir et uxor.*

Le quattro classi propriamente giustinianee sono state fissate nei seguenti versi mnemonici:

Descendens omnis succedit in ordine primo,
Ascendens propior, germanus, filius eius,
Tunc latere ex uno frater, quoque filius eius,
Denique proximior reliquorum quisque superstes.

I successibili straordinari sono i seguenti: 1.° l'arrogato, il quale ottiene il quarto del patrimonio *(quarta divi Pii),* quando sia stato emancipato senza una sufficiente ragione approvata dal giudice. La quarta dell'arrogato non è però quota ereditaria, bensì un legato imposto dalla legge; 2.° i figli naturali, cioè procreati con una concubina (v. § 54), i quali ottengono il sesto dei beni paterni, se il defunto non ha lasciato moglie o figli legittimi; altrimenti non hanno diritto che agli alimenti: 3.° la vedova povera, la quale ottiene il quarto dell'eredità, ovvero una porzione virile, concorrendo con quattro figli o più. La quota della vedova povera era soltanto in usufrutto, qualora i figli fossero suoi, e non poteva eccedere mai le cento libbre d'oro.

La divisione dell'eredità si fa per capi; solo tra gli ascendenti per linee, e tra nipoti (figli di figli o figli di fratello) per stirpi (1).

In difetto d'ogni parente succedono alcune corporazioni delle quali il defunto faceva parte: la legione al milite, la curia al decurione, la chiesa o il convento al

(1) Si fece questione sin dal tempo dei glossatori per il caso che esistessero soltanto figli di due germani. Azone sosteneva che la divisione si doveva fare per capi, Accursio accettò l'opinione logica della divisione per stirpi; ma la prima ottenne nel 1529 la sanzione della Dieta di Spira e pertanto divenne in Germania diritto comune.

sacerdote e al monaco, ecc. Da ultimo il fisco raccoglie i beni vacanti (v. § 233).

Il diritto delle Novelle ha anche abolito totalmente il ritorno *iure peculii* al *paterfamilias*, cioè in sostanza l'ordinamento dei peculi (cui si era già in parte derogato dalla consuetudine e dalle leggi nell'epoca romano-ellenica, ammettendo la successione a favore dei figli, dei fratelli, del padre naturale), e ha ordinato pienamente secondo le regole del diritto ereditario i beni del *filiusfamilias*. Oramai anche il *filiusfamilias* può avere un erede; cosa affatto straniera al diritto classico (v. § 188).

§ 215. Le collazioni.

D. *De coll.*, 37,6. *De dot. coll.*, 37,7. Cod., 6,20.

La collazione è un istituto d'origine pretoria, che nel periodo greco-romano muta base e funzione, ma riceve assetto definitivo conforme al suo nuovo carattere solo per opera di Giustiniano.

Scopo essenziale della collazione nel diritto pretorio era di rimediare alle irregolari conseguenze patrimoniali risultanti dalla diversa posizione giuridica dei chiamati, principalmente del *suus* e dell'emancipato. Era equo che, mutata l'essenza del primitivo ordinamento sociale, tutti i figliuoli fossero chiamati a raccogliere l'eredità del padre loro; ma sarebbe stato gravemente iniquo non tener conto che l'emancipato, divenuto *paterfamilias* all'atto dell'emancipazione, poteva essersi costituito un patrimonio proprio, mentre invece il *suus*, rimasto nella famiglia, aveva continuato ad acquistare al suo *paterfamilias*, crescendo il patrimonio, nel quale ora l'emancipato veniva a concorrere.

Per ovviare a questa iniquità il Pretore obbligò gli emancipati e in genere tutti i figliuoli del defunto non soggetti alla sua patria potestà al momento della morte, come, ad esempio, coloro che erano stati adottati in altre famiglie o le figliuole andate a nozze assoggettandosi alla *manus* o i figli nati prima che il padre loro avesse acquistato la cittadinanza romana, che era stata poi concessa ad essi soltanto in seguito, senza ridurli quindi sotto la romana potestà del padre loro, a contribuire nella massa ereditaria i beni propri, facendo che venissero divisi tra tutti alla pari dei beni veramente ereditari. È questa propriamente la *collatio bonorum*.

Ma il Pretore obbligò altresì la figlia andata a nozze assoggettandosi alla *manus* a conferire la dote. È questa la *collatio dotis*, da Antonino estesa all'eredità civile.

La collazione comprende tutti i beni dell'emancipato, il quale può anche esser tenuto a rispondere di ciò che più non possiede. Dei beni che possedeva innanzi alla morte del padre risponde solamente in caso di dolo; delle perdite subite in seguito è tenuto responsabile fino alla colpa lieve (1). L'obbligo degli emancipati alla collazione non esiste nel concorso degli emancipati tra loro; e non esiste nemmeno in confronto del *suus*, quando in casi eccezionali egli non abbia avuto danno dal concorso dell'emancipato.

La grave trasformazione della *familia* nel periodo greco-romano colla conquistata indipendenza dei *filiifamilias* per lo sviluppo dei peculi, che via via scemava la differenza tra soggetti e non soggetti e sottraeva delle masse di beni alla collazione, diminuì l'importanza dell'istituto. Ma allora esso comincia ad acquistare un nuovo carattere.

L'intento è ormai di pareggiare le condizioni dei vari chiamati alla successione in ordine ai beni che loro derivano dal defunto stesso. Ciò che ognuno ha conseguito innanzi si riguarda come una anticipata successione.

(1) L. 1 § 23; L. 2, D. *h. t.*, 37, 6. Il diritto comune applicò a entrambe le ipotesi il limite giustinianeo della *diligentia quam suis* o colpa in concreto (§ 34-35): non molto probante ai riguardo è la L. 1 § 23 cit., ma ben è probante la logica del rapporto, in quanto trattasi di coeredi, tra cui questo limite di responsabilità è nel diritto giustinianeo riconosciuto (cfr. § 172 e 198).

Questa nuova funzione dell'istituto, che aveva il suo addentellato nella collazione della dote, già traspare in una costituzione di Gordiano, la quale stabilì che la dote profettizia si dovesse conferire a tutti i fratelli indistintamente, *sui* ed *emancipati*, come quella che deriva dal patrimonio paterno.

Nell'epoca bizantina Leone obbligò *tutti* i discendenti a conferire i beni loro pervenuti dall'ascendente a titolo di dote o di donazione *ante nuptias*. Finalmente Giustiniano colla Novella 118 stabilì che la collazione dei discendenti avesse luogo tanto nella successione intestata quanto nella testamentaria e si dovessero conferire la dote, la donazione *propter nuptias*, le somme ricevute per l'acquisto di una carica *(militia)*: chi non aveva poi ricevuto nè dote, nè donazione *propter nuptias* doveva conferire anche le donazioni semplici ai discendenti, i quali conferivano per altro titolo.

La base giustificativa della nuova collazione cessava, se il defunto avesse espressamente dichiarato i beni esenti dalla collazione.

IV. — SUCCESSIONE LEGITTIMA CONTRO IL TESTAMENTO

§ 216. Nozioni generali.

La successione legittima contro il testamento si svolse come reazione al diritto assoluto di testare del *paterfamilias*, il quale, perduto il suo significato primitivo, poteva bensì essere adoperato a respingere il vincolo puramente agnatizio e gentilizio in pro della famiglia naturale, ma poteva anche essere volto dall'arbitrio individuale a tradire agnati e cognati.

Le limitazioni che s'introdussero furono dapprima limitazioni di carattere meramente formale: utili a ogni modo come freno alla volontà, se non alla libertà. Appresso vennero anche limitazioni sostanziali, distinte dalle prime. I moderni usano distinguere le due categorie coi termini *successione necessaria formale* e *successione necessaria materiale;* ma è bene schivare l'epiteto di *necessaria* dai Romani adoperato in altro senso (cfr. § 189).

Giustiniano anche su questa materia proseguì dapprima, riformando, le tracce antiche, ma in una delle costituzioni emanate in seguito alla compilazione (novella 115) riavvicinò le due successioni, senza però giungere a una perfetta fusione.

Il diritto degli eredi legittimi cessa nel testamento militare e nelle sostituzioni pupillari.

§ 217. Successione legittima formale.

La *successione legittima formale* consisteva nell'obbligo imposto al testatore di non preterire, ossia non passare sotto silenzio i successibili *ab intestato* della prima classe, ma o istituirli o diseredarli espressamente (1).

La giurisprudenza riconobbe questo diritto nella prima classe degli eredi *civili*, cioè nella classe dei *sui*, seguendo lo spirito dell'ordinamento familiare romano, in base al quale i *sui* erano moralmente condomini della sostanza familiare (2). La istituzione o la diseredazione dovevano esser fatte nel debito modo *(rite)*. Il *filius suus* doveva esser diseredato nominatamente *(nominatim)*, le figlie e i nipoti anche cumulativamente o *inter ceteros (ceteri omnes exheredes sunto)*.

La preterizione di un *filius suus* annulla il testamento. La preterizione di una figlia o di un nipote dà solo il diritto di concorrere cogli eredi istituiti in una certa quota *(ius adcrescendi ad certam portionem)*, che è una porzione virile di fronte a un *heres suus*, la metà contro un erede estraneo.

(1) Ulp. *Reg.*, 22, 14.

(2) Gaii *Inst.*, II, 157; Paul *Collatio*, 16, 3, 6; L. 11, D. *De her. inst.*, 28, 5.

Una categoria speciale di *sui*, con cui si dovette provvedere in guisa diversa, sono i *postumi sui*, cioè tutti coloro che per nascita, adozione, arrogazione e (nel diritto classico per *conventio in manum)* divengono *sui* dopo la confezione del testamento. Costoro non erano stati contemplati dal testatore; onde il loro sopravvenire annullava necessariamente il testamento, che dicevasi *rotto (testamentum agnatione postumi ruptum)*. Ma via via la legge o la giurisprudenza rimediarono allo sconcio, permettendo d'istituire o diseredare in ipotesi le varie categorie di *postumi*, che ebbero nome dai giureconsulti (salvo una classe regolata dalla *lex Iunia Vellaea*, a. 26 d. C.): a) *postumi legitimi*, nati dopo la morte del testatore, b) *Aquiliani*, nati egualmente dopo la morte del testatore in tempo debito da un figlio predefunto, c) *Velleiani* o *Juniani*, nati dopo la confezione del testamento, d) *quasi Velleiani*, divenuti *sui* dopo la confezione del testamento per la premorienza di un *suus* immediato, e) *Juliani* o *Salviani*, nati e divenuti *sui* dopo il testamento per la premorienza di un *suus*.

La successione legittima formale venne dal Pretore applicata alla sua prima classe di successibili, cioè a tutti i *liberi* o discendenti del defunto, fossero *sui* o *emancipati*. Egli inoltre estese ai nepoti (non però alle femmine) il diritto di essere nominatamente istituiti o diseredati.

La preterizione non annullava il testamento e il titolo di erede nell'istituito, ma questo era un *heres sine re*, perchè il Pretore accordava al preterito la *bonorum possessio contra tabulas*. Un rescritto di Marco Aurelio stabilì che le figlie e i nipoti non dovessero avere se non quanto conseguivano per diritto civile.

Giustiniano abolì sotto tutti gli aspetti ogni distinzione di grado e di sesso e impose per tutti l'istituzione o diseredazione *nominativa* sotto sanzione di rottura, lasciando però sussistere il sistema civile e il sistema pretorio colla distinzione tra *sui*, *postumi* e *liberi*.

§ 218. Successione legittima reale e istituto della legittima.

1. *De inoff. test.*, II, 18. Dig., 5, 2. Cod., 3, 28; 29; 30.

La successione legittima reale è una effettiva limitazione della libertà di testare consistente nell'obbligo di lasciare una quota dei beni ai più stretti congiunti tra i successibili *ab intestato (portio legitima o debita)*. Questa limitazione della legittima è un istituto ben distinto dal sistema germanico della riserva familiare, con cui la legittima si è fusa nel diritto moderno. La legittima romana non è d'origine primitiva, ma sorta in tempi storici assai tardi; non è nata dal diritto primigenio della famiglia sui beni, bensì da riguardi di pietà, di cui la società civile e lo Stato si resero interpreti; non ha per iscopo di mantener l'unità e il lustro della famiglia, bensì di assicurare ai più stretti congiunti del defunto un'equa partecipazione nei suoi beni e un modesto sostentamento. E ciò s'intende bene, compreso una volta il carattere diverso del testamento romano e del cosiddetto testamento germanico, il primo originario e destinato a mantenere l'unità familiare e a trasmettere la potestà presso un popolo, cui era affatto ignoto il sistema della primogenitura, il secondo nato in epoca tarda col disgregarsi dell'unità familiare e l'emancipazione dell'individuo, che veniva a sottrarre i propri beni ai rappresentanti di quella unità. In breve: la legittima è un'emanazione della nuova coscienza sociale, la riserva è un residuo dell'ordinamento sociale e delle idee d'un'epoca primitiva (1).

L'istituto della legittima spunta non prima dell'epoca

(1) Per l'antitesi tra la riserva e la legittima e le influenze rispettive nell'istituto moderno, cfr. De Pirro, *Contributo alla teoria della legittima* nella *Riv. it. per le sc. giur.*, 1895-96.

L'istituto che dal punto di vista organico nel sistema romano risponderebbe alla riserva germanica è la quarta Falcidia. Cfr. § 226.

Il Tamassia, *La Falcidia*, p. 38 n. 3 in *Mem. Ist. Ven.*, vol. 27 (1905), dichiara « non soverchiamente sicura » la differenza qui posta tra la riserva imperiale. Essa ebbe origine dai giudizi centumvirali, poichè davanti ai centumviri si discutevano le controversie sull'eredità. Per annullare il testamento nei casi di iniquità flagrante e dar ragione all'erede legittimo, che intentava la *hereditatis petitio,* si ricorse a una finzione, che richiama la δίκη μανίας del diritto antico: di considerare come non sano di mente il testatore che non l'aveva affatto contemplato (*quasi non sanæ mentis testator fuerit*). Ma il collegio centumvirale non era investito del giudizio per gli eredi intestati di diritto pretorio, nè per i cittadini romani residenti in provincia. A questo bisogno si provvide, a quanto pare, per via di una *cognitio extraordinaria,* che era la *querela inofficiosi testamenti.* Il testamento veniva rescisso *extra ordinem* dal magistrato, perchè il testatore aveva mancato gravemente al suo debito *(officium)* e recato offesa al suo prossimo congiunto, trascurandolo completamente. Questo mezzo straordinario nella terza epoca si è fuso col primo, ma l'istituto giustinianeo, come nel nome, così nei caratteri, rappresenta piuttosto la *querela inofficiosi testamenti* che non la *hereditatis petitio* qualificata (1).

L'introduzione di questi mezzi condusse a determinare la porzione debita che il prossimo congiunto doveva ricevere, perchè il testamento non fosse dichiarato *inofficiosum* e rescisso. La quota della legittima era nel diritto antegiustinianeo un quarto della porzione intestata (2). Giustiniano stabilì che fosse un terzo, se i

germanica e la Falcidia romana. Poichè l'autore, germanista insigne, da me interrogato, gentilmente mi rassicura che non è errato, come io temeva, quanto io affermo circa la riserva germanica, debbo alla mia volta dichiarare che in ordine alla legittima romana i singoli momenti asseriti (tarda origine, fondamento sulla *pietas*, misura limitata, ecc.) sono dati di fatto certissimi, non congetture o idee mie personali — Per la organica omologia della riserva colla Falcidia è documento parlante l'uso del termine Falcidia nel diritto medioevale (lo scritto citato del Tamassia con questo titolo tratta precisamente della riserva o della legittima) e nel diritto bizantino.

(1) Cfr. Eisele, *Zur Querela inofficiosi* nella *Zeitschrift der Savigny Stiftung für Rg.* vol. 15 (1881), p. 256.

(2) Pare che questa misura (imitata certo dalla quarta Falcidia) sia

legittimari eran quattro o meno di quattro, la metà, se erano più. Per calcolare la quota legittima si tiene conto di tutti i chiamati a succedere *ab intestato*, ancorchè non legittimari e si considera la stato del patrimonio netto al momento della morte del testatore.

Le persone dei legittimari, determinate in modo stabile solamente nell'epoca romano-ellenica, erano i discendenti, gli ascendenti, i fratelli e le sorelle germani e consanguinei ammessi nel solo caso che fosse stata loro preferita una persona turpe.

La legittima si poteva lasciare con qualunque disposizione di ultima volontà: anche un legato o una donazione a causa di morte. Anzi Giustiniano ha disposto che vengano imputate nella legittima anche le anticipazioni fatte dal testatore durante la vita e le donazioni semplici fatte colla condizione che venissero imputate nella legittima (1).

Poichè la legittima è un *minimum*, non vi può essere apposta una condizione o un modo o un termine (2).

L'azione che s'intenta per la violazione della legittima dicesi *inofficiosi testamenti* o *inofficiosæ donationis* o *dotis* (le due ultime ammesse dai tempi di Alessandro Severo), secondo l'atto che la viola. L'azione è basata sul *color insaniæ,* come la *hereditatis petitio,* che in simili casi s'intentava già davanti ai centumviri e, a un tempo stesso, sull'offesa, come l'antica *querela,* vale a dire è, come questa, un'*actio vindictam spirans.* La *querela* si dirige contro l'erede istituito. Se questi indugia a dichiararsi, gli vien prefisso un termine di sei

stata fissata da un senatoconsulto sotto Marco Aurelio. Cfr. ALIBRANDI negli *Studi giur. per l'VIII Cent. dell'Un. di Bologna*, 1888. Contro: EISELE *Z. der Sav. Stift. fur Rg.* v. 20 (1899), p. 238.

(1) L. 35, C. *De inoff. test.*, 3, 28; § 6. I. *De in test.*, II, 18; L. 25 pr. D. *De in. test.*, 5, 2 interp. *potest-donatum est* (FABER, LENEL, FERRINI, MANCALEONI).

(2) Un giureconsulto italiano del secolo decimosesto inventò lo spediente, che da lui prese il nome di *clausola Socini*, di lasciare al legittimario una somma superiore alla legittima, esigendo ch'egli adempia l'onere o rinunci al di più.

mesi tra presenti, di dieci tra assenti; decorso il quale, s'intende che abbia accettato. Questa azione ha carattere pregiudiziale: con essa si ottiene la rescissione del testamento, dopo di che il legittimario potrà chiedere la sua quota colla *hereditatis petitio ab intestato*. Con questa azione il legittimario consegue tutta la sua quota *ab intestato* e fa rescindere il testamento, sia totalmente, sia anche solo parzialmente: nella quale seconda ipotesi si ha una nuova eccezione al principio *nemo pro parte testatus pro parte intestatus* ecc. Il legittimario deve provare in giudizio la sua buona condotta, che non meritava l'affronto fattogli dal defunto; perde la lite, se non riesce in questa prova. Inoltre l'esclusione del legittimario può essere anche fatta con buona intenzione *(bona mente),* il che però dev'essere espressamente dichiarato. Tale era, ad esempio, il caso dell'istituzione del nipote invece del figlio.

Questa azione presenta alcuni caratteri speciali, che derivano sovrattutto dalla natura straordinaria dell'istituto omonimo nel diritto antegiustinianeo. Essa si prescrive nel termine di cinque anni, non passa agli eredi, salvo che la lite non sia stata preparata o che gli eredi stessi sieno figli del legittimario, cessa per la rinuncia espressa o tacita del legittimario. Se il legittimario soccombe, perde tutte le liberalità a favor suo contenute nel testamento. Da ultimo la legittima dev'essere lesa per intero: in caso diverso il legittimario poteva nel diritto classico intentare la *petitio hereditatis* per completare la quota minore della legittima lasciatagli dal testatore, ovvero l'azione *ex testamento*, se questa minor porzione gli era stata lasciata per legato. Se il testatore aveva lasciato il meno, ma colla clausola espressa che nel caso di deficienza si dovesse supplire, v'era l'*actio ad supplendam legitimam,* introdotta da Costanzo e Giuliano. Giustiniano stabilì che la clausola si dovesse in ogni caso sottintendere. Le regole speciali della *querela inofficiosi testamenti* non valgono per l'azione suppletoria.

§ 219. **Novella 115.**

Colla Novella 115 Giustiniano prescrisse che gli ascendenti e i discendenti dovessero necessariamente venire istituiti *eredi*. La diseredazione non è ammessa se non per motivi gravi e determinati dalla Novella stessa: l'attentato alla vita, l'ingiuria intollerabile, l'accusa criminale e simili. È mantenuta la diseredazione *bona mente*.

Rispetto alla quota legittima sono mantenuti gli antichi principî, salvo che agli ascendenti e discendenti essa deve esser lasciata a titolo di eredità. Nulla è innovato circa il diritto dei fratelli e sorelle germani e consanguinei, cui sia stata preferita una persona turpe. Viva controversia regna sulle conseguenze della diseredazione o preterizione contro i principî della Novella. È a ritenere che, essendo la Novella più ch'altro una esaltazione del diritto formale e non una forma della legittima propriamente detta, l'azione da intentare non sia la *querela inofficiosi testamenti*, bensì una vera azione di nullità del testamento.

V. — LEGATI E FEDECOMMESSI

Ferrini, *Teoria dei legati e fedecommessi*, Milano 1889.

§ 220. **Nozione e storia del legato.**

GAII *Inst.*, II, 192-216.

Anche il legato è una causa generale di acquisto nel senso che per esso si possono acquistare diritti di varia natura; ed è come l'eredità un acquisto a causa di morte.

La differenza del legato dall'eredità è nel diritto romano questa: che il legato è una *pura e diretta* trasmissione patrimoniale, laddove, come s'è visto, l'acquisto ereditario è fatto dipendere *dal titolo di erede*. Perciò le conseguenze caratteristiche del diritto ereditario non si avverano circa i legati: il legato non opera punto una *successio in ius;* il che vuol dire che il legatario non subentra nella posizione giuridica del defunto e quindi anche nei debiti, nella buona o mala fede, ne' vizi del possesso, ecc., e quando anche il defunto gli abbia lasciato l'universalità o una quota del suo patrimonio, come nel diritto romano era possibile, egli non acquista il patrimonio in blocco e in lui non trapassano i diritti intrasmissibili. Il legato costituisce insomma una delle consuete cause di alienazione e di acquisto patrimoniale dalla dottrina giustinianea riassunte nel concetto della *successio in res singulas* o successione a titolo singolare o particolare, riavvicinandole e contrapponendole in pari tempo all'eredità (v. § 22 e 187).

Nel diritto moderno, per una tradizione storica male intesa (v. § 200 in fine), è venuta a stabilirsi anche una differenza nel modo di chiamare all'eredità o al legato: è erede chi è chiamato nell'universalità o in una quota di beni, è legatario chi è chiamato in oggetti singoli o determinati, sia pure che esauriscano il patrimonio del defunto (Cod. civ., art. 760). Questa differenza non esiste nel diritto romano, in cui è legatario anche chi vien chiamato nella universalità o in una quota di beni, poichè ciò che fa l'erede è il titolo, non l'assegnazione del patrimonio sotto qualunque forma.

È ben probabile che nelle origini prime i legati non fossero che donazioni a causa di morte. In tutte le società primitive suol essere permesso al capo-casa di disporre liberamente a causa di morte soltanto di una certa quantità o qualità di beni: il vero patrimonio comune della famiglia non può esser sottratto ad essa ed al suo nuovo capo o rappresentante. Queste donazioni a causa di morte non si voglion paragonare al testamento romano colla sua istituzione di erede, che ha tutt'altra natura. Fu un passo decisivo nel diritto romano, ma assai facile e naturale, quando simili donazioni a causa di morte si ammisero (a datare forse dalle XII Tavole) *nello stesso atto in cui si designava l'erede* (1). Allora esse presero il nome di *legata*, parola che verosimilmente deriva da *legare* nel senso di dare incarico o mandato (2), poichè erano veri incarichi affidati all'erede.

Nel diritto classico i legati non si potevano ordinare se non dopo l'istituzione d'erede e in forma solenne. Si distinguevano quattro specie di legati con diverso effetto. Due di esse rappresentano propriamente i tipi fondamentali e sono il legato di proprietà o *per vindicationem* e il legato di obbligazione o *per damnationem*. La forma più antica del primo era *do, lego*; in seguito anche *sumito, capito, sibi habeto.* Questo legato trasferiva immediatamente la proprietà della cosa al legatario, il quale poteva esperire quindi la *rei vindicatio* contro l'erede. Conforme alla sua efficacia, non si potevano trasmettere con questo legato se non le cose che fossero in proprietà civile *(ex iure Quiritium)* del testatore, sia all'epoca della confezione del testamento, sia all'epoca della morte; per le cose fungibili, il secondo momento bastava.

La forma tipica del legato per *damnationem* era la seguente: *heres meus damnas esto dare*, ma si ammisero come equivalenti le altre: *dato, facito, dare iubeo.* Questo legato non trasferiva la proprietà dell'oggetto, ma generava a favor del legatario un diritto di obbligazione verso l'erede, per cui egli poteva esperire l'azione personale contro di questo per farsi trasmettere il dominio nei debiti modi. Qualunque oggetto si poteva lasciare in questa forma, anche delle cose che non fossero in proprietà del defunto, ma dell'erede stesso o di un terzo.

(1) BONFANTE, nel *Bull. dell'Ist. di dir. rom.*, a. 1891. — Non già che il testamento romano abbia mai contenuto soltanto meri legati o donazioni a causa di morte!

(2) FADDA, *Origine dei legati* negli *Studi giur. e stor.*, Roma, 1888.

È forma secondaria del primo tipo il legato per *præceptionem*, del secondo il legato *sinendi modo*. La formula del primo era *præcipito*. Anch'esso produceva l'immediato acquisto della proprietà da parte del legatario. Non si distingueva dal legato per *vindicationem* se non per esser stabilito solo a favore di alcuno tra vari coeredi, al quale era concesso dal defunto di prelevare dall'eredità un oggetto speciale per conto suo, sottraendolo quindi alla divisione. Peraltro i Proculeiani ritennero che in questa forma si potesse legare anche ad estranei, cioè non eredi.

La formula del legato *sinendi modo* era la seguente: *heres meus damnas esto sinere Lucium Titium servum Stichum sumere sibique habere*. A differenza del legato per *damnationem*, al quale si richiama, non si potevano con questo legare oggetti di un terzo, perchè l'erede non è tenuto che a lasciar fare, a permettere. È probabile che questa forma di legato fosse introdotta per rapporti di fatto, che non costituivano diritti, almeno rispetto al *ius civile*, come la *possessio* dell'*ager publicus*, il dominio bonitario, ecc.

Le conseguenze rigorose della forma e dei requisiti di ciascun legato (non però le differenze tra le varie specie) furono diminuite notevolmente dal senato-consulto neroniano, il quale stabilì che se un legato *per vindicationem* era invalido come tale, potesse allora esser valido come legato *per damnationem*, che era la forma più larga *(optimum ius)*, e in tal caso il legatario *per vindicationem*, considerato pur sempre come tale quanto agli effetti particolari, massime pel diritto di accrescimento (v. § 224), aveva per ottener la cosa l'azione personale (1). Ma come ogni altra forma connessa alle tradizioni prettamente romane, anche queste dei legati svanirono nel periodo greco-romano. Dapprima l'imperatore Costanzo abolì pienamente l'osservanza dei modi

(1) Cfr. Ascoli, *Sul sc. Neroniano* nell'*Archivio giuridico*, vol. 40 (1888).

prescritti alle varie specie di legati; finalmente Giustiniano tolse ogni differenza, attribuendo a tutte le forme gli stessi effetti, cioè, quel che più importa, l'azione obbligatoria e l'azione reale, salvo naturalmente che fosse stata legata la cosa di un terzo.

§ 221. Nozione e storia del fedecommesso e del codicillo.

GAII *Inst.*, II, 247-289. I. *De cod.*, II, 25; D. *De iure cod.*, 29, 7. Cod., 6. 36.

Fedecommesso, come il nome dice (*fidei commissum*), è un incarico che si affida all'onestà e alla fede altrui. Molte istituzioni, massime del diritto successorio, cominciarono col non essere altro che istituzioni fiduciarie. V'erano parecchie ragioni che potevano indurre le persone a ricorrere a questo mezzo estremo: principalmente il doversi ordinare un legato necessariamente in un testamento, che non sempre il cittadino, massime in paese estero, aveva comodità di fare, e il desiderio di lasciare a persone incapaci di ricevere per legato. La sanzione giuridica fu accordata all'istituto dall'imperatore Augusto, dapprima in casi speciali, mosso da gravi perfidie o da ragioni di favore, appresso in via generale, ordinando senz'altro ai consoli d'interporsi *extra ordinem* in simili casi. Ma l'istituto rispondeva così vivamente alla coscienza sociale, che l'imperatore Claudio fu indotto a nominare due Pretori per siffatti giudizi. Tito li ridusse a un solo. Nelle provincie la competenza venne attribuita ai governatori.

In origine i fedecommessi non eran vincolati a forma veruna e si usavano fare a voce o più spesso, per l'uso oramai generalizzato della scrittura, in uno scritto semplice che si diceva *codicillo*. Pertanto la storia del fedecommesso s'intreccia con quella del codicillo. A poco a poco le disposizioni più varie assunsero la forma di fedecommessi, e si ammise che i codicilli confermati nel testamento potessero contenere anche dei legati e persino la designazione dell'erede, istituito però debitamente nel testamento. Rimanevano escluse assolutamente dall'ambito del codicillo soltanto l'istituzione d'erede e la diseredazione; ma d'altra parte coll'uso della clausola codicillare aggiunta al testamento, questo, se nullo come tale, poteva esser fatto valere almeno come codicillo.

Le locuzioni più svariate erano ammesse pel fedecommesso: *rogo, volo, peto, cupio, mando* e financo *desidero* e *impero* (1).

Senonchè, cresciuto di tanto il valore dei codicilli, si pervenne a un risultato non nuovo nella storia del diritto romano: dall'eccesso di formalità si era passati a una soverchia libertà. A ciò si reagì nell'ultima epoca, la cui tendenza è di estendere ai codicilli le formalità dei testamenti. Costantino stabilì che i codicilli *ab intestato* si dovessero fare alla presenza di sette o almeno cinque testimoni: com'era a suo tempo lecito ne' testamenti (2). Nell'anno 424 Teodosio II richiese questa forma per tutti i codicilli testamentari e *ab intestato*, non meno che pei testamenti (3); ma colla sua Novella testamentaria abolì il testamento avanti a cinque testimoni e di ripercussione anche il codicillo.

Giustiniano tornò in parte all'antico, quanto ai testimoni, ripristinando il numero di cinque pei codicilli (4). Egli dispose inoltre che i codicilli privi di forma dessero facoltà all'onorato di deferire il giuramento a chi era gravato del fedecommesso.

Insieme erano state estese anche ai codicilli e ai fedecommessi le restrizioni circa la facoltà di legare, esclusi

(1) PAUL. *Sent.*, 4, 1, 6, ove però si ripudiano i modi *relinquo* e *commendo*.

(2) L. 1, Cod. Th. *De test. et cod.*, 4, 4 (a. 326).

(3) L. § 7, § 2, C. Th. *De test. et cod.*, 4, 4.

(4) L. 8 § 3, C. *De cod.*, 4, 36. È la legge 7 § 2, C. Th. 4, 4 gravemente interpolata. — Di fronte al diritto delle Costituzioni, rappresentato nel Codice, i testi delle Pandette circa la piena assenza di forme dei codicilli hanno mero significato storico, il che esegeticamente è tanto più meraviglioso, in quanto le Istituzioni stesse (§ 37, I. II, 25) ripetono in ordine ai codicilli: *et nullam sollemnitatem ordinationis desiderant.*

i celibi e gli orbi dal senato-consulto pegasiano ed estesa la *quarta Falcidia* (§ 226), esclusi sotto Adriano i peregrini e le persone incerte. Quanto alla capacità non restavano quasi se non i *Latini Iuniani*, che potessero ricevere per fedecommesso e non per legato.

Per effetto di questa evoluzione legati e fedecommessi si erano sempre più venuti avvicinando: rimaneva solo una certa differenza nel maggior riguardo alla volontà del defunto che si usava nei fedecommessi. Giustiniano abolì ogni diversità e formò dei due un unico istituto, composto delle norme più favorevoli dell'uno e dell'altro, e quindi principalmente del fedecommesso (1).

§ 222. Il legato o fedecommesso nel diritto giustinianeo.

I. *De leg.*, II, 20 — 24. Dig., 30-31. Cod., 6, 37 — 43.

Il legato è definito nelle Istituzioni: *donatio quædam a defuncto* (2) *relicta, ab herede præstanda,* e nel Digesto da Fiorentino: *delibatio hereditatis, qua testator ex eo, quod universum heredis foret, alicui quid collatum velit* (3). Ma già nel diritto classico non era più esatto il dire che il legato è una sottrazione fatta all'eredità, intesa questa come patrimonio del defunto, poichè si può legare cosa dell'erede o di un terzo: nel diritto nuovo poi non è esatto il dire che la prestazione del legato incombe all'erede, perchè non soltanto l'erede, ma qualunque beneficato dal testatore può esser gravato di legati, nè occorre più che il lascito sia fatto in un testamento.

Ma certamente il legato è un atto di liberalità o una donazione in senso lato: onde il legato di debito fatto al proprio creditore è nullo, quando questi non ne rimanga avvantaggiato.

(1) Sui criteri per determinare il carattere antico del lascito (se legato *per vindicationem* o *per damnationem* o *sinendi modo* o fedecommesso) cfr. SEGRÈ, *N te esegetiche* in *Studi per Scialoia* I p. 211 sgg.
(2) *Testamento* o *a testatore* nel frammento classico. Cfr. Mod. 36, D. *De leg.*, 31 (2).
(3) L. 116 pr. D. *De leg.*, 30 (1).

Ciò premesso, il *legato* si può definire: « un atto unilaterale di liberalità, col quale il defunto intende avvantaggiare una persona a carico di altri beneficati dall'eredità ».

Giova separare la trattazione del *legato* o *fedecommesso singolare* dal *fedecommesso universale* (col quale s'è fuso nel nuovo diritto il legato dell'universalità o di una quota), perchè questo, per effetto di alcune speciali riforme, s'è andato molto accostando all'eredità, massime colla involuzione subita dal concetto genuino dell'eredità. E dapprima ci occupiamo del legato o fedecommesso singolare.

Le persone che occorre prendere in considerazione in un legato sono: il defunto, cioè l'*autore*, chi n'è gravato, ossia l'*onerato*, e chi n'è beneficato, ossia l'*onorato*.

L'*autore* deve avere la *testamenti factio*, sia all'epoca del testamento, sia all'epoca della sua morte.

Quanto all'*onerato* o *gravato*, nel diritto antegiustinianeo (trattandosi di legato, non di fedecommesso) poteva esser soltanto l'erede testamentario: nel diritto giustinianeo, per la fusione operata dei legati e fedecommessi, può esser gravato chiunque sia stato beneficato a causa di morte dal defunto, quindi anche legatari, fedecommissari, donatari a causa di morte o anche tra vivi, se la donazione è revocabile, eredi legittimi, debitori ereditari, il fisco ultimo successore.

L'*onorato* nel diritto antegiustinianeo doveva avere la *testamenti factio* col defunto. Anche a questo riguardo però la fusione operata dei legati e fedecommessi ha portato una diminuzione di rigore. Può essere onorato anche chi non è concepito alla morte del testatore; dal tempo di Nerone e Adriano le città, dal tempo di Marco Aurelio i collegi, con Giustiniano i *postumi sui*, i *postumi alieni* e tutte le corporazioni lecite (v. § 201).

Se tutti gli eredi sono gravati di un legato, ciascuno è tenuto a soddisfarlo in proporzione della sua quota ereditaria. Se invece il legato è imposto nominatamente ad alcuni, il carico del pagamento si distribuisce tra essi in parti eguali, cioè per quote virili (1).

Se più legatari sono chiamati in uno stesso oggetto, sia congiuntamente, sia successivamente, nel diritto giustinianeo si concede a ciascuno una quota virile dell'oggetto. Lo stesso procedimento si tiene anche tra più eredi legatari, senza aver punto riguardo alla quota ereditaria.

Come nell'istituzione di erede (§ 207 e 26), le condizioni impossibili non viziano il legato, ma si hanno per non apposte (2).

Secondo la diversità dell'oggetto si distinguono specie diverse di legati: il legato di cosa determinata *(legatum speciei)*, di universalità di cose *(legatum universitatis)* (3), di somme o quantità, di rendite annuali o mensili *(legatum annuum, menstruum)*, di alimenti, di *iura in re aliena*, di un credito verso altri *(legatum nominis)* o di un credito verso lo stesso legatario *(legatum liberationis)*, il legato del proprio debito al creditore *(legatum debiti)*, a patto che sia vantaggioso al creditore stesso, il legato di dote e finalmente il legato alternativo e il legato di genere. Nell'uno e nell'altro la scelta tra gli oggetti ereditari spetta al legatario, ove il testatore non abbia altrimenti disposto: ma nel *legatum generis* il legatario non può sceglier l'ottima delle cose, come alla sua volta l'erede che abbia la scelta non può dar la pessima (4).

Il legato si può ordinare nel diritto giustinianeo tanto in un testamento quanto in un codicillo.

(1) L. 124, D. *De leg.*, 30. Soluzione contraria (quote ereditarie) in L. 17, D. *De duob. reis*, 45, 2: forse regnava controversia tra le due scuole in ordine ai legati *per damnationem* e ai fedecommessi, o fors'anche il secondo testo è interpolato.

(2) Forse per attrazione dall'istituzione di erede. Certo in ordine ai legati ancora si disputava tra le due scuole a tempo di Gaio (GAII III, 98).

(3) Da non confondere col legato o fedecommesso universale *riferito al patrimonio*, che i giureconsulti classici dicevano *hereditatis* e soltanto Giustiniano chiama *universitatis* (§ 229).

(4) L. 110, D. 30 (1) interpol. (FERRINI). — Nel diritto antegiustinianoe

Si distinguono i codicilli testamentari e i codicilli *ab intestato*. I primi si riferiscono a un testamento fatto o da farsi e seguono la sorte del testamento. I secondi hanno valore, qualunque sia il successore legittimo, e il fisco istesso è tenuto a rispettarli, salvo che non siano espressamente contemplati alcuni successori legittimi. Anche il testamento, se invalido come tale, può valere come codicillo in forza della clausola codicillare aggiunta. Qualunque dichiarazione colla quale il testatore reclama che si rispetti la sua volontà è *clausola codicillare*, e in forza di essa tutte le disposizioni, la stessa istituzione di erede, sono salve come disposizioni fedecommissarie imposte all'erede legittimo.

§ 223. Acquisto del legato.

D. *Quando dies*, 36. 2. *Quando dies ususfr.*, 7. 3. Cod., 6, 53.

Circa l'acquisto del legato conviene distinguere due momenti: il giorno in cui il legato comincia a decorrere a favore dell'onorato e il giorno in cui l'onorato l'acquista definitivamente. Le espressioni romane sono: *dies legati cedit* per il primo momento e *dies legati venit* per il secondo.

Di regola il *dies cedit* al momento della morte del testatore, il *dies venit* al momento dell'adizione. Nel diritto antegiustinianeo in forza della *lex Julia* e *Papia Poppæa* il *dies cedens* era stato differito al momento dell'apertura delle tavole testamentarie (1). Giustiniano ripristinò l'antico diritto.

L'importanza del *dies cedens* è che da quel momento il legato si fissa sopra una determinata persona, donde

si faceva distinzione tra il legato *per vindicationem* e il legato *per damnationem*. Tipo speciale era poi il *legatum optionis*, in cui la scelta conferita espressamente al legatario faceva sì che il legato non si trasmettesse agli eredi, se il legatario moriva sia pure dopo il *dies cedens*, senza avere scelto. Cfr. su questo legato FERRINI, *Legati*, p. 212.

(1) Non per iscopi fiscali, ma per eccitare l'onorato ad acquistare, finchè era possibile, la *capacitas* (v. § 201) richiesta dalla legge: FERRINI, *Legati*, pag. 379.

consegue principalmente che, morendo il legatario prima del *dies veniens*, il legato si trasmette a' suoi eredi.

In via di eccezione può accadere che il *dies cedens* non cada alla morte del testatore, e ciò avviene nei legati condizionati, in cui esso è stabilito all'avverarsi della condizione, nei legati di prestazioni periodiche, che si considerano divise in tante annue prestazioni, onde solo per la prima il *dies cedens* cade al momento della morte del testatore; nei legati di usufrutto o altra servitù personale, che, non essendo trasmissibili agli eredi, non hanno propriamente un *dies cedens;* nei legati al servo manomesso o legato nel testamento.

Anche il *dies veniens* può in via di eccezione essere posteriore all'adizione e ciò accade nei legati a termine, quando al momento dell'adizione il termine non sia scaduto ancora.

Nell'età della giurisprudenza classica la scuola proculeiana richiese all'acquisto definitivo del legato *per vindicationem*, oltre il sopraggiungere del *dies veniens*, anche un'espressa accettazione da parte del legatario; prima di questa l'oggetto legato era *res nullius*. Non dobbiamo intendere con ciò che il primo occupante potesse impadronirsi dell'oggetto, poichè il termine *res nullius* esprime ogni cosa o diritto privo di titolare, anche se abbia uno scopo, pel quale dev'essere riserbato e difeso dallo Stato. Se non che Giustiniano accolse la teoria sabiniana, secondo la quale col *dies cedens* il legato era *ipso iure* acquistato al legatario, anche senza sua saputa; soltanto, la rinuncia ch'egli ne faccia ha effetto retroattivo.

Nel caso di condizione potestativa negativa si acquista il legato, prestando la *cautio muciana* (v. § 207).

§ 224. Congiunzione e diritto di accrescimento tra collegatari.

Il diritto di accrescimento tra collegatari, a differenza dell'ereditario, che ha carattere speciale e dipendente dalla natura dell'eredità, è fondato sulla volontà del defunto fatta manifesta dalla congiunzione reale *(coniunctio re* o *coniunctio re et verbis)*, ossia mediante la chiamata di più legatari nello stesso oggetto, senza operare alcuna divisione tra i vari onorati.

Nel diritto classico le varie specie di legati erano causa di un'interpretazione diversa della volontà del defunto, secondo la natura della congiunzione.

Nel legato per *damnationem*, da cui non nasceva che una obbligazione, non poteva farsi luogo al diritto di accrescimento. Se lo stesso oggetto era stato legato a più persone nella stessa proposizione *(coniunctio re et verbis)*, l'obbligazione è divisa *ipso iure* sin dal primo momento tra i vari chiamati *(damnatio partes facit)*. Se invece lo stesso oggetto era stato legato a più persone in proposizioni diverse *(coniunctio re tantum)*, allora si avevano due obbligazioni per l'intero ammontare: naturalmente l'erede poteva soddisfare l'oggetto stesso solo al primo che si presentasse, restando obbligato verso l'altro del valore. Lo stesso dicasi dei fedecommessi, i quali non producevano mai che un' obbligazione (1).

Invece nei legati per *vindicationem* o per *præceptionem* se il testatore, senza operar divisione, aveva lasciato lo stesso oggetto a più onorati, sia nella stessa proposizione *(coniunctio re et verbis)*, sia in proposizioni diverse *(coniunctio re)*, allora i collegatari erano chiamati nell'oggetto intero e soltanto la concorrenza faceva tra loro le parti *(concursu partes fiunt)*: onde, venendo a cessare il concorso per la morte dell'uno di

(1) Pei legati *sinendi modo* v. la controversia in GAII *Inst.*, II, 215.

essi prima del *dies cedens* o per la sua rinuncia, la parte caduca accresceva necessariamente all'altro.

La legge *Julia* e *Papia Poppæa* travolse anche queto diritto di accrescimento che venne sostituito dal *ius caduca vindicandi* a favore dei padri contemplati nel testamento e in difetto di *patres* a favore del fisco. Solo per gli ascendenti e i discendenti del defunto fino al terzo grado l'accrescimento rimase pienamente in vigore; inoltre ne rimase traccia anche nella preferenza accordata tra i *patres* contemplati nel testamento ai collegatari congiunti sugli eredi, tenendosi conto anche della congiunzione *verbis tantum*.

Giustiniano colla sua costituzione *de caducis tollendis* abolì tutto l'artificioso ordine della legge *Julia* e *Papia Poppæa* sul diritto di accrescimento in generale; e poichè, fuse le varie figure di legati, il diritto alla cosa si acquista immediatamente come nell'antico legato per *vindicationem*, il diritto di accrescimento è disposto secondo le norme di questo legato. Peraltro, poichè l'accrescimento tra collegatari deve essere in armonia colla volontà del defunto, svanite ora le forme, si può liberamente ricercare quale fosse l'intenzione del defunto, se di privare il primo onorato dell'intero oggetto a favor del secondo *(translatio legati)*, o di attribuirlo per intiero ad entrambi, nel qual caso il primo ha l'oggetto, il secondo n'ottiene il valore (1).

Nel legato di usufrutto, per la particolar natura di questo diritto, che non può passare agli eredi, l'accrescimento si verifica anche dopo che la parte dell'usufrutto è stata acquistata al collegatario mancante.

(1) L. 33, D. *De leg.*, 30; la qual legge è interamente fattura dei compilatori.

§ 225. Azioni e garentie del legatario.

Le azioni del legatario erano diverse nell'epoca del diritto classico, secondo le diverse figure di legati.

Nel diritto giustinianeo il legatario ha sempre, quando ciò sia possibile, cioè quando il testatore abbia legato cosa sua, la *rei vindicatio:* altrimenti, soltanto un'azione personale contro l'erede detta *actio personalis ex testamento* o *actio legati*. Ma anche se il testatore ha legato cosa sua, è a ritenere che l'onorato possa esperire nel diritto giustinianeo l'azione personale per ottener la consegna, colla quale azione, se la cosa è perita o deteriorata, ottiene dall'erede i danni-interessi. L'erede peraltro lucra i frutti e ogni altra accessione del tempo intermedio, salvo che il defunto non gliene abbia imposto la restituzione al legatario. Nel primo caso, conforme ai principi, egli è responsabile verso il legatario fino alla colpa lieve, nel secondo caso è responsabile soltanto del dolo.

Giustiniano stabilì, conforme al sua sistema, un'ipoteca generale a favor del legatario sui beni che il gravato consegue dal testatore e rese inalienabili e sottratte all'usucapione le cose legate.

Il legatario di un legato sotto condizione o a termine ha diritto di ottenere cauzione dal gravato per il soddisfacimento eventuale o futuro; e se non la ottiene, gli è accordata una *missio in possessionem legatorum servandorum causa* sui beni che il gravato consegue dal testatore. Marco Aurelio ammise che il testatore potesse esentar l'erede dal prestar cauzione.

Altra garanzia è la *missio antoniniana*, introdotta probabilmente dall'imperatore Eliogabalo, la quale compete al legatario non soddisfatto entro sei mesi, dopo aver legalmente citato l'erede, e si estende su tutti i beni del gravato, anche non pervenutigli dal testatore, attribuendo inoltre all'onorato il diritto di soddisfarsi coi frutti dei beni stessi.

Alla sua volta il gravato può esperire l'interdetto *quod legatorum*, stabilito nel diritto classico pel *bonorum possessor*, esteso da Giustiniano a ogni erede, per ottenere la restituzione della cosa legata, quando il legatario siasi immesso da sè nel possesso, o delle cose tenute in custodia, risolvendosi a dare la debita cauzione o pagare il legato.

§ 226. Riduzione dei legati. Quarta falcidia.

I. *De l. falc.*, II, 22. Dig., 35, 2. Cod., 6, 50.

Uno degli argomenti più semplici che dimostrano come l'eredità non fosse destinata in origine a operare un mero trapasso patrimoniale è il fatto che anche nel periodo storico di Roma il testatore poteva non lasciare all'istituito che il nudo nome di erede e distribuire tutto il suo patrimonio in legati; a un bisogno, oltrepassande anche in queste elargizioni le forze del suo patrimonio. Divenuto il fine dell' eredità veramente patrimoniale, essa venne in conflitto col legato. All'istituito non tornava più conto di accettare l'eredità, oramai che il titolo di erede non gli dava diritto se non al patrimonio, e questo appunto veniva nel caso a esser coperto o anche superato dalle elargizioni; ma poichè il testamento romano era, come restò sempre, un atto destinato essenzialmente a istituir l'erede, esso cadeva con tutte le altre disposizioni, qualora l'erede non accettasse *(testamentum destitutum* o *desertum)*. Di qui una legislazione singolare assai, dal punto di vista moderno dell'eredità, così pel fine da raggiungere, come pei mezzi disposti a raggiungerlo. Una prima legge, la *lex Furia testamentaria*, forse dell'anno 183 a. C., fissò il *maximum* di mille assi per il legato, salvo che fosse ordinato a favore dei *cognati*. Questa legge aveva forse di mira l'ipotesi, niente affatto strana in diritto romano, che il testatore avesse conferito all'uno il titolo di erede, all'altro legato il patrimonio; certo è a ogni modo, ch'essa non rimediava all'esaurimento del patrimonio in molti legati di mille assi. La *lex Voconia* del 169 a. C. stabilì che nessuno potesse ricevere per legato più di quanto acquistava l'erede; ma anche questa legge sortiva imperfettamente l'intento suo, perchè il testatore, dividendo il patrimonio in molti piccoli legati, poteva non lasciare all'erede tanto che bastasse a compensarlo dell'onere di amministrare l'eredità. Nondimeno questa legge restò in vigore fino al 40 a. C., anno in cui venne rogata la *lex Falcidia*, la quale ordinò che l'eredità dovesse in ogni caso rimanere intatta almeno per una quarta parte all'erede, riducendo all'uopo in ragione proporzionale i legati superanti la misura dei $^3/_4$. Da questo momento, rispetto ai legati almeno, l'erede, come espressamente avvisano i giureconsulti romani, dell'onere dei legati risponde *quatenus patrimonii vires sufficiunt*, egli non è oramai tenuto *plus legati nomine praestare quam ad eum ex hereditate pervenit*.

Questa legge venne estesa in seguito dai legati ai fedecommessi, e da Giustiniano a tutti gli oneri di qualunque genere che s'impongano all'erede, compreso ciò che si debba dare per eseguire una condizione *(condicionis implendæ causa)*. Un rescritto di Antonino Pio limitò in questa misura anche i fedecommessi *ab intestato* gravanti sugli eredi legittimi.

Il computo della quarta si fa sullo stato del patrimonio alla morte del testatore, deducendone ogni onere: debiti, manumissioni, spese funerarie o di amministrazione, ecc. Fatto il calcolo dell'attivo netto, i legati, ove superino la misura dei $^3/_4$, s'intendono *ipso iure* diminuiti; e se l'erede ha pagato, può ripetere o colla *condictio indebiti* o colla *rei vindicatio* o coll'*actio doli*, secondo i casi.

L'erede non è tenuto ad imputare nel suo quarto se non ciò che riceve a titolo di erede.

Se non che una simile conciliazione tra eredità e legato era storicamente un mezzo transitorio, che doveva cessare non appena venisse fatto di poter concepire il testamento come un atto patrimoniale indipendente dall'istituzione di erede. Laonde già nel diritto classico la quarta Falcidia venne esclusa dal testamento militare. Giustiniano poi, dopo la compilazione del *Corpus iuris,* colla Novella I recò all'istituto un colpo mortale, disponendo che se il testatore espressamente vieta di ritener la Falcidia, l'erede sia tenuto ad obbedire; ma in pari tempo l'imperatore mantenne in piedi tutte le disposizioni del testamento, imponendone l'esecuzione o ai coeredi o ai sostituti o ai legatari e fedecommessari o agli eredi *ab intestato* o in ultimo al fisco. Con ciò la distinzione tra testamento e codicillo tendeva a svanire, e la Falcidia stessa, cessando d'esser legge coattiva o di diritto pubblico, smarriva completamente il suo carattere e il suo fine originario (1).

La deduzione della quarta Falcidia è inoltre vietata nei legati di alimenti, nei legati alla moglie delle cose di suo uso, nei legati pii e se l'erede trascura di far l'inventario.

§ 227. Invalidità dei legati.

D. *De adim. vel transf. leg.*, 34, 4. *De reg. cat.*, 31, 7.

Il legato può essere invalido anzitutto per vizio di forma o per vizio di volontà nel testatore o per difetto di capacità nei subbietti o nell'obbietto.

(1) Già nella compilazione si rivelava la tendenza ostile alla quarta Falcidia; cfr. L. 19, Cod. *Ad Leg. Falc.*, 6, 50 e L. 20, § 1, D. *De don.* 39, 5 interp.: *sed magis — occurretur*; L. 21, § 1, D. *De ann. leg.*, *leg.*, 33, 1: *nisi si alia mens — probaretur*; L. 25 § 1, D. *Ad leg. Falc.*, 35, 2: *nisi — probetur*. — Alla stessa tendenza è inspirato l'istituto nuovo della compensazione in caso di prelegati reciproci, per cui non si fa luogo a ritenzione della Falcidia sino a concorrenza di quanto si riceve dal coerede. Testi interpolati: L. 79 (78), D. *De her. inst.*, 28, 5: *salva — compensetur*; L. 15, D. *De his quae*, 34, 9: *si tantum — recusaret*; L. 22 pr. D. *Ad leg.*, 35, 2: *si id — desiderat*; L. 94 *eod.*: *si — suppleant*; L. 60 (58) § 3 D. *Ad sc. Treb.*, 36, 1: *cum autem — placuit*; L. 24, C. *Fam. erc.*, 3, 36: *compensato — percepit.* Cfr. Mancaleoni, *Sulla compensatio mutuorum legatorum*, Sassari 1903.

Il dolo o l'errore producono i consueti effetti. La violenza non rende nullo il legato, ma questo viene sottratto all'onorato come indegno.

La nullità iniziale del legato, cioè al momento della confezione del testamento, non può esser sanata per il fatto che il motivo d'invalidità venga in seguito a cessare. È questo un corollario del principio generale: *Quod ab initio vitiosum est non potest tractu temporis convalescere:* notevole peraltro in quanto l'*initium*, il momento di perfezione del negozio, viene ad esser posto alla data della confezione del testamento e dell'ordinazione del legato, non già alla data della morte e del *dies cedens*. La regola, che respinge ogni sanatoria, cessando il motivo d'invalidità prima della morte (1), prende dal suo autore (l'uno o l'altro dei due Catoni, ma più probabilmente il figlio) il nome di *regola catoniana*.

Il legato può anche diventar nullo in seguito, perchè il legatario venga a morire o a perder la capacità prima dell'acquisto, ovvero acquisti per altro titolo lucrativo l'oggetto (v. § 135). Finalmente il legato può esser reso invalido per la revoca pura e semplice *(ademptio)* o la sostituzione di un nuovo legatario *(translatio)*.

La revoca o *ademptio* quanto ai legati doveva esser fatta nel diritto antico in forme egualmente solenni che la concessione; ma questo rigore aveva già ceduto nel diritto classico (2). Il fedecommesso s'intendeva revocato per qualunque manifestazione contraria di volontà, anche per l'insorgere di gravi inimicizie tra il testatore e l'onorato. Nel diritto giustinianeo tutto si riduce a interpretazione di volontà: il che può dar luogo a sottili questioni (3).

(1) Per es., il testatore ha legato cosa appartenente al legatario stesso, ma questi l'ha prima della morte alienata.

(2) Una revoca tacita e valida *iure praetorio* si aveva già nel diritto classico, quando il testatore avesse alienato la cosa legata per *damnationem* (GAII II, 198); secondo Celso occorre però che risulti l'*animus adimendi*, e questo è il concetto che vale anche per diritto giustinianeo (§ 12, I. II, 20: L. 15, D. *De ad. vel transf. leg.*, 31, 4).

(3) Testi interpolati: L. 3 § 11, D. *De adim.*, 34, 4; L. 4 *eod.*; L. 32 § 3, D., 24, 1 (Cfr. LENEL, *Pal.*, Ulpianus 2774). Vedi però L. 22, D., 34, 4, ove trattavasi di testamento militare (LENEL, *Pal.* Papinianus 540).

Il legato vien meno altresì, se cade il testamento, divenendo *ruptum* o *irritum* o *destitutum* (v. § 209). Tuttavia se l'erede istituito omette di adire l'eredità testamentaria per riceverla *ab intestato* o farla passare ad altri (sostituti, eredi *ab intestato*), al legatario è concessa azione *iure praetorio:* si noti altresì che, a datare, come sembra, dai Severi, l'onere del legato, nominatamente imposto all'istituito, passa a carico del sostituto, come passa in caso di accrescimento al coerede, e nel regime caducario gravava su chi rivendicava il *caducum* (1).

Contro i principî generali, il legato non è estinto se l'erede senza sua colpa ha distrutto o sottratto al commercio la cosa legata, per esempio, manomesso lo schiavo o congiunto a un edificio i materiali legati. La ragione del principio speciale, che fu stabilito, a quel che sembra, da Giuliano per la prima volta in materia di fedecommessi ed esteso più tardi ai legati per *damnationem*, e da Giustiniano al nuovo unico tipo, è da ricercare nella presumibile volontà del testatore, che non conviene sia frustrata dall'erede. Nel diritto giustinianeo, acquistando di regola il legatario la proprietà della cosa legata, questa non può venir sottratta dall'erede al commercio, se non nel caso che il testatore abbia legato cosa propria dell'erede (2).

§ 228. **Il prelegato.**

FERRINI, *Legati*, pag. 181, e *Bull., dell'Ist. di dir. rom.*, VIII (1895).
BONFANTE, *Bull.* VII a. (1894).

Un istituto, nel quale il concetto romano dell'eredità genera conseguenze singolari nel suo rapporto col legato, è il *prelegato*, col qual nome s'intende il legato fatto ad uno degli eredi stessi.

(1) L. 61 § 1, D. *De leg.*, 31 interp.? (FABRO, DI MARZO, *Arch. Giur.*, v. 60 (1903), p. 529); ULP. *Fragm.*, 17, 3.
(2) Cfr. FERRINI nei *Rendic. dell'Ist. Lomb.*, vol. 24, a. 1891. pag. 217.

Il legato fatto all'erede è per diritto romano nullo quando l'istituito sia erede unico, perchè questo solo erede in forza del suo titolo consegue tutto il patrimonio, anche se ciò non è conforme alla volontà del defunto, che glie n'ha assegnato solo una parte, e non può quindi sottrarre dal patrimonio un oggetto per elargirlo a sè stesso. *Heredi a semetipso inutiliter legatur.*

È possibile invece il legato fatto dal defunto ad uno tra vari coeredi istituiti. In tal caso il prelegato, quando non sia imposto espressamente solo ad alcuno dei vari coeredi, grava su tutti, e ciascuno è tenuto a soddisfarlo in ragione della sua quota ereditaria. Ora quel che importa notare è che l'erede stesso onorato è compreso nel novero dei gravati; e non potendo soddisfare a se stesso quella parte che grava sulla sua quota, il legato è *per questa parte nullo.* Ciò non vuol dire che egli venga ad acquistar meno, perchè questa parte non gli è di regola sottratta, ma egli la consegue a titolo ereditario (anzi appunto è nulla, perchè rientra nella sua quota ereditaria), mentre a titolo di legato consegue le parti che riceve dai coeredi. Così, poniamo che il testastatore abbia istituito Tizio, Sempronio e Caio eredi a parti eguali in un patrimonio di 90 e onorato Caio di un legato di 27. Ciascuno dei tre è erede per 30, ma Tizio e Sempronio soddisfano il legato per 9 ciascuno, e così la loro quota è ridotta a 21. Caio acquista a titolo di legato 18 dai coeredi e non paga a se stesso i 9; laonde, poichè trattiene tutti i suoi 30, egli viene ad avere 48, cioè sempre 27 più dei coeredi; solo che i 18 ricevuti dai coeredi sono a titolo di legato, i suoi 30 tutti a titolo ereditario.

Questo risultato che diminuisce bensì il prelegato, ma nella stessa misura aumenta *rispetto ai coeredi* la ragione ereditaria del coerede prelegatario, in quanto egli non subisce la detrazione, che i coeredi subiscono, nasce pur sempre dal fatto che l'eredità per diritto romano non è un istituto ordinato a fini patrimoniali e parallelo al legato, ma un istituto estrapatrimoniale e preminente sul legato. Dichiarando erede Tizio, il testatore non gli conferisce il patrimonio, ma un titolo; il patrimonio o in tutto o in parte, come nel caso di concorrenza di più eredi, diventa suo *per necessità giuridica, in forza del titolo,* non per volontà del defunto in base all'attribuzione da questo eseguita. Per conseguenza qualunque assegno non imposto espressamente ed esclusivamente agli altri coeredi viene a gravare di necessità, nella proporzione della sua quota, su di un patrimonio che è già suo.

Simile ordinamento produce in più circostanze delle conseguenze notevoli e inattese, che fanno della teoria del prelegato una delle più ripugnanti al senso moderno. Se all'erede è stato legato l'oggetto congiuntamente con un estraneo, la parte caduca del legato è acquisita in forza del diritto di accrescimento al collegatario estraneo e viene effettivamente ad esser sottratta alla sua quota. Se più eredi per quote diverse, ad esempio, l'uno per $^{11}/_{12}$ l'altro per $^{1}/_{12}$, sieno istituiti prelegatari nello stesso fondo, chi è istituito in una misura minore si avvantaggia nella maggior misura del prelegato, perchè l'erede in $^{11}/_{12}$ paga $^{11}/_{12}$ del fondo al collegatario e riceve da questo $^{1}/_{12}$; il che vuol dire che se l'eredità per avventura è costituita di quel fondo solo, il prelegato inverte le conseguenze dell'assegnazione ereditaria. Se un fedecommesso universale obbliga uno degli eredi, prelegatario, a restituire l'eredità a un fedecommissario, egli è tenuto a restituire anche quella parte del prelegato, che tratteneva a titolo ereditario.

Occorre avvertire che la nullità parziale del prelegato ha luogo naturalmente solo quando l'erede sia tale, cioè al momento in cui egli ha adito l'eredità. Se vi rinuncia, consegue tutto il prelegato a titolo di legato.

Nel diritto moderno, divenuta anche l'eredità una pura e diretta istituzione patrimoniale nell'assegno fissato dal defunto, la teoria del prelegato è scomparsa. Le due disposizioni a favor dell'erede si sommano senz'altro e l'erede ha sempre l'intero legato a titolo di legato. Ma i tentativi per escludere il prelegato dal diritto giustinianeo, comprensibili in astratto, di fronte ai testi della compilazione si debbono considerare come falliti.

§ 229. Il fedecommesso universale.

I. *De fideicomm. her.*, II. 23. D. *de fideic. her. pet.*, 5, 6. D. *Ad. S. C. Trib.*, 36.1. Cod., 6,49.

Nel diritto romano l'essere chiamati nell'universalità o in una quota di beni, come tra vivi potrà costituire una donazione universale, che non è *successio* o successione universale, come si suol dire, così *mortis causa* sarà un legato universale, che non conferisce punto la qualità di erede, non è *successio in ius defuncti*. In seguito alla legge Falcidia fu reso impossibile al testatore (fino a Giustiniano almeno, che la ridusse legge dispositiva) di esaurire tutto il suo patrimonio in legati: egli poteva disporre solo fino al limite dei tre quarti. Ma poichè debiti e crediti non passano *ipso iure* nel legatario, come nell'erede, s'interponevano all'uopo tra erede e legatario delle stipulazioni per garentia reciproca che l'uno, cioè l'erede avrebbe soddisfatto al legatario la sua porzione di crediti, che l'altro, il legatario, in ragion della sua quota avrebbe sostenuto l'onere dei debiti (*stipulationes partis et pro parte*). L'istituto prese il nome di *partitio legata*.

L'antica libertà risorse per qualche tempo col fedecommesso, potendosi imporre all'erede la restituzione a un terzo di tutta quanta l'eredità *fideicommissum hereditatis vel partis hereditatis* nel diritto classico, *fideicommissum universitatis* sempre nel diritto giustinianeo: cfr. § 187. L'erede fiduciario doveva in tal caso nei modi debiti trasmettere al terzo i singoli oggetti ereditari: quanto ai debiti e ai crediti si adoperavano le stesse reciproche garentie che nella vendita dell'eredità *(stipulationes emptæ et venditæ hereditatis)*; tutta l'operazione anzi era una delle solite vendite *nummo uno*, il che significa meramente fittizie. Per evitar l'imbarazzo di queste mutue cauzioni il senato-consulto Trebelliano sotto Nerone (55 o 56 d. C.) stabilì che senz'altro la restituzione eseguita dal fiduciario trasferisse nel fedecommissario tutte le azioni attive e passive; le quali, conforme all'uso, erano in base al senatoconsulto concesse utilmente dal Pretore. Il fiduciario d'ora innanzi poteva opporre ai creditori la *exceptio restitutæ hereditatis*, la quale alla sua volta egli subisce dai debitori.

V'era peraltro un inconveniente al quale il senatoconsulto non rimediò: quello stesso che aveva già indotto la legislazione a porre limiti al diritto di legare. Il fiduciario incaricato di restituire l'eredità non l'accettava, rendendo così vano il fedecommesso. Allora il senato-consulto Pegasiano, emanato sotto Vespasiano, estese anche ai fedecommessi la legge Falcidia, accordando all'erede fiduciario il diritto di ritenere un quarto netto dell'eredità e abrogando il senato-consulto Trebelliano in ordine a tutti i casi in cui il testatore avesse ecceduto il dodrante, cioè i $^3/_4$.

Da quel tempo la posizione rispettiva del fiduciario e del fedecommissario si delineò nel seguente modo. Se il fiduciario era stato incaricato di restituire meno dei $^3/_4$, si applicava il senato-consulto Trebelliano: il fedecommissario, se non erede, era *heredis loco*, come il *bonorum possessor*, e le azioni ereditarie si ripartivano tra lui e il fiduciario proporzionatamente alle quote ereditarie, senza bisogno di cauzioni reciproche. Se invece il fiduciario era stato incaricato di restituire più dei $^3/_4$, allora si applicava il senato-consulto Pegasiano: la disposizione veniva ridotta ai $^3/_4$ e, poichè il fedecommissario non era più considerato *heredis loco*, tornano di nuovo in campo le *stipulationes emptæ et venditæ hereditatis*. Se il fiduciario si rifiutava di fare l'adizione, il Pretore ve lo costringeva e in tal caso l'erede fiduciario era completamente escluso dai benefici e dagli oneri dell'eredità, perchè il Pretore concedeva utilmente le azioni al fedecommissario e contro il fedecommissario per l'intero.

Questo stato di cose era abbastanza intricato, e pericolose le stipulazioni, cui si doveva ricorrere in base al senato-consulto Pegasiano; Giustiniano perciò dichiarò di abolire il senato-consulto Pegasiano, serbando solo il Trebelliano; ma in sostanza egli non fece che abolire il modo complicato di restituzione del Pegasiano. La restituzione dell'eredità fedecommessaria resta pertanto così ordinata nel diritto giustinianeo: I. Il fedecommissario è in ogni caso riguardato come erede per la sua parte, cioè a dire, abbia o non abbia il defunto rispettato la quarta, si applicano sempre le disposizioni del Trebelliano. II. Il fiduciario ha peraltro il diritto di ritenere il quarto, se il defunto non l'ha rispettato. III. Se il fiduciario non accetta volontariamente, allora il magistrato lo costringe ad accettare, ma privandolo sempre in tal caso anche della quarta Trebelliana, come a torto si chiama la Falcidia estesa dal Pegasiano ai fedecommessi. Tuttavia egli serba il diritto a ogni emolumento di natura non ereditaria, come il prelegato a suo favore e i frutti dell'eredità dal momento dell'adizione coatta sino a quello della restituzione, e altresì quegli ultimi residui non propriamente patrimoniali dell'eredità, come i *iura sepulchri* e le *operæ libertorum*. Lo stesso ha luogo se per altro motivo, ad esempio, l'assenza o la morte del fiduciario, la restituzione è impossibile.

Le norme del legato o fedecommesso singolare si applicano pure al fedecommesso universale. Notiamo solo quanto v'è di speciale in questo.

Anzitutto nel fedecommesso universale l'acquisto non è immediato al momento del *dies cedens*, ma sussiste ancora nel diritto giustinianeo la necessità della restituzione. Non occorre però che la restituzione sia fatta materialmente, cioè che si compia una reale immissione del fedecommissario nei beni ereditari: basta la semplice dichiarazione dell'erede fiduciario per investire *ipso iure* il fedecommissario di tutti i diritti e di tutte le azioni dell'eredità.

Fino al momento della restituzione il fiduciario ha libera disposizione dei beni. È nulla però ogni alienazione, salvo che sia eseguita per pagare legati o debiti ereditari o costituire una dote obbligatoria o preservare dalla perdita e dal deterioramento degli oggetti ereditari. Egli lucra i frutti percepiti nell' intervallo tra l'adizione e la restituzione, ma restituisce tutti gli altri. È tenuto nel diritto nuovo alla diligenza che adopera nelle cose sue, vale a dire è responsabile sino al limite della colpa in concreto (1).

Se il testatore aveva imposto al fiduciario la restituzione, dopo un tempo stabilito, del solo residuo, il fiduciario poteva, dietro cauzione disporre dei beni *ad arbitrium boni viri*. Giustiniano stabilì tassativamente che potesse disporre dei $^3/_4$.

§ 230. La sostituzione fedecommissaria e il fedecommesso di famiglia.

Il testatore può gravare lo stesso fedecommissario dell'obbligo di restituire l'eredità alla sua morte o dopo un tempo determinato, o integralmente o parzialmente. È questa la cosiddetta *sostituzione fedecommissaria*, la cui applicazione più importante è costituita dal *fedecommesso di famiglia*.

L'obbligo di restituire fa che il beneficato non abbia facoltà di alienare i beni che riceve. Non ha luogo in simili casi la deduzione della quarta Falcidia.

Il fedecommesso di famiglia deve esser trasmesso o al parente designato dal defunto, o a colui che piace al

(1) Cfr. L. 23 (22) § 3. D. *Ad Sc. Treb.*, 36, 1. interp. *non — neglegentia*; ma l'interpolazione è probabilmente più estesa. Cfr. §§ 34 e 35.

fiduciario, purchè sempre entro la famiglia stabilita. Se il fiduciario non fa scelta veruna, si seguiva l'ordine della successione *ab intestato;* ma Giustiniano ammise al fedecommesso di famiglia, in difetto di parenti, anche il genero e la nuora e da ultimo i liberti (1).

Giustiniano estese pure oltre il primo grado la validità del fedecommesso di famiglia (2): colla Novella 159 peraltro fissò il limite estremo della quarta generazione, dopo la quale il fedecommesso di famiglia non doveva più durare.

VI. — ACQUISTI DIVERSI A CAUSA DI MORTE

§ 231. La donazione a causa di morte.

D. *De m. c. don. et cap.*, 39, 6. Cod., 8, 56.

La donazione a causa di morte è una specie particolare di donazione, la cui efficacia definitiva è condizionata alla premorienza del donante al donatario. Essa è revocabile sino alla morte, ad arbitrio del donante: ma questi può rinunciare all'esercizio del suo diritto.

Come ogni donazione, anche la *donatio mortis causa* può consistere o in una trasmissione di cose e diritti reali o in una promessa di donare o in una liberazione di debiti, ossia può esser fatta *dando*, *promittendo*, *liberando*. Essa può abbracciare anche tutti i beni del donante; ma si avverta pur sempre che, alla pari della donazione universale tra vivi, non rappresenta in questo caso una *successio* o successione universale, onde conviene adoperare i debiti modi pei singoli diritti che si trasmettono, nè il donatario è tenuto pei debiti o per la mala fede del donante circa il possesso.

Alle donazioni a causa di morte si applicano pure le regole delle donazioni ordinarie quanto alla capacità

(1) L. 5, C. *De v. et ver. sign.*, 6, 38.
(2) L. 32 § 6, D. *De leg. et. fid.*, 31 interp.: *nisi specialiter*, ecc. (FABRO, GRADENWITZ, *Interp.* 207).

delle parti, alla manifestazione del volere, alle forme. Anche una donazione di rendita si acquista integralmente in una volta sola e non già, come il legato, nelle singole annualità che decorrano. Solo fu stabilito da Giustiniano che l'insinuazione può esser surrogata nelle donazioni a causa di morte dalla presenza di cinque testimoni.

Nondimeno via via che i legati si spogliarono delle loro speciali formalità, staccandosi infine dal testamento e dall'istituzione di erede, si rese manifesta in questa specie di ricorso storico l'analogia tra i due istituti, che erano probabilmente una stessa cosa all'origine. Ciò condusse ad estendere a mano a mano alle donazioni a causa di morte i limiti posti ai legati, finchè Giustiniano proclamò che le donazioni a causa di morte erano state in tutto e per tutto assimilate ai legati.

Questa affermazione è eccessiva, poichè l'assimilazione in realtà non è generale. Essa concerne il diritto dei legittimari e dei creditori di rescindere il benefizio per causa di lesione, la quarta Falcidia, la cauzione *muciana*, la cauzione usufruttuaria, in breve tutti i limiti posti ai legati. Il donatario può essere inoltre gravato di un fedecommesso.

Il fedecommesso di famiglia si estingue, quando non vi siano più parenti, ovvero tutte le generazioni viventi abbiano consentito all'alienazione.

§ 232. Lucri a causa di morte.

(Mortis causa capiones).

Colla denominazione *mortis causa capiones* i Romani designano alcuni lucri che possono sopravvenire per l'occasione della morte di una persona, senza propriamente costituire un atto di liberalità da parte del defunto. Tale è ciò che si riceve per effetto di una condizione imposta dal testatore all'erede o altro beneficato *(con-*

dicionis implendae causa datum); ciò che è dato all'erede, perchè accetti o ripudi l'eredità; la dote onde il constituente stipula la restituzione in caso di premorienza della donna.

Le *mortis causa capiones* sono state assimilate ai legati anch'esse, in quanto chi riceve può esser gravato da un legato o fedecommesso. Non si calcolano per il computo della quarta Falcidia, ma sì per quello della quarta Trebelliana.

§ 233. La successione del fisco.

D. *De iure fisci*, 49,14. Cod., 10,1.

La successione del fisco ha luogo nei beni vacanti per difetto di qualunque erede o in caso d'indegnità dell'erede istituito. Subentrava in origine l'erario, ma, come in materia di *caduca*, l'acquisto fu bentosto nel progresso dell'epoca imperiale devoluto al fisco.

La successione del fisco non è a titolo di eredità, nè quindi il fisco succede in *ius defuncti* — i *iura sepulchrorum*, ad esempio, restano presso l'indegno — bensì è un vero e proprio acquisto patrimoniale, che ricomprende solo l'attivo, cioè quello che veramente i Romani chiamano patrimonio o *bona*. Nondimeno se il fisco non è obbligato a pagare i debiti *ultra vires*, egli deve sempre soddisfarli nella misura dei beni da esso rivendicati e deve soddisfare tutti i legati imposti dal defunto.

INDICE

III. — Difesa dei diritti.

PARTE SPECIALE

I. — Diritto di famiglia.

II. — La società domestica o famiglia naturale.

III. — La tutela e la cura.

DIRITTO DELLE COSE

I. — Le cose.

II. — La proprietà.

II. — Soggetti della obbligazione.

III. — Efficacia delle obbligazioni.

IV. — Fonti o cause obbligatorie.

V. — Cessione delle obbligazioni.

VI. — Estinzione delle obbligazioni.

VII. — Modificazioni delle obbligazioni. (obbligazioni accessorie).

VIII. — Garentie delle obbligazioni.

PARTE SPECIALE DELLE OBBLIGAZIONI

I

II. — Contratti verbali.

III. — I contratti letterali.

IV. — I contratti reali.

V. — Contratti consensuali.

VI. — Contratti innominati.

VII. — I patti e le convenzioni.

VIII. — Quasi-contratti.

IX. — Atti illeciti e fatti giuridici in stretto senso.

CAUSE E MODI GENERALI DI ACQUISTO

LA DONAZIONE E LE SUCCESSIONI UNIVERSALI TRA VIVI

I. — La donazione.

II. — Successioni universali tra vivi.

SUCCESSIONE UNIVERSALE A CAUSA DI MORTE O EREDITÀ

I. — Principi generali.

II. — Eredità testamentaria.

III. Eredità intestata o legittima.

IV. — Successione legittima contro il testamento.

V. — Legati e fedecommessi.

VI. — Acquisti diversi a causa di morte.

INDICE ALFABETICO-ANALITICO

(Compilato da A. Cettuzzi).

A

S

T

U

Aggiunte e correzioni.

p. 46 l. 12. La data della legge *Fufia Caninia*, rivelata ora da un'iscrizione, è l'anno 2 a. C. Cfr. GATTI in *Bull dell'Ist. di dir. rom.*, XVIII, p. 116.

p. 95 lin. ultima: omettere « nel deposito necessario ».

p. 130 nota lin. 2: invece di « papiro » l. « pergamena ».

p. 288 lin. 8: invece di « traditum sibi » l. « traditam sibi ».

p. 309 lin. 25: invece di « *pensie* » l. « *pensio* ».

Printed in Dunstable, United Kingdom

91222220R10353